Zelda et Scott Fitzgerald

Littératures

Collection dirigée par Henry Dougier

Des lectures, des récits qui traversent la vie, éclairent sur l'autre et sur nous-même, en jouant, par drames et destins interposés, leur grande fonction de fabulation et de tendresse.
Que serions-nous sans ce cercle intime de personnages complices, sans ces histoires qu'on lit et relit d'une lecture affective, un peu somnambule ?

www.autrement.com

Illustration de couverture : © Underwood & Underwood/CORBIS

Édition originale parue sous le titre *Sometimes Madness is wisda* par Ballantine Books © 2001 by Dr. Kendall Taylor.

© 2002 by Éditions Autrement pour la présente traduction.

KENDALL TAYLOR

Zelda et Scott Fitzgerald
Les années vingt jusqu'à la folie

Traduit de l'anglais (américain) par Camille Fort

Éditions Autrement **Littératures**

Avant-propos

Voilà des années, fascinée par la légende qui s'était créée autour de Zelda Fitzgerald, j'ai commencé ce livre. À présent que je l'achève, je perçois mieux, et l'immense intérêt que j'ai pu éprouver, et la curiosité incessante des autres chercheurs. Cette fascination eut peut-être pour objet premier l'image de la *flapper*, ou l'envoûtement de la folie, mais ce qui captive en fin de compte l'imagination, c'est l'intelligence et le talent inné de cette femme énigmatique, hors du commun.

Quiconque rencontrait la jeune et belle Zelda était immédiatement frappé par son ardente témérité, par son énergie et sa détermination : elle était si certaine d'elle-même que tout lui semblait possible. Spontanée, séduisante, elle brillait en toutes circonstances. Avec son talent et sa volonté de parvenir, elle aurait dû accomplir une grande œuvre. Comment expliquer dès lors qu'à une époque qui lui donnait toutes ses chances elle ne soit pas parvenue à s'accomplir ?

Ce que Zelda désira de tout temps, c'était une identité qui la distinguât de son célèbre mari pour les placer à rang égal. Ce qui contraria sa quête, c'était une absence d'orientation. L'ironie voulait qu'elle eût besoin de Scott pour lui montrer le chemin. Comme nombre de ses contemporaines, elle débuta sa vie d'adulte sans trop s'inquiéter de la façon dont elle pourrait faire fructifier ses nombreux talents. Elle épousa Fitzgerald dans l'idée que celui-ci l'amènerait à des royaumes où elle ne pouvait pénétrer seule, par le chemin où l'avaient précédée tant de femmes ambitieuses de son milieu. Talentueux, partageant ses ambitions, Scott paraissait être à même de la guider, mais il se concentra sur sa propre carrière et lui fut d'un maigre secours. Parfois il s'efforça de l'aider, mais c'était là jouer un rôle artificiel qui contrariait ses propres désirs. Leur mariage anticonformiste et leur mode de vie hédoniste ne facilitèrent pas les choses. Ayant contribué à créer leur propre légende, qui confondait souvent l'imaginaire et la réalité, il leur fut de plus en plus difficile de percevoir ou d'accepter cette dernière. Au lieu de quoi, au sein de leur mariage, ils oscillèrent entre un soutien mutuel et des ruptures douloureuses et cruelles : l'amour, la méfiance et la rivalité devaient marquer leur relation.

La vérité de leur mariage n'apparaît jamais aussi clairement que dans les lettres de Zelda à Scott, lettres superbement ciselées, qui se comptent par milliers. Elles sont au fondement de mon ouvrage, parce qu'elles offrent un aperçu privilégié sur le caractère de Zelda. J'ai pu entrevoir d'autres perspectives en m'entretenant avec des membres de sa famille, des amis et collègues, en examinant minutieusement des journaux intimes, des albums de photographies, des cahiers et carnets, de coupures de journaux, des registres médicaux, d'autres documents de moindre importance (factures, contrats, passeports, ainsi que le carnet d'adresses de Zelda, relié en cuir rouge). Et, bien sûr, des biographies précédentes.

Matthew Bruccoli, qui a consacré l'ensemble de sa carrière aux Fitzgerald, date le début de sa vocation au 27 mars 1949, jour où il entendit une adaptation radiophonique du *Diamant gros comme le Ritz*, qui l'incita à lire *Gatsby le Magnifique*. Dix ans plus tard, je vécus une expérience similaire. Le 26 juin 1958, je fis la connaissance de Francis Scott Fitzgerald en regardant une adaptation télévisée de ce roman sur Playhouse-90, où Robert Ryan jouait Gatsby et Jean Crain l'héroïne, Daisy. L'adolescente impressionnable que j'étais fut frappée par l'idéalisation romantique, si poignante, de Daisy par Gatsby, et par l'intensité de son amour. Je me rendis à la bibliothèque du coin pour emprunter le roman, ainsi que la biographie de Fitzgerald par Arthur Mizener, parue en 1951 et intitulée *The Far Side of Paradise (Loin du paradis)*.

Les ayant lus, je sus que c'était Zelda qui m'intriguait, et ce d'autant plus que Mizener omettait de préciser ce qu'elle était devenue après la mort de Fitzgerald.

En 1965, il combla ce blanc dans la réédition de sa biographie, mais j'avais alors largement progressé dans mes propres investigations. J'avais lu tout ce que Scott et Zelda avaient écrit, et tout ce qu'on avait écrit sur eux. À l'université, mon mémoire de DEA portait sur la vie et l'œuvre de Zelda, et je fus aidée dans mes recherches par Tom Johnson, un poète débutant que protégeait Archibald MacLeish, l'ex-poète lauréat. Sa femme et lui avaient été des amis de Zelda pendant les années 1920, et MacLeish me fit partager ses souvenirs des Fitzgerald. Andrew Turnbull se montra également d'une aide précieuse. Il avait rencontré Zelda à La Paix, où les Fitzgerald avaient loué une maisonnette sur les terres de ses parents. Andrew venait d'achever sa propre biographie de Fitzgerald et il m'assista inlassablement dans mes recherches. Il me mit en rapport avec la sœur de Zelda, Rosalind Smith, qui habitait encore Montgomery, et avec sa fille Scottie, qui vivait alors à Georgetown, dans les faubourgs de Washington, DC.

Je quittai l'université de Vanderbilt et pris le volant pour gagner l'Alabama, dans le Sud, où je passai cinq jours à converser avec Rosalind et d'autres témoins qui avaient connu Zelda. Newman Smith, l'époux de Rosalind, était gravement malade et mourut peu après : c'était pour elle une période douloureuse. Néanmoins, elle passa beaucoup d'heures à me parler sans réserve de sa sœur et de Fitzgerald. À mon départ, elle me fit don d'une série de poupées en papier confectionnées par Zelda.

Scottie se montra d'une égale générosité en m'ouvrant les lettres, carnets de notes et albums de photos qui avaient appartenu à Zelda, et en parlant avec moi de son enfance. Elle évoquait rarement ses parents, même avec ses propres enfants : elle avait érigé autour d'eux comme un mur de déni. Dans les premiers temps, elle se montra peu encline à raviver ses souvenirs d'enfance. « Je savais qu'il y avait un seul moyen de survivre à la tragédie [de mes parents], écrivit-elle dans une introduction à la correspondance de son père, et c'était de lui tourner le dos[1]. » Ayant surmonté sa répugnance première à me voir, elle y consentit, non sans m'avertir : « Si vous venez à Washington, je serai ravie de vous rencontrer, mais je dois vous avertir que je déçois invariablement tous ceux qui espèrent en découvrir plus sur mon père et ma mère que ce qui a déjà été publié. Je vois encore et toujours les visages se décomposer lorsque les critiques, comme vous, finissent inévitablement par réaliser que je n'ai vraiment rien de nouveau à leur dire. Papa est mort lorsque j'avais tout juste dix-neuf ans, et je l'avais à peine vu les cinq ou six années qui précédèrent sa mort : les quelques souvenirs que je conserve sont si troublés par ce qui a été dit et écrit qu'ils me paraissent irréels, même à moi[2]. »

Et pourtant, cette semaine passée auprès de Scottie fut d'une importance capitale, car elle m'aida à beaucoup mieux comprendre sa mère. Non moins précieuse se révéla sa lettre de soutien, qui était une lettre d'introduction auprès d'amis de sa famille, les encourageant à partager leurs souvenirs : « Kendall Taylor m'a demandé de spécifier dans cette lettre de recommandation que je ne vois aucune objection à ce qu'elle obtienne tout document ou témoignage concernant mon père ou ma mère, F. Scott ou Zelda Fitzgerald, qu'elle juge utile à son travail. Je compte sur son tact et son bon goût pour rectifier ce qui pourrait paraître "scandaleux". Mais je ne souhaite pas vous voir censurer des faits qui pourraient lui être utiles[3]. »

Mes recherches allaient bon train, et je sentais que ma perception de Zelda allait en s'approfondissant. C'est alors que je reçus un appel téléphonique de Nancy Milford, qui, semblait-il, écrivait elle aussi sur Zelda et menait des entretiens avec les mêmes témoins. Elle souligna que son travail était fort avancé, qu'elle avait déjà trouvé un éditeur, et elle me laissa entendre que son projet avait l'appui de Scottie. Cette nouvelle m'accabla.

Je téléphonai à Scottie pour lui demander si quelque chose avait pu modifier sa résolution de m'aider, et elle me rassura. Mais trois jours plus tard, je reçus d'elle une lettre qui m'abasourdit. « J'ai gardé le lit deux jours après vous avoir vue, tant notre conversation m'avait mis les nerfs à vif. Comprenez-vous maintenant pourquoi j'évite ce genre de choses, comme la peste et le choléra ? Peut-être ne suis-je pas très raisonnable - et c'est un euphémisme - sur ce point. Certes, vous étiez charmante et je suis ravie d'avoir fait votre connaissance. Cela dit, s'il en va comme par le passé, vous m'aurez trouvée si normale, si spontanée quand je parlais de mes parents que vous considérez sans doute - comme de juste, étant vous-même si normale, si naturelle - que nous sommes amies maintenant, et que je vais répondre à toutes vos lettres, vos coups de téléphone, etc. Je tiens à vous prévenir que ce ne sera sans doute pas le cas, même si votre personnalité n'est pas en cause. Je trouve que vous êtes une jeune femme épatante. Mais je ne suis pas "normale" sur ce point. Je suis allergique, en quelque sorte. Un peu comme si je faisais soudain une poussée d'urticaire, sans savoir pourquoi. Je déteste parler de mes parents. C'est idiot, je suppose, et il se peut qu'une psychanalyse à 20 000 dollars m'en guérisse, encore que j'aie des doutes. À mon avis, tous ceux qui ont eu une sale enfance ressentent les choses de cette façon, à cela près qu'en général ils s'en sortent parce qu'on ne les oblige pas à en parler. Moi si - je suis cernée de toute part. Disons que c'est une sorte de claustrophobie. Tout ça, c'était absolument horrible, voilà tout, c'est à peine si j'y ai survécu, et la seule idée de revivre cela m'est insupportable. Je vous dis tout ça pour que vous ne soyez pas froissée, et que je ne me sente pas coupable moi-même si vous me demandez de lire votre manuscrit et que je le mette de côté pendant deux ans et demi. Tout cela n'a rien à voir avec ce que vous êtes. C'est juste de l'instinct de conservation[4]. »

À l'époque, l'idée d'écrire sur Zelda sans le soutien de Scottie paraissait plus qu'audacieuse - tout bonnement impossible (aujourd'hui, certes, cet obstacle ne m'arrêterait pas). Je supposai Milford plus avancée que moi dans ses recherches et mis de côté mes propres travaux. Mais il fallut encore cinq ans pour qu'elle publiât sa biographie, intitulée *Zelda*, que Scottie refusa de cautionner.

Elle fut si troublée par le manuscrit qu'elle refusa de traiter directement avec Milford, exigeant par l'entremise de Matthew Bruccoli qu'elle restituât tous les matériaux de sa recherche, et que toute hypothèse touchant la sexualité de Zelda fût supprimée à la publication. Très soucieuse de sa vie privée, elle protégea farouchement l'histoire de sa famille : entre l'époque où Mizener mena ses recherches et la mort de Scottie, en 1986, les biographes furent contraints de censurer certaines sources. Ce n'est que depuis 1995, date où sa fille Eleanor fit elle-même paraître une biographie intitulée *Scottie : la fille de F. Scott Fitzgerald*, que les informations censurées par le passé sont devenues accessibles. On peut également consulter depuis peu des archives médicales concernant le séjour de Zelda à Craig House, un institut psychiatrique privé situé à Beacon, dans l'État de New York ; elles ont ouvert des pistes vierges à l'investigation, si bien qu'un nouvel ouvrage sur Zelda paraît non seulement possible, mais encore désirable.

On pourrait certes se demander si les Fitzgerald n'ont pas été « examinés de fond en comble », au vu des nombreuses études qui ont suivi celle d'Arthur Mizener. Intitulée *The Far Side of Paradise*, cette première biographie de Fitzgerald, publiée en 1949, dix ans après la mort de Scott et trois ans après celle de Zelda, représente un travail honnête et empreint de sympathie. Néanmoins, la vie privée des Fitzgerald n'offrait aux yeux de l'auteur qu'un intérêt secondaire. L'ouvrage d'Andrew Turnbull, *Scott Fitzgerald* (1962), se montre plus juste envers Zelda et inclut des données importantes que Mizener avait été contraint d'omettre. Cet ouvrage au ton passionné se concentre sur la vie affective de Fitzgerald et sur sa relation complexe avec Zelda. Publiée en troisième, la biographie de Matthew Bruccoli devait lui demander trente ans d'efforts. Sous-titrée *Une certaine grandeur épique*, elle regorge de faits inédits, mais échoue à dégager la profondeur humaine et individuelle de Scott, sans parler de Zelda. Plus engagée, la biographie d'André Le Vot représente sans doute la plus audacieuse et la plus sensible de toutes. Publiée en français en 1979 et traduite par la suite en anglais, elle dresse un admirable portrait de l'homme et de l'artiste. Sorti en 1983, centré quasi exclusivement sur Fitzgerald lui-même, l'essai de Scott Donaldson intitulé *Fool for Love (Un fou d'amour)* met en avant le complexe d'infériorité de l'écrivain et son besoin obsessionnel de plaire, dans lequel l'auteur voit la clé de sa personnalité. La sixième étude biographique majeure parue depuis 1970 est celle de James Mellow, *Invented Lives (Des vies imaginaires)*, publiée en 1984 : il s'agit d'une excellente analyse critique, impartiale, mesurée. Bien documentée et bien structurée, elle montre comment les Fitzgerald se sont recréés eux-mêmes, et les circonstances qui ont inévitablement provoqué leur destruction. La meilleure étude de Zelda, jusqu'ici, est celle de Nancy Milford : son *Zelda* exprime une profonde sympathie à l'égard de l'héroïne, mais demeure évasif et soulève autant de problèmes qu'il en résout.

L'essai de Sara Mayfield, *Exiles from Paradise (Les Exilés au paradis)*, publié un an seulement après celui de Milford, offre certains aperçus nouveaux : c'est un ouvrage plein de sympathie et de compassion, fondé sur des souvenirs personnels de l'auteur. Sara connaissait Zelda depuis leur enfance commune à Montgomery, et elles étaient restées en contact au cours des années qui suivirent. Lorsque son ouvrage fut enfin publié, Mayfield, âgée de soixante-six ans, vivait dans l'Alabama après avoir été enfermée des années dans un institut psychiatrique. Parmi les longs entretiens qu'elle eut avec la famille et les amis de Zelda, on notera tout particulièrement une série de questions exhaustives posées par écrit à la sœur de Zelda, Rosalind, qui connaissait Mayfield depuis des années. Rosalind y répondit dans le détail, mais ses griefs à l'endroit de Fitzgerald, renforçant les préjugés de Mayfield, ne firent que confirmer l'idée qu'elle se faisait de cet auteur : un alcoolique égoïste et faible, responsable de la dépression de Zelda. Desservi par une perspective totalisante et des généralisations abusives, ce livre représente le témoignage biaisé d'une amie de jeunesse. Ainsi, Mayfield rappelle avec insistance que Zelda était vierge avant son mariage, quand d'autres témoins suggèrent le contraire. Elle sous-estime par ailleurs l'impact de sa brève liaison avec Édouard Jozan. Cela dit, c'est bien ce ton personnel qui rend l'ouvrage fascinant, alors même qu'il pose problème.

Deux biographies récentes, l'une consacrée à Scott en 1994 par Jeffrey Meyers, l'autre à Scottie Fitzgerald en 1995 par Eleanor Lanahan, ont fait état de nouvelles sources. L'étude de Meyers - dénotant la sympathie, voire la condescendance par endroits - contient certaines informations inédites sur le placement de Zelda dans diverses institutions. La biographie de Lanahan inclut des notations personnelles, de nature familiale, jusqu'ici inaccessibles, et révèle notamment les sentiments de Scottie à l'égard de ses parents, de ses enfants et de son époux. Lanahan reconnut que sa biographie ne cachait rien : « [...] [elle] met à nu, saigne, regrette, geint, revendique et déplore[5] » et admit ouvertement : « Ma mère s'en retournerait dans sa tombe. » Cette chronique minutieuse de la vie de Scottie fournit un matériau de choix aux exégètes, mais requiert une lecture objective.

Ces ouvrages biographiques, et nombre d'autres tout aussi accessibles sur les Fitzgerald, ne m'en ont pas moins laissée convaincue que je devais sonder l'histoire de Zelda. Je peux tenter de justifier cette conviction en citant un commentaire d'Archibald MacLeish sur l'impact de Zelda sur la vie et l'œuvre de Scott : « [...] je ne crois pas qu'une femme puisse réellement influencer ce qu'écrit un homme, me dit-il, parce que ce qu'il écrit et la façon dont il l'écrit viennent du plus profond de lui-même ; tout cela est stocké et remonte à la surface comme la création d'un homme inconnu de tous. Elle peut sérieusement affecter sa production, dans quelle mesure il écrit et les moments où il écrit, mais je crois qu'avec n'importe quelle autre épouse Scott n'aurait jamais écrit autant qu'il l'a fait tout ce temps-là, ni qu'il aurait connu un tant soit peu de bonheur[6]. »

Les biographies que j'ai citées considèrent Zelda de prime abord selon ses relations avec Scott Fitzgerald. Milford elle-même la mentionne dans son index sous l'appellation de « Fitzgerald, Mrs F. Scott (Zelda Sayre) ». La femme qui retint mon attention était la Zelda qui engendra toutes les héroïnes de Fitzgerald, avant de se battre pour dépasser ce stéréotype. Fallait-il ne voir en Zelda que l'épouse de Scott Fitzgerald ?

Zelda mourut lorsque j'étais encore enfant ; nous ne nous rencontrâmes jamais, mais je me suis toujours reconnue dans le combat qu'elle mena pour réussir en toute indépendance. Reflétant les autres femmes de sa génération, écartelée entre des notions ancestrales de soumission et des idées novatrices d'égalité, l'histoire de Zelda conserve son importance pour toutes celles d'entre nous qui, aujourd'hui, se confrontent à de semblables enjeux. Voilà pourquoi sa détermination à se trouver un métier utile et à établir une identité propre, indépendamment de Fitzgerald, continue à nous intriguer. Ce que démontre en fin de compte sa vie, avec éclat, c'est qu'elle a accompli certaines choses dans la mesure de ses moyens - en dépit de tous ces obstacles, dont le plus important, pour la citer, était qu'elle n'était autre que Mrs F. Scott Fitzgerald.

Notes

1. Entretien de l'auteur avec Scottie Fitzgerald, 24-28 janvier 1964.
2. Lettre de Scottie Fitzgerald à l'auteur, 23 septembre 1963, archives personnelles.
3. Lettre de Scottie Fitzgerald à l'auteur, 27 janvier 1964, archives personnelles.
4. *Ibid.*
5. Scottie Fitzgerald, citée dans Eleanor Lanahan, *Scottie Fitzgerald : the Daughter of...*, New York, Harper Collins, 1995, p. 336.
6. Entretien de l'auteur avec Archibald MacLeish, 16 avril 1964.

Préface

À chaque ère son emblème

Chaque décennie a vu émerger un écrivain porte-parole de son époque. Au XXe siècle, pendant les années 1950 et 1960, les États-Unis d'Amérique étaient représentés par Jack Kerouac et J. D. Salinger. Dans les années 1920, c'était F. Scott Fitzgerald qui avait rempli brièvement cette fonction éminente : il avait su rendre le ton et le tempo de son époque dans un cycle de nouvelles et de romans où figuraient ces jeunes femmes audacieuses, indépendantes, égocentriques, qu'on appelait les *flappers*. Toutes sans exception lui avaient été inspirées par son épouse, Zelda Sayre, qui possédait un tempérament des plus singuliers.

    Fitzgerald avait fait la connaissance de Zelda au cours de l'été 1918, à Montgomery, dans le comté de l'Alabama. Montgomery était alors une bourgade sans histoire qui comptait 40 000 habitants, pour la plupart de bonne famille ; lorsque les États-Unis entrèrent en guerre, elle fut désignée pour servir de base aérienne aux contingents des États du Sud pendant leur phase d'entraînement : décision logique, dans la mesure où la ville possédait déjà des terrains d'aviation. Du jour au lendemain, semblait-il, elle fut au centre d'un tourbillon d'activités, envahie par les soldats de Camp Sheridan : situé dans les proches environs, ce camp pouvait accueillir un contingent d'appelés représentant en nombre la moitié des habitants. Zelda devait par la suite évoquer ce brusque changement dans son roman *Accordez-moi cette valse*, où elle décrit l'arrivée des officiers de la base voisine. « Il y avait le petit major qui fonçait un peu partout comme un samouraï, et dont les dents en or étincelaient au moindre sourire ; un capitaine irlandais, dont les yeux rappelaient la pierre de Blarney, et la chevelure une tourbe embrasée ; des officiers d'aviation dont le visage présentait une zone blanche tout autour des yeux, là où ils portaient leurs lunettes de vol, le nez enflé par le vent et le soleil ; et des hommes à qui l'uniforme prêtait une élégance qui leur avait toujours fait défaut par le passé [1]... » Dans un entretien accordé à son amie d'enfance Sara Haardt, qui, comme elle, avait fui l'atmosphère étouffante de la petite ville en épousant un écrivain célèbre, Zelda évoqua Montgomery avant 1914 et juste après. « Avant 1905 ou 1906, nos vies étaient comme une eau sans remous. La vie nous paraissait sereine, d'une paix qui se suffisait à elle-même. Dans le Sud, les mères ne s'inquiétaient guère du sort de leurs enfants. Nous errions dans les rues et les parcs, livrés à nos jeux et à nous-mêmes, à l'exception d'une vieille nourrice ou deux... puis vint la guerre, et nous éprouvâmes le sentiment inéluctable que toute cette beauté, tout ce plaisir, tout risquait de disparaître d'une minute à l'autre. Nous ne pouvions plus attendre, nous ne pouvions plus nous permettre d'attendre, de crainte que tout ne se perde à jamais, et nous nous jetâmes à corps perdu dans le plaisir, dansant toutes les nuits, chevauchant le long des rues éclairées par la lune, nageant dans les gravières sous la lune blanche de l'Alabama, qui éclaire le monde d'un grain de folie charmante et singulière [2]. »

Jamais on n'avait vu tant d'étrangers dans le comté depuis la guerre de Sécession. Certes, un peu d'hostilité subsistait à l'égard des « Yankees », mais une certaine cordialité s'était instaurée à la faveur des bals du samedi soir, organisés dans les Country Clubs Sheridan et Beauvoir, en l'honneur des soldats de Camp Sheridan et de Camp Taylor. Lorsque les administrateurs du Montgomery Country Club octroyèrent des invitations exceptionnelles aux officiers des autres camps, Fitzgerald réussit à se procurer une carte de membre qui lui ouvrait les portes du Club. Un samedi de juillet 1918, il se rendit au Club en compagnie de plusieurs officiers supérieurs, qui étaient ses invités... et oublia sans tarder ses devoirs d'hôte : il y avait rencontré Zelda Sayre.

À la veille de fêter son dix-huitième anniversaire, celle-ci venait d'achever ses études au lycée Sidney-Lanier où elle avait été élue la plus jolie et la plus populaire des étudiantes. Zelda différait visiblement des autres filles de la région, et, de toutes les jeunes femmes de Montgomery, c'était elle la plus courtisée. Une de ses amies, se remémorant la haute position dont elle jouissait, décrivit en ces termes son extraordinaire popularité : « D'aussi loin que je me souvienne, et bien avant, à ce qu'on m'a dit, Montgomery avait toujours possédé une jeune fille qui, de son plein gré ou à son insu, tranchait sur les autres et alimentait les potins de la ville. Au printemps de cette année-là, c'était Zelda[3]. »

Avant même de rencontrer Scott, Zelda cherchait déjà les moyens d'étendre sa popularité bien au-delà des confins de Montgomery. Mais Fitzgerald représentait un défi nouveau, palpitant. D'apparence plus sophistiquée que ses prétendants locaux, il appartenait à ces « [...] jeunes gens issus de Princeton et de Yale qui fleurent bon le cuir de Russie et donnent l'impression de s'être très vite accoutumés à l'existence[4] ». Avec ses cheveux blonds séparés au milieu par une raie, ses yeux bleu lavande aux cils épais, Fitzgerald manifestait une assurance primesautière qui le rattachait implicitement à l'élite intellectuelle et sociale. Il émanait de sa personne le charme de l'universitaire coté ; sanglé dans un uniforme impeccable, il savait danser les danses du jour : le maxie, le turkey-trot et l'aéroplane... Ses années à Princeton lui avaient inculqué une courtoisie imparable, contre laquelle les jeunes gens issus d'Auburn et de Tuscaloosa ne pouvaient rien. Zelda, certes, était courtisée par de nombreux jeunes gens issus de bonnes familles, plus riches et plus anciennes, mais aucun d'entre eux ne l'impressionna de prime abord comme Fitzgerald, aucun ne cultivait d'ambitions si élevées. Il la flatta en lui disant qu'elle ressemblait à l'héroïne de son roman en cours, et il l'impressionna par la conviction qu'il avait d'être bientôt un auteur acclamé.

Cette prédiction d'une gloire en puissance piqua l'intérêt de Zelda, mais elle ne pouvait se satisfaire de vantardises sans consistance ; elle lui réclamait une preuve concrète de sa capacité à lui offrir l'existence qu'elle convoitait. Entraînée dans une folle ronde de flirts, elle s'était prise au jeu qui consistait à collectionner les cœurs des hommes, ainsi que leurs insignes de régiment. « Tout au long de l'été, Alabama collectionna les insignes militaires, écrivit-elle par la suite à propos de son héroïne. L'automne venu, elle en avait une pleine boîte à gants. Aucune autre fille n'en détenait autant, et encore, elle en avait égaré quelques-uns. Tant de bals, et tant de barrettes dorées et argentées, tant de bombes et de châteaux, et de drapeaux, et même un serpent, qui figuraient tous ces officiers dans sa boîte capitonnée. Chaque soir, elle en arborait un nouveau[5]. »

Les hommes rivalisaient d'efforts époustouflants pour attirer son attention. Le 14 février 1919, jour de la Saint-Valentin, Fitzgerald fut démobilisé de la division Montgomery et réalisa qu'il lui fallait agir vite, sous peine de perdre Zelda. Il rentra à Saint Paul réécrire son manuscrit *L'Envers du paradis*, qui fut accepté en fin de compte par les Éditions Scribner et inscrit sur leur liste de publications pour le printemps 1920. Ayant placé son roman, il persuada Zelda de l'épouser, mais la cérémonie de mariage n'eut lieu qu'une fois le livre sur les rayons des libraires : elle eut pour cadre le presbytère de la cathédrale St Patrick, à Manhattan, le 3 avril 1920 (qui était le dimanche de Pâques). Le faire-part de la gazette locale, le *Montgomery Advertiser*, prédisait à juste titre : « Ses amis de Montgomery ne laissent partir qu'à contrecœur cette jeune fille si belle et si fascinante dans son nouveau foyer de New York, car ils devinent qu'elle y sera bientôt l'objet d'une admiration égale à celle qu'elle a suscitée dans cette région pittoresque du Sud[6]. »

Le roman de Scott fut un succès de librairie, et les Fitzgerald devinrent séance tenante le couple le plus recherché de Manhattan, toujours conviés aux réunions sophistiquées, aux soirées et aux premières de théâtre. C'étaient eux qui donnaient le ton aux années 1920, qui étaient, comme le rappela John Dos Passos, « des célébrités, tel que l'entend le supplément du *Sunday Times*. Ils étaient toujours aux premières loges de l'actualité ». Et Lillian Gish de confirmer : « Ils n'ont pas créé les années 1920 : les années 1920, c'étaient eux. » De tous les jeunes couples, c'étaient eux qui buvaient le plus, qui sortaient le plus, qui s'efforçaient le plus de jouir de la vie. Poussés sous les feux de la rampe, ils devaient satisfaire par une conduite toujours scandaleuse les attentes de leur public. Chéris des rubriques à potins, ils les alimentaient de leur moindre geste. Pour garder les faveurs des journalistes, ils devaient se surpasser continuellement, et ils firent si souvent la une des faits divers que William Randolph Hearst leur délégua un journaliste chargé de couvrir exclusivement leurs activités. Du jour au lendemain, ils étaient devenus le grand prêtre et la grande prêtresse de leur ère. Ils frayaient librement avec le monde du théâtre, se liant avec Lillian Hellman, Helen Hayes et Lillian Gish, assistant aux premières avec George Jean Nathan et sa compagne, l'actrice Ruth Findlay, et ils virent leur portrait servir de blason au rideau de scène des Greenwich Village Follies.

Mais ce règne fut de courte durée : huit ans plus tard, Zelda était hospitalisée dans un sanatorium suisse, et Fitzgerald descendait la pente d'un alcoolisme incurable. Voici comment Zelda, tentant de dérouler la tapisserie de son déclin, se remémora la décennie pour inventorier les événements critiques qui avaient tranché son sort :

Mon mariage, à la suite duquel je me retrouvai dans un autre univers, pour lequel je n'étais pas qualifiée parce que mon éducation ne m'y avait pas préparée.
Une liaison amoureuse avec un aviateur français, à Saint-Raphaël. On m'enferme dans ma villa pendant un mois, pour m'empêcher de le voir. Ça a duré cinq ans. Lorsque j'appris que mon mari avait une maîtresse en Californie, je fus sous le choc, parce que cette existence me semblait si futile, mais en fin de compte je ne fus pas blessée, parce que j'étais consciente d'avoir agi de même plus jeune.
Je me résolus à trouver une échappatoire impersonnelle, un univers où je pourrais m'exprimer, cheminer sans l'appui d'un être qui était toujours loin de moi.
Je suis sans repère pour tout ce qui le concerne, lui et sa vie où il n'y a rien pour moi, sinon le confort physique... je dois ajouter quelque

chose : dans cette histoire, tous les torts me reviennent. Je croyais être une salamandre, et il semble bien que je ne suis qu'un fardeau[7].

La salamandre - cette divinité du foyer qui, au dire de Platon, pouvait traverser les flammes sans brûler - est ici le sésame qui permet de saisir la personnalité de Zelda et son ultime déclin. Elle évoque un roman populaire d'Owen Johnson, publié en 1914 : *La Salamandre* devait influencer à tout jamais l'attitude de Zelda face à la vie. Ce succès de librairie toucha, semble-t-il, plus de dix millions de lecteurs, essentiellement des femmes âgées de moins de vingt-cinq ans, et son adaptation à la scène, où l'héroïne était jouée par Ruth Findlay, la compagne de Nathan, conquit le public dès sa première à Broadway, au Harris Theatre, le 23 octobre 1914. Elle connut un succès tel que la revue *Motography* annonça dans son numéro du 21 août 1915 qu'une version cinématographique était en cours d'achèvement, toujours avec Findlay dans le rôle principal. Fort de ses 360 scènes, de ses 14 stars de l'écran et d'un budget de plus de 100 000 dollars, le film sortit en janvier 1916 et déchaîna l'approbation des critiques : l'*Evening Journal* parla de « classique de l'année », *Review* le qualifia de « grand succès », et *Billboard* l'acclama comme « le succès de l'année ».

Zelda commençait ses études au lycée Sidney-Lanier quand *La Salamandre* sortit sur les écrans de Montgomery ; à l'image de l'héroïne, elle était déjà réputée pour ses conquêtes masculines. Lectrice avide, qui adorait débattre des romans de l'année, elle avait lu James Branch Cadwell avant même Fitzgerald, comme ce dernier l'admit par la suite. Plus encore que les livres, Zelda aimait les films et restait souvent pour la seconde projection. « Chéri, aujourd'hui j'ai usé mon siège presque jusqu'à la corde au Strand Theater, écrivait-elle à Fitzgerald, et tout ça parce que T. E. Lawrence, Lawrence d'Arabie, est votre portrait craché[8]. » Le cinéma était l'un de ses passe-temps favoris et, en 1918, Montgomery comptait quatre lieux de projection : le Strand, le Plaza, l'Empire et l'Orpheum, sans oublier le Grand Théâtre et le Majestic, qui présentait des comédies burlesques et des pièces de théâtre.

Lorsqu'on entend l'héroïne de *La Salamandre*, Dore Baxter, déclarer à l'écran : « Je suis venue au monde pour faire quelque chose d'insolite, quelque chose d'extraordinaire. Je ne suis pas comme toutes ces gentilles petites femmes [...] j'adore les précipices ! C'est si drôle de courir au bord du gouffre, en s'arquant contre le vent qui tente de vous faire basculer[9] », on se figure sans peine le ravissement de Zelda et son identification spontanée au personnage. Pour l'une comme pour l'autre, la vie ordinaire « était trop permissive et il lui manquait une part de danger, d'interdit[10] ». Dans le film, Dore dresse l'un contre l'autre deux hommes, dans des endroits comme le Jungle Club, au son « entraînant et barbare des instruments à cordes [...] dans le chaos allègre des danseurs qui glissaient et tournoyaient ». Ce club était la copie conforme d'un des *speakeasies* les plus recherchés, notoire pour la foule grossière qu'il attirait. Par la suite, Zelda devait déclencher une bagarre entre Fitzgerald et son videur. « Il y avait là un grand bar audacieusement achalandé en boissons, devait se rappeler Lawton Campbell, un camarade de Fitzgerald à Princeton, une estrade pour la danse, des tables aux lampes tamisées, un orchestre célèbre, avec des fantaisistes populaires, des serveurs en habit, cravatés de blanc, et pas mal d'employés en uniforme[11]. » C'était le genre d'endroit où tout pouvait arriver - immanquablement.

Pour Zelda, comme pour toutes les femmes de sa génération, pas question de se résigner à mener une existence ennuyeuse : elle adhérait au désir de la salamandre de tout essayer, de tout éprouver. Owen Johnson décrit son héroïne en ces termes : « Elle vient d'ailleurs, loin des territoires immenses de cette nation, elle se rebelle contre les clichés d'une étroitesse d'esprit séculaire, c'est une aventurière passionnée, enthousiaste, intrépide, qui ne sait pas exactement ce qu'elle recherche, qui ne réalise pas quelles forces la poussent ou la retiennent[12]. » La jeune fille sait ce qu'elle veut et possède assez de foi en elle-même pour atteindre son but : « Elle peut rencontrer tous les hommes qu'elle veut, écrit Johnson. Des hommes de tout milieu, attirés par l'appât de son rire et de ses manières fascinantes, des hommes qui ne veulent que s'amuser un peu, ou de ténébreux chasseurs qui ne se contentent plus d'aventurières ordinaires, et qui traquent avec un appétit renouvelé cette innocence corrompue[13]. »

Pour la jeune fille audacieuse du roman, tous les moyens sont bons pour gagner, sans crainte des conséquences éventuelles. Sa stratégie fondamentale consiste en « une docilité qui suscite l'espoir, puis un repli charmant qui désarçonne l'homme tout en aiguisant son appétit ». Ce processus prend la forme d'un jeu sophistiqué, dont l'enjeu est de posséder l'homme qui convient à l'heure qui convient. Cet homme ne doit pas être un être ordinaire, comme le souligne Dore en termes clairs et nets : « L'homme que j'épouserai devra me donner tout ce que je vois aux mains des autres femmes : robes, bijoux, automobiles... sans quoi je serai malheureuse. Vous voyez, je ne m'épargne pas. Je vous dis ce qu'il en est : il me faut de l'argent, et il me faut New York[14]. » Comme son double fictif, Zelda méprisait également ce qui était ordinaire et partageait les sentiments de Dore à l'égard de l'argent. Lorsqu'elle rompit à l'origine ses fiançailles avec Fitzgerald, elle lui expliqua très calmement que c'était uniquement parce qu'il n'avait pas assez d'argent pour l'entretenir convenablement.

Pour les salamandres, tous les hommes sont des *props*, mot qui en anglais renvoie aux accessoires de théâtre. « Un *prop*, explique Johnson, c'est un très jeune homme, tout juste sorti du nid, donc incapable de se rebeller, pourvu d'une automobile... et possédé d'une fièvre patriotique combattant les effets nocifs de la thésaurisation[15]. » Pour les salamandres, tous les hommes sont bons à prendre, même les plus médiocres, et Zelda aurait approuvé Dore qui « n'avait rencontré que peu d'hommes réels. Elle avait joué avec les oisifs, avec les jeunots de vingt ou quarante ans, que rien n'intéressait, hors une dérive paresseuse au long cours de la vie[16] ».

Le roman originel offrait un scénario plus complexe que son adaptation cinématographique. Il montrait Dore en quête d'un partenaire conjugal approprié, frayant avec les hommes les plus riches et les plus dangereux de New York. Ces divers prétendants incluaient un juge, un rédacteur en chef, un metteur en scène, un gangster, un acteur, quelques riches vieillards et jeunes richards. À Montgomery, Zelda se livrait à un jeu identique. « Ce n'était pas seulement trois ou quatre intrigues qu'elle menait de front, mais une bonne douzaine, écrit Johnson de son héroïne, en prenant garde de ne pas embrouiller les fils et en les renouvelant chaque soir pendant quelques jours où elle paraissait, à tort, s'abandonner[17]. » Dore est si captivante qu'au dénouement du roman chacun des hommes conquis est prêt à tout pour la posséder. En fin de compte, elle opte pour celui qui requiert véritablement son amour, et avec qui elle a le plus de chance de conjuguer sentiments et sécurité financière.

Les intrigues sentimentales de Zelda reflétaient à l'identique celles de Dore. Par la suite, elle devait s'en inspirer pour une série de nouvelles mettant en scène la *flapper* des années 1920. Dans *La Jeune Fille qu'aimait le prince*, Zelda décrit les différents hommes qui pourchassent son héroïne. « Elle recensait ses galants de l'hiver avec une impassibilité et un détachement immuables. Sur sa liste d'admirateurs figuraient des jeunes gens sobres et efficaces qui organisaient des bals, des hommes d'âge mûr en mesure d'aligner cinq zéros, passionnément discrets, deux ou trois pianistes admirables et un ténor d'exception - ou presque. Autour d'elle gravitaient aussi toutes sortes de jeunes gens encore à l'université, de jeunes athlètes fort séduisants, dont la plupart appréhendaient de nouer des relations avec des jeunes filles de leur âge[18]. »

Toutes les salamandres reconnaissaient l'importance capitale de se choisir un bon mari, et Zelda considérait le mariage comme la décision cruciale de son existence. Sa détermination à faire le bon choix impressionna Fitzgerald à tel point qu'il incorpora des passages entiers de son journal intime, consacrés à cette question, dans son roman *Les Heureux et les Damnés*. Il fit dire à son héroïne Gloria ce que la vraie Zelda disait à bien des occasions : « Quels vers rongeurs, les femmes, pour ramper sur leur ventre, dans ces mariages incolores ! Le mariage a été créé, non pour être un fond de tableau, mais pour en nécessiter un. Le mien sera remarquable. Ce ne peut être, ce ne sera pas le décor qui comptera, ce sera la pièce, la pièce vivante, belle, éclatante, et ma scène sera le monde. Je refuse de consacrer ma vie à la postérité[19]. »

Ce choix critique d'un mari devait constituer l'impulsion motrice de toutes les héroïnes fitzgéraldiennes, et c'est Daisy, dans *Gatsby le Magnifique*, qui l'exprime le plus explicitement. « Elle avait de nouveau une demi-douzaine de rendez-vous chaque jour avec une demi-douzaine d'hommes différents [...] et, tout ce temps-là, il y avait quelque chose en elle qui demandait à cor et à cri de prendre une décision. Elle voulait que sa vie prît forme, maintenant, tout de suite - et sous l'influence d'un mobile - amour, argent, raison indiscutable, qui serait à portée de main[20]. » Si Zelda acceptait intellectuellement de dépendre d'un homme chargé de la protéger, elle refusait cette situation affectivement. Et Fitzgerald donna voix à sa frustration, en créant le personnage d'Eleanor dans *L'Envers du paradis*. « Ce vieux monde est pourri, pourri [...] et je suis ce qu'il contient de plus misérable - oh, pourquoi suis-je une fille ? Pourquoi ne suis-je pas [un garçon] stupide ? Toi, par exemple : tu es plus stupide que moi, pas beaucoup mais un peu, et tu peux gambader d'un côté, t'ennuyer, flirter avec les filles sans t'embarrasser dans des paquets de sentiment, tu peux faire n'importe quoi, tu seras justifié ; et moi qui suis assez intelligente pour faire n'importe quoi, je suis condamnée fatalement à l'impasse du mariage[21]. »

Le prototype de la salamandre avait précédé de six ans la *flapper* de Fitzgerald, comme le souligna incessamment Owen Johnson. L'éditeur Robert McAlmon se rappela combien Johnson s'irritait de constater qu'on attribuait toujours à Fitzgerald la paternité littéraire de la *flapper* : il revendiquait sa création, des années plus tôt. Toutefois, en baptisant les années 1920 l'« ère du jazz », en capturant cette atmosphère cruciale de stimulation nerveuse dans ses écrits, Fitzgerald se montra plus sensible que Johnson à la révolution en cours et définit plus précisément l'évolution des mœurs à cette époque. En faisant de Zelda la salamandre typique, la *flapper* de ses œuvres de fiction, Fitzgerald sut rendre l'effervescence juvénile qui marqua sa décennie, toute de « [...] découvertes et d'exploits sensationnels, avivés par le défi que constituait la prohibition, et notre détermination à oublier les effets de la guerre[22] ».

L'« ère du jazz » décrite par Fitzgerald couvre onze ans, de l'armistice de 1918 au krach de Wall Street en 1929. Caractérisée par la prohibition et les *flappers*, ce fut une époque cynique durant laquelle les jeunes gens refusèrent de se laisser émouvoir par l'idéalisme patriotique des générations précédentes. Renonçant aux vieux repères, laissant les anciennes valeurs aller à vau-l'eau, s'attachant aux mœurs plutôt qu'à la morale, l'époque apparaissait tendue, voire hystérique. Citons Zelda : « Le gratin se donnait rendez-vous au Ritz, cette année-là. Tout le monde était à l'appel. Tout un chacun retrouvait ses connaissances aux bars des hôtels, qui sentaient l'orchidée et le velours usé comme dans les romans policiers, pour leur demander ce qu'ils avaient fait depuis leur dernière rencontre. Charlie Chaplin portait une veste de polo jaune. On en avait ras le bol du prolétariat ; tout le monde était célèbre [23]... »

Idolâtrant la jeunesse, carburant à l'alcool (alors illégal), manifestant une vitalité explosive, les moins de trente ans poursuivaient deux intérêts majeurs : fréquenter le grand monde et gagner de l'argent. Les gens voulaient être riches instantanément, acquérir un ton huppé du jour au lendemain. « Chic » était le mot clé. Il était « chic » de posséder une radio et un réfrigérateur, plus « chic » encore de rouler en automobile. Les compagnies automobiles rivalisaient pour fournir aux nouveaux riches des véhicules de haut style - la torpédo Marmon de chez Stutz-Bearcat, qui fut la première voiture de Zelda et Scott, les modèles Pierce Arrow, Essex, Cord, Maxwell, Franklin et Oakland. Nombre d'entre eux avaient des sièges arrière amovibles où les jeunes couples pouvaient s'ébattre. Le cœur battant, on voyait jusqu'où faire monter la vitesse, sans passer les bornes, petit jeu auquel excellaient les *flappers*. Le cinéma populaire encourageait ce type de comportement, comme le film *Alimony (Pension alimentaire)*, sorti en 1923, dont la bande-annonce promettait « des hommes brillants, de jolies petites femmes, du jazz, des bains de champagne, des médianoches, des ébats dans l'aube rougissante, le tout s'achevant sur une apothéose qui vous laissera bouche bée [24] ».

Les automobiles suscitaient une véritable épidémie de flirts rapprochés, comme Fitzgerald l'expliqua dans *L'Envers du paradis*. « Aucune des mères victoriennes - et la plupart des mères étaient victoriennes - ne soupçonnait avec quelle désinvolture leur fille avait l'habitude de se laisser embrasser. [...] Amory voyait des jeunes filles faire ce qui eût été impossible, même dans ses souvenirs : prendre après le bal, à trois heures du matin, des soupers dans d'incroyables cafés, commenter tous les aspects de l'existence d'un air mi-sincère, mi-moqueur [...] Amory trouvait assez fascinant de penser que n'importe quelle jeune fille qu'il rencontrait avant huit heures se laisserait probablement embrasser avant minuit[25]. » Cette promiscuité propre à l'époque était encore favorisée par les musiciens et les dramaturges de l'époque, qui glorifiaient le comportement des *flappers*. Une vague de spectacles érotiques furent montés à Manhattan, attirant les jeunes filles tout juste sorties de leur formation aux arts ménagers, qui affluaient aux balcons pour assister aux idylles d'héroïnes lesbiennes.

Une loi contribua largement à cette promiscuité nouvelle : le Volstead Act, qui frappait d'illégalité la fabrication et la vente de boissons alcoolisées. Mise en application en janvier 1919, elle ne fut révoquée qu'en décembre 1933, quand depuis longtemps elle s'était déjà avérée impossible à faire respecter. La prohibition, loin de décourager l'absorption d'alcool, encouragea celle-ci. Passer pour hors-la-loi avait de quoi exciter les buveurs, et les *speakeasies* de New York connurent une prospérité sans égale. Les bars plébiscités par Fitzgerald étaient le Rendezvous, la Béarnaise, le Montmartre et le Dizzy Club. Jack Shuttleworth, rédacteur en chef du magazine humoristique *Judge*, se rappela avoir croisé Fitzgerald et John Held Jr. à la Béarnaise au cours de l'automne 1925. « [...] Au sous-sol régnait un vent de folie... acteurs et actrices, artistes et écrivains, courtiers et débutantes, juges et gangsters, étudiants et *flappers*, tous riaient et criaient en brandissant des Pink Ladies, un atroce mélange de gin fait maison, de calvados et de blanc d'œuf, servi dans des verres à pied fantaisie. Il y avait là John Held Jr. [...] un grand brun vêtu de tweed, et je vis à sa table F. Scott Fitzgerald. J'ignorais alors que j'étais en pleine ère du jazz, avec ses deux créateurs[26]... »

Libérées de toute inhibition par l'alcool, préconisant les théories novatrices de Freud sur la sexualité, les *flappers* devinrent du jour au lendemain les modèles de la femme moderne. Bien que Freud eût publié ses travaux sur la psychanalyse et la sexualité humaine à la fin du XIXᵉ siècle, ses écrits ne furent véritablement répandus en Amérique qu'après la Première Guerre mondiale. À la suite de leur publication, les *flappers*, saisies d'enthousiasme, embrassèrent ses théories : la frustration sexuelle précipitait les troubles psychologiques. Elles applaudirent les protestations de Rosalind et d'Eleanor dans *L'Envers du paradis* : « Une personne sur cinquante soupçonne ce qu'est la sexualité. J'ai une passion pour Freud et tout ça, mais c'est révoltant que tout amour réel soit de la passion à quatre-vingt-dix-neuf pour cent, et un pour cent de la jalousie[27]. »

La mode des *flappers* était à son apogée lorsque Fitzgerald fit connaître Rosalind au lectorat américain, et Rosalind en fut l'exemple le plus célèbre et le plus imité. Manifestant le courage de Zelda et la froide réserve du premier amour de Fitzgerald, Ginevra King, Rosalind, par son attitude, dicta le credo de la *flapper*. Comme Zelda devait l'expliquer par la suite : « [...] ayant secoué la léthargie propre à sa condition de jeune-fille-sur-le-point-de-faire-son-entrée-dans-le-monde, la *flapper* se coupa les cheveux, ajusta ses boucles d'oreilles les plus élégantes, s'arma d'une bonne dose de cosmétique et d'audace, et se lança dans la bataille. Elle flirta parce que c'était drôle, porta un maillot une-pièce parce qu'elle était bien roulée, se couvrit le visage de poudre et de fard parce qu'elle n'en avait nul besoin et refusa de s'ennuyer, essentiellement parce qu'elle-même n'avait rien d'ennuyeux. Elle était bien consciente qu'elle faisait ce qu'elle avait toujours voulu faire[28]. » L'homme ordinaire était désarçonné et intimidé par cette femme indépendante, qui, comme le fit remarquer la chroniqueuse Dorothy Dix, « pouvait jouer au golf toute la journée, danser toute la nuit, conduire une automobile et donner les premiers soins au blessé si elle renversait quelqu'un[29] ». Voyant dans Fitzgerald le porte-parole de leur génération, elles parcouraient avec avidité les exploits de ses *flappers* qui galopaient un peu partout dans leurs Pataugas aux lacets défaits, en troublant tous les hommes sur leur passage. Gloria, l'alter ego de Zelda, illustrait parfaitement cette attitude. C'était une jeune fille qui « prenait tout dans la vie comme s'il lui suffisait de faire son choix, comme si elle ne cessait de sélectionner des cadeaux dans une réserve inépuisable[30] ». Lorsque Fitzgerald, par l'intermédiaire du mari, Anthony, lui demande : « Vous ne vous intéressez à rien, sauf à vous-même ? », Gloria a cette réponse cynique : « Si peu[31]. »

Avant de rencontrer Zelda, Fitzgerald commentait déjà dans ses écrits le comportement des *flappers*. Mais Zelda incarnait très exactement l'héroïne qu'il tentait de définir, une jeune fille qui embrassait la philosophie de la salamandre et lui donnait vie. L'encourageant dans ses provocations audacieuses et ses propos frivoles, mais brillants, il recopia ses bons mots et incorpora ses maniérismes à ses fictions, avouant à un reporter : « J'ai épousé l'héroïne de mes nouvelles. » Entièrement inspirée par la personnalité de Zelda, Rosalind définit aussitôt la *flapper* des années 1920, au point que le *Courrier-Journal*, un magazine de Louisville, ne tarda pas à dépêcher un reporter à Zelda, pour lui demander ses impressions en tant que modèle. « J'adore les livres de Scott et ses héroïnes, répliqua-t-elle. J'aime celles qui me ressemblent ! C'est pourquoi j'adore Rosalind, dans *L'Envers du paradis*. J'apprécie les filles comme elle, leur courage, leur intrépidité, leur prodigalité[32]. »

En réalité, c'était H. L. Mencken, le mari de son amie d'enfance Sara Haardt, qui avait inventé le terme de *flapper* quinze ans plus tôt. Dans l'anglais britannique, ce mot désignait les adolescentes à la démarche maladroite, et les boutiques anglaises vendaient des « robes *flapper* » de coupe longue et droite, destinées à voiler cette absence de grâce. Outre-Atlantique, le terme définit des jeunes filles de la ville, qui, n'ayant pas à gagner leur vie, partaient en quête de sensations fortes, et passaient tout leur temps en soirées, en compétitions sportives et en virées automobiles. Dotée d'un sens aigu de l'observation, Zelda définissait ainsi le comportement des *flappers* : « Si vous avez les moyens de la sortir, elle est à vous pour la soirée... si vous êtes riche, célèbre, ou très, très beau, vous serez à elle, elle vous donnera du bon temps, et elle froissera vos sentiments. Si vous ne la rencontrez que parce que le hasard vous a placé sur sa route, sans émouvoir sa curiosité, elle se contentera de froisser vos sentiments[33]. » Dans les campagnes, les apprenties *flappers* privées de sensations fortes se montraient encore plus obsédées par cette quête du plaisir, prenant pour cible le moindre mâle relativement attrayant : des étudiants en pantalon de golf et sweater arborant le blason de leur université, des gars qui savaient jouer de l'ukulélé ou du saxophone, ou qui, comme Fitzgerald, portaient un costume dernier cri et glissaient une fiole de whisky dans leur poche arrière de pantalon.

Cela dit, Zelda n'était pas sans contradictions. Tout en réclamant son indépendance à cor et à cri, elle s'attendait à ce qu'on la protégeât, comme elle le souligna dès le début. Fitzgerald modela sa Rosalind d'après cette ambivalence. « Tu sais que je suis vieille par certains côtés, et par d'autres... une simple petite fille. J'aime le soleil, les jolies choses, la gaieté - je redoute les responsabilités. Je ne veux pas m'occuper de casseroles, de balais, de cuisine. Je veux m'inquiéter de savoir si mes jambes deviendront lisses et brunes quand je me baignerai cet été[34]. » Cet égocentrisme possédait à l'origine un charme irrésistible pour Fitzgerald, qui avoua à Edmund Wilson, son camarade de Princeton, qu'il s'intéressait tout particulièrement aux jeunes filles qui exploitaient sans scrupule leur beauté à leur avantage. « Depuis quatre ans et demi que je la connais, écrivit-il à Wilson, c'est l'égoïsme glacial, entier, élégant, sans retenue de Zelda qui a eu le plus d'influence sur moi[35]. » Il devait changer d'avis sous peu.

Zelda ne pouvait deviner à quel point son rôle, dicté par l'héroïne fictive de Scott, allait lui peser. Par la suite, lorsqu'elle dut se battre pour acquérir sa liberté et son droit à une expression personnelle, elle comprit que ce ne serait pas par l'intermédiaire de Scott qu'elle atteindrait à la plénitude, comme une bonne salamandre, mais en s'opposant à lui. En avouant, « je ne suis qu'un obstacle », en laissant entendre qu'elle n'arrivait plus à tenir le rythme, elle ne pouvait deviner ce que nous observons rétrospectivement, à savoir que son plus grand accomplissement dans la vie aura été sa contribution à l'œuvre de Fitzgerald. Loin d'être un obstacle, elle représenta la pierre de voûte de la fiction fitzgéraldienne, ce qui provoqua d'irrémédiables lésions dans sa propre personnalité, si fragile. Elle se réfugia dans la folie pour s'accommoder, comme elle le dit elle-même, « d'une condition qui lui permettait de respirer librement ». Et comme elle l'écrivit à propos de son art, et, par extension, de sa vie - « parfois la folie c'est la sagesse ».

Notes

1. Zelda Fitzgerald, *Save Me the Waltz*, in *The Collected Writings of Zelda Fitzgerald*, éd. Matthew J. Bruccoli, New York, Charles Scribner's Sons, 1991, p. 37.
2. Sara Haardt, « Zelda Fitzgerald », entretien inédit avec Zelda Fitzgerald, proposé à l'origine au magazine *Good Housekeeping*, p. 2. Enoch Pratt Free Library, Collections particulières, Baltimore, Maryland.
3. Lawton Campbell, *The Fitzgerald Were my Friends*, essai inédit, archives personnelles, p. 11.
4. Zelda Fitzgerald, *Save Me the Waltz, op. cit.*, p. 37.
5. *Ibid.*
6. *The Montgomery Advertiser*, coupure conservée dans l'album de Zelda, Fitzgerald Collection, Princeton University Library, Princeton, New Jersey.
7. Nancy Melford, *Zelda : a Biography*, New York, Harper & Row, 1970, pp. 175-176.
8. Lettre de Zelda Fitzgerald à F. S. Fitzgerald, citée dans *Zelda, op. cit.*, p. 39.
9. Owen Johnson, *The Salamander*, Indianapolis, Bobbs-Merrill Company, 1914, p. 385.
10. *Ibid.*, p. 388.
11. Lawton Campbell, *op. cit.*, p. 19.
12. Johnson, *The Salamander, op. cit.*, p. 2.
13. *Ibid.*
14. *Ibid.*, p. 451.
15. *Ibid.*, p. 15.
16. *Ibid.*, p. 56.
17. *Ibid.*, p. 399.
18. Zelda Fitzgerald, *The Girl the Prince Liked*, in *The Collected Writings, op. cit.*, pp. 310-311.

19. F. S. Fitzgerald, *Les Heureux et les Damnés*, trad. Louise Servicen, Paris, Gallimard, NRF, 1964, p. 146.
20. F. S. Fitzgerald, *Gatsby le Magnifique*, trad. Michel Viel, Lausanne, L'Âge d'homme, 1991, p. 132.
21. F. S. Fitzgerald, *L'Envers du paradis*, trad. Suzanne Mayoux, Paris, Gallimard, NRF, 1964, p. 223.
22. Lawton Campbell, *op. cit.*, p. 19.
23. Zelda Fitzgerald, *Save Me the Waltz, op. cit.*, p. 48.
24. *Motoplay Magazine*, 21 août 1923, p. 18.
25. F. S. Fitzgerald, *L'Envers du paradis, op. cit.*, p. 272.
26. Jack Shuttleworth, « John Held Jr. and his World », *American Heritage*, vol. XVI, n° 5, p. 29.
27. F. S. Fitzgerald, *L'Envers du paradis, op. cit.*, p. 216.
28. Zelda Fitzgerald, *Eulogy on the Flapper, The Collected Writings, op. cit.*, p. 391.
29. Dorothy Dix in *John Held Jr., Illustrator of the Jazz Age*, éd. Shelly Armitage, Syracuse, New York, Syracuse University Press, p. 72.
30. F. S. Fitzgerald, *Les Heureux et les Damnés, op. cit.*, p. 62.
31. *Ibid.*, p. 112.
32. Zelda Fitzgerald, entretien avec *The Courrier-Journal*, Louisville, 30 septembre 1923, cité dans *The Romantic Egotists*, éd. Matthew J. Bruccoli, Charles Scribner's Sons, New York, 1974, p. 112.
33. Zelda Fitzgerald, *The Girl the Prince Liked, op. cit.*, p. 316.
34. F. S. Fitzgerald, *L'Envers du paradis, op. cit.*, p. 207.
35. Lettre de F. S. Fitzgerald à Edmund Wilson, janvier 1922, citée dans *The Letters of F. S. Fitzgerald*, éd. Andrew Turnbull, New York, Charles Scribner's Sons, 1963, p. 331.

Chapitre un

Montgomery à l'ère du jazz

Zelda naquit le 24 juillet 1900, alors que sa mère approchait de la quarantaine. C'était la benjamine des six enfants d'Anthony et Minnie Sayre. Quant à son prénom, elle l'avait hérité d'une bohémienne qui était l'héroïne du roman sentimental de Robert Edward Francillon, *La Fortune de Zelda*, paru en 1874. Lorsqu'il décrit son héroïne, c'est comme si Francillon avait deviné par avance qui était Zelda Sayre : « Le cœur de Zelda était ardent comme l'été, ses larmes étaient comme une ondée printanière. Elle tenait plus qu'un peu de Marietta, outre ce geste coutumier qu'elle avait de frapper du pied sur le sol. Mais il ne faut pas croire que les petites vagues qui ondulent à la surface annoncent toujours une mer peu profonde. Elle avait hérité de sa mère sa vivacité et son tempérament impulsif, mais possédait une profondeur d'âme qui lui était propre [1]. »

Zelda fut baptisée dans l'église épiscopale du Saint-Consolateur, comme ses trois sœurs : Marjorie, l'aînée, née en 1882, Rosalind (dite Tootsie), qui avait onze ans de plus que Zelda, et Clothilde (dite Tilde), de neuf ans son aînée, née en 1891. Leur frère Daniel mourut d'une méningite cérébro-spinale à dix-huit mois, laissant pour seul héritier de la lignée leur frère, Anthony D. Sayre.

À l'orée du XVIIe siècle, les Sayre occupaient déjà une position éminente sur Long Island, position qu'ils conservèrent dans le New Jersey et l'Ohio. En l'an 1819, leurs héritiers gagnèrent l'Alabama, où ils devinrent de grands propriétaires terriens et prospérèrent en qualité de planteurs, de marchands et de citoyens respectables. Nombre de rues portaient leur nom, dont une grande avenue baptisée d'après William Sayre, le grand-oncle de Zelda, venu s'installer à Montgomery avec son frère Daniel en 1819 et qui contribua largement à la prospérité de la ville. Daniel devint un directeur de journal à Tuskegee et Montgomery, et sa résidence privée, au 644 Washington Street, devait constituer la première Maison-Blanche de la Confédération. Les ancêtres maternels de Zelda, qui descendaient du clan écossais des MacHen, avaient émigré en Virginie au début du XVIIe siècle, modifiant leur patronyme en Machen. C'étaient des hommes d'État éminents, des fermiers prospères et des hommes politiques respectés. Le père de Minnie Machen, dont les ancêtres avaient compté parmi les tout premiers colons du Maryland et de Virginie, était un avoué et un planteur de tabac, qui représenta la Virginie au congrès des Confédérés. Après la guerre civile, il fut élu sénateur.

Les Sayre avaient toujours résidé dans le quartier ouest de Montgomery, proche des écoles et desservi par le tramway, qui représentait la vieille ville. Les familles plus aisées se firent bâtir des résidences dans d'autres quartiers, mais beaucoup de vieilles lignées ne voulurent pas quitter le lieu où elles s'étaient enracinées. Bien que les Sayre aient déménagé plusieurs fois au sein du quartier, l'enfance de Zelda se déroula au 6 Pleasant Avenue, dans une maison à charpente grise louée par son père. Elle avait été bâtie par un ami du juge, dont la plantation familiale avait empiété sur cette partie de la ville avant la guerre civile. Cette résidence carrée faisait face à la grande maison blanche de leur propriétaire, qui l'avait héritée de ses ancêtres ; elle trônait dans un immense jardin où s'égayaient les arbres fruitiers et les essences d'ambre, les buis, le myrte, les camélias et les plants de pensées sauvages. À l'arrière de cette maison, il y avait un terrain grand comme un champ, herbu, bordé par un ravin envahi de vignes folles, que Zelda escaladait des heures durant, et un grand chêne, entre les racines duquel poussaient des tapis de mousse sur lesquels elle jouait à d'innombrables jeux. C'était une maison confortable ; une véranda spacieuse en faisait le tour, tapissée de clématites et de salsepareille qui la protégeaient du soleil à l'ouest. D'un côté, on trouvait un banc et des chaises où Zelda et ses amies s'asseyaient ensemble après souper ; de l'autre, une balancelle, aux montants envahis de vigne vierge, où ses sœurs et elle recevaient leurs prétendants. Les grandes pièces sans prétention étaient tapissées avec goût ; au rez-de-chaussée, des meubles sur un parquet de pin poli, et au centre un tapis. La mère de Zelda, experte en jardinage, disposait des fleurs fraîches un peu partout, et les pièces étaient toujours égayées par le jour et les couleurs. De grandes bibliothèques aux portes vitrées, ployant sous les livres de Daniel Sayre, tapissaient les murs. Un piano, sur lequel Zelda prenait des leçons, dominait le salon, avec, au mur, un tableau à l'huile de Minnie Sayre et une estampe représentant les adieux de Napoléon à sa femme et à son enfant.

D'après la sœur de Zelda, Rosalind, « la porte était toujours ouverte à tous, aux amis de tout un chacun, qui s'arrêtaient toujours en chemin, et que nous gardions à dîner s'ils voulaient rester. Même s'il détestait les grandes réceptions organisées, Papa ne protestait jamais devant le flux de visiteurs ; il agissait en hôte courtois. Il se montrait toujours hospitalier envers les jeunes gens qui venaient voir ses filles, échangeant quelques menus propos avec eux avant de battre hâtivement en retraite[2] ». La chambre de Zelda, qui surplombait la véranda au deuxième étage, était la plus petite et la plus douillette ; le bruissement de la pluie sur le toit de zinc de la véranda devait lui rester en mémoire jusqu'au jour de sa mort. Elle était tapissée d'un papier rose aux motifs floraux, assorti à une coiffeuse recouverte de chintz, et les deux fenêtres, aux rideaux de mousseline blanche, donnaient sur les jardins luxuriants qui leur faisaient face. Un tapis de paille tressée couvrait le plancher, et les meubles sobres comprenaient un petit bureau de bois blanc, un élégant rocking-chair et un lit de fer peint en blanc.

Anthony Sayre avait naguère été chargé de prononcer le discours d'adieu de sa promotion. Cet homme imposant cumulait les fonctions : président du sénat d'Alabama et juge de district. Par la suite, il fut nommé juge assesseur à la Cour suprême d'Alabama. Ce juriste brillant - souvent désigné par ses confrères comme le « cerveau du barreau » -

s'était fait une réputation dans son milieu où jamais on n'avait vu réfuter une seule de ses hypothèses. Il ne fumait ni ne buvait et se couchait tous les soirs à vingt heures trente. Tous les matins, il prenait le tram au coin de la rue pour se rendre au capitole. Parce qu'il souffrait d'une myopie dont Zelda hérita, il n'avait jamais appris à conduire. « On le tenait pour un juge éminent, à tel point que, les jours de pluie, le conducteur du tramway qu'il prenait tous les matins et qui s'arrêtait devant les bâtiments de la Cour suprême stoppait le tram et remontait deux pâtés de maison à pied, un parapluie à la main, pour venir le chercher[3]. » Empreint de réserve et de dignité, il pouvait se montrer brillant causeur lorsque l'humeur le prenait et cultivait avec ses amis un humour sans méchanceté. Comme Zelda, qui déployait un charme exceptionnel avec les jeunes gens des alentours, il savait gagner le cœur des enfants. Fils de Daniel Sayre, l'éditeur de *The Montgomery Post* qui avait exercé une certaine influence dans les cercles francs-maçons, Anthony Sr. ne cherchait pas à acquérir des biens matériels. Il n'aimait pas s'endetter, au point qu'il refusa d'acheter une maison parce qu'il lui aurait fallu souscrire une hypothèque. Et pourtant, même s'ils ne furent jamais riches, les Sayre employèrent constamment une cuisinière, une blanchisseuse, un factotum et, quand c'était nécessaire, une nounou. Celle de Zelda était une belle Noire plantureuse qu'on appelait Tante Julia. Elle occupait une petite maison dans l'arrière-cour et portait un tablier et une coiffe de coton blanc empesé. Accaparé par son travail, le juge Sayre offrait aux siens une présence forte et rassurante, mais peu de chaleur ou d'affection. Zelda tenta de vaincre son éloignement en le distrayant par ses clowneries ; mise en échec, elle se résolut à capter l'attention des autres hommes.

Elle avait hérité de l'intelligence aiguë de son père. Toutefois, son habileté à manier les mots et les métaphores spirituelles lui venait tout droit de sa mère, qui avait rêvé d'être actrice ou chanteuse d'opéra et pris des cours de diction à Philadelphie au cours de l'hiver 1878. Frustrée par son propre père, qui tenait une carrière sur les planches pour un tabou social, Minnie trouva un exutoire à ses ambitions créatrices en écrivant des poèmes publiés par la presse locale, en donnant des cours de chant et en mettant en scène des pièces et des sketchs joués par des troupes amateurs. Elle voulait que ses filles puissent jouir des opportunités qui lui avaient été refusées et encouragea notamment les efforts créatifs de Zelda en cousant ses costumes pour les représentations données au profit des œuvres de charité locales et en encourageant son intérêt pour la danse. Un reporter perspicace du *Montgomery Advertiser*, commentant la performance de Zelda, observa : « [...] elle fait déjà partie du lot qui se rend au Country Club tous les samedis soir et aux réunions de danse tous les autres soirs de la semaine... elle pourrait danser comme Pavlova [*sic*] si ses petits pieds ne s'efforçaient surtout de tenir la cadence face à la cohorte de ses admirateurs, juvéniles mais enthousiastes[4]. » Le journal dépêcha un photographe pour faire son portrait. À quinze ans, dans son tutu de tulle, un diadème élégant dans ses cheveux, les bras élevés gracieusement au-dessus de sa tête, elle donnait déjà l'impression d'une extrême confiance en soi.

En sa qualité de benjamine, Zelda fut toujours appelée « mon bébé » par ses parents. Choyée et gâtée, elle en vint à chipoter sur la nourriture et à manifester sa mauvaise humeur quand celle-ci n'était pas de son goût. « Je n'ai jamais considéré que Maman gâtait particulièrement Zelda, sinon à table, se rappela Rosalind. Si elle n'aimait pas ce qu'il y avait au menu, elle refusait de manger, grognait ou geignait, et Maman allait chercher à l'office ou dans la glacière un mets qu'elle agrée. Ce n'était pas très diététique, mais sans conséquences nocives, car Zelda fut une enfant et une adolescente robuste, bien plus que le restant d'entre nous[5]. » Habituée à ne manger que ce qu'elle aimait, et décidée à rester mince, elle ne vivait pour ainsi dire que de sandwichs à la tomate. Lorsqu'elle sortait le soir, elle appréciait un médianoche d'épinards frais arrosé de champagne. Ces manies culinaires, ces goûts et dégoûts devaient fasciner Fitzgerald, à tel point qu'il les intégra par la suite dans sa description de Gloria, l'héroïne de *Les Heureux et les Damnés*. « Il y avait par exemple son estomac. Habituée à certains plats, elle était certaine de ne rien pouvoir manger d'autre. Il lui fallait une limonade et un sandwich à la tomate vers la fin de la matinée, puis un déjeuner léger avec une tomate farcie. Non seulement elle exigeait pour nourriture la sélection de plusieurs douzaines de plats, mais en outre ces mets devaient subir une préparation spéciale[6]. »

Encouragée par sa mère, qui la croyait de taille à tout maîtriser, Zelda manifesta une approche intrépide de la vie, se lançant sans hésiter dans les entreprises les plus périlleuses. Anticonformiste, indépendante, capricieuse, pleine d'imagination, elle était animée d'une incroyable vitalité et abordait les tâches les plus élémentaires avec l'énergie de la compétition. D'après son amie Sara Haardt, elle « possédait [...] bien plus que l'audace ou la vitalité indestructible de ces générations d'avant guerre. Elle avait de surcroît un courage magnifique - qui ne tenait pas tant du défi que de l'oubli, l'oubli du danger, des cancans ou des obstacles[7] ». Elle était attirée par tout ce qui était dangereux et palpitant ; enfant, elle grimpait aux arbres qui apeuraient ses camarades ; elle taquinait sans pitié les petits garçons, et il était rare qu'elle tombe sur quelqu'un qu'elle ne puisse battre à la course. Un jour où on l'avait obligée à surveiller sa cousine Noonie, elle jucha la petite sur une haute branche du chêne qui jouxtait l'arrière de la maison, en lui disant : « Reste là jusqu'à mon retour. » Sur quoi elle s'enfuit avec ses amies pour ne revenir qu'une heure plus tard, une sucette à la main, avec cette mise en garde : « Ne t'avise pas de rapporter ! »

À dix ans, elle fut interviewée par la tante de Tallulah Bankhead, Marie, qui devait faire paraître dans *The Montgomery Advertiser* un article intitulé « Les enfants de la magistrature d'Alabama ». Zelda y apparaissait comme une enfant naïve et cordiale, dont l'auteur rapportait tous les propos à la lettre. Zelda affirmait qu'elle aimait surtout jouer aux « voleurs et aux gendarmes » et « aux cow-boys et aux Indiens », parce que c'étaient des jeux où on courait, et qu'elle admirait les Indiens parce qu'ils étaient intrépides, « ils nageaient et chevauchaient si formidablement ». Elle affirmait qu'à l'école elle préférait la lecture et la géographie aux autres matières, et que ses passe-temps favoris étaient le dessin et la peinture, mais il est clair que, dans son enfance, elle privilégia toujours les jeux d'extérieur. En parfait garçon manqué, elle se balançait sur une branche du magnolia de la cour ou pourchassait un chien à toute allure dans la rue. « Enfant, j'étais très active, inépuisable, j'étais toujours à courir sans chapeau ni manteau..., devait-elle se remémorer. J'aimais les maisons en construction, et souvent je déambulais sur les toits béants ; j'aimais sauter depuis les hauteurs... j'aimais plonger, j'aimais grimper au sommet des arbres. Petite fille, j'avais grande confiance en moi-même, au point de défier à moi seule mon existence, telle qu'elle se présentait alors. Je n'éprouvais aucun sentiment d'infériorité, aucune timidité, aucun doute, et je n'avais aucun principe moral[8]. » L'une de ses farces préférées consistait à appeler les pompiers pour lancer une fausse alarme. Elle leur téléphona un jour pour leur dire que sa cousine Noonie ne pouvait plus redescendre du toit, puis monta là-haut pour qu'ils aient quelqu'un à sauver.

De neuf ans plus jeune que sa sœur la plus proche, de six ans plus jeune que son frère, Zelda ne fut jamais véritablement leur intime ; c'était Rosalind qu'elle voyait le plus souvent. Tootsie et Tilde étaient toutes deux séduisantes, recherchées par les cercles mondains de Montgomery, bien avant Zelda. Tilde était une beauté classique aux traits doux et charmants, à la peau blanche, aux grands yeux noirs, mais de tempérament réservé. Marjorie avait des penchants artistiques et réalisait d'excellents dessins au crayon et à l'encre. Mais elle était de santé fragile et fut encline à la dépression une bonne partie de sa vie. Anthony était tout aussi espiègle que sa sœur et passait son temps à jouer des tours ; à l'âge de deux ans, il aligna tous les pots de chambre de la maison à l'avant de la véranda et les remplit de charbon pour souhaiter la bienvenue à l'épouse du gouverneur. Artiste talentueux, ce fut un adolescent rebelle et erratique, qui n'acheva pas ses études à l'université d'Auburn, souffrit d'une dépression nerveuse et finit par se suicider. C'était le troisième suicide parmi les proches immédiats de Zelda : sa grand-mère maternelle et la sœur de celle-ci s'étaient également suicidées.

Lorsque Zelda commença ses études secondaires, tous les jeunes Sayre avaient quitté le foyer. Anthony vivait à Mobile, où il occupait un poste d'ingénieur des travaux publics. Rosalind, qui avait été six ans reporter et chroniqueuse mondaine pour *The Montgomery Journal*, avait épousé Newman Smith. Marjorie avait démissionné de son poste d'institutrice pour épouser Minor Brinson. Quant à Clothilde, la première à opter pour un autre métier que l'enseignement, alors qu'elle venait d'une famille respectable, elle provoqua des haussements de sourcils en devenant guichetière à la First National Bank : les hommes se pressaient à l'extérieur du bâtiment pour l'épier ! Elle conserva ce poste jusqu'au moment où elle épousa John M. Palmer.

Contrairement à ses sœurs, Zelda, moins stylée, ne s'intéressait guère aux vêtements et à la mode. « À cette époque, elle ne se souciait guère de ses tenues, elle était même parfois d'apparence négligée, devait témoigner une de ses camarades de classe. Ses deux aînées "sortaient dans le monde", accaparaient les tenues neuves et l'attention de leurs parents. Les robes de Zelda étaient souvent des rogatons laissés par ses sœurs. C'est peut-être pour cela qu'elle préférait porter un chemisier marin, avec jupe assortie, soit l'uniforme des lycéennes de l'époque. Cela dit, si elle avait désiré porter de jolies choses assez intensément pour les réclamer, je suis certaine qu'elle les aurait obtenues. Le vieux juge Sayre, comme on l'appelait, avait les moyens. Ils vivaient dans une grande maison à deux étages, derrière Mildred Street. Le juge était toujours impeccablement vêtu et plein de dignité ; quant à Mrs Sayre, elle donnait l'impression de ne guère se soucier des conventions[9]. »

Depuis l'enfance, Zelda rêvait de devenir ballerine. Elle commença à prendre des leçons de danse à six ans et poursuivit sa formation avec plusieurs enseignants, tous excellents. En 1917, elle s'inscrivit à un nouveau cours de danse proposé par le professeur Weisner, un répétiteur de talent qui avait fait une soudaine apparition dans la ville. « Les gentils le prenaient pour l'un des leurs, et les juifs le considéraient comme juif, et personne n'était capable de dire d'où il venait, ni pour quelle raison un maître à danser aussi talentueux s'était fixé à Montgomery[10]. » Sous sa houlette avisée, Zelda apparut dans de nombreux spectacles et ballets, et figura notamment en haut de l'affiche, lors de récitals de ballet au Grand Théâtre. Le *Montgomery Advertiser* de 1917 commente l'une de ces représentations en ces termes : « Parmi les grands moments de cette soirée, il y eut l'exquis solo dansé par miss Zelda Sayre, aussi charmante que populaire, qui représentait la jeune génération. Miss Sayre portait un costume de tarlatane bleu et or, et elle dansa sous les feux du projecteur[11]. » Une autre représentation fut moins glorieuse. Sara Haardt se rappela comment, alors qu'elle incarnait l'Angleterre dans un spectacle de guerre, « [Zelda], vêtue d'un costume resplendissant blanc et cramoisi, portant un casque et une épée étincelants, entra sur scène et fit face à la foule, tendue et concentrée. L'instant d'avant, dans sa loge, elle avait récité sa tirade à la perfection : "[...] Interrompue dans ces activités bienveillantes depuis trois ans, je suis engagée dans une guerre sanglante dont je ne vois pas la fin. Ô Amérique, jeune république de l'Ouest, à qui j'ai donné mon sang et ma croyance, pour l'amour de l'humanité nous combattons ensemble !... Sur le front de la glorieuse France, la bannière étoilée a fortifié mon bras et empli de joie mon cœur. En cette heure de grand péril, nous appelons de nos vœux la jeunesse virile et robuste de ta grande république !" Mais à présent qu'elle se tenait là, elle sentit soudain sa langue se nouer. "Interrompue...", commença-t-elle. "Interrompue...", reprit-elle. "Interrompue..." Rien n'y fit. Avec un haussement d'épaules, elle dit d'une voix claire : "Je suis désolée. Me voici interrompue pour de bon" - puis effectua une sortie des plus dignes[12] ».

Prompte à saisir les occasions d'améliorer son chant et sa danse, Zelda conserva une série d'albums où elle rassemblait tout ce qui avait trait à ses représentations - invitations de bal, photos d'école, critiques élogieuses de ses récitals, chroniques journalistiques et lettres d'admirateurs. En voyant sa photo dans le journal, un inconnu lui écrivit : « Chère Miss Sayre, j'ai vu votre photo dans le journal de Montgomery, que mes parents m'ont fait parvenir à l'internat, et je me demande si vous accepteriez de correspondre avec moi ? Votre photo était charmante. » Elle colla cette missive dans son album, à côté des autres, mais, si elle goûtait pleinement les hommages éperdus de ces étrangers, elle ne songea jamais à leur répondre.

Ses journées débordaient d'activités diverses, et par la suite elle se rappela comment, « l'après-midi, après avoir rapidement déjeuné sur le pouce, nous allions nager dans l'une ou l'autre flaque boueuse, ce qui peut sembler inimaginable ; le soir, nous faisions du patin à roulettes, en groupes compacts et fourmillants, ou nous dansions à tous crins. À nos yeux, la vie était devenue spectaculaire, outrée, si palpitante que c'en était presque insupportable[13] ». Séduites par son audace et son culot, ses amies la suivaient partout, en se faisant jurer mutuellement le silence, de crainte que leurs parents, apprenant les écarts de conduite de Zelda, ne leur interdisent de la fréquenter. Dans quelle mesure le juge Sayre et sa femme étaient-ils au fait de ce comportement scandaleux ? Sa sœur Rosalind pensa toujours que le secret avait été bien gardé : « Je ne crois qu'il [le juge] était au courant des farces juvéniles de Zelda, pas plus que maman ; ils étaient âgés, vivaient dans le passé qu'ils avaient connu et ne fréquentaient plus la jeunesse à l'exception de Zelda, qui faisait de temps à autre une apparition fugitive, et un ou deux petits-enfants. Ils ignoraient ce que faisaient les jeunes gens, quels changements la guerre avait suscités en eux. Même moi, je considérais Zelda comme une jeune fille qui s'offrait du bon temps, comme je l'avais fait naguère de manière plus formelle à son âge, et, si l'on "parlait d'elle", ces racontars ne parvenaient pas à nos oreilles[14]. »

Élue championne de natation et de plongée de sa classe, lors de sa dernière année de lycée, Zelda pratiquait le sport à la folie et se glissait en cachette dans la piscine du Huntington College, sautait des plongeoirs les plus élevés des piscines du YWCA et de Bell Street, et nageait plus longtemps et plus vite que tout autre étudiant. Espérant choquer les spectateurs, elle portait un maillot de bain Annette Kellerman, en jersey de soie couleur chair, qui, vu de loin, donnait à croire qu'elle était nue. Née en Australie, pionnière de la natation synchronisée et créatrice du maillot une-pièce, Kellerman préconisait une tenue de bain moins pudibonde pour les femmes : à Boston, on l'arrêta parce qu'elle portait un maillot une-pièce. En 1914, lorsqu'elle déclara aux journalistes : « Quand je nage, je ne saurais endosser plus de vêtements que ce qui tient sur une corde à linge », Zelda et ses comparses applaudirent son audace. L'une des baignades favorites de Zelda, c'était la gravière de Roquemore, où elle plongeait du plus haut piton, que les autres redoutaient même d'escalader. Une de ses camarades se rappela comment « elle nageait et plongeait aussi bien que les garçons, et souvent mieux. Elle était absolument intrépide ; il y avait une planche arrimée au bord de la piscine d'où tout le monde avait peur de plonger, et Zelda sautait de là sans y penser[15] ». Un jour qu'elle nageait avec d'autres filles dans une piscine située derrière l'usine chimique, elle se préparait à un plongeon en canard quand ses bras se prirent dans les bretelles de son maillot. Sans réfléchir, elle ôta son maillot et resta « un instant en équilibre, telle une ondine, avant de se hausser sur la pointe des pieds et de sauter de la planche ».

Outre la natation, Zelda surpassait tous ses amis au patin à roulettes. En 1918, c'était le sport à la mode, et elle s'entraînait dans la cour arrière des Whitfield, qui était pavée. C'était une sensation électrisante que de descendre Sayre Street Hill en patins, de Chilton School à la synagogue, en ne tournant qu'au dernier moment pour éviter pavés et véhicules. Se remémorant cette époque avec amusement, elle devait confier à Sara Haardt : « Je me rappelle avoir joué languissamment au chat, et aux gendarmes et aux voleurs dans notre cour, près de l'Old Ship Church, et du jour au lendemain, sans crier gare, semblait-il, tout avait changé. La vie était soudain devenue excitante, dangereuse ; une folle vitalité s'était emparée de nous, et je l'éprouvais au moment de resserrer les courroies de mes patins, juste avant de me lancer follement au beau milieu de Perry Hill Street, en hurlant de toute la force de mes poumons, et parfois en m'accrochant au train arrière des autos qui remontaient la pente à toute vitesse[16]. »

L'audace de Zelda contaminait facilement ses amies. Sara Mayfield, l'amie d'enfance de Zelda qui publia *Exiles from Paradise (Les Exilés du paradis)*, tenta un jour de copier sa technique de patineuse : Zelda dut accourir à la rescousse avant le désastre. « Écoute, tu vas te casser le cou, lui reprocha-t-elle en la tirant par le bras, hors du flot de trafic automobile. Attends qu'un camion arrive pour nous haler au sommet de la colline, et tu pourras redescendre en te cramponnant à moi, tant que tu ne sauras pas comment tourner[17]. » D'après sa sœur Rosalind, elle « avait un don exceptionnel pour attirer les autres enfants, pour qui elle imaginait des jeux et des divertissements. Tous l'aimaient, et c'était réciproque ». Un jour, Zelda persuada Eleanor Browder de demander au conducteur de tramway de les laisser diriger le véhicule. Bien évidemment, celui-ci dérailla, et l'homme manqua perdre sa place. Son père avait beau condamner des actions aussi irresponsables et la punir en conséquence, Zelda continua à faire comme bon lui semblait.

Dès l'enfance, elle entreprit délibérément de braver les conventions, s'autorisant à croiser haut les jambes, refusant de cacher sa poitrine naissante et disant tout ce qui lui passait par la tête. « Quand nous étions adolescentes, se rappela son amie Eleanor Addison, Zelda choisissait les plongeoirs les plus hauts, dévalait Perry Street en patins à toute allure, à côté des automobiles qui rendaient la course encore plus risquée, et excitait ses galants à battre des records de vitesse lorsqu'ils la conduisaient à des soirées. Le restant d'entre nous se satisfaisait d'un rythme plus calme. Le jour, c'était un robuste garçon manqué ; le soir, une belle enchanteresse... Lorsqu'elle réquisitionna un tramway par une belle matinée de dimanche et dévala Court Street dans un fracas infernal, tandis que le conducteur, dépassé par les événements, s'agrippait pour ainsi dire à la rampe, les cancaniers de la ville levèrent les yeux au ciel et dirent : "C'est scandaleux." Lorsqu'elle dansa comme un ange, dans son tutu rose, à l'une ou l'autre soirée de bonnes œuvres, ces mêmes personnes murmurèrent : "Elle est charmante[18]." »

Sa mère lui laissait le champ libre, son père se lamentait en vain : aussi, dès l'âge de seize ans, avait-elle une réputation de rebelle bien établie. Comme se souvint une de ses amies : « Zelda habitait au coin de ma rue, sur Pleasant Avenue. Elle se mêlait à notre groupe, elle était mon amie au lycée, même si elle était déjà différente alors - pas tant de caractère, mais en ce qu'elle n'était pas surveillée. Le restant d'entre nous ne sortait de l'école que pour rentrer à la maison, à moins d'une autorisation parentale. Zelda pouvait se rendre en ville ou accompagner une de ses amies chez elle sans consulter sa mère. Nous restions chez nous les soirs de semaine, pour faire nos devoirs, mais Zelda allait et venait en toute liberté et passait souvent bavarder avec nous après dîner. Elle était futée, mais guère assidue dans son travail. Ses notes étaient passables, mais rarement au-dessus de la moyenne. Elle était amène, gentille, insouciante, extravertie et indisciplinée. Elle ne consultait que ses intérêts, sans se soucier de ses devoirs. Elle était calme et d'humeur égale, parlait d'une voix douce, mais parlait beaucoup[19]. »

La seule à rivaliser d'exploits avec elle, c'était Tallulah Bankhead. De deux ans son aînée, Tallulah était un robuste garçon manqué, qui accomplissait des sauts périlleux et faisait le poirier devant le capitole, la roue devant le grand escalier en révolution de sa rotonde. Sa mère, Adelaide Eugenia Sledge Bankhead, était morte à vingt et un ans d'une septicémie, trois semaines seulement après la naissance de Tallulah. Le nouveau-né fut cahoté entre la maison de sa grand-mère, à Jasper, et le foyer de sa tante Marie Bankhead, à Montgomery. Marie Bankhead avait réussi à mener une brillante carrière : elle dirigeait le Département des archives historiques avec son époux, le docteur Thomas Owens, un cousin de Sara Mayfield. Tallulah se forgea en grandissant des opinions progressistes sur les ambitions qu'une femme pouvait nourrir. Née à Jasper, petite ville située au nord de Birmingham, elle était, comme Zelda, la fille d'un homme d'État, un conseiller. William Brockman Bankhead était membre du Congrès américain et un ex-président de la Chambre des représentants. Son oncle et son grand-père, tous deux sénateurs, étaient des hommes politiques influents tant à Washington qu'en Alabama. Les Bankhead étaient plus connus que les Sayre, et la position élevée dont ils jouissaient à Montgomery autorisait Tallulah et sa sœur à partager les privilèges de Zelda. Les deux sœurs n'en faisaient qu'à leur tête, mais Eugenia, la plus jolie, qui avait un an de plus que sa sœur, se montrait plus exubérante, plus tapageuse. Tallulah, comme sa grand-mère avant elle, avait été prénommée d'après les chutes de Tallulah, du parc national Tallulah Gorge, qui longe la frontière séparant les comtés de Habesham et de Rabun.

Les deux sœurs rivalisaient avec Zelda pour faire la une des potins de la ville. Leur mépris des conventions faisait d'elles un emblème de l'émancipation féminine, et les farces de Tallulah reçurent le surnom de « tallulabaloos[1] ». Les habitants de Montgomery observaient avec stupeur la façon dont les trois jeunes filles se comportaient sur Goat

---

1. Adaptation du terme *hullabaloo*, qui en anglais signifie « vacarme » ou « tintamarre ».

Hill, le talus herbu qui descendait du capitole. « Déjà à l'époque, se rappela Sara Mayfield, toutes les deux avaient une allure, un style et une audace qui me laissaient bouche bée. Zelda et Dutch, comme nous surnommions Tallulah, étaient des personnalités, de vraies actrices, bien avant de connaître la célébrité ; la spécialité de Tallulah, c'étaient les roues, les chandelles, les mimes et les numéros de style music-hall[20]. » Zelda et Tallulah étaient rompues à tout ce qui était danse et chant, gymnastique et sketchs théâtraux sur les marches du capitole. Tallulah était si souple qu'elle pouvait faire la chandelle, en laissant souvent voir son absence totale de sous-vêtements, et attraper entre ses dents une écharpe posée sur le plancher. Son numéro le plus réussi était une parodie hilarante de miss Gussie Woodruff, la vieille fille aux cheveux blancs et aux manières guindées qui dirigeait une école de jeunes filles à Montgomery, toujours vêtue de robes noires à col haut.

Pas plus que Zelda, Tallulah ne se souciait de faire de brillantes études. Ayant abandonné en cours d'année le cours pour jeunes filles de Margaret Booth, qui se tenait au 118 Sayre Street, près de chez Zelda, elle dut subir d'autres calvaires scolaires, à l'Académie du Sacré-Cœur de New York, en compagnie d'Eugenia, puis à l'Académie Mary-Baldwin de Staunton, en Virginie, et enfin au séminaire de Fairmont de Washington, DC. Sur quoi, elle décida que ça suffisait bien comme ça. « Si vous connaissez la Bible et Shakespeare, et si vous savez jouer aux dés, déclara-t-elle, c'est que vous avez fait de bonnes études. »

Pendant toute son adolescence, Zelda rêva de devenir une danseuse ou une actrice professionnelle, à l'image de Tallulah. Ses résultats médiocres trahissent visiblement son mépris à l'endroit de ses études. Parce que son père était membre du Conseil d'éducation de Montgomery, et qu'il était en faveur de l'école publique, elle alla à l'école primaire de Sayre Street et au lycée Sidney-Lanier. Les jeunes filles issues de son milieu social fréquentaient en règle générale le cours de miss Booth, la tante de Lawton Campbell. Fondé en 1914, il se donnait dans un établissement privé et limitait ses capacités d'accueil à une centaine de jeunes filles, issues des riches familles de Montgomery. Il préparait officiellement les étudiantes à poursuivre leurs études dans les établissements du Sud réservés aux femmes, afin de devenir institutrices, mais c'était aussi un excellent moyen de caser les jeunes filles en attendant qu'elles fassent de bons mariages. Au lycée Sidney-Lanier, qui était public et mixte, Zelda suivit pendant quatre ans un programme d'études dites classiques : littérature anglaise, histoire, français, latin, géographie, mathématiques, physique, chimie et physiologie. À l'exception de l'anglais et des mathématiques, elle s'ennuya en cours et ne vit pas l'intérêt de poursuivre des études supérieures. La plupart des cours lui paraissaient sans importance et, comme Scott, elle faisait rarement ses devoirs à la maison, séchait les cours et ne faisait que le strict nécessaire pour ne pas redoubler. Ses meilleures amies, Eleanor Browder et Livyre Hart, l'imitaient en tout point. « Nous faisions l'école buissonnière presque tous les jours, admit Zelda par la suite, en traînant dans les rues un peu par défi, sans but et sans souci. Parfois nous faisions une halte à l'épicerie du vieux Mr McCormack, à la lisière de Boguehomme, où nous achetions des tonnes de crackers et des concombres à l'aneth, et des petits nègres en chocolat [des friandises locales] pour les manger en chemin. Quand je me remémore ces journées, j'ai toujours l'impression que c'était le printemps, toute la ville embaumait la pensée sauvage, et l'arbre de Judée était en fleur. Quand nous étions fatiguées, si nous étions près de la ville, nous allions au cinéma, nous asseoir dans la salle obscure, pendant que le concierge balayait sous nos pieds et ramassait les pelures de cacahuètes et les bouts de papier argent que nous éparpillions dans les allées[21]. » Sous la photo peu flatteuse qui fut prise d'elle en 1917 figure cette épigramme révélatrice : « Que se passerait-il si... si Zelda Sayre tenait des propos sérieux, et si Eleanor Browder arrivait à l'heure à l'école ? »

Jamais une photographie ne sut capter la beauté rare et singulière de Zelda. Jugement confirmé par Ring Lardner Jr. : « Je n'ai jamais vu une photographie d'elle qui la montre sous son véritable jour, à mes yeux du moins. L'appareil ne faisait qu'enregistrer les imperfections de son visage, en omettant les nuances particulières, cette vitalité qui les transcendait si radicalement[22]. » Sa peau irréprochable, bronzée par l'été, prenait des nuances d'un brun chaud, et ses pommettes un peu hautes lui donnaient l'aspect d'un Cherokee blond, couronné d'une abondante chevelure soyeuse, aux tons de miel et d'or. Son visage marquait une certaine obstination, ses yeux gris-vert étaient perçants. « Ce n'était pas une beauté classique, Dieu merci, se rappela Gerald Murphy, qui devint par la suite l'un des amis les plus intimes des Fitzgerald, sa beauté n'avait rien de canonique. Tout était dans ses yeux. Des yeux étranges, sévères, d'une mélancolie sans tristesse, avec un regard quasi masculin à force d'être direct. Elle avait une façon incroyable, peu courante chez une femme, de vous regarder absolument en face, les yeux dans les yeux[23]. » Regard qui pouvait devenir soudain intense et perçant, en raison notamment d'une myopie prononcée. Scott le nota dès le début de leur relation et dit par la suite au médecin qui la traitait à Beacon House, le docteur C. Jonathan Slocum, qu'elle « était presque aveugle d'un œil à la suite d'un accident survenu pendant son enfance ». Sa sœur Rosalind avança une autre explication : « Le spécialiste chez qui maman l'emmena pour ses problèmes de sinus avait découvert qu'un de ses yeux n'avait pas de rétine. Il le dit à maman, mais je suis sûre que maman ne le redit pas à Zelda, et que celle-ci ne s'en rendit jamais compte. Je l'ai ignoré jusqu'à la mort de Zelda, et même longtemps après, jusqu'à ce que le médecin me le dise. C'est peut-être la raison pour laquelle elle louchait en regardant un objet de près[24]. »

Elle avait un visage si animé qu'elle donnait l'impression de changer d'une photographie à l'autre. « Zelda était certes d'une grande beauté, se rappela John Biggs, qui fut le condisciple de Scott à Princeton et l'avoué de Zelda par la suite, mais ses photographies ne le montrent jamais, parce qu'elle était terriblement peu photogénique. » Et pourtant, tout en elle - de ses longs cils, de ses yeux gris-vert légèrement enfoncés dans son visage à ses jambes élégantes et bronzées -, tout était fascinant. Ce que confirme la gazette de Montgomery : « Sa vive intelligence, sa beauté exceptionnelle et ses charmantes manières lui valaient une admiration sans précédent. » Dotée d'une silhouette magnifique, Zelda se vanta un jour de pouvoir la marchander « à Cartier contre un tricot de corps en mailles d'or ». Les garçons du voisinage l'épiaient depuis les buissons qui bordaient la véranda arrière des Sayre, mais, lorsqu'on signala ces jeunes voyeurs à Minnie, elle fit comme si de rien n'était. Fière du beau corps de sa fille, elle n'y voyait aucun prétexte à rougir, attitude peu commune dans cette bourgade du Sud ultraconservatrice.

Montgomery, la ville natale de Zelda, avait été désignée capitale de l'État d'Alabama en 1846 ; elle regroupait les deux colonies rivales de l'Alabama de l'Est et de la nouvelle Philadelphie, et accueillit un moment le congrès de la Confédération. Au centre de la ville se trouvait Court Square, à l'intersection de Dexter Street, Commerce Street et Court Street. Trois marchands y vendaient leurs biens, les commissaires-priseurs faisaient monter les enchères pour le coton et le bétail, et on y inscrivait les recrues volontaires pour la guerre. En 1900, Court Square exhibait une architecture urbaine impressionnante, notamment l'Italianate Winter Building et la Banque centrale. Le Old Exchange Hotel était un quartier général apprécié des hommes d'affaires et des personnalités politiques, et sa salle de bal vit se succéder les soirées les plus prestigieuses de Montgomery.

Depuis la guerre civile, on n'avait jamais vu tant d'étrangers en ville : Camp Sheridan et Camp Taylor, situés à proximité, s'emplissaient de nouvelles recrues soumises à entraînement pour la Première Guerre mondiale. Le vendredi soir, à l'Old Exchange Hotel où naguère Mrs Jefferson avait été reçue en qualité de première dame de la Confédération, les jeunes femmes de Montgomery accueillaient les soldats de passage. Ida et Sara Haardt montaient et descendaient avec agilité les marches dans les bras de leurs partenaires, et Zelda tournoyait dans la salle de bal de minuit jusqu'à l'aube avec des douzaines d'officiers venus des camps voisins. Sara Haardt, qui épousa par la suite H. L. Mencken, devait se rappeler une apparition fulgurante de Zelda lors d'un bal de vacances. « Je la revois encore à ce dernier bal de Noël où nous étions ensemble. Elle portait une robe rouge feu, des sandales à lanières dorées et elle jouait avec un immense éventail en plumes, son regard rêveur et moqueur à la fois. Ses cheveux couleur de bronze et d'or ondulaient en mille boucles, et, tandis qu'elle tournoyait, ces boucles scintillaient merveilleusement comme autant de clochettes. Tout autour d'elle étincelaient des centaines de "jellybeans", comme on surnommait les jeunes gens du Sud, en habit et chemise à boutons de perle, et des centaines d'autres *flappers* en sandales dorées, aux jupes de toutes les couleurs de l'arc-en-ciel, mais qui paraissaient muettes et vaines à côté d'elle. Elles avaient la beauté, elles avaient la grâce, et un certain abandon insouciant, mais aucune d'elles ne pouvait reproduire le regard gai et moqueur qui vacillait sous l'arc noir de ses cils, aucune ne dansait comme elle, comme une flamme, comme un coup de vent[25]. »

Débordant d'énergie, même après avoir dansé toute la nuit, Zelda se levait tôt le lendemain matin pour rejoindre les volontaires de la Service League[2], où elle distribuait du café et des beignets aux soldats, dans la cantine de la gare. À d'autres moments elle roulait des bandages pour la Croix-Rouge, ou arpentait les rues de la ville en vendant des badges au profit des innombrables associations qui soutenaient l'effort de guerre. « Parmi les filles qui dirigeaient les comités de guerre, il y en avait qui pensaient que nous autres, la jeune génération, bavardions trop pour faire du bon travail, mais nous avons vendu plus de badges et roulé plus de bandages que toutes ces filles réunies. C'était comme si nous étions possédées par une insatiable vitalité[26]. »

À dix-huit ans, Zelda avait déjà flirté avec les jeunes gens les plus riches et les mieux éduqués de la ville : Peyton Spottswood Matthis, Dan Cody, John Sellers, Lloyd Hooper et Leon Ruth. Matthis, qui comptait parmi ses favoris, était le célibataire le plus en vue de Montgomery : les femmes appréciaient ses manières distinguées et son sens de l'humour. Il apparut par la suite dans le roman de John Kohn, *The Craddle (Le Berceau)*, sous le surnom du « Bourdon de Dayton ». Matthis avait été comblé de talents à sa naissance. Plus mûr que son âge, propriétaire des Carrières de marbre de Montgomery, il était doué d'un tempérament hautement artistique et sculpta deux chefs-d'œuvre pour le cimetière de la ville - *Les Ailes de la Mort* et *La Colonne brisée*. Matthis

---

2. Service League : association de bénévoles soutenant les combattants américains pendant la Première Guerre mondiale.

et John Sellers furent surnommés les « Jumeaux de la Poussière d'or » tant ils avaient le talent de s'enrichir. Ils avaient tous deux la réputation de donner du bon temps aux jeunes filles avec qui ils flirtaient. Il est probable que Sellers séduisit Zelda alors qu'ils étaient encore au lycée.

Zelda était la jeune fille la plus courtisée dans les réunions fréquentées par les soldats du Nord, et les jeunes aviateurs prirent sans tarder l'habitude d'accomplir des figures de vol audacieuses au-dessus de Pleasant Street, où était la propriété des Sayre, multipliant loopings et tonneaux afin d'attirer son attention. Ces exploits quotidiens se poursuivirent jusqu'au jour où deux seconds lieutenants, Henry Watson et Lincoln Weaver, s'écrasèrent sur une piste voisine alors qu'ils tentaient une descente en vrille. L'officier en chef de Camp Taylor fit aussitôt cesser ces activités frivoles. Un autre jour, quelques fantassins de Camp Taylor paradèrent devant sa porte et exécutèrent des manœuvres en son honneur. Zelda fut ravie de cet hommage.

Son comportement embarrassait et indignait son père, qui tenta à maintes reprises de lui imposer sa discipline : ce fut un échec complet. Lorsqu'elle se rappela cette année folle, Zelda confia à Sara Haardt : « Je dansais tous les soirs [...] vers la fin du printemps et pendant tout l'été, jusqu'au Carême qui annonçait un nouveau printemps. Il y avait les bals des Country Clubs, les bals des étudiants, les bals panhelléniques, les bals au profit de la Croix-Rouge, les campagnes en faveur de l'emprunt de guerre, les bals des officiers, les bals du Jackson Club et du Beauvoir Club, où se rendaient la plupart des officiers, les *Beauty Balls* et les *Folly Balls*[27]... » Mais c'étaient les soirées données par les soldats qui l'enthousiasmaient au plus haut point, parce qu'elles comportaient une pointe de risque et s'achevaient le plus souvent en rixe. « Ceux qui m'amusaient le plus étaient les soirées privées qui se donnaient au vieil auditorium de l'hôtel de ville. Rares étaient les jeunes filles qui osaient s'y rendre, car ces bals passaient pour tapageurs, on n'y voyait aucun officier - il n'y avait même pas d'entracte, parce qu'il n'y avait pas assez de cavalières pour tout le monde ; nous dansions de neuf heures du soir à une heure du matin, sans arrêt, sur la musique la plus merveilleuse du monde. Leurs orchestres étaient toujours meilleurs que ceux des officiers... et on peut dire que ça rendait la guerre, dans toute sa tragédie, son gâchis, son horreur, bien plus présente à nos yeux. Je n'oublierai jamais comment ils jouaient *La Valse anonyme*, *Le Chemin de la maison* et *La Rose du No Man's Land*[28]. » Une autre jeune fille aurait couru le risque d'être ostracisée pour ce genre de conduite, mais Zelda était une Sayre, et son rang social était fermement établi à Montgomery, suivant les codes du Sud. Elle appartenait à l'une des meilleures familles de l'Alabama, apparentée à nombre d'autres familles distinguées (y compris celle du sénateur John Tyler, l'un des hommes politiques locaux les plus renommés), et pouvait enfreindre un tant soit peu les codes sans compromettre sa réputation. Non seulement c'était la fille du juge Anthony Sayre, qui devint par la suite un juge assesseur de la Cour suprême d'Alabama, mais on considérait qu'elle faisait partie de l'aristocratie du Sud.

Scott Fitzgerald, quant à lui, guettait avidement son départ pour l'Europe et le front lorsqu'il fit la connaissance de Zelda. Il avait demandé à être mobilisé au printemps 1917, après un entraînement militaire intensif de trois semaines à Princeton, où il avait déterré un statut fédéral autorisant les soldats francophones à jouir d'un statut d'officier. Fitzgerald ne pouvait pas tout à fait se vanter de parler français. Toutefois, il passa des examens pendant l'été à Fort Snelling, afin d'être nommé provisoirement second lieutenant d'infanterie. De retour à Princeton, il décida de rester sur place en attendant d'être mobilisé. La plupart de ses amis s'étaient déjà engagés et avaient quitté le campus : Alex McKaig était enseigne dans la marine, John Peale Bishop, son meilleur ami, servait dans l'infanterie et Edmund Wilson, recruté dans le corps des infirmiers, attendait son ordre de mission pour la France.

Scott fut mobilisé le 26 octobre et reçut le 20 novembre l'ordre de se rendre au camp d'entraînement pour officiers de Fort Leavenworth, dans le Kansas. Le capitaine en charge de sa section était un jeune homme ambitieux, fraîchement sorti de West Point, qui répondait au nom d'Ike Eisenhower. Il n'impressionna guère Fitzgerald. Soldat médiocre, comme il avait été un étudiant médiocre à Princeton, Scott s'intéressait plus à l'écriture littéraire qu'à l'entraînement militaire. Pendant les conférences qu'on leur faisait sur la guerre de tranchées, il prenait des notes volumineuses pour un roman en cours intitulé *L'Égotiste romantique*, et, pendant ses soirées et ses week-ends, il travaillait sur son manuscrit au mess des officiers. « Chaque samedi, à une heure, quand le travail de la semaine était fini, je me précipitais au club des officiers ; et là, dans un coin de salon plein de fumée, de conversations et du bruissement des journaux, j'écrivis un roman de cent vingt mille mots en trois mois, de week-end en week-end[29]. »

En février 1918, il partit en permission et, se cloîtrant dans le Cottage Club de Princeton, il polit son roman, dont le thème était l'entrée dans l'âge adulte d'un tout jeune homme. Lorsque celui-ci fut achevé, il l'envoya au père de John Biggs, un juriste de Wilmington, qui avait ses bureaux dans le Delaware. Biggs, un temps son colocataire à Princeton, lui avait proposé de mettre à sa disposition la secrétaire de son père, Mrs Bradford, pour qu'elle dactylographiât ses manuscrits. Scott lui écrivit de ne taper qu'une copie du manuscrit, ce qu'elle fit, lui renvoyant en même temps l'original. Le paquet n'arriva jamais : premier accident qui devait frapper le manuscrit. (Le second accident se produisit un an plus tard, lorsque Fitzgerald envoya une version révisée du roman aux Éditions Scribner par l'entremise de Tom Daniels.) Contrarié par l'incident, mais refusant de se laisser abattre, Fitzgerald réécrivit intégralement son manuscrit, en puisant dans ses notes et dans ses souvenirs, et le renvoya à Biggs accompagné des mêmes instructions. Le nouveau manuscrit était nettement meilleur. Cette fois-ci, toutefois, Biggs conserva un double de la version dactylographiée dans son bureau et renvoya l'original par la poste à Fitzgerald, qui le fit parvenir à Shane Leslie, un auteur publié par les Éditions Scribner et qui avait enseigné au lycée privé de Fitzgerald. Le 16 mai 1918, Leslie le transmit à Charles Scribner II en notant que le roman dressait un portrait authentique de la jeunesse américaine. « Malgré ses clés visibles, il offre un portrait frappant de cette génération d'Américains qui se jette dans la guerre. Sa crudité et son intuition m'émerveillent[30]. »

Christian Gauss, le professeur d'anglais de Fitzgerald à Princeton, lui avait suggéré de s'adresser aux Éditions Scribner parce que Charles Scribner et son frère cadet Arthur venaient tous les deux de Princeton - Charles y était entré en 1875, Arthur en 1881. Fitzgerald avait croisé le fils de Charles sur le campus, et d'autres étudiants diplômés étaient lecteurs aux Éditions Scribner : Fitzgerald pensait qu'ils apprécieraient les chapitres consacrés à leur *alma mater*. Mais le responsable de collection, William Crary Brownell, se montra rétif dès le premier coup d'œil, comme bon nombre de ses collègues. Seul Maxwell Evarts Perkins, l'assistant de Brownell, qui avait rejoint la firme en 1910, identifia un talent en herbe derrière le manuscrit. Fitzgerald attendit cinq mois la réponse de Perkins qui rejeta le manuscrit, tout en encourageant Scott à retravailler encore son texte. Sa principale objection touchait à la construction de l'intrigue, laissée sans conclusion, qui faisait dériver le héros d'une situation à une autre sans donner à sentir une véritable conscience des événements. « [...] l'intrigue n'aboutit à rien qui justifie l'intérêt du lecteur, écrivit-il à Fitzgerald en suggérant des changements pour une nouvelle révision. Nous espérons voir de nouveau arriver votre manuscrit, que nous relirons alors aussitôt[31]. » Deux mois plus tard, une version revue et corrigée atterrit sur le bureau de Perkins. Elle plut à Charles Scribner II, mais les membres plus âgés du comité de lecture maintinrent leur veto, et le manuscrit fut de nouveau retourné à Fitzgerald, qui, momentanément déçu et découragé, le mit de côté.

Scott, qui n'avait pas prévu ce second rejet, fut contrarié non seulement par sa difficulté à trouver rapidement un éditeur, mais aussi par le délai interminable qui l'empêchait de prendre part à l'action militaire. En février 1918, il fut transféré, ainsi que la 9e division, au 45e régiment d'infanterie de Camp Zacharie Taylor, près de Louisville (dans le Kentucky), puis à Camp Gordon, en Géorgie. En avril 1918, il fut enfin dépêché à Camp Sheridan, près de Montgomery. John Peale Bishop, son camarade de Princeton, lui écrivit de France une lettre impatiente : « Quand arrives-tu ? Bon sang, je voudrais bien que tu te grouilles. Tu es un soldat maintenant, non ? Nous nous trouverons une chambre en ville dès le premier soir de ton arrivée, et nous passerons la soirée à relire Brooke et Keats[32]. »

Princeton prêtait à Fitzgerald un vernis sophistiqué, lui donnant une apparence très différente de celle des jeunes gens du Sud fréquentés par Zelda. Il tranchait également sur les autres soldats, « que l'uniforme avantageait comme jamais auparavant », et, sanglé dans un uniforme de bonne coupe, il représentait un univers où Zelda voulait pénétrer. « [...] Il avait la bonne odeur du neuf », écrivit Zelda par la suite dans le roman *Accordez-moi cette valse*, qui est son autobiographie à peine déguisée. « Tout près de lui, son visage occupant l'espace entre son oreille et le col dur de son uniforme, c'était comme si on la faisait pénétrer dans les réserves souterraines d'un magasin de luxe, exhalant l'odeur délicate de la toile fine, et du lin, et des étoffes de luxe déjà en ballots[33]. » Il y avait des centaines de soldats en ville, et un nombre inférieur de jeunes filles. Zelda rappela par la suite dans sa nouvelle *Une jeune fille du Sud* comment « les jeunes filles trop grandes ou trop prudes au goût de Jeffersonville [alias Montgomery] étaient arrachées à leurs activités de vieilles filles pour danser avec les soldats et atténuer leur solitude au cours des nuits d'été. Je vous laisse imaginer le sort des filles les plus en vue[34] ! ».

Depuis qu'il avait été promu premier lieutenant à Camp Sheridan, Fitzgerald était autorisé à porter un uniforme taillé sur mesure chez Brooks Brothers, et, au lieu de jambières, des bottes couleur crème qui montaient juste au-dessous du genou. Son nez effilé, ses yeux verts et ses cheveux blonds, divisés par une raie, lui donnaient un air impressionnant en dépit d'une taille moyenne - un mètre soixante-quatorze. D'une beauté assez féminine, d'allure optimiste et enthousiaste, Fitzgerald donnait l'impression d'être à son aise en compagnie féminine, même s'il était conscient de ses défauts : « Je ne possédais pas les deux choses qui comptent le plus : un véritable magnétisme animal et de l'argent. Je possédais les deux choses qui viennent juste après : la beauté et l'intelligence. Du coup, les meilleures filles étaient pour moi[35]. »

Avant de rencontrer Zelda, Fitzgerald avait flirté avec d'autres jeunes filles du pays, que lui avait fait connaître Ludlow Fowler, un de ses condisciples de Princeton. Même après leur rencontre, il continua à fréquenter May Steiner, une jeune fille très courtisée par plusieurs officiers du camp. Mais les relations entre eux ne furent jamais bien profondes, notamment parce que Fitzgerald continuait de songer avec mélancolie à Ginevra King, qui devait se marier sous peu avec l'enseigne de vaisseau William Mitchell, instructeur à la Naval Air Station de Key West, dans le Nevada. En janvier 1915, Fitzgerald avait été présenté à Ginevra King, débutante de Lake Forest (dans l'Illinois) et fille du millionnaire Charles Garfield King, par son amie de Saint Paul, Marie Hersey. Avec un essaim d'autres prétendants, il avait fait la cour à Ginevra pendant l'année suivante. Elle n'avait que seize ans à leur première rencontre et lui avait rendu visite à Princeton, agréant ses rendez-vous à New York, au Midnight Frolic et au Ritz Roof. Mais il s'agissait d'une idylle sans conséquence, que Fitzgerald avait fantasmée au-delà de toute proportion. Et qui avait suscité de méchants ragots. Alors qu'ils s'étaient rendus ensemble à une soirée, à Lake Forest, Scott avait entendu quelqu'un remarquer : « Les garçons pauvres ne devraient pas songer à épouser les filles riches » et pris la remarque pour lui. L'indifférence de Ginevra finit par lui apparaître pleinement lorsqu'il lui demanda de lui rendre ses lettres, pour découvrir qu'elle les avait jetées. « Désolée si vous avez pensé que je les conserverais : je ne prenais guère leur propos au sérieux », lui répondit-elle, en lui offrant de lui renvoyer à leur place son insigne de Triangle. Fitzgerald, pour sa part, ne s'était pas contenté de garder ses lettres : il les avait fait dactylographier et relier dans un volume comptant trois cents pages.

Ginevra devait toujours représenter à ses yeux la jeune fille inaccessible et fuyante. Il exploiterait certains traits de sa personnalité pour créer Isabelle Borge et Rosalind Connage dans *L'Envers du paradis*, ainsi que son héroïne la plus connue, Daisy Buchanan dans *Gatsby le Magnifique*. « Elle avait une voix qui respirait l'argent - c'est là qu'était le charme inépuisable qui suivait les modulations de cette voix, ce tintement, ce chant de cymbale... Dans la plus haute tour du blanc palais, la fille du roi[36]... » Membre d'une classe privilégiée, Ginevra incarnait un univers envié de Fitzgerald : puisqu'elle l'avait rejeté, c'était une preuve que les riches formaient une catégorie à part. « Que je vous parle des très riches, écrivit-il. Ils ne sont pas comme vous et moi. Ils possèdent et jouissent tôt dans leur vie, et ça leur fait quelque chose, ça les rend doux où nous sommes durs, cyniques où nous sommes confiants, d'une manière qu'il est très difficile de percevoir à qui n'est pas né riche. Au fond de leur cœur, ils se tiennent pour meilleurs que nous parce que nous avons dû nous trouver des compensations et des refuges dans la vie. Même s'ils accèdent profondément à notre monde, ou si la déchéance fait d'eux nos inférieurs, ils continuent à se tenir pour meilleurs que nous. Ils sont différents[37]. » Son bref séjour dans l'univers privilégié de King devait changer à jamais son attitude envers les pauvres, qu'il décrit dans son premier roman. « C'était la première fois de sa vie qu'Amory prêtait attention aux gens pauvres. Il pensa cyniquement qu'il manquait totalement de sympathie humaine. O'Henry avait trouvé chez ces gens romanesque, pathos, amour, haine - Amory n'y voyait que grossièreté, crasse et stupidité. [...] "Je déteste les pauvres, songea tout à coup Amory. Je les hais d'être pauvres[38]." »

Rejeté à la fois par les Éditions Scribner et par Ginevra King, Fitzgerald était prêt à s'engager de nouveau amoureusement à l'été 1918. Lorsqu'il rencontra Zelda en juillet, à Montgomery, il reconnut en elle une autre « jeune fille dorée » et prit la ferme résolution de ne pas la perdre. C'était une des plus jeunes à sortir avec des soldats du Nord et l'une des plus populaires auprès d'eux. Sara Haardt rappela son entrée précoce dans le cercle des débutantes : « Un jour, une dame qui appartenait à un comité organisant un bal pour distraire les soldats offrit un dollar à la petite Zelda Sayre, qu'elle tenait encore pour une écolière, si elle acceptait de représenter un ballet qu'elle avait appris à son école de danse. Zelda dansa en ballerines d'argent et en jupon à paillettes, et, lorsqu'elle apparut ensuite sur la piste de bal pour sa première soirée officielle, adulte, elle connut le succès le plus étourdissant de toute sa vie. Le lendemain soir avait lieu au Country Club le bal officiel du samedi soir, fréquenté par les débutantes déjà âgées et les couples respectables, mais Zelda avait reçu la veille sa première invitation à ce bal, pendant une valse magique... et elle s'y rendit[39]. »

Après quoi, le Country Club devint son domaine privilégié : on lui demandait fréquemment d'y exécuter des solos de ballet. Le soir où Fitzgerald l'y vit pour la première fois, par un mois de juillet torride, elle exécutait *La Danse des heures* devant une salle comble, avant d'être entourée par un essaim d'admirateurs. À peine acceptait-elle l'invitation d'un officier qu'un autre partenaire venait la solliciter. Fitzgerald se présenta, l'enleva pour un tour de danse et mobilisa tous ses moyens pour la charmer. Il se vit toutefois promptement remettre à sa place lorsqu'il lui proposa une sortie de minuit. « Ceux qui vont vite en besogne, j'aime autant les voir l'après-midi », répondit-elle en riant. Il l'appela le lendemain, pour apprendre qu'elle était prise toute la semaine. Passée maître dans l'art de rendre jaloux ses prétendants, elle attisa l'intérêt que lui portait Fitzgerald jusqu'au délire en l'espace de quelques jours. Le dimanche suivant, elle le dépita passablement lorsqu'il la vit embrasser un flirt sous la loupiote d'une cabine téléphonique, non loin du Club. Accélérant la course, Scott la persuada de le revoir, et, le 24 juillet, il donna une fête au Country Club en l'honneur de son dix-huitième anniversaire. Ce fut une soirée magique, qu'elle ne devait jamais oublier. « Souviens-toi, il y avait trois pins d'un côté et quatre de l'autre le soir où tu organisas ma fête d'anniversaire, et tu étais un jeune lieutenant, et moi un fantôme au doux parfum, n'est-ce pas ? Et c'était une nuit radieuse, une nuit de douce conspiration, et les arbres étaient d'accord avec nous : tout serait pour le mieux[40]... »

Un an avait passé depuis que Ginevra King l'avait rejeté, mais Scott ne l'avait pas tout à fait oubliée, et Zelda lui rappelait la débutante de Chicago. Fitzgerald dit à Zelda combien elle ressemblait à son héroïne Isabelle (inspirée par Ginevra) dans son roman inachevé. Deux semaines après le début de sa cour, il lui donna le chapitre intitulé « Enfants perdus » où Isabelle joue un rôle majeur. C'était la première fois qu'un homme faisait la cour à Zelda en ces termes, et la tête lui tourna. L'automne venu, Fitzgerald lui avoua ses sentiments et nota le jour exact dans son journal : le 7 septembre. Cinq jours plus tard, Zelda lui offrit une flasque d'argent portant l'inscription suivante : « Ne m'oublie pas, Zelda. 9/13/18 ».

Une de ses camarades de lycée se rappela cet automne romantique : « Nous étions surveillées de plus près que nos congénères d'aujourd'hui. Il était hors de question qu'une de nous accepte un rendez-vous d'un soldat. Non seulement ces garçons étaient de simples soldats, mais c'étaient des "Yankees", des ennemis étrangers. Scott Fitzgerald était de leur nombre. Je crois que ce sont les amies de sa sœur aînée qui l'ont présenté à Zelda. Nous étions un peu choquées, mais nous l'admirions d'avoir fait sa conquête. Ils ont commencé à sortir régulièrement presque tout de suite. Elle s'était toujours intéressée plus que nous aux garçons, et elle aimait bien laisser son favori dans le doute, en le taquinant et en le mettant dans l'embarras sans méchanceté, mais en public. Scott n'y échappa pas plus que les autres. Lorsqu'il venait la voir en ville, au lieu de se le garder pour elle, elle tournait le coin de la rue avec lui pour nous rejoindre, sur la palissade, devant notre maison, où nous nous retrouvions pour bavarder. Scott était beau garçon, calme et gentil. Zelda adorait le faire rougir. Il s'intégrait bien à notre groupe, semblait-il, et il nous raccompagnait parfois lorsque nous retournions aux réunions de lycée et aux rencontres sportives, le vendredi et le samedi soir[41]. »

Zelda avait beau ne mesurer qu'un mètre soixante-cinq, elle paraissait bien plus grande : juchée sur ses talons hauts, elle arrivait presque à la hauteur de Scott. Avec sa grâce de ballerine, elle semblait traverser une pièce en flottant dans l'air. Fitzgerald manifestait la même agilité : on aurait cru que « quelque main céleste passée sous ses épaulettes le soutenait, lui permettant de soulever les pieds du sol en une sorte de lévitation extatique, comme s'il avait eu le pouvoir secret de voler, mais esquissait néanmoins les gestes de la marche, par pure concession aux conventions humaines[42] ». Dès le début, ils étaient faits l'un pour l'autre.

Mais Zelda n'était pas seulement belle ; elle possédait le courage et la confiance en soi qui faisaient défaut à Scott. Fitzgerald était déterminé à l'impressionner, même si ce n'était pas une tâche facile que de séduire une fille aussi attirante dans sa fuite, une fille qui manifestait une réserve empreinte de détachement. Des années plus tard, Sara

Murphy, l'épouse de Gerald, l'attestait : « Je ne crois pas qu'elle aimait beaucoup de gens, même si son comportement à leur égard était toujours irréprochable. Elle ne perdait jamais de sa dignité, même au milieu des escapades les plus débridées. Personne ne s'est jamais autorisé un geste déplacé avec Zelda[43]. »

Elle usait de formules et de tournures originales, mâtinées d'un accent du Sud, d'une voix grave et un peu voilée. Seuls ceux qui la connaissaient bien appréciaient son sens de l'humour, unique en son genre. Sara Haardt y voyait « un esprit dévastateur... enfin, pas tant un esprit qu'une philosophie, cette philosophie particulière au sud des États-Unis... lorsque Montgomery regorgeait d'épouses de soldats, autant que de soldats, une grande dame manifesta une curieuse irritation devant l'allégresse de Zelda. "Quelle est cette jeune Comanche avec qui vous dansiez ?" demanda-t-elle à Fitzgerald au cours d'un entracte, lors d'un bal au Jackson Club. Presque aussitôt, elle se tourna vers Zelda pour demander d'une voix doucereuse : "J'imagine qu'avec ce climat vous ne devez pas souvent porter de fourrures ?" "Des fourrures ? répéta Zelda Sayre, dont la voix douce avait acquis tout d'un coup un tranchant acéré. Je n'ai pas même *vu* un manteau de fourrure[44]" ».

Ce qui ne devait pas rester le cas longtemps. La soif d'élégance sophistiquée de Zelda reflétait les aspirations de Fitzgerald : comme l'observa Edmund Wilson, « si jamais un couple a su assortir ses fantasmes... c'était Zelda Sayre et Scott Fitzgerald ». Zelda écrivit un jour à Scott ce qu'un médium avait deviné sur leur relation : « Mrs Francesca (qui n'a jamais entendu parler de toi) a reçu un message de l'au-delà pour moi. Personne d'autre n'avait posé ses mains sur la tablette, et le message nous enjoignait de nous marier - il disait que nous étions des âmes sœurs. Les théosophistes considèrent que deux âmes s'incarnent ensemble - pas forcément à la même époque, mais qu'elles sont compagnes - cela remonte à l'époque où les gens étaient bisexuels[45]... » La mère de Zelda s'était intéressée momentanément au théosophisme, et elle discutait de cette philosophie avec Scott. Par la suite, dans *Les Heureux et les Damnés*, Scott fit énoncer à Gloria ses propres croyances, à savoir que certains êtres se reflètent à la façon d'un miroir. « Nous sommes jumeaux [...]. Mère dit que deux âmes sont parfois créées en même temps, et... et éprises l'une de l'autre avant leur naissance[46]. » Zelda elle-même partageait ces pensées, qu'elle développa dans son roman, où l'héroïne, Alabama, s'explique en ces termes : « Elle aimait tant cet homme, de si près, toujours plus près, qu'il lui semblait le voir se déformer sous son regard, comme si elle avait pressé son nez contre une glace pour se contempler dans ses propres yeux[47]. »

Chose curieuse, les Fitzgerald se ressemblaient physiquement, au point de passer pour frère et sœur. Les traits classiques de Scott donnaient à sa beauté quelque chose de féminin. Zelda avait un teint magnifique et des cheveux d'un blond si profond que, dans les souvenirs de Fitzgerald, « l'éclat de ses cheveux et de ses joues, à la fois rougies et fragiles, faisait d'elle la personne la plus vivante qu'il ait jamais rencontrée ». Certes, elle avait recours au rouge à lèvres et au fard à joues pour rehausser son teint, et elle fut la première de son groupe à utiliser du mascara, mais sa beauté était naturelle et elle donnait toujours l'impression d'être fraîche et saine. Tous deux avaient cette apparence bien récurée qui suggérait une innocence juvénile. « Nous étions assis à une grande table ronde avec eux, Fannie Hurst et d'autres écrivains de New York, à l'époque, se rappela Lillian Gish. Ils étaient tous les deux si beaux, si blonds, si propres, si nets - et ils buvaient du whisky sec dans de grands verres. »

Obsédée par la propreté, Zelda prenait trois à quatre bains par jour. Son amie de lycée Julia Garland se rappela qu'elle « était l'une des personnes les plus propres que j'aie jamais rencontrées. Elle avait toujours l'air de sortir du bain ». Fitzgerald dota son héroïne Gloria de la prédilection de Zelda pour la propreté.

« Toujours très susceptible à l'égard de son sexe, ses jugements étaient à présent fonction du fait qu'une femme lui semblait "propre" ou non. Par "malpropre", elle entendait une quantité de choses, un manque de fierté, une faible trempe et, surtout, les irrécusables effluves de la promiscuité masculine... "Les femmes se salissent facilement, disait-elle, bien plus que les hommes. À moins qu'une fille ne soit très jeune et courageuse, il lui est presque impossible de descendre la pente sans une certaine animalité hystérique, le genre d'animalité rusée, sale[48]." »

Même si elle traitait l'amour physique sans pudibonderie, Zelda prenait toujours un bain au sortir du lit et, comme Scott, considérait que les rapports sexuels n'allaient pas sans quelque souillure.

Zelda avait toujours préféré les hommes aux femmes, non seulement parce qu'ils étaient moins soumis aux conventions, mais parce que les femmes lui paraissaient souvent impures. « Tu aimes mieux les hommes, n'est-ce pas ? », demande Anthony à Gloria dans *Les Heureux et les Damnés*. « Oh ! beaucoup mieux. J'ai un cerveau d'homme[49] », réplique-t-elle. Lorsque Anthony lui demande si elle ne désire pas fréquenter des jeunes filles, Gloria répond : « Elles ne me font jamais l'effet d'être nettes[50]. » Et lorsqu'il lui demande pourquoi elle veut l'épouser : « Eh bien d'abord, parce que tu es si propre. Tu es d'une propreté en quelque sorte éclatante, comme moi. Il existe deux sortes de propreté, tu sais ! L'une est celle de Dick : il est propre comme les casseroles fourbies. Toi et moi nous sommes propres comme les torrents et les vents. À première vue, je peux dire si quelqu'un est net, et si oui, de quel genre de netteté[51]. »

George Jean Nathan devait révéler l'obsession de Scott pour la propreté féminine. « Étudiant à Princeton, [Fitzgerald] envoyait des questionnaires aux jeunes filles qu'il envisageait de conquérir, pour leur demander : 1) quand elles s'étaient lavé les cheveux pour la dernière fois, et 2) combien de bains elles avaient pris. Je peux attester, pour l'avoir vu de mes yeux, qu'il avait pour habitude d'exiger de ses compagnes de taxi, à leur grande consternation, qu'elles ouvrent la bouche, afin de vérifier si leur denture était exempte de tartre[52]. »

S'il déployait tant d'efforts pour conquérir Zelda - sa jeune fille dorée -, c'est que Fitzgerald avait une rude bataille à mener. Les Sayre s'opposaient fortement au mariage : il venait d'une famille de classe moyenne, désargentée, il buvait trop et risquait d'exercer une influence néfaste sur Zelda. Ses parents étaient franchement déconcertés face à ce jeune homme du Midwest, apparemment résolu à battre tous ses rivaux à la course.

Baptisé Francis Scott Key Fitzgerald, d'après le compositeur de l'hymne national américain, Scott était un second cousin éloigné de son célèbre homologue, parent de sa mère au troisième degré. Ce que beaucoup ignorent, et il y a là une certaine ironie si l'on songe à la carrière de Fitzgerald, c'est que la mélodie de cet hymne, *La Bannière étoilée*, était à l'origine une vieille chanson à boire. Sa famille avait eu des ancêtres catholiques irlandais des deux côtés. Sa mère, Mollie McQuillan, était la fille aînée de Philip McQuillan, un émigré irlandais, originaire du comté de Fermanagh, qui s'était établi dans l'Illinois en 1843 avec ses parents. Négociant en fourrures et en peaux, menant commerce avec les Indiens, McQuillan ne tarda pas à ouvrir un comptoir d'épicerie en gros florissant, qui devint l'une des firmes les plus importantes du Midwest. À sa mort prématurée - la maladie de Bright eut raison de lui à quarante-trois ans - il laissait une fortune d'environ 300 000 dollars, qui permit à sa veuve d'élever à son aise leurs cinq enfants.

Mollie McQuillan n'était pas belle et elle avait vingt-neuf ans lorsqu'elle épousa Edward Fitzgerald, le régisseur d'une petite manufacture de meubles en osier à Saint Paul, dans le Minnesota. Né près de Rockville, dans le Maryland, Edward se considérait comme un homme du Sud. Il descendait par sa mère de ces familles du Maryland qui avaient donné des législateurs à l'époque coloniale. De taille modeste, discret, de bonnes manières, c'était le parfait gentleman, mais qui manqua toute sa vie d'énergie et d'ambition. Le couple eut deux filles qui moururent lors d'une épidémie, trois mois avant la naissance de Scott, le 24 septembre 1896. Fitzgerald se montra toute sa vie convaincu que le traumatisme subi par sa mère au cours des derniers mois de sa grossesse avait affecté durablement son équilibre affectif. « Trois mois avant ma naissance, écrivit-il, ma mère perdit ses deux autres enfants, et je crois que ce double décès constitue le premier épisode de mon existence, bien que je ne saurais dire exactement comment[53]. » Une troisième fille, née en 1900, ne vécut que quelques heures. La sœur de Fitzgerald, Annabel, vint au monde en juillet 1901.

Parce qu'elle avait éprouvé des deuils tragiques, Mollie McQuillan se conduisit en mère poule. Elle garda Scott à la maison toutes les fois qu'il avait un rhume et le couva à tel point qu'il admit par la suite : « J'ignorai jusqu'à l'âge de quinze ans qu'il existait d'autres personnes au monde que moi. » Craignant qu'il n'attrapât la tuberculose (qu'avaient contractée son père et sa sœur), Mollie s'inquiétait à la moindre égratignure de Scott. Dès son plus jeune âge, celui-ci se montra quasi hypocondriaque. Lorsqu'il refusa d'entrer à l'école maternelle, sa mère le garda un an à la maison - un délai similaire fut accordé à Zelda. Pour gâté qu'il était, Scott n'en voyait pas moins son rang dans le monde menacé par les échecs commerciaux à répétition de son père. Lorsqu'il avait un an et demi, la manufacture de meubles d'Edward Fitzgerald fit faillite. Il fut employé comme représentant de commerce par la compagnie Procter & Gamble et transféré avec sa famille à Syracuse, au nord de l'État de New York. Manquant d'énergie et d'agressivité, Edward faisait un vendeur de savon inefficace, et il fut renvoyé en mars 1908. Scott devait se rappeler toute sa vie ce jour terrible : « Ce matin-là, l'homme qui sortit de la maison était relativement jeune, plein d'énergie et d'assurance. Ce soir-là, l'homme qui rentra à la maison était un vieil homme, complètement brisé. Il avait perdu sa raison de vivre et sa foi en lui-même. Il resta un raté jusqu'à la fin de ses jours[54]. »

Scott s'intéressa de près aux circonstances de sa vie, dont il archiva les épisodes importants dans un carnet tenu à jour, comme pour mieux contourner l'échec. Il nota ainsi que son père « buvait trop et jouait au base-ball dans l'arrière-cour[55] ». Il admit être embarrassé par la forme de ses pieds : « Il y avait un garçon prénommé Arnold qui se promenait pieds nus dans la cour en épluchant des prunes. La honte freudienne qu'éprouvait Scott à l'endroit de ses pieds l'empêcha de se joindre à lui. » L'index et le majeur de ses doigts de pieds étaient si boudinés, si défigurés à la première jointure qu'il les tenait cachés la majeure partie du temps, portant chaussettes et chaussures jusque sur la plage. Lorsque Zelda, pour le taquiner, prit une photo de ses pieds et la colla dans son album, il arracha en cachette la partie qui offensait ses yeux.

Scott nota dans son carnet qu'à l'âge de sept ans il s'était lié d'amitié avec « Dodo » Clifton (par la suite, Zelda lui donna ce surnom), mais qu'à part lui il avait peu de camarades. Sa famille vivait à Syracuse, mais avait déménagé de nouveau « [...] cette fois dans un appartement de l'East Willow Street. Il commence à se rappeler bien des choses, un terrain vague sordide, vrai repaire de chats morts, une carriole à vous faire dresser les cheveux sur la tête, la petite fille dont le père avait été mis en prison pour mensonges, un incident rabelaisien avec Jack Butler, un coup de batte de base-ball administré par ledit Jack, le fils d'un officier, laissant une cicatrice qui brillera à tout jamais au milieu de son front [56]... ».

Passant d'une maison louée à une autre, les Fitzgerald vécurent un temps à Buffalo avant de retourner à Saint Paul, où ils subsistèrent grâce à la fortune des McQuillan. Ils y occupèrent une série de maisons et d'appartements loués, dans le quartier de Summit Avenue, une des avenues les plus résidentielles de Saint Paul. En puisant dans ses rentes qui s'amenuisaient, Mollie put assurer une éducation privée à ses deux enfants. Mais Scott était continuellement honteux des moyens d'existence de ses parents et des échecs paternels. Au fond de lui-même, il se trouvait faible et stérile et considérait qu'à l'instar de son père il lui manquait les vertus nécessaires à la réussite. Adolescent, il admit : « Je savais que j'étais "arrogant" et que les garçons plus âgés ne m'aimaient guère... En règle générale, je savais qu'au fond il me manquait les qualités essentielles. Et le pire, c'est que je me savais dépourvu de courage authentique, de persévérance et d'estime de soi [57]. »

En septembre 1908, Fitzgerald entra à la St Paul Academy, une école secondaire privée fréquentée par les riches, où il se comporta en poseur rebelle qui ne cessait de s'attirer des querelles avec ses professeurs. Autoritaire, arrogant, querelleur, il se fit une réputation de dur qui lui valut d'être l'écolier le plus impopulaire. Tout cela apparaît dans son carnet : à sept ans, sa mère donna une fête pour son anniversaire « à laquelle personne ne vint » ; à neuf ans, lorsqu'il se rendit à un barbecue de pommes de terre, les autres garçons lui dirent qu'« ils ne voulaient pas de lui ». Par la suite, il relata ces rebuffades enfantines dans le cycle de Basil Duke Lee, notamment dans « Il se croit merveilleux ». Le journal de l'école implorait les étudiants, sur un ton sarcastique, de trouver un moyen d'empoisonner Scott ou de lui clore le bec. Il détestait ses camarades et ses professeurs à tel point qu'il réussit à convaincre sa mère de le garder à la maison quand il lui plaisait. À ses yeux, il n'était qu'un « jeune garnement ». Il lui fallut attendre l'adolescence pour réaliser à quel point il prenait les gens dans le mauvais sens du poil, ce qu'il nota dans son journal sous la rubrique « Impopularité croissante ». Écrire, c'était la seule chose qu'il faisait vite et bien. Son professeur d'anglais se souvient de lui comme d'un « enfant gai et blond, débordant d'enthousiasme, qui prévoyait tout ce qu'il allait faire dans la vie, encore écolier... Je l'aidais en l'encourageant à rédiger des récits d'aventure. C'était ce qu'il faisait de mieux ; il ne brillait pas dans les autres matières ». À treize ans, il publia son premier texte - une nouvelle policière - dans le journal de l'école.

En règle générale, Scott boudait les garçons et cherchait à se consoler et à s'affirmer auprès des filles. Celles-ci l'aimaient bien. Il manifestait un certain charme raffiné, s'habillait bien et savait les flatter. Il se montrait sensible aux différents tons et registres de leurs conversations, qu'il écoutait attentivement pour mieux les comprendre. Ce qui le fascinait au plus haut point, c'était de les entendre analyser leurs sentiments. Mais il pouvait aussi les affronter verbalement, et il n'était pas rare qu'il leur demandât : « C'est vrai que tu es la fille la plus riche de ton pensionnat ? », ou « Tu crois en Dieu ? » La question « Quelle héroïne voudrais-tu être ? » était réservée aux plus séduisantes, pour leur suggérer qu'il pourrait les représenter dans une nouvelle. Ce qui intriguait jusqu'aux filles les plus en vue, celles qu'il courtisait, car il ne pouvait préserver son estime de soi qu'en séduisant une fille à la fois belle et distinguée.

Son père insistait constamment sur l'importance d'acquérir des manières raffinées. À cette fin, Scott fréquenta en 1909 le cours de danse du professeur Baker, qui se tenait dans une salle de bal de Ramaley Hall, au 668 Grand Avenue. C'est là que l'élite de la ville déposait ses rejetons, gantés de blanc, dans des limousines à chauffeur, afin qu'ils apprennent les danses de salon et l'étiquette : les garçons se rangeaient d'un côté de la salle, les filles de l'autre. L'un de ses camarades, Tom Daniels, qui vivait près de chez ses parents, lui offrait parfois de profiter de la voiture de ses parents à l'aller. Le père de Daniels avait fondé la firme prospère Archer-Daniels-Midland, et Fitzgerald garda toujours en tête la différence sociale qui marquait leurs origines. (Daniels était arrivé à Saint Paul en 1901, à l'âge de huit ans ; il étudiait à la St Paul Academy avec Fitzgerald.) Tom entra ensuite à Hill School avant de suivre des études supérieures à Yale, où il se lia d'amitié avec Archibald MacLeish : tous deux appartenaient à l'association secrète dite « Skull and Bones ». Tom devait porter par la suite le manuscrit de *L'Envers du paradis* aux Éditions Scribner, à New York. Fitzgerald tenait la danse pour un talent de société essentiel, et il devint bientôt l'élève prodige de Baker, tout en prenant des cours de niveau avancé à l'académie de danse de Mr Van Arnum. Sa mère était fière de ses talents. Elle adorait le regarder lui montrer de nouveaux pas dans leur salon et l'encourageait à déclamer les chansons populaires et les poèmes qu'il avait appris par cœur. Très doué pour le mime, il se prit de passion pour le théâtre. Il assistait tous les samedis aux vaudevilles et opérettes de l'Orpheum Theatre, dans le centre de Saint Paul.

Ses résultats à la St Paul Academy étaient si médiocres que ses parents redoutèrent de le voir recalé dans les facultés les plus prestigieuses. Lorsque sa tante Annabelle offrit de financer en partie ses études dans le privé, on l'envoya dans l'Est, à l'Institut Newman, un petit pensionnat catholique situé à une centaine de kilomètres de New York, à Hackensack, dans le New Jersey. Cet établissement aux règles strictes avait été fondé en 1890 par le cardinal Gibbons, de Baltimore. Très élitiste, il accueillait chaque année soixante étudiants, issus des riches familles catholiques américaines, qui se préparaient à intégrer les universités laïques prestigieuses. Une fois de plus, Scott se retrouvait l'élève le plus pauvre d'une école de riches. Il se sentait différent de ses camarades et ne savait trop quelle attitude adopter ; ou il travaillait trop pour épater les autres, ou il se refusait à faire la moindre impression sur eux. Au lieu de cultiver l'amitié de ses congénères, il forgea des liens forts avec deux adultes : le père Sigourney Webster Fay, un catholique converti, membre du conseil d'administration de Newman et qui devint par la suite le principal de l'établissement, ainsi que l'ami anglo-irlandais de ce dernier, le romancier Shane Leslie, cousin de Winston Churchill. Fitzgerald avait quinze ans lorsqu'il entra à Newman, et le père Fay avait vingt et un ans de plus que lui, mais ils se lièrent d'une amitié profonde. Fay ne tarda pas à se soucier des intérêts de Scott. À bien des aspects, il joua le rôle d'un père symbolique, l'encourageant à écrire et le présentant à ses amis, des personnalités de Washington, DC, y compris l'historien Henry Adams. Fitzgerald devait introduire ce dernier dans son premier roman, *L'Envers du paradis* (dédié à Fay), sous le nom de Thornton Hancock.

Fitzgerald était à peine mieux toléré à Newman qu'à la St Paul Academy. Il s'était déjà mis à boire et à fumer, et, peut-être en raison d'une prédisposition génétique, ou parce qu'il se troublait à l'idée d'être soûl, il ne lui fallait pas plus d'un verre pour s'enivrer. Il arrivait constamment en retard aux cours et aux repas, se montrait d'humeur vive et autoritaire et faisait régulièrement le coup de poing avec ses camarades de classe. En quelques semaines, il se vit ostraciser par la plupart d'entre eux. Ses notes de janvier 1912 témoignèrent du résultat : elles étaient médiocres en histoire, en anglais, en composition latine, en français, en algèbre et en trigonométrie. Il avait obtenu 87/100 en catéchisme et 76 en composition anglaise. Le proviseur griffonna sur le carnet de notes : « Élève naturellement brillant, qui pourrait obtenir un excellent rang s'il s'appliquait suffisamment. »

Fitzgerald resta sur la réserve la plupart du temps, mais réussit à se lier superficiellement d'amitié avec Stephen Parrott. Son seul véritable ami était Sap Donahoe, qui venait de Seattle et comptait parmi les garçons les plus populaires de l'établissement. Excellent élève, brillant sportif, Donahoe appréciait l'intérêt de Fitzgerald pour la littérature et le théâtre. Toutes les fois où les deux garçons obtenaient de pouvoir sortir le soir, ils filaient tout droit à Broadway, où ils passaient des heures à boire et à bavarder dans les établissements du coin, Reisenweber's ou Bustanoby's. Fitzgerald prit grand plaisir à voir Gertrude

Bryan dans *Little Boy Blue* et tomba sous le charme d'Ina Claire, qui jouait dans *La Jeune Quakeresse*. Il était résolu à la rencontrer une fois ses études achevées. Donahoe et Fitzgerald passèrent tous les deux l'examen d'entrée de Princeton, logeant au YMCA de Manhattan pendant l'été 1912. Princeton était la seule université qui attirait Scott : il refusait d'en envisager une autre. Des années durant, il avait rêvé de faire partie de leur équipe de football après avoir vu leur champion, Sam White, récupérer le ballon et marquer un essai. Mais il se promettait d'avoir un réel succès à Princeton en raison de ses dons littéraires et envisageait d'écrire des paroles de chansons pour Triangle, l'association théâtrale de Princeton. Conscient des frais d'admission élevés de Princeton, il redoutait de devoir se contenter éventuellement de l'université du Minnesota. Sa situation financière s'améliora toutefois au décès de sa grand-mère McQuillan, qui laissait une fortune personnelle de 125 000 dollars. Mais si Sap Donahoe intégra facilement Princeton, Fitzgerald eut plus de difficulté : même en trichant sur un questionnaire à choix multiple, il rata sa dissertation. Ayant passé l'été à réviser pour des examens de rattrapage, il échoua derechef. Son ultime espoir consistait à se présenter devant le conseil des admissions de Princeton pour un entretien personnel. Celui-ci se trouva avoir lieu le jour de son dix-septième anniversaire : impeccablement habillé par Brooks Brothers et Jacob Reed, il prit le train pour Princeton, résolu à persuader les membres du jury de l'accepter. Il dut essentiellement à son charme exceptionnel d'être intégré dans la promotion de 1917.

Ses activités littéraires, qui consistaient à fournir des scénarios et des paroles de chansons à Triangle, et à rédiger des chroniques humoristiques pour le Princeton Tiger, le mirent en contact avec Edmund Wilson, le rédacteur en chef du *Nassau Literary Magazine*. Wilson était un véritable intellectuel, réservé au point de passer pour un reclus. Cet étudiant en lettres avait également une réputation d'excentrique sur le campus. Fitzgerald et lui s'entendirent bien, toutefois, et prirent l'habitude de se rendre à Manhattan pour voir les tout derniers spectacles. Scott y retrouvait parfois Ruth Sturtevant, une élève du cours de miss Porter, dans le Connecticut, une camarade de classe de son amie d'enfance Alida Bigelow, de Saint Paul, avec qui il se rendait à des bals et des concours de régates. Mais son meilleur ami de Princeton, celui qui devait l'influencer entre tous, ce fut John Peale Bishop, qui lui fit connaître la poésie de John Keats et les symbolistes français.

Né dans la vallée de Shenandoah, en Virginie de l'Ouest, Bishop fut pensionnaire à Mercersburg, en Pennsylvanie, avant d'entrer à Princeton en 1913, où il fut élu président de son club. Alors qu'il était encore en première année, son professeur d'anglais remarqua qu'il avait « un sang-froid et une maîtrise de soi qui lui donnaient l'aisance et l'attitude d'un jeune lord anglais », ainsi qu'une « maîtrise de la prosodie anglaise plus accomplie et plus réfléchie que chez tous les autres étudiants de son âge ». Bishop remporta tous les prix littéraires de Princeton et supervisa les lectures de Fitzgerald : il lui en apprit plus sur la littérature que la plupart de ses enseignants. Il admirait les talents littéraires de Scott, mais le souvenir qu'il gardait de lui était celui d'un éternel adolescent. « Longtemps après, je me suis plaint qu'à mon sens il prenait ses dix-sept ans pour une norme : tout ce qui venait après relevait du déclin. Il objecta un moment, puis dit : "Mettons quinze ans, et là, d'accord[58]." »

Les activités de Fitzgerald pour le magazine littéraire de Princeton l'amenèrent également à se lier d'amitié avec John Biggs, qui se rappela leur première rencontre dans le bureau du *Nassau Literary Magazine* : « C'était ma troisième année à Princeton, par une nuit d'hiver de 1916 [...]. En errant sur le campus, je me suis rendu au bureau du *Nassau Lit.* qui se trouvait dans le quartier dit "du Vieux Nord". Fitzgerald était là, en sweat-shirt. Il était assis devant un bureau, muni d'un petit bout de crayon, à travailler sur un poème. C'était la toute première fois que je le voyais. Il était plus petit que moi, blond, avec des yeux d'un bleu glacial. Nous sommes restés à parler une demi-heure : il me disait à quel point il était excellent poète[59]. » Biggs était entré à Princeton en 1914, un an avant qu'Edmund Wilson ne devienne rédacteur en chef du magazine. À Hill School, Wilson et Biggs avaient eu pour condisciple Tom Daniels, qui avait également été à la St Paul Academy avec Fitzgerald, et leurs intérêts communs n'avaient pas tardé à les rapprocher. Tout comme Fitzgerald, Biggs était le fils unique d'une mère qui l'idolâtrait. Il n'avait guère de bons rapports avec son père, un avocat brillant qui considérait que son fils péchait par l'intelligence. Biggs était dyslexique, ce qui avait handicapé ses études au grand embarras de ses parents, car il avait été renvoyé de Wilmington Friends School. Bien qu'il eût réussi à achever ses études à Princeton et à Harvard, son père continua à le mépriser tacitement, ce qui le perturba à jamais. Derrière le calme apparent de Biggs bouillonnait une colère explosive, qui devait alarmer Zelda Fitzgerald par la suite.

Au cours de leur seconde année, Fitzgerald et Sap Donahoe furent élus à Cottage, le club le plus plébiscité du campus. Ses autres amis de Princeton - Townsend Martin, Alex McKaig et Ludlow Fowler - durent se contenter du Quadrangle, un club moins prestigieux. Intégrer Cottage était d'une importance cruciale pour Fitzgerald, parce que son président, Walker Ellis, était son héros et son modèle. Cet étudiant riche et cosmopolite, issu de la Nouvelle-Orléans, était aussi le président de Triangle. Les clubs gastronomiques prestigieux de Prospect Avenue attiraient les premiers de la classe, mais seuls les étudiants les plus populaires pouvaient se faire élire au milieu de leur troisième année. Dans ces clubs, on pouvait manger, boire, jouer au billard, se lier avec ses congénères et inviter des jeunes filles le week-end. Il allait de l'honneur d'un étudiant que d'intégrer le bon club pendant son premier cycle : c'était un atout important dans sa vie sociale. On y apprenait les façons de faire et les attitudes de la classe privilégiée, on s'y liait avec ceux qui vous aideraient par la suite, dans votre vie professionnelle d'homme d'affaires. Une cote de popularité universitaire s'évaluait en fonction des clubs où l'on était élu, et Fitzgerald était décidé à intégrer les meilleurs. Son succès de chroniqueur, son importance en tant que parolier de la revue musicale du Triangle, *Le Mauvais Œil*, montée par Wilson en 1915, lui valurent d'être invité également à intégrer les clubs Quadrangle, Cap and Gown et Cannon. Indubitablement, Cottage était le plus recherché, il avait son quartier général dans le bâtiment le plus impressionnant, ses membres accédaient au sommet de l'échelle sociale. Fondé en 1887, il n'acceptait que les étudiants les plus populaires, censés attirer les jeunes filles les plus séduisantes à ses manifestations. Fitzgerald bondit de joie en se voyant élu. Même après avoir quitté Princeton, il y revint bien des fois, et mentionna souvent son appartenance à Cottage au cours des années suivantes.

Cottage incarnait tout Princeton aux yeux de Fitzgerald. Comme Zelda, il manifestait une profonde indifférence pour les études en soi. Ce qui l'intéressait, c'était de nouer des relations sociales et d'écrire pour les clubs théâtraux et les magazines du campus. En 1915, à la fin de sa deuxième année, il échoua dans un si grand nombre de disciplines qu'il ne put prendre l'anglais pour matière principale et, six semaines après avoir entamé la troisième, se vit interdire toute activité extrascolaire. En décembre, il échoua à passer en quatrième année, et on lui annonça qu'il devrait redoubler. Il se réinscrivit en l'automne 1916, fut réintégré à la promotion de John Biggs, celle de 1918, et devint son colocataire à Campbell Hall. Soumis à une période d'essai après avertissement, et mal parti pour réussir, il ne resta sur le campus que le temps de recevoir son avis de mobilisation. Sur quoi il fit ses bagages et partit : jamais il ne reçut son diplôme d'études de Princeton.

Le charme disert de Scott, qui lui avait permis d'entrer à Princeton et donnait l'impression que tout lui était possible, lui permit aussi, en fin de compte, de ne pas se laisser distancer par Zelda. Et elle le fit courir ! Zelda dédaignait les activités ordinaires bien avant de rencontrer Fitzgerald. Il fallait beaucoup d'énergie pour rester à sa hauteur, et, si son comportement scandaleux choquait les autres jeunes femmes, il forçait l'admiration des hommes. C'était une des rares jeunes filles de Montgomery à conduire des motocyclettes d'hommes, et elle mâchait du chewing-gum, fumait en public, dansait joue contre joue avec son partenaire et buvait du whisky de maïs et du gin. La première à porter les cheveux courts, elle se glissait souvent en catimini hors de sa chambre pour un bain de minuit au clair de lune, avec les garçons de Catoma Creek, avant de descendre prendre son petit déjeuner en famille comme si de rien n'était. Ses escapades devinrent légendaires. Lors d'une soirée de fin d'année, au lycée Auburn, elle défia les conventions en exécutant une gigue écossaise endiablée. Une autre fois, se plaignant d'avoir attrapé des ampoules, elle emprunta les chaussures de tennis de son cavalier, trop grandes pour elle, et poursuivit tant bien que mal son tour de danse. D'autres anecdotes du même genre suivirent, nombreuses - des week-ends à Tuscaloosa et à Sewanee où elle enfreignait les codes de bonne conduite pour satisfaire un caprice ou attirer l'attention d'un jeune homme en particulier. Elle dédaignait les chaperons, quittait la salle de bal pendant les entractes pour aller s'ébattre avec ses partenaires dans les voitures parquées à l'extérieur, se laissait traiter de « tête brûlée » en toute insouciance et exploitait ses prérogatives sociales pour n'en faire qu'à sa tête. « Ce qui était drôle, ces premières années, c'était d'être soi-même, se rappela-t-elle. Nous n'avions jamais l'impression d'être chaperonnées ou d'encourir des reproches quelconques. Si nous nous attirions des critiques quelque part, nous partions ailleurs, tout simplement. Nous n'avions aucun sens des bienséances, ce qui nous épargnait tout complexe de culpabilité. C'était le bon temps, où tout se vivait si fort, où rien ne nous paraissait contre nature. Il fallait que nos aînés nous fassent prendre conscience de nos actes pour que nous devenions gauches et farouches[60]. »

Pour Zelda, l'amour et le sexe furent toujours bien distincts. Au moment où elle rencontra Fitzgerald, elle était en voie de devenir la jeune fille la plus courtisée de toute la région, Alabama et Géorgie réunies. Elle adorait voir « les galants et les belles d'Atlanta suffoquer à sa vue lorsqu'elle descendait en ville ». Un soir, après un bal à l'université de l'Alabama, à Tuscaloosa, son partenaire la raccompagna à son association d'étudiantes alors que tout le monde était couché. Dans un accès d'hilarité dû à l'alcool, ils se brisèrent mutuellement sur le crâne toute la collection de disques de l'association. La responsable, réveillée par le bruit, renvoya le jeune homme à ses pénates, indignée, et réprimanda vertement une Zelda impassible. Lorsqu'un chaperon blâma la façon dont elle se comportait avec ses partenaires, Zelda épingla un brin de houx sur sa robe, au niveau des reins, et tortilla audacieusement des hanches sous ses yeux. Les farces de Zelda étaient contagieuses. « Nombre de gens plus âgés venus chaperonner nos bals, qu'ils désapprouvaient, se laissaient gagner par l'intérêt, voire l'enthousiasme. D'un moment à l'autre, nous les voyions nous rejoindre sur la piste, mimant consciencieusement les attitudes qui, chez nous, étaient spontanées. Puis ils commençaient à donner des soirées endiablées dont nous-mêmes n'avions pas idée. Mais ils étaient toujours attentifs, calculateurs, et ça n'avait rien à voir avec le splendide bon temps que nous nous payions[61]. »

Elle prenait un vif plaisir à conter à Scott toutes les folies auxquelles elle se livrait avec Eleanor Browder. « La nuit dernière, quelques farceurs ont appelé en PCV les universités de l'Alabama, de Sewanee et d'Auburn, et télégraphié un peu partout en Amérique, et on a eu du mal à les empêcher de joindre New York. [...] Nos vies sont continuellement en danger, et nos mères folles d'inquiétude, Eleanor et moi-même absolument ravies de faire ainsi sensation[62]. » Féminine à l'excès, elle pensait par ailleurs qu'elle possédait une intelligence d'homme, et l'audace propre au mode de vie masculin l'attirait. « J'ai toujours été attirée par la masculinité. Les garçons manifestent une gaieté si radieuse - et, ensemble, nous faisons des choses si exceptionnelles[63]. » Elle était imprévisible : elle pouvait aussi bien briser une vitre et s'enfuir en courant que braquer une lampe torche sur les jeunes gens au moment où ils passaient le seuil du bordel local. La plupart de ses admirateurs devaient renoncer à tenir le rythme et abandonner la poursuite.

Sa cote de popularité était le plus haut gage de réussite sociale auquel pouvaient aspirer les jeunes femmes de Montgomery, et Zelda rechignait à s'engager dans une relation exclusive avec Fitzgerald. Même lorsqu'ils commencèrent à se voir régulièrement, elle continua à recevoir des invitations pour le week-end, plus nombreuses qu'elle ne pouvait décemment accepter. Il allait de soi que seuls les jeunes gens les plus éligibles recevaient une réponse positive, et on tenait pour une grande prouesse que de la convaincre d'assister à un bal de troisième année, ou à une remise des diplômes. Tant qu'il lui fit la cour, Scott subit les supplices de Zelda, qui évoquait ses autres prétendants : « Hier, Bill Le Grand et moi sommes allés à Auburn dans sa voiture, avant de rentrer avec dix autres garçons pour mettre un peu de piment... bien sûr, ça a été une journée follement excitante, et une nuit encore plus excitante [...] Red m'a dit la nuit dernière que j'étais la jeune fille la plus rose-et-blanche qu'il ait jamais vue, et du coup je me suis endormie contre son épaule... Bien sûr, je sais que tu ne te formaliseras pas, parce que c'était vraiment fraternel, et nous avions trois autres filles pour chaperons[64]. » (Leon « Red » Ruth était du reste bien trop docile pour représenter la moindre menace. Ayant achevé ses études à l'université de Columbia, il rentra mener une vie tranquille à Montgomery, où il devint le propriétaire d'une bijouterie prospère.)

Sortir Zelda le soir se révélait généralement être une expérience électrisante. Un jour où John Sellers et quelques autres étudiants d'Auburn étaient à Montgomery, et qu'ils n'avaient pas de quoi prendre le train pour rentrer au campus, ils allèrent demander son aide à Zelda. Elle se vêtit de noir, s'assit dans un fauteuil roulant et les obligea à la pousser dans la gare de Montgomery en demandant l'aumône. Elle réitéra cette farce plusieurs fois. Une camarade de classe se rappela combien un épisode similaire l'avait ravie. « Zelda était intéressante, attirante, populaire, jolie... Mes amies et moi-même l'adorions et la trouvions ravissante. Elle avait souvent des idées qu'elle mettait rarement en pratique. Rien de mal, mais des idées un petit peu choquantes. Je crois que notre routine quotidienne l'ennuyait, même si elle fréquentait notre groupe, et qu'elle acceptait apparemment notre amitié, qu'elle nous rendait. Un jour qu'on la mettait au défi, elle s'habilla en mendiante - une vieille jupe longue, un chapeau à bords tombants enfoncée sur la tête, des lunettes noires - et, une sébile de fer-blanc à la main, arpenta les bancs de la salle d'attente de la gare. Elle récolta pas mal d'argent et goûta un vif plaisir à conter cet exploit[65]. » Réprimandée par la police, elle trouva hilarant d'attirer ainsi l'attention, comme elle le raconta à Scott : « [...] Hier, les étudiants sont partis un peu tard, et John Sellers m'a poussée en fauteuil à travers toute une foule de gens à la gare, en criant à intervalles réguliers : "Cette dame ne marche plus depuis cinq ans." "Dieu bénisse les âmes charitables", lui faisait écho la dame, à la stupéfaction amusée des voyageurs dans leur ensemble[66]. » Et pourtant, quoique résolue à défier les conventions, Zelda avait aussi un côté conservateur. À l'âge de vingt ans, elle prenait acte de cette double personnalité : « Une partie de moi-même... veut faire sa propre loi, et l'autre... veut conserver toutes ces bonnes vieilles conventions, veut être aimée et protégée. »

Elle attirait ces deux types d'amitié féminine - Sara Martin Mayfield et Sara Powell Haardt étaient de ses intimes. Toutes deux participaient aux farces de Zelda. Haardt avait une mère, Venetia, qui cultivait une stricte discipline et imposait des règles draconiennes à ses deux filles. Le vendredi soir, elles n'avaient pas le droit de rentrer séparément : leur mère en aurait conclu qu'elles étaient parties retrouver un ami au lieu de se rendre au bal. Mais Ida et Sara Haardt se montraient plus malignes : elles s'entendaient avec Zelda pour se retrouver sous un arbre, à la lisière d'Oak Park, s'attendant mutuellement avant de rentrer.

Les deux Sara avaient fait leurs études au cours de miss Booth et rencontré Fitzgerald en septembre 1918. Elles le croisèrent sur les marches du capitole de Montgomery, un bâtiment impressionnant, de style néoclassique, doté de douze colonnes corinthiennes soutenant un dôme agrandi. Zelda avait montré à Scott l'étoile d'or, placée près de l'entrée, où Jefferson Davis avait prêté le serment qui l'instituait président de la Confédération. Mayfield se rappela combien il avait été désireux de les impressionner. « Elle nous le présenta, et il nous dit qu'il s'appelait Francis Scott Fitzgerald, et qu'il était l'arrière-petit-fils du Francis Scott Key qui avait composé *La Bannière étoilée*[67]. » C'était légèrement exagéré, mais passons.

Mayfield venait également d'une famille prestigieuse. Son père avait siégé avec celui de Zelda à la Cour suprême d'Alabama pendant vingt ans, et son bureau était au deuxième étage, près de celui du juge Sayre. Des années durant, les deux hommes gardèrent un jeu d'échecs dans l'antichambre qui séparait leurs bureaux. Ils ne jouaient qu'entre deux procès, et leurs parties duraient parfois des mois entiers. Les Mayfield habitaient Court Street, à quelques pâtés de maison des Sayre, et les deux jeunes filles se connaissaient bien. Mais Zelda avait presque cinq ans de plus que Sara, et elle était si endiablée que le juge Mayfield s'inquiéta réellement de leur intimité croissante. Il ne devait jamais oublier le jour où Zelda pénétra d'un saut dans son coupé neuf et s'empara des rênes pour dévaler la rue au grand galop. Toutefois, Zelda et Sara restèrent amies et eurent parfois les mêmes galants. Sara épousa du reste un ancien prétendant de Zelda, John Sellers, en novembre 1924. Le mariage se révéla de courte durée : elle demanda le divorce en mars 1927, invoquant « trop de soirées, trop de gueules de bois, trop d'argent ». Sara avait des projets ambitieux : elle étudia à Paris, à la Sorbonne, puis à l'université de Chicago pendant l'année 1927 et acheva ses études supérieures à Goucher, en 1928. Elle obtint un DEA de l'université d'Alabama en 1931 et entama une carrière de journaliste et de chroniqueuse dramatique : elle fut correspondante du *New York Herald Tribune*, du *Paris Herald* et du *Baltimore Sun*. Écrivain en herbe, Mayfield fut frappée de voir à quel point, ce jour-là, sur les marches du capitole, Fitzgerald se montra fasciné par les pensées, les maniérismes, les tournures uniques en leur genre de Zelda.

Si elle avait hérité de ses parents certaines caractéristiques néfastes (la pire étant une tendance à la schizophrénie, du côté maternel), Zelda avait également acquis le vocabulaire exceptionnellement riche de sa mère et l'esprit, la mémoire aiguisée de son père. Scott perçut immédiatement la vivacité de son intelligence et ses capacités mentales exceptionnelles. Il apprécia notamment son talent à établir des rapports inattendus entre les choses, à formuler des rapprochements étranges et à cultiver des expressions originales. Tout en l'encourageant à s'exprimer sans souci des conventions, il nota ses remarques dans sa tête, avant de les porter par écrit de façon à les incorporer par la suite dans ses textes. Les conversations de Zelda dégageaient une énergie exceptionnelle : Scott et elle pouvaient disputer de véritables marathons verbaux - « [...] de longues conversations tout au long de la nuit, ces monologues parallèles, comme un rêve en partage ». D'aucuns avaient parfois du mal à la suivre dans ses libres associations verbales, mais Fitzgerald les retraçait sans effort et avec un immense intérêt.

Sara Powell Haardt se rappela également avoir rencontré Fitzgerald ce jour de septembre, et la façon dont il s'était vanté d'avoir eu un ancêtre célèbre. Les Haardt possédaient un grand magasin à Montgomery et habitaient une vaste maison qui faisait l'angle de la South Perry Street, au numéro 903. Malade depuis sa naissance, Sara avait survécu non sans peine à la première enfance et s'était ensuite battue contre la variole, le typhus, l'appendicite et l'ablation d'un rein. Victime également de la tuberculose, elle passa une partie de 1924 et toute l'année 1925 dans un sanatorium de Maryland. Ne sortant des hôpitaux que pour y rentrer, elle mourut à trente-sept ans d'une méningite et d'une infection tuberculeuse de la colonne vertébrale. Ce fut là une existence tragique, car c'était une étudiante exceptionnellement douée et un écrivain capable d'interpréter son univers avec une extraordinaire sensibilité. De deux ans plus âgée que Zelda, elle avait décidé très tôt qu'elle ne resterait pas à Montgomery. Quoiqu'elle fréquentât plusieurs jeunes gens, dont John Sellers, ses activités intellectuelles primaient à ses yeux sur le mariage. Si Zelda cultivait une rébellion à l'égard du Sud qui se traduisait sur le plan social, celle de Haardt était de nature intellectuelle et politique. La meilleure élève de miss Booth postula aux meilleures universités et fut acceptée à Goucher, près de Baltimore. C'était là le milieu intellectuel dont elle rêvait, et où elle excellait. La faculté de Goucher fut si impressionnée par Haardt qu'elle l'invita à rester enseigner une fois ses études achevées. En 1923 et 1924, elle correspondit avec Peyton Matthis, qui avait également fréquenté Zelda et qui devait passer pour l'homme de sa vie (ils furent bien près de s'épouser). Mayfield raconta par la suite à Zelda : « Peyton a envoyé un télégramme à Sara pour dire qu'il venait à Baltimore l'épouser [...] mais [...] a bu quelques verres de trop dans le train et s'est retrouvé à Charleston, en Caroline du Sud, marié à une autre fille[68]. » La réponse - prophétique - de Zelda fut que le mariage et l'alcool faisaient mauvais ménage.

Lorsque Sara Haardt eut épousé H. L. Mencken, Zelda et elle se lièrent en leur qualité d'épouses de personnalités littéraires. Chacune avait l'impression d'avoir échappé de justesse au Sud. Et dans *Accordez-moi cette valse*, l'alter ego de Zelda, Alabama, admet qu'en partant dans le Nord elle laissait derrière elle « une impression d'asphyxie qui plongeait apparemment dans l'obscurité sa famille, ses sœurs et sa mère ». Dans *Commencement*, publié par Mencken dans le numéro de *The American Mercury* d'août 1926, Sara note sa propre détermination à fuir le Sud. Ce récit autobiographique à peine masqué met en scène une jeune fille intelligente, « condamnée à rester à Meridian [Montgomery] parce que son père ne peut pas l'envoyer à l'école où elle mériterait d'aller ». Le père de Haardt mourut lorsqu'elle était encore adolescente, et ce n'est qu'avec l'aide de sa grand-mère, tout comme Fitzgerald à Princeton, qu'elle réussit à acquitter les frais de scolarité de Goucher.

Haardt n'était pas réellement une garçonne typique des années 1920, mais elle suivait son propre sentier. À l'opposé, Zelda incarnait l'icône des années 1920, celle qui défiait les conventions et brisait les cœurs masculins. En prenant Ginevra King pour premier modèle littéraire, Fitzgerald avait déjà commencé à écrire sur les *flappers*. Mais, lorsqu'il rencontra Zelda, il réalisa qu'elle incarnait très exactement l'héroïne qu'il avait en tête. Rapidement, il changea le personnage de Rosalind dans *L'Envers du paradis* de façon qu'elle reflète la personnalité de Zelda. Il lui envoya les sections révisées du manuscrit, depuis Camp Sheridan, avec ce commentaire : « Voici le chapitre dont je parlais [...] un témoignage sur la mélancolie juvénile [...] cela dit [...] l'héroïne vous ressemble à plus de trois ou quatre titres[69]. » En faisant d'elle l'héroïne de son roman, il faisait d'une pierre deux coups : il gagnait son affection, et il donnait du piquant à son scénario. Ravie d'envahir ainsi l'univers créatif de Fitzgerald, Zelda l'autorisa à faire libre usage de ses lettres et de ses journaux, qu'il incorpora séance tenante à ses brouillons. Au printemps 1919, Zelda lui raconta une journée qu'elle avait passée dans le cimetière de Montgomery, et sa petite saynète se retrouva verbatim dans le roman. « Ce n'est pas vraiment un cimetière, tu sais - on essaie d'ouvrir un caveau de fer rouillé, creusé dans le flanc de la colline. C'est tout délavé, tout couvert de fleurs bleues larmoyantes, aqueuses, comme si elles poussaient des yeux des morts - poisseuses au toucher, au parfum écœurant - les garçons voulaient qu'on entre, pour mettre mes nerfs à l'épreuve - ce soir - je voulais me sentir très "William Wrenford, 1864". Pourquoi se sent-on vivre en vain devant une tombe ? C'est quelque chose que j'ai si souvent entendu dire, et Grey est si convaincant, mais je ne peux pas vraiment penser qu'il est désespérant d'avoir vécu. Toutes ces colonnes tronquées, ces mains qui s'étreignent, et ces colombes, et ces anges suggèrent des idylles, et dans cent ans je crois que ça me plaira de voir des jeunes gens s'interroger sur la couleur de mes yeux, bruns ou bleus - et bien sûr, ils ne sont ni l'un ni l'autre[70]. »

Zelda avait achevé ses études secondaires six semaines à peine avant leur première rencontre, et elle cherchait déjà le moyen d'étendre son horizon au-delà du sud des États-Unis. Fitzgerald, conscient sans doute de ces aspirations, s'efforçait de faire rapidement progresser leur intimité. Mais, si Zelda reconnaissait qu'elle était amoureuse, elle n'ignorait pas qu'elle serait financièrement dépendante de son mari pendant le restant de sa vie : l'argent était une condition essentielle du mariage. Elle exigeait un niveau de vie bien supérieur à celui que Fitzgerald pouvait alors lui offrir, et, si sa solde mensuelle, qui s'élevait alors à 141 dollars, lui permettait de sortir Zelda dans l'Alabama, elle ne suffisait pas à lui garantir une existence aisée ailleurs. Les modestes loisirs de Montgomery incluaient alors divers théâtres et restaurants, un country club, le zoo d'Oaks Park, un parc de loisirs à Pickett Springs où, le dimanche après-midi, la foule traînait près du manège, des kiosques à pop-corn et des fosses à barbecue. Pour faire la cour à Zelda, Scott l'emmenait dîner au Pickwick Café ou à l'Elite, puis au cinéma ou au bal. Parfois il y avait des troupes de passage, qui donnaient des comédies musicales et des vaudevilles au Grand Théâtre, où le jeune couple restait assis à se tenir la main et à s'embrasser dans l'une des loges dorées et tendues de velours rouge.

Ils se promenaient souvent sous un clair de lune qui embaumait le chèvrefeuille et la glycine, et Zelda devait se rappeler le soir où ils gravèrent leurs noms sur le montant de la porte du Country Club : celui de Scott était en lettres plus larges que le sien. Impressionnée par sa certitude d'accéder à la gloire, elle devait donner par la suite une interprétation différente de l'incident dans son roman : « Alabama et le lieutenant s'attardaient devant la porte. "Je vais graver sur la pierre le souvenir de notre première rencontre", dit-il. Sortant son couteau, il grava sur le montant de la porte ces mots : "David David David Knight Knight Knight et miss Alabama Personne". "Égotiste", protesta-t-elle... Elle était un peu en colère devant ces noms. David lui avait dit combien il allait devenir célèbre[71]. »

Scott était dépensier de nature et adorait offrir à Zelda tout ce qu'elle désirait. Elle voyait dans sa générosité un présage des succès à venir, et l'idée qu'il pouvait devenir célèbre la captivait. Mais elle refusait de l'épouser tant qu'il n'aurait pas absolument prouvé qu'il pouvait lui offrir une existence exceptionnelle. Zelda, si elle acceptait son futur statut d'épouse, n'en rechignait pas moins à jouer le rôle passif prescrit par la société du Sud. Pendant tout le temps où il lui fit la cour, elle ne se soumit jamais entièrement à Scott et continua à fréquenter de nombreux jeunes gens. Fitzgerald se rappela par la suite cette répugnance avec un certain ressentiment : « Elle n'avait pas de certitudes absolues - exception faite de son imprudence en matière de sexualité. Elle était circonspecte lorsqu'il s'agissait de conjuguer son sort au mien avant que je ne fasse fortune, et je crois que, de tempérament, c'était la femme la plus intrépide que j'aie jamais rencontrée[72]. » Et pourtant, si elle hésitait à l'épouser, elle craignait de le perdre en faveur d'une autre. « Lorsqu'elle le voyait quitter la piste de danse au bras d'une autre fille, le ressentiment qu'elle éprouvait ne tenait pas à la crainte de le voir allier sa personnalité aux leurs, mais parce qu'il menait d'autres qu'elle dans ces régions tempérées, lointaines, qu'il était seul à habiter[73]. » Scott éprouvait lui aussi un sentiment de possessivité à son endroit, et il écrivit à Edmund Wilson : « Il me serait égal qu'elle meure, mais je ne supporterais pas qu'elle en épouse un autre. » En entretenant la jalousie de Fitzgerald, sans trancher parmi toutes les possibilités, Zelda augmentait ses chances d'obtenir ce qu'elle désirait le plus : le rêve de la salamandre, l'homme et l'existence faits pour elle.

En septembre 1919, lorsque Sara Haardt retourna à Goucher pour sa seconde année, Zelda recommença à fréquenter régulièrement John Sellers. Fils d'un riche négociant de coton, John Allen Sellers Jr. était apprenti dans la compagnie de son père, la firme Sellers-Orum, où il était formé au commerce du coton. Il possédait les deux avantages dont

Fitzgerald, de son propre aveu, était dépourvu : un magnétisme animal et de l'argent. Propriétaire d'une belle voiture, dépensant sans compter, il représentait une menace sérieuse. Fitzgerald devait toujours considérer avec fureur l'intérêt que portait Zelda à ce bel homme du Sud, grand et blond, et il demeura persuadé qu'ils avaient eu une relation sexuelle. Il se plaignit amèrement de Sellers dans une lettre qu'il écrivit par la suite à Zelda, sans jamais l'envoyer, où il l'accusait de s'être laissé séduire à quinze ans. « On peut supposer que tu étais une véritable aubaine. Tu l'as admis toi-même des années après (et je ne te l'ai jamais reproché), tu avais été séduite et reniée par les gens de ta province. Je l'ai senti la première nuit où nous avons couché ensemble, car tu as bien du mal à bluffer[74]. » Dans une autre lettre qu'il n'envoya jamais, destinée à la sœur de Zelda, Marjorie, il exprimait son indignation avec un regain de véhémence : « Votre mère s'est si bien occupée de Zelda que John Sellers a réussi à la séduire lorsqu'elle avait quinze ans, et, quand je l'ai rencontrée pour la première fois au Country Club, elle était si soûle que ses partenaires la portaient à bout de bras[75]. »

Il est fort possible que Sellers ait séduit Zelda : Mayfield était certes en position de le savoir puisqu'elle devint sa femme. Mais Sara interpréta différemment les extravagances chorégraphiques de Zelda : elle se rappela que celle-ci faisait souvent semblant d'être prise de boisson, et qu'elle se laissait glisser à terre, offrant à son partenaire un prétexte romantique pour la soulever dans ses bras. Un jour où Zelda dansait avec Lloyd Hooper, se rappela Mayfield, elle « fit semblant d'être ivre et chuta sur le plancher. Comme Lloyd ne parvenait pas à la ranimer, il la souleva dans ses bras et l'amena à la voiture. Avant qu'il ait eu le temps d'ouvrir la portière, elle se redressait en riant, le raillant d'avoir cru à sa plaisanterie[76] ».

À l'automne 1918, les relations entre Scott et Zelda étaient éminemment incertaines ; Fitzgerald fut dépêché à Hoboken, dans l'État de New Jersey, en qualité d'officier de réserve. Le 26 octobre 1918, se préparant à embarquer pour la France, il reçut l'ordre de rejoindre le 67e régiment d'infanterie à Camp Mills, à Long Island. Si Sellers se réjouit alors d'avoir Zelda pour lui seul, sa joie fut de courte durée : le

16 novembre 1918, l'Armistice ramenait Fitzgerald à Camp Sheridan, pour y être démobilisé.

L'éducation reçue à Princeton et le charme personnel de Fitzgerald lui valurent le poste aisé d'aide de camp du général J. A. Ryan, de la 17e brigade d'infanterie, qui fit d'abord de lui son secrétaire mondain. À présent, il pouvait faire sa cour en grande pompe : « Tu m'as invitée à dîner, moi qui n'avais jamais su ce que c'était, moi qui avais juste connu des soupers légers, lui écrivit-elle par la suite. Le général était loin. La nuit était douce et grise, les arbres comme duveteux sous la lumière des réverbères, et les recoins obscurs de la forêt de pins embaumaient le passé, et tu as dit que tu reviendrais me chercher, où que tu sois nommé. Et j'ai dit que je serais là, à t'attendre. Je n'y croyais pas tout à fait[77]... » Cela dit, en tant qu'aide de camp du général, Fitzgerald était tenu d'apparaître à ses côtés à cheval, lors des parades. N'ayant jamais su bien monter, il fut désarçonné sans tarder, ce qui n'impressionna guère son officier supérieur. Le régiment pouvait aisément se passer de lui : Fitzgerald fut le second à être démobilisé. Il reçut son congé le 14 février 1919.

Lorsqu'il quitta Montgomery, les citadins se préparaient à fêter le retour des engagés locaux, les jeunes gens de la division Arc-en-Ciel, du 167e régiment d'infanterie. Zelda se joignit à la foule matinale qui les accueillit le 12 mai à 10 h 30, lorsqu'ils défilèrent le long de Commerce Street, de la gare de l'Union au capitole. Les journaux annoncèrent le programme de la réception qui devait suivre : « De 14 h 30 à 18 h, le trafic automobile sera interdit dans Court Square, et des rafraîchissements (glaces "arc-en-ciel", gâteaux maison, bonbons et cigarettes) seront servis à tous les hommes portant un uniforme par nos charmantes matrones et jolies jeunes filles, supervisées par Mrs W. J. Hannah, l'organisatrice[78]. » Sur une photographie prise ce jour-là, on voit clairement Zelda sur le parcours du défilé. Fitzgerald réalisa qu'il devait faire ses preuves sans plus tarder.

La sœur de Zelda, Tilde, avait aidé Scott à se trouver un appartement à New York, au moment où il avait envisagé de travailler pour un journal le jour, d'écrire des nouvelles la nuit et de gagner assez d'argent pour convaincre Zelda de l'épouser. Après un long trajet en train dans le Nord, il envoya illico un télégramme à Zelda : « Telda [sic] a trouvé génial petit appartement loyer raisonnable. Je l'ai réservé à partir du 26[79]. » Lorsque les journaux le rejetèrent unanimement, il se retrouva à écrire des vers de mirliton pour l'agence publicitaire des tramways Collier : il avait pour associé John Held Jr. qui illustrait ses slogans. L'un d'eux le rendit célèbre : un panneau de trolley qui vantait une teinturerie de Muscatine, dans l'Iowa – « We Keep You Clean in Muscatine[3] ». Mais la conception de slogans publicitaires n'était pas son fort, et son salaire était restreint à 20 dollars par mois, ce qui n'assurait que ses repas et son logement au 200 Claremont Avenue, sur Morningside Heights, près de l'université de Columbia. Il passait la plupart de ses soirées à travailler sur ses nouvelles. Il en finit dix-neuf et accumula rapidement une centaine de lettres de refus, qu'il collait par défi sur les murs de sa chambre.

Zelda lui écrivait certes des lettres encourageantes, où elle laissait entendre que les choses finiraient par s'arranger : « Ces soirs poisseux, caniculaires - où l'air évoque une lourdeur tropicale - où mes cheveux deviennent humides et mes yeux s'ensommeillent - Scott, chéri, je te veux toujours davantage, et je t'aime de tout mon cœur et de toute mon âme[80]. » Elle n'en continuait pas moins à accumuler des fiancés de substitution. Francis Stubbs et Pete Bonner deux stars de football d'Auburn, rivalisaient sérieusement pour attirer son attention. Stubbs lui offrit l'insigne en or de son club de football, qu'elle porta à son cou, en sautoir, et Bonner l'invita à Auburn pour le week-end du 22 février, lui écrivit pour lui rappeler la date et prévenir ses rivaux locaux : « J'ai rendez-vous avec vous le samedi après-midi. Attention à Stubbs[81]. » Zelda était si populaire à Auburn que Livyre Hart et elle-même furent élues personnalités d'honneur d'Auburn. Cinq membres du club de football formèrent même une fraternité inédite en son honneur - Zeta Sigma. Pour y entrer, il fallait avoir eu un rendez-vous avec Zelda et les membres agréés incluaient Francis Stubbs, Harvey Allen, Clem

---

3. Littéralement : « Nous assurons votre propreté à Muscatine. »

Cardy, Bob Fields et George Lumpkin. Après avoir vu sa photo ou l'avoir remarquée au bal, de nombreux étudiants de première année lui écrivirent, dans le style de Solomon Tedford : « Comme j'aimerais vous rencontrer. J'ai une de vos photos, et je la trouve rudement jolie[82]. »

Zelda tenait Scott au courant de ses flirts universitaires. Saisi d'une anxiété croissante, Scott réclama à sa mère sa bague de fiançailles et l'offrit à Zelda pour la lier plus étroitement à lui. Elle l'accepta, mais ni sa famille ni elle-même ne prirent les fiançailles au sérieux. Ayant porté sa bague à un bal du Country Club, elle la mit ensuite de côté en disant à Scott : « Je sais que tu m'aimes, chéri, et je t'aime plus que tout au monde, mais si ça doit continuer longtemps comme ça, impossible de garder ce rythme effréné de correspondance[83]. » Son impatience croissante, le stress généré par leur longue relation à distance suscitaient chez Zelda déséquilibre et angoisse. Elle prit l'habitude de se mordiller l'intérieur de la bouche par nervosité. « Je t'agacerais sans doute à mort aujourd'hui, écrivit-elle à Scott, je n'ai plus de peau sur les lèvres et suis retombée dans une langueur nerveuse - il y a de quoi devenir fou quand on est très conscient de ce qu'on fait, sans pouvoir le moins du monde s'empêcher de le faire, quitte à pousser des hurlements la minute d'après[84]. »

Ils s'étaient promis de s'écrire tous les jours, mais bien vite Zelda ne vit plus l'intérêt de maintenir une correspondance incessante. « Je déteste écrire quand je n'en ai pas le temps, et qu'il me faut juste griffonner une ligne ou deux - je te le dis pour que tu comprennes - les relations mouvementées sont assez fatigantes, quelles qu'elles soient, alors, s'il te plaît, écrivons-nous calmement, quand l'envie nous en prendra[85]. » Et si Scott conservait chacune de ses lettres, comme naguère celles de Ginevra, Zelda les jetait toutes. Il admit à contrecœur qu'elle cessât de lui écrire, mais demeura résolu à l'épouser. Il évoqua cette impasse avec John Biggs. « Je me rappelle la première fois où il m'a parlé de Zelda. C'était avant son mariage, en 1920... J'étais chez mes parents, à Wilmington. Il m'a simplement dit qu'il avait rencontré cette fille [Zelda Sayre] à Montgomery, en Alabama, pendant qu'il y était posté avec l'armée, et qu'il allait l'épouser. Je lui ai demandé à quoi elle ressemblait. "Oh, c'est une blonde", a-t-il répondu avant de la décrire vaguement. Je me rappelle qu'il a dit : "Elle a une silhouette magnifique", et c'était vrai. Je lui ai dit : "Scotty, tu ne peux pas te marier sans argent." [Avec encore plus de gravité, Fitzgerald répondit :] "Eh bien, je l'épouserai quand même. J'ai eu sacrément de mal à la détourner du fils Bankhead [le fils de feu Bankhead, qui fut le président de la Chambre des représentants, et le frère de l'actrice Tallulah Bankhead]. Il tenait coûte que coûte à l'épouser. Mais c'est moi qui vais le faire[86]." »

Scott savait que Biggs avait raison au sujet de l'argent, et il tenta à toute force de placer ses nouvelles. Edmund Wilson le présenta à George Jean Nathan en juin, et il reçut enfin des nouvelles de H. L. Mencken : *Les Enfants perdus* serait publié dans *The Smart Set*. Enthousiasmé par ce premier succès, il investit les 30 dollars que lui rapporta la nouvelle dans un éventail de plumes d'autruche bleues pour Zelda et une paire de pantalons de flanelle blanche pour lui-même. Il plaça également *La Débutante* à Mencken, mais se rendit compte que ces premières sommes rapportées par ses nouvelles ne lui permettraient ni de louer un meilleur logis ni de persuader Zelda d'entrer à l'église à son bras.

Scott s'embourbait dans des sentiments contradictoires : il confia à Ruth Sturtevant, qu'il avait vaguement fréquentée à Princeton, qu'il était obsédé par Zelda, mais qu'il craignait, en l'épousant, de se laisser distraire de sa vocation d'écrivain. « [...] Je suis fermement résolu à ne pas me marier - je ne le peux ni ne dois le faire, et je ne le ferai pas. Et pourtant, c'est une fille remarquable[87]. » Il discuta également de la chose avec Stephen Parrott, son ancien condisciple de Newman et Princeton, qui suivait maintenant une formation d'architecte au MIT. Les deux se rencontraient au Yale Club (qui avait fusionné momentanément avec le Princeton Club), sur Vanderbilt Avenue, en face de Grand Central, où Fitzgerald dînait à l'accoutumée. Il lut à Parrott les extraits du journal intime de Zelda qu'il exploitait pour refondre son roman. Il était d'usage que les jeunes filles du Sud tiennent un journal où elles énuméraient leurs prétendants : au cours du XIXe siècle, elles en faisaient souvent don à leur époux, le jour du mariage. Mais le journal de Zelda était d'un tout autre genre. Il chroniquait ses observations et ses émotions personnelles, dans un courant de pensée des plus originaux. Parrott le trouvait fascinant, mais difficile à déchiffrer. Il écrivit à Fitzgerald : « Comme tu dis, c'est un document d'une grande humanité, et pourtant je n'arrive pas tout à fait à le comprendre[88]. » Ayant lu toutes les notations, ayant écouté Scott lui faire le portrait de Zelda, Parrott fut intrigué. « J'aimerais bien rencontrer une Zelda, écrivit-il à Scott en avril 1919. J'ai terriblement envie de tomber amoureux en ce moment, je me sens si desséché, si plein d'une froide sagesse, comme un parchemin babylonien enfoui depuis des siècles... » Lorsqu'il fit enfin la connaissance de Zelda, il flirta avec elle au point de briser définitivement son amitié avec Fitzgerald.

Tandis que celui-ci inventait tant bien que mal ses slogans publicitaires et soumettait des nouvelles aux magazines, Zelda continuait à collectionner les soupirants. Tout en voyant régulièrement Sellers, elle fut élue reine de l'année sur trois campus, cette saison-là : l'université d'Alabama, l'université de Géorgie et Sewanee. De semaine en semaine, elle devenait moins assurée de ses sentiments à l'égard de Fitzgerald, et elle dit à un jeune homme de Sewanee qui lui faisait la cour, John Dearborn, que, si elle n'éprouvait plus guère de passion amoureuse à l'endroit de Fitzgerald, elle pensait avoir pour mission de l'aider à devenir un grand écrivain.

Scott perçut cette nouvelle froideur, mais ne l'attribua qu'à sa pauvreté. « Il l'avait rencontrée lorsqu'elle avait dix-sept ans, il avait possédé son jeune cœur alors qu'elle faisait son entrée dans le monde... puis il la perdit lentement, tragiquement, vainement, parce qu'il n'avait pas d'argent et ne pouvait pas en gagner[89]... » Il ne devait jamais oublier la répugnance de Zelda à l'épouser pendant sa période de vaches maigres, parce qu'elle ravivait en lui le souvenir douloureux de Ginevra King et renforçait sa haine amoureuse à l'égard des riches. « Le jeune homme avec un peu d'argent en poche qui épousa la jeune fille un an plus tard devait toujours nourrir une méfiance, une animosité fondamentale envers la classe des gens qui ne travaillent pas - non pas la conviction du révolutionnaire, mais la haine sourde du paysan. Durant toutes les années qui se sont écoulées depuis, je n'ai jamais pu m'empêcher de me demander d'où venait l'argent de mes amis ni de me dire qu'il fut un moment où une espèce de droit du seigneur aurait pu leur donner la jeune fille que j'aimais[90]. » Ces circonstances l'amenèrent à considérer les riches d'un œil soupçonneux, comme une espèce à part. Hemingway ironisa par la suite sur ces sentiments dans sa nouvelle *Les Neiges du Kilimandjaro* : « Il se rappelait le pauvre Julian [Fitzgerald] et cette espèce de respect romanesque qu'ils [les riches] lui inspiraient, et l'histoire qu'il avait commencée un jour, et qui débutait ainsi : "Les gens très riches sont différents de vous ou de moi." Et à ce moment quelqu'un avait répondu à Julian : "Oui, ils ont plus d'argent." Mais Julian n'avait pas trouvé cela comique. À ses yeux, ils étaient d'une race spéciale, auréolée d'argent, et lorsqu'il avait découvert qu'il n'en était rien, cela l'avait démoli tout autant que n'importe laquelle des autres choses qui le démolissaient[91]. »

Fitzgerald ne se faisait aucune illusion : il n'obtiendrait pas Zelda sans un revenu substantiel, et même si elle lui envoyait des lettres d'encouragement : « Nous nageons, incessamment, et chaque brasse me fait réaliser quel chemin nous parcourons - j'aurais aimé tout faire sur terre en ta compagnie... Tu es le seul homme sur terre qui m'ait jamais connue et aimée tout entière[92] », elle nuançait ses encouragements en évoquant vaguement ses flirts, les soirées et les manifestations universitaires auxquelles ils l'invitaient. Scott, dans l'espoir de la convertir au mariage par sa présence, se rendit trois fois en train à Montgomery, entre avril et juin 1919. Néanmoins, la situation demeura au *statu quo*.

En juin 1919, Zelda mit fin à des fiançailles qui avaient toujours été « sous probation ». Elle expliqua froidement à Scott que son incapacité à l'entretenir ne ferait qu'aigrir leur mariage en suscitant chez eux peine et frustration. Ce rejet le blessa et l'irrita, mais il s'empressa d'exploiter ses derniers mots en les incorporant aux propos de Rosalind, qui rejette également Amory dans *L'Envers du paradis*.

Amory : Rosalind...

Rosalind : Oh, chéri, laisse-moi... Ne rends pas les choses plus difficiles ! Je ne peux plus le supporter.
Amory, les traits tirés, la voix tendue : Comprends-tu de quoi tu parles ? Veux-tu dire pour toujours ?
Il existe une différence dans la qualité de leur souffrance.
Rosalind : Ne vois-tu pas...
Amory : Non, pas si tu m'aimes. Tu as peur de vivre avec moi deux années de coups durs.
Rosalind : Je ne serais plus la Rosalind que tu aimes.
Amory, un peu hystérique : Je ne peux pas renoncer à toi ! Je ne peux pas, voilà tout ! Il faut que je t'aie !
Rosalind, une note de dureté dans la voix : Tu te conduis comme un bébé.
Amory, se laissant aller : Ça m'est égal ! Tu détruis nos vies !
Rosalind : Je fais ce qui est sage, la seule chose à faire[93].

Ce second refus lui fut quasi insupportable. En somme, il lui fallait faire ses preuves sans tarder : il alla voir Maxwell Perkins, aux Éditions Scribner, pour parler de son roman. Perkins lui suggéra de le réécrire à la troisième personne. Le 4 juillet, Fitzgerald démissionna de chez Collier's et se prépara à quitter New York pour Saint Paul. De ses derniers jours doux-amers à Manhattan, il écrivit : « J'errais dans la 127e Rue, qui est une ville à elle seule ; ou bien j'achetais des billets de théâtre bon marché au drugstore Gray's et j'essayais de me replonger l'espace de quelques heures dans mon ancienne passion pour Broadway. J'étais un échec, un publicitaire médiocre, incapable de me faire connaître comme écrivain. Pris de haine contre la ville, je dépensai mes derniers sous et bus à hurler, à pleurer, avant de rentrer à la maison[94]... »

De retour chez ses parents, au 599 Summit Avenue, à Saint Paul, il cessa de boire et commença à réécrire *L'Égotiste romantique* en suivant les suggestions de Perkins. Il rebaptisa le roman *L'Envers du paradis*, d'après un poème de Rupert Brooke, *Tiare Tahiti*. Les derniers vers du poème, « Ah, l'envers du paradis/Les sages offrent peu de consolation », devaient apparaître sur la page de titre, pour suggérer que la sagesse et la maturité n'offrent guère plus de réconfort que l'enthousiasme juvénile. Le roman se passait essentiellement à Princeton, l'*alma mater* de Fitzgerald, et contait les espoirs carriéristes et les déconvenues sentimentales du héros Amory Blaine, sosie à peine masqué de l'auteur.

Scott se contraignit à ne pas reprendre sa correspondance avec Zelda, ne s'occupant que de réécrire son manuscrit. Tout au long de l'été, il refondit l'histoire, ajoutant des passages des lettres et du journal de Zelda pour renforcer l'intrigue principale entre Amory Blaine et Rosalind Connage. Il restructura ensuite le récit tout entier de façon que celui-ci reflétât son engouement pour Zelda. Dans la chambre d'amis de ses parents, située au troisième étage de la maison, il agrafa des têtes de chapitres et des résumés aux rideaux des fenêtres, retravailla l'ancien matériel et inséra le nouveau. Écrivant jour et nuit, il ne s'arrêtait que pour manger les repas que sa mère déposait sur un plateau devant sa porte. Ses fenêtres donnaient sur les arbres qui bordaient Summit Avenue, et, pendant ses pauses, il se traînait jusqu'au belvédère pour admirer la vue. Le brouillon achevé, il le montra à son ami d'enfance Tom Daniels, qui le trouva fascinant, même si son épouse Frances fut de l'avis contraire. Daniels, qui s'apprêtait à partir dans l'Est par le train, offrit de porter le manuscrit aux Éditions Scribner. Il connaissait l'un des responsables d'édition, un ancien camarade de Yale, et proposa de glisser un mot de recommandation. Le 3 septembre 1919, Fitzgerald remit à Tom Daniels le roman achevé pour qu'il le remît en mains propres. Quelques jours plus tard, il apprit que Daniels avait oublié par inadvertance le manuscrit dans un taxi de Manhattan. Miraculeusement, Daniels put retrouver la trace du chauffeur, récupérer le paquet et le déposer aux Éditions Scribner. C'était la seconde fois que le livre se perdait, et Fitzgerald, traumatisé par cet épisode, mit des jours à s'en remettre.

Tandis qu'il attendait un avis de l'éditeur, il commença à diviser des sections de *The Demon Lover (L'Amant démoniaque)* en « portraits littéraires de débutantes, de dandies et de garçonnes », vendus 40 dollars l'un au magazine *The Smart Set*. Il passait une bonne partie de ses soirées au pensionnat de Mrs Porterfield, 513 Summit Avenue, près de Mackubin, qu'il gagnait à pied avant de s'asseoir sous la véranda pour discuter littérature avec deux de ses pensionnaires - John DeQuedville Briggs, le proviseur de la St Paul Academy, et Donald Ogden Stewart, qui avait fait ses études à Yale et travaillait pour l'American Telephone Company. Par la suite, Stewart devint un humoriste célèbre et se lia avec Hemingway à Paris. Tous trois flânaient sur Selby Avenue, allaient acheter du Coca et des cigarettes au drugstore de W. A. Frost, et disputaient parfois une partie de golf au séminaire de Saint Paul, avec le père Joe Baron, le jeune doyen des étudiants de Saint Paul.

À Montgomery, Zelda évoquait ses réticences à épouser Scott avec son condisciple de Princeton, Lawton Campbell. Il devait conserver un vif souvenir de leurs conversations. « Scott m'avait parlé de Zelda alors qu'il lui faisait la cour. Lorsque je l'ai rencontrée par la suite, il est normal qu'elle m'ait demandé ce que je pensais de lui. Je pouvais dresser un portrait élogieux de Scott en toute sincérité, parce que je ressentais une véritable affection pour lui et que je l'admirais beaucoup. Puis elle me dit qu'ils étaient fiancés, de temps à autre, mais qu'il voulait qu'elle le rejoigne à New York pour l'épouser. Franchement, ça lui paraissait un pari très risqué, et qui plus est, Scott n'avait pas les rentes qui s'imposaient. Je lui dis que j'étais certain que Scott pourrait gagner de l'argent avec son talent d'écrivain, et elle me parla de l'intérêt qu'un éditeur portait à ses ouvrages, et de ses lettres, qui étaient encourageantes. Pour autant que je me souvienne, il me semble qu'elle disait quelque chose du style : "Si Scott parvient à vendre ce livre, je l'épouserai, parce qu'il est charmant. Vous ne trouvez pas[95] ?" »

Aux Éditions Scribner, le roman de Fitzgerald continuait de diviser les opinions, creusant un fossé entre les générations. Charles Scribner l'aîné persistait à le trouver frivole ; Maxwell Perkins, lui, avait compris que l'analyse fitzgéraldienne des garçonnes et de leur tempérament tranchait par son originalité sur tout ce qui avait été publié par le passé. Il sollicita l'approbation des autres lecteurs. Le 16 septembre 1919, un express de Perkins envoyé à Saint Paul faisait part de la décision finale de l'éditeur, qui était « oui ». « Je suis très heureux, à titre personnel, de pouvoir vous écrire que nous sommes tous favorables à la publication de votre livre, *L'Envers du paradis* [...]. Ce livre est si particulier qu'il est difficile de faire des pronostics quant à sa vente, mais nous sommes tous décidés à prendre le risque et à le soutenir avec vigueur[96]. » Fitzgerald fut fou de joie - il arrêta les automobiles sur la chaussée et les gens dans la rue pour leur faire part de cette bonne nouvelle. Il s'acheta un costume neuf et régla ses dernières factures. Il télégraphia à Zelda qu'il était en route pour Montgomery, où il arriva avec le manuscrit, une bouteille de Sazarac (sa marque de gin préférée) et la conviction inébranlable que le contrat passé avec les Éditions Scribner la ferait changer d'avis. Il lui fallut plusieurs jours et tous ses talents de rhéteur pour la persuader, quoique incertaine, de consentir à l'épouser. Mais elle insista pour attendre que le roman fît véritablement son apparition sur les étals des libraires. Dans une lettre écrite à Scott après son départ pour New York, elle confessa ses doutes antérieurs : « Je suis très fière de toi - ça me coûte de te le dire, mais je ne crois pas que j'avais très confiance en toi à l'origine... Ça me fait tant de bien de savoir que tu es vraiment capable de faire des choses - de tout faire - et j'adore penser que peut-être je suis à même de t'aider un tout petit peu[97]. » De fait, Fitzgerald considérait qu'avec Zelda il avait de quoi écrire un nombre incalculable de récits.

Craignant d'aggraver sa bronchite (sans doute due à un excès de cigarettes), désireux de fuir le Minnesota en hiver et de se rapprocher de Zelda, Scott partit pour la Nouvelle-Orléans en janvier 1920. Il prit une chambre dans une pension de famille, au 2900 Prytania Street, et commença à relire les épreuves que les Éditions Scribner lui avait expédiées. Il rédigea des nouvelles inédites et réussit à en placer quelques-unes auprès de Harold Ober, l'agent littéraire qui s'occupait de lui depuis peu et qui était employé à la Paul Revere Reynolds Agency, à New York. Il quitta deux fois la Louisiane pour se rendre à Montgomery et, au cours de son second séjour, reprit ses relations sexuelles avec Zelda. Ils avaient couché ensemble au tout début, après quoi Zelda s'était constamment refusée à lui. Fitzgerald fait référence à ce stratagème dans ses notes préparatoires aux nouvelles : « Après avoir cédé, elle tient Philippe à distance, comme Zelda avec moi l'été 1919. »

Soulagé et encouragé par leur intimité physique, Scott insista pour qu'ils révèlent leurs fiançailles aux parents de Zelda. Espérant la voir encore changer d'avis, les Sayre ne publièrent pas d'avis dans les gazettes locales et n'informèrent personne du mariage à venir. Même si ses parents ne médirent jamais explicitement de Fitzgerald, toutes ses sœurs le firent, et jusqu'au dernier moment Zelda hésita. Mais les puissances conjuguées de la désapprobation familiale durent, en fin de compte, céder devant la détermination de Zelda à fuir l'Alabama.

La majorité des amis de Fitzgerald désapprouvèrent eux aussi le mariage, en voyant combien Zelda tenait à assurer sa sécurité financière. Il passa outre leurs avertissements. Du Princeton Country Club, il écrivit à Isabelle Amorous, la sœur de son condisciple de Newman Martin Amorous, qui l'avait naguère félicité pour son bon sens lorsqu'il lui avait dit avoir mis fin à ses fiançailles : « [...] j'ai toujours su qu'une fille qui se pinte en public, qui ne cache pas son amusement à dire et à écouter des histoires obscènes, qui fume à la chaîne et qui fait remarquer qu'elle a "embrassé des milliers d'hommes et compte bien en embrasser encore des milliers" ne peut passer pour totalement irréprochable. Mais, Isabelle, je suis tombé amoureux de son courage, de sa franchise, de sa flamboyante estime de soi, et tout ça, j'y crois, même si le monde entier donnait libre cours à ses soupçons qu'elle n'est pas tout ce qu'elle devrait être... Je l'aime, et c'est l'alpha et l'oméga de tout[98]. »

Un obstacle supplémentaire se présenta lorsque Zelda craignit d'être enceinte. Fitzgerald lui envoya des pilules abortives, qu'elle refusa de prendre, lui écrivant : « Je voulais le faire pour toi, parce que je sais quel gâchis je suis en train de faire, et comme tout cela va être ennuyeux... mais véritablement je suis incapable de prendre ces horribles pilules, et je ne les prendrai pas... si bien que je les ai jetées. J'aimerais autant prendre de l'acide phénique. Tu vois, tant que j'aurai le sentiment que c'est mon droit, je ne me soucie guère de ce qui arrive - qui plus est, j'aimerais mieux avoir toute une famille que de sacrifier ma dignité. Ça met tout en porte-à-faux - je me sentirais une vraie pute si j'en prenais seulement une[99]... » Il s'avéra que Zelda n'était pas enceinte, mais leurs relations sexuelles préconjugales et la crainte d'une grossesse pesaient sur la conscience catholique de Fitzgerald. De ce moment, il ne cessa d'interroger les autres hommes pour savoir s'ils avaient couché avec leurs épouses avant le mariage.

En attendant la publication de son livre, Fitzgerald vécut à New York, dans divers hôtels de Manhattan : le Knickerbocker, puis le Murray Hill, enfin l'hôtel Allerton, dans la 39ᵉ Rue. Un soir, il tomba sur Lawton Campbell au Yale Club et manifesta sans retenue son euphorie à l'idée que le roman allait bientôt sortir. « Tandis que je commençais à monter l'escalier pour gagner le deuxième étage, Scott descendait avec un large sourire. À la main, il tenait la couverture illustrée en couleurs d'un livre. À ma vue, avec une jubilation quasi enfantine, comme s'il irradiait ses bonnes nouvelles, il dit : "Regarde-moi ça !" et me montra la couverture. "C'est tout sur Princeton, dit Scott sans reprendre son souffle, comme toujours quand il était excité. Tu reconnaîtras sans doute certains de tes amis. Tu risques même de te reconnaître un peu." [...] Zelda me vint aussitôt à l'esprit. Je lui dis que je l'avais vue lorsque j'étais à Montgomery, et que j'avais glissé un mot en sa faveur. Il me remercia et regarda la jaquette. Il fronça les sourcils une minute, comme pour suggérer que ses mois de dur labeur pourraient lui valoir encore d'autres rétributions. Il dit en souriant : "Je l'ai appelée chez elle la nuit dernière. Je suppose que le juge en a assez de mes coups de fil. Elle tergiverse encore, et il faudra peut-être que je retourne la conquérir, mais l'affaire est jouée, je crois[100]." »

Puisque le roman allait sortir bientôt, Zelda s'était réconciliée avec l'idée du mariage, mais la date des noces ne fut officiellement fixée que lorsque Harold Ober eut vendu la nouvelle *La Tête sur les épaules* au *Saturday Evening Post* pour 400 dollars, sans compter les droits cinématographiques. Fitzgerald avait rencontré Ober en octobre 1979, par l'intermédiaire d'un auteur de Saint Paul, la romancière Grace Flandrau. La spécialité d'Ober, c'était de proposer de courts récits aux magazines qui payaient bien, et il devint l'ami intime de Fitzgerald et son plus vigoureux promoteur. La publication de *La Tête sur les épaules* représenta un tournant décisif dans la carrière de Fitzgerald : ce magazine devint son meilleur commanditaire. La vente suscita par ailleurs un dilemme qui devait obséder Fitzgerald, et qui concerne encore les écrivains d'aujourd'hui, tenaillés entre deux désirs : être un écrivain « sérieux » et gagner beaucoup d'argent. Non content de vendre les droits cinématographiques de *La Tête sur les épaules* à la Metro Goldwyn Mayer, Ober persuada trois autres studios cinématographiques d'acquitter 4 500 dollars pour les droits de trois nouvelles qui devaient être publiées dans le magazine *Post*. Ces négociations lucratives incitèrent Fitzgerald à débattre de ce nouveau marché avec Ober. « J'ai discuté avec Mrs Flandrau la nuit dernière, et, quand elle a dit qu'elle avait reçu des offres pour les droits cinématographiques de sa nouvelle, celle que publie *Post*, j'ai repensé à quelque chose que je voulais vous demander. Peut-on faire de l'argent en écrivant des scripts ? Négociez-vous des scénarios ? » La réponse affirmative d'Ober le remplit de joie.

Pour célébrer son premier succès véritable, Fitzgerald se rendit chez un bijoutier de la 5ᵉ Avenue et acheta pour Zelda une montre-bracelet coûteuse, en platine et ornée de diamants. Il voulait être à Princeton à la parution du livre, entouré d'admirateurs, se rendit à Cottage pour une soirée universitaire et guetta le 26 mars, date où l'ouvrage devait sortir. Ce jour-là, *L'Envers du paradis* fit son apparition dans la librairie Scribner, sur la 5ᵉ Avenue. Ses vitrines y faisaient la publicité de Fitzgerald, comme « le plus jeune romancier jamais publié par les Éditions Scribner ». Le livre devint un succès du jour au lendemain : des 5 000 exemplaires de la première impression, 3 000 se vendirent en l'espace de trois jours. Ce petit livre rafraîchissant et dans l'air du temps, mais informe et superficiel, ne montrait guère le talent auquel Fitzgerald devait atteindre par la suite. Mais c'est ce roman qui le rendit célèbre, et qui fit de lui le porte-parole de l'ère du jazz.

Le succès littéraire de Fitzgerald et l'exquise montre-bracelet suffirent à convaincre Zelda. L'annonce officielle de leurs fiançailles apparut le 28 mars dans le *Montgomery Advertiser*. Elle était sobre : « Le juge et Mrs A. D. Sayre font part des fiançailles de leur fille Zelda avec Francis Scott Fitzgerald, de New York. Le mariage aura lieu à une date prochaine[101]. » Quelques jours plus tard, une annonce plus fournie parut : « Mrs M. W. Brinson (Marjorie Sayre Brinson) accompagnée de sa sœur miss Zelda Sayre se sont rendues à New York City, où elles seront les hôtes, durant leur séjour, de Mrs J. M. Palmer, née miss Clothilde Sayre. » Mais on ne faisait toujours pas mention de la date ou du lieu du mariage. L'annonce choqua les habitants de Montgomery, dont deux prétendants de Zelda, qui espéraient bien l'épouser eux-mêmes et qui refusèrent d'y croire.

Certain que Scott ne saurait s'occuper convenablement de sa fille, le juge Sayre demeura opposé au mariage. Zelda encouragea Fitzgerald à écrire à son père pour le rassurer. « Chéri - maman sait que nous allons nous marier un jour ou l'autre - mais elle n'arrête pas de laisser traîner sur mon oreiller des histoires de jeunes auteurs jetés à la rue par une sombre nuit d'orage. Je me demande s'il ne vaudrait pas mieux que tu écrives à papa avant mon départ - j'aimerais bien être indépendante - sans famille, pour ainsi dire. Ce n'est pas précisément qu'ils m'effraient, mais ils risquent de se montrer très désagréables à l'endroit de nos projets[102]. » Fitzgerald poursuivit les préparatifs du mariage et répliqua simplement par télégramme : « J'ai réservé des chambres au Biltmore et t'attends pour vendredi ou samedi. Télégraphie-moi la date exacte[103]. » Le jour du départ, sa sœur Marjorie accompagna Zelda à la gare victorienne de Montgomery, où les attendait toute une foule venue souhaiter bonne chance à Zelda. « Les amis de Zelda, des bouquets plein les mains, allèrent à la gare la mettre dans le train, se rappela Rosalind. Il y a quelques années, on m'a présentée à une dame de Montgomery en précisant que j'étais la sœur de Zelda. "Je ne la connaissais pas personnellement, m'a-t-elle dit, mais je me trouvais à la gare le matin où elle partait pour New York, et jamais je n'ai oublié combien elle était belle[104]." »

Zelda arriva à Manhattan reposée, et sans le moindre dérangement dans sa toilette, même après le long voyage. « Mon mari et moi-même allâmes chercher Zelda et ma sœur aînée à la gare, lorsqu'elles arrivèrent, dit Rosalind, et nous vîmes Zelda... vêtue pour l'occasion du tailleur de printemps gris-bleu qu'elle porta par la suite à la cérémonie de mariage, à St Patrick, relevé d'un petit bouquet que Scott lui avait envoyé pour l'occasion. Fitzgerald et son garçon d'honneur, Ludlow Fowler, étaient également présents à la gare, et ils escortèrent les deux sœurs jusqu'à Baltimore [105]. »

La veille de la cérémonie, il y avait des étoiles dans leurs yeux et l'enthousiasme des grandes espérances. Il ne déplaisait pas à Scott que Zelda fût dépendante de lui, et il confia à un reporter : « Je pense qu'être en tout et pour tout amoureuse, réellement amoureuse, est une occupation plus que suffisante pour une femme. Si elle tient sa maison comme il faut et veille à être jolie au moment où son mari rentre à la maison le soir, l'aime et l'encourage dans son travail, eh bien je pense que c'est là le genre de travail qui lui vaudra son salut [106]. » Zelda acquiesça. Longtemps après, longtemps seulement, elle devait acquérir une tout autre opinion des occupations féminines, laquelle ne pouvait que nuire à son mariage.

Notes

1. Robert Edward Francillon, *Zelda's Fortune*, Boston, James R. Osgood & Co., 1974, p. 224.

2. Rosalind Smith, témoignage inédit sur Zelda Fitzgerald, Sara Mayfield Collection, université de l'Alabama, Amelia Gayle Gorgas Library, Tuscaloosa, Alabama.

3. Scottie Fitzgerald, citée dans Eleanor Lanahan, *Scottie Fitzgerald : the Daughter of...*, New York, Harper Collins, 1995, pp. 19-20.

4. Article du *Montgomery Advertiser*, cité dans Nancy Milford, *Zelda : A Biography*, New York, Harper & Row, 1970, p. 15.

5. Rosalind Smith, *op. cit.*

6. F. S. Fitzgerald, *Les Heureux et les Damnés*, trad. Louise Servicen, Paris, Gallimard, NRF, 1964, p. 28.

7. Sara Haardt, « Zelda Fitzgerald », entretien inédit avec Zelda Fitzgerald, proposé à l'origine au magazine *Good Housekeeping*, Enoch Pratt Free Library, collections particulières, Baltimore, Maryland, pp. 1-2.

8. Zelda Fitzgerald, citée dans Milford, *Zelda, op. cit.*, p. 8.

9. Lettre de Mrs H. L. Weatherby à l'auteur, avril 1963, archives personnelles.

10. Entretien avec Rosalind Smith, 4 août 1963.

11. Coupure du *Montgomery Advertiser*, collée dans l'album de Zelda, archives Fitzgerald, bibliothèque de l'université de Princeton (PUL).

12. Sara Haardt, « Zelda Fitzgerald », *op. cit.*, p. 5.

13. Album de Zelda, archives Fitzgerald, PUL, *op. cit.*, p. 3.

14. Rosalind Smith, *op. cit.*, p. 3.

15. Eleanor Addison, « Why Follow the Same Pattern », *Columbus Dispatch*, 27 octobre 1963, p. 4c.

16. Sara Haardt, « Zelda Fitzgerald », *op. cit.*, p. 2.

17. Sara Mayfield, *Exiles from Paradise : Zelda and Scott Fitzgerald*, New York, Dell Publishing Company, 1971, p. 13.

18. Eleanor Addison, *op. cit.*, p. 4c.

19. Lettre de Mrs H. L. Weatherby à l'auteur, avril 1963, archives personnelles.

20. Sara Mayfield, *Exiles from Paradise, op. cit*, p. 18.

21. Sara Haardt, « Zelda Fitzgerald », *op. cit.*, p. 3.

22. Ring Lardner Jr., *The Lardners : my Family Remembered*, New York, Harper Colophon Books, 1976, p. 161.

23. Gerald Murphy, cité dans Honoria Murphy Donnelly, *Sara & Gerald, Villa America and After*, New York, Time Books, 1982, p. 151.

24. Rosalind Smith, *op. cit.*

25. Sara Haardt, « Zelda Fitzgerald », *op. cit.*, p. 1.

26. *Ibid.*, p. 4.

27. *Ibid.*

28. *Ibid.*

29. F. S. Fitzgerald, cité dans A. Scott Berg, « The Man who Discovered Fitzgerald », *Princeton Alumni Weekly*, 23 octobre 1979, pp. 15-20.

30. Lettre de Shane Leslie à Charles Scribner II, *ibid.*

31. *Ibid.*

32. Lettre de John Peale Bishop à F. S. Fitzgerald, archives Fitzgerald, PUL, boîte 39, dossier 20.

33. Zelda Fitzgerald, *Save Me the Waltz*, in *The Collected Writings of Zelda Fitzgerald*, éd. Matthew J. Bruccoli, New York, Charles Scribner's Sons, 1991, p. 39.

34. Zelda Fitzgerald, *Southern Girl*, in *The Collected Writings, op. cit.*, p. 4.

35. F. S. Fitzgerald, cité dans Matthew J. Bruccoli, *Some Sort of Epic Grandeur*, New York, Harcourt Brace Jovanovich, 1981, p. 55.

36. F. S. Fitzgerald, *Gatsby le Magnifique*, trad. Michel Viel, Lausanne, L'Âge d'homme, 1991, p. 120.

37. F. S. Fitzgerald, « Le garçon riche », dans *Un Diamant gros comme le Ritz*, t. 2, trad. fr. Marie-Pierre Castelnau et Bernard Willerval, Paris, Robert Laffont, 1984, p. 21.

38. F. S. Fitzgerald, *L'Envers du paradis*, trad. Suzanne Mayoux, Paris, Gallimard, NRF, 1964, p. 264.

39. Sara Haardt, *op. cit.*, p. 4.

40. Lettre de Zelda Fitzgerald à F. S. Fitzgerald, archives Zelda Fitzgerald, PUL, boîte 45, dossier 6.

41. Lettre de Mrs H. L. Weatherby à l'auteur, avril 1963.

42. Zelda Fitzgerald, *Save Me the Waltz, op. cit.*, p. 37.

43. Sara Murphy, citée dans Honoria Murphy Donnelly, *op. cit.*, p. 150.

44. Sara Haardt, *op. cit.*, p. 5.

45. Lettre de Zelda Fitzgerald à F. S. Fitzgerald, 1919, archives Fitzgerald, PUL, *op. cit.*

46. F. S. Fitzgerald, *Les Heureux et les Damnés, op. cit.*, p. 131.

47. Zelda Fitzgerald, *Save Me the Waltz, op. cit.*, p. 40.

48. F. S. Fitzgerald, *Les Heureux et les Damnés, op. cit.*, p. 131.

49. *Ibid.*, p. 182.

50. *Ibid.*

51. *Ibid.*, p. 227-228.

52. George Jean Nathan, « Memories of Fitzgerald, Lewis and Dreiser », *Esquire*, vol. 50, octobre 1958, pp. 148-149.

53. F. S. Fitzgerald, cité dans Andrew Turnbull, *Scott Fitzgerald*, New York, Charles Scribner's Sons, 1962, p. 7.

54. F. S. Fitzgerald, cité dans Andrew Mellow, *Invented Lives*, New York, Houghton Mifflin, 1984, p. 18.

55. Fac-similé du registre de F. S. Fitzgerald pour août 1906, archives Fitzgerald, PUL, p. 160.

56. *Ibid.*, p. 157.

57. F. S. Fitzgerald, cité dans Scott Donaldson, *Fool for Love*, New York, Congdon & Weed, 1983, p. 178.

58. John Peale Bishop, « The Missing all » dans *Collected Essays of John Peale Bishop*, Londres, Scribner's, 1948, p. 67.

59. Alice Anders, « Fitzgerald in Wilmington », *Delaware Today* 6, octobre-novembre 1967, pp. 25-26.

60. Sara Haardt, *op. cit.*, p. 2.
61. *Ibid.*
62. Lettre de Zelda Fitzgerald à F. S. Fitzgerald, 1919, archives Zelda Fitzgerald, PUL.
63. Lettre de Zelda Fitzgerald à F. S. Fitzgerald, citée dans Mellow, *Invented Lives, op. cit.*, p. 67.
64. Lettre de Zelda Fitzgerald à F. S. Fitzgerald, avril 1919, archives Zelda Fitzgerald, PUL, boîte 42, dossier 11.
65. Lettre de Mrs H. L. Weatherby à l'auteur, *op. cit.*
66. Lettre de Zelda Fitzgerald à F. S. Fitzgerald, archives Zelda Fitzgerald, PUL, dossier 10, boîte 42.
67. Sara Mayfield, *Exiles from Paradise, op. cit.*, p. 27.
68. *Ibid.*, p. 127.
69. Lettre de F. S. Fitzgerald à Zelda Fitzgerald, juillet 1918, *The Correspondence of F. Scott Fitzgerald*, éd. Matthew J. Bruccoli et Margaret Duggan, New York, Random House, 1980, p. 32.
70. Lettre de Zelda Fitzgerald à F. S. Fitzgerald, citée dans Milford, *Zelda, op. cit.*, p. 45.
71. Zelda Fitzgerald, *Save Me the Waltz, op. cit.*, pp. 38-39.
72. Lettre de F. S. Fitzgerald, citée dans Mizener, *The Far Side of Paradise*, New York, Houghton Mifflin, 1949, p. 78.
73. Zelda Fitzgerald, *Save Me the Waltz, op. cit.*, p. 39.
74. Lettre de F. S. Fitzgerald à Zelda Fitzgerald, automne 1939, *The Correspondence of F. Scott Fitzgerald, op. cit.*, p. 359.
75. Lettre de F. S. Fitzgerald à Marjorie Brinson (datée de décembre 1938, elle ne fut jamais envoyée), citée dans Donaldson, *Fool for Love, op. cit.*, p. 63.
76. Sara Mayfield, *Exiles from Paradise, op. cit.*, p. 24.
77. Lettre de Zelda Fitzgerald à F. S. Fitzgerald, sans date, archives Fitzgerald, PUL. Citée dans Mellow, *Invented Lives, op. cit.*, p. 8.
78. Lettre de Zelda Fitzgerald à F. S. Fitzgerald, fin du printemps/été 1919, archives Zelda Fitzgerald, PUL, boîte 42, dossier 6.
79. Télégramme dans l'album de Zelda, PUL.
80. Lettre de Zelda Fitzgerald à F. S. Fitzgerald, fin du printemps/été 1919, archives Zelda Fitzgerald, PUL, p. 68.
81. Note de Pete Bonner, dans l'album de Zelda, PUL.
82. Note de Solomon Tedford, collée dans l'album de Zelda, PUL.
83. Lettre de Zelda Fitzgerald à F. S. Fitzgerald, citée dans Mellow, *Invented Lives, op. cit.*, p. 68.

84. Lettre de Zelda Fitzgerald à F. S. Fitzgerald, *The Correspondence of F. S. Fitzgerald, op. cit.*, p. 43.
85. Lettre de Zelda Fitzgerald à F. S. Fitzgerald, citée dans Milford, *Zelda, op. cit.*, p. 50.
86. John Biggs, cité dans Rex Polier, « Fitzgerald in Wilmington : The Great Gatsby at Bay », *Philadelphia Sunday Bulletin*, 6 janvier 1974, section 4.
87. Lettre de F. S. Fitzgerald à Ruth Sturtevant, 4 décembre 1918, citée dans Mellow, *Invented Lives, op. cit.*, p. 58.
88. Lettre de Stephen Parrott à F. S. Fitzgerald, citée dans Mellow, *Invented Lives, op. cit.*, p. 64.
89. F. S. Fitzgerald, cité dans Mizener, *The Far Side of Paradise, op. cit.*, p. 83.
90. F. S. Fitzgerald, *La Fêlure*, trad. fr. Suzanne Mayoux et Dominique Aury, Paris, Gallimard, NRF, p. 349.
91. Ernest Hemingway, *Les Neiges du Kilimandjaro*, trad. fr. Marcel Duhamel, Paris, Gallimard, 1946, p. 35.
92. Lettre de Zelda Fitzgerald à F. S. Fitzgerald, archives Fitzgerald, PUL.
93. F. S. Fitzgerald, *L'Envers du paradis, op. cit.*, pp. 206-207.
94. F. S. Fitzgerald, *La Fêlure, op. cit.*, p. 344.
95. C. Lawton Campbell, *The Fitzgeralds Were my Friends*, essai inédit, archives personnelles, pp. 12-13.
96. Lettre de Maxwell Perkins à F. S. Fitzgerald, citée dans *The Romantic Egotists*, éd. Matthew J. Bruccoli, New York, Charles Scribner's Sons, 1974, p. 53.
97. Lettre de Zelda Fitzgerald à F. S. Fitzgerald, citée dans Mellow, *Invented Lives, op. cit.*, p. 79.
98. Lettre de F. S. Fitzgerald à Isabelle Amorous, 26 février 1920, *The Correspondence of F. Scott Fitzgerald, op. cit.*, p. 53.
99. Lettre de Zelda Fitzgerald à F. S. Fitzgerald, citée dans Bruccoli, *The Collected Writings of Zelda Fitzgerald, op. cit.*, p. 447.
100. C. Lawton Campbell, *op. cit.*, pp. 13-14.
101. Coupure de presse dans l'album de Zelda, PUL.
102. Lettre de Zelda Fitzgerald à F. S. Fitzgerald, avril 1920, PUL, dossier 12, boîte 42.
103. Télégramme de F. S. Fitzgerald à Zelda Fitzgerald, 28 mars 1920, album de Zelda, PUL.

104. Rosalind Smith, document inédit, collection Mayfield, université d'Alabama.
105. *Ibid.*
106. Zelda Fitzgerald, citée dans Bruccoli, *Some Sort of Epic Grandeur*, *op. cit.*, p. 166.

Chapitre deux

Les enfants gâtés de l'Amérique

Le 26 mars 1920, Fitzgerald écrivit à son amie Ruth Sturtevant : « Tu riras sans doute d'apprendre que je me marie un 1er avril, mais je crois bien que c'est le cas. Je n'ai aucune idée de l'endroit où nous vivrons ensuite - nous allons demeurer au Baltimore une semaine environ, mais mon argent de poche ne saurait y suffire, donc nous louerons peut-être une petite maison à Rye ou un endroit de ce genre[1]. » En fait, la cérémonie eut lieu le 3 avril, qui était le dimanche de Pâques, à midi, dans le presbytère de la cathédrale St Patrick, sur la 5e Avenue. C'était le cousin de Fitzgerald, le père William B. Martin, qui officiait.

Zelda portait son tailleur gris-bleu, avec un chapeau assorti orné de rubans et de boucles de cuir. Elle arborait le bouquet d'orchidées que Fitzgerald lui avait envoyé une semaine plus tôt, avec quelques brins de swansonia et des petites fleurs blanches pour le rafraîchir. Dans cette cathédrale quasi déserte assistaient au mariage le condisciple de Scott à Princeton, Ludlow Fowler, en qualité de garçon d'honneur, les sœurs de Zelda, Marjorie et Rosalind, ainsi que l'époux de cette dernière, Newman Smith. La troisième sœur et son mari, Clothilde et John Palmer, furent retenus en cours de route (ils venaient de Tarrytown) et arrivèrent avec quelques minutes de retard. Nerveux, pris d'un zèle intempestif, Fitzgerald demanda à son cousin de commencer la cérémonie sans les attendre, et ce manque de prévenance choqua Zelda. De plus, ses sœurs découvrirent à leur étonnement qu'il n'avait prévu ni musique, ni photographe, ni réception. « Il n'y eut pas de repas de noce, se rappela Rosalind. Scott avait attendu la veille pour nous contacter par téléphone et nous dire que le mariage aurait lieu le lendemain matin à St Patrick. Nous en conclûmes que Zelda et lui avaient tout organisé à leur gré, sans quoi il serait venu en discuter avec nous[2]. »

Si Rosalind et Newman ne prirent pas cette impolitesse pour un affront personnel, ce ne fut pas le cas de Clothilde et de son époux : leurs rapports avec les Fitzgerald en furent altérés à jamais. L'impolitesse de Scott lui avait valu l'inimitié durable des Sayre, à quelques exceptions près. « Tilde et son époux, qui étaient invités, arrivèrent à l'heure qu'on leur avait fixée pour trouver la cérémonie achevée, se rappela Rosalind. Scott ne tenait plus en place à force d'attendre, et malgré nos protestations, à Zelda et à moi, il ordonna au prêtre de se mettre à l'ouvrage. Du coup nous retrouvâmes les Palmer sur le trottoir, bavardâmes quelques minutes, puis Scott et Zelda s'éloignèrent, pour se rendre Dieu sait où. Peut-être déjeunèrent-ils chez Fowler... Scott avait tout planifié sans me consulter, sans rien me dire, et, vu les circonstances, je ne pouvais pas proposer de donner une réception. Manifestement, ils n'en voulaient pas après le mariage. Marjorie, les Palmer, Newman et moi déjeunâmes ensemble, après quoi Marjorie rentra à la maison, emmenant Tilde pour un court séjour[3]. »

La lune de miel commença aussitôt dans la chambre 2109 du Biltmore, au coin de la 43e Rue et de la Vanderbilt Avenue. Leur premier cadeau de mariage, un service à chocolat avec une chocolatière en fine porcelaine, de chez Tiffany, trôna sur la coiffeuse à côté d'un lys fané pendant les deux semaines que dura leur séjour. Zelda vit là le jour le plus romantique de son existence. « Tu te rappelles, écrivit-elle à Scott par la suite, notre premier repas au Biltmore, où tu disais "et maintenant nous ne serons plus jamais tous les deux, à partir de maintenant nous serons tous les trois" [toi, moi et nous]. Et c'était un peu triste, dans un sens, et puis ce fut la chose la plus triste du monde, mais nous étions plus en sûreté, plus proches l'un de l'autre que jamais[4]. »

Le Biltmore était le repaire favori des princetoniens, et plusieurs camarades de Scott s'y rendirent pour présenter leurs félicitations. Les jeunes mariés burent des cocktails Fleur d'oranger dans leur chambre en recevant Edmund Wilson, John Peale Bishop, Alex McKaig et Lawton Campbell. Le riche Ludlow Fowler, qui servit de modèle au protagoniste de la nouvelle *Le Garçon riche* les invita à dîner chez lui. C'était la première fois que Zelda voyait un ascenseur à l'intérieur d'une résidence privée. Il fit découvrir au jeune couple les meilleurs restaurants de Manhattan et leur indiqua où sortir la nuit. Consciente que ses vêtements n'étaient pas assez chic pour ce genre d'endroits, Zelda alla faire les magasins avec Marie Hersey, une amie de Scott, originaire de Saint Paul. La mode offrait pour modèles les tenues de la chanteuse Justine Johnson, et Zelda s'acheta un tailleur sophistiqué de chez Patou. « Je me sentais toute drôle de faire porter ça sur le compte de Scott Fitzgerald », dit-elle par la suite. Pour compléter sa nouvelle garde-robe, Scott offrit à Zelda un petit corsage de 2,50 dollars, qu'il fit mettre sur sa note d'hôtel.

Le week-end du 24 avril, ils acceptèrent de se rendre à Princeton : il se donnait à Cottage une partie de campagne où ils étaient censés jouer les chaperons. Harvey Firestone les conduisit dans sa nouvelle voiture bleu pâle. Ils arrivèrent résolus à choquer tout le monde, et ce fut une réussite. Fitzgerald fit passer Zelda pour sa maîtresse, but comme un trou et déclencha une bagarre. Pour le petit déjeuner, Zelda battit les œufs du Club, les arrosa d'eau-de-vie pour faire flamber des omelettes et invita les autres membres à venir la regarder prendre son bain. Le dimanche venu, Scott arborait un œil au beurre noir, et Zelda avait scandalisé l'administration de Princeton et les membres de Cottage, au point de susciter l'exclusion temporaire de son mari.

Libres de faire ce que bon leur semblait, les jeunes mariés (vingt et vingt-quatre ans) se comportèrent comme des adolescents tout juste affranchis de l'autorité parentale. Zelda venait de fêter ses vingt ans, croyait s'être libérée, et ce sentiment devait trouver un écho des années plus tard dans *Accordez-moi cette valse*. « Allongée sur le lit de la chambre 2109, à l'hôtel Baltimore, Alabama songeait que sa vie serait différente si loin de ses parents. David David Knight Knight Knight, par exemple, ne réussirait pas à lui faire éteindre sa lampe avant qu'elle n'eût terminé son livre. Aucun pouvoir au monde ne pourrait plus l'obliger à faire quoi que ce soit, pensa-t-elle effrayée, jamais plus, hormis elle-même[5]. »

Début mai, la direction du Biltmore leur demanda de quitter les lieux. Au Commodore, ils firent un tel tapage en marchant sur les mains dans le vestibule, en tournant sans cesse dans les portes à tambour, en recevant leurs amis toute la nuit que la direction leur demanda également de régler leur note. Ce bannissement ne fut pour eux ni une surprise ni une déception. Ils avaient hâte de quitter Manhattan - Fitzgerald ne parvenait pas à écrire dans les chambres d'hôtel, et Zelda voulait un endroit où elle pût se baigner et prendre des bains de soleil. Ruth Sturtevant leur suggéra le lac Champlain et, grâce à Leon Ruth (un ancien galant de Zelda, étudiant à Columbia), ils achetèrent un coupé sport d'occasion et prirent la route du nord, la US1 en direction de Rye, dans l'État de New York. Ils trouvèrent l'endroit ennuyeux et sans charme, et repartirent plus au nord pour gagner le lac Champlain, plus joli, mais trop froid pour s'y baigner. Virant au sud-est, ils s'arrêtèrent à Westport, sur Long Island Sound, dans le Connecticut.

Westport leur plut, et un agent immobilier de la région les aida à dénicher le Burrit Wakeman, une chaumière sise 244 South Compo Road. Cette maison isolée, couverte de bardeaux gris, et dont l'architecture « en salière » remontait au XVIIIe siècle, était située dans les faubourgs de la ville. Elle donnait sur la route, mais Scott et Zelda voyaient le Sound depuis la fenêtre de leur chambre, qui était au deuxième étage, à l'arrière de la maison. Il leur fallait moins de cinq minutes pour gagner la plage Sound and Compo. Les Fitzgerald se dirent qu'ils avaient trouvé là une résidence d'été idéale et signèrent un bail de cinq mois le 14 mai. Scott écrivit à Ruth Sturtevant : « Suis arrivé ici à neuf heures du matin pour découvrir la plus charmante des petites chaumières du Sound. À midi, le bail était signé. Il y a une plage et beaucoup de solitude, et c'est juste ce qu'il nous faut. Nous avions presque renoncé à y croire, du coup nous sommes d'une gaieté qu'on ne saurait imaginer[6]. » Tandis qu'on aménageait la maison pour eux, le couple passa une quinzaine de jours dans une pension de famille proche. L'endroit, tout à fait charmant, était bordé de lilas, mais la nourriture trop indigeste pour Zelda. Ils firent de longues promenades ensemble et veillèrent plusieurs nuits pour achever l'une des nouvelles de Scott.

Leur vie commune prit sans tarder un rythme effréné au cours de cet été qui était leur lune de miel. Zelda s'inscrivit au Long Shore Beach Club et au Country Club local, et se baigna tous les jours dans la piscine, tandis que Fitzgerald travaillait à son second roman, *The Flight of the Rocket (Le Vol de la fusée)*, rebaptisé par la suite *Les Heureux et les Damnés*. Plus ou moins directement inspiré de leurs premiers mois de mariage, ce roman relatait leur vie à Westport, et les deux personnages principaux se nommaient Anthony Patch et Gloria Gilbert. Fitzgerald dit par la suite à sa fille Scottie que « Gloria était une personne beaucoup plus commune et vulgaire que ta mère. Je ne saurais dire qu'elle lui ressemblait, sinon par sa beauté et certains idiotismes caractéristiques, et, bien sûr, j'ai repris nombre d'incidents qui avaient marqué notre existence de jeunes mariés. Nous nous amusions beaucoup plus qu'Anthony et Gloria[7]. »

Le roman immortalisa la chaumière de Wakeman, lieu pour ainsi dire magique avec sa véranda couverte sur un côté, sa treille, ses petits bancs devant la porte d'entrée. « Il faisait obscur lorsque l'agent immobilier de Marietta leur montra la maison grise. Ils tombèrent sur elle à l'ouest du village, profilée sur un ciel qui était un chaud manteau bleu, boutonné de petites étoiles. [...] un des coins branlants de la maison avait été étayé. Pourvue de nouvelles cloisons, agrandie d'une cuisine et augmentée d'un porche latéral - mis à part le toit de la cuisine qu'un jovial imbécile avait recouvert de feuilles d'étain rouge - elle gardait résolument son style colonial[8]. » Un décor pittoresque, entouré de terres en friche, avec peut-être trois ou quatre maisons visibles à l'horizon, une région qui abritait une riche faune, dont un grand nombre d'oiseaux : chardonnerets, loriots, cardinaux, martins-pêcheurs, et pinsons. Zelda et Scott suspendirent un hamac, et... « tout près l'un de l'autre sur le porche, ils attendaient que la lune ruisselât sur les arpents argentés des cultures, sautât par-dessus un bois épais et fît déferler à leurs pieds des vagues lumineuses[9] ».

Pourtant, l'enthousiasme des Fitzgerald devant cette majesté pastorale s'atténua à mesure que la solitude les gagnait. Zelda s'impatienta, notamment après l'arrivée d'un télégramme de la Western Union, envoyé le 17 mai par leurs amis de Montgomery : « Reviens vite à Montgomery, la ville est moribonde depuis ton départ. On végète, on s'ennuie. Personne avec qui échanger des cancans pour nourrir la conversation. Le Country Club envisage de virer son chaperon, qui ne leur est plus d'aucune utilité. Les clubs de tricot ont pris la relève. La prison a été convertie en ouvroir. Si tu veux sauver notre bonne vieille ville, hâte-toi de revenir[10]. »

Ayant toujours vu sa mère faire appel à une aide ménagère, Zelda s'attendait à ce que son mari prît la relève, aussi les Fitzgerald engagèrent-ils un domestique japonais, du nom de Tanaka. Ils passèrent par T. M. Fujmori, dont l'agence, située au 25W de la 42e Rue, à New York, proposait des employés de maison japonais de toute confiance. Scott, tout aussi inapte aux tâches ménagères, se montrait également incapable de réparer les objets ou de prendre soin des lieux. Pour eux, une aide domestique représentait une nécessité plutôt qu'un luxe. Zelda écrivit par la suite dans *Accordez-moi cette valse* : « Ils avaient essayé de se passer de lui jusqu'au jour où Alabama s'entailla la main en ouvrant une boîte de haricots, et David se fit une entorse au poignet - celui qui maniait le pinceau - en activant la tondeuse à gazon[11]. » Malheureusement, Tanaka parlait à peine l'anglais et fit bientôt les frais d'une plaisanterie sophistiquée de George Jean Nathan et H. L. Mencken, qui l'accusèrent d'être un espion allemand - le lieutenant Emil Tannenbaum.

Les Wakeman, qui possédaient la maison de Compo Road depuis une centaine d'années, étaient une dynastie honorable de Westport. On y trouvait des conseillers municipaux, un membre de la Chambre des représentants, et un Wakeman avait siégé au tribunal des successions. Au XIXe siècle, Shore Road Farm, la propriété de Henry Wakeman, comptait parmi les plus impressionnantes de la région : elle donnait en abondance des fraises, des groseilles, des pommes de terre et des petits pois. Un grand champ de fraises s'étendait derrière la maison de Compo

Road, et les fruits venaient agrémenter les petits déjeuners des Fitzgerald. Jusqu'ici, Westport n'était qu'une bourgade rurale sans histoire. Mais sa proximité de New York (elle n'était qu'à quelques kilomètres du centre de Manhattan) la désignait par excellence pour accueillir une colonie d'artistes et constituer une résidence d'été appréciable. Outre les Fitzgerald, ses résidents incluaient le critique littéraire Van Wyck Brooks, les artistes Edward F. Boyd, son épouse Marguerite Van Voorhis et Dorothy et Lillian Gish. Thomas Wolfe allait souvent voir Maxwell Perkins, qui avait une propriété aux alentours de New Canaan, non loin de Westport, où il faisait escale avant de rentrer à New York. John Held Jr., avec qui Fitzgerald avait travaillé à la Collier Advertising Agency, vivait non loin de là dans une résidence balnéaire, sur South Compo Road. Tout un groupe d'acteurs de théâtre y séjournait par ailleurs, dont Eva Le Gallienne et le producteur John Williams, qui recevait continuellement de jeunes actrices dans sa grande propriété du Sound.

Une fois louée par les Fitzgerald, la chaumière des Wakeman, naguère si tranquille, prit une tout autre apparence. Zelda commença à y lancer des invitations pour le week-end. La plupart des invités étaient des hommes. Ils arrivaient en général à quatre ou cinq le vendredi après-midi et inauguraient le week-end avec un cocktail, avant d'aller dîner, puis de se rendre en voiture au Cradle Beach ou au Rye Beach Country Club, où ils buvaient de nouveau, puis allaient s'ébattre sur la plage et nager dans le Sound. Le matin, Zelda et Scott se disputaient fréquemment sur ce qui s'était passé la veille, mais ils étaient encore amoureux et la réconciliation ne tardait pas. Zelda devait se rappeler comment ils se querellèrent « dans la rosée grise du matin sur des questions d'éthique » avant de se réconcilier « grâce à un costume de bain rouge ». Deux de leurs repaires favoris étaient le Miramar Club, qui possédait une salle de casino et des orchestres réputés, et le Compo Inn, dont les propriétaires étaient Marion et Jake Levy. Dans une lettre à Ludlow Fowler, Zelda écrivit sur un ton taquin : « Scott travaille à tous crins sur le milieu d'un nouveau roman, et Westport est d'un ennui intenable, mais, toi et moi, on pourrait s'amuser[12]... »

Zelda n'avait pas d'amie femme. Elle insistait pour que chacune des invitées de sexe féminin fût conforme aux canons qui définissaient à son sens la femme « convenable ». Comme le nota Scott dans *Les Heureux et les Damnés*, cela signifiait qu'elle « devait être simple et irréprochable, ou posséder une certaine fermeté et force de caractère[13] ». Il y avait peu d'élues, aussi Zelda ouvrit-elle sa porte à peu d'invitées. Elle était également aussi accoutumée à attirer tous les regards sur elle. Comme Scott captait maintenant les feux de la rampe, Zelda était décidée à accaparer l'attention des invités masculins, et elle se comportait de façon aussi outrée que possible à cette fin. Sentant l'ennui la gagner, elle réitéra une farce de Montgomery et appela les pompiers de la région. À leur arrivée, ils demandèrent ce qui était en feu : Zelda désigna sa poitrine. Les pompiers ne trouvèrent pas ça drôle et traînèrent Fitzgerald au tribunal. Le 16 juillet 1920, le *Westporter Herald* publia l'histoire en première page, avec gros titre : « Impossible de trouver l'auteur du coup de fil ayant faussement donné l'alarme : les Fitzgerald qui, d'après le central téléphonique, seraient à l'origine de l'appel assurent qu'ils étaient sortis, mais régleront la facture[14]. »

Tandis que Scott travaillait assidûment à son nouveau roman, Zelda peinait à meubler les longues journées d'été et guettait les soirées et les week-ends. Depuis le lycée, elle tenait à jour un album où elle notait les événements intéressants, et tout au long de l'été elle y chroniqua leurs activités sociales. « Il y avait l'hôtel en bord de route où nous achetions du gin, et Kate Hicks, et les Maurice, et les harnais luisants du Rye Beach Club. Nous prenions des bains de nuit avec George avant de nous quereller avec lui et de nous rendre aux soirées de John Williams[15]... »

Fitzgerald lut ces journaux pendant l'automne 1918. Il en avait déjà exploité des morceaux choisis lorsqu'il réécrivait *L'Envers du paradis* ; à présent, il se mit à incorporer des passages entiers dans son deuxième roman. Scott trouvait les commentaires de Zelda éminemment originaux et suggestifs, et il les fit dactylographier avant d'envoyer le manuscrit à Maxwell Perkins, aux Éditions Scribner. « Je joins le journal de Zelda, sous sa forme typographiée... vous y retrouverez une bonne partie des dialogues. S'il vous plaît, ne les montrez à personne[16]. » Perkins les trouva tout à fait lisibles et admit que Zelda avait un ton bien à elle, un talent naturel. Scott envoya des passages à Harold Ober, en indiquant qu'il se servait de passages du journal dans *Le Vol de la fusée* dont le *Metropolitan Magazine* avait réservé les droits avec une avance de 7 000 dollars. Décrivant le roman à Ober, il écrivit : « Il s'agit d'une série d'épisodes s'enchaînant avec plus ou moins de rigueur, à la façon de *L'Envers du paradis*, [et qui] devraient inclure un récit plus long, une sorte de longue nouvelle pour le *Post*, intitulée *Le Journal d'une jeune fille moderne*, plus une douzaine d'anecdotes cyniques susceptibles de plaire à *The Smart Set*, et une ou deux nouvelles, soit pour *Harper*, soit pour *Scribner's Magazine*[17]. » Le condisciple de Scott à Princeton, Alex McKaig, nota par la suite dans son journal que Fitzgerald avait ouvertement admis que « les idées de Zelda étaient entièrement à l'origine de *Jelly Bean* et du *Palais de glace*. Ses idées figurent en première place dans son nouveau roman, *Les Heureux et les Damnés*[18] ».

Scott était si impressionné par la dextérité verbale de Zelda qu'il montra également ses journaux à George Jean Nathan, qui manifesta aussitôt son désir de les publier sous le titre *Journal d'une jeune fille*. Scott comprit aussitôt qu'il avait commis une erreur et, lorsque Nathan demanda à rencontrer l'auteur du journal, fut pris d'une jalousie féroce. Au cours du mois de juillet 1920, Nathan se rendit fréquemment à la chaumière des Wakeman. Au cours d'une soirée qui se prolongea toute la nuit, après que plusieurs invités eurent tourné de l'œil sous l'effet de la boisson, il monta au grenier et dénicha les journaux de Zelda dans une malle. S'inquiétant fort peu d'envahir la vie privée de son hôtesse, il passa la moitié de la nuit à les lire, avant d'aller directement proposer à Zelda de les publier. « Ils éveillèrent mon intérêt, à tel point que j'offris ensuite de les publier en qualité de rédacteur en chef du magazine[19]. » Mais Scott avait déjà prévu d'exploiter ce matériau, et l'intrusion de Nathan n'avait rien pour lui plaire. « La réponse de Fitzgerald fut un "non" sonore, se rappela Nathan. Il dit que ces journaux avaient largement nourri son inspiration, et qu'il voulait en réutiliser des fragments pour ses propres romans et nouvelles[20]. » Toujours persuadée que sa mission au monde était d'aider Scott à concrétiser son potentiel d'écrivain et sachant que ses romans contribuaient à leur réussite financière, Zelda accepta de ne pas être publiée sous son nom. Mais de voir Scott vampiriser ainsi ses journaux éveilla ses doutes et l'amena à réfléchir plus sérieusement à sa propre vocation d'écrivain. Elle était flattée que Nathan ait apprécié ses notations, et l'arrogance sophistiquée du personnage la séduisit.

De 1914 à 1923, Nathan et H. L. Mencken furent corédacteurs en chef de *The Smart Set*. Ce magazine était le premier à avoir accepté de faire paraître des nouvelles de Fitzgerald, et il publiait par ailleurs des écrivains comme Jack London, Aldous Huxley et Theodore Dreiser. Magazine expérimental d'avant-garde, il ralliait des auteurs ignorés des magazines plus conservateurs comme *Scribner's* et *The Atlantic Monthly*. Il accepta par ailleurs de publier les nouvelles de Fitzgerald qui ne pouvaient convenir au *Saturday Evening Post*. Fondé en 1900 par William Mann, avec pour slogan « *A Machine of Cleverness* » (« Un mécanisme d'intelligence »), il ne fit véritablement honneur à cette définition que lorsque Mencken et Nathan en prirent la direction, en qualité de rédacteurs en chef. Mencken rédigeait à l'origine des critiques littéraires, et Nathan des comptes rendus de spectacles, mais ils cosignèrent la chronique « Répétition générale », qui commentait sur un ton satirique la vie culturelle de Manhattan. Les meilleures nouvelles du magazine parurent entre 1919 et 1922. Outre celles de Fitzgerald, *Les Enfants perdus* (septembre 1919) et *Un diamant gros comme le Ritz* (juin 1922), parut la nouvelle bientôt célèbre de Sherwood Anderson *Je veux savoir pourquoi*, *Orage d'été* de Stephen Vincent Benet et *Eden Bower* de Willa Cather.

Si Mencken et Nathan commencèrent par rédiger des critiques littéraires et dramatiques, ils devinrent bientôt les figures de proue du monde littéraire. Nathan influença les goûts du public et contribua plus que quiconque à rehausser les critères dramatiques américains. Walter Lippman considérait H. L. Mencken comme « l'influence la plus puissante sur toute cette génération d'esprits cultivés ». Tout en s'adressant des critiques féroces, Mencken et Nathan n'en réussirent pas moins à rester bons amis. Décrivant Nathan, Mencken soulignait les tendances hédonistes de son ami : « C'est un homme de taille moyenne, droit, mince, brun, avec des yeux qui évoquent la mi-août, des cheveux noirs coiffés en brosse, à la française, et une bouche légèrement boudeuse... Il fume dès que son valet de pied coupe sa douche matutinale et ne s'arrête que lorsque ledit valet la remet en marche à l'heure du coucher... On lui cire ses chaussures tous les jours, même quand il pleut... Il n'a jamais eu à gagner sa vie... Il possède trente-huit pardessus de toute sorte et de toute espèce... Il n'a pas la moindre intention de se marier[21]. » Mencken rejoignit Nathan sur ce dernier point jusqu'au jour où il rencontra l'amie d'enfance de Zelda, Sara Haardt. Mais, au cours de leur célibat prolongé, les deux hommes cultivèrent une existence mondaine animée et sortirent avec quelques-unes des femmes les plus belles et les plus actives du pays.

Henry Lewis Mencken, né en 1880 d'une famille germano-américaine de Baltimore de classe moyenne, y passa la majeure partie de sa vie. De deux ans l'aîné de Nathan, il était plus célèbre que lui lorsqu'il fut nommé rédacteur littéraire de *The Smart Set*. À dix-huit ans, il était devenu journaliste, d'abord pour le *Baltimore Morning Herald*, puis comme rédacteur en chef de l'*Evening Herald*, et enfin en tant que chroniqueur au *Baltimore Evening Sun*. Il adorait manier sa plume aiguisée, satirique, aux dépens du système éducatif, de la politique et des lacunes culturelles des Américains. Mencken devint le chroniqueur mondain le plus influent de la première moitié du XXe siècle ; une fois rédacteur en chef du *Smart Set* (1914-1924) et de l'*American Mercury* (1924-1933), il se fit le champion d'une génération d'écrivains américains d'avant-garde. La coterie littéraire de New York ne l'attirait pas : il vécut à Baltimore en se rendant aux bureaux du *Smart Set* plusieurs fois par mois. Lors de ses séjours à New York, il descendait à l'hôtel Algonquin, mais prenait ses repas chez Luchow, qui servait les meilleurs plats allemands et la meilleure bière. On le voyait rarement sans un cigare de la marque Mister Willy fiché entre ses dents, et, selon Nathan, il se montrait « très courtois envers les femmes, surtout s'il les déteste, ce qui est généralement le cas... Il porte des sous-vêtements en laine toute l'année, et il est avéré qu'il prend tous les jours un bain froid... Il consomme tous les breuvages alcooliques connus, mais sa préférence va à la bière Pilsner... Il déteste les fleurs en bouquet, les tapis, le bord de mer, les hôtels, les jardins zoologiques, le métro, le YMCA, et les figures littéraires féminines [22]... ».

À l'âge de cinquante ans, à la surprise générale, Mencken épousa l'une de ces figures : l'écrivain Sara Haardt, alors âgée de trente-deux ans. Tandis que Zelda entamait sa troisième année d'études à Sidney-Lanier, son amie achevait les siennes à Goucher, l'une des rares universités féminines à offrir alors un programme de sciences humaines de qualité. En mars 1920, le *Montgomery Advertiser* annonça sur la même page les fiançailles de Zelda et l'élection de Sara Haardt à la société Phi Beta Kappa. Diplômée d'histoire, ayant étudié l'anglais, la psychologie et la philosophie, Haardt était rédactrice en chef du magazine de Goucher, de son album de promotion, et elle remporta plusieurs prix prestigieux dans des concours de nouvelles. Ayant achevé ses études, elle rentra à Montgomery pour enseigner au cours de Margaret Booth et manifesta pour que les femmes aient le droit de vote. En 1922, Haardt retourna à Goucher en qualité d'enseignante (c'était l'une des plus jeunes). Tout en donnant ses cours, elle écrivait de courtes saynètes pour le magazine *College Humor*, des critiques littéraires pour *Bookman* et la *North American Review* et des essais pour *Scribner's* et *Country Life*. Lorsqu'elle intégra le personnel de Goucher, son amie de Montgomery Sara Mayfield y préparait son diplôme d'études supérieures d'anglais. En mai 1923, Mayfield remporta un concours de nouvelles, dont le prix était un dîner avec H. L. Mencken. Le professeur Harry Baker, jadis employé au *Smart Set*, avait invité Mencken à visiter le campus et demandé à Haardt de se joindre à eux pour le dîner. Malgré leur différence d'âge, malgré la misogynie avouée de Mencken, il était évident à la fin du dîner qu'ils se plaisaient beaucoup. Haardt était attirée par la vitalité et l'esprit de Mencken ; lui était séduit par son intelligence, sa culture littéraire et son intense féminité. C'était une grande femme aux cheveux bruns, floches, aux grands yeux sombres, avec un air de délicatesse qui faisait d'elle l'archétype de la grande dame du Sud. Dès le lendemain Mencken lui faisait une cour qui se prolongea sept ans. Ils s'épousèrent en 1930.

Née en 1882, à Fort Wayne, en Indiana, Nathan demeura un célibataire endurci jusqu'à l'âge de soixante-dix-neuf ans où, s'étant converti au catholicisme, il épousa l'actrice Julie Haydon. Au cours des années 1920, c'était le critique théâtral qui avait le plus de lecteurs et le meilleur salaire au monde, et, même s'il était de parti pris et pouvait proférer des jugements à l'emporte-pièce, sa connaissance du théâtre et ses canons esthétiques étaient éminemment respectés. Il sut toujours identifier ce qui était de premier ordre et condamner ce qui était médiocre. Il soutint dès le début Eugene O'Neill, privilégia le théâtre et l'hédonisme, et, comme Zelda, vit dans l'existence une pièce où le premier rôle lui était réservé. S'il était toujours impeccablement vêtu de charmants costumes taillés sur mesure, Nathan arborait un uniforme bien plus voyant pour se rendre au théâtre. Les soirs de première, il endossait une cape Inverness et un chapeau claque, prenait une canne et arborait une grosse bague ornée d'une améthyste. Brossant le portrait de Nathan, Ernest Boyd, le critique américain d'origine irlandaise qui avait longtemps fréquenté son cercle d'amis, disait : « Ses affaires, c'est le théâtre ; ses affaires, ce sont ses plaisirs ; quant à l'existence elle-même, il en a fait une pièce où il tient le premier rôle. Les quarante-deux ans de George Jean Nathan représentent toutefois un triomphe suprême de son art à jouer la comédie de la vie, car il a cet air d'éternelle jeunesse qui est la prérogative des vedettes de théâtre. [...] il est mince, brun, élégant, avec une mine d'éternel étudiant... Ses costumes sont toujours fraîchement repassés, et, bien qu'il lui arrive de s'asseoir, ses pantalons ont toujours un tombé impeccable[23]. » Fin gourmet, amateur de bons vins, Nathan dînait tous les soirs au restaurant - notamment au Colony, au 21, et chez Luchow.

Nathan connaissait toute l'intelligentsia théâtrale et littéraire. Peu après leur première rencontre, Zelda lui demanda de faire parvenir une lettre à James Branch Cabell. Il accepta aussitôt, et Cabell fut absolument charmé par cette missive : « Accepteriez-vous, je vous prie, de rendre un service incomparable à une jolie jeune fille ? Il me faut à tout prix un exemplaire de *Jurgen*, sauriez-vous me dire où en trouver un ? Je veux l'offrir à Mr F. Scott Fitzgerald en cadeau de mariage, et j'ai déjà essayé de voler celui de Mr George Jean Nathan en lui faisant croire que j'étais sous l'emprise de l'alcool[24]. »

Élégant, mondain, spirituel, Nathan ne ressemblait à aucun des hommes que Zelda avait connus par le passé. Malgré une différence d'âge de dix-huit ans, ils gambadèrent au vu de tous cet été-là à Westport, se taquinant mutuellement, échangeant des petits mots au ton suggestif, dansant joue contre joue et exprimant sans vergogne leur affection mutuelle. Au cours des festivités nocturnes sur les rives du Sound, Zelda et Nathan disparaissaient souvent pour une longue baignade, et, à l'une des soirées données par John Williams, ils s'assirent au piano pour flirter ensemble tout en jouant la mélodie *Câline-moi d'un peu plus près*.

Westport était rapidement devenu un endroit à la mode, et la rumeur voulait que soixante commerces de vins et spiritueux fussent toujours en activité dans la région. D'après l'artiste Guy Pene du Bois, « pendant la prohibition, Westport en été [...] l'emportait sur New York en matière de tapage. Les jours et les nuits s'écoulaient au rythme du gin-orange. [...] le travail, c'était l'effort qu'on daignait faire entre deux fêtes[25] ». Le journal de Zelda mentionne son souvenir le plus vivace de cet été : « La plage, avec des douzaines d'hommes. » Charles Hanson Towne, le rédacteur en chef de *Vanity Fair*, tout comme Edmund Wilson et John Peale Bishop, était un visiteur attitré de ces soirées sur la plage. Wilson se souvint que « Charles Towne et George Nathan leur avaient rendu visite [aux Fitzgerald], et l'atmosphère était devenue si relâchée que Towne, sur le chemin du retour, avait, au grand amusement de Nathan, exprimé une indignation guindée[26] »... et sans doute quelques remords à l'idée d'avoir lui-même « gambadé tout nu au cours des orgies de Westport ».

Tandis que, de leur côté, Zelda et Nathan poursuivaient leur flirt, Fitzgerald escortait plusieurs jolies femmes dans Westport, entre autres l'actrice Miriam Hopkins et la sœur aînée de Tallulah Bankhead, Eugenia (ou « Gene »). Rivale éternelle de sa petite sœur, Gene buvait comme un trou, se droguait, fumait cent cinquante cigarettes par jour, et menait une vie amoureuse sans retenue. Désireux de prendre sa revanche sur Zelda et Nathan, et considérant que Gene, après tout, était une Bankhead, Fitzgerald eut une brève aventure avec elle. Elle était alors fiancée à Morton Hoyt, le frère de la poétesse Elinor [Hoyt] Wylie, laquelle flirtait avec le camarade de classe de Fitzgerald, John Peale Bishop. Ces fiançailles n'empêchaient pas toutefois Bankhead d'avoir des aventures sexuelles avec d'autres hommes ; affamée de sensations fortes, elle passait d'un homme à un autre. Elle devait, en fin de compte, se marier sept fois.

Zelda était en droit de riposter : voyant Scott flirter avec Gene, elle commença à prendre le train pour Manhattan, où elle retrouvait Nathan dans sa suite, au Royalton Hotel, sur la 44e Rue Ouest. Il est plus que probable qu'ils eurent des relations sexuelles ; Edmund Wilson se rappela comment elle « disait toujours que les chambres d'hôtel éveillaient son érotisme ». Zelda intriguait Nathan parce que, chez elle, une apparence angélique s'alliait à la témérité qui caractérisait leur époque. « Ce qui séduit tout particulièrement l'homme, écrivait-il, c'est une femme dont la noirceur comporte une touche d'angélisme, et dont la vertu a quelque chose de diabolique[27]. » C'était tout le portrait de Zelda, et, lorsqu'il ne la voyait pas en tête à tête, Nathan invitait fréquemment les Fitzgerald à les rejoindre, lui et l'actrice Ruth Findlay, qui avait créé l'héroïne de *La Salamandre*, pour prendre un verre. Zelda acceptait souvent... pour ne jamais arriver. Bien sûr, c'était un véritable supplice de Tantale pour Nathan, dont la réaction ne se faisait pas attendre. « Chère poivrote, que t'est-il arrivé ? Ruth et moi sommes arrivés aux Beaux Arts à onze heures, et nous sommes restés là à siroter de la limonade au gingembre jusqu'à minuit. Étiez-vous sous le coup d'une arrestation, Scott et toi ? J'ai raté d'une demi-heure le message que tu as laissé au Royalton pour moi. J'avais réservé une table pour quatre à la couturière du Century, et Ruth et moi avons dû l'occuper seuls. Tu as raté un excellent spectacle[28]. »

La suite de Nathan au Royalton, quoique modeste, offrait une décoration toute théâtrale. D'épaisses draperies voilaient les fenêtres, toujours fermées, et divers sofas confortables étaient disposés stratégiquement, invitant les invités à converser. Nathan possédait un attirail étonnant de « dispositifs élégants et variés pour tenir, faire circuler et consommer des boissons alcoolisées », et ses caves à liqueurs de grand format recelaient une pléthore de mélanges - dont les cocktails à l'absinthe, qui provoquaient une dangereuse accoutumance. Il donnait des soirées fascinantes, où se pressait l'élite théâtrale et littéraire de New York.

Toujours ravi de voir Zelda en tête à tête, Nathan se montrait moins hospitalier lorsque Scott débarquait avec sa clique de Princeton. « Éméché, il trouvait amusant de venir envahir mon lieu de travail avec ses amis Edmund (Bunny) Wilson [...] Donald Ogden Stewart, Ed Paramore et Edna St Vincent Millay, tous plus ou moins pris de boisson, et de mettre ses talents à profit en approchant des allumettes enflammées des ganses en caoutchouc de mes housses de coussins. Leurs cris de jubilation, lorsque le caoutchouc brûlé commençait à empuantir la pièce, s'entendaient jusqu'à l'autre bout du pâté de maison, tout comme mes propres hurlements, certes moins allègres[23]. »

L'appartement de Nathan donnait directement sur l'hôtel Algonquin, où H. L. Mencken louait une suite où il recevait ses amis. Sur la 44ᵉ Rue Est, l'Algonquin, que possédait Frank Case, était le repaire de l'intelligentsia littéraire et théâtrale qui venait y prendre ses repas. Son salon au décor de cuivre et d'acajou, son Blue Bar étaient pour eux l'équivalent d'un club privé. Nathan et Mencken y organisaient des parties de poker le samedi soir et y déjeunaient parfois avec les acteurs et les cinéastes de New York et Hollywood, qui y prenaient régulièrement leurs repas. La célèbre Table Ronde de l'Algonquin incluait Dorothy Parker, George S. Kaufman, Robert Benchley, Heywood Broun, Alexander Woolcott et les actrices Helen Hayes, Ina Claire, Lynn Fontanne et Tallulah Bankhead. Cette dernière s'était installée à l'Algonquin en 1919, année où elle joua un petit rôle dans la pièce *Une vamp vertueuse* (écrite par Anita Loos pour l'actrice Constance Talmadge). À quinze ans, elle avait répondu à une annonce de magazine proposant aux actrices en herbe d'envoyer leurs photos et gagné un

117

voyage à New York. Elle intrigua les directeurs de la distribution par sa voix rauque et son sens de la repartie, et devint bientôt une présence admise à Broadway. Le grand favori de la Table Ronde était Ring Lardner, qui venait rarement et ne comprenait guère pourquoi on le réclamait à cor et à cri. Fitzgerald, désireux de rencontrer Ina Claire qu'il avait longtemps admirée, finit par se faire inviter à la table en question. Mais Mencken, qui préférait prendre ses repas au second étage, avec l'Insight Straight Club (le Club des clairvoyants), n'était pas sensible à l'esprit caustique du groupe.

Ayant migré du Midwest à Manhattan, George Jean Nathan avait acquis ses goûts sophistiqués au cours des étés qu'il avait passés, encore enfant, en Europe avec son père. Il avait également cultivé deux autres traits de personnalité, qu'il partageait avec Zelda - un esprit vif et une soif insatiable de sensations et de divertissements. Bien qu'il n'eût guère brillé pendant ses études à Cornell University, c'était un excellent journaliste et critique de théâtre. Avant d'obtenir son diplôme universitaire en 1904, il avait été rédacteur en chef des deux journaux étudiants, le magazine *The Sun* et le magazine littéraire *The Cornell Widow*.

D'un machisme avoué, Nathan préférait les belles femmes dont l'esprit ne le mettait pas en danger, et à vingt ans Zelda remplissait ces deux critères. Au sujet de cette préférence, il écrivait : « Ce qui séduit le moins un homme, en fait de charme féminin, c'est la femme qui réussit, que ce soit au travail, dans la vie, ou plus généralement dans cette cour de récréation bariolée qu'est l'existence. Un homme veut une femme dont le succès soit nuancé d'une touche d'échec, même imperceptible. La femme sûre d'elle-même, résolue et prospère, il la voudra pour associée, amie et confidente, infirmière ou gouvernante, mais pour petite amie - jamais [30]. » Zelda partageait ce point de vue : elle en débattit avec Alex McKaig, qui rapporta la conversation dans son journal intime. « Longue discussion avec [Zelda] ce soir, sur la façon dont les femmes stupides l'emportent sur les femmes intelligentes auprès des hommes. » Un autre paragraphe résumait leur discussion au sujet des nez féminins : « Zelda, Fitzgerald et moi sortis dîner. Débat très animé sur la réalité. Si une jeune fille a le nez crochu mais suffisamment de charme pour donner à son visage un air de beauté, qui dira le vrai ? La photo qui met en évidence son nez crochu et souligne sa laideur, ou le tableau qui met en valeur son charme et la fait paraître belle ? Fitzgerald et moi optons pour le tableau. Zelda pour la photographie. »

Nathan affirmait que, pour mettre à l'épreuve l'agilité mentale d'une femme, il fallait lui demander son chemin dans Central Park. Si elle ne se trompait qu'à moitié, c'est qu'elle était déjà intelligente. Quant à sa résolution de ne pas se marier, voici ce qu'il en disait : « Je ne me suis jamais marié parce que, tout bêtement, pour citer les paroles d'une mélodie aujourd'hui à la mode, je m'amuse beaucoup trop comme ça. Je ne vois vraiment pas ce que le mariage m'apporterait, mais je peux citer bien des choses dont il me priverait[31]. » Il chérissait sa liberté, qui lui permettait de pourchasser « la femme un tant soit peu charmante qui vit à deux pas de chez vous ». Nathan était attiré par les jeunes femmes menues, plus petites que lui (qui faisait un mètre soixante-neuf), et il avait un faible pour les actrices blondes. L'une d'elles était Anita Loos, qui sortait à la fois avec Nathan et avec Mencken. L'auteur du célèbre roman *Les hommes préfèrent les blondes* (dont l'argument lui aurait été inspiré par le comportement amoureux de Mencken) était scénariste chez D. W. Griffith. Elle vivait à Hollywood, où elle était l'épouse indépendante et tolérante du metteur en scène John Emerson. Enfant, elle avait fait quelques apparitions sur scène avec sa sœur aînée Gladys, mais son intérêt pour le métier d'acteur avait diminué après que sa sœur fut morte jeune d'une appendicite. Zelda admirait Anita, qui était de douze ans son aînée : Loos avait toujours aimé écrire et, à l'âge précoce de six ans, elle avait remporté un concours de poèmes humoristiques. À vingt-cinq ans, elle avait vendu plus de trente-cinq scénarios à divers producteurs cinématographiques. Dix-neuf furent produits par Biograph, qui comptait sur elle pour fournir de nouveaux scénarios à leur jeune première, Dorothy Gist.

Le mariage de Loos lui laissait une liberté considérable, et lorsqu'elle venait à New York elle descendait en général à l'Algonquin.

Tout en donnant d'elle l'image d'une femme indépendante, qui aimait prendre du bon temps, Loos était en réalité hautement disciplinée et très conservatrice. Drôle, pleine de vivacité, elle manifestait toutefois une étonnante soumission à l'égard de son mari, John, un metteur en scène de second ordre, d'une infidélité chronique. Ils n'avaient pas d'enfants et logeaient dans des suites séparées, à des étages distincts de l'Algonquin. C'était un arrangement nécessaire dans la mesure où Emerson réservait toujours son mardi soir à d'autres femmes. Ces soirées-là, Loos les passait en compagnie de Mencken et de son entourage - George Jean Nathan, le romancier Joseph Hergesheimer et le critique Ernest Boyd. Avant de faire la tournée des théâtres, leur groupe dînait souvent chez Luchow, sur la 14e Rue, avant d'achever rituellement la soirée dans le bar allemand préféré de Mencken, une brasserie de l'Union City, dans le New Jersey. Tout comme Lorelei Lee, l'héroïne des *Hommes préfèrent les blondes*, Anita Loos jouait à la perfection la « blonde idiote », en assaisonnant sa prestation de traits d'esprit. Elle avait rédigé le roman d'un trait, sous la forme d'un journal intime, dans le train qui la menait de New York à Los Angeles, mais c'est seulement sur les instances de Mencken qu'elle le proposa à un éditeur. Mencken adorait son personnage, la belle écervelée Lorelei Lee - pour qui le sexe tient plus de l'ego que de l'amour -, et il écrivit une critique brillante qui faisait l'éloge de Loos, la première romancière américaine à s'être moquée du sexe dans la littérature. Carl Van Vechten approuva ce jugement et qualifia le roman d'« œuvre d'art », ce que Scott tourna en dérision. Pour lui, le roman singeait un peu trop les œuvres de Ring Lardner - critique inspirée par l'envie et le sentiment de rivalité. Le roman se révéla un best-seller, dont les droits se vendirent rapidement en Europe : du jour au lendemain, Loos devint riche et célèbre.

Nathan était séduit par des actrices comme Loos et Ruth Findlay, qui lui donnaient l'impression de se contenter d'être des « bibelots ». « J'ai connu bien des femmes dans ma vie, écrivit-il, et je n'en ai jamais vu une seule qui, dans le secret de son joli cœur, ne désirât pas jouer, au-delà des rôles graves de ce monde, celui d'un joujou charmant et désirable... Chaque fois qu'une femme achète une robe, ou arbore un chapeau neuf, elle songe à ce qu'elle est : un bibelot. Pourquoi les actrices nous séduisent-elles plus que les femmes que nous côtoyons dans notre vie privée ? Parce que tout contribue à leur donner l'air d'un bibelot[32]. » Et c'était bien le charme que possédait Zelda à ses yeux. Toutefois, bien qu'éperdument entiché d'elle, Nathan craignait la fureur de Fitzgerald. Apprenant que Zelda avait eu le culot de montrer à ce dernier les lettres d'amour qu'il lui avait envoyées, George la réprimanda : « Chère Femme égarée, comme tant de femmes exceptionnellement belles, tu te montres un tantinet obtuse. Attirer l'attention de son mari sur une lettre d'amour adressée à sa femme relève en vérité de la plus grande astuce. C'est un geste qui désarme tout soupçon. Réfléchis bien, et tu verras que j'ai raison. Pourquoi ne m'as-tu pas appelé vendredi, comme convenu ? Se pourrait-il que ton amour soit moins ardent[33] ? »

Vers le milieu de l'été, Zelda écrivait trop souvent à Nathan et manifestait des sentiments assez profonds pour provoquer une querelle entre les deux hommes. Celle-ci fut peut-être précipitée par un accident qui se déroula dans la salle de bains de Nathan. Les bains étaient un grand rituel de Zelda, qui requérait souvent l'assistance des amis de Scott. Sans s'embarrasser de sa nudité, fière de son corps, elle se déshabillait généralement en public avant de gagner la salle de bains. Mais un soir, chez Nathan, où elle avait beaucoup bu, elle s'entailla le coccyx sur une bouteille, près de sa baignoire, et il fallut lui poser trois agrafes. Fitzgerald devait inclure l'incident dans *Les Heureux et les Damnés* : « Un soir de juin, il eut une violente querelle avec Maury [Nathan] à propos d'une bagatelle. Il se rappela confusément le lendemain matin que ç'avait été à propos d'une bouteille de champagne cassée[34]. » Nathan nia s'être querellé avec Fitzgerald au sujet de cet incident, ou de Zelda. « Dans sa biographie de Fitzgerald, Mizener prétend que j'ai tenté un jour de flirter avec Zelda, et que Fitzgerald en a eu tant de dépit qu'il m'a entraîné dans une rixe furieuse. La vérité est tout autre. Zelda et moi avions pris l'habitude de nous témoigner en public une tendresse caricaturale, suivant le code chevaleresque du Sud. Scott en riait, et notre amitié n'en souffrit jamais[35]. »

Cette vision des choses ne faisait pas l'unanimité. James Mellow cite la lettre écrite en 1922 par Fitzgerald à Edmund Wilson, qui contient cet aveu : « Nathan et moi [sic] nous sommes réconciliés par écrit[36]. » Arthur Mizener devait garder la certitude que l'idylle avait évolué en véritable liaison. En prévision de sa biographie, Mizener avait demandé par écrit à Nathan, en janvier 1950, l'autorisation de citer une partie de sa lettre du 12 septembre 1920 à Zelda, qui contient la recommandation suivante : « Je suggère qu'à l'avenir tu passes par la poste restante pour toute correspondance intime avec moi. Certes, le geste en dit long, mais avons-nous le choix ? À toi pour les siècles des siècles, George[37]. » Dans sa réponse, Nathan refusa catégoriquement à Mizener l'usage de cette lettre : « En aucune circonstance je ne puis vous autoriser à faire usage de ma lettre du 12 septembre 1920, adressée à Zelda Fitzgerald. Cette réponse est définitive[38]. » Au cours de ses investigations, Mizener devint persuadé que Nathan et Zelda avaient bien eu une aventure sexuelle, et il nota de sa propre main, en haut de la réponse de Nathan : « Il fit la cour à Zelda - avec l'allégresse qui le caractérise. »

Pour Zelda, il ne s'agissait que d'un flirt parmi d'autres ; elle n'avait aucune intention de quitter Scott. Elle admettait ouvertement pouvoir coucher avec d'autres hommes sans que ses sentiments en fussent affectés, sans que Fitzgerald pût jamais deviner jusqu'où exactement elle était allée. Nathan cultivait un certain cynisme sur le désir féminin en général : « À quatre-vingt-dix ans, l'homme emporte dans la tombe, sinon ses illusions d'adolescent quant à la possibilité d'un unique amour, du moins l'illusion sénile que toutes les femmes sont fidèles[39]... » Non seulement il considérait que la femme était perfide par nature, mais qu'elle tenait avant tout à sa propre survie. « Toute femme, quand bien même elle aime un homme d'un amour sincère et profond, se permet à un moment ou à un autre d'éprouver en pensée le charmant pincement de cœur que sa mort lui vaudra[40]. » À ses yeux, Zelda incarnait la femme par excellence.

Tout l'été, Scott ressassa l'infidélité de Zelda. Nathan l'obsédait au point de lui inspirer deux personnages de *Les Heureux et les Damnés*. Il voulut d'abord le camper en personnage principal, puis, réalisant que c'était impossible, il le croqua dans deux personnages secondaires : le brillant Maury, qui évoque « un grand chat mince et imposant », et Joseph Bloeckman, un Juif trentenaire, bien en chair et plein de componction, qui « assumait le sourire vide et consciemment indulgent d'un intellectuel égaré parmi des blancs-becs gâtés et sans expérience ». Tel que le décrit Scott (qui reproduit les tics verbaux de Nathan et les siens), l'expression faciale de Bloeckman « combinait celle d'un fermier du Middle West appréciant sa récolte de blé et celle d'un acteur se demandant si on l'observe ». Nathan fut déçu par ce portrait peu flatteur et expliqua par la suite : « [Fitz] vint me voir, quelque peu contrit, pour m'expliquer qu'il avait tenté de faire de moi un grand mondain, sans y parvenir... le héros finit par donner lieu à un personnage mineur, tout à fait secondaire, qui ne se distinguait par aucune vertu[41]. » Néanmoins, Nathan apparut sur la page de dédicace, en compagnie de Shane Leslie et de Maxwell Perkins - « Avec ma gratitude pour leur assistance et leurs encouragements tout littéraires ». Dans le roman, Bloeckman, le vice-président de Films par excellence, est séduit par Gloria Gilbert, mais elle lui préfère Anthony Patch. Une fois mariée à Anthony, essentiellement désœuvrée, Gloria encourage Bloeckman à lui faire la cour. Elle lui confie son ambition : devenir une vedette de cinéma. « Je veux faire sensation et réussir au cinéma [...]. J'apprends que Mary Pickford gagne 1 million de dollars par an[42]. » Désireux de l'aider, Bloeckman répond : « Vous pourriez, vous savez. Je crois que vous seriez très photogénique à l'écran. » Mais Anthony, qui reflète les sentiments de Fitzgerald à l'égard de Zelda et de ses ambitions cinématographiques, réprime cette idée : « Je déteste les acteurs... C'est tout simplement que tu as soif d'excitation, voilà tout. » Il ne cesse de répéter que le mariage devrait suffire à satisfaire Gloria et récuse ses ambitions sur un ton plaintif : « Qu'est-ce que je serais appelé à faire ? Te poursuivre à travers le pays ? Vivre à tes crochets[43] ? » Gloria, à contrecœur, renonce pendant trois ans à son rêve. Puis, une semaine avant de fêter son vingt-neuvième anniversaire, elle reprend contact avec Bloeckman : « Je me décide enfin à faire du cinéma - si je puis. » Bloeckman, qui se fait désormais appeler Black, est maintenant un producteur prospère. Ravi de la voir, à l'insu d'Anthony, il retient Gloria toute une journée pour une virée dans l'État de New York, dans « sa grande automobile de marque étrangère, tapie comme un insecte géant et saturnin au bout du sentier ». Gloria est consciente du fait que sa jeunesse décline et qu'il lui reste peu de temps pour devenir célèbre. Ignorant les avertissements d'Anthony, elle annonce : « Bloeckman me dit qu'il me donnerait des rôles de... Seulement, si je dois jamais rien faire, il faut que je débute tout de suite. » Fitzgerald exploita les sentiments contradictoires qu'inspirait Nathan à Zelda en plaçant dans la bouche de Gloria cette question : « Était-ce mal de tourner la tête à Bloeckman ? Parce que je la lui ai vraiment tournée. Il s'est montré presque agréablement triste ce soir[44]. » Bloeckman fait passer des auditions mal préparées à Gloria, et le metteur en scène du film décide qu'il lui faut une femme plus jeune pour le rôle. Le roman s'achève sur une allusion indirecte à l'empoignade avec Nathan quand Anthony Patch, pris de boisson au cours d'une soirée, affronte Black en le traitant de « sacré youpin ». La scène s'achève sur un coup de poing de Black qui blesse Anthony à la bouche. Anthony riposte en esquissant un crochet, rate son coup et s'effondre lamentablement.

À l'instar de Bloeckman, Nathan aurait pu facilement propulser Zelda dans le cinéma ou dans le théâtre. Elle enviait le succès de Tallulah, devenue une vedette du jour au lendemain, et parlait constamment de monter sur scène. Si elle ne réussit pas à passer à l'acte, c'est sans doute en raison de ses propres incertitudes et de la détermination farouche de Fitzgerald à la tenir éloignée des feux de la rampe. En sa qualité de critique dramatique, Nathan côtoyait des producteurs et des metteurs en scène, dont l'influent John D. Williams. Celui-ci, qui était un voisin des Fitzgerald à Westport, se rendait souvent à leurs soirées, et une photographie le montre assis sur la pelouse, devant la chaumière de Wakeman, en compagnie de Scott, Zelda, Nathan et Alex McKaig. Fitzgerald envoya le cliché à McKaig plusieurs semaines après leur soirée du 4 juillet à Westport. L'image, énigmatique, est chargée d'émotion. Elle montre Scott et McKaig assis jambes croisées sur l'herbe. McKaig tient une bouteille de whisky. Nathan et Zelda posent ensemble sur les marches de la véranda, l'épaule droite de Nathan effleure celle de Zelda. Il regarde d'un air arrogant le photographe, d'un air pince-sans-rire, tandis que Zelda, impassible, tient la poignée de son ombrelle tout contre sa joue. Williams, en pantalon blanc et chaussures blanches, le verre à la main, fixe l'appareil avec assurance. Le 19 juillet 1920, McKaig nota l'arrivée du cliché dans son journal intime et le colla avec ce commentaire : « Reçois à l'instant de Fitzgerald la photographie ci-dessus. Décor : un week-end à la campagne. Un monsieur à qui il manque la moitié du visage - au rang suivant, William Mackie [un ami de Princeton] - de droite à gauche - John D. Williams, qui a produit *Au-delà de l'horizon*, Zelda F., George Jean Nathan - critique drama-tique, au premier rang - Tana - le domestique japonais, Fitz et Alex McKaig. » Un commentaire précédent, daté du 4 juillet, évoque plus longuement les divertissements du week-end : « Suis allé passer la journée chez les Fitz. George Jean Nathan était là. John D. Williams, Al et Mrs Maurice - Bill Mackie, etc. Avons bu, mangé, nagé. Fitzgerald a dépensé 43 dollars en boissons en l'espace d'une seule journée. J'ai financé la majeure partie du dîner. Grande querelle entre Nathan et moi - l'autocratie contre la bureaucratie. »

Désireux de séparer Zelda de Nathan et pensant qu'un changement de décor pourrait désamorcer la situation, Scott proposa à Zelda de gagner en voiture Montgomery, pour une visite surprise à ses parents. Fin juillet, ils firent leurs préparatifs pour cette excursion en comman-dant des knickerbotters blancs assortis : ces pantalons de golf étaient à la dernière mode. Appelés des « plus-fours », ils attiraient l'œil dans le Nord et faisaient suffisamment scandale dans le Sud pour barrer aux Fitzgerald l'accès à plusieurs hôtels et restaurants. À Norfolk, ils des-cendirent au Monticello, à Greenville au O. Henry, où, « en 1920, l'on considérait qu'un mari et une femme ne devaient pas se vêtir à l'iden-tique de knickerbotters blancs. Nous, nous considérions que l'eau du bain ne devait pas couler rouge [45] ». Ils étaient décidés à tenir une chro-nique de leur périple dans une série d'articles pour magazines et prirent délibérément des routes mal entretenues, d'État en État, dans leur Marmon modèle 1917. Sur un parcours de milliers de kilomètres, ils durent affronter un essieu cassé et de nombreuses crevaisons. Lorsqu'ils s'arrêtèrent enfin devant la maison des Sayre, ce fut pour découvrir qu'elle était vide : les parents de Zelda étaient partis en excursion à New York ! Toutefois, la Marmon était en si mauvais état qu'il fallut la mettre à la casse. Décidés à profiter de la situation, Scott et Zelda séjournèrent deux semaines à Montgomery, rendant visite à leurs parents et amis, jouant au golf et au tennis et fréquentant le parc d'attraction de Pickett Springs. Ils passèrent une nuit chez Katherine Haxton, qui se rappela par la suite avoir vu Zelda chercher sa brosse à dents. « Elle s'exclama : "Scott, qu'as-tu fait de la brosse à dents ?" Ils n'en avaient qu'une pour deux. Je n'avais jamais rien vu d'aussi charmant, d'aussi romantique. » Délestés de leur voiture, ils reprirent le train pour New York, à leur grand contentement. Le compte rendu de leur expédition désastreuse parut par la suite dans le magazine *Motor*, sous le titre : « La Ballade du rossignol roulant ».

Les Sayre furent navrés d'avoir raté Zelda. Sans elle, la propriété de Montgomery leur paraissait immense et vide. Le juge Sayre se surprenait parfois à jeter un coup d'œil nostalgique dans sa chambre de jeune fille. Ils promirent de venir les voir à Westport le mois suivant. Mais, à leur arrivée, ils découvrirent, à leur grande horreur, deux amis de Scott qui cuvaient leur vin sur la pelouse, devant une chaumière en plein désordre. Zelda réussit à aiguiller les amis de Scott vers une hôtellerie proche, mais ils revinrent à trois heures du matin pour reprendre leurs agapes. Sur quoi Fitzgerald se disputa avec Zelda et lui claqua la porte de la cuisine à la figure, assez violemment pour la faire saigner du nez et lui laisser un œil au beurre noir. La situation était intolérable pour le juge, qui condamnait les excès de boisson et réprouvait tout comportement éthylique. Les Sayre manifestèrent leur désapprobation en partant plus tôt que prévu pour aller voir la sœur de Zelda, Clothilde, à Tarrytown. Humiliée et embarrassée, Zelda incorpora par la suite dans son roman la conversation qu'elle eut avec son père au sujet de l'incident. « Tu dois comprendre [...] que je n'essaie pas de te faire la morale sur ta propre conduite, disait le juge. Tu es une adulte, et cela ne regarde que toi. - Je comprends, dit-elle. En somme, tu la réprouves, tu refuses de l'accepter. Si je ne cautionne pas ta façon de voir les choses, tu me planteras là. - Qui refuse de se plier à la loi, dit le juge, n'a aucun droit[46]. »

Rosalind se rappela que son père avait été affligé par cet incident et par d'autres de même nature, mais tenta de nuancer la sévérité de son jugement. « Il s'en remettait à nous pour nous frayer un chemin dans la vie, non pas financièrement, mais en prenant d'autres chemins que lui. Ce n'était pas qu'il fût indifférent - à sa façon, sans le manifester, il nous aimait et gardait un œil attentif sur nous - mais parce qu'il considérait que nous étions assez grands pour penser et décider pour nous-mêmes, comme il l'avait fait à dix-neuf ans, et il estimait sûrement que l'exemple qu'ils nous donnaient, lui et maman, d'une conduite parfaitement honorable, et la bonne éducation que nous avions reçue, suffiraient à nous garder dans le droit chemin[47]. »

Dès que les Sayre furent repartis, les amis de Scott refirent leur apparition. Stephen Parrott (alias Peevie), le condisciple de Fitzgerald à Newman et Princeton, qui s'était entiché de Zelda, vint quelques jours plus tard, et Scott fit part de son arrivée à Shane Leslie. Chaque jour voyait apparaître plus de visiteurs, plus de divertissements, à mesure que la maison se remplissait. Certains restaient jusqu'au milieu de la semaine, et, si la plupart étaient charmants, il y avait des exceptions. John Biggs Jr. comptait parmi ceux qui outraient le plus Zelda. Petit-fils de l'ex-gouverneur du Delaware, Biggs avait été le colocataire de Fitzgerald lors de sa deuxième année à Princeton. Ensemble ils avaient écrit pour Triangle la revue de 1916, intitulée *Tous aux abris !*. Ayant achevé ses études, Biggs, qui était dyslexique, fit son droit à Harvard où il obtint de piteux résultats. « J'y suis entré en avril. Je n'ai jamais assisté aux cours..., admit Biggs. J'allais parfois à ceux de [Félix] Frankfurter, mais pas tant que ça. J'assistais régulièrement aux cours de droit des affaires, mais je sautais tous les autres, en recopiant les notes de quelqu'un d'autre. J'ai eu un C plus. Je n'aurais pu faire mieux si je m'étais tué à préparer les examens[43]. » Il se rendit fréquemment à Westport cet été, pour s'y soûler la plupart du temps. Cet homme massif, au visage mafflu, à la voix tonitruante, donnait à Zelda l'impression qu'il l'agressait ; c'était le seul qu'elle évitait parmi les amis de Scott. Parfois il fallait que celui-ci lui demande expressément de mettre fin à son séjour. McKaig n'aimait pas le croiser là, et il écrivit dans son journal à la date du 4 septembre 1920 : « Biggs est un clochard et un soûlot. Pas un résultat probant au cours de ses études. Censé maintenant étudier le droit à Harvard. Venu voir les Fitzgerald à Westport. Ils ont dû mettre au feu ses chaussettes, ses draps - tout. Est resté ivre deux semaines d'affilée. Une atmosphère de crime, de luxure, de sensualité envahissait la maison. En fin de compte, Zelda a dit qu'il y en avait un qui devait quitter la maison, elle ou lui, avant de prendre d'elle-même la fuite. »

Bien que Scott fût conscient de l'animosité de Zelda à l'égard de Biggs - et elle n'était pas la seule -, il s'abstenait en général d'intervenir. Dans *Les Heureux et les Damnés*, il représente Biggs sous les traits de Joe Hull, une épave au corps trapu, nauséabond, au rire larmoyant. Dans une scène du roman, les amis d'Anthony, pris de boisson, soulèvent Gloria et la font sauter de bras en bras dans la pièce, sans prêter attention à ses cris quand elle exige qu'on la repose à terre. Elle se réfugie dans sa chambre et, quelques minutes plus tard, voit Hull tituber dans l'embrasure de la porte, ivre mort. Les mots de Fitzgerald suggèrent l'atmosphère démoniaque qui devait alors s'insinuer : « Quelqu'un se tenait sur le seuil et la regardait, très calme, sauf qu'il titubait légèrement. Elle put distinguer sa silhouette découpée sur une lumière distincte. Aucun bruit nulle part, sauf un grand silence persuasif... même l'eau avait cessé de couler... rien que cette silhouette titubant, titubant dans l'encadrement de la porte, une menace subtile, imprécise et terrifiante, une personnalité malpropre, sous son vernis, comme des taches de petite vérole sous une couche de poudre[49]. » Gloria s'enfuit de la maison pour gagner la gare, poursuivie par son mari et les amis de ce dernier. Elle refuse de rentrer et prend le train pour aller passer la nuit à Manhattan, chez un ami.

L'épisode s'inspire d'un incident authentique : il est probable que c'est chez Alex McKaig que Zelda alla se réfugier. Le 15 septembre 1920, il notait dans son journal : « Le soir, Zelda débarque - soûle - ayant décidé de quitter Fitzgerald et manqué de se faire tuer en longeant le remblai de la voie ferrée. Fitzgerald sur ses talons. Il avait attrapé le même train - sans argent ni ticket. Ils ont menacé de le faire débarquer, mais il a fini par les persuader de le laisser achever son trajet - Zelda refusait de lui donner de l'argent. Ils ont continué à se battre ici. Aidé Zelda à prendre son bain, puis elle s'est endormie dans mon lit. Fitzgerald, John et moi avons parlé jusqu'à une heure du matin. »

Cette année-là, le cercle d'amis princetoniens de Scott, qui vivaient à Manhattan, incluait McKaig, John Peale Bishop, Edmund Wilson, Lawton Campbell, Ludlow Fowler, Townsend Martin et Bill Mackie. Fitzgerald était le seul homme marié. Depuis Montgomery, Zelda n'avait jamais été environnée par tant d'hommes séduisants, et, nonobstant quelques incidents déplaisants, elle raffolait de leur attention. « Il y avait les yeux bleus de Townsend, et les caoutchoucs de Ludlow, et une malle qui sentait la lavande, et l'odeur de marshmallow du Biltmore, se rappela-t-elle par la suite avec nostalgie. Il y avait toujours Ludlow et Townsend et Alex et Bill Mackie et toi et moi. Nous n'aimions pas les femmes, et nous étions heureux [50]. »

En octobre 1920, Carl Van Vechten vint s'ajouter au cercle d'intimes des Fitzgerald. George Jean Nathan, qui essayait de mettre un peu de distance entre Zelda et lui, le leur présenta. Van Vechten était plus âgé que la plupart de leurs amis et habitait un appartement confortable, au 150, 55e Rue Ouest. Né en 1880 à Cedar Rapids, dans l'État de l'Iowa, il avait fait sa thèse à l'université de Chicago en 1903, pour entamer ensuite une carrière littéraire en qualité de reporter pour le *Chicago American*. En 1906, il fut rédacteur stagiaire à la rubrique musicale du *New York Times* avant de devenir le premier véritable critique de danse dans la presse américaine. Zelda et Van Vechten - qu'elle surnommait Carlo - éprouvèrent une affection et une admiration réciproques dès leur première rencontre. Outre leur intérêt commun pour la danse, chacun d'eux possédait une façon de penser et de parler bien à lui. Carlo adorait l'esprit de Zelda, son penchant pour la libre association d'idées, et elle goûtait son humour raffiné, lequel devait s'améliorer à mesure qu'il consommait des cocktails. Les Fitzgerald adoraient faire la tournée des *speakeasies* qui restaient ouverts toute la nuit dans

Manhattan et les bars de Harlem, avec Van Vechten et sa femme. Cette actrice d'origine russe, Fania Marinoff, s'était rapidement imposée dans le milieu du cinéma. Van Vechten, d'abord marié à Ann Snyder, était heureux en ménage avec Fania, ce qui ne l'empêchait pas de cultiver par ailleurs des liaisons homosexuelles.

De grande taille, présentant le physique maigre et robuste du Scandinave, Van Vechten s'habillait avec beaucoup de goût et privilégiait coûte que coûte tout ce qui était étrange, charmant et brillant. Zelda aimait à le qualifier d'« expérimentateur ». C'était quelqu'un avec qui elle pouvait échanger des plaisanteries acérées et avoir des conversations stimulantes. Il lui rappelait Nathan et, comme Nathan, il adorait donner et fréquenter des soirées. Celles-ci n'étaient jamais ennuyeuses en compagnie de Carlo. Van Vechten affectionnait également les Fitzgerald et il immortalisa leurs aventures du soir dans son roman *Parties (Soirées)*, dont Scott et Zelda inspirèrent le couple de héros, David et Rilda Westlake. Il avait visiblement prêté attention aux facettes subtiles de leurs relations conjugales, car il dépeint les Westlake comme deux époux qui « se vouaient un amour mutuel [...] désespéré, passionné [et] s'accrochaient l'un à l'autre comme deux mollusques s'ancrent à un rocher mais [...] qui cherchaient constamment à se faire du mal[51] ».

Une chose était de se lier avec Carlo et leurs amis de Manhattan, une autre de recevoir continuellement des gens à Westport. À mesure que Fitzgerald voyait approcher la conclusion de *Les Heureux et les Damnés*, il requérait un calme absolu. Il commença à envoyer de plus en plus souvent Zelda seule à New York, pour pouvoir écrire en paix. Lors de ces excursions, elle allait voir Ludlow Fowler, déjeunait avec Lawton Campbell à son club, ou se rendait à une matinée théâtrale en compagnie d'Alex McKaig. Elle provoqua un jour un fou rire hystérique chez Campbell en arrivant coiffée d'un chapeau qu'elle avait confectionné en papier buvard. On ne savait jamais à quoi s'attendre avec elle, si elle plaisantait ou non. D'après Campbell, « elle passait très vite d'un sujet à un autre, sans qu'on prenne le temps de l'interroger. Il ne vous venait pas à l'idée de l'interrompre pour lui demander de quoi elle parlait[52] ».

À l'instar de Gloria, l'héroïne fictive du deuxième roman de Fitzgerald, Zelda s'attachait facilement aux hommes, surtout à ceux qui lui offraient « leurs hommages sincères et des divertissements incessants ». Elle flirtait sans scrupule : à ses yeux, passer la nuit avec un autre homme ne faisait pas d'elle une épouse infidèle. Cette perspective ne manquait pas de perturber Fitzgerald. La seule idée que Zelda eût des relations sexuelles avec un autre le rendait fou furieux. Lorsqu'elle rentrait d'une de ses excursions sans véritable alibi, il s'angoissait. Son anxiété augmentait d'un cran lorsqu'elle laissait entendre qu'elle s'était trouvée en compagnie masculine. McKaig commenta ainsi cette tension : « Si elle est là, Fitzgerald ne peut pas travailler - elle le houspille ; si elle n'est pas là, il ne peut pas travailler - il s'inquiète de ce qu'elle pourrait être en train de faire. » Scott, certes, s'enorgueillissait du charme exercé par Zelda sur tant d'hommes, mais exigeait le monopole de ses sentiments et considérait avec rancune ce qui lui apparaissait comme une réticence à s'engager. McKaig lui conseilla d'enterrer ces pensées et d'achever son roman, notant dans son journal, à la date du 15 septembre 1920 : « Aucun des hommes [...] qu'elle connaît à présent ne la prendrait pour maîtresse. »

Zelda adorait taquiner les amis de Scott et flirtait avec eux en toute insouciance. Edmund Wilson se remémora la façon dont elle les dressait l'un contre l'autre en multipliant les aveux sincères. « John [Bishop], j'ai plus d'amitié pour toi que pour quiconque au monde : je ne me sens en sécurité qu'avec toi Je n'aime que les hommes qui considèrent un baiser comme un moyen d'arriver à ses fins[53]. » Dévorant Zelda des yeux, Bill Mackie s'exclamait quant à lui : « Ce soir, j'ai fait tournoyer mon thyrse à Greenwich Village - je sens mes oreilles partir en pointe[54] » (sous-entendu espiègle : il avait bu et se sentait l'âme d'un satyre). Mackie se mit dans un tel état, se rappela Wilson, qu'il « se retira dans la salle de bains, où on le retrouva effondré, murmurant : "Elle m'a provoqué par ses gestes !" Un soir, on le trouva tout en pleurs devant la maison de Townsend ».

Le trombinoscope du lycée où Zelda avait fait ses études montrait sa photo avec la légende suivante : « Pourquoi travailler toute sa vie quand on peut emprunter/Songeons à vivre aujourd'hui sans souci du lendemain. » À présent qu'elle était l'épouse de Scott, elle poussait cet adage à ses limites. Fitzgerald était à la fois impressionné et atterré par ce qu'il tenait pour son égoïsme froid, dont il fit la caractéristique principale de Gloria dans *Les Heureux et les Damnés*.

« La magnifique attitude "je-m'en-fichiste" se modifia du jour au lendemain. Après avoir été un simple principe cher à Gloria, elle devint leur réconfort et la justification de tout ce qu'il leur prenait envie de faire et de toutes les conséquences qui s'ensuivraient. Ne rien déplorer, ne pas pousser un cri de regret, vivre selon un strict code de l'honneur mutuel et chercher un instant de bonheur avec toute la ferveur et tout l'acharnement possibles. "Personne ne se soucie de nous, sauf nous, Anthony, lui dit-elle un jour. Il serait ridicule que je feigne de me sentir des obligations à l'égard du monde. Quant à m'inquiéter de ce que les gens pensent de moi, je m'en moque, et voilà[55]." »

Parfois, lorsque Zelda se rendait à Manhattan, elle faisait une pause dans les bureaux de *Vanity Fair* où travaillaient Edmund Wilson et John Peale Bishop. De tous les magazines à succès ayant émergé dans les années 1920, *Vanity Fair* et le *New Yorker* (fondé en 1926) attiraient le plus grand nombre de lecteurs. L'élégant *Vanity Fair*, publié avant la Première Guerre mondiale, visait un public d'élites et se vantait d'avoir pour illustrateur John Held Jr., qui dessinait régulièrement des *flappers* aux genoux nus, aux poitrines plates, aux cheveux courts, en couverture du magazine.

Wilson devint rédacteur gérant de *Vanity Fair* en mai 1919, lorsque ses amis Dorothy Parker et Robert Benchley démissionnèrent à la suite d'une querelle avec l'éditeur du magazine, Condé Nast. Avec sa voix haut perchée et ses cheveux d'un roux flamboyant, Wilson était passé à Princeton pour un excentrique, une caricature de l'intellectuel. À New York, il était fait pour intégrer l'intelligentsia littéraire. Ayant achevé ses études en tête de classe, il avait servi comme ambulancier en Europe, avant de retourner aux États-Unis où il était devenu reporter pour le *New York Evening Sun*. Acceptant le poste vacant à *Vanity Fair*, Wilson recruta son condisciple John Peale Bishop, lui aussi fraîchement rentré du front. Si tous deux étaient d'excellents corédacteurs, leurs personnalités se révélaient diamétralement opposées. Wilson était réservé et distrait, Bishop mondain et raffiné, l'homme sensuel par excellence. Comme Bishop, Wilson voulait devenir romancier et poète : une fois sa réputation de critique établie, il laissa de côté ces ambitions. Au cours des années 1920, il lut et recensa plus d'ouvrages que tout autre journaliste. Bishop et lui flirtèrent simultanément avec Elinor Hoyt Wylie et Edna St Vincent Millay, qui envoyaient de temps à autre un poème au magazine. À l'époque, Millay habitait un appartement qui n'avait pas l'eau chaude et venait prendre ses bains chez Wilson, dans l'appartement de la 16ᵉ Rue, où elle déambulait souvent toute nue. Comme Zelda, elle adorait bousculer les conventions et multipliait les aventures, se livrant souvent à des ébats conjoints avec Bishop et Wilson.

L'ami intime de Scott, ce fut Bishop et non Wilson. « Dans un certain sens nous n'étions pas très proches, se rappela Wilson. J'étais d'une promotion antérieure à l'université, et, du moment où il se fixa en Europe, je cessai d'entendre parler de lui. » Tout au long de la guerre, Bishop, lui, entretint une prodigieuse correspondance avec Fitzgerald, lui écrivant des tranchées : « Oh, Scott, j'ai faim de beauté, de poésie, de conversations, de joie sans méchanceté, d'esprit fin, d'heures de tranquillité et de paix, de nuits suivies de grasses matinées, de knickerbockers en tweed, de café au lait, de tout ce que je n'ai pas, j'ai envie de te voir, toi, et T. M., et Alex et Bunny, d'une maîtresse, d'amour, de religion, d'œufs sur le plat[56]... » Scott et lui avaient même prévu de louer un appartement ensemble après la guerre ; Bishop lui écrivit : « Accepterais-tu, sois franc, de louer un grenier (ou un sous-sol, mais "grenier" sonne mieux) avec moi, dans les environs de Washington Square[57] ? »

Le mariage inattendu de Scott avec Zelda contraignit Bishop à partager un petit appartement avec Alex McKaig. Son désappointement tourna au ravissement lorsque l'appartement luxueux de Townsend Martin se libéra. Martin, qui avait également fait ses études à Princeton, était le neveu de l'écrivain philanthrope Frederick Townsend Martin, grande figure de la société américaine. Dépourvu de fortune personnelle, Townsend faisait rarement de longs séjours à Manhattan, mais il fréquentait l'aristocratie et les riches Européens dans leurs villégiatures. Martin adorait faire allusion à ses connaissances, ce qui impressionnait Zelda ; comme McKaig, il voulait devenir dramaturge sans jamais se décider à écrire une ligne. Ses beaux traits nordiques et ses yeux d'un bleu intense séduisaient Zelda, et elle adorait son appartement décoré avec goût, qui ressemblait à un décor de théâtre. Toutefois, c'était son égocentrisme qu'elle trouvait particulièrement irrésistible, comme elle le lui fit remarquer : « Toi et moi, nous sommes vraiment les seuls à nous préoccuper de nous-mêmes. » Il savait qu'elle le trouvait sophistiqué et attirant, mais, tout en encourageant ses attentions, il refusait de se laisser entraîner dans une relation sentimentale. Un après-midi, il mit fin abruptement à leur flirt lorsque Zelda le coinça dans sa salle de bains et exigea qu'il lui fît prendre un bain. Avant la fin de la semaine, il annonçait son départ pour Tahiti. Zelda fut déçue de le voir partir, et, lorsqu'il envoya de Pago Pago une photographie où il posait, avec un air de détente satisfaite, dans un sarong teint artisanalement, une chemise en tissu oxford, pieds nus dans des espadrilles en toile, elle lui consacra une page entière de son album.

Lorsque Townsend s'absentait, il prêtait son appartement à John Peale Bishop, qui ne tardait pas à se l'approprier en titre. La décoration intérieure de Martin était assez théâtrale pour inviter à cultiver la fantaisie, et Bishop y jouait les jeunes seigneurs, s'y pavanant dans les robes de chambre en soie de Martin, parmi les paravents japonais et les porcelaines anciennes. C'était tout à fait le style de vie dont il rêvait, et, en remerciement, il dédia à Martin son premier recueil de poèmes, *Green Fruit (Fruits verts)*. L'appartement luxueusement décoré devint bientôt un repaire pour les amis de Bishop, dont les Fitzgerald, Alex McKaig, George Jean Nathan, Edmund Wilson et Gilbert Seldes, l'éditeur de *The Dial*. Seldes se rappela une nuit de fête où il était tombé endormi sur le lit Renaissance de Townsend pour, au réveil, voir Scott et Zelda s'avancer vers lui. « Soudain, cette double apparition vint à ma rencontre. Les deux êtres les plus beaux du monde s'approchaient comme en lévitant, tout sourire... Je pensai : "Si je peux faire quoi que ce soit pour sauver leur beauté, je le ferai." Hélas, il n'y avait rien à faire[58]. »

Townsend parti à Tahiti, Zelda consacra son attention à Bishop, séduite par son intellect solide, ses goûts délicats et ses manières empreintes d'une courtoisie ancestrale, tout à fait dans l'esprit du Sud. Si Fitzgerald avait permis à ses amis d'embrasser une fois la jeune mariée pour fêter les noces, Zelda, elle, disait en riant que les baisers n'étaient pour les hommes qu'un moyen d'arriver à leurs fins. Un soir, elle se précipita dans la chambre de Bishop alors qu'il se déshabillait, en prétendant y passer la nuit. C'était une ruse que le jeune homme, qui était lui aussi du Sud, comprit sans difficulté, mais, par déférence pour Fitzgerald, il se montra volontairement obtus devant cette déclaration.

Outre sa collaboration avec Wilson à *Vanity Fair*, Bishop donnait des cours particuliers aux enfants des classes supérieures. Mais il ne vivait que pour la poésie. Après avoir travaillé tout le jour dans les bureaux du magazine, il passait ses soirées à écrire, et, au matin, tout en se rasant, récitait ses nouveaux poèmes au miroir de sa salle de bains. Mais il détestait son gagne-pain fastidieux, décidé qu'il était à épouser une femme riche qui le prendrait en charge. Jeune homme, il avait souffert d'une grave maladie, et il avait l'habitude que les femmes prennent soin de lui. À la fin de l'été 1920, il eut une brève liaison avec la poétesse Elinor Wylie (alors encore Hoyt), son aînée de quelques années et dont le frère Morton, un collaborateur indépendant à *Vanity Fair*, venait d'épouser Gene Bankhead, la sœur de Tallulah. Mais Elinor était déjà une poétesse distinguée, bien trop préoccupée de sa propre carrière pour épouser Bishop. Aussi, lorsque Margaret Hutchins, une riche mondaine de Chicago, fit son entrée en scène, il mit fin à ses relations avec Elinor. Margaret n'était pas seulement riche, elle avait un caractère autoritaire, et Bishop ne fut que trop heureux de lui laisser carte blanche. Originaire du Sud rural, il ne s'était jamais senti à l'aise à New York, et il accepta de s'expatrier en France avec Margaret, qui acquit le château de Tressancourt à Orgeval, en Seine-et-Loire. Le château, qu'on pouvait gagner de Paris en une quarantaine de minutes, était à l'origine un pavillon de chasse construit par Henri de Navarre, puis agrandi au cours du XVIIIe siècle pour devenir une charmante résidence.

Au début de l'automne 1920, Westport devint quelque peu glacial : même en faisant du feu dans les deux cheminées, la chaumière des Fitzgerald restait humide. Ils migrèrent dans un appartement de Manhattan, dans un immeuble en grès, au 38, 59e Rue Ouest. Il était juste en face du Plaza Hotel, qui avait l'avantage de livrer les repas à domicile. En avril 1921, ils s'installèrent quelques pâtés de maison plus loin, dans un logis plus grand, au 381, 59e Rue Est. Townsend était encore à Tahiti, Bishop était occupé avec Margaret : Zelda passa de plus en plus de temps en compagnie d'Alex McKaig, qui chroniquait toutes leurs activités dans son journal. McKaig était le moins séduisant des amis de Fitzgerald ; il s'était également installé à New York pour devenir un écrivain et considérait Manhattan comme l'épicentre des activités créatrices. Il était courtaud, avec un visage de bébé auréolé de boucles noires et un nez épaté. Fitzgerald l'avait fréquenté de loin à Princeton, où, au contraire de ses autres amis, il n'était guère populaire. Comme Fitzgerald un an plus tôt, McKaig travaillait pour une agence de publicité, écrivant le soir et le week-end, lorsqu'il ne sortait pas et qu'il ne se rendait pas au théâtre. C'était rare, car il adorait la vie nocturne de Manhattan, si palpitante, où il escortait les plus jolies femmes qu'il pouvait attirer. Il était le cavalier attitré de Zelda lorsque Scott était occupé. Décrivant ses activités sociales dans son carnet de bord, McKaig y donnait un compte rendu détaillé de son vécu au jour le jour, de ses liens affectifs et des rivalités qui opposaient ses amis de Princeton.

Au sortir de Princeton, McKaig entra à l'école navale d'Annapolis et commença à chroniquer ses impressions dans un petit journal de bord, alors qu'il faisait son service dans la marine, en qualité de lieutenant. Ce recueil - de 15 cm de long et 12 de large - commence le 10 février 1918, et, jusqu'au 15 juillet de la même année, rapporte essentiellement ses activités professionnelles. Le 5 juillet 1918, il nota son premier jour de travail au *Baltimore News*. Comme ce poste lui rapportait peu, il déménagea en janvier 1919 à New Haven, où il fut employé par la US Rubber Company. Il ne tarda pas à s'ennuyer. « Je ne crois pas que je vais me plaire à New Haven - trop petit. Je veux des filles. Je veux faire de grandes choses, en tant qu'écrivain de préférence. » Le printemps suivant le vit à Manhattan, où il s'attela à divers métiers et continua à recenser les activités de ses camarades de Princeton, ses soucis d'argent et son intense animosité à l'égard du monde des affaires. L'essentiel de son temps, lorsqu'il ne travaillait pas, il le passait à voir des jeunes femmes, à aller au théâtre, à s'enivrer et à s'inquiéter de sa carrière d'écrivain. Peu à peu ses commentaires se focalisèrent sur ses progrès d'écrivain : « Travaille dur à un projet cinématographique - l'adaptation de pièces étrangères en scénarios. Avec pour patron un vieux Juif du nom de Max Simon - un ex-dramaturge du Théâtre national allemand. En ce moment, il m'apprend quelque chose. »

La première référence de McKaig aux Fitzgerald apparaît un mardi 22 décembre 1918. « Écrit à Fitzgerald pour le féliciter d'avoir réussi à placer ses nouvelles et son roman. » Des commentaires détaillés sur Scott et Zelda apparaissent le 12 avril 1920, deux semaines après leur mariage, et se poursuivent jusqu'au 5 mai 1921, deux jours après leur départ pour l'Europe sur l'*Aquitania*, transatlantique de la compagnie Cunard. Écrivain en herbe, McKaig prenait plaisir à fréquenter ses camarades plus reconnus et collait les photographies de ceux qu'il préférait - John Peale Bishop, Townsend Martin, Don Lake, Sap Donahoe, Bob Crawford - dans son journal. Il voyait les Fitzgerald presque tous les jours, écoutait Scott lire ses brouillons à haute voix et Zelda déplorer combien il était difficile d'être l'épouse d'un écrivain célèbre.

Le 12 avril 1920, McKaig rapporte : « Été voir Scott F. et sa nouvelle épouse. Archétype de la belle capricieuse d'une petite ville du Sud. Mâche du chewing-gum et montre ses genoux. » Il ne lui fallut pas longtemps, toutefois, pour s'enticher de Zelda et changer d'opinion ; à la date du 27 novembre, il écrivait : « Passé la soirée à raser la nuque de Zelda pour mettre en valeur ses cheveux courts. » Elle portait alors la coupe bob, dite « Pojola », coupe dernier cri instituée par Irene Castle et qui, deux ans plus tôt, était assez révolutionnaire pour faire refouler celles qui la portaient des restaurants huppés de New York. À Noël, McKaig admettait : « C'est sans aucun doute la jeune femme la plus belle et la plus brillante que j'aie jamais connue. » Il n'éveillait pas le moindre intérêt chez Zelda, mais elle adorait le taquiner en lui offrant sa bouche pour un baiser, à l'arrière d'un taxi. Cela n'avait aucune importance à ses yeux, mais troublait McKaig qui se sentait coupable de déloyauté. Le 4 décembre 1920, il note ainsi : « Emmené Zelda déjeuner. Dans le taxi, elle m'a demandé de l'embrasser, mais je ne pouvais pas. Je ne pouvais pas oublier Scott - si pitoyable. »

Par « pitoyable », McKaig signifiait sans doute que Zelda donnait toute la mesure de ses talents et qu'elle était infidèle à Fitzgerald. Et pourtant, il semble peu probable que ses intrigues aient été au-delà du simple flirt. Par ailleurs, McKaig ne comprenait pas combien il était nécessaire à Scott d'observer Zelda en pleine action pour créer les héroïnes de ses romans. Revenant sur cette question dans *Les Heureux et les Damnés*, Fitzgerald rédigea un épisode où les jeunes mariés, Gloria et Anthony, évoquent au lit les expériences sentimentales de Gloria. « C'est drôle, mais je suis tellement sûre que ces baisers n'ont laissé sur moi aucune trace - aucune souillure de promiscuité, je veux dire - bien qu'un homme m'ait dit une fois très sérieusement qu'il détestait penser que j'avais été un verre à boire public. [...] Je me suis bornée à rire et je lui ai dit de penser plutôt à moi comme à un philtre d'amour qui passe de main en main, mais doit quand même être tenu pour précieux [...]. Mes baisers à moi, je les ai donnés parce que l'homme était beau, ou parce que la lune était belle, ou même parce que je me sentais vaguement sentimentale et un peu émue. Mais c'est tout - ça n'a eu absolument aucun effet sur moi[59]. »

Tandis que Scott s'enfermait dans l'appartement pour achever de réécrire son roman, McKaig continuait d'escorter Zelda à des thés, des soirées, des représentations théâtrales, notant dans son journal : « Emmené Zelda déjeuner à Gotham. Townsend, Scott et moi avons ensuite emmené Zelda à un cocktail donné par John Coles avant de prendre le thé à Biltmore. » L'existence de McKaig devint rapidement un défilé ininterrompu de déjeuners, thés, cocktails, dîners, soirées théâtrales et réceptions. Sa vocation de dramaturge et la passion de Zelda pour le théâtre de Broadway faisaient d'eux des compagnons de sortie idéaux. Et la saison 1920 présentait d'excellents spectacles. Theda Bara jouait dans *La Flamme bleue*, Ina Claire (l'actrice préférée de Fitzgerald et de McKaig) était au Lyceum, et Marilyn Miller, avec qui Zelda présentait une forte ressemblance, était la jeune première de *Sally*, qui faisait un tabac. McKaig voyait tous ces spectacles. Dans son journal, à la date du 12 octobre 1920, il note s'être rendu avec les Fitzgerald et quelques autres aux Follies : « George Jean Nathan est arrivé, et puis Ludlow. Nathan est reparti. Ludlow et Zelda sont allés chercher un bon dîner froid à l'épicerie - avons mangé dans un appartement. Fitzgerald m'a lu sa nouvelle sur la librairie - rudement bonne - et un chapitre de son roman - pas mal. Puis j'ai emmené tout le monde au théâtre - les Greenwich Village Follies. Jamais vu un tel déploiement de beauté. »

Le 14 octobre : « Dîné avec Mackie, puis allé au théâtre. *L'Amour espagnol*, malgré ma détermination à travailler ce soir - pauvre minable ! » Le 25 octobre : « Allé aux Follies avec Scott et Zelda. Fitz très benêt. A perdu son porte-monnaie avec 50 dollars à l'intérieur... tout le monde l'a cherché, après quoi il l'a retrouvé. N'avait pas de quoi payer l'addition, évidemment. Retour à trois heures du matin. » Le 4 décembre : « Sommes allés voir *Entre Madame*. Zelda est tombée de son siège. Les acteurs se sont plaints de notre attitude ; Zelda, furieuse, est partie - suivie de Scott. Je suis resté. » Le 16 août : « Allé à 11 h 30 à la soirée d'Emily Stevens - l'actrice - l'ai admirée à une époque dans *Une femme sans pudeur* et d'autres pièces ; joue maintenant dans *Footloose* de Zoe Atkins. » En post-scriptum, McKaig recensait les pièces qu'il avait vues toute cette saison : John et Lionel Barrymore dans *La Plaisanterie*... Ruth Chatterton dans *Clair de lune et chèvrefeuille*, Ethel Barrymore dans *Déclassée*, Booth Tarkington dans *Clarence*, Emily Stevens dans *Footloose* et *L'Échiquier*, et la première de *La Maison des cœurs brisés*, de G. B. Shaw, montée par la Theatre Guild.

Zelda et Scott comptèrent bientôt parmi les couples les plus en vue qui fréquentaient Broadway et sa nuée de spectacles. C'était le jeune ménage le plus populaire de New York : tout le monde les réclamait aux premières et aux spectacles suivants. Les journaux citaient constamment Zelda, parce que tous les lecteurs raffolaient de ses propos. Elle devenait rapidement aussi célèbre que son époux, au point d'inspirer ce mot à Ring Lardner : « Scott fait des romans, mais Zelda fait sensation[60]. » Désireux de les compter parmi les spectateurs, Nathan, en sa qualité de critique, leur obtenait des billets gratuits, et ils assistèrent à nombre de premières avec lui et son amie Ruth Findlay, l'actrice, avant d'aller boire dans des endroits comme le Jungle Club et Beaux Arts. Cette époque devait laisser à Zelda trois souvenirs impérissables : « L'appartement de George, ses cocktails à l'absinthe et son peigne, où traînaient les cheveux d'or de Ruth Findlay[61]. » Elle était tout excitée à l'idée de fréquenter elle aussi la star, et il est même possible qu'elle se soit approprié le surnom de Findlay dans *La Salamandre*, « Do Do », le petit nom qu'elle donnait à Fitzgerald dans l'intimité. Celui-ci consacrait un budget mensuel d'environ 55 dollars aux billets de théâtre, achetant parfois des billets groupés pour trois à cinq spectacles. Ils s'y rendaient si souvent que Scott fit figurer ces dépenses sur sa déclaration d'impôts. Il incorpora habilement une discussion sur le théâtre dans le dialogue comique de Maury et de Muriel dans *Les Heureux et les Damnés*[62] :

Muriel : Avez-vous vu *Peg de mon cœur* ?
Maury : Non, je ne l'ai pas vu.
Muriel, avec fougue : C'est merveilleux ! Il faut que vous le voyiez.
Maury : Avez-vous vu *Omar, le fabricant de tentes* ?
Muriel : Non, mais on me dit que c'est merveilleux. Je tiens beaucoup à le voir. Avez-vous vu : *Blonde et très chaude* ?
Maury, avec espoir : Oui.
Muriel : Je ne pense pas que ce soit très bon. C'est un navet.
Maury, faiblement : Oui.
Muriel : Mais j'ai été à *Dans le cadre de la loi* hier soir, et j'ai trouvé ça épatant. Avez-vous vu *Le Petit Café* ?
Cela continua jusqu'à ce qu'ils fussent à court de pièces.

Les Fitzgerald adoraient frayer avec le monde du théâtre et fréquentaient assidûment Lillian Gish, Helen Hayes et son mari, le dramaturge Charles MacArthur, Anita Loos et Lillian Hellman. Ils étaient omniprésents dans les cercles théâtraux, au point que Reginald Marsh les immortalisa sur le rideau de scène des Greenwich Village Follies, en 1922. On y voyait Zelda plonger dans la fontaine de l'Union Square et Scott, juché en haut d'un camion en compagnie d'autres écrivains (Edmund Wilson, John Peale Bishop, Gilbert Seldes et John Dos Passos), remonter la 7ᵉ Avenue vers la gloire. Le plongeon dans la fontaine, emblématique de l'époque, est authentique : il eut lieu à la fin d'un dîner chez John Williams, qui habitait à la lisière de l'Union Square. Décidée à faire scandale d'une façon ou d'une autre, Zelda, à la grande surprise des invités, arracha tous ses vêtements et descendit la rue en courant vers la fontaine, Williams et Fitzgerald sur ses talons. Là, tous trois durent faire face à une douzaine de policiers venus arrêter Zelda. L'un d'entre eux prit par erreur Scott pour un comédien irlandais, et elle fut relâchée sans amende.

À force d'assister aux spectacles de Broadway, Zelda se laissa de plus en plus séduire par l'idée de devenir actrice. Des femmes comme Ruth Findlay et Anita Loos offraient un excellent exemple de la femme indépendante et douée qu'elle voulait être désormais. Aussi, lorsque Hollywood leur proposa, à Scott et à elle, de jouer les deux héros de *L'Envers du paradis* dans une version cinématographique, Zelda crut son heure arrivée. Sa joie fut de courte durée : si Scott se montra d'abord favorable à cette idée, il changea d'avis sur les conseils de Maxwell Perkins, qui l'avertit qu'en acceptant un rôle au cinéma il allait déconcerter son public, nuire à sa future carrière d'écrivain et diminuer les ventes à venir. Ce fut une déception cruelle pour Zelda, qui enviait depuis longtemps la carrière météorique de Tallulah Bankhead et qui pensait avoir un talent égal. Elle tenta sans succès de faire changer Scott d'avis et confia sa frustration à Alex McKaig. Il lui dit sans ambages que « c'était à elle de choisir : devenir actrice, ou fréquenter le clan des jeunes mariés ». Pendant ce temps, Fitzgerald incorporait la déception de son épouse à son roman, où Anthony menace de quitter Gloria si elle passe une audition et devient actrice. Comme Gloria, qui se plie aux désirs de son mari, Zelda mit également de côté, à contrecœur, ses ambitions afin de sauver la paix du ménage.

Il lui était moins facile d'envahir le monde du cinéma ou du théâtre sans projet préconçu, et elle ne voyait pas comment s'y prendre. McKaig doutait qu'elle fût capable de cet effort et notait dans son journal : « Zelda de plus en plus préoccupée. Avoue franchement qu'elle veut juste s'amuser et n'est bonne qu'à des tâches oisives qui sont des divertissements. » Il avait raison - en partie. Le succès de Zelda se heurtait à un autre obstacle, plus sérieux : sa crainte d'échouer. « J'espère que je n'aurai jamais l'ambition nécessaire pour tenter quelque chose », avait-elle dit à Scott à l'époque où il lui faisait la cour, et il s'avéra que c'était une prophétie. « Je pourrais ne pas y arriver si j'essayais, [et] bien sûr, ça me briserait le cœur[63]. »

En tant qu'emblèmes de l'ère du jazz, les Fitzgerald ne pouvaient se permettre de ralentir le rythme de leur vie effrénée et s'embarquaient toutes les nuits dans une nouvelle aventure. « Des épinards arrosés au champagne. On rentre dans les cuisines du vieux Waldorf. On danse sur les tables de la cuisine en arborant la toque du chef. Bang, on tombe, et en fin de compte on se fait reconduire jusqu'à la porte par le service de sécurité[64]. » Un soir qu'ils se rendaient à une réception, Scott fit le chemin sur le toit du taxi tandis que Zelda se perchait sur le capot. Un autre soir, ils assistaient à la pièce de George White, *Scandal*, au sixième rang. Décidé à rivaliser avec un chœur fort peu vêtu, Scott tomba manteau, veste et chemise et se vit aussitôt mettre à la porte par les ouvreurs. Assis au premier rang, pour regarder *Entre Madame*, ils s'attirèrent la vindicte des acteurs en se racontant des blagues et en riant au mauvais moment. Et bien sûr, il y avait ces fameux plongeons dans les fontaines new-yorkaises. Outre celle de l'Union Square, Zelda sauta dans celle de Washington Square, et Scott dans la Fontaine Pulitzer, sur la 59e Rue, devant le Plaza.

Pour entretenir l'intérêt des reporters, les Fitzgerald planifiaient sans cesse de nouveaux exploits, éternellement rétifs à se soucier de l'opinion d'autrui. Comme l'observait McKaig : « Elle (Zelda) et Scott n'aiment que les aristocrates qui se fichent bien de ce qu'en pense le monde, ou des bohémiens assez intelligents pour s'en ficher également. Ce qui réduit les possibilités. » Se remémorant leur première année de mariage, Fitzgerald écrivit par la suite : « Je me rappelle avoir traversé une 1re Avenue déserte sur le toit d'un taxi, et il y eut un déjeuner dans les frais jardins japonais du Ritz, avec Kay Laurel et George Jean Nathan, et j'écrivais toute la nuit sans cesse, et je payais un loyer exorbitant pour de minuscules appartements, et j'achetais des automobiles magnifiques, mais croulantes. Les premiers *speakeasies* faisaient leur apparition, le toddle[1] était passé de mode, on allait danser au Montmartre, et les cheveux blonds de Lillian Tashman serpentaient sur la piste, entre les étudiants pris de boisson. Au théâtre, on donnait *Déclassée*, et *Amour sacré, Amour profane*, et au Midnight Frolic, on dansait coude à coude avec Marion Davies, et on élisait parfois Mary Hay, si vive, dans le chœur des girls. Nous pensions faire partie de tout cela ; c'est peut-être un sort commun de penser qu'on a rompu avec son milieu. Nous étions comme des petits enfants dans une grange immense, radieuse, inexplorée[65]. »

Leurs amis, toutefois, s'inquiétaient de plus en plus de leur comportement. « Le soir, été chez les Fitzgerald. Fitzgerald et moi avons discuté avec Zelda de la mauvaise image qu'ils donnent d'eux à force de s'enivrer spectaculairement en public, nota McKaig dans son journal. Zelda veut mener une existence "extravagante" - sans se soucier de ce qu'en pensera le monde - au jour le jour. Je leur ai dit qu'ils allaient droit à la catastrophe s'ils continuaient à vivre à ce rythme. » Mais il n'y avait pas grand-chose qui intéressait Zelda, mis à part le théâtre et les soirées. Là encore, McKaig résuma le dilemme dans son journal : « Vu à nouveau les Fitzgerald. Toujours le même problème. Que devrait faire Zelda ? À mon avis, un peu de ménage chez elle. L'appartement ressemble à une porcherie. Si elle est là, Fitzgerald ne peut pas travailler - elle le houspille ; si elle n'est pas là, il ne peut pas travailler - il

---

1. Toddle : danse en vogue aux États-Unis dans les années 1910, variante du fox-trot très apprécié sur les campus.

s'inquiète de ce qu'elle peut bien faire. Avons débattu de ses relations avec les autres hommes. »

Scott était accoutumé à changer de chemise deux fois par jour et insistait pour trouver des vêtements propres à sa disposition. Zelda était habituée à ce qu'une domestique s'en occupât et laissait les vêtements sales s'accumuler dans les placards. Comme toujours, Fitzgerald inclut le désordre de l'appartement dans son roman en cours.

« Ils n'étaient pas encore depuis deux mois dans leur petit appartement de la 57e Rue que déjà ce logis se teintait pour eux de la même souillure indéfinissable, mais presque matérielle, qui imprégnait la maison de Marietta. Il y flottait un perpétuel relent de tabac - tous deux fumaient sans arrêt - qui imprégnait leurs vêtements, leurs couvertures, les rideaux et les tapis jonchés de cendres. S'y ajoutaient les affreux effluves du vin éventé, avec leur inévitable suggestion de beauté corrompue et de souvenirs d'orgie écœurants. Autour de certains services de gobelets de verre, sur le buffet, cette odeur était particulièrement sensible, et au salon un cerne de cercles blancs autour de la table en acajou marquait les traces de verres que l'on y avait posés. Les "parties" s'étaient multipliées - les gens cassaient les objets ; les gens vomissaient dans la salle de bains de Gloria ; les gens mettaient la kitchenette dans un désordre indescriptible [66]. » Lawton Campbell arriva un jour à une heure, pour le déjeuner, et trouva l'appartement dans un désordre monstrueux : « La pièce était sens dessus dessous. La vaisselle du petit déjeuner traînait encore, le lit était défait, des papiers éparpillés un peu partout, des plateaux débordant de mégots, des verres à liqueur datant de la veille. Tout était en désordre, tout était à la débandade [67]. »

Au milieu de ce chaos, Zelda commença à économiser en cachette : 500 dollars en juin, 500 en novembre. À l'origine, elle comptait s'acheter un manteau de petit-gris à 700 dollars que Fitzgerald lui refusait, le trouvant trop cher pour eux. Par la suite, ce fut parce qu'elle détestait avoir à lui réclamer de l'argent. Comme elle n'avait pas de compte en banque à son nom propre, elle dépendait entièrement de sa générosité, et le budget d'un écrivain est souvent capricieux : l'argent lui venait en abondance, ou brillait par son absence. Rosalind se rappela un déjeuner au Plaza où Zelda régla l'addition en sortant une liasse de billets aussi grosse qu'une balle de tennis. « Pourquoi diable te promènes-tu avec tout cet argent sur toi[68] ? », lui demanda sa sœur. « Scott me l'a donné ce matin, expliqua Zelda, au moment où je passais la porte, et je n'avais pas d'autre choix que de le prendre sur moi. » Zelda ignorait tout des questions d'argent et ne s'intéressait aucunement aux biens matériels, à l'exception de quelques vêtements chic. Selon Rosalind, « elle n'était guère formée à gérer un budget, ayant eu peu d'argent de poche quand elle était jeune, et Scott était tout aussi immature dans ce domaine, comme l'histoire l'a montré. Il ne lui venait jamais à l'idée d'économiser par prévoyance, me disait-il, et, lorsqu'il avait de l'argent, il en donnait spontanément à Zelda, pour qu'elle le dépensât à son gré, sans tenir de comptes. Ce qu'elle faisait, et dans un sens elle était dépensière, mais jamais exigeante, jamais capricieuse. Elle ne s'intéressait pas tant que ça aux vêtements, contrairement à la plupart des femmes, et comme on aurait pu s'y attendre de la part d'une femme aussi belle. Elle se souciait peu d'être à la mode et portait ses tenues aussi longtemps qu'elles duraient. (Scott lui donna un manteau de petit-gris à l'époque de ses premiers succès, un jour où il avait réussi à placer une nouvelle, et elle en conservait encore quelques bribes à sa mort.) Elle ne portait aucun ornement, aucun bijou ; si elle était prestigieuse, ce n'était pas en raison de son apparence ou de ses manières : son prestige venait de sa beauté naturelle, qu'elle gardait naturelle, et de sa personnalité étincelante[69] ».

Certes, leur façon de vivre avait laissé ses traces sur leur habitat, mais elle n'affectait pas encore leur apparence. Scott avait toujours l'air d'un étudiant, et Zelda, à l'image de Gloria dans *Les Heureux et les Damnés*, continuait à attirer tous les regards. « Gloria à vingt-six ans était toujours la Gloria de vingt ans, écrit Fitzgerald, son teint d'une fraîcheur humide mettait en valeur ses yeux candides ; sa chevelure, d'une splendeur toujours juvénile, fonçait doucement pour passer de la couleur du blé à un or roux foncé ; son corps mince suggérait toujours

une nymphe courant et dansant dans des bocages orphiques[70]. »
Mrs Sayre devait se rappeler l'admiration quasi religieuse de Scott pour la beauté de Zelda, un jour qu'ils attendaient sa fille dans le hall du Biltmore. « "On le voit sans peine, comme elle est belle, n'est-ce pas, dit Scott. Vous n'avez qu'à observer cet ascenseur, parce que Zelda va descendre d'ici une minute. Regardez alors tous les hommes qui sont dans ce hall... Il y a ici une cinquantaine d'hommes, qui vont tous vous dire à quel point Zelda est belle..." Zelda fit son apparition, et Scott demeura là à se rengorger, pendant qu'elle venait à notre rencontre, et, à mon grand étonnement, tous les hommes la regardèrent, apparemment, et Scott avait raison, c'était une splendide jeune fille[71]. » Zelda, qui accordait beaucoup d'importance à sa jeunesse (qui était, somme toute, un de ses rares atouts) se rappela pour sa part qu'ils « ne pouvaient jamais trouver une chambre d'hôtel la nuit, nous avions l'air si jeune », et que pour pouvoir s'inscrire sur le registre, ils remplirent un soir « une valise vide avec un annuaire téléphonique, des cuillers et un coussin du Manhattan ».

La prohibition battait son plein, et le jeu consistait à repérer un endroit où consommer de l'alcool. Les *speakeasies* de New York prospéraient, encore que leur alcool ait une origine et une composition également douteuses. « Nombre de gens concoctaient leur alcool à domicile, raconta Lawton Campbell, aussi parlait-on de "gin baignoire". Il y avait quelques mélanges alcoolisés, à usage pharmaceutique, dont la fabrication était contrôlée par l'État, et je ne doute pas qu'ils aient circulé à flots chez les particuliers, par des voies illégales. Mais l'essentiel de l'alcool consommé à l'époque était distillé en alambic et pouvait nuire à la santé physique et mentale des consommateurs. De fait, des milliers de personnes s'empoisonnèrent à long terme ou y perdirent une partie de leur raison, et, dans des cas encore plus nombreux, la physiologie du consommateur fut perturbée tout le restant de sa vie, parce que l'alcool n'était ni légal ni contrôlé[72]. »

Les Fitzgerald croyaient savoir où trouver de l'alcool. Ils ne fréquentaient que les meilleurs *speakeasies*, privilégiant le Jungle Club, rendu célèbre par Owen Johnson dans *La Salamandre*, où les couples dansaient le shimmy et le charleston. Les endroits de ce genre attiraient des masses prêtes à la bagarre, ce qui redoublait leur charme aux yeux de Zelda, qui goûtait les moments de tension. C'était toujours la plus courageuse des deux, ce que lui enviait Scott, qui cita son courage dans le manuscrit de Les Heureux et les Damnés : « Gloria sut au bout d'un mois que son mari était d'une lâcheté totale devant l'un des millions de fantômes créés par son imagination. [...] Complètement affranchie pour sa part de toute peur physique, elle était incapable de comprendre, et elle cherchait à se représenter sous le plus beau jour certain trait d'Anthony qui, pensait-elle, rachetait sa pusillanimité : c'est que s'il se montrait lâche sous l'effet d'une tension nerveuse, et lorsqu'il laissait libre cours à son imagination, il témoignait néanmoins d'une sorte d'impétueuse témérité qui, parfois, rarement, éveillait en Gloria une vague admiration, et il avait un orgueil qui, d'habitude, lui permettait de recouvrer son sang-froid lorsqu'il se croyait observé. Au début, ce trait ne se manifesta que sous forme de nervosité, au cours d'une douzaine d'incidents - il recommandait à un chauffeur de ne pas rouler trop vite, il se refusait à emmener Gloria à certain café d'apaches qu'elle avait toujours désiré voir[73]. »

Un soir, Scott fut mis à l'épreuve au Jungle Club, où il était censé retrouver Zelda. Il arriva le premier, déjà éméché, et se vit refuser l'entrée par le videur - un mastoc pesant plus de cent kilos. Lawton Campbell écrivit par la suite : « Zelda fit son apparition à l'entrée du bar, cherchant Scott des yeux. J'allai à sa rencontre pour l'escorter à notre table, mais elle refusa de s'asseoir en disant que Scott lui avait posé un lapin. Je lui dis qu'en fait il avait eu une légère querelle avec le videur... "Ce n'est pas un fils de... de videur qui empêchera Scott d'aller où il lui plaît." Malgré mes supplications, Scott et Zelda, la tête haute, avec l'air sombre et résolu du jeune David devant Goliath, retournèrent à l'entrée du bar. Le videur admit Zelda et refusa l'entrée à Scott. Zelda fit volte-face dans l'entrée et dit quelque chose à Scott, sur quoi il envoya un crochet assez mou à son adversaire, qu'il rata. Après quelques récidives fantomatiques, le videur perdit patience et envoya à Scott une bourrade qui le fit voltiger à travers la pièce et percuter une table. Au lieu de s'en tenir là, Zelda hurla : "Scott, tu ne vas pas laisser ce fils de... s'en tirer comme ça !", et elle le reconduisit séance tenante dans le bar, où il se prit une dérouillée cinglante[74]. »

Zelda restait aux commandes : c'était elle qui organisait leur vie sociale de A à Z, traînant Fitzgerald à sa suite. Elle demeurait par ailleurs - et c'était le plus important - une source inépuisable d'inspiration créatrice. « Il [Scott] restait pendu à ses lèvres et applaudissait tous ses gestes, se rappela Lawton Campbell. [...] Souvent il les répétait afin de pouvoir les citer à l'occasion, souvent il les mettait par écrit tels qu'ils coulaient de source. J'ai vu Scott griffonner les remarques de Zelda sur des bribes de papier, ou le dos d'une enveloppe, avant de les fourrer dans ses poches. Parfois, celles-ci étaient pleines à craquer de ses bons mots et de ses remarques à l'emporte-pièce. Il lui arrivait de faire une observation qui n'avait strictement rien à voir avec l'objet de la conversation mais qui, prise en soi, était d'une justesse et d'une qualité mémorables[75]. » Edmund Wilson devait confirmer l'extraordinaire dextérité verbale de Zelda : « Sa conversation était d'une vivacité et d'un esprit si spontanés - tout comme ses écrits - que je ne fis bientôt plus attention au fait qu'elle progressait par associations d'idées, sans véritable fil directeur. Il est rare, à ma connaissance, qu'une femme s'exprime avec tant de charme et de fraîcheur ; elle n'utilisait jamais de clichés de langue, sans se forcer pour autant à paraître originale[76]. »

Son aisance verbale et son goût de l'absurdité impressionnaient ses auditeurs : son propos, d'apparence décousue, touchait juste avec une sûreté presque inquiétante. Elle partageait ce don avec Tallulah, qui se livrait également à la libre association, sans hésiter à l'assaisonner d'un flot de jurons. Zelda et les sœurs Bankhead visaient en premier lieu à choquer l'auditeur. Faisant le portrait des trois jeunes femmes, Fitzgerald écrivait : « Elles ont fait un long chemin, ces trois-là, et sans perdre de temps ! Elles étaient fines, jolies, piquantes et prêtes à relever n'importe quel défi. Hommes et femmes tombaient amoureux d'elles sans se préoccuper de leur sexe - ou si peu. Autour d'elles, l'air se chargeait d'attentes ; si elles étaient là, on avait l'impression que quelque chose de merveilleux était à deux doigts de se produire. Elles évoquaient de splendides animaux, piaffant pour faire leur numéro. Quoi qu'elles fassent, c'était comme si c'était la première fois, et c'était comme sans effort, une réussite dont elles se débarrassaient du bout des doigts. L'effort et l'échec, c'était bon pour leurs imitateurs[77]. »

Zelda possédait également un humour très original, hors des sentiers battus, qui prenait souvent la forme d'interrogations provocantes. « Vous ne trouvez pas qu'Al Jolson est aussi important que Jésus ? », demandait-elle. Elle posa cette question à nombre d'interlocuteurs, dont Gerald et Sara Murphy, John Biggs et Ernest Hemingway. Les Murphy firent la sourde oreille : « Il y avait avec nous quelqu'un qui ne la connaissait pas, ce jour-là, et je n'ai pas voulu la mettre dans l'embarras en poursuivant la conversation sur ce sujet », se rappela Gerald. Hemingway, trouvant la question bizarre, y vit un signe de folie : « Zelda était très belle, et son hâle avait de jolies tonalités dorées, et ses cheveux étaient d'un merveilleux or sombre, et elle se montrait très cordiale. Ses yeux de faucon étaient clairs et paisibles. Je compris que tout irait bien, quand, vers la fin de la soirée, elle se pencha en avant pour me parler et me confier son plus grand secret : "Ernest, ne pensez-vous pas qu'Al Jolson est plus grand que Jésus ?" Personne n'en pensait rien alors. C'était seulement le secret de Zelda, qu'elle partagea avec moi comme un faucon partagerait quelque chose avec un homme. Mais un faucon ne partage pas[78]. »

Ce qui montre bien qu'il n'avait rien compris à la question. D'après Lillian Gish, la conversation de Zelda était toujours surprenante, et « Zelda pouvait se montrer incongrue - elle pouvait dire tout et n'importe quoi. Mais ce n'était jamais agressif, on avait plutôt l'impression qu'elle ne pouvait pas s'en empêcher, et qu'elle ne cherchait pas à faire son intéressante[79] ». Elle adorait choquer les autres par ses questions et taquina un soir John Biggs à dîner en lui demandant : « John, ça ne vous ennuie pas de ne pas être mort à la guerre ? »

En janvier 1921, les Fitzgerald commençaient à se lasser de New York et de leurs propres incongruités. À présent, leurs soirées s'achevaient le plus souvent en disputes - surtout lorsqu'une autre femme, plus accomplie, faisait son apparition. McKaig, qui écrivait alors la pièce *Sombre Victoire* pour Tallulah Bankhead, se rappela une « terrible bataille le soir avec Ludlow et Jack Dennison, Fitzgerald, Zelda, Tallulah Bankhead, un poète inoffensif et mal vendu, ou quelque chose d'approchant, et deux ou trois femmes déchaînées[80]... ». Puis tout changea : en février, Zelda découvrit qu'elle était enceinte. McKaig avait évoqué cette possibilité avec le jeune couple quatre mois plus tôt, notant dans son carnet, à la date du 21 octobre 1920 : « Passé la soirée chez les Fitzgerald. Ils se remettaient à peine d'une horrible réception. Très séduits par l'idée d'avoir un bébé. » Mais la grossesse de Zelda surprit leurs autres amis. Wilson annonça la nouvelle à Nathan, qui repartit que l'enfant « donnerait quelque chose à mi-chemin des Zingfield Follies et du restaurant Moore ». Développant l'idée, Scott rédigea le dialogue suivant dans *Les Heureux et les Damnés*[81] :

> « *En un mot, nous pourrions avoir deux bébés, deux bébés distincts et logiques, absolument différents. Il y a le bébé qui est une combinaison de ce que chacun de nous a de meilleur - ton corps, mes yeux, mon esprit, ton intelligence - et il y a le bébé en qui se combinent nos pires côtés - mon corps, ton caractère et mon irrésolution.*
> *- Ce second bébé me plaît* », dit-elle.

Espérant toujours jouer son propre rôle dans la version cinématographique du deuxième roman de Scott, Zelda s'interrogeait sur sa maternité imminente et sur la façon dont elle affecterait son existence.

Résolue à se payer du bon temps le plus longtemps possible, elle se rendit à Montgomery en mars. Comme sa silhouette demeurait encore inchangée, elle assista au spectacle annuel *Les Mystérieuses*, un bal masqué célébrant la fin du Mardi gras et le début du Carême. Il était animé par les débutantes de Montgomery, dont les cavaliers recevaient leur invitation au téléphone, transmise par une voix mystérieuse. Chaque jeune femme portait un masque tout au long de la soirée et ne rejoignait son partenaire que pour un grand galop final. À l'ouverture de la soirée, les membres du comité représentaient un petit spectacle. Bien entendu, Zelda en faisait partie. Elle portait des fleurs rouges dans les cheveux, s'était vêtue en danseuse de hula-hoop, soit une jupe courte en raphia, une large ceinture à rayures, un corsage fauve et un boléro de couleur rouge, noir et or. Lawton Campbell, qui escortait l'une des débutantes, devait conserver un vif souvenir de sa performance. « À cette occasion, les jeunes filles étaient déguisées en Hawaïennes, et, au cours du spectacle, elles se regroupaient pour une démonstration de hula-hoop. Au cours de ce numéro, le public réalisa peu à peu qu'une des danseuses masquées se livrait à une chorégraphie un peu plus osée. Tous les regards se focalisèrent sur elle. Finalement, la danseuse en question leur tourna le dos, rejeta sa jupe de raphia par-dessus sa tête le temps de laisser entrevoir son postérieur culotté, et, tant qu'elle y était, tortilla un peu des hanches. Un murmure parcourut l'auditorium, une vague d'excitation, où chacun y allait de son chuchotement : "C'est Zelda." C'était elle, indubitablement ! Elle voulait être sûre d'être reconnue et se montra ravie du résultat. Un simple masque ne suffisait pas à occulter sa personnalité, et peu importait la routine chorégraphique : elle entendait livrer sa propre interprétation[82]. »

En moins de trois ans, le mariage de F. Scott Fitzgerald et de Zelda Sayre avait donné naissance à un mythe prodigieux, que Fitzgerald baptisa l'ère du jazz. Devant les responsabilités parentales qui allaient leur incomber, le bon sens aurait exigé qu'ils se stabilisent et mènent une existence plus domestique. Au lieu de quoi ils se laissaient entraîner toujours plus loin, à tous vents, aveuglés par les feux d'une célébrité instantanée, captifs de leur propre création.

Notes

1. Lettre de F. S. Fitzgerald à Ruth Sturtevant, 6 mars 1920, citée dans *The Letters of F. Scott Fitzgerald*, éd. Andrew Turnbull, New York Charles Scribner's Sons, 1963, pp. 458-459.

2. Rosalind Smith, témoignage inédit sur Zelda Fitzgerald, W. S. Hoole Special Collections Library, Tuscaloosa, université d'Alabama.

3. *Ibid.*
4. Lettre de Zelda Fitzgerald à F. S. Fitzgerald, sans date, archives Zelda Fitzgerald, bibliothèque de l'université de Princeton (PUL).
5. Zelda Fitzgerald, *Save Me the Waltz*, in *The Collected Writings of Zelda Fitzgerald*, éd. Matthew J. Bruccoli, New York, Charles Scribner's Sons, 1991, pp. 43-44.
6. Lettre de F. S. Fitzgerald à Ruth Sturtevant, 14 mai 1920, citée dans *The Letters of F. S. Fitzgerald*, éd. Andrew Turnbull, New York, Charles Scribner's Sons, 1963, p. 461.
7. Lettre de F. S. Fitzgerald à Scottie Fitzgerald, citée dans Mellow, *Invented Lives*, New York, Houghton Mifflin, 1984, p. 134.
8. F. S. Fitzgerald, *Les Heureux et les Damnés*, trad. Louise Servicen, Paris, Gallimard, NRF, 1964, p. 131.
9. *Ibid.*, p. 134.
10. Télégramme à Zelda Fitzgerald, album de Zelda, archives Fitzgerald, PUL.
11. Zelda Fitzgerald, *Save Me the Waltz*, *op. cit.*, p. 52.
12. Zelda Fitzgerald à Ludlow Fowler, citée dans Scott Donaldson, *Fool for Love*, New York, Congdon & Weed, 1983, p. 68.
13. F. S. Fitzgerald, *Les Heureux et les Damnés*, *op. cit.*, p. 227.
14. *Westporter Herald*, 16 juillet 1920, Westport, Connecticut Historical Society.
15. Zelda Fitzgerald, citée dans Matthew J. Bruccoli, *Some Sort of Epic Grandeur*, New York, Harcourt Brace Jovanovich, 1981, p. 166.
16. Lettre de F. S. Fitzgerald à Maxwell Perkins, février 1920, citée dans Bruccoli, *Some Sort of Epic Grandeur*, *op. cit.*, p. 166.
17. Lettre de F. S. Fitzgerald à Harold Ober, novembre 1919, citée dans Henry Dan Piper, *F. Scott Fitzgerald : a Critical Portrait*, Holt, Rinehart and Winston, 1965, p. 83.
18. Journal d'Alex McKaig, 17 avril 1920, archives de Robert Haft, New Peterborough, New Hampshire.
19. George Jean Nathan, cité dans Nancy Milford, *Zelda : a Biography*, New York, Harper & Row, 1970, p. 71.
20. *Ibid.*
21. Carl Bode, *H. L. Mencken*, Carbondale, Southern Illinois University Press, 1969, p. 62.
22. *Ibid.*
23. Ernest Boyd, *Portraits : Real and Imaginary*, New York, George Donan Company, 1920, pp. 199-201.

24. Lettre de Zelda Fitzgerald à James Branch Cabell, décembre 1921, archives Zelda Fitzgerald, PUL, boîte 5, dossier 2.
25. Guy Pene du Bois, cité dans Barbara Probst Solomon, « Westport Wildlife », *The New Yorker*, 9 septembre 1996, p. 82.
26. Edmund Wilson, « After the War », in *The Twenties*, éd. Leon Edel, New York, Farrar, Straus & Giroux, 1975, p. 59.
27. George Jean Nathan, « On Women », in *The World of George Jean Nathan*, éd. Charles Angoff, New York, Knopf, 1952, p. 139.
28. Lettre de George Jean Nathan à Zelda Fitzgerald, sans date, archives Zelda Fitzgerald, PUL, col. 187, boîte 5, dossier 18.
29. George Jean Nathan, « Memories of Fitzgerald, Lewis and Dreiser », *Esquire*, octobre 1958, p. 148.
30. George Jean Nathan, « On Women », *op. cit.*, p. 131.
31. *Ibid.*, p. 137.
32. *Ibid.*, p. 148.
33. Lettre de George Jean Nathan à Zelda Fitzgerald, 12 septembre 1920, citée dans Donaldson, *Fool for Love, op. cit.*, p. 68.
34. F. S. Fitzgerald, *Les Heureux et les Damnés, op. cit.*, p. 369.
35. George Jean Nathan, « Memories of Fitzgerald, Lewis and Dreiser », *op. cit.*, p. 143.
36. Lettre de F. S. Fitzgerald à Edmund Wilson, 1922, citée dans Mellow, *Invented Lives, op. cit.*, p. 151.
37. Lettre de George Jean Nathan à Zelda Fitzgerald, 12 septembre 1920, archives Zelda Fitzgerald, PUL.
38. Lettre de George Jean Nathan à Arthur Mizener, 10 janvier 1950, archives George Jean Nathan, bibliothèque de l'université de Cornell.
39. George Jean Nathan, « On Women », *op. cit.*, p. 139.
40. *Ibid.*, p. 131.
41. George Jean Nathan, « Memories of Fitzgerald, Dreiser and Lewis », *op. cit.*, pp. 143-149.
42. F. S. Fitzgerald, *Les Heureux et les Damnés, op. cit.*, p. 208.
43. *Ibid.*, p. 292.
44. *Ibid.*, p. 146.
45. Zelda Fitzgerald, « Conduisez M. et Mme F. au n°... », in *La Fêlure*, trad. fr. Suzanne Mayoux et Dominique Aury, Paris, Gallimard, NRF, p. 276.
46. Zelda Fitzgerald, *Save Me the Waltz, op. cit.*, p. 56.
47. Rosalind Smith, témoignage inédit, *op. cit.*
48. John Biggs, cité dans Seymour A. Toll, *A Judge Uncommon : a Life of John Biggs Jr.*, Philadelphia, Legal Communications Ltd, 1993, p. 46.

49. F. S. Fitzgerald, *Les Heureux et les Damnés*, *op. cit.*, p. 235.

50. Zelda Fitzgerald, citée dans Bruccoli, *Some Sort of Epic Grandeur*, *op. cit.*, p. 300.

51. Carl Van Vechten, *Paris : Scenes from Contemporary New York Life*, New York, Freeport, Books For Libraries Press, 1971, p. 90.

52. C. Lawton Campbell, *The Fitzgeralds Were my Friends*, essai inédit, archives personnelles, p. 20.

53. Edmund Wilson, *The Twenties*, *op. cit.*, p. 55.

54. *Ibid.*

55. F. S. Fitzgerald, *Les Heureux et les Damnés*, *op. cit.*, p. 220.

56. Lettre de John Peale Bishop à F. S. Fitzgerald, 11 novembre 1918, citée dans Mizener, *The Far Side of Paradise*, New York, Houghton Mifflin, 1949, p. 79.

57. *Ibid.*

58. Gilbert Seldes, cité dans Milford, *Zelda*, *op. cit.*, p. 79.

59. F. S. Fitzgerald, *Les Heureux et les Damnés*, *op. cit.*, pp. 178-179.

60. Ring Lardner Jr., cité dans Edmund Wilson, *The Twenties*, *op. cit.*, p. 278.

61. Lettre de Zelda Fitzgerald à F. S. Fitzgerald, fin de l'été/début de l'automne 1930, in *The Collected Writings of Zelda Fitzgerald*, *op. cit.*, p. 451.

62. F. S. Fitzgerald, *Les Heureux et les Damnés*, *op. cit.*, p. 98.

63. Lettre de Zelda Fitzgerald à F. S. Fitzgerald, citée dans Milford, *Zelda*, *op. cit.*, p. 57.

64. C. Lawton Campbell, *The Fitzgerald Were my Friends*, *op. cit.*, p. 18.

65. F. S. Fitzgerald, *La Fêlure*, *op. cit.*, p. 345.

66. F. S. Fitzgerald, *Les Heureux et les Damnés*, *op. cit.*, p. 283.

67. C. Lawton Campbell, *The Fitzgeralds Were my Friends*, *op. cit.*, p. 17.

68. Rosalind Smith, citée dans Sara Mayfield, *Exiles from Paradise : Zelda and Scott Fitzgerald*, New York, Dell Publishing Company, 1971, p. 65.

69. Rosalind Smith, témoignage inédit, *op. cit.*

70. F. S. Fitzgerald, *Les Heureux et les Damnés*, *op. cit.*, p. 284.

71. F. S. Fitzgerald, cité dans Milford, *Zelda*, *op. cit.*, pp. 73-74.

72. C. Lawton Campbell, *The Fitzgeralds Were my Friends*, *op. cit.*, p. 19.

73. F. S. Fitzgerald, *Les Heureux et les Damnés*, *op. cit.*, pp. 155-156.

74. C. Lawton Campbell, *The Fitzgerald Were my Friends*, *op. cit.*, p. 20.

75. *Ibid.*, p. 20.

76. Edmund Wilson, cité dans Jeffrey Meyers, *Edmund Wilson : a Biography*, Boston, Houghton Mifflin Company, 1995, p. 109.

77. F. S. Fitzgerald, notes pour *Gatsby le Magnifique*, conservées dans l'album de Zelda, PUL.
78. Ernest Hemingway, *Paris est une fête*, trad. fr. Marc Saporta, Paris, Gallimard, NRF, 1964, pp. 188-189.
79. Lillian Gish, citée dans Mayfield, *Exiles from Paradise*, *op. cit.*, p. 60.
80. Journal d'Alex McKaig, *op. cit.*, 3 octobre 1920.
81. F. S. Fitzgerald, *Les Heureux et les Damnés*, *op. cit.*, p. 181.
82. C. Lawton Campbell, *The Fitzgeralds Were my Friends*, *op. cit.*, p. 12.

Chapitre trois

Jamais deux sans trois

Il ne leur restait que six mois pour jouir de leur liberté avant la naissance de l'enfant : les Fitzgerald mirent le cap sur l'Europe. Ils s'embarquèrent le mercredi 3 mai 1921 pour Cherbourg et Southampton, sur l'*Aquitania* de la compagnie Cunard, où ils avaient réservé une cabine de première classe. Cette croisière prenait exactement six jours, six heures et dix minutes. Leur départ en coup de vent surprit Nathan, qui ne s'était pas tout à fait réconcilié avec Scott. Edmund Wilson dit à Fitzgerald que, lorsque Nathan était passé les voir dans les bureaux du *Smart Set*, il « avait l'air un tantinet abattu, et je crois qu'il était désolé que tu sois parti sans t'être raccommodé avec lui après votre querelle[1] ». McKaig fut encore plus triste de les voir partir, comme il le nota dans son journal à la date du 5 mai 1921 : « Départ en fanfare des Fitzgerald vers l'Europe, sur l'*Aquitania*. Ils me manquent terriblement - je les voyais tous les jours. »

C'était leur première excursion en Europe, et ils se comportèrent comme des enfants pendant les grandes vacances. À Londres, ils séjournèrent quelques jours à l'hôtel Cecil et, le 13 mai, furent conviés à huit heures précises chez John Galsworthy, qui avait également invité à dîner les St John Ervine et Lennox Robinson. Tallulah Bankhead, qui faisait ses débuts sur la scène londonienne et devait habiter Londres jusqu'à la fin des années 1920, les retrouva pour un verre et les présenta à la marquise de Milford Haven. Zelda se remémora par la suite cette occasion, pour la raconter à sa fille : « [...] Nous étions partis à Londres voir le brouillard, au lieu de quoi nous avons vu Tallulah Bankhead, ce qui revenait plus ou moins au même. Et puis le brouillard s'est levé, et nous avons reconstitué *Pretty Lady* d'Arnold Bennett et les œuvres de Compton McKenzie que ton papa aimait tant, et nous avons bu un drôle de champagne de minuit avec des membres de l'équipe nationale de polo. Nous avons dîné avec Galsworthy et déjeuné avec lady Randolph Churchill, et pris le thé chez Shane Leslie, qui nous a fait partager ses souvenirs moelleux, avant de nous emmener voir les pickpockets à Wapping. Et de fait, nous les avons vus à l'œuvre[2]. » Wapping était un quartier dangereux de Londres, le quartier des docks où Leslie exerçait en tant que travailleur social, et leur expérience, prolongée sur une nuit entière, fut le moment fort de leur séjour. Zelda s'habilla en garçon, dans des vêtements flottants qui dissimulaient sa grossesse, et Scott et elle vagabondèrent dans les bas quartiers avec Leslie, dans les ruelles et les chantiers maritimes où Jack l'Éventreur avait assassiné ses victimes.

Shane Leslie (né John Randolph Shane Leslie) vivait à Londres, au 46 Great Cumberland Place. Son père était un aristocrate anglo-irlandais, sa mère une Américaine : au cours de ses voyages aux États-Unis, il avait enseigné un temps à Newman, l'établissement où Fitzgerald avait été pensionnaire. Il avait écrit un roman populaire, *Le Crâne de Swift*, mais s'était surtout fait connaître par ses biographies. Publié aux Éditions Scribner, il avait contribué à faire accepter le premier roman de Fitzgerald, qu'il avait baptisé « le premier Rupert Brooke américain ». Leslie avait fait la connaissance de Brooke à Cambridge : féru de marche à pied, il avait inventé le concept du *hiking*, et, en 1907, à l'occasion d'un voyage en Russie, s'était lié avec Tolstoï. Il avait des relations haut placées : cousin germain de Winston Churchill, il avait pour parent Joseph Parnell. Ce fut lui qui présenta les Fitzgerald à lady Randolph Churchill, avec qui ils prirent le thé au 8 Westbourne Street, près de Hyde Park, en mangeant « des fraises grosses comme des tomates ». Jack, le fils de lady Randolph, les emmena assister à un match de cricket.

Les Fitzgerald se rendirent en excursion à Granchester et à Oxford, qualifié par Scott de « plus bel endroit du monde », ainsi qu'à Windsor, où Zelda posa devant l'objectif dans son manteau de petit-gris, et où Scott arbora d'un air crâne une canne élégante. Ils visitèrent Eton, Trinity College (à Cambridge) et le Parlement, puis s'extasièrent devant les falaises crayeuses de Douvres, ayant fait la traversée de la Manche le 20 mai. Dès le lendemain, s'étant trouvé un point de chute confortable à Paris, ils assistaient au spectacle des Folies-Bergère. Ils se payèrent du bon temps au théâtre : *Le Laboureur du soleil*, *Les Filles de Londres et de New York*, *Les Chevaliers de l'au-delà* et un sketch de M. A. Couturet intitulé *La Crise du logement*. Après une virée dans les magasins, ils passèrent un jour à Versailles, où Zelda fut immortalisée sur le « banc de Joséphine ». Elle fut également photographiée à la Malmaison, où elle devait être internée neuf ans plus tard. Quand sonna l'heure du départ, le gérant de leur hôtel, situé sur la rive droite, exulta. Zelda arrimait l'ascenseur à leur étage au moyen de leurs deux ceintures de cuir !

Ils gagnèrent le Sud, prenant le train pour l'Italie, où ils séjournèrent d'abord à Venise, au Danieli, et fréquentèrent les casinos. Dans le port, ils découvrirent le contre-torpilleur *Sturtevant* (baptisé d'après le frère de Ruth Sturtevant, Albert), qu'ils furent autorisés à visiter - une remarquable expérience, dont ils rendirent compte dans une lettre à Ruth. Ils flânèrent sur la place Saint-Marc, où Zelda, vêtue d'une ravissante robe à rayures, à col bateau et à festons, se fit prendre en photo près du palais des Doges, en compagnie du lieutenant Robbins, qui servait sur le navire. Kay Laurell, la vedette des Ziegfield Follies, que leur avait présentée George Jean Nathan, leur envoya un télégramme de Paris : « Combien de temps pensez-vous rester ? Pourrais bien venir. Attends réponse. » Mais ils étaient prêts à reprendre la route, et firent étape à Florence. Ils visitèrent Fiesole, vagabondèrent dans les venelles de la ville et assistèrent à un récital de piano, à l'hôtel d'Italie. À Rome, ils prirent une chambre au Grand Hôtel, qui se révéla un repaire de puces, et visitèrent le Forum romain, le Colisée, et remontèrent la via Appia en fiacre le 10 juin.

Dans l'ensemble, l'Italie les déçut parce qu'ils ne parlaient ni l'un ni l'autre l'italien, et que le tempérament des autochtones n'était pas à leur goût. Ils se hâtèrent de regagner Paris, espérant y trouver Edmund Wilson et Edna St Vincent Millay, qui venaient tous deux d'arriver. Ayant pris une chambre dans l'hôtel St James et d'Albany, ils trouvèrent Edna, dépêchée à Paris par *Vanity Fair*, mais ne purent repérer Wilson, arrivé deux jours plus tôt, qui avait négligé de laisser son adresse aux bons soins de l'American Express. Il avait suivi Millay, qui vivait maintenant une liaison avec un autre homme, dans l'espoir de regagner ses faveurs, et logeait non loin de là, à l'hôtel Mont-Thabor. C'est seulement après leur départ qu'il apprit que les Fitzgerald l'avaient cherché.

De retour à Londres, ceux-ci allèrent au Claridge, où on leur alloua une chambre sinistre et retirée, loin des invités de marque, où ils n'avaient de contact qu'avec le serveur. Wilson tenta de les convaincre de retourner à Paris, mais Scott en avait assez de l'Europe, et Zelda était fatiguée en raison de sa grossesse : tous deux voulaient rentrer. Quoiqu'ils aient songé à rester plus longtemps en Angleterre, ils réservèrent une cabine sur le *Celtic*, transatlantique de la compagnie White Star, pour rentrer à New York. Fitzgerald écrivit à Wilson avant le départ : « Au diable l'Europe continentale ! Elle n'offre plus aucun intérêt, sinon par ses antiquités. Rome n'est que de quelques années en retard sur Tyr et Babylone. [...] La France m'a écœuré par ses prétentions à être cet objet sans prix que l'Europe doit sauver. J'estime infiniment regrettable que l'Angleterre et l'Amérique aient empêché l'Allemagne de conquérir l'Europe. C'était le seul moyen de sauver cette flotte de vieux rafiots[3]. » Zelda l'approuvait : abattue par ses nausées du matin et fatiguée la plupart du temps, elle fut ravie de voir les côtes de la Belle Albion s'estomper à l'horizon.

Comme ils voulaient voir naître leur enfant à Montgomery, les Fitzgerald partirent pour l'Alabama, où Zelda espérait qu'ils pourraient acheter une maison et s'installer quelque temps. Mais la prohibition était encore en vigueur, et le juge Sayre érigeait la tempérance en principe, aussi l'atmosphère se révéla-t-elle étouffante. À leur arrivée,

Montgomery était en proie à une vague de chaleur. Pour combattre l'intenable humidité, Zelda se rendit sans tarder à la piscine municipale. À cette époque, les femmes enceintes ne se baignaient pas en public, et son apparition fit scandale. Lawton Campbell, venu rendre visite à sa famille, se rappela que « Zelda n'avait aucun mal honteux à dissimuler : il se peut qu'elle ait accepté son état comme une forme naturelle de beauté, ou qu'en s'exhibant ainsi en public elle ait considéré qu'elle forçait la population à apprécier plus intensément son indépendance. En tout cas, malgré sa grossesse avancée, elle passa un maillot de bain, d'une taille supérieure à ce qu'elle portait d'ordinaire et prit la direction de la piscine municipale. Sans dissimuler sa silhouette sous un manteau ou une cape, elle exhiba ses charmes prématernels devant un public aux yeux écarquillés. Si elle était restée au bord de la piscine, ils se seraient peut-être contentés de chuchoter, mais ça ne suffisait pas pour Zelda. Elle plongea la tête la première dans les eaux ensoleillées, venues des célèbres puits artésiens de Montgomery, et les spectateurs s'exclamèrent d'une seule voix : "C'est Zelda[4] !" ». S'étant fait expulser de la piscine, Zelda fuit le conservatisme et la canicule de Montgomery, et prit le train avec Scott en direction du Minnesota, cette région plus tempérée qu'habitaient ses beaux-parents.

Installée à Saint Paul, Zelda continua à choquer les gens en fumant debout à l'arrière des trolleys et en faisant montre d'un langage peu châtié. Au cinéma, elle déclarait d'une voix sonore : « Je trouve que Gilda Gray est la plus belle fille du monde, pas vous ? Si j'étais un homme, je donnerais un an de ma vie pour passer une semaine en sa compagnie[5]. » Son plus grand plaisir était de troubler les jeunes hommes qui l'invitaient à danser avec des propos tels que : « Mes hanches se déchaînent ; ça ne vous ennuie pas, j'espère ? » Du jour au lendemain, semble-t-il, les Fitzgerald se trouvèrent au cœur de la vie mondaine de Saint Paul : ils se rendirent aux dîners et aux bals du samedi soir au Club de l'université, et organisèrent la revue musicale de la Junior League. Ils louèrent une maison à Dellwood, sur les bords du lac de l'Ours-Blanc, où la bonne société de Minneapolis tenait villégiature jusqu'à l'automne. Par la suite, Zelda évoqua, dans sa nouvelle

La Jeune Fille que le prince aima les flots de vacanciers qui venaient s'y réfugier. « Lorsque vint l'été, tous les amoureux de cette saison gagnèrent le grand lac clair, aux abords de la ville, et vécurent là dans de grandes chaumières au toit plat, entourées de pins et de bosquets humides, et flanquées de vérandas voilées de gaze au point d'évoquer des petits morceaux de fromage dans de grands garde-manger. Vinrent tous ceux qui aimaient jouer au golf, ou faire de la voile sur le lac, ou qui avaient des enfants à protéger de la canicule. Vinrent tous les jeunes gens à qui leurs parents avaient offert en présent de noces des bungalows blancs tapis dans la verdure - et toutes les vieilles gens qui aimaient être accueillis par le clapotement de l'eau à la fin de leur promenade dans les roses trémières. Vinrent tous les célibataires qui aimaient vivre au milieu du fracas joyeux des assiettes et du cliquetis des casiers, au sous-sol du Yacht Club, et maintes femmes de quarante ou cinquante ans, aux familles nombreuses, à la peau desséchée par le soleil, aux costumes de lin frais collant un peu aux sièges de leurs roadsters lorsqu'elles allaient chercher leurs maris, qui fuyaient la ville à cinq heures, dans la canicule. »

Scott et Zelda séjournèrent jusqu'en octobre sur les rives de l'Ours-Blanc, puis rentrèrent à Saint Paul et prirent une chambre à l'hôtel Commodore, en attendant que Xandra et Oscar Kalman, des amis de Scott, leur permettent de louer la maison de Mrs Arnold Kalman, au 626 Goodrich Avenue. Un mois avant la naissance, Zelda se livrait aux premiers préparatifs : elle acheta un berceau et une voiture d'enfant, et réserva une chambre à l'hôpital, où elle prit contact avec le personnel médical. Les Kalman lui furent d'une aide précieuse, d'autant que Scott passait le plus clair de son temps à réécrire *Les Heureux et les Damnés* dans le petit bureau qu'il avait loué en ville. Sur le chemin du retour, il s'arrêtait souvent à la librairie Kilmarnock, au coin de la 4e Avenue et de la Minnesota Avenue, pour faire un brin de causette avec le propriétaire. Un jour, il tomba sur un ami de Mencken, le romancier Joseph Hergesheimer, avec qui il eut une discussion animée sur la vie solitaire de l'écrivain. Lucy Norwell, une amie de Hergesheimer, qui visitait Saint Paul et qui était descendue à l'hôtel Radisson, reçut les Fitzgerald un soir. Grace Warner organisa une excursion en bobsleigh. Mencken écrivit des bureaux de l'*American Mercury* pour dire à Scott, sur le ton de la plaisanterie, qu'il avait récemment voyagé dans le Sud. « Dis-lui [à Zelda] que je suis passé par son ancienne forteresse, Montgomery, il y a deux mois. On m'a montré l'endroit où elle avait un jour fait sauter à son cheval six charrettes de paille alignées, et la tombe du clergyman de couleur sur qui le cheval a atterri. Fais-lui part de mon amitié dévouée, je t'en prie[6]. »

Zelda attendait avec impatience la fin de sa grossesse. Les dernières semaines l'avaient laissée déprimée et contrariée par tout le poids qu'elle avait pris. Elle et Scott étaient également nerveux et excités lorsque leur bébé naquit le 26 octobre 1921. Le crayon à la main, Scott griffonna les premiers mots prononcés par Zelda au sortir de l'anesthésie : « Goofo, je suis soûle. Mark Twain. Qu'est-ce qu'elle est maligne... elle a le hoquet. J'espère qu'elle sera belle et sotte - une belle petite sotte. » Il mit en réserve cette dernière phrase. Des années plus tard, dans *Gatsby le Magnifique*, Daisy devait tenir à peu près le même discours : « Je suis sortie de l'anesthésie avec un sentiment de complet abandon, et j'ai tout de suite demandé à l'infirmière si c'était un garçon ou une fille. Quand elle m'a dit que c'était une fille, j'ai tourné la tête et je me suis mise à pleurer. "Bon, je me suis dit, je suis contente que ce soit une fille. Et j'espère qu'elle sera idiote - c'est ce qui peut arriver de mieux à une fille dans notre monde, être une ravissante petite idiote[7]." »

Zelda avait choisi Patricia comme prénom pour le bébé. Mais, après la naissance, Scott insista pour qu'on l'appelât Frances Scott Key Fitzgerald. « Scottie » devint son surnom, mais Zelda continua à l'appeler Patricia pendant cinq ans. Un grand gâteau glacé de sucre arriva de la pâtisserie Ramaley, située sur la 5e Avenue, avec inscrit dessus : « Bienvenue, douce Baboo ». Les parents de Zelda et les amis de Scott, Townsend Martin, John Biggs, Alex McKaig et John Peale Bishop, envoyèrent des télégrammes. Celui de Ludlow Fowler était ainsi rédigé : « Félicitations. Craignais jumeaux. A-t-elle déjà les cheveux courts ? Baisers de tous[8]. »

En réalité, Fitzgerald espérait un fils, et Zelda, qui aurait préféré également un garçon, confia à Ludlow Fowler : « Elle est terriblement mignonne et je raffole d'elle, mais je suis vraiment déçue que ce soit une fille[9]. » Il ne fallut pas longtemps à Scott, toutefois, pour envoyer des télégrammes annonçant : « Une nouvelle Mary Pickford est arrivée. » Mencken répondit au sien : « Je suis ravi d'apprendre que votre postérité est viable et active. D'après un de mes amis, les bébés ne devraient jamais crier. Flanquez-lui une bonne taloche, et ils s'arrêteront. Pas de narcotiques ! Il suffit de leur faire peur[10]. » Lorsque Nathan reçut une photographie de Zelda avec le bébé, il envoya cette réponse cryptique : « La photo montre bien que tu embellis de jour en jour, mais de qui est le bébé ? C'est le portrait craché de Mencken[11]. » Ce mot rappela à Zelda combien l'humour mordant de Nathan lui manquait, ainsi que l'atmosphère sophistiquée de New York.

Cette année-là, l'hiver fut particulièrement rude à Saint Paul, et Zelda le déplora dans une lettre à Fowler : « Cette fichue ville connaît vingt-sept degrés au-dessous de zéro, et je déambule en rendant grâce à Dieu : tant par l'anatomie que dans les termes du proverbe, j'échappe au sort du singe[12]. » Il neigea sans répit. Sur une photographie prise de Zelda alors qu'elle se rendait à la soirée du Cotillion Club, le 13 janvier 1922, elle a l'air malheureuse et à moitié frigorifiée dans son manteau de petit-gris. En mars, Scott et elle avaient hâte de retourner dans l'Est à temps pour la publication de *Les Heureux et les Damnés* - le roman le plus autobiographique et le moins connu de Fitzgerald. Il a pour personnage principal une jeune femme qui rêve de conquérir son indépendance financière et affective, mais qui épouse un homme instable, lequel sape ses ambitions et menace de divorcer si elle fait carrière. Gloria Patch devint le prototype de toutes les femmes résolues à accomplir leur destin, et son histoire prédisait avec exactitude ce que serait l'existence de Zelda.

Ayant négocié une avance sur droits de 5 600 dollars, les Fitzgerald confièrent Scottie à une nourrice et reprirent le chemin de New York. Ils réservèrent la chambre 664 du Plaza Hotel et célébrèrent l'heureux événement un mois durant. Un soir, ils firent la tournée des night-clubs de Greenwich Village et de ses nouveaux *speakeasies* ; une autre fois, ils assistèrent à une soirée chez Nathan, avec qui Fitzgerald s'était réconcilié. Ils reçurent de nombreuses invitations à déjeuner d'Edmund Wilson, de Donald Ogden Stewart et de John Peale Bishop. Stewart, qui venait de se faire renvoyer de son poste à la banque, était dans l'impasse, et Fitzgerald le présenta à Edmund Wilson, qui le fit entrer dans le monde de l'édition. Stewart n'oublia jamais ce service et reconnut : « C'est ainsi que je suis devenu écrivain, et non banquier. » Il devait lui rendre la pareille en présentant Fitzgerald à Hemingway, à Paris. Il n'y avait qu'une personne que Scott et Zelda évitèrent : Alex McKaig. Après leur retour d'Europe, il s'était bagarré avec Scott - peut-être à propos de Zelda -, et il faudrait des années pour que les deux hommes se réconcilient.

Wilson fut surpris de voir combien le couple avait changé en l'espace d'un an. Scott semblait fatigué, et Zelda donnait l'impression d'une femme d'âge mûr. Elle tenait à son apparence et craignait d'avoir perdu sa silhouette à tout jamais. Sur quoi, cinq mois seulement après la naissance de Scottie, Zelda découvrit avec consternation qu'elle était de nouveau enceinte. Refusant d'avoir un second enfant si tôt, ils eurent recours à l'avortement. Fitzgerald y fit allusion dans son carnet, en notant à la date de mars 1922 : « Zelda et son avorteur » et « Les pilules et le docteur Lackin ». Quoique d'obédience catholique, Scott ne condamna apparemment pas cet avortement sur le moment. Ce n'est que rétrospectivement qu'il éprouva culpabilité, colère et dégoût devant ce qu'il appela « la froide résolution de sa femme », notant dans son carnet que « son fils partit dans les toilettes de l'hôtel XXX, à la suite des pilules prescrites par le docteur X [13] ».

Alors que *Les Heureux et les Damnés* paraissait en feuilleton, Burton Rascoe, le directeur littéraire du *New York Tribune*, demanda à Zelda d'écrire une critique satirique du nouveau roman. « Accepteriez-vous, je vous prie, de rédiger pour moi un compte rendu de *Les Heureux et les Damnés*, d'environ 800 ou 1 000 mots ? Je pense que, si vous pouviez envisager le livre - ou faire semblant de l'envisager - objectivement, avec une note critique çà et là, la chose susciterait nombre de commentaires. Ce qui serait très utile au livre et donnerait un peu d'éclat à cette nouvelle rubrique littéraire que je tiens dans la tribune. Je peux vous rémunérer un peu - pas beaucoup, mais un peu[14]. » Zelda trouva très motivant de rédiger la critique et conçut par ailleurs une nouvelle couverture pour l'ouvrage. Fitzgerald voulait remplacer l'illustration première, celle de W. E. Hill, mais l'éditeur dédaigna le dessin au crayon de Zelda - une garçonne s'ébrouant dans une flûte de champagne. Alors qu'elle relisait soigneusement le roman en vue de le critiquer, Zelda fut frappée de voir à quel point Scott avait pillé ses propres écrits, ce dont elle fit part à Rascoe dans son compte rendu : « Il me semble, sur une page, avoir reconnu un passage de mon ancien journal intime, lequel a mystérieusement disparu peu de temps après mon mariage, ainsi que des bribes de lettres, certes considérablement revues et corrigées, mais qui me rappellent vaguement quelque chose. De fait, Mr Fitzgerald - je crois que c'est ainsi qu'il épelle son nom - semble être d'avis qu'on n'est jamais si bien plagié que par ses proches. » Dans certains chapitres, ses paroles étaient citées verbatim, notamment dans le passage consacré au journal de l'héroïne, où, à la date du 24 avril, elle identifia comme siennes des phrases entières. « Quels vers rongeurs, les femmes, pour ramper sur leur ventre dans des mariages incolores ! Le mariage a été créé, non pour être un fond de tableau, mais pour en nécessiter un. Le mien sera remarquable. Ce ne peut être, ce ne sera pas le décor qui comptera, ce sera la pièce, la pièce vivante, belle, éclatante, et ma scène sera le monde[15]. »

La critique du roman de Scott par Zelda parut le 2 avril 1922 sous le titre « Mrs F. Scott Fitzgerald critique le dernier roman de son mari, *Les Heureux et les Damnés* », et son ton ironique lui valut l'approbation amusée des lecteurs. « Où trouver un meilleur exemple des comportements à éviter que dans les aventures de Gloria ?... C'est un ouvrage de choix, toujours utile dans les situations d'urgence... Car ce livre nous explique dans le détail, et avec une lucidité sans appel, ce qu'il nous reste à faire lorsque grand-père nous chasse de sa propriété, ou que nous nous retrouvons dans une gare à quatre heures du matin, ou que nous nous entendons dire que nous sommes trop âgées pour faire du cinéma. Et cela pourrait nous arriver à toute heure du jour... Primo, tout le monde devrait acheter ce livre pour les motifs esthétiques que voici : d'abord parce que je connais la boutique qui vend la plus choute des robes en brocard d'or pour 300 dollars seulement, sur la 42ᵉ Rue, et ensuite, s'il y a assez de gens pour acheter le livre, parce qu'on y vend aussi un jonc de platine [16]... » Rascoe adora l'article, mais s'abstint de payer jusqu'à ce que Fitzgerald le relançât : « Je vous écris sur l'ordre du célèbre auteur, ma femme, pour vous rappeler que le grand journal que vous servez lui refuse le premier salaire qu'elle ait jamais gagné. Quel qu'il soit, d'un rouble [sic] à un talent, allez tancer votre greffier, qu'il satisfasse son avarice - car elle en perd pour ainsi dire l'esprit [17]. » Il fallut encore quelques rappels pour que Zelda reçût un chèque de 15 dollars, avec un mot d'excuse. C'était la première fois que l'écriture lui rapportait un paiement, et elle avait trouvé la tâche si facile qu'elle songea à rédiger d'autres essais et d'autres nouvelles. La revue *McCalls* apprécia l'article au point de commander à Zelda un article de 2 500 mots intitulé « Où s'en vont les garçonnes ? » *(« Where do Flappers Go ? »)*. À 10 *cents* le mot, elle reçut 300 dollars, même si l'article ne fut jamais publié. Elle était si fière de l'effort accompli qu'elle colla le talon du chèque envoyé par le *Herald Tribune* dans son album, avec le mot d'excuse envoyé par Rascoe : « Vous avez fui New York sans me donner votre adresse à Saint Paul. Le chèque partira aujourd'hui [18]. »

Si les reporters ne cessaient d'interroger Zelda sur le comportement des *flappers*, celle-ci semblait toujours se satisfaire du rôle qu'elle jouait dans son mariage : soutenir moralement son époux. « Je pense qu'une femme éprouve plus de bonheur à être gaie, insouciante, peu conventionnelle, maîtresse de son sort, qu'à mener une carrière qui demande beaucoup d'efforts, du pessimisme intellectuel et de la solitude [19]... » Mais quelque chose en elle commençait déjà à se rebeller contre cet état qui la condamnait à n'être que l'épouse d'un écrivain célèbre. À l'origine, elle avait été flattée de voir Scott s'approprier ses idées pour sa fiction : puisque c'était lui qui assurait leur subsistance, il méritait de faire un usage exclusif de tout matériau créatif. Pourtant, cette idée évoluait lentement, et elle sentait son hostilité grandir à mesure qu'elle voyait tous les éléments de leur vie commune devenir la matière première de cette fiction. Elle rechignait notamment à voir Scott exploiter ses « bons mots » pour impressionner d'autres femmes et, dans son roman *Accordez-moi cette valse*, elle décrivit la façon dont David avait flatté la belle Gabrielle en disant : « J'imagine que vous portez quelque chose d'étonnant, à la garçonne, sous vos vêtements[20]. » Il lui avait volé cette idée. Elle-même avait porté des dessous de soie tout au long de l'été précédent.

Ayant célébré leur deuxième anniversaire de mariage au Biltmore, ils retournèrent à Saint Paul pour le premier week-end d'avril 1922, pour le Junior League Frolic Vaudeville, représenté le 17 avril (Zelda y tenait le rôle d'une *flapper* du Sud) et le Cotillon de Pâques, donné par le Club de l'université le 28.

Les espoirs professionnels de Zelda furent ranimés lorsque divers producteurs manifestèrent leur désir de voir le couple jouer dans une version cinématographique de *Les Heureux et les Damnés*, mais Scott s'opposait toujours à cette idée. Ayant eu vent du projet, H. L. Mencken écrivit le 18 mai, s'offrant à jouer un rôle secondaire. « Allez-vous jouer dans *Les Heureux et les Damnés* ? Si oui, je retiens le rôle du chauffeur de taxi[21]. » En fin de compte, Warner Brothers engagèrent Marie Prevost pour jouer Gloria. Ils possédaient également les droits de *L'Envers du paradis*, mais le projet resta lettre morte.

Le 17 juin 1922, les Fitzgerald envoyèrent un télégramme de félicitations à John Peale Bishop, qui épousait Margaret Hutchins. Ils n'en désapprouvaient pas moins ce mariage, qui mettait fin à la phase créatrice de John. Edmund Wilson pensait de même : « J'y vois plus ou moins une calamité - inévitable, je suppose. Elle lui procurera de l'argent et des divertissements à plus soif, mais je crains qu'elle ne chloroforme son intellect par la même occasion. »

Une fois de plus, ils passèrent la première partie de l'été au yacht-club de l'Ours-Blanc, où Zelda fit des progrès en ski nautique et disputa un tournoi de golf avec Xandra Kalman, remportant deux manches contre une pour son adversaire. Ils louèrent une maison sur les rives du lac, près du club, et s'y installèrent pour goûter le restant de l'été. Scott passa le plus clair de son temps à travailler à sa pièce *Le Légume*, qu'il voulait porter à Atlantic City dans l'espoir de trouver un metteur en scène. Il n'émergeait de son bureau qu'en fin d'après-midi, pour aller se baigner avant de rentrer se changer pour le dîner. Zelda se contentait apparemment de pratiquer des sports nautiques et de jouer avec son bébé. Pourtant, si elle apparaît sur une photo dans une attitude de fierté détendue (elle soulève Scottie dans ses bras), une autre trahit sa nervosité : elle tord sa main gauche en arrière dans un geste étrange, voire inquiétant - un maniérisme souvent observé chez les schizophrènes. Elle est vêtue à la mode du jour, sa robe d'été est mise en valeur par des emblèmes brodés sur la manche et sur la poche. Par la suite, John Held Jr. reproduisit cette même robe sur un dessin de *flapper* destiné à faire la couverture de *Life*, à la date du 18 mars 1926.

En septembre, ils confièrent Scottie aux parents de Fitzgerald et revinrent à New York à temps pour la publication des *Enfants du Jazz*, le premier recueil de nouvelles de Scott. En quête d'une résidence appropriée à New York, ils décidèrent de rester au Plaza Hotel jusqu'à ce qu'ils l'aient trouvée. Avec l'aide d'un agent immobilier, ils commencèrent leurs recherches à Long Island. Lors de ses années à Princeton, Fitzgerald avait accompagné Shane Leslie dans certaines des grandes propriétés de Long Island, région devenue depuis lors la Mecque des gens de théâtre et des millionnaires. Le jour où Zelda et Scott se mirent en quête d'une maison, ils avaient invité John Dos Passos à déjeuner avec Sherwood Anderson au Plaza ; après quoi, ils le persuadèrent de se joindre à l'excursion.

De nature timide et introspective, Dos Passos était le fils illégitime d'un riche avocat new-yorkais, le petit-fils d'un cordonnier portugais émigré de Madère. Né à Chicago en 1926, il avait fait ses études à Choate, puis à Harvard. Pendant la guerre, il avait conduit des ambulances en Italie et en France, et avait romancé son expérience de la guerre dans un ouvrage paru en 1921 et intitulé *Trois Soldats*.

Traînant Dos Passos à leur suite, Scott, Zelda et l'agent immobilier sillonnèrent Long Island dans une voiture de tourisme rouge, avec chauffeur. Ils ne virent rien d'intéressant, renvoyèrent l'agent et firent halte chez les Lardner. Comme Ring était ivre, tous trois poursuivirent leur chemin jusqu'à Manhattan, où Zelda et Dos Passos montèrent sur la grande roue, tandis que Scott restait à boire dans la voiture. Zelda adorait ce genre d'attraction palpitante, et elle insista pour rester bien après que John eut proposé d'en rester là. Dos Passos insista pour qu'ils redescendent, et fut pris de panique devant le refus de Zelda. C'était un jeu auquel elle excellait. Mais Dos Passos n'était pas habitué à ce comportement, qu'il devait comparer par la suite à une sorte de « hors-piste » : « L'abîme qui s'ouvrit entre Zelda et moi, lorsque nous fûmes assis sur les sièges de la grande roue, était quelque chose d'indicible. Ce n'est que des années après qu'il m'est apparu rétrospectivement que, dès le premier jour où nous fîmes connaissance, je m'étais heurté à quelque chose d'inexplicable dans ce cheminement mental, qui devait avoir les conséquences tragiques que l'on sait. Bien qu'elle fût réellement très belle, j'avais ressenti en elle quelque chose qui m'avait effrayé et révulsé à la fois, même physiquement[22]. » Si Zelda commençait à trahir des signes de démence, personne d'autre ne les remarqua.

La maison que Scott et Zelda finirent par louer à Long Island était voisine de celle de Ring Lardner, dans la villégiature de Great Neck, au 6 Gateway Drive. Ils avaient pour voisins d'autres journalistes, des gens de théâtre, des artistes et des écrivains, qui devaient tous fournir des modèles à Fitzgerald pour son roman suivant, *Gatsby le Magnifique*. À cette époque, l'industrie cinématographique était encore concentrée dans l'est des États-Unis, et les acteurs célèbres étaient nombreux à occuper les grandes propriétés. Parmi les plus fameux, on trouvait Eddie Cantor, Leslie Howard, Groucho Marx et Basil Rathbone. La région abritait également de riches *bootleggers* qui donnaient de somptueuses réceptions. Un des proches voisins des Fitzgerald était le journaliste sportif Herbert Bayard Swope, le directeur du *New York World*, dont les soirées fréquentes et luxueuses devaient inspirer à Fitzgerald celles de Jay Gatsby. George Cohan et son partenaire Sam Harris vivaient dans les environs, tout comme Truex, qui devait tenir le premier rôle dans la pièce de Fitzgerald, *Le Légume*. Ils aimaient recevoir, savaient recevoir, et Ring raconta aux Fitzgerald une célébration du 4 juillet chez Ed Wynn, où, après un feu d'artifice, « tous les artistes résidant à Great Neck ont fait leur numéro, les ex-chorus girls ont dansé, Blanche Ring m'a embrassé, etc. La soirée s'est prolongée tout le lendemain chez Tom Meighan, où l'attraction principale consistait à voir Lila Lee et une autre dame faire quelques imitations comiques (très comiques, du reste) au clair de lune, sur le court de tennis[23] ». Esther Murphy, qui habitait la propriété de son père un peu plus loin, à Southampton, fut présentée aux Fitzgerald par Edmund Wilson et Alex McKaig. Esther et McKaig flirtèrent un moment, et Wilson n'excluait pas un mariage, mais Esther avait des soupirants plus intéressants. Son père, Patrick Murphy, avait fait prospérer la firme de maroquinerie Mark Cross, et le frère d'Esther, Gerald, qui ne se sentait guère l'âme à reprendre le commerce familial, venait de s'installer à Paris avec l'ambition de devenir peintre.

Ayant signé un bail de deux ans pour la maison de Gateway Drive, les Fitzgerald embauchèrent du personnel de maison, dont un couple d'employés pour une rémunération mensuelle de 160 dollars, une nurse à 90 dollars et une lingère à temps partiel pour 36 dollars. Zelda retourna à Saint Paul récupérer Scottie. À leur retour, Fitzgerald alla chercher la mère et l'enfant à la gare dans sa nouvelle Rolls-Royce. Mais Zelda, qui se sentait éclipsée par son époux et par sa fille, ne manifesta qu'une ardeur maternelle toute relative pendant leur séjour à Great Neck, et Fitzgerald exploita cette froideur pour étoffer le personnage de Daisy dans *Gatsby*. Un de leurs invités se rappela que, lorsque sa nurse amena Scottie pour qu'elle dise bonjour, Zelda lui ordonna : « Donne un baiser à maman, ma chérie. » L'enfant ne fit que secouer la tête. Sans se troubler, Zelda dit à l'invité sur un ton rieur : « Vous voyez ! Elle me déteste, mais c'est Scott qu'elle hait. » L'amour parental ne vint pas à Fitzgerald plus naturellement qu'à Zelda. Dans une nouvelle publiée en 1925 et intitulée *Un goûter d'enfants*, l'attitude de son personnage, John Andros, reflète ses propres sentiments paternels : « Même ses sentiments à l'égard de la petite fille n'étaient pas purs. Elle avait interrompu par sa naissance le grand amour de son père pour sa mère. C'était à cause d'elle que la famille habitait en grande banlieue

[...]. Il aimait la prendre sur ses genoux [...]. Après cet hommage, John était heureux de confier Ede à sa nurse[24]. »

La résidence des Fitzgerald était modeste en comparaison des immenses propriétés de Florenz Ziegfield, Lilian Russell et George M. Cohan, toutes situées sur la « Côte d'Or ». Mais elle était assez spacieuse pour accueillir leurs amis. Le parolier Gene Buck, qui était un assistant de Florenz Ziegfield, vivait non loin, et ils l'invitaient fréquemment. Lui et sa femme Helen se rendaient avec les Fitzgerald aux compétitions de football de Princeton et jouaient au golf avec Zelda au Soundview Golf Club, situé à Great Neck. Buck appréciait la compagnie des Fitzgerald et adorait se rendre à leurs soirées, ce qui ne l'empêchait pas d'avertir ses amis : « Si vous voulez donner à vos meubles un cachet d'antiquité, ne manquez pas d'inviter les Fitzgerald - il leur suffira d'une seule nuit - rien qu'avec leurs mégots, ils vous feront des petits trous dans le bois ! »

Il ne leur fallait que trente minutes pour rejoindre les théâtres de Broadway par le train, en suivant Long Island Railroad, et ils attiraient chez eux leurs amis de Manhattan, qui profitaient de leur hospitalité pour fuir à moindre prix New York le week-end. Ils eurent beau afficher une pancarte ainsi conçue : « Nous nous permettons de signaler aux invités du week-end que toute invitation à rester le lundi, émise par l'un ou l'autre de leurs hôtes à l'aube du dimanche, ne doit pas être prise au sérieux », les invités refusaient souvent de partir. Ils empêchaient Scottie de dormir la nuit durant et laissaient un désordre monstrueux derrière eux le lundi matin. La situation devint si chaotique qu'un jour Tilde et son époux John, qui avaient été invités à déjeuner, surprirent les Fitzgerald au saut du lit. C'était un second affront, après le mariage. D'après Rosalind, « Tilde et John n'avaient pas oublié l'impolitesse de Scott le jour du mariage, et on peut les comprendre, mais ils acceptèrent quand même une invitation à déjeuner à Great Neck, et ce fut un second fiasco. Les hôtes étaient encore au lit quand les invités arrivèrent, des couches mouillées souillaient la valise qu'ils avaient empruntée, et personne ne fit le moindre effort pour rétablir la paix ». Fitzgerald résuma dans son carnet les distractions qui avaient marqué le mois de juillet 1923 : « Tootsie [Rosalind] est arrivée. Travail intermittent sur le roman. Je bois sans arrêt. Un peu de golf. Le bébé commence à parler. Réception chez Allen Dwan. Gloria Swanson et la foule des gens du cinéma. Notre réception pour Tootsie. Les Perkins arrivent. Je plonge dans le lac avec ma voiture. » Zelda devait se rappeler Long Island comme une période de ruptures toujours renouvelées. « À Great Neck, il y avait toujours du désordre et des disputes... Nous avons donné des soirées : la plus grande était en l'honneur de Rebecca West. Nous avons bu de la Bass Ale et nous passions notre temps chez les Buck, ou les Lardner, ou les Swope, quand ils n'étaient pas chez nous[25]... » Ils se rendirent à tant et tant de soirées qu'il leur fallut bien en rendre quelques-unes, et elles se révélèrent épuisantes et coûteuses. Au cours de leur première année à Great Neck, entre les dépenses domestiques ordinaires, les frais de mondanité et les excursions hebdomadaires à Manhattan, ils dépensèrent plus de 29 000 dollars sans le moindre bénéfice matériel, hormis quelques gueules de bois.

Le premier roman de Fitzgerald avait donné lieu à neuf rééditions, et ses nouvelles mettant en scène les *flappers* éveillaient l'intérêt du public et lui apportaient une incroyable célébrité. Pour une seule nouvelle, le *Saturday Evening Post* lui offrait désormais une rétribution de 4 000 dollars (soit 40 000 dollars au cours actuel), et, tout au long de 1923, les Fitzgerald demeurèrent le couple le plus populaire de Manhattan, les infatigables organisateurs de sa vie nocturne. Gloria Swanson les invita à un dîner suivi d'une soirée dansante au Ritz Carlton, le jeudi 27 mars ; ils furent les invités spéciaux des compétitions de boxe nationales de 1923 et du championnat de base-ball mondial. Mais leur célébrité ne fut véritablement avalisée que lorsque leur photographie, prise à l'occasion de la signature du contrat exclusif qui liait Fitzgerald au conglomérat de Hearst, fit la couverture du *Hearst International* et fut reproduite par la plupart des journaux américains. La légende exagérait quelque peu la position de Zelda en ces termes : « Mrs Scott Fitzgerald a lancé le mouvement des garçonnes dans notre pays - à en croire son époux[26] », mais Zelda était indubitablement devenue la *flapper* la plus célèbre de son époque. Elle qualifia la photographie de « cliché Elizabeth Arden », et de fait, on croirait, à la voir, qu'elle sort d'un institut de beauté (celui d'Arden figurait sur son carnet d'adresses). Pour une fois, ses cheveux sont frisés et séparés au milieu par une raie. Scott, qui la tient mollement par la main, se penche vers elle d'un air protecteur. La robe blanche de Zelda, bordée d'hermine, et ses perles évoquent une personnalité royale et suggèrent que le couple a atteint les sommets de la célébrité. Lorsqu'un reporter lui demanda d'évoquer son expérience de *flapper* débutante, Zelda répliqua avec enthousiasme : « [...] Il y a trois ou quatre ans, ces jeunes filles étaient des pionnières. Elles n'en faisaient qu'à leur tête, elles choquaient les conventions, tout simplement peut-être parce qu'elles voulaient combattre pour leur droit à s'exprimer librement. Aujourd'hui, elles le font parce que c'est à la mode[27]. » Interrogée sur ses propres ambitions, elle eut cette étrange prophétie : « J'ai étudié le ballet. J'aimerais tenter de me faire embaucher dans un chœur de music-hall. Ou dans le monde du cinéma. Si je n'y parvenais pas, j'essaierais d'écrire[28]. »

Même si leur résidence était constamment remplie de monde, les seuls véritables amis des Fitzgerald étaient les Lardner. Ring, de neuf ans plus âgé que Scott, venait comme lui du Midwest : il était né dans le Michigan. Lorsqu'il fit la connaissance de Scott, il était déjà dans un état d'alcoolisme avancé et rappelait Buster Keaton par sa gravité mélancolique. Mais Ring était aussi un homme bon, que Fitzgerald apprit à admirer et à qui il dédia *Tous les jeunes hommes tristes*, son troisième recueil de nouvelles. Lardner, un chroniqueur sportif distingué qui publiait des nouvelles sur le base-ball dans le *Saturday Evening Post*, s'était également fait connaître par son talent de chansonnier et de poète satirique. Il tirait l'essentiel de ses revenus de brèves chroniques journalistiques, rédigées entre deux soirées arrosées. Fitzgerald et lui descendaient la même pente alcoolique, mais Scott était encore assez jeune et résistant pour se soûler sans manifester les symptômes dégradants dont souffrait Lardner. Chacun d'eux voyait dans l'autre son propre reflet, et Ring exprimait plus d'affection pour Scott et Zelda que pour toute autre de ses relations, hors ses proches parents. Son fils,

Ring Jr., nota avec raison que ce qui « [...] fascinait Scott, à l'époque de Great Neck, c'était l'image qu'il se donnait de son propre avenir. Il éprouvait sans doute de la satisfaction à pouvoir cuver une cuite en l'espace d'une nuit pour se remettre au travail beaucoup plus aisément que son aîné, mais il devait bien sentir qu'il prenait la même voie. La routine même qu'il adopta de toujours fixer un début et une fin à ses cuites lui venait de Ring[29] ».

La maison de Fitzgerald était située en face de celle de Lardner, de l'autre côté de la route, et ils se faisaient souvent la conversation à grands cris depuis leurs pelouses respectives. Le *Westporter-Herald* cita un journal de New York qui rapportait cette activité : « F. Scott Fitzgerald et Ring Lardner sont voisins à Great Neck, sur Long Island. Le matin, au saut du lit, le jeune auteur qui a porté la *flapper* au pinacle ouvre la fenêtre et entonne : "Ô, le grand Fitzgerald vient de se lever. Ô, le grand Fitzgerald !" Aussitôt lui revient l'écho tonitruant de Lardner, dont la voix a franchi l'espace : "Lardner le Surhomme est en voie de se raser. Mousse à raser ! Louons Lardner, à la beauté de sylphe !" Leurs voisins ont tenté de réduire ces nuisances, sans résultat. Car Fitzgerald et Lardner continuent de rimer leurs pitreries tout au long de la journée[30]. »

C'était là une période de gestation pour *Gatsby le Magnifique*, et l'amitié de Lardner valut à Fitzgerald de connaître des personnalités qui devaient nourrir ses personnages. D'après le fils de Ring, « notre maison était flanquée d'une véranda qui faisait face à la résidence des Swope, et Ring et Scott s'y tenaient assis bien des après-midi le week-end, à boire de la bière ou du whisky en épiant les voisins et ce que Ring nommait leur "quasi interminable sauterie". Ils n'y mettaient pas toute l'ardeur de Gatsby, mais leur maison était située à un endroit idoine pour apercevoir la jetée où vivait Daisy, de l'autre côté de la baie. Et si Herbert Swope ne présente pas d'autre ressemblance frappante avec Gatsby, son ami, Arnold Rothstein, passait pour avoir truqué la World Series de base-ball en 1919[31] ».

Les deux auteurs devinrent des confidents mutuels, de par leur intérêt commun pour la littérature, le sport et le théâtre, et il leur arrivait de partir en goguette après avoir passé la moitié de la nuit à boire de la bière canadienne. En mai 1923, ils traversèrent en dansant la pelouse de Nelson Doubleday, qui habitait Oyster Bay, pour attirer l'attention de son invité d'honneur, Joseph Conrad, pour qui ils avaient tous deux une fervente admiration. Fitzgerald et Conrad cultivaient tous deux un style poétique, s'intéressaient plus aux sentiments qu'aux faits, et Conrad était le seul auteur que Fitzgerald désirât véritablement connaître. Mais la célébrité littéraire des deux farceurs n'empêchait pas qu'ils outrepassaient les bornes. Ils furent chassés des lieux et convoqués au tribunal pour violation de propriété.

Scott était plus proche de Ring et de son épouse Ellis que Zelda. Celle-ci se montrait amène avec eux, mais tenait Ring pour un ivrogne et Ella pour une femme sans intérêt. « C'est un journaliste typique, qui ne m'amuse pas beaucoup, écrivit-elle à Rosalind. Sa femme est banale, mais je la trouve sympathique. Lui a six pieds de haut et parfois il fait la bombe, une semaine ou bien plus. C'est le cas en ce moment, ce qui explique sans doute qu'il vienne nous voir. Il joue du saxophone et nous emmène chez Mr Gene Buck. Mr Gene Buck a lancé les Ziegfield Follies et vit dans une maison conçue par l'architecte Joseph Urban. On croirait voir un tas de vieux décors de théâtre collés bout à bout[32]. »

Les sentiments de Zelda à l'égard d'Ellis intriguaient Fitzgerald, et il les décrivit dans son portrait de Mrs Markey dans *Un goûter d'enfants* : « De Mrs Markey elle ne se souciait nullement ; elle la jugeait à la fois distante et vulgaire [mais] les deux femmes en étaient réduites à feindre très subtilement une chaude amitié[33]. » Il décrit en ces termes les Markey, un couple de voisins, vivant dans le faubourg new-yorkais (alias Great Neck) : « Ils payaient l'air pur au prix d'incessantes difficultés avec les domestiques et d'allées et venues fastidieuses par le train de banlieue[34]. » Fitzgerald relate la dispute qui oppose deux femmes au cours d'un goûter d'enfants. « Votre femme vient chez nous et hurle à tous les échos que nous sommes vulgaires ! Eh bien, si nous sommes tellement vulgaires, ne venez pas chez nous[35] ! »

Il est peu probable qu'Ellis ait perçu les véritables sentiments de Zelda à son égard. Elle la trouvait aussi belle que fascinante, et ses enfants - notamment Ring Jr. - l'adoraient. « [...] Zelda avait vingt-deux ans quand nous avons fait sa connaissance, Ellis déjà trente-cinq. Elle ne nous accordait pas autant d'attention que Scott, mais nous étions habitués à l'indifférence des enfants qui passaient rendre visite, et c'est ainsi que nous la considérions : une autre enfant, libre, impulsive, qui disait et faisait tout ce qui lui plaisait. Je n'ai jamais vu une autre adulte, sinon ma tante Anne, qui donnât autant l'impression de dire tout ce qui lui passait par la tête, sans jamais exercer ses facultés de jugement. Je la regardais et l'écoutais, absolument fasciné, jusqu'au moment où parents et enfants devaient prendre un chemin différent, et, quelle injustice ! les adultes l'entraînaient avec eux[36]. »

Pour sa part, Zelda estimait que Ring avait une mauvaise influence sur Scott, notamment lorsque ce dernier commença à disparaître à son tour dans Manhattan des journées entières, ne rentrant qu'un matin sur deux pour s'écrouler endormi sur la pelouse. John Biggs se remémora l'une de ces crises d'alcoolisme prolongées : « Un jour, du temps de la prohibition, Scott Fitzgerald et moi-même nous trouvions au Biltmore, à New York, et Scott obtint du chasseur un peu d'alcool. Il était saturé d'éther. Nous en bûmes un peu, ce qui nous plongea dans une telle hébétude que nous nous penchâmes par la fenêtre, chacun de son côté, et conversâmes d'une fenêtre à l'autre. Je portais alors des chaussures en cuir de Cordoue, dont j'étais particulièrement fier, et je renversai un peu d'alcool sur elles. Bon sang, quand je me suis réveillé le lendemain, je me suis aperçu que le cuir de mes belles chaussures était complètement rongé. Il faut vraiment que nos estomacs aient été en fer-blanc pour résister à ce truc[37]. »

Mais l'alcool laissait d'autres traces. Un jour où Zelda et Eleanor Browder, une amie de Montgomery, s'étaient rendues à Manhattan pour retrouver Scott au Plaza, elles l'aperçurent qui se faisait raccompagner hors de Palm Court, où il était entré en titubant, une bouteille de champagne sous un bras, Anita Loos pendue à l'autre. Une autre fois, Fitzgerald reconnut Loos sur la 5e Avenue, arrêta sa voiture et la persuada de rentrer dîner avec lui. Elle accepta sur le coup, mais ne tarda pas à s'en repentir en le voyant boire du champagne à grandes goulées, d'une bouteille qu'il tenait serrée entre ses genoux. Lorsqu'ils arrivèrent à Great Neck, Scott servit des martinis avant le dîner et se soûla au point de déclencher une bagarre avec Zelda, fracassant les assiettes sur le plancher. Loos et Zelda traversèrent la pelouse en courant et allèrent se réfugier chez les Lardner, jusqu'au moment où Fitzgerald tomba endormi. Loos ne devait jamais oublier cette expérience.

Avec les mois, l'éthylisme de Fitzgerald générait un comportement de plus en plus désagréable. Lorsqu'il était pris d'alcool au cours d'un dîner, il lui arrivait souvent de ramper sous la table en balbutiant des propos incohérents, ou d'essayer de manger sa soupe avec une fourchette. Lorsqu'il mit fin à une réception en laissant tomber dans son gosier un morceau entier de pelure d'orange qui manqua l'étouffer, Zelda confia à Rosalind son sentiment d'impuissance devant cet état de choses et son regret de l'avoir épousé. Quant aux raisons qui poussaient Fitzgerald à agir ainsi, Edmund Wilson et Dos Passos s'accordaient à dire qu'il s'agissait d'un réflexe de défense : « [...] Il m'a suggéré un jour que Scott était bien loin de s'enivrer autant qu'il le prétendait, mais adoptait un comportement chaotique d'ivrogne, ce qui lui donnait un prétexte pour faire le pitre, et qu'il faisait parfois de la provocation parce qu'il n'avait jamais maîtrisé les premiers rudiments d'un comportement civilisé[38]. » C'est une hypothèse, bien entendu. Mais dans les années 1920, tout le monde buvait à outrance - cela faisait chic. Le fait est, et le fait reste, que Scott, comme Hemingway le remarqua par la suite, ne tenait l'alcool, pas même un verre, mais se sentait obligé de boire pour préserver son aura mythique, et, par la suite, pour demeurer simplement en mesure d'écrire.

Au milieu de ce chaos, Fitzgerald s'efforçait toujours d'achever sa pièce satirique *Le Légume*, sur un vendeur de journaux qui devient président des États-Unis. L'ayant revue et corrigée deux fois (en tout, elle donna lieu à six réécritures), il la publia en avril 1923, ce qui lui valut une critique favorable d'Edmund Wilson. Parti en quête d'un sponsor qui lui permît de la monter, Fitzgerald commença par aborder son ancien condisciple de Princeton, John Williams, qui refusa tout net. Il demanda alors à Alex McKaig de le présenter au producteur cinématographique Max Simon, ainsi qu'à Gilbert Miller, de l'agence Frohman, mais McKaig (toujours brouillé avec les Fitzgerald) se montra rétif. Ce fut George Jean Nathan qui finit par convaincre Sam Harris de produire la pièce. Le héros de Fitzgerald à Princeton, Walker Ellis, auditionna pour le rôle principal, mais Harris ne voulut pas de lui. Pour le rôle principal, Jerry Frost, Harris choisit un comédien populaire, Ernest Truex, qui se trouvait être le voisin des Fitzgerald à Great Neck. C'était un ami d'Anita Loos, qui avait été le partenaire de Louise Huff dans *Ah, les femmes !*, dont Loos avait écrit le scénario. Mais tout son talent d'acteur ne pouvait suffire à assurer le succès de la pièce. Celle-ci fut répétée à New York en octobre 1923, et en novembre les Fitzgerald et les Lardner se rendirent aux répétitions générales du Nixon's Apollo Theater, à Apollo City. Le soir de la première, le 10 novembre 1923, ce fut une tragédie : la plupart des spectateurs partirent avant le second acte. Certes, Fitzgerald avait tenté de réécrire bon nombre des répliques au cours des répétitions, améliorant l'intrigue et le dialogue, mais la pièce tomba après une semaine et ne parvint jamais sur les scènes de New York. Zelda écrivit à Xandra Kalman, restée à Saint Paul : « En deux mots, ce fut un bide total, quelque chose d'aussi plat qu'une crêpe Suzette. Scott, Truex et Harris furent terriblement déçus... Tout se passa très bien pendant le premier acte, mais Ernest a déclaré que le second acte était sans précédent dans son expérience de spectateur... Les gens s'ennuyaient visiblement[39] ! »

L'échec du *Légume* laissait les Fitzgerald en pleine débâcle financière, d'autant que Scott avait tout laissé tomber pendant des mois pour écrire la pièce. Pour éponger ses dettes, il s'enferma dans une pièce, au-dessus du garage, et rédigea en l'espace de quatre mois onze nouvelles, qui lui rapportèrent 17 000 dollars. Il acheva également une colonne humoristique pour le *Saturday Evening Post*, intitulée « Comment vivre avec 36 000 dollars par an » qui revenait sur cette question : plus il gagnait d'argent, plus il s'endettait - pourquoi ? Cette crise monétaire les fit réaliser qu'ils ne pouvaient plus rester à Great Neck, pour des raisons financières autant qu'affectives, et ils prirent la résolution hâtive de partir à l'étranger. Tous deux étaient d'accord pour dire qu'ils avaient gâché une année en buvant trop et en voyant trop de monde. Scott dit à Edmund Wilson qu'ils resteraient à l'étranger jusqu'à ce qu'il ait accompli quelque chose d'important. Leur départ imminent marquait le deuxième des quatre périples en Europe qu'ils devaient accomplir au cours des années 1920. Le premier, en mai 1921, avait inclus les haltes inévitables à Paris, Venise, Florence et Rome. Le deuxième devait s'étendre de mai 1924 à décembre 1926. Le troisième serait plus court - d'avril à septembre 1928 - et le dernier séjour, de mars 1929 à septembre 1931, devait les ramener définitivement aux États-Unis.

L'année qui venait de s'écouler les avait profondément ébranlés. Non seulement ils avaient trop bu et fréquenté trop de monde, mais ils ne s'étaient presque jamais occupés de leur enfant. Zelda avait avorté (avec les séquelles psychologiques et physiologiques qu'on peut imaginer) ; les pitreries éthyliques de Scott étaient devenues répugnantes, voire dangereuses ; il avait subi sa première déconvenue d'écrivain avec l'échec de sa pièce, et le couple connaissait régulièrement des difficultés financières. Et pourtant, malgré tous ces excès, ils avaient pour eux leur jeunesse (Zelda avait vingt-quatre ans, Scott vingt-huit) et leur résistance. Leur fuite en Europe était manifestement une tentative de tout reprendre à zéro. Était-ce déjà trop tard ?

Ils ne confièrent leur projet qu'à Wilson, à Maxwell Perkins et aux Lardner, firent leurs bagages et demandèrent à Ring de sous-louer la maison pour les six derniers mois de bail. Le 3 mai, ils embarquèrent à bord du *Minnewaska*, et leur départ inspira à Ring un poème d'adieu :

« Zelda, belle reine d'Alabam', par-dessus les vagues je t'embrasse ! Tu crois que je m'en fiche, mais, mon Dieu ! comme tu vas me manquer ! Des mois et des mois durant, tu fus pour moi ce que Mario fut pour Tosca. Tu es partie, et je sombre à la mer, tout comme le *Minnewaska*. Aussi, chérie, lorsque ton tendre cœur se lassera de cette brute, envoie-moi un télégramme et je prendrai immédiatement le chemin de Hyères[40]. » Il fit suivre ce poème d'un télégramme sardonique : « Quand revenez-vous et pourquoi - réponse souhaitée. » Mais Zelda ne répondit pas ; elle était soulagée à l'idée de quitter Great Neck et confia à un ami : « L'alcool est en train de mener Ring droit au tombeau, la Faucheuse le trouvera fin prêt à l'arrivée. Je ne crois pas qu'il en ait encore pour longtemps, s'il continue ainsi. Sa femme est malade d'inquiétude[41]. » À son insu, peut-être, elle faisait référence à elle-même autant qu'à Ellis.

Notes

1. Lettre d'Edmund Wilson à F. S. Fitzgerald, 22 juin 1921, in Edmund Wilson, *Letters on Literature and Politics*, éd. Elena Wilson, New York, Farrar, Straus & Giroux, 1977, p. 63.
2. Lettre de Zelda Fitzgerald à Scottie Fitzgerald (1944), in *The Romantic Egotists*, éd. Matthew J. Bruccoli, New York, Charles Scribner's Sons, 1974, p. 84.
3. Lettre de F. S. Fitzgerald à Edmund Wilson, datée à tort par Turnbull de mai 1921, *The Letters of F. Scott Fitzgerald*, éd. Andrew Turnbull, New York, Charles Scribner's Sons, 1963, p. 326.
4. C. Lawton Campbell, *The Fitzgeralds Were my Friends*, essai inédit, archives personnelles, p. 24.
5. Zelda Fitzgerald, citée dans Mizener, *The Far Side of Paradise*, New York, Houghton Mifflin, 1949, p. 137.
6. Lettre de H. L. Mencken à F. S. Fitzgerald, 4 janvier, année non précisée, archives Fitzgerald, bibliothèque de l'université de Princeton (PUL), col. 187, boîte 51, dossier 9.
7. F. S. Fitzgerald, *Gatsby le Magnifique*, *op. cit.*, p. 17.
8. Télégramme de Ludlow Fowler à Zelda et Scott Fitzgerald, cité dans *The Romantic Egotists*, *op. cit.*, p. 87.
9. Lettre de Zelda Fitzgerald à Ludlow Fowler, 22 décembre 1921, citée dans Nancy Milford, *Zelda : a Biography*, New York, Harper & Row, 1970, p. 114.
10. Lettre de H. L. Mencken à F. S. Fitzgerald, archives Fitzgerald, PUL.
11. Lettre de George Jean Nathan à Zelda Fitzgerald, 29 mai 1922, archives Zelda Fitzgerald, PUL ; citée par ailleurs dans Andrew Mellow, *Invented Lives*, New York, Houghton Mifflin, 1984, p. 151.
12. Lettre de Zelda Fitzgerald à Ludlow Fowler, novembre 1921, citée dans Milford, *Zelda*, *op. cit.*, p. 85.

13. F. S. Fitzgerald, *Carnets*, n° 1564, archives F. Scott Fitzgerald, PUL.

14. Lettre de Burton Rascoe à Zelda Fitzgerald, 27 mars 1922, archives Zelda Fitzgerald, PUL.

15. F. S. Fitzgerald, *Les Heureux et les Damnés*, trad. Louise Servicen, Paris, Gallimard, NRF, 1964, p. 146.

16. Zelda Fitzgerald, « Mrs F. Scott Fitzgerald Reviews The Beautiful and Damned, Friend Husband's Latest », *New York Herald Tribune*, 2 avril 1922, réédité dans *The Collected Writings of Zelda Fitzgerald*, éd. Matthew J. Bruccoli, New York, Charles Scribner's Sons, 1991, p. 388.

17. Lettre de F. S. Fitzgerald à Burton Rascoe, avril 1922, archives F. S. Fitzgerald, PUL.

18. Note de Burton Rascoe à Zelda Fitzgerald, 17 avril 1922, album de Zelda, PUL.

19. Interview de Zelda Fitzgerald, in *The Courrier-Journal*, Louisville, 30 septembre 1923, « What a Flapper Novelist Thinks of his Wife », réédité dans *The Romantic Egotists*, *op. cit.*, pp. 112-113.

20. Zelda Fitzgerald, *Save Me the Waltz*, in *The Collected Writings of Zelda Fitzgerald*, éd. Matthew J. Bruccoli, New York, Charles Scribner's Sons, 1991, p. 147.

21. Lettre de H. L. Mencken à F. S. Fitzgerald, 18 mai, année non précisée, archives Fitzgerald, PUL, col. 187, boîte 51, dossier 9.

22. John Dos Passos, *The Best Times*, New York New American Library, 1966, p. 130.

23. Lettre de Ring Lardner à Zelda et Scott Fitzgerald, 8 août 1925, *The Correspondence of F. Scott Fitzgerald*, éd. Matthew Bruccoli et Margaret Duggan, New York, Random House, 1980, p. 177.

24. F. S. Fitzgerald, *Un goûter d'enfants*, in *Un diamant gros comme le Ritz*, nouvelles traduites par Marie-Pierre Castelnau et Bernard Willerval, Paris, Robert Laffont, 1964, pp. 57-58.

25. Lettre de Zelda Fitzgerald à F. S. Fitzgerald, fin de l'été/début de l'automne 1930, dans *F. Scott Fitzgerald : a Life in Letters*, éd. Matthew J. Bruccoli, New York, Simon & Schuster, 1995, p. 191.

26. Sous-titre d'un article sur les Fitzgerald dans *Hearst International*, mai 1923, réédité dans *The Romantic Egotists*, *op. cit.*, p. 105.

27. Interview de Zelda Fitzgerald, *The Courrier-Journal*, Louisville, 30 septembre 1923, réédité dans *The Romantic Egotists*, *op. cit.*, p. 112.

28. *Ibid.*, p. 113.

29. Ring Lardner Jr., *The Lardners : My Family Remembered*, New York, Harper Colophon Books, 1976, p. 164.

30. « About Scott Fitzgerald : Famous Author Who Spent Summer Here in Public Print », *Westporter-Herald*, 20 avril 1923.

31. Ring Lardner Jr., *The Lardners : My Family Remembered, op. cit.*, p. 163.

32. Lettre de Zelda Fitzgerald à Rosalind Smith, citée dans Lane Yorke, « Zelda : a Worksheet », *Paris Review*, 1983, p. 219.

33. F. S. Fitzgerald, *Un goûter d'enfants, op. cit.*, p. 60.

34. *Ibid.*, p. 57.

35. *Ibid.*, p. 66.

36. Ring Lardner Jr., *The Lardners : My Family Remembered, op. cit.*, p. 163.

37. John Biggs, cité dans Seymour A. Toll, *A Judge Uncommon : a Life of John Biggs Jr.*, Philadelphia, Legal Communications Ltd, 1993, pp. 161-162.

38. Edmund Wilson, *The Twenties*, éd. Leon Edel, New York, Farrar, Straus & Giroux, 1975, p. 174.

39. Lettre de Zelda Fitzgerald à Xandra Kalman, citée dans Mellow, *Invented Lives, op. cit.*, p. 199.

40. Ring Lardner, cité dans Milford, *Zelda, op. cit.*, p. 199.

41. Lettre de Zelda Fitzgerald, citée dans Milford, *Zelda, op. cit.*, p. 103.

Chapitre quatre

Les expatriés

En 1921, Fitzgerald avait écrit à Edmund Wilson que le seul intérêt de l'Europe tenait à ses antiquités, mais sa déception était à la hauteur de son isolement : il ne parlait pas une seule langue étrangère et n'avait personne pour lui servir de guide. Trois ans plus tard, les choses avaient bien changé lorsque les Fitzgerald participèrent au grand exode des artistes, qui désertaient les États-Unis pour les métropoles d'Europe. La grande exposition de 1913, dite « Armory Show[1] », avait incité nombre d'Américains à émigrer : Stuart Levi et Julian Davis, deux artistes montants, avaient montré l'exemple. En 1924, Paris était pris d'assaut par les Américains - écrivains, artistes et journalistes - venus en quête d'inspiration et d'une liberté nouvelle. Scott et Zelda y retrouvèrent une pléthore d'amis, qui vivaient dans de minuscules chambres d'hôtel et cultivaient divers intérêts : John Dos Passos, qui habitait près du Panthéon, étudiait l'anthropologie à la Sorbonne, Malcolm Cowley avait obtenu une bourse pour apprendre le français. E. E. Cummings travaillait à un recueil de vers, et le poète anthropologue Ramon Guthrie menait ses recherches sur la poésie provençale. John Peale Bishop vivait désormais à Paris avec son épouse Margaret, et l'on guettait l'arrivée

---

[1]. En février 1913 se tint à New York une exposition internationale d'art moderne, dans l'ancienne salle d'armes du 69ᵉ régiment d'infanterie des États-Unis (d'où son nom). Elle familiarisa les Américains avec les courants artistiques européens les plus récents et fit notamment connaître Marcel Duchamp et Picasso.

d'Archibald MacLeish, de Gilbert Seldes, de Donald Ogden Stewart, du poète Glenway Westcott et de Matthew Josephson. Il y avait aussi Stephen Parrott, mais Fitzgerald lui en voulait encore d'avoir flirté avec Zelda à New York, et il s'arrangea pour ne pas le croiser.

Lors du premier séjour des Fitzgerald à Paris, la capitale ne comptait pas plus de 6 000 Américains. En 1924, ils constituaient plus de 30 000 résidents. Ce qui attirait en priorité dans la capitale ces artistes et écrivains, que Gertrude Stein devait qualifier de « génération perdue », c'était la liberté qu'elle leur offrait. En règle générale, les étrangers pouvaient s'y comporter comme bon leur semblait, et la ville acquit rapidement une réputation de tolérance. Lorsque Ernest Hemingway revint de Toronto en 1924, il fut stupéfait de voir combien d'écrivains, de peintres et de compositeurs s'entassaient dans les wagons de deuxième classe du train qui les menait du port à Cherbourg. Cet exode massif des Américains était dû en partie aux lois de la prohibition, symptomatiques d'une Amérique dominée par les valeurs de la bourgeoisie moyenne. « Tous nos amis de New York débarquent, écrit Zelda à son amie Madeline Boyd, et ils nous racontent des choses si horribles, des témoignages d'abnégation tels que je passe mes journées à leur exprimer ma compassion[1]. » Paris offrait par ailleurs la possibilité de se décharger du fardeau des remboursements d'hypothèque, des métiers ennuyeux et des obligations familiales. La « génération perdue » était plus libertaire que désorientée. L'épigramme « Vous êtes tous une génération perdue », placée en exergue du roman de Hemingway, *Le soleil se lève aussi*, est de Gertrude Stein, qui l'avait entendue dans la bouche d'un hôtelier de Belley : pour ce dernier, les jeunes gens partis faire la guerre à dix-huit ans n'avaient pu accéder comme il se doit à la « civilisation ». Hemingway étendit cette notion à celle d'une perte spirituelle, et ses protagonistes devinrent des héros populaires.

Ce qui attirait les Fitzgerald à Paris, c'étaient d'abord des raisons économiques : de l'avis général, l'Europe était devenue bon marché depuis la guerre, notamment l'Allemagne. Le mark ne valait pour ainsi dire rien face au dollar : une semaine en pension complète dans un hôtel allemand coûtait moins de 2 dollars par tête. La France était presque aussi bon marché. Le cours du change était de plus ou moins 19 francs pour un dollar ; un repas, vin compris, ne coûtait pas plus de 3 francs - l'équivalent de 16 *cents*. En adoptant véritablement un régime frugal, on pouvait s'en tirer avec 25 dollars par mois, de quoi financer une petite chambre, des repas modestes et un verre de temps à autre à la terrasse d'un café. Certains amis des Fitzgerald, comme Malcolm Cowley, savaient même vivre à moindres frais en louant des chambres dans le quartier Latin, sans le chauffage, et en déjeunant dans les crémeries de Montparnasse : pour 25 *cents*, l'on avait une omelette, un pichet de vin et des fraises, et le dîner, à la Maison internationale des étudiants, n'était guère plus coûteux. Le dollar valait à l'époque vingt fois plus qu'aujourd'hui, et plus encore en Europe, où de nombreuses monnaies étaient en cours de dévaluation. Donnons au lecteur une idée de son pouvoir d'achat : en 1924, un portier américain touchait en début de carrière 27,50 dollars par mois. Avec cette somme, il pouvait s'acheter un quart de lait (14 *cents*), un Coca-Cola ou un sucre d'orge *(5 cents)*, un fer à repasser électrique (3,96 dollars), une alliance d'homme en or de 14 carats (2,98 dollars) ou, s'il était décidé à en mettre plein la vue, une Hudson Coach quatre cylindres (1 250 dollars). Pendant les années 1920, Fitzgerald gagnait autour de 25 000 dollars par an - un revenu confortable, mais non une véritable fortune. Au vu de ses dépenses courantes, incluant des restaurants de luxe, des sorties dans les night-clubs et les cabarets, Paris était infiniment meilleur marché que Manhattan. Outre ses avantages économiques, la métropole française était incontestablement la ville du monde la plus ouverte aux artistes. Toutes les semaines avait lieu une nouvelle première, de théâtre ou de ballet, et toujours de nouvelles expositions, de nouveaux récitals. À tout coin de rue, on risquait de tomber sur une manifestation dadaïste, avant d'entamer une conversation qui pouvait se prolonger toute la nuit, dans un des nombreux cafés bordant les boulevards.

Les Fitzgerald mirent dix jours à faire la traversée de l'Atlantique sur le *Minnewaska*. Avec la curiosité allègre de deux explorateurs lancés dans une grande aventure, ils prirent le train jusqu'à la gare Saint-

Lazare, munis de dix-sept valises et de l'*Encyclopédie britannique* de Scott. Ils voulaient se rendre sur la Côte d'Azur, où Zelda pourrait se baigner et Scott composer *Gatsby le Magnifique*. Ils descendirent à l'hôtel des Deux Mondes, sur l'avenue de l'Opéra, où ils commencèrent à interviewer des nurses anglaises avant d'aller déjeuner avec les Bishop à Armenonville, dans le bois de Boulogne. Bishop devait se rappeler ce repas, tardif et confus : « Il avait emmené sa femme et sa fille, et c'était très difficile de commander un repas qui convienne à une petite fille [Scottie avait trois ans] dans un restaurant si cher. Pour la calmer, Fitzgerald défit son lacet de chaussure et le lui donna, ainsi qu'une poignée de menue monnaie, pour jouer avec sous les tables, sur le gravier[2]. » Pendant qu'on menait des travaux de rénovation dans leur château de Tressancourt, à Orgeval, en Seine-et-Oise, les Bishop logeaient à l'hôtel Campbell, sur l'avenue de Friedland. Deux ans plus tôt, Bishop et Edmund Wilson avaient publié ensemble *The Undertaker's Garland (La Guirlande du croque-mort)*, et tous deux semblaient promis à la gloire littéraire. Mais, après le départ de Bishop pour la France, Wilson avait confié à Fitzgerald qu'il venait d'enterrer sa carrière. « John est comme un type vautré dans un bain chaud, qui entend vaguement sonner le téléphone en bas, mais qui est vraiment trop bien dans l'eau pour aller répondre[3]. » Zelda et Scott éprouvaient une affection commune pour Bishop et voulaient le voir souvent, mais ils n'aimaient guère Margaret et s'efforçaient de l'éviter autant que possible.

Les deux personnes qu'ils étaient résolus à voir étaient Esther Murphy et son frère Fred. Ils ne connaissaient pas Fred, mais ils avaient reçu sa sœur à Great Neck et l'avaient trouvée fascinante. Surnommée « Tess », elle était élégante, autoritaire et douée d'une remarquable intelligence. Fine connaisseuse de l'œuvre d'Edith Wharton, sur qui elle voulait écrire un essai, elle était tout aussi renseignée sur les écrits de Mme de Maintenon, la seconde épouse de Louis XIV. D'apparence quelque peu masculine, elle fumait à la chaîne et, après une brève liaison avec Alex McKaig, elle avait épousé l'écrivain et théoricien anglais John Strachey, avant de divorcer et de prendre pour second mari Chester A. Arthur III, le petit-fils du vingt et unième président des

États-Unis. Esther fut ravie de revoir les Fitzgerald et les invita chez elle, au 23, quai des Grands-Augustins, où elle les présenta à son frère aîné Gerald, de trois ans le cadet de Fred. En fait, ils ne rencontrèrent jamais ce dernier. Gravement blessé pendant la guerre, où il servait en qualité de commandant de blindés dans la force expéditionnaire américaine, il avait été cité pour héroïsme, décoré de la croix de guerre et cité à l'ordre de sa division pour son courage. Selon Edmund Wilson, Fred Murphy avait été « recollé » par les chirurgiens et traînait une existence douloureuse, toujours menacé de rechute. Tel que se le rappelait Wilson, c'était un homme impressionnant, d'une grande intelligence, même si, lors de leur première rencontre, il avait été tenté de le juger hautain, parce que Murphy n'arrêtait pas de froncer les sourcils, comme sous le coup de la souffrance. « Et il souffrait bel et bien, ajoutait Wilson, mais je ne le savais pas. » Lorsque les Fitzgerald voulurent organiser une rencontre, les séquelles des blessures de Murphy s'étaient aggravées et, alité dans un hôpital parisien, il n'était pas en état de les voir. Il décéda en mai à la suite d'une perforation de l'intestin.

Tess présenta les Fitzgerald à Gerald et à Sara Murphy, avec qui ils se lièrent d'une amitié chaleureuse. Les Murphy s'étaient déjà fait connaître et régnaient au centre de la vie artistique parisienne. Tous deux étudiaient le ballet classique avec Natalia Gontcharova, la première femme scénographe à travailler pour les Ballets russes, et qui enseignait également la peinture à Gerald. Gontcharova avait étudié à l'École de dessin, de sculpture et d'architecture de Moscou ; elle-même était peintre et sculpteur. Par son entremise et celle de son compagnon de toute une vie, Mikhaïl Larionov, les Murphy se lièrent avec de nombreux artistes de talent, associés à la compagnie des Ballets russes : leur directeur, Serge de Diaghilev, le compositeur Igor Stravinski, le poète et artiste Jean Cocteau, qui écrivait des livrets et dessinait programmes et affiches pour Diaghilev. De tous les Américains qui vivaient alors à Paris, seuls les Murphy fréquentaient intimement le cercle des danseurs russes. Ils assistaient à la plupart des spectacles de leur ballet et, qui plus est, ils se rendaient aux répétitions, aidaient Gontcharova à peindre ses décors et côtoyaient un grand nombre de danseurs. Grâce à leur amitié, Zelda put rencontrer les danseurs et les chorégraphes les plus doués de Paris, et son intérêt pour le monde du ballet devint le pivot de sa vocation créatrice.

C'était Alexandre Benois qui, en 1909, avait suggéré pour la première fois de faire venir les Ballets russes à Paris, et Diaghilev avait réagi avec enthousiasme en engageant Anna Pavlova, Vaslav Nijinski, Sofia Fedorova et d'autres étoiles du théâtre Maryinski de Saint-Pétersbourg et du Bolchoï de Moscou, ainsi que le chorégraphe Michel Folkine. La compagnie des Ballets russes fit ses débuts à Paris au théâtre du Châtelet, au printemps 1909, et continua à donner des représentations jusqu'à la mort de Diaghilev en 1929. Celui-ci fut un pionnier dramatique, au jugement sans faille, au goût toujours sûr, un grand organisateur et découvreur de talents. Il savait inciter les autres à donner le meilleur d'eux-mêmes, inspirer les artistes à cultiver jusqu'au bout leurs talents. Sa grande connaissance de l'art, de la musique et de la danse lui permit de tester de nouvelles méthodes d'expression artistique et d'intégrer au ballet d'autres manifestations artistiques - picturales, musicales, poétiques - des plus accomplies. Ce qui intéressait Diaghilev, c'était de susciter une convergence unique et novatrice entre divers styles artistiques, et, parmi ses collaborateurs, il compta des peintres brillants comme Pablo Picasso (dont la seconde épouse, Olga, était deuxième ballerine dans la compagnie), Georges Braque, Giorgio de Chirico, André Derain, Max Ernst, Juan Gris, Henri Matisse, Joan Miró, Maurice Utrillo et Georges Rouault. Désireux de pourvoir ses ballets de partitions originales, il fit appel aux compositeurs les plus doués - Prokofiev, Debussy, Stravinski et Ravel - et employa les chorégraphes les plus talentueux du siècle - Nijinski, Fokine, Massine, Nijinska et Balanchine. Chacun d'eux travaillait comme s'il faisait partie de la compagnie. Lorsqu'un incendie détruisit de nombreux décors des Ballets, la « fine équipe » se mit à l'ouvrage et contribua à en concevoir de nouveaux. Gerald Murphy et John Dos Passos se portèrent volontaires pour repeindre les rideaux de scène, les toiles de fond et les châssis de *Pulcinella* et *Schéhérazade*. Ils firent la connaissance de Braque et de

Derain, venus également apporter leur aide, et de Picasso, qui avait créé les décors et les costumes lors de la première de *Pulcinella*, en 1920.

Lorsque les Fitzgerald arrivèrent à Paris, les Ballets russes étaient à l'apogée de leur gloire, et leurs représentations couronnaient toute saison artistique. Chaque production résultait d'un subtil amalgame entre compositeurs, chorégraphes, danseurs et artistes. Dans sa quête d'une synthèse entre la musique, la chorégraphie et l'art, dans sa recherche de la perfection, Diaghilev créait d'audacieux spectacles de ballet, peuplés de costumes et de décors brillants. Zelda fut impressionnée par les décors cubistes de Mikhaïl Larionov et par les croquis originaux du costumier Léon Bakst, qui suscitaient autant de commentaires que les ballets eux-mêmes. Bakst devait mourir en décembre de cette même année, mais son influence lui survécut dans tous les domaines, de la fabrique de meubles à la conception de tapis et de textiles. Une décennie plus tôt, ses costumes pour le ballet *Schéhérazade* avait suscité un engouement collectif pour l'Orient, et nombre de grands couturiers parisiens s'étaient inspirés de ses dessins pour leurs créations. Bakst possédait un sens unique du costume, dont il savait l'importance dramatique, et il devint réputé pour son art de capter l'« instant cristallisé », une notion que Zelda devait par la suite intégrer à son activité artistique. Costumier et scénographe pour Diaghilev, Bakst incarnait la créativité inouïe de la compagnie, avec ses conceptions extraordinaires de l'exotisme. Son exploitation audacieuse de la couleur et des thématiques sadomasochistes évoquait un univers fantasque d'hallucinations opiacées et de plaisirs sensuels. Voyant dans le corps une source d'énergie cinétique, il soulignait les mouvements des danseurs en attachant des plumes et des voiles à leurs costumes et exécutait des schémas et fioritures complexes pour élaborer ses costumes. Il commençait par produire des dessins méticuleux, dont beaucoup étaient les portraits exacts des danseurs de la compagnie dans leurs poses habituelles. Ces croquis, qui témoignaient de sa maîtrise du tracé et du coloris, étaient fort appréciés des membres de la troupe, qui les collectionnaient, car ils y reconnaissaient l'œuvre d'un grand artiste.

Les artistes des Ballets russes voyaient en Gerald Murphy un peintre talentueux, et qui prenait son travail au sérieux. Il avait un studio rue Froidevaux, où il allait travailler tous les jours, et il s'était lié d'amitié avec Fernand Léger qui considérait que « les tableaux de Gerald Murphy représentaient l'unique réaction des Américains aux fièvres cubistes qui avaient ravagé les chevalets parisiens ». Admirant le talent de Murphy, espérant intéresser certains de ses riches amis, Léger lui demanda à l'automne 1923 de créer un spectacle américain pour les Ballets suédois, une compagnie qui se produisait à Paris. Pour ce projet, Murphy mobilisa son ancien camarade d'études Cole Porter : ensemble, ils créèrent *Within the Quota (Dans les quotas)*, une satire musicale d'une demi-heure. Murphy proposa l'argument et créa les décors ; Porter composa la musique. La première, donnée au théâtre des Champs-Élysées, leur valut des critiques dithyrambiques. Picasso lui-même - une fois n'est pas coutume - fit aux deux Américains des compliments enthousiastes.

Gerald avait épousé sa femme, Sara, en décembre 1915. C'était l'une des sœurs Wiborg, jeunes filles populaires et séduisantes venues de Cincinnati. Fille d'un riche fabricant d'encre, elle avait cinq ans de plus que Gerald, son ami d'enfance. Leurs familles passaient leurs vacances dans des propriétés voisines à East Hampton, sur Long Island. Diplômé de Yale en 1912, Gerald était le fils de Francis Patrick Murphy, qui possédait Mark Cross, un magasin d'articles en cuir qui fournissait les compagnies de transport. Murphy père y avait fait ses débuts d'employé alors que ce magasin renommé était encore situé à Boston. Cet homme d'affaires avisé en devint bientôt le propriétaire et le transféra à New York, où il connut une prospérité étonnante. À la grande déception de son père, Gerald ne manifesta aucun intérêt pour les affaires familiales : ayant achevé ses études à Yale, il s'inscrivit à une formation d'architecture paysagiste qui le retint deux ans à Harvard. Après quoi, désireux de fuir Park Cross, il s'embarqua pour la France avec Sara et leurs trois jeunes enfants, Honoria, née en 1917, Baoth, né en 1919, et Patrick II, né en 1920. Tout suggérant qu'ils vivaient dans l'aisance, les Murphy n'étaient pas richissimes, mais ils savaient profiter du cours du change pour mener une existence confortable. Pour bien vivre, Gerald puisait sans cesse dans ses capitaux, et Sara dans ses revenus annuels de 7 000 dollars. Leur fille Honoria nota par la suite que leur train de vie était toutefois loin d'égaler celui des Fitzgerald : « Scott et Zelda dépensaient sans compter [...] bien plus que mes parents n'auraient cru possible[4]. »

En 1924, lorsqu'ils se lièrent avec les Fitzgerald, les Murphy venaient de rénover leur appartement, qu'ils louaient au 1, rue Gît-le-Cœur, sur le quai des Grands-Augustins. L'immeuble, datant du XVIe siècle, offrait une vue sur Paris ; l'appartement de deux étages avait naguère appartenu à Gounod, et sa famille le possédait toujours. Scott et Zelda prirent rapidement l'habitude d'aller traîner sous leurs fenêtres après les soirées de beuverie, en criant qu'ils s'embarquaient le lendemain sur le *Lusitania*. Les Murphy commencèrent par en rire, mais ne tardèrent pas à mettre le holà à ces enfantillages. Ayant fait promettre aux Fitzgerald d'observer davantage les bienséances, ils les invitèrent à venir les voir à Antibes, où ils rénovaient leur Villa America.

Gerald et Sara, qui avaient adopté la devise espagnole « Bien vivre, voilà la meilleure revanche », n'avaient découvert la Côte d'Azur qu'un an plus tôt, pendant l'été. À vrai dire, c'était là une trouvaille de Cole Porter. Toujours curieux, toujours en quête d'innovation, Porter avait découvert une Côte d'Azur quasi déserte au cours de l'été 1922, où il avait loué un château au cap d'Antibes avec sa fiancée Linda et leur compagnon de voyage Howard Sturges (le neveu du philosophe George Santayana). Les Français eux-mêmes considéraient la région comme une villégiature d'hiver et la jugeaient malsaine pendant les mois d'été, où ils se rendaient le plus souvent à Deauville, sur la côte atlantique.

Murphy et Porter avaient étudié ensemble à Yale - Porter était de la promotion 1913, Murphy de la précédente - et Porter devait pour beaucoup sa réussite estudiantine à l'amitié de Murphy. Grand, bien fait, doué d'une intelligence aiguë et de manières irréprochables, Gerald était membre de la plus renommée des confréries universitaires, la DKE. Lors de sa seconde année, il avait également été élu à la fraternité dite Skull and Bones (« Crâne et Ossements »), une société secrète prestigieuse de Yale, laquelle avait pour QG un immeuble en grès sans fenêtres, sur High Street, au cœur de New Haven. Être élu à Skull and Bones était considéré comme une distinction suprême au sein des étudiants de Yale. Quinze étudiants non diplômés étaient élus membres tous les ans, au cours d'un rituel dit *tap day* (« jour des tapes ») : on tenait pour un honneur particulier d'être le quinzième à recevoir ladite tape. Murphy ne devait jamais évoquer son expérience à Skull and Bones, pas même à son ami Archibald MacLeish, qui fut élu membre quelques années plus tard. Monty Wooley, qui reçut son diplôme un an avant Gerald, estimait qu'il avait enduré là quelque mésaventure, ainsi qu'un autre membre. Élu l'étudiant le mieux vêtu de sa promotion, Murphy possédait une élégance qui faisait encore défaut à Porter, et il aida ce dernier à intégrer DKE et à se faire élire à Scroll and Key (« Le Parchemin et la Clé »), que son prestige plaçait en seconde position après Skull and Bones. L'élégance de Murphy demeura légendaire à Yale longtemps après qu'il eut obtenu son diplôme, et, lorsque MacLeish se rendit à Paris, on lui dit d'aller trouver Gerald s'il voulait éprouver ce qu'était l'avant-garde européenne.

Ayant rendu visite à Cole Porter à Antibes, pendant l'été 1922, les Murphy manifestèrent leur enthousiasme devant les journées sèches et chaudes et les nuits fraîches de cette contrée, et se mirent en quête d'une villa point trop onéreuse. Ils trouvèrent un chalet sans prétention, situé en contrebas du phare d'Antibes. L'ayant baptisé « Villa America », ils commencèrent à le rénover pour l'agrandir, en remplaçant le toit pointu du chalet par un second étage qui abritait les chambres d'amis. La modeste habitation devint en deux ans une villa beige de style mauresque, avec des persiennes jaunes et une terrasse au dallage gris et blanc. Gerald, fort de sa formation de paysagiste, sut embellir le terrain en plantant de nombreux oliviers, citronniers et mandariniers. Il fit de ses jardins un prodige d'horticulture, en les étayant de terrasses qui donnaient sur la Méditerranée. Sara ajouta quelques touches personnelles en disposant des meubles de jardin en osier à l'intérieur et à l'extérieur, et en suspendant des lanternes japonaises dans toute la palmeraie et les bosquets d'eucalyptus. Fitzgerald décrivit par la suite ce patio dans *Tendre est la nuit*, avec ses « lanternes éteintes dans les figuiers [et] une grande table, entourée de fauteuils d'osier, avec un immense parasol rapporté de Sienne ».

Les rénovations achevées, la Villa America comprenait une demeure de quatorze pièces sur une propriété de trois hectares, une résidence pour leurs invités dite « La Bastide », une petite ferme appelée « La Ferme des oranges », l'atelier de Gerald, une maisonnette où jouaient les enfants, une chaumière pour le jardinier, le logis du chauffeur, une écurie pour les ânes et un entrepôt. Mais de juin 1923 à juin 1925, pendant les travaux, les Murphy passèrent l'été à l'hôtel du Cap, à Antibes, et le restant de l'année dans leur appartement de Saint-Cloud. Il arrivait que Gerald restât seul à Paris, dans son atelier du 69, rue Froidevaux.

Désireux de cultiver davantage l'intimité des Murphy, certains qu'Antibes offrirait à Scott un environnement dépourvu de toute distraction, les Fitzgerald partirent pour la Côte d'Azur en juin 1924. En chemin, ils s'arrêtèrent au Park Hotel de Grimm, à Hyères, où sévissait une vague de chaleur. Zelda détesta l'endroit. Elle trouvait la nourriture indigeste et se disait convaincue qu'on leur servait de la chèvre au dîner. Pour éviter les autres pensionnaires et lutter contre la chaleur, Scott et elle prenaient le frais tard le soir, à la terrasse du café L'Univers, sur la place municipale. Ils quittèrent Hyères peu après que Fitzgerald eut aperçu un enfant de douze ans affligé de syphilis congénitale, errant dans les rues, et dont le visage n'était plus qu'une vaste croûte où les yeux perçaient deux fentes minuscules.

À leur arrivée à Saint-Raphaël, ils descendirent à l'hôtel Continental en attendant de trouver une maison à louer. Ils eurent la chance de découvrir la Villa Marie, qui n'était qu'à quatre kilomètres au-dessus de Saint-Raphaël, à Valescure. La villa à deux chambres, avec son logis d'invités, était dissimulée par un jardin de rocaille en terrasse, au milieu d'un bosquet d'oliviers et de pins parasols. La location - 79 dollars le mois - incluait les services d'un jardinier ; le seul inconvénient, c'était que l'hôtel des Murphy était situé beaucoup plus à l'est, à quarante kilomètres de chez eux, au cap d'Antibes. Fitzgerald acheta une Renault qui inspira à Sara le sobriquet de « Rat Renault ». Tout semblait à peu près en ordre : Scottie était sous la garde de sa nurse anglaise, Lilian Maddock, Zelda était occupée par ses activités de plein air. Scott laissa pousser sa moustache et se plongea dans *Gatsby le Magnifique*.

C'était la première fois qu'il refoulait les tentations de se distraire depuis qu'il s'était cloîtré à Westport pour écrire *Les Heureux et les Damnés*, et il appréciait sa solitude. Il prenait un bain rapide tous les après-midi - plongeant dans l'eau pour ressortir immédiatement - et il fuyait toute distraction, hormis ses repas du soir avec Zelda, Scottie et miss Maddock.

Zelda, quant à elle, cultivait une amitié chaleureuse avec les Murphy et faisait des progrès quotidiens en français, en déchiffrant des romans français. Au cours de sa première semaine à Saint-Raphaël, à l'aide d'un dictionnaire anglais-français, elle lut le roman de l'année, *Le Bal du comte d'Orgel*, de Raymond Radiguet : il ne lui fallut pas longtemps pour parler français avec Gerald et Sara. Si Fitzgerald ne se préoccupait guère d'apprendre la langue (il lui suffisait de savoir demander l'addition), les talents verbaux de Zelda facilitaient son apprentissage de la conversation en français. Tous les matins, pendant que miss Maddock jouait avec Scottie ou tricotait à l'ombre, Zelda plongeait, nageait et exposait son corps au soleil pour acquérir un bronzage profond et régulier. Elle s'était imposé un dur régime pour retrouver une svelte silhouette et, une fois de plus, sentait qu'elle pouvait faire confiance à son apparence. Sur la plage, elle appréciait les attentions des spectateurs et flirtait avec les hommes qui s'arrêtaient le temps d'échanger quelques plaisanteries. Les photos qu'on a d'elle cet été-là, en espadrilles et robe légère, captent sa bonne mine et sa vitalité nouvelles.

Honoria Murphy se rappela par la suite combien Zelda lui avait paru jolie cet été-là, « belle et bronzée, portant souvent sa couleur favorite, le rose saumon [...] une femme d'une beauté frappante, blonde, fragile, bronzée par le soleil, qui s'habillait en général de rose et portait une pivoine dans ses cheveux ou épinglée à sa robe[5]... ». Le rose était à la mode cette année-là et se déclinait de la couleur chair au corail, du vieux rose au cyclamen. Les grandes pivoines roses qui poussaient dans le jardin des Murphy étaient les fleurs préférées de Zelda : elle en rapportait souvent une à Saint-Raphaël et la portait à dîner. Elle dit à Sara Mayfield, venue cette année-là étudier à la Sorbonne, que son coiffeur, Antoine, avait inventé une « coupe pivoine » rien que pour elle. « J'adore les pivoines... ce sont les fleurs que je préfère. [...] Les violettes, les muguets, les lilas sont si dociles, si contents d'elles[6]. » Les pivoines de couleur vive, glissées dans ses cheveux chatoyants, soulignaient chez elle une apparence de vitalité et de propreté. Les robes de coton empesé qu'elle aimait à porter, alors inconnues en France et qui passaient pour strictement « américaines », contribuaient à ce que Gerald Murphy appela par la suite « son individualité, son flair. Elle pouvait s'habiller en garçonne lorsque les circonstances l'exigeaient, mais en gardant toujours une touche personnalisée. En fait, son goût ne renvoyait jamais à ce qu'on pourrait appeler la mode - c'était mieux que ça, c'était quelque chose qui lui était propre[7] ».

Tous les jours, Zelda allait retrouver les Murphy sur la petite plage qu'ils avaient défrichée sur la grève, où elle bâtissait des châteaux de sable avec Scottie et lisait Edith Wharton et Henry James. Les jours passaient et se ressemblaient, interrompus seulement à midi par le train de deux wagons qui passait près de la gare, en direction de Menton. C'était le signal du repas de midi, et tous agitaient la main dans sa direction avant de regagner leurs maisons respectives. Les après-midi étaient paisibles : les enfants jouaient sur la plage. Le calme régnait.

Mais cette félicité se révéla bien fugitive, même dans le décor idyllique d'Antibes. Scott, concentré sur son roman, interdisait formellement qu'on le dérangeât, laissant Zelda se distraire comme bon lui semblait. En règle générale, comme il l'avait écrit précédemment dans *Les Heureux et les Damnés*, régnaient « des préparatifs fébriles et "chut, je travaille maintenant, et... ne chante pas... et j'en ai encore pour pas mal de temps... ne m'attends pas pour te coucher" et une consommation impressionnante de thé ou de café. Et voilà tout[8] ». Ne sachant plus à quoi occuper son temps, Zelda devint de plus en plus fébrile. Pour dissiper son ennui, Scott proposa de donner une fête d'une journée entière sur la plage pour Scottie, les enfants des Murphy et leurs amis. Non contente de dresser la liste des invités et de s'occuper des victuailles, Zelda passa des journées entières à construire un grand château en papier mâché, où ne manquaient pas même des créneaux bien ciselés, des tours aux toits pointus et un réseau complexe de douves peuplées de canards. Le tout remporta un immense succès. Elle ravit les enfants et stupéfia leurs parents en inventant des effets sonores pour une méchante sorcière et une belle princesse, et Scott mit à sa disposition son armée de soldats de plomb pour assiéger le château et sauver la damoiselle de la tour où elle était prisonnière.

Mais cette réception ne lui procura qu'un divertissement passager, et elle rechigna toujours plus devant les longues heures de solitude auxquelles elle était condamnée pendant que Fitzgerald écrivait. Elle ne voyait aucune différence entre écrire des nouvelles pour les magazines populaires et rédiger tout un roman, et ne pouvait comprendre pourquoi Scott mettait tant d'efforts à composer *Gatsby* si les nouvelles qu'il publiait dans les magazines lui rapportaient tout autant d'argent. Lorsque Fitzgerald lui fit clairement sentir que l'écriture était son souci premier et suggéra qu'elle passât plus de temps avec les autres, elle le prit au mot. Jalouse de le voir totalement immergé dans une activité productrice, peut-être résolue à regagner son attention - ou celle d'autrui -, elle chercha de nouveau à capter le regard des autres hommes. Ellen Barry, l'épouse du dramaturge Philip Barry, qui passait ses vacances à Antibes cet hiver-là, fut témoin des flirts de Zelda et entendit malgré elle les Fitzgerald se disputer sans trêve : « Tu es jaloux (se) de moi ? Je suis jaloux (se) de toi. »

Au début, les choses se passèrent tout simplement. Après son bain du matin, Zelda inaugurait l'après-midi en sirotant un Cinzano ou un porto sur le patio du Café de la Flotte, où elle s'exerçait à parler français avec les officiers de l'armée de l'air française, venus de la base voisine. Il se trouve que la villa qui jouxtait celle des Fitzgerald était louée à quelques pilotes de l'air français, qui l'avaient ouverte à leurs amis : René Silvy, le fils d'un notaire de Cannes, Bobby Croirer, le plus âgé, qui avait combattu à Verdun, et Édouard Jozan, un lieutenant de vingt-cinq ans, l'héritier d'une famille bourgeoise de Nîmes, où il était de tradition d'intégrer l'armée. Ces trois officiers se mêlèrent rapidement au cercle des Fitzgerald : ils furent invités à ces dîners informels, où Zelda s'exerçait à confectionner la bouillabaisse locale, et apparurent dans leurs uniformes de coton blanc empesé à des réceptions plus solennelles, où l'on faisait appel à un traiteur. C'est Jozan qui attirait Zelda. Brun et beau, Jozan était un athlète musclé, né pour commander et qui arborait une autorité naturelle. Zelda fut conquise par sa force et sa sensualité, encore que leurs premiers contacts aient été tout à fait innocents : tous quatre disputaient des parties de tennis, nageaient ou se prélassaient sur la plage. Parfois, ils s'entassaient l'après-midi dans la Renault de Zelda et partaient pique-niquer au bord de la mer, explorer la région ou découvrir un parc d'attractions, où Zelda et les hommes montaient sur la grande roue et se joignaient aux enfants sur le manège.

Mais bientôt, on ne vit plus qu'Édouard et Zelda marcher sur la plage, danser dans l'une des buvettes de bord de mer, ou découvrir un nouveau casino. Une invitation au nom de Zelda indique qu'elle s'est rendue au salon privé du casino de Monte-Carlo le 10 juin 1924. Tout le monde remarqua leur intimité et les soupçonna d'avoir une liaison, sauf Scott. Jozan entourait Zelda des attentions dont elle avait désespérément besoin, et elle se lança dans cette liaison sans en craindre les conséquences. « Tu as pris ce que tu voulais de la vie, dès que c'était à ta portée, et tu t'es passée du reste[9] », dit Alabama, la protagoniste d'*Accordez-moi cette valse*, au sujet de sa liaison. La sensualité de cette idylle romantique y est évoquée avec force détails. « La musique s'arrêta. Il attira son corps contre lui jusqu'à ce qu'elle sente l'arête de ses os creuser les siens. Il était comme de bronze, il sentait le sable et le soleil ; elle sentit sa nudité sous le lin empesé. Elle ne songeait pas à David. Elle espérait qu'il n'avait rien vu ; elle s'en moquait bien[10]. »

Jozan, qui connut par la suite une carrière brillante en tant que vice-amiral de la flotte française d'Extrême-Orient et fut officier de la Légion d'honneur, nia toujours avoir commis l'adultère avec Zelda. Dans ses entretiens avec Nancy Milford et Sara Mayfield, il qualifia sa relation avec Zelda de simple flirt estival, assurant que le compte rendu du roman est proche de la réalité. Zelda n'y précise jamais tout à fait si la liaison est sexuelle ; l'aviateur veut une maîtresse, mais n'encourage pas l'héroïne à quitter son mari. Et comme elle ne parla jamais de cette aventure avec Fitzgerald - ni pour confirmer ni pour nier l'infidélité - il demeura dans le doute quant à sa nature. Même si elle regretta en fin de compte de l'avoir tenu dans l'ignorance, elle ne mentionna jamais aucun de ses flirts à Fitzgerald que ce soit avec John Sellers, Stephen Parrott, Nathan ou Jozan. Seule Zelda aurait pu dire dans quelle mesure elle avait laissé libre cours à ces liaisons. Mais si Jozan nia toujours avoir eu des rapports physiques avec Zelda, la chose semble peu crédible. Lorsqu'elle se sentait attirée, Zelda prenait les devants sexuellement, et Jozan avait toute opportunité de lui céder.

Des années plus tard, Scott devait ainsi s'expliquer : « J'aimais bien [Jozan] et j'étais content qu'il accepte de passer des heures entières avec Zelda. Cela me donnait du temps pour écrire. Jamais l'idée ne m'est venue que leur amitié pouvait se transformer en liaison amoureuse[11]. » Il fallut que Zelda confessât ses sentiments pour le bel officier et réclamât un divorce pour que Scott mît *Gatsby* de côté et réalisât la gravité de la situation. Plusieurs versions coexistent quant à ses réactions. Fitzgerald dit à Sheilah Graham qu'après avoir appris l'aventure, le 13 juillet 1924, il se mit dans une telle rage qu'il acheta un pistolet pour défier Jozan en duel : chacun d'eux tira un coup... et manqua son adversaire. À d'autres, il confia avoir exigé une confession des deux intéressés, mais la confrontation n'eut jamais lieu. Dans une autre version, Scott affirma avoir tenté de « tordre le cou à cet aviateur », qui aurait refusé de l'affronter. Scott se vanta également auprès du médecin de Zelda, Robert Carroll, d'avoir eu le dessus dans une bagarre avec Jozan, assurant que, « [...] à l'époque de ma querelle [...] avec son ami français, j'aurais pu massacrer celui-ci en deux minutes. J'avais boxé quelques mois avec Tommy et Mike Gibbons, dans ma jeunesse, et ce gosse ne distinguait pas sa droite de sa gauche[12] ». En réalité, Fitzgerald ne valait pas grand-chose comme boxeur, et le pilote français, beaucoup plus robuste et en bien meilleure condition, aurait pu facilement se protéger ou le blesser gravement.

Quoi qu'il ait pu faire par ailleurs, Scott interdit à Zelda de quitter la Villa Marie de mi-juillet 1924 à mi-août et menaça de divorcer si elle lui désobéissait. Pendant sa claustration, elle eut tout le temps de méditer sur sa situation et les perspectives limitées qu'elle lui offrait. Elle avait été séduite physiquement comme jamais auparavant, et elle avait éprouvé une passion réelle pour ce Français. Ses rapports physiques avec Scott n'avaient jamais privilégié le sexuel. Les précédentes petites amies de son mari avaient valu à celui-ci la réputation de ne pas être « une bête virile très énergique ». Pour son ami du Minnesota, Oscar Kalman, Fitzgerald voyait surtout dans le sexe quelque chose de sale et d'immoral. « Scott aimait l'idée même de sexualité parce qu'elle avait quelque chose de romanesque, de téméraire, mais lui-même n'était guère sexué [et] tendait à voir dans l'acte même quelque chose de malpropre [13]. »

Comme deux ans plus tôt avec Nathan, Zelda réussit à capter de nouveau l'attention de Fitzgerald, mais elle sous-estima les dommages conjugaux causés par son flirt. Entre autres conséquences, sa relation avec Jozan suscita une méfiance profonde et réciproque, et laissa une cicatrice indélébile. Prisonnière dans la Villa Marie, Zelda prit conscience qu'elle était prisonnière dans son mariage et, renonçant à son rôle de beauté du Sud, se résolut à couper court aux liaisons romanesques. Profondément troublée à l'idée de ne plus jamais être heureuse avec Fitzgerald, mais consciente de son incapacité à survivre sans son appui, elle reconnut que leur couple avait basculé dans des rapports de pouvoir, et cette réalité fut un choc douloureux pour elle. Pour apaiser la situation, Jozan demanda à quitter la base voisine de Fréjus pour être muté à Hyères. Par la suite, il écrivit à Zelda en lui envoyant une photo de lui, mais elle déchira celle-ci et refusa de lire sa lettre.

Les séquelles de cette aventure ne marquèrent pas moins Scott : il l'exploita dans *Gatsby* et reconnut par la suite qu'il avait peut-être encouragé la liaison pour être en mesure d'ajouter une touche de vraisemblance à son œuvre. Il regretta certainement de l'avoir autorisée, « sachant de quel prix elle la paierait ». Si cet épisode endommagea leur mariage, tous deux l'incorporèrent au mythe de leur couple, ce mythe qu'ils ne cessaient de recréer. Hadley Hemingway se rappela par la suite comment les Fitzgerald avaient pris l'habitude de relater l'épisode Jozan sur le mode d'un opéra chinois. « C'était l'un de leurs duos. Je me rappelle comme le beau visage de Zelda pâlissait toujours plus, quand elle disait combien il l'avait aimée, et quel désespoir cela avait été, et comment il s'était suicidé. Scott, debout à côté d'elle, était très pâle, désemparé, et glissait de temps à autre quelque commentaire pour donner du relief à son récit[14]. » Et Fitzgerald savourait les remords et la confusion de Zelda avec une égale satisfaction. Hemingway se rappela une promenade au jardin du Luxembourg avec Scott, qui lui raconta que Zelda « était tombée amoureuse de ce pilote français de l'aéronavale [...] elle ne lui avait plus jamais donné lieu de jalouser vraiment un autre homme[15] ».

Même si l'affaire Jozan porta un coup irrémédiable à leur mariage - Scott écrivit dans son carnet : « Ce mois de septembre 1924, j'ai su qu'il s'était produit quelque chose que rien ne pourrait jamais réparer » -, sur le moment, le couple ne révéla à personne cet épisode. On a peine à le croire, mais ils parurent détendus et heureux à Gilbert Seldes et à sa nouvelle épouse, alors en voyage de noces européen, qui arrivèrent à Saint-Raphaël début août. Mais deux semaines plus tard, à Antibes, où les Fitzgerald rendaient visite aux Murphy à l'hôtel du Cap, Zelda tenta de se suicider en avalant des somnifères. Les Murphy devaient se rappeler comment Scott, verdâtre et tremblant, se précipita dans leur chambre à trois heures du matin en disant que Zelda avait absorbé une dose trop forte de barbituriques. Ils regagnèrent sa chambre avec lui, persuadèrent Zelda de prendre un vomitif et la firent marcher de long en large toute la nuit pour l'empêcher de s'endormir. Zelda avait gardé tout son sens de l'humour et elle rejeta les efforts de Sara Murphy pour lui faire ingurgiter de l'huile d'olive en plaisantant : « Non, si on boit de l'huile d'olive, on devient juif. »

Lorsque leur bail de cinq mois pour la Villa Marie expira en novembre 1924, les Fitzgerald retournèrent à l'hôtel Continental jusqu'à mi-novembre, d'où ils descendirent à Rome avec leur Renault. Ils prirent une chambre à l'hôtel des Princes, au pied de l'escalier de la place d'Espagne, où une pension complète pour trois était de vingt-cinq dollars par mois, et où ils projetaient de passer l'hiver. Zelda devait garder un souvenir vivace de l'endroit : « À l'hôtel des Princes [...] nous nous nourrissions de bel paese et de vin de Corvo ; nous nous sommes liés d'amitié avec une vieille fille délicate qui avait l'intention de séjourner là jusqu'à ce qu'elle eût terminé la lecture d'une histoire des Borgia en trois volumes. Les draps étaient humides et les nuits transpercées des ronflements des voisins, mais cela nous était égal, parce que nous pouvions rentrer chez nous par les escaliers qui descendent sur la via Sistina[16]... »

Zelda était malade depuis leur arrivée en Italie et elle demanda une consultation dans un hôpital romain. Le médecin italien recommanda une intervention chirurgicale, mais, au lieu d'améliorer son état, celle-ci précipita une infection latente des ovaires. On ne sait pas exactement d'où venait le mal - peut-être de son avortement précédent. Il avait pu s'aggraver par ailleurs dans la mesure où Zelda réprimait ses émotions et sa détresse devant l'affaire Jozan. Il arrive souvent que les inflammations s'attachent aux zones corporelles les plus vulnérables, et les organes sexuels de Zelda furent peut-être affectés par les retombées chaotiques de sa liaison. Quoi qu'il en soit, elle se remit lentement et avec de grandes difficultés pour une jeune femme normale de vingt-quatre ans.

Pendant sa convalescence, les Fitzgerald passèrent le plus clair de leur temps sur les plateaux du tournage de *Ben Hur*, où jouait Carmel Myers, la fille d'un rabbin de San Francisco, très belle et très intelligente. Elle impressionna les deux Fitzgerald. Comme le dit Scott à un ami, « c'est la créature la plus exquise que j'ai rencontrée jusqu'ici, et elle est aussi douce que belle[17] ». Myers leur servit de guide à Rome, où ils se trouvèrent un nombre infini d'occupations. Mais ces divertissements ne les empêchaient pas de discuter de Jozan. Le seul souvenir que Zelda devait garder de ce Noël, ce fut d'« avoir bu sous la statue dorée de Victor-Emmanuel à Rome, perdus dans l'espace et le temps, et la beauté majestueuse de cette place, devant la piazza Colonna aux échos caverneux[18]... ». Les acteurs de *Ben Hur* les invitèrent à une soirée, un jour où l'on ne tournait pas : Zelda déclina l'invitation, et Fitzgerald s'y rendit seul, demandant à Howard Cox de reconduire son épouse à l'hôtel. Dans l'automobile, Zelda fit du gringue à Howard, ou vice versa, puisqu'elle fait allusion à l'incident dans une lettre où elle surnomme Howard « Hungary Cox ».

Edmund Wilson, qui tenait un journal pendant les années 1920, se rappela le soir où Howard Cox fit la tournée des bars avec Fitzgerald et annonça : « Je peux coucher avec Zelda quand je veux[19]. » Il se peut qu'il ait fait là allusion à l'incident de Rome. Cox devait accuser par la suite Fitzgerald de s'être vengé de cette remarque en le dépeignant sous les traits de Collis Clay, un personnage antipathique de *Tendre est la nuit*. Fitzgerald nia et assura par écrit à Cox que « ce personnage n'était certes pas censé indiquer quelle impression je garde de vous[20] ». Cox avait fait ses études à Princeton et obtenu son diplôme en 1922 ; il était l'auteur d'un roman intitulé *Passage to the Sky (Voyage au ciel)*, dont l'action se passait à Florence. C'était un écrivain mineur en comparaison de Fitzgerald, et il était intensément jaloux de Scott, qui gagnait à cette époque plus d'argent que la plupart des écrivains de sa génération. Wilson soupçonnait Cox d'envier la célébrité du couple : « Zelda n'est pas si relâchée, ni Howard si dangereux qu'il le laisse entendre[21]. »

Le climat humide de janvier leur faisait trouver Rome toujours plus déplaisante. Scott attrapa la grippe, et leur désillusion s'accrut lorsqu'il déclencha une querelle avec un chauffeur de taxi qui le rossa durement. Il mit de côté l'incident qu'il devait exploiter par la suite dans *Tendre est la nuit* pour suggérer la déchéance de Dick Diver. Mais cette altercation brutale les convainquit de quitter Rome.

À la mi-février 1925, les épreuves revues et corrigées de *Gatsby* étaient parvenues à New York, et les Fitzgerald allèrent passer deux mois à Capri. Ils louèrent une suite avec balcon au dernier étage de l'hôtel Tiberio, « une haute maison blanche dentelée à la base par les toits ronds de Capri, incurvés pour recevoir une pluie qui ne tombe jamais. Nous y étions grimpés par des ruelles sombres et tortueuses qui abritent les boulangeries de l'île et les boucheries à la Rembrandt ; ensuite, nous sommes redescendus vers l'hystérie païenne des Pâques de Capri[22]... ». Toujours convalescente, Zelda se reposait sur le balcon et se distrayait en prenant des leçons de peinture qui ranimèrent ses goûts artistiques. Cinq semaines lui suffirent pour apprendre la théorie des couleurs, mais elle n'était toujours pas entièrement remise. Le médecin diagnostiqua une inflammation des ovaires, à laquelle venait s'ajouter une colite due à l'anxiété ; les piqûres ordonnées par les médecins ne la soulagèrent guère. Fitzgerald s'inquiétait peu de voir sa maladie traîner en longueur ; il écrivit à John Peale Bishop : « Zelda est alitée depuis cinq semaines et commence tout juste à se remettre[23]. » Mais Scott ne pouvait ou ne voulait pas faire le lien entre les maux de son épouse et sa tristesse désespérée.

Plus tard, ce même mois de février, le couple se décida finalement à rendre visite à Compton McKenzie. Ce dernier représentait la génération antérieure d'écrivains, et il avait été l'idole littéraire de Scott à Princeton. Grande figure littéraire de Capri, McKenzie résidait sur l'île depuis 1913 : il s'était fait un nom dans la communauté des expatriés, qui vivaient essentiellement de fonds de pension et de rentes que leur versaient leurs familles. Scott et Zelda allèrent voir Compton et sa femme Faith à leur Villa Solitaria, perchée au sommet d'une falaise, surplombant la mer Tyrrhénienne. De tempérament jovial, fils de comédiens d'origine écossaise, le romancier était un bel homme dont les vêtements avaient quelque chose de théâtral. Il s'était fait connaître par ses goûts excentriques, étant notamment propriétaire de deux villas sur l'île. C'était un auteur extrêmement populaire, dont le premier roman, *Sinister Street (Rue sinistre)*, avait extrêmement impressionné Scott ; le deuxième, *Carnival (Carnaval)*, lui avait valu les louanges des critiques. Vers le milieu des années 1920, toutefois, ses dettes avaient contraint l'écrivain, âgé de quarante-deux ans, à produire un flot régulier de romans populaires que Scott jugeait inégaux et relâchés. Cela le perturbait, car il craignait de devoir vivre des circonstances semblables : un soir, il alla jusqu'à demander à McKenzie « pourquoi il avait laissé tarir l'inspiration, sans plus rien écrire de valeur depuis *Rue sinistre* et ses premiers romans ». Malgré tout, McKenzie apprécia que les Fitzgerald soient venus le débusquer, et il leur présenta d'autres auteurs de passage, qui aimaient passer la nuit à converser autour d'une table ayant jadis appartenu à Maxime Gorki. Si Scott donnait l'impression d'apprécier ces conversations, il n'en confia pas moins à Edmund Wilson qu'il trouvait McKenzie « empreint d'une sympathique mondanité ».

Capri toléra les excentriques tout au long des années 1920 et représenta un refuge pour les lesbiennes et homosexuels britanniques fuyant une censure victorienne qui perdurait en Angleterre. L'île attirait particulièrement les personnalités littéraires, dont Norman Douglas, Edward Frederick Benson, Somerset Maugham et son ami John Ellingham Brooks. Axel Munthe et Francis Brett Young avaient notamment contribué au succès de l'endroit. Cancans et réceptions y étaient la source principale de divertissement, et on y accédait régulièrement à tous les délices sensuels : cocktails, vins, cocaïne, éther, opium, avec pour décor irrésistible la mer bleue, le sable blanc et les sonorités du ragtime. Fitzgerald fut à la fois révulsé et fasciné par le milieu homosexuel de Capri : il se plaignit à Maxwell Perkins que l'endroit était « bondé de tapettes ». Zelda se sentait plus à l'aise dans cet environnement affranchi de toute convention sexuelle et voulait connaître les lesbiennes dépeintes dans le roman de McKenzie, *Extraordinary Women (Des femmes extraordinaires)*, qui relatait les liaisons homosexuelles de Capri. Elle fut ravie de rencontrer l'artiste Romaine Brooks, qui venait de mettre fin à sa liaison avec la pianiste concertiste Renatta Borgatti, une grande femme impressionnante, aux yeux gris, au teint pâle et aux cheveux noirs lustrés, qui ressemblait à Franz Liszt. Fille d'un célèbre ténor italien, qu'elle avait accompagné enfant dans ses tournées, Borgatti était une musicienne admirée elle-même, et, avant de mettre fin à leur relation, Brooks sut rendre la passion musicale de Borgatti dans un remarquable portrait de Renatta au piano.

Les Fitzgerald s'attardèrent à Capri plus longtemps que prévu. Le 10 avril 1925, ils finirent par prendre un ferry qui les ramena à Naples, pensant rentrer à Paris dans leur Renault. Mais Zelda n'avait pas la force de faire le voyage, et ils réservèrent une cabine sur le *ss President Garfield*, qui faisait le trajet de Naples à Marseille. Dans une lettre à Roger Burlingame, datée du 19 avril 1925, Fitzgerald expliqua : « Zelda a été trop malade pour faire la longue route jusqu'à Paris dans notre Ford française, aussi avons-nous dû sauter dans un bateau du jour au lendemain pour acheminer la voiture jusqu'en France en respectant le délai de six mois fixé par la Compagnie internationale de tourisme [24]. » Alors qu'on hissait leur voiture sur le *Garfield*, le toit fut endommagé. Sur la suggestion de Zelda, un mécanicien de Marseille le supprima plutôt que de tenter des réparations coûteuses. La voiture avait définitivement statut de convertible, et, pendant leur retour à Paris, des pluies torrentielles les obligèrent à s'arrêter à Lyon, où ils laissèrent la voiture à un garagiste et prirent le train pour regagner la capitale. Ce ne fut que deux mois plus tard que Scott et son nouvel ami Ernest Hemingway allèrent la rechercher. L'épisode fut haussé au rang d'anecdote littéraire lorsque Hemingway le raconta dans *Paris est une fête*.

Enfin de retour à Paris (si l'on excepte un bref détour l'année précédente), ils demeurèrent à l'hôtel Florida le temps de trouver un appartement qui leur convînt. Le 12 mai 1925, ils emménagèrent dans un meublé, au cinquième étage du 14, rue de Tilsitt, près de l'arc de triomphe, dans le quartier de l'Étoile. L'appartement était sinistre : les murs réclamaient une couche de peinture, de lourdes draperies ne laissaient pas filtrer le jour, il sentait le moisi, et il n'y avait pas moyen de le chauffer ou de l'aérer. Ils sautaient sur le moindre prétexte pour le fuir. Le carnet de Fitzgerald, pour cette année, inventorie les excuses qu'ils se trouvaient pour partir en excursion ou aller voir des gens. Ils fréquentèrent les Murphy, Esther, la sœur de Gerald, Cole Porter et sa femme Linda, les Kalman, de passage depuis Saint Paul, ainsi que John et Margaret Bishop qui, même s'ils habitaient maintenant leur propriété d'Orgeval fraîchement rénovée, possédaient par ailleurs un appartement plus moderne dans le quartier de l'Étoile et invitaient souvent les Fitzgerald à des dîners et à des réceptions. Un soir, ils y trouvèrent le poète Allen Tate et son épouse, la romancière Caroline Gordon ; Zelda s'émerveilla de voir combien ces deux écrivains donnaient l'impression d'avoir instauré une relation de soutien réciproque. Elle n'avait jamais vu un mariage où époux et épouse exprimaient leur créativité en toute égalité.

Fitzgerald et Hemingway se rencontrèrent en 1925, fin avril, lorsque Donald Ogden Stewart fit les présentations au Dingo, un café de Montparnasse que Fitzgerald ne tarda pas à adopter. Né dans l'Ohio en 1896, Stewart s'était vu conseiller par John Peale Bishop d'aller voir Hemingway à Paris, et, dès le soir de son arrivée, il tomba par hasard sur le romancier au Rendez-vous des mariniers. Stewart se lia d'amitié avec Ernest, son cadet de trois années, et accompagna le couple Hemingway en juillet 1924 voir la feria de San Fermin, une corrida de Pampelune. Plus tard, il pêcha avec Hemingway à Burgete, un village de montagne situé près de la frontière française.

À l'époque, Hemingway était âgé de vingt-cinq ans et marié à Elizabeth Hadley Richardson, une forte femme originaire du Midwest, de huit ans son aînée. Elle s'habillait sobrement, ne flirtait jamais et, au contraire de Zelda, ne savait pas se rendre populaire. Hadley soutenait Ernest dans toutes ses entreprises et en particulier dans ses efforts d'écrivain, ne réclamait guère d'attention et n'avait aucune ambition personnelle. Ils étaient venus de Chicago sur le conseil de Sherwood Anderson, qui pensait qu'un séjour en Europe permettrait à Hemingway d'étendre encore ses vues, même si ce dernier jouissait déjà d'une réputation immense parmi les auteurs américains. Les Hemingway vivaient à Paris depuis un an lorsque les Fitzgerald arrivèrent.

Hemingway et Scott avaient un parcours on ne peut plus divergent. Fitzgerald était un auteur à succès, qui avait déjà publié trois romans et gagné 28 000 dollars en 1923, mais qui était résolu à écrire des romans sérieux. Hemingway, pauvre mais apprécié par les lecteurs intellectuels avant-gardistes, se battait pour obtenir plus de reconnaissance. Il écrivait des articles pour le *Toronto Star*, à 1 penny le mot, et envoyait parfois des textes à la *Transatlantic Review*. En 1924, Ernest affirma que ses écrits lui avaient rapporté en tout et pour tout 80 dollars. Le magazine *Cooperation Commonwealth* de Chicago, où il gagnait 52 dollars par semaine, avait mis fin à son contrat récemment, et il était arrivé à Paris sans travail. Non sans peine, il réussit à convaincre le *Toronto Star* de lui accorder un statut de journaliste indépendant.

Ses premières impressions de Fitzgerald furent défavorables. Il se rappela que ce dernier n'arrêtait pas de lui demander s'il avait couché avec Hadley avant leur mariage, avant de commander du champagne pour s'évanouir après le premier verre. Zelda suscita plus d'approbation à première vue. Il dit à Gertrude Stein et à Alice B. Toklas qu'elle l'avait réellement impressionné : « Chères amies, Fitzgerald était dans les parages hier après-midi, avec sa femme, et elle vaut la peine d'être vue. Je vous les amènerai donc vendredi après-midi, sauf contrordre de votre part[25]. » Scott trouva Stein fascinante, mais Zelda s'indigna d'avoir été reléguée à une table de thé, au fond du salon, en compagnie d'Alice B. Toklas, et se remémora une atmosphère enfumée et mystérieuse à souhait, au point qu'un jeune poète « fut si ému qu'il se mit à vomir ». *Gatsby le Magnifique* avait été publié, valant à Fitzgerald les louanges des critiques, rehaussant sa réputation au sein des cercles littéraires. Stein était impressionnée par le talent de Scott et le considérait, ainsi que Hemingway, comme l'un des jeunes écrivains les plus prometteurs d'Amérique. Elle-même suscitait l'admiration - chez Hemingway plus que chez Fitzgerald - et le premier sut l'écouter lorsqu'elle lui prêcha l'autodiscipline. Elle avertit les deux hommes que l'alcool risquait d'émousser leur intellect et souligna combien il était stupide d'aller chercher des sensations fortes dans une vie de bohème - Scott passa outre la mise en garde.

Avant la Première Guerre mondiale, Gertrude et son frère Leo avait tenu salon tous les samedis soir. C'étaient là des soirées officielles, sur invitation, où il fallait leur présenter les nouveaux venus. Mais lorsque Leo déménagea et que Toklas prit sa place, Stein ne prolongea cette tradition qu'à intervalles irréguliers. Certains samedis soir, élargissant sa liste d'invités et se passant de présentations, Stein ouvrait son appartement à l'intelligentsia de Montparnasse. L'un de ses invités préférés était l'ami de Zelda, Carl Van Vechten, qui devint un ami fidèle et lui dénicha son premier et seul éditeur américain. Elle se lia également avec la première épouse de Van Vechten, Ann, venue avec l'amie anglaise de Gertrude, miss Gordon Caine, et qui passa toute la soirée à déplorer son mariage. La plupart des visiteurs trouvaient l'appartement de Stein confortable, un endroit où bavarder et se détendre. Le salon, chauffé par un poêle en fonte, était un capharnaüm de meubles, bordé de buffets et de coffres où étaient disposés des rafraîchissements à l'usage des invités. Les murs étaient tapissés du sol au plafond d'œuvres d'art impressionnantes.

Mais si les Fitzgerald finirent par se lier d'amitié, ce ne fut pas avec les invités de Stein. Ils préféraient les habitués des bars de Montparnasse : Harold Stearns, Duff Twysden, Robert McAlmon et Harry et Caresse Crosby. Et Stearns, plus que les autres, incarnait les jeunes gens perdus de sa génération. Diplômé de Harvard, il était arrivé à Paris après le décès de sa jeune femme, morte en couches, pour y devenir le correspondant parisien d'une maison d'édition, Horace Liveright. Reporter spécialisé dans les courses de chevaux, il avait ensuite rédigé une chronique intitulée « Peter Pickem » dans l'édition parisienne du *Chicago Tribune*, le journal préféré des expatriés. Lorsque les Américains arrivaient dans la capitale française et s'inscrivaient à l'office d'accueil des émigrés, leurs noms paraissaient dans la *Tribune* dès le lendemain. Outre Stearns, d'autres écrivains contribuaient à ce journal, dont Henry Miller, James Thurber, Morrill Cody et Virgil Geddes. Stearns avait une chambre d'hôtel rue Vavin, près du café le Select, où on avait de grandes chances de le surprendre. Il se considérait comme un représentant de l'intelligentsia américaine et, en 1921, publia *La Civilisation des États-Unis*, une anthologie des penseurs américains les plus connus. Mais il était sur la pente d'un alcoolisme irréversible et ne donna jamais la pleine mesure de son génie. Scott fut séduit par lui (comme par Ring Lardner) et s'efforça de l'aider. Il promit à Stearns de demander aux Éditions Scribner de l'éditer s'il écrivait un livre sur Paris. Mais Stearns, qui trouvait que c'était trop de labeur, aimait autant emprunter de l'argent à Scott. Lorsque ce dernier le persuada enfin d'écrire quelque chose, Maxwell Perkins accepta de le publier, et Fitzgerald lui écrivit une lettre de remerciement : « Je crois que Stearns sera ravi et j'accepte ici pour lui. Envoyez-moi un chèque à son nom - il n'est guère en fonds depuis les 50 dollars que je lui ai donnés[26]... » Fitzgerald intercéda également pour Stearns auprès du critique Alexander Woollcott : il voulut savoir si les journalistes du *World* ou du *New York Herald* ressentaient une certaine animosité à l'endroit de Stearns. « Diverses personnes ont tenté de l'aider (ces derniers mois, il a mis au clou sa machine à écrire chez Feauville), mais il est terriblement déprimé par ce qui lui apparaît comme un complot universel pour l'éviter. Vous me rendriez bien service en vérifiant si ses articles traînent encore dans les bureaux du *World*, sans avoir été publiés ou rémunérés. Il affirme qu'il n'a cessé d'écrire sans obtenir de réponse[27]. » Une riche Américaine divorcée, Josephine Bennett, devint un moment la maîtresse de Stearns, qu'elle associa à ses mondanités. Mais cela ne fit qu'aggraver son alcoolisme, et plusieurs écrivains des années 1920 le dépeignirent comme une cause perdue - il devint Wiltshire Tobin dans *Monday Night (Lundi soir)* de Kay Boyle, et Harvey Stone dans *Le soleil se lève aussi* de Hemingway.

Josephine Bennett rassemblait souvent les écrivains expatriés à ses réceptions. Scott et Zelda s'y rendaient assidûment, et ils y rencontrèrent un soir l'écrivain et éditeur Harold Loeb, en compagnie d'Ernest Hemingway et de Mina Loy. Pendant l'année 1922, Loeb les avait brièvement fréquentés à New York, où il avait déniché pour Scott un ouvrage épuisé, depuis sa librairie de Manhattan, The Sunrise Turn. Loeb, allié à la riche lignée des Guggenheim, chaussait des lunettes rondes en écaille de tortue qui lui donnaient un air de hibou intellectuel et portait des vêtements décontractés, mais de bonne facture - notamment des pulls Fair Isle de couleur pastel et des pantalons de toile blanche. Il était légalement séparé de sa femme, qui vivait aux États-Unis avec ses deux enfants, et faisait partie du petit nombre d'Américains qui publiaient des magazines d'avant-garde. Le sien s'appelait *Broom (Le Balai)* ; comme l'indiquait son nom, il entendait faire table rase des anciennes idées. On pouvait imprimer à très bas prix ces publications sur des presses allemandes ou autrichiennes : le cours du change, très avantageux, signifiait qu'on pouvait tirer un petit magazine à cinq cents exemplaires pour la modique somme de 20 dollars. Ces coûts réduits inspirèrent d'autres gageures éditoriales : les Contacts Editions de Robert McAlmon, la maison Three Mountains Press de William Bird, la *New Review* de Samuel Putnam, *Transition* d'Eugene

Jolas et la maison Black Sun Press de Harry et Caresse Crosby, qui éditait Ezra Pound, James Joyce, Gertrude Stein et Djuna Barnes.

L'existence hédoniste des Crosby fascinait les Fitzgerald, parfois invités à leur appartement situé rue de Lille, dans le faubourg Saint-Germain. Comme Loeb, les Crosby avaient financé leur maison d'édition avec leur fortune personnelle (la mère de Harry Crosby était l'une des filles de Mrs J. P. Morgan). Comme Hemingway, Crosby avait conduit une ambulance pendant la Première Guerre mondiale. Les deux hommes s'étaient portés volontaires au corps des ambulanciers américains, tout comme d'autres écrivains américains, tels John Dos Passos, E. E. Cummings et Malcolm Cowley, devenus chauffeurs pour la Croix-Rouge ou le corps d'ambulanciers Norton-Harjes[2]. MacLeish et Hemingway étaient plus proches des Crosby que les Fitzgerald : ils les rejoignaient pour le week-end dans leur villégiature, un moulin rénové, sur un terrain qui avait appartenu à La Rochefoucauld. Les deux écrivains avaient fait la connaissance des Crosby à Saint-Moritz, où ils étaient venus skier : ils avaient sympathisé sur les pentes, avant de se retrouver à un concert donné par Ada MacLeish au conservatoire de Paris. Crosby emmena Hemingway au Cirque d'Espagne, installé un temps à Paris, et l'introduisit dans les coulisses, boire un coup avec les dompteurs de fauves et les phénomènes. Pour le payer de retour, Hemingway transmit à Crosby les tuyaux de course que lui glissait Harold Stearns, et qui n'étaient pas toujours exacts : un après-midi, Harry perdit 300 francs au célèbre champ de courses d'Auteuil. Ernest et Hadley étaient également des fans avides de courses de chevaux, mais Hadley avait plus de chance que Crosby, et il lui arrivait de miser sur des gagnants, qu'elle sélectionnait d'après les tuyaux de Stearns.

Les Crosby provoquaient encore plus de rumeurs que les Fitzgerald à Paris en donnant des réceptions déchaînées dans leur maison de ville, un bâtiment de trois étages qui remontait au XVIIIe siècle. C'était une

---

2. Celui-ci était né de la fusion, au cours de la Première Guerre mondiale, des Ambulances Norton, où servaient des volontaires américains, et des Ambulances Harjes, où servaient des Britanniques.

résidence impressionnante, aux plafonds élevés, aux cheminées à foyer ouvert, aux lustres de cristal. La bibliothèque de Harry - portes massives et grandes fenêtres - couvrait l'ensemble du troisième étage. La maison comprenait un salon de réception et une salle à manger « sicilienne », avec colonnes de grès et boiseries. La pièce qui provoquait le plus de commentaires, c'était une grande salle de bains aux murs boisés, au sol de dalles noires et blanches. Les invités y prenaient souvent leur bain, ignorant qu'on pouvait les épier à travers un judas dissimulé dans le mur. Les soirées se prolongeaient souvent toute la nuit : les Crosby et leurs invités s'entassaient dans l'immense baignoire. Harry devait évoquer par écrit « l'absorption massive de cocktails dans notre salle de bains - il faisait trop froid dans les autres pièces, et nous y étions onze à y boire, à pousser des cris et à manger des huîtres, avant de nous rendre au Jungle où on a bu beaucoup de whisky et écouté une folle musique, et la vie est palpitante aujourd'hui avec tous ces pédérastes et toutes ces lesbiennes - on ne sait jamais très bien qui flirte avec qui[28] ».

La drogue circulait librement à Paris dans les années 1920 : le haschisch, l'opium et la cocaïne étaient bon marché et faciles à se procurer. Les drogues abondaient dans les soirées des Crosby, comme dans la plupart des réceptions où se rendaient les Fitzgerald. La cocaïne (dite « couche de neige ») s'obtenait pour 10 *cents*, et les habitués pouvaient acheter des joints de haschisch à 20 *cents* ; les touristes payaient 1 dollar. On trouvait sans peine ces drogues dans la plupart des cabarets, notamment un bar rencogné, le Trou dans le mur, rue des Italiens. C'était le QG des jeunes écrivains lorsqu'ils sortaient des bureaux de leurs magazines dans le quartier de l'Opéra, et l'on parlait d'une sortie secrète qui donnait sur les égouts. Robert McAlmon se rappela comment « les jeunes gens, garçons et filles issus de bonnes familles allemandes, frappés par la pauvreté, achetaient et vendaient du haschisch en se rassemblant dans des night-clubs sinistres où ils avaient plus chaud que dans la rue ou chez eux - quand ils avaient un chez-eux[29] ». Ces jeunes Allemands s'étaient réfugiés à Paris après la guerre, pour fuir la désillusion et la pauvreté qui avaient contaminé toute l'Allemagne, notamment Berlin où, comme l'observa Djuna Barnes, « les gens étaient à vendre bon marché, et chaque soir on pouvait faire son choix, sexuel et vestimentaire, sur l'avenue Unter den Linden[30] ». À Berlin, le dollar valait vingt fois plus qu'ailleurs : les drogues ne coûtaient rien et s'obtenaient sans difficulté. Elles étaient plus chères en France, mais on en trouvait beaucoup, tout comme l'absinthe, le whisky et la passiflorine, le champagne et le brandy.

Les Crosby, tout comme les Fitzgerald, étaient toujours en quête de divertissements. Lorsque les soirées en péniche devinrent à la mode, ils empruntèrent *Le Vert-Galant* (propriété d'un jeune couple hollandais, Frans et Mai de Geetere), amarrée dans l'île de la Cité, près du Pont-Neuf, et invitèrent des gens à venir y manger du chowder et des biscuits de maïs (ou du gouda, des fruits et du vin) pendant une nuit de festivités. Scott et Zelda apprécièrent également cette nouvelle mode et donnèrent une immense soirée que la journaliste Janet Flanner chroniqua en ces termes : « Leur célèbre dîner sur une péniche ayant jeté l'ancre dans la Seine fut une soirée américaine dont l'importance demeure inégalée, pour ainsi dire historique, comparable aux réceptions françaises[31]. » C'est là une remarque quelque peu exagérée, si l'on considère la soirée sur péniche déjà légendaire donnée par les Murphy en 1923, après la première des *Noces* par les Ballets russes. Planifiée pour le dimanche qui suivait la première du ballet, elle eut pour cadre un restaurant sur une péniche rénovée, près de l'Assemblée nationale. Quarante musiciens, artistes, écrivains, danseurs et mécènes s'y rendirent, dont Cocteau, Diaghilev, Picasso, Léger, Stravinski et Tristan Tzara. Il était impossible de trouver des fleurs fraîchement coupées un dimanche, aussi les Murphy achetèrent-ils des sacs entiers de jouets miniatures dans un bazar de Montparnasse, pour les disposer en pyramides le long de la table de banquet : petites voitures de pompier, automobiles, animaux et poupées. Picasso s'amusa à disposer les jouets de façon à représenter un « accident » extraordinaire et, pour touche finale, jucha une vache au sommet de l'échelle des pompiers. Le dîner s'acheva lorsque Igor Stravinski sauta à travers une immense couronne de lauriers. La réception fut donnée avec un tel brio, un tel panache, qu'on ne parla que d'elle dans tout Paris : les Murphy devinrent célèbres pour leur sens des mondanités.

Lorsque les Fitzgerald n'étaient pas à l'une ou l'autre soirée, ils fréquentaient les cafés parisiens, qu'ils finirent par considérer comme une annexe de leur appartement. En 1925, les cafés parisiens avaient détrôné les salons comme lieux de rencontre pour artistes et écrivains ; on y échangeait des tuyaux, et les éditeurs de magazines venaient y recruter des chroniqueurs. Ce n'étaient ni des bars ni des restaurants, mais des endroits où des amis pouvaient se retrouver, échanger quelques ragots, se réchauffer ou prendre le frais. Quiconque s'installait sur la terrasse extérieure pouvait observer un défilé de célébrités : Harold Loeb, déambulant avec Hemingway après un match de boxe ou une soirée sur le champ de courses, Stein et Toklas parquant leur coupé Ford T, ou Scott et Zelda arrivant en taxi après avoir dîné au Mitchell's ou Chez Florence. Ces cafés étaient si fréquentés que, comme le nota un chroniqueur, « à Paris, on ne trouve que 17 000 boulangers, 14 500 bouchers, mais 33 000 débits de boisson ». Les Américains recevaient fort peu chez eux, puisqu'il était meilleur marché et plus agréable de se retrouver au café. Les gens commençaient en général par prendre une consommation, puis la vie mondaine allait bon train jusqu'à la fermeture. La plupart de ces cafés fermaient à trois heures du matin, mais certains, le Dingo par exemple, restaient ouverts toute la nuit - un avantage de plus, puisque la loi française interdisait tout tapage nocturne dans les immeubles après 22 heures.

Les cafés préférés de Zelda et de Scott étaient situés sur la rive droite : ils devinrent des habitués des night-clubs et des bars des grands hôtels amassés autour de l'arc de triomphe. La Seine divisait Paris en deux zones, la rive droite et la rive gauche. La droite était la chasse gardée des gens fortunés et s'étendait de la place de l'Étoile, à l'est, jusqu'au Louvre. La rive gauche, qui incluait une petite partie de la Cité, abritait des artistes et des écrivains sans beaucoup de moyens, ainsi que la colonie d'Américains concentrée dans le VIe arrondissement, de la Seine au boulevard du Montparnasse, éparpillée dans les quartiers en contrebas du boulevard. Les plus huppés se retrouvaient dans les trois cafés adjacents au carrefour du boulevard du Montparnasse et du boulevard Raspail : le Dôme, la Rotonde et le Select. La Rotonde attirait les peintres, le Dôme les écrivains américains, et le Select revendiquait une clientèle internationale de tous bords. Le célèbre barman du Dingo, Jimmie Charters, se rappela : « Montparnasse n'était guère plus qu'une avenue triste et grise, bordée d'une double rangée de cafés parfois interrompue, mais spirituellement parlant, c'était plus solide que le foyer ou la religion, c'était le dernier bastion où s'exprimaient les réactions sociales à la guerre. Quiconque s'était querellé avec ses parents ou sa femme, quiconque se lassait des normes de la stabilité, empruntait ou mendiait de quoi venir à Montparnasse, séduit par la promesse d'une évasion radicale. Jamais on n'a observé une telle assemblée internationale, composée d'amateurs de sensations plus ou moins doués [32]. »

Dès leur arrivée, les Américains filaient souvent au Dôme, espérant y retrouver de vieux amis, ou désireux de s'en faire de nouveaux. « Dans le cours normal des événements, se souvint Charters, on y allait le matin, enfin à l'heure où on se levait, on y petit-déjeunait de café et croissants, on y lisait les journaux du matin, et on repassait en revue avec ses amis les événements de la soirée précédente. Cela fait, on vaquait à ses occupations du jour... Mais l'après-midi, on était de retour sur la terrasse du Dôme, à boire l'apéritif, et à neuf ou dix heures, on se retrouvait de nouveau sur cette terrasse [33]. »

Si les écrivains expatriés préféraient le Dôme ou la Rotonde, d'autres aimaient prendre un verre au Select, aux Deux Magots et au Jockey. À l'extérieur comme à l'intérieur, le Jockey était orné de larges fresques ; on trouvait à l'entrée le portrait d'un Indien à dos de mustang. Le barman était un Américain d'origine indienne, resté à Paris tandis que le spectacle de Buffalo Bill, le *Wild West Show*, continuait sa tournée. Mais le plus grand atout du Jockey, c'était le modèle Kiki de Montparnasse (la maîtresse de Man Ray), qui chantait et dansait en faisant passer le chapeau dans l'assistance. Le bar préféré de Hemingway, c'était la Closerie des Lilas, vantée par les poètes et les écrivains depuis Baudelaire. Les patrons de la Closerie ne s'immisçaient jamais dans l'intimité des clients. Hemingway y voyait le meilleur débit de boissons parisien : « Il y faisait chaud en hiver ; au printemps et en automne, la terrasse était très agréable, à l'ombre des arbres[34]... » Les Fitzgerald lui préféraient le Dingo, où officiait le barman Jimmy Charters, où les clients anglo-saxons se voyaient proposer au menu un choix de corned-beef garni de chou, de beignets de poulet et de soupes américaines. Charters, d'origine irlandaise, avait un sourire malicieux et se montrait un auditeur bienveillant, un véritable ami pour ses fidèles clients. Il avait d'abord été serveur dans nombre d'autres bars célèbres de Montparnasse : le Parnasse, le Falstaff, le Trou dans le mur, le Jockey, le Jungle, le Bar de l'Opéra, le Trois et As.

Les Fitzgerald ne voyaient dans les bars qu'un endroit où inaugurer la soirée. Comme l'expliqua Gerald Murphy : « Je ne crois pas que c'étaient les soirées qui déclenchaient les aventures de Scott et Zelda... Ce qu'ils voulaient éviter, c'était justement de tout planifier en fonction de ces fameuses soirées. Je ne crois pas qu'ils en raffolaient tant que ça, et je ne pense pas qu'ils s'y éternisaient. Ils étaient déchaînés, toujours en quête d'une aventure quelconque, indépendamment de la soirée[35]. » Dans un entretien donné en 1974, leur fille Scottie se rappela qu'à cette époque « ils vivaient comme sur un manège incessant. [Mon père] a consacré six ou sept ans de sa vie, de 1924 à 1931, à prendre du bon temps à Paris. Il écrivait quelques nouvelles, de quoi assurer la survie de sa famille - certaines étaient bonnes, d'autres moins -, et il n'arrêtait pas de parler du roman qu'il écrivait sans abattre beaucoup de travail... Son grand problème, c'était de résister aux tentations parisiennes[36] ».

Le carnet d'adresses parisien de Zelda offre un aperçu de leurs activités. Il inventorie des noms de *bootleggers*, de couturiers, de magasins d'entretien de fourrures, d'agences immobilières, de chapeliers et de corsetiers, de magasins de chaussures et d'agences de personnel de maison. Il dit où se rendre pour acheter un pull, ou des chaussures de danse, et quelle boutique a en stock le meilleur parfum. Ce sont les médecins qui prédominent dans ce carnet, sous la lettre D (pour docteurs) : ils sont vingt-cinq. Puis des adresses de boutiques de lingerie (huit), dont une notice séparée pour Elizabeth Arden. On y trouve l'adresse de Stephen Parrott, au 120, rue du Bac, même si les Fitzgerald n'avaient pas encore renoué avec lui. Y figure aussi celle d'un diplômé de Yale, un apprenti poète, Cary Ross, qui admirait le style de Fitzgerald et manifestait son enthousiasme à l'idée d'être admis dans leur cercle. Sans compter les adresses d'autres écrivains - Edith Wharton, James Joyce, John Dos Passos, Ford Maddox Ford, Michael Arlen et Ernest Hemingway. Détail amusant, Zelda commence par mal orthographier le nom de ce dernier - « Hemminway » - puis elle le corrige par la suite.

En août 1925, Fitzgerald écrivit à John Bishop Peale : « Je commence un nouveau roman le mois prochain, où je serai sur la Côte d'Azur. Si je ne me trompe, MacLeish s'y trouve déjà avec d'autres (à Antibes, où nous partons). Paris s'est avéré une maison de fous... et tu penses bien que nous étions les premiers concernés. J'ignore quand nous y retournerons - peut-être jamais [37]. »

Cet été 1925 fut le premier que Gerald et Sara Murphy passèrent dans leur Villa America, fraîchement rénovée, et ils invitèrent leurs amis à venir les voir. Les MacLeish arrivèrent les premiers et louèrent une villa dans le voisinage, partageant avec les Murphy le lait de leurs deux vaches. Archibald, qui avait également fait ses études à Yale et appartenait à la confrérie Skull and Bones, avait fait signe aux Murphy dès son arrivée en Europe, l'été 1923. Né en 1882 à Glencoe, dans l'Illinois, MacLeish avait fait ses études à Hotchkiss, puis à Yale, où il avait été admis dans la fraternité Phi Bêta Kappa. Il enchaîna sur des études de droit à Harvard, trois ans avant John Biggs, et termina premier de sa promotion de 1919. Ayant obtenu son diplôme, il fut engagé dans l'un des meilleurs cabinets juridiques de Boston - Charles F. Choate Jr. - et donna par ailleurs des cours au département de droit de Harvard. Mais, en 1923, MacLeish renonça à exercer le droit pour écrire de la poésie. « Je date le début de mon existence de cette année », affirma-t-il. Accompagné de ses deux jeunes enfants et de son épouse Ada, une soprano accomplie dont la carrière de cantatrice fut soutenue par la musicienne légendaire Nadia Boulanger, il se rendit à Paris. Alors âgé d'une trentaine d'années, il se lia rapidement d'amitié avec Gerald Murphy, qui avait lui aussi abordé une carrière artistique tard dans sa vie.

Les Fitzgerald arrivèrent en août et prirent une chambre à l'hôtel du Cap, faisant le trajet quotidien en voiture à la Villa America. Heureux de se voir inclus dans le groupe d'amis des Murphy, ils n'en pressentaient pas moins que quelque chose avait changé depuis l'année précédente. Certains des invités résidaient à l'hôtel, tout comme eux, mais d'autres étaient logés dans la bastide des Murphy, ou dans la Ferme des oranges une écurie pour ânes transformée en quartiers domestiques, de l'autre côté de la rue, face au bâtiment principal. Fitzgerald nota qui y était logé. Les invités s'habillaient de façon décontractée, mais élégante - des pantalons d'ouvrier à la française, et des casquettes de jockey pour les hommes, des pantalons de lin et des chemisiers à rayures pour les femmes. La journée commençait en général à onze heures avec une baignade de fin de matinée sur la petite crique des Murphy, dite « la Garoupe ». Elle ne faisait que trente-six mètres de long, et on l'avait défrichée, éliminant toute trace d'algues, pour en faire l'endroit idéal où se baigner et prendre le soleil. Les trois enfants Murphy et Scottie passaient la plupart du temps dans l'eau et jouaient sur des petits tapis de jonc, à l'ombre d'immenses parasols à rayures, tandis que les adultes, assis dans les parages, bavardaient ensemble. Les Murphy mettaient tout un stock de parasols, de couvertures et de tapis à disposition de leurs invités qui, vers le milieu de la matinée, se voyaient offrir les biscuits sucrés préférés de Gerald avec un verre de sherry, rafraîchissements extraits de divers paniers d'osier. À midi, le groupe rentrait déjeuner, à la Villa America ou dans leurs diverses résidences. On se retrouvait vers la fin de l'après-midi à Éden Roc, où tous les enfants prenaient des leçons de plongée. Zelda, de loin la meilleure nageuse du groupe, évitait de se surmener après son opération. Elle et MacLeish n'en plongeaient pas moins de concert du haut des falaises, et ils devinrent bons amis au cours de ces après-midi paresseux. La soirée commençait avec un cocktail où étaient conviés six ou sept des invités. Gerald servait le plus souvent un mélange de brandy, de liqueur et de jus de citron, qu'il versait dans des verres à pied dont il avait trempé le bord dans du jus de citron, puis dans du sucre cristallisé. Après les cocktails, il y avait un dîner assis, où l'on pouvait se livrer aux plaisirs de la conversation, et où les enfants présentaient une chanson ou une petite danse. Suivait en général une soirée animée par la musique et les rires. En août 1925, Fitzgerald écrivit à John Peale Bishop sur un ton facétieux : « Je me suis rendu à Antibes et j'ai énormément apprécié Archibald MacLeish... Il n'y avait personne là-bas, sinon moi, Zelda, les Valentino, les Murphy, Mistinguette, Rex Ingram, Dos Passos, Alice Terry, les MacLeish, Charlie Brackett, Maude Kahn, Esther Murphy, Marguerite Namara, E. Philipps Oppenheim, Mannes le Violoniste, Floyd Dell, Max et Crystal Eastman, l'ex-président du Conseil Orlando, Étienne de Beaumont - c'était vraiment l'endroit idéal pour vivre à la dure, loin des mondanités[38]. » Les Fitzgerald, qui craignaient que la crise de l'été précédent ne gâchât leur impression d'Antibes, furent soulagés que tout se soit si bien passé et décidèrent d'y séjourner l'année suivante jusqu'en janvier.

Sur la Garoupe, cet été-là, Zelda fit la connaissance de l'épouse de Picasso, Olga Koklova, deuxième danseuse dans les Ballets russes. Les anecdotes d'Olga sur le monde du ballet et ses intrigues de coulisses la fascinèrent. Lorsque Scott et elle revinrent à Paris cet automne-là, Zelda décida de reprendre la formation chorégraphique commencée à Montgomery. Toutes ses connaissances fréquentaient l'avant-garde parisienne. Elle demanda à Scott de contacter les Murphy pour savoir qui enseignait la danse à leur fille Honoria. La demande semblait inoffensive, et Scott écrivit aussitôt à Gerald. Celui-ci répondit le 19 septembre 1925 d'Antibes, expliquant : « Honoria a pour professeur Mme Egorova (la princesse Troubetzkoï), dernier étage du music-hall de l'Olympia, sur le boulevard. L'entrée est dans une rue latérale, au 10, rue Caumartin. On traverse les ailes du théâtre pendant la représentation, et on tombe sur son atelier ! Une grande pièce nue, consacrée uniquement aux leçons de danse[39]. » Fitzgerald jugeait que c'était là un passe-temps qui convenait à Zelda. Elle se lança avec enthousiasme dans l'apprentissage du ballet russe classique - le style chorégraphique le plus difficile et le plus important du XXᵉ siècle. Elle était si enthousiaste à l'idée de prendre des cours qu'elle entraîna Hadley Hemingway avec elle pour que celle-ci la regardât travailler.

Lubov Evogora, la directrice de l'école de danse des Ballets russes, avait appris la danse à Saint-Pétersbourg, au théâtre impérial de Maryinski, un pensionnat financé par le tsar pour former de jeunes danseurs. Les élèves y recevaient un enseignement dispensé sur huit ans, avec une discipline de fer. Leurs parents renonçaient à tout droit sur eux, et les visiteurs n'étaient admis que pendant certaines répétitions. C'est seulement après des années d'entraînement intense que les étudiants avaient enfin l'occasion de paraître sur scène. Egova fit ses débuts de danseuse étoile dans *Francesca da Rimini*, sur une musique de Tchaïkovski, le 28 novembre 1915. Six ans plus tard, elle dansait le rôle-titre d'Aurore, en alternance avec quatre autres ballerines russes exilées, dans le premier grand ballet de Marius Petipa, *La Belle au bois dormant*. La représentation avait eu lieu à Londres au théâtre des Princes. Ballerine experte, pédagogue accomplie, Egorova passait pour la plus exigeante des professeurs de danse parisiens. Elle procura à Zelda la discipline que cette dernière réclamait ardemment et lui permit de canaliser un tempérament versatile ; à son insu, elle devait également précipiter son effondrement mental.

Lorsque les Murphy rentrèrent à Paris, Zelda fut ravie de les accompagner à des représentations théâtrales, des expositions d'art abstrait, des lectures de poésie française et, par-dessus tout, à des spectacles de ballet. Elle se rendit avec eux aux extraordinaires *Soirées de Paris* données par Étienne de Beaumont à Montmartre et à de nombreuses représentations des Ballets russes, allant ensuite rencontrer les danseurs et les chorégraphes en coulisses. Deux nouveaux ballets de Massine et un de Balanchine furent créés au cours de l'année 1925 : *Zéphire et Flore* (avec les costumes et le décor de Georges Braque), *Les Matelots* et *Barabau*, avec une scénographie de Maurice Utrillo. Zelda raffolait de toutes ces sorties : en s'ouvrant ainsi à ces multiples événements de la créativité parisienne, elle puisait déjà des influences pour ses propres entreprises.

Après une première, ils passaient souvent la nuit entière à critiquer le ballet au Dingo, le café préféré des Fitzgerald sur la rive gauche. En 1924, le Dingo avait été acheté par Lou Wilson, un Américain dont l'épouse hollandaise, Jopie, se lia d'amitié avec nombre de femmes habitant Montparnasse. Jopie aimait à fréquenter Zelda et sa principale rivale dans la colonie des expatriés : lady Duff Twysden. Les deux femmes passaient beaucoup de temps au bar de Jopie à échanger des confidences. Les Fitzgerald se lièrent avec Duff au cours de l'hiver 1925, et la virent très souvent au Dingo, où elle et son compagnon, Patrick Guthrie, passaient la plupart de leurs soirées. Duff aimait boire, et l'alcool n'avait que peu d'effet sur elle. Guthrie, son cousin éloigné, se droguait et, à l'instar de Fitzgerald, était ivre après un verre ou deux. À trente-deux ans, Duff avait huit ans de plus que Zelda, et elle était infiniment plus sophistiquée. Elle avait été éduquée à Paris, parlait couramment le français et jurait sans retenue dans les deux langues. Comme Zelda, elle voulait avoir des aventures, flirtait souvent et sans discrimination et tenait secrètes ses véritables liaisons. Hemingway, qui avait commencé par la traiter de « nymphomane alcoolique », la trouva sexy et excitante, tout comme Harold Loeb qui eut avec elle une courte liaison, pendant laquelle il l'encouragea à concrétiser ses talents artistiques. Un jour, après avoir vu ses dessins, Loeb lui demanda si elle envisageait d'entreprendre une carrière artistique. Elle rejeta aussitôt cette idée en lui disant que, pour elle c'était l'affaire d'autrui. « À chaque tempérament ses divertissements. La sauterelle a toujours su se débrouiller, sans quoi certains d'entre nous ne seraient pas ici... Je n'ai rien contre le travail - pour ceux qui aiment ça[40]. » Cinq ans plus tôt, Zelda avait fait part à Scott de sentiments équivalents. « J'espère bien que je n'aurai jamais l'ambition de tenter quelque chose, lui avait-elle dit. C'est tellement plus agréable d'être fichtrement certaine de pouvoir faire mieux que les autres[41]. »

Lady Duff faisait un peu moins d'un mètre quatre-vingts ; elle se tenait droite, avec élégance et aplomb. Elle arborait des cheveux courts, châtain clair, qu'elle brossait en arrière à la façon d'un garçon, et sur lesquels elle juchait souvent un chapeau de feutre masculin, incliné de façon canaille. Elle aimait à s'habiller sans façon et portait en général un jersey sur un simple chemisier à col Eton et une jupe de tweed écossais. Indépendante, hautaine, Duff puisait beaucoup de son assurance dans son titre, que lui avait transmis son deuxième mari, un baronnet. Fille d'un marchand de vin, elle était née en 1892 à Smurthwaite, une ville anglaise du Yorkshire. Après le divorce de ses parents, elle était venue à Paris où elle avait appris à parler la langue couramment et cultivé un véritable talent de dessinatrice à l'encre. Elle retourna brièvement en Angleterre, où elle épousa en premières noces l'officier de marine Luttrell Byrom et en secondes noces le baronnet Roger Twysden, qui lui donna un enfant. Elle quitta fils et mari pour retourner en France avec Patrick Guthrie. Duff et Guthrie, qui vivaient au jour le jour de leur fortune familiale, résidaient dans des hôtels louches, et, toutes les fois où Patrick était trop ivre pour faire la tournée des bars, elle rejoignait ses amis homosexuels, qui lui servaient de gardes du corps. Duff était l'étrangère qui suscitait le plus de ragots et de controverses à Montparnasse : elle couchait avec qui bon lui semblait, mais eut sans doute moins d'aventures sérieuses que ne lui prête la rumeur publique. Elle pouvait inspirer simultanément l'amitié et le mépris. Robert McAlmon ne l'aimait pas : il la considérait comme « la plus copiée, la moins spirituelle et la moins amusante des femmes [qui] puisse se mettre à jouer les grandes dames au moment le plus risqué ». Inversement, Edward Fisher loua son naturel et son absence de prétention en ces termes : « Elle était véritablement naturelle, douce et, bien sûr... condamnée d'avance. » Zelda fut toutefois plus populaire et plus connue. Le couple Fitzgerald fut d'abord séduit par la vivacité et le charme de Duff. Ils passèrent de nombreuses soirées avec elle, en amenant parfois les Hemingway. Ernest ne tarda pas à succomber au charme de Duff et flirta ouvertement avec elle. Il l'emmenait seule dans des bars et la ramenait chez lui, mais, soit par loyauté envers Hadley, soit par manque d'intérêt, elle refusa de coucher avec lui. Au lieu de quoi, elle eut une brève liaison avec son ennemi intime, Harold Loeb. Hadley Hemingway, qui appréciait son intégrité et sa détermination à éviter toute aventure avec un homme marié, l'admirait et la définissait comme

« une très jolie femme et une très grande dame, très populaire, très gentille envers les autres femmes, blonde et robuste... ».

Bien que les Fitzgerald eussent fui Great Neck avec l'idée précise d'éviter les distractions, ils se virent une fois de plus emportés dans un gala continuel, où une soirée donnée un mercredi pouvait se prolonger tout le week-end. Plus d'une fois, Scott se retrouva à cuver son vin à Bruxelles sans savoir comment il était arrivé là. Les expatriés anglo-saxons, accoutumés au vin français (faiblement alcoolisé), buvaient maintenant du cognac, de l'absinthe et du Pernod (très populaire auprès des femmes), toutes boissons au taux d'alcool élevé. L'ivresse et les désordres digestifs qui s'ensuivaient étaient chose courante. Le Pernod, doux au gosier, se révélait des plus nuisibles. La plupart des soirées tournaient au délire et se prolongeaient jusqu'au petit matin pour s'achever en beauté dans des endroits sophistiqués comme Maxim's ou la Coupole. Ces cafés attiraient des gens tout à fait charmants... qui, l'aube venue, avaient perdu une grande partie de leur charme. Dépeignant cette époque dans *Accordez-moi cette valse*, Zelda écrivit : « Personne ne savait qui donnait la soirée. C'était comme ça depuis des semaines entières. Lorsqu'on sentait qu'on ne tiendrait pas une nuit de plus, on rentrait dormir chez soi, et, au retour, on constatait que tout un tas de gens s'étaient dévoués pour ne pas laisser retomber l'ambiance [42]... » Par la suite, Fitzgerald devait décrire le même décor dans *Retour à Babylone* : « Le souvenir de cette époque fondit sur lui comme un cauchemar - les gens qu'ils avaient croisés dans leurs périples, ceux qui n'étaient plus capables de faire une addition ou d'achever une phrase cohérente... les femmes et les jeunes filles, qu'on traînait hors des établissements, et qui hurlaient sous le coup de l'alcool ou de la drogue... »

Ayant passé la matinée à cuver leur cuite de la veille, les Fitzgerald sortaient à l'heure du déjeuner pour gagner le Trianon, le restaurant favori de Joyce, ou s'arrêter au Ciro, au Foyot, ou à la Reine Pédauque. Connus pour commander sans mesure et laisser de gros pourboires, ils avaient les faveurs du personnel, qui les installait aux meilleures tables et les gratifiait d'un excellent service. Le Dingo était leur point de départ coutumier. C'est là qu'ils bavardaient avec Charters au bar, où ils retrouvaient en général Duff Twysden, Patrick Guthrie et d'autres habitués. À mesure que la soirée avançait, ils faisaient halte au Select, au Dôme, ou chez Lipp, qui était alors un endroit intime doté de huit tables et seulement de deux serveurs, où Zelda se lançait souvent dans de grandes conversations avec le patron, amateur de ballets. Ayant fait leur apparition obligée dans les bars de Montparnasse, ils partaient dîner sur la rive droite, pour laquelle Zelda avait une prédilection, chez Prunier où ils commandaient souvent du pouilly fuissé et de la bouillabaisse. Prunier était une institution des années 1920 : ce restaurant était à l'origine un endroit où l'on vendait des huîtres, ouvert en 1872 par un patron qui avait introduit les clams de cap Cod et les huîtres de Blue Point en Angleterre, et en avait fait la réclame dans le *Paris Herald*. Après dîner, les Fitzgerald allaient parfois danser le charleston au Claridge, sur les Champs-Élysées, ou s'arrêtaient aux bars du Ritz ou du Crillon, pleins à craquer d'Américains, dont beaucoup avaient été les condisciples de Scott à Princeton. Le Ritz, place Vendôme, était l'hôtel le plus cher de Paris, et il avait deux bars : un espace minuscule réservé aux femmes, où l'on servait surtout des cocktails au champagne, et un bar plus vaste, dont l'entrée principale était rue Cambon. Les Fitzgerald fréquentaient les deux, mais à onze heures du soir on les trouvait surtout de retour à Montmartre, rue Fontaine, chez Joe Zelli, un cabaret naguère sans prétention et devenu un club luxueux, aux vitres tapissées de photos de comiques professionnels et de serveuses à moitié dévêtues.

La rue Fontaine abritait également le Bœuf sur le toit, un restaurant lancé par Louis Moyses et Jean Cocteau, dont les spécialités étaient le jazz et le foie gras de Strasbourg. Il accueillait les célébrités comme Igor Stravinski, Raymond Radiguet et Brancusi, et il était souvent bondé de play-boys sud-américains ruisselants d'une eau de Cologne à la mode cette année-là, « Carnaval de Venise ». Les Fizgerald aimaient à finir leurs soirées au Bœuf sur le toit, ou au Perroquet, et Zelda fit un dessin cubiste d'une pianiste du Bœuf sur le toit, qu'elle colla dans son album. Résolue à rester mince, elle faisait rarement des repas complets, mais on voyait souvent Fitzgerald faire médianoche chez Lipp, qui servait jusqu'à minuit et proposait un excellent sauerkraut (de la salade de pommes de terre et du cervelas). C'était le plat qu'affectionnait tout particulièrement Hemingway lorsqu'il venait dîner.

En 1925, les cabarets nègres comme le Mitchell's et le Florence's, dont les propriétaires étaient des Noirs américains, devenaient la dernière mode. Ils étaient bourrés de Parisiennes qui dansaient avec des Antillais et des Soudanais. Le Bricktop's, au 53, rue Pigalle, comptait parmi les plus célèbres de ces boîtes de nuit. Il avait été ouvert par Ada Smith du Conge, une femme noire qui teignait ses cheveux en orange, d'où son surnom de Bricktop (« sommet rouge brique »). Ada pouvait appeler ses clients par leur nom et veillait sur eux avec une bonté protectrice. Mais même Mme du Conge manqua de réflexes le soir où Zelda offrit son collier de perles. Sylvia Beach se rappela la façon dont elle avait donné sur un coup de tête ses perles à sa partenaire, une Noire américaine - perles que Scott lui avait achetées grâce à une avance sur article de 17 000 dollars. Fitzgerald utilisa par la suite ces clubs comme arrière-fond, pour créer une atmosphère de nostalgie dans sa nouvelle *Retour à Babylone*. « Il longea un établissement dont la porte laissait filtrer lumière et musique, et s'arrêta : l'endroit lui était familier. C'était le Bricktop's, où il avait laissé derrière lui tant de bons moments, tant d'argent... »

Ayant grandi dans un Sud où régnait la ségrégation, Zelda était fascinée par les danseurs noirs américains qui se donnaient en spectacle dans les clubs parisiens. Elle réservait un siège au premier rang pour voir Snakehips, Whisperin'Jack Smith et le spectacle que donnait Joséphine Baker avec son serpent Kiki et son léopard apprivoisé Chiquita. En octobre 1925, Baker faisait fureur dans la revue des Champs-Élysées, dont John Dos Passos aida à peindre les décors conçus par Miguel Covarrubias, un artiste mexicain spécialisé dans les caricatures. Nue des épaules à la taille, Baker portait un tutu de bananes et irradiait de sensualité lorsqu'elle descendait d'une sphère miroitante, s'avançant sur une scène ornée de cornes d'abondance garnies de jambons et de melons. Elle avait pour chœur une troupe de vingt-cinq artistes noirs dite la « Revue nègre », dirigée par Caroline Dudley, l'épouse du surréaliste Joseph Delteil. Ce spectacle était le clou de la saison, et l'année suivante, tout en continuant à se produire sur les scènes du Casino de Paris et d'autres théâtres, Baker ouvrit son propre club rue Fontaine. Elle fut imitée par de nombreux autres chanteurs et danseurs noirs. La passion des Français pour les artistes noirs atteignit son sommet avec l'arrivée de la Compagnie de danse négro-américaine. Les clubs tenus par des Noirs, dont la Cabane cubaine, la Boule blanche et le Bal nègre, rue Blomet, surgirent du jour au lendemain partout dans Paris. Soudain, les Parisiens voulurent apprendre le black-bottom, cette danse d'origine nègre : en 1926, une danseuse de la Compagnie, Orrea Waskae, faisait de la réclame pour son cours en se qualifiant de « danseuse américaine de couleur » et en formant soixante maîtres de danse. Zelda adorait ces nouvelles danses et l'excitation qui régnait dans ces cabarets. Les habitués du Florence, de Zelli's et de Mitchell's y côtoyaient les gangsters de l'époque ; ceux du Florence furent témoins d'un échange de coups de feu entre le saxophoniste Sidney Bechet et le musicien Mike McKendrick. Aucun ne fut touché, mais une balle perdue alla frapper une passante dans la rue. Après cet incident, les choses changèrent. Jusque-là, la police avait largement laissé faire les artistes noirs, mais les perspectives de ceux-ci diminuèrent à mesure que les autorités françaises, réagissant devant le monopole croissant exercé par les Noirs sur les night-clubs, votèrent des mesures exigeant que 50 % de leurs orchestres soient composés de musiciens de nationalité française. Les tribunaux condamnèrent Bechet à onze mois de prison, et, lorsqu'il eut accompli partiellement sa peine, l'expulsèrent de France.

La routine alcoolique de Scott évolua avec l'ambiance des night-clubs noirs. Sara Mayfield se rappela un jour où elle croisa « deux amis des Fitzgerald qui s'étaient rendus avec eux au Ciro la veille [et qui] admirent en toute franchise que, si l'on frayait avec eux ces temps-ci, c'était à ses risques et périls[43] ». Zelda était souvent embarrassée par le comportement de Scott dans ces clubs nègres où, de plus en plus souvent, il déclenchait des rixes. Morley Callaghan, un jeune reporter canadien, était avec lui un jour où « on lui vola son portefeuille. Fitzgerald accusa à tort l'un des Noirs, et la police fit son apparition ; ce fut une scène humiliante, suivie de longues heures d'interrogatoires au commissariat où Scott tenta de retirer sa plainte, qu'il reconnaissait erronée, tout en prouvant que son portefeuille avait vraiment été l'objet d'un vol. L'accusé et ses amis avaient fait du grabuge[44]... ». Scott reprit cet incident dans *La Foire du monde*, un roman auquel il travailla plusieurs années avant de l'abandonner, et où il dressait un constat sinistre des antagonismes larvés dans les clubs, soulignant les tensions qui régnaient entre les Américains blancs et noirs. « Dans un coin, un immense Nègre américain, entourant de ses bras une ravissante prostituée française, hurlait une chanson à son oreille d'une belle voix chaude, et, soudain, les instincts de Melarky et ses origines du Tennessee furent réveillés [...] il commença à toiser les gens d'un air déplaisant et agressif. Dinah lui jeta un coup d'œil et se leva soudain pour partir. Elle y mit une minute de trop. Alors que nous sortions, un autre homme de couleur entra - il avait fini de jouer dans un orchestre de night-club, car il portait un étui à clarinette, et venait retrouver ses amis. L'étui buta contre le genou de Francis. "Bon Dieu, viens pas te foutre dans mon chemin, dit Francis sauvagement, ou je te casse ta gueule noire. - Ce n'est pas là un comportement de gentleman, dit l'homme sur un ton indigné. J'ai bien l'intention..." À ce moment, avant que nous puissions intervenir, Francis lui décocha un coup magistral dans la mâchoire, et l'autre alla s'écraser contre la porte, culbutant dans le café - ses jambes disparurent lentement dans l'escalier[45]. » Zelda réussissait à contrôler les situations de ce genre et à manœuvrer Fitzgerald tout au long de leurs soirées dans les clubs nègres, mais elle avait de plus en plus de mal à éviter les incidents.

À l'automne 1926, la capitale française était sous le charme de l'Afrique : les Fitzgerald accompagnaient parfois Nancy Cunard, héritière de la richissime Compagnie des paquebots Cunard, et son ami noir Harry Crowder au dernier bar à la mode, la Plantation, dont les murs étaient ornés d'une fresque représentant un vapeur sur le Mississippi. Harry y était pianiste de jazz. Cunard incarnait la femme émancipée de cette époque. S'habillant à la garçonne, comme Duff Twysden, elle avait coupé court ses cheveux et passait le plus clair de son temps dans les night-clubs, où elle pouvait boire plus que la plupart des hommes. Le poète William Carlos Williams observa un jour : « Je ne l'ai jamais vue ivre ; je suppose qu'elle n'était jamais tout à fait sobre. » Elle avait demandé à subir une hystérectomie en 1920 pour éviter de tomber enceinte et menait une vie sexuelle débridée. En jouant à la femme libérée, elle avait des aventures avec des partenaires noirs et blancs, tout en s'engageant dans diverses relations lesbiennes. Fitzgerald éprouvait des sentiments contradictoires à son égard, tout comme Zelda, à la fois attirée et révulsée par elle. Il voulut lui dédicacer un exemplaire de *Gatsby le Magnifique*, puis biffa son nom et lui substitua celui de Sylvia Beach

Les Fizgerald intégrèrent le cercle d'amis de Cunard par l'entremise de Michael Arlen, qu'ils avaient connu et fréquenté pendant l'hiver 1926. Le roman d'Arlen, *Le Chapeau vert*, avait été un best-seller en 1924, et Arlen attirait autant de commentaires que Hemingway. Fitzgerald avait un sens aigu de la rivalité entre ces deux hommes. Plus le livre d'Arlen, objet de succès populaire, lui valait la fortune et la gloire littéraire, plus il était considéré avec jalousie par les autres artistes expatriés qui le tenaient pour un écrivain de second ordre. Il se montrait impavide devant leurs sarcasmes, disant : « Je suis une sorte de mal, un mal internationalement répandu. Personne ne m'aime. La plupart des gens qui me lisent disent : "Quelle horreur, quelle bêtise, quel ennui." Et pourtant, ils me lisent tous. » Les rapports entre Fitzgerald et Arlen s'aigrirent rapidement : ils entretenaient des opinions divergentes sur Hemingway, devenu le héros littéraire de Scott et son idéal masculin. Plus grand de quinze centimètres, plus lourd de vingt kilos, Hemingway était l'homme que Fitzgerald rêvait d'être - un sportif avide, un héros de guerre et un correspondant à l'étranger pour les journaux américains. Arlen, comme Zelda, trouvait qu'Ernest était surestimé, et il fit part de ces sentiments à Fitzgerald qui le traita à son tour d'« écrivain de seconde catégorie, jaloux d'un écrivain de première catégorie ». Arlen se vengea par écrit : « Scott F. vint dîner un soir avec des heures de retard, dans un blazer à fines rayures, un pantalon blanc, imbibé de ce qu'il avait bu à l'une des soirées de Gerald Murphy, embarrassé, bavard, puis silencieux. Il pencha la tête sur la table jusqu'à tremper à moitié ses cheveux dans le potage. "Voilà comment je veux vivre... Voilà comme je vois la vie...", dit-il, et il tomba endormi. »

Dans les premières années de la décennie, Arlen et Nancy Cunard avaient été amants, et Cunard réapparaît sous les traits d'Iris March dans *Le Chapeau vert*, rehaussée de quelques traits inspirés de Duff Twysden. La mère de Nancy, tout comme Duff Twysden, avait acquis son titre (lady Cunard), en épousant le millionnaire sir Bache Cunard, de la Compagnie des paquebots Cunard. Nancy inspira nombre d'écrivains au cours des années 1920. Elle apparut dans le best-seller d'Arlen, mais aussi dans trois romans d'Aldous Huxley, dont *Cercle vicieux* et *Contrepoint*. Huxley alla jusqu'à exploiter un incident glané dans l'existence anticonformiste de Nancy pour sa nouvelle *Eyeless in Gaza (Aveugles à Gaza)*, où un chien mort chute d'un aéroplane pour atterrir sur un couple qui fait l'amour en pleine campagne. Nancy affirma toujours que l'anecdote était authentique. (Les lois de la physique, elles, suggèrent que même un petit chien aurait provoqué de sévères dégâts.) La vie de Cunard devait également servir de modèle à Louis Aragon, qui s'en inspira pour son roman *Blanche ou l'Oubli*. Oskar Kokoschka fit son portrait, ainsi que John Banting et Eugene McCown, et son visage inspira la célèbre sculpture sur bois de Brancusi, *Jeune Fille sophistiquée*.

Les clubs nègres étaient trop coûteux pour les Hemingway, qui sortaient souvent avec les Fitzgerald mais fréquentaient des établissements de danse bon marché, ou les bals musettes, boulevard de Sébastopol ou rue de Lappe, rue particulièrement sordide. Chaque bal musette attirait une clientèle unique en son genre : les gangs de rue se retrouvaient rue de Valence, les homosexuels fréquentaient le Bal de la Montagne Sainte-Geneviève, on trouvait les souteneurs arabes rue Fagon et au Bal de la Marine, et Au Clair de lune attirait les marins et les serveuses. Chaque établissement postulait un uniforme de rigueur, et les étrangers imitaient le style local : les femmes portaient des chemisiers de satin et des jupes à bretelles ; les hommes, des chemises à rayures et des casquettes.

Zelda et Hadley s'habillaient comme pour une mascarade ces soirs-là, où elles côtoyaient les ouvriers tassés sur des banquettes en simili-cuir. Pour éviter la casse au cours des bagarres, les tables étaient en général clouées au sol. Des banderoles colorées pendaient au plafond, depuis les angles jusqu'au centre, où une sphère prismatique tournait lentement, projetant des éclats de lumière sur les danseurs.

Comme les Fitzgerald, les Hemingway étaient de gros buveurs qui vidaient en général une bouteille de vin à déjeuner, des apéritifs avant le dîner et deux bouteilles de vin avec leur repas du soir. Boire leur donnait un sentiment de libération et, comme se le rappela Hadley : « Nous buvions comme des trous. Nous nous soûlions au point de... vomir tous ensemble. » Les bals musettes séduisaient Hemingway par leur atmosphère sans chichis, où les règles valaient pour tous. Aucune femme n'avait le droit de refuser une invitation à danser d'un étranger, même si elle avait un cavalier, même si c'était la première fois qu'elle venait. « L'invitation à la danse se faisait à distance. Aucun homme ne se levait ici pour s'incliner devant une femme. Il la regardait fixement et à travers la salle il lançait dans sa direction un psst... retentissant et sonore. Ces psst... psst qui s'élevaient de toute part avant chaque danse fusaient de table à table comme un véritable concert de grillons ! Mais à peine les couples avaient-ils esquissé quelques petits pas sur la piste [...] que l'orchestre s'arrêtait pile et on entendait la voix sonore du patron : "Passons la monnaie ! Passons la monnaie !" Chaque danseur fouillait alors ses "profondes" et en retirait 25 centimes, 5 sous, prix de chaque danse. Seuls les hommes payaient[46]. »

Zelda raffolait de cette atmosphère un peu crue. Tous ces gens lui rappelaient les bals des conscrits à Montgomery, où il n'y avait pas assez de partenaires pour tous les hommes, qui rivalisaient à qui mieux mieux pour capter l'attention des partenaires féminines - à peine un danseur s'était-il immiscé qu'un autre guettait le moment de l'interrompre. Dès le début, Scott avait compris combien ces endroits attiraient Zelda. Dans *Les Heureux et les Damnés*, Gloria s'écrie : « Je suis comme eux - comme ces lanternes japonaises, et ce papier crépon, et la musique de cet orchestre... J'ai en moi ce qu'on pourrait appeler des bas instincts. Je ne sais pas d'où ça me vient, mais c'est... oh, des choses comme ça, et les couleurs vives, et cette vulgarité criarde. C'est comme si je venais d'ici[47]. »

Mais les folles équipées incessantes des Fitzgerald détournaient d'eux leurs amis, y compris Hemingway, qui commençait à prêter attention aux conseils de Stein et à s'infliger plus d'autodiscipline. L'incapacité de Scott à se concentrer sur son travail rendait incertaine une amitié à long terme entre Hemingway et lui. Celui-ci prenait l'écriture au sérieux : à cette époque, aucun écrivain ne travaillait plus dur à Paris ni ne cherchait aussi désespérément à réussir. Il devenait une célébrité sur la rive gauche et, en 1926, il polarisait déjà l'attention. Mais sa confiance apparente et ses airs de bravache dissimulaient l'insécurité qu'il éprouvait, parce qu'il n'avait pas fait d'études longues et qu'il lui manquait les bases intellectuelles qu'une éducation supérieure lui aurait procurées. S'il présentait une apparence de dureté, il était en son for intérieur vieux jeu et, comme le signifiait son prénom en anglais, sincère *(earnest)*. Rechignant toutefois à avouer cette vulnérabilité, il soulignait à outrance ses avantages physiques. L'outrecuidance de Hemingway irritait Zelda au point qu'elle le qualifiait toujours de « macho professionnel », et de « tapette avec du poil sur la poitrine », déclarant d'un air entendu à leurs amis communs : « Il n'y a que lui pour en rajouter autant dans la virilité. » Honoria Murphy se rappela combien ces piques exaspéraient Ernest mais, pour elle, Zelda « avait mis dans le mille ». Hemingway exagérait considérablement ses exploits, notamment ses faits d'armes sur le front italien. Et il n'hésitait pas à embellir sa biographie. Il raconta à un journaliste du *Chicago Tribune* qu'il avait fait ses études à Princeton et admit par la suite avoir menti parce qu'il enviait l'éducation que Fitzgerald y avait reçue. Alors que ses congénères parlaient de littérature, Hemingway avait plutôt tendance à chanter les louanges des boxeurs et des toreros, et sa détermination à exceller dans les sports et à jouer les durs masquait un complexe bien enraciné d'inadéquation sociale. Sa grande passion, c'était la boxe, et il se faisait un peu d'argent de poche en livrant des combats à l'American Gym. Il fréquentait également le cirque de Paris et le cirque d'Hiver-Bouglione, derrière la rue des Filles-du-Calvaire, persuadant souvent Harold Loeb de lui payer l'entrée, ou usant d'un des passes que son ami Guy Hicock, employé par le *Brooklyn Daily Eagle*, lui donnait pour assister aux courses cyclistes.

Hemingway n'avait jamais assisté à une corrida et, sur une suggestion de Gertrude Stein, il descendit à Pampelune, persuadant Robert McAlmon de financer le voyage, entrepris pendant la grossesse de Hadley : Hemingway estimait que le spectacle de tauromachie pourrait avoir un effet positif sur leur enfant *in utero*. Ils avaient pour compagnon de voyage William Bird, propriétaire des Three Mountains Press et qui gérait les bureaux européens des Consolidated Press, une agence dont il était le cofondateur. Les Hemingway, Bird et McAlmon logèrent dans une pension de famille fréquentée par les toreros avant de gagner les arènes du Corpus Christi, à Séville. Ernest nota soigneusement tout ce qu'il observait. Lorsqu'il vit les chevaux éventrés traîner leurs entrailles dans l'arène, il fut si impressionné par le courage des toreros, Manual Garcia et Nicanor Villata, qu'il décida que, s'il lui naissait un fils, celui-ci s'appellerait John Hadley Nicanor Hemingway. Ce qui fut le cas.

Mais le voyage à Pampelune eut aussi des côtés déplaisants ; à mesure que le temps s'assombrissait, Hemingway s'assombrissait aussi. Il avait ceci de déplaisant qu'il s'emportait facilement contre ceux qui voulaient l'aider. Ce fut Robert McAlmon qui essuya ses sarcasmes. Les deux hommes avaient fait connaissance en 1923 en Italie, à l'hôtel Splendide de Rapallo. Éditeur et écrivain, McAlmon avait notamment fait paraître une série de nouvelles intitulées *Distinguished Airs (Des airs distingués)*. Parmi ses premiers tirages, on trouvait le tout premier livre de Hemingway, *Trois Histoires et dix poèmes*. Publié à 300 exemplaires seulement, ce livre toucha peu de public en dehors de la colonie anglophone de Paris. La maison d'édition de McAlmon, Contact Editions, partageait ses bureaux et son personnel avec les Three Mountains Press de William Bird, au 29, quai d'Anjou. Outre Hemingway, McAlmon publia d'autres écrivains expatriés, dont William Carlos Williams, Mina Loy, Gertrude Stein, Djuna Barnes, Kay Boyle et Marsden Hartley, imprimant leurs œuvres sur la presse antédiluvienne de Bird, à Paris et à Lyon, en collaboration avec Maurice Darantière.

Chef de file du « groupe », McAlmon était suivi de café en café par un essaim d'expatriés qui s'attendaient à le voir régler la note. À l'inverse de Scott, il était connu pour sa capacité à tenir l'alcool et pouvait boire impunément six whiskys en l'espace de trente minutes. Il avait émigré de Manhattan, où il posait nu aux cours de dessin de la Cooper Union, ce qui lui permit de rencontrer Winifred Ellerman, plus connue sous le pseudonyme de Bryher, dont elle signait ses poèmes. C'était la fille de sir John Ellerman, le riche armateur britannique, lequel avait stipulé sur son testament qu'elle devrait trouver un mari pour toucher son héritage. En échange d'une rente annuelle, McAlmon accepta un mariage de convenance. Winifred, son épouse devant la loi, ne devait pas moins continuer à vivre seule, tandis qu'il poursuivait sa carrière grâce aux rentes substantielles que lui versaient mensuellement ses beaux-parents. Bryher et lui ne consommèrent jamais leur mariage et ne vécurent jamais ensemble. Elle eut une liaison homosexuelle avec l'écrivain Hilda Doolittle ; lui, malgré ses penchants homosexuels, vécut quelques aventures avec des femmes.

Hemingway fut impressionné par cet écrivain-éditeur, cet homme svelte aux lèvres minces. Ce n'est que par la suite qu'il surnomma McAlmon « Robert McAlimony[3] », affirmant que sa pensée croissait comme un ongle d'orteil incarné, et qu'il avait gâché son talent par sa paresse et son indulgence vis-à-vis de lui-même. Lorsqu'il passait le seuil du Dôme, Ernest insultait souvent McAlmon, assis à une table : « Comment va le Nord-Américain McAlmon, ce poème inachevé ? » McAlmon ripostait par une remarque dérisoire sur Hemingway, qu'il surnommait « le Petit Prodige ». Il avertissait les autres : « Il suffit de l'observer sur l'espace de quelques mois. Partout où étincellent les feux de la rampe, on voit Ernest faire ses foins avec son grand sourire de gamin irrésistible. » Hemingway lui manifesta suffisamment de cordialité pour se faire publier et emmener à Pampelune, puis il le laissa tomber. Il avait

---

3. *Alimony* : pension matrimoniale.

persuadé McAlmon de financer son voyage en Espagne, tout comme il incitait Scott à régler leurs notes de bar. Zelda approuva les commentaires de McAlmon sur Hemingway et implora Scott de ne plus lui prêter d'argent, puisqu'il laissait toujours une centaine de dollars sur l'ardoise.

Hemingway adorait jouer à l'artiste criant famine et faire appel à la générosité de ses amis. Il revêtait une chemise de pêcheur en lambeaux, un grand manteau de tweed ravaudé aux coudes et un pantalon d'ouvrier en loques. Au cœur de l'hiver, laissant entrevoir son postérieur à travers ses hardes, il taquinait ses amis plus aisés : « Dites, les richards, il y en a parmi vous qui devraient offrir un pantalon au copain, histoire qu'il ne se gèle pas le cul par ce temps[48]. » L'une des petites amies de Harold Loeb, Kitty Cannell, se rappela comment, devant les supplications de Hemingway, Loeb rentra lui chercher des pantalons de flanelle blanche flambant neufs. Cannell, qui était journaliste, voyait également dans Ernest un opportuniste qui se liait d'amitié à des fins carriéristes, et qui n'aidait que ceux qui pouvaient à l'occasion lui rendre la pareille. Elle s'agaçait de le voir flirter avec d'autres femmes devant Hadley et déplorait les conditions dans lesquelles il les obligeait tous deux à vivre. Contrairement aux Fitzgerald, qui menaient un train de vie agréable, les Hemingway vivaient en 1925 des intérêts du fonds en fidéicommis que son oncle maternel avait légué à Hadley. Ce fonds, en sus du salaire d'Ernest, ne leur assurait que 5 000 dollars par an. À Paris, ils avaient d'abord habité un deux pièces humide dans un quartier ouvrier, au 74, rue du Cardinal-Lemoine, près du Bal du printemps, un dancing pour prostituées, marins et gangsters. C'était un endroit sombre et sans eau courante, au quatrième étage, avec des paliers insalubres. Ils dormaient sur un matelas à même le sol. Le seul intérêt du lieu, c'étaient leurs voisins de palier : un coureur cycliste et son épouse, qui leur firent connaître les grandes courses cyclistes de six jours.

Les Hemingway voulaient que leur bébé naquît en Amérique : avant l'accouchement, ils mirent fin à leur bail et partirent pour Toronto. Lorsqu'ils revinrent à Paris, leur nouvel appartement n'était guère meilleur que le précédent. Mais il était beaucoup mieux situé, au 113, rue Notre-Dame-des-Champs, près d'une station de métro, et à courte distance de la Rotonde, du Select et du Dôme, de la librairie de Sylvia Beach, de l'appartement de Gertrude Stein et du jardin du Luxembourg, où Ernest aimait à déambuler et où il lui arrivait de croiser Fitzgerald. Le loyer mensuel était de 10 dollars, une aubaine, mais ils devaient se passer d'eau chaude et d'électricité. Il y avait une cuisine étroite avec un évier en pierre, un réchaud à gaz à deux feux, une minuscule chambre pour le bébé, une plus grande pour le couple, et une salle à manger assez grande pour contenir leur table massive et des chaises. Dehors, une scierie fonctionnait sans cesse, avec des grincements déchirants : l'endroit était bruyant autant qu'étroit. Ces défauts expliquent tout naturellement que la Closerie des Lilas soit devenue le second foyer de Hemingway. Comme les Fitzgerald, Hadley et Ernest fuyaient leur appartement autant que possible et mangeaient souvent dehors, mais ils ne pouvaient envisager de dîner à la Tour d'argent - à moins d'être invités par Scott, ce qui se produisait souvent, à la grande fureur de Zelda. Seuls, les Hemingway prenaient leurs repas au Nègre de Toulouse, un restaurant bon marché du boulevard du Montparnasse, pour lequel Kitty Cannell avait une prédilection. Le menu du jour y était imprimé à l'encre violette, et la spécialité du chef était un cassoulet arrosé de cahors coupé d'eau. Ernest et Hadley y prenaient souvent leurs repas, on leur permettait de faire eux-mêmes leur vinaigrette et de suspendre leurs serviettes à carreaux rouges et blancs à un crochet, sur le mur.

Hemingway fut d'abord charmé par Zelda, comme tous les hommes, et ses premiers courriers à Fitzgerald incluaient souvent des salutations ou demandaient des nouvelles de sa santé. Quoiqu'il la tînt pour frivole et gâtée, il était physiquement attiré par elle et remarquait ses jolies jambes, ses cheveux et sa peau. Se rappelant leur première rencontre, il nota : « Je ne l'aimais guère, mais, cette nuit-là, je fis un rêve érotique où elle figurait. Je le lui dis lorsque je la revis, et elle en fut ravie[49]. »

Zelda commença par impressionner suffisamment Hemingway pour l'inciter à les présenter à Gertrude Stein. Mais il changea rapidement d'opinion, mettant Scott en garde contre sa jalousie à l'endroit de son talent et sa détermination à l'empêcher d'écrire. « Si quelqu'un requiert de la discipline au travail, dit-il à Fitzgerald, c'est bien toi, au lieu de quoi tu épouses quelqu'un qui est jaloux de ton travail, veut rivaliser avec toi et te gâche la vie... et tu compliques encore les choses en tombant amoureux d'elle[50]. » Insistant sur l'« idée carnavalesque » que se faisait Zelda de la vie, au détriment certain de Scott, Ernest encouragea ce dernier à la quitter. Mais Scott fit la sourde oreille à ces avertissements et se contenta de rapporter ces commentaires à Zelda. Hemingway croyait sincèrement que Zelda faisait délibérément échec au travail de Fitzgerald en l'obligeant à boire au-delà de ses capacités. Il n'aimait pas voir un homme manipulé ou contrôlé par sa femme et détestait ce qu'il tenait pour la domination de Zelda sur son ami. En réalité, il en voulait à toute femme qu'il considérait comme indigne de son compagnon, ravivant ainsi ses sentiments amers à l'égard de sa propre mère, qu'il avait toujours vue dominer son père. Zelda lui rappelait sa mère, notamment parce qu'elle détestait cuisiner et qu'elle laissait toujours à d'autres le soin des repas. Ce trait ranimait les souvenirs d'enfance d'Ernest, qui revoyait son propre père rentrer de son cabinet médical pour se mettre aux fourneaux chez eux.

Leurs rapports devinrent tendus : lorsque Hemingway passait les voir, Zelda lançait des piques impitoyables, ou quittait la pièce. Quant à Ernest, il savait manifester son hostilité, ouvertement ou dans son dos. Il écrivit à Maxwell Perkins que seuls deux événements pouvaient sauver Fitzgerald : la mort de Zelda ou des maux d'estomac qui lui interdiraient d'absorber de l'alcool. De son côté, Zelda rendait Hemingway responsable des excès d'alcool de Fitzgerald, puisque Ernest tenait l'alcool alors que Fitzgerald était ivre dès le second verre. Chacun d'eux voyait dans l'autre le catalyseur de la déchéance de Scott, se montrant également aveugle à son alcoolisme congénital. Un temps, Scott et Ernest se virent tous les jours. Mais il y eut un froid lorsque Ernest se fit réprimander par son concierge après que Scott eut tenté de forcer la porte de leur appartement à trois heures du matin, déployé un rouleau de papier toilette tout le long de l'escalier et uriné contre le porche. Hemingway, qui observait une stricte discipline (couché à neuf heures, levé à six), était maintenant consterné de voir Scott tambouriner à la porte de la scierie lorsqu'il rentrait chez lui après une nuit de beuverie. Ayant enfin compris que l'écriture était un dur labeur, il était résolu à éviter les distractions. Il initia un lent processus de distanciation vis-à-vis de Fitzgerald.

Dans une lettre à Madeline Boyd, Zelda avoua que leurs beuveries communes devenaient un sérieux problème : « Nous passons un hiver agréable en compagnie de plagiaires, toujours charmants, et nous avons beaucoup été en taxi, si vous voyez ce que je veux dire. Après vous avoir vue, nous sommes allés récupérer à Antibes, avec, pour tout dédommagement, les heures de beuveries. Waouh ! Une fois de plus, le droit chemin se met à sinuer et osciller devant nous, et Scott travaille[51]. » Cependant, Fitzgerald écrivait à Perkins : « Mon travail est la seule chose qui me rende heureux - hormis un petit coup de trop. »

Zelda et Scott retombaient ensemble dans un schéma éculé : trop de mondanités, trop de soirées, trop d'alcool. Bien qu'ils ne fassent état ni l'un ni l'autre de leur mariage, le commentaire de Fitzgerald à Perkins laisse entendre que Zelda ne le rendait plus heureux. De son côté, Zelda avait de quoi méditer en observant le contraste entre Caroline Gordon et Hadley Hemingway : une artiste indépendante, sur un pied d'égalité avec son mari, et la compagne effacée d'un célèbre époux. Quoi qu'elle ait pu penser alors, elle poursuivit ses cours de danse acharnés avec Mme Egorova.

Les Fitzgerald célébrèrent la veillée de Noël avec les MacLeish et les Broomfield, autour d'un arbre de Noël étincelant, décoré de boules de verre, de maisonnettes enneigées et d'oiseaux de paradis en verre filé. Pour sa fille, Scott alla faire des emplettes au Nain bleu, dont la devanture exposait les jouets les plus exquis : poupées, animaux de peluche, joujoux divers. Il revint avec une poupée nommée Monique, vendue avec une malle remplie de tenues pour toutes les saisons. Les Fitzgerald n'écoutèrent pas leur nurse, qui les avertissait que les enfants français recevaient des cadeaux au Nouvel An plutôt qu'à Noël, et disposèrent des douzaines de paquets sous leur arbre de Noël, devant lequel ils prirent la pose avec leur fille pour une photographie de vacances. Zelda avait épinglé un bouquet de houx sur son corsage. On les voit poser tous les trois, levant une jambe à la façon d'un chœur de music-hall, bras dessus, bras dessous. Cette photo de famille épanouie était la préférée de Scottie. « Il y a des douzaines de photographies où nous posons, mon père, ma mère et moi, parce que mon père, s'il n'était pas devenu écrivain, aurait fait un splendide archiviste. Mais, entre toutes, je préfère celle où nous dansons devant l'arbre couvert de décorations clinquantes, à Paris. Non seulement j'étais particulièrement photogénique à quatre ans, mais Noël était l'époque où j'étais le plus utile à mes parents. Je leur permettais de donner libre cours à leur imagination romanesque et de se lancer à cœur perdu dans la fantaisie[52]. »

Après les célébrations du Nouvel An, tous trois se rendirent à Salies-de-Béarn, une station thermale située au pied des Pyrénées. Elle leur avait été recommandée par le gynécologue de Zelda, le docteur Gros, qui était d'avis que ses eaux pourraient guérir ses infections latentes des ovaires, que l'humidité parisienne avait aggravées. Comme on était hors saison, l'unique établissement ouvert était l'hôtel Bellevue, où ne résidaient que sept autres pensionnaires. Zelda évoqua rapidement dans ses souvenirs cet hôtel presque vide, où était née la mère de Henri IV, et la ville déserte. « À Salies-de-Béarn, dans les Pyrénées, nous avons fait une cure... et nous nous sommes reposés dans une chambre en pin naturel... pleine d'un pâle soleil tombé des sommets. Les planches, aux fenêtres du Casino fermé, étaient éclaboussées de fientes d'oiseau ; Salies guettait le retour de la saison où elle excellait. Nous avons acheté des cannes ferrées, le long des rues brumeuses, et des bérets basques authentiques, et tout ce que proposaient les boutiques de souvenirs[53]. »

Ils y restèrent jusqu'en mars. Scott travaillait à ses nouvelles, Zelda peignait. Une photographie collée dans son album la montre un pinceau dans une main, un portrait à l'aquarelle de Scott dans l'autre. Au-dessous une légende écrite de sa main précise : « Portrait de l'artiste avec portrait de l'artiste ». (Peut-être était-ce de sa part une allusion sarcastique aux rapports d'égalité du couple Alan Tate-Caroline Gordon, qui l'avaient frappée.) Désœuvrés, ils allèrent pique-niquer dans la campagne et firent des promenades en voiture à cheval dans les villes voisines et des excursions à Biarritz, Lourdes et San Sebastián. Agacé par sa claustration, rêvant déjà de repartir, Scott écrivit à Harold Ober : « Nous sommes venus dans un petit village abandonné des Pyrénées, appelé Salies-de-Béarn, où ma femme est censée suivre un traitement thermal pendant onze mois, pour une maladie qui traîne maintenant depuis un an. Cet endroit possède les sources salées les plus puissantes du monde... et, hors saison, pas grand-chose d'autre[54]. » Lorsqu'ils furent enfin prêts à partir, ils louèrent une limousine qui les mena à Toulouse « avec des crochets autour du bloc gris de Carcassonne et au long des régions désertes de la Côte d'Argent ». Ils prirent une chambre à l'hôtel Tivollier, avant de rentrer sur Paris en passant par Nice.

De retour dans la capitale, ils retrouvèrent Hemingway qui interrompit son travail pour les présenter à Sylvia Beach, la propriétaire de la librairie anglaise Shakespeare and Co, située 12, rue de l'Odéon. Cette librairie était en passe de devenir l'adresse la plus connue des expatriés, un lieu où les écrivains aimaient à se retrouver. Elle faisait directement face à la Maison des Amis du livre d'Adrienne Monnier. La boutique de Beach devint rapidement un salon où les écrivains venaient stimuler leur imagination. Les Fitzgerald fréquentaient les deux magasins et empruntaient des ouvrages à leurs bibliothèques tournantes. Beach connaissait par ouï-dire le train de vie des Fitzgerald : invitée dans leur appartement, elle n'en fut pas moins surprise de voir quelles grosses sommes ils gardaient sur un plateau d'argent dans leur entrée pour avoir toujours de quoi offrir un pourboire aux livreurs.

Beach était la fille d'un pasteur conservateur du New Jersey. Elle avait découvert Paris à l'âge de quatorze ans, lors d'un séjour en famille. En 1917, elle y retourna pour s'y installer définitivement. Lorsqu'elle ouvrit Shakespeare and Co., elle voulait d'abord en faire une bibliothèque de prêt et un service de poste restante, mais, après sa liaison avec Monnier, elle offrit d'autres services, vendant de petits journaux et revues, offrant des services postaux gratuits, organisant des séances de lecture et prêtant même parfois de l'argent aux auteurs. Les Amis du livre, fondé par Monnier, offrait des services similaires aux clients français. Beach s'installa dans l'appartement de Monnier, situé à quelques numéros de la librairie, et se mit à promouvoir les livres des expatriés et la fiction expérimentale d'auteurs comme James Joyce, Ernest Hemingway et Djuna Barnes. Son magasin présentait un décor chaleureux, où les livres s'entassaient sur les tables, où un grand fourneau chauffait en hiver, et où les murs étaient tapissés des photographies encadrées des auteurs. Hemingway et Fitzgerald s'y retrouvaient parfois, du moins jusqu'à la publication du *Soleil se lève aussi*.

Le succès extraordinaire de ce roman, paru en 1926, altéra à jamais l'amitié des deux hommes en plaçant définitivement Hemingway sous les feux de la rampe. Dès la publication de cet ouvrage, les personnages du roman connurent la célébrité. Jake Barnes, modelé sur Hemingway, devint l'antihéros le plus célèbre de la décennie. Duff Twysden, qui avait servi de modèle à lady Brett Ashley, devint une figure culte, la figure même de la femme émancipée. Et Zelda la garçonne, qui occupait précédemment ce rang, fut remplacée en un rien de temps. Avec une rapidité vertigineuse, Zelda et Scott se virent l'un et l'autre éclipsés par la nouvelle célébrité de Hemingway.

Tout le monde voulait à présent rencontrer Ernest, tout le monde parlait de Duff. Hemingway s'était inspiré pour son roman des événements qui avaient entouré la feria de Pampelune en 1925 et l'avait peuplé des personnalités de Montparnasse. Séduit et révulsé tout ensemble par les habitants du quartier, il voulait leur consacrer un roman populaire, avec les tauromachies en arrière-plan. En juin 1925, Hadley et lui avaient quitté Paris en train pour se rendre à la feria, où ils devaient retrouver Patrick Guthrie, Bill Smith (un ami d'enfance de Hemingway, connu à Oak Park) et Harold Loeb, qui émergeait d'une aventure de deux semaines avec Duff. Comme Ernest était lui aussi attiré par Duff, l'atmosphère frémissait de tension mal contenue. Loeb donna naissance au personnage de Robert Cohn, lady Duff à lady Brett, Bill Smith à Bill Grotton (avec quelques traits empruntés à Donald Ogden Stewart), et Ernest lui-même à Jake Barnes. Hemingway inclut d'autres personnalités de Montparnasse, non moins identifiables : l'ex-maîtresse de Loeb, Kitty Cannell, devint Frances Clyne, Harold Stearns Harvey Stone, Ford Maddox Ford fut Braddock, et Glenway Westcott apparut sous le nom de Robert Prentice. Nulle mention n'était faite de Hadley, ce qui laissait deviner l'avenir proche du couple. Espérant gagner beaucoup d'argent et accéder à la reconnaissance, Hemingway commença à rédiger ce drame chargé en émotions à Madrid, le continua à Hendaye et termina le manuscrit à Paris. Il ne lui fallut que six semaines pour l'écrire ; encore au stade de brouillon, il le montra à Fitzgerald, qui l'aima mais suggéra de nombreux changements. Il conseilla à Ernest d'éliminer les deux premiers chapitres, assurant que, « pour traiter à fond ces bagatelles perverses et obstinées, tu as écrit pas mal de pages qui, franchement, me rappellent Michael Arlen[55] ». Zelda, qui voyait dans la passion tauromachique de Hemingway un avatar de son obsession pour la virilité, réagit moins favorablement. Pour autant qu'elle pouvait en juger, le roman ne traitait que de « combats de taureaux, tueries de taureaux, taureaux encore et toujours... ». Tous les Américains de Paris guettaient la parution de l'ouvrage, surtout après les propos de Hemingway à Kitty Cannell : « Je suis en train de massacrer ces salauds. Je mets tout le monde dedans, et ce youtre de Loeb est le vilain de l'histoire[56]. »

Tous ceux qui avaient inspiré les personnages réagirent - différemment. Dépeint comme un être faible et antipathique, Loeb s'indigna, et on murmura qu'il était résolu à massacrer l'auteur à coups de revolver. En fait, il réussit à éviter Hemingway jusqu'à ce qu'ils tombent l'un sur l'autre chez Lipp. Hemingway s'assit en tournant le dos à Loeb, qui vit « sa nuque rougir » d'embarras. Duff manifesta d'abord son indifférence, disant qu'Ernest « écrivait un roman, et qu'il avait le droit de faire ce qu'il voulait avec qui il voulait ». Puis, se voyant décrite comme une nymphomane alcoolique, elle entra en fureur. Elle s'était déjà fait une certaine réputation avant la parution du roman et devint légendaire par la suite : des étudiantes de Vassar et Smith imitèrent les hauts faits de lady Brett et adoptèrent ses opinions. Duff avait souvent frayé avec les Fitzgerald avant la publication du roman ; ensuite, leurs relations connurent une fin abrupte. Scott admit qu'il détestait trop Duff pour juger objectivement le récit. Il avoua à Maxwell Perkins : « Quant au roman d'Ernest, il me plaît, avec quelques réserves. La fiesta, la partie de pêche, les personnages secondaires sont réussis. Quant à la dame, je ne l'aime pas, parce que je n'aime pas l'original[57]. »

Désormais plus célèbre que Fitzgerald, Hemingway se laissait emporter par l'enthousiasme que suscitait partout son roman, immensément populaire. Scott réagit en se plongeant dans l'alcool et en inaugurant « une période de mille soirées, sans travailler ». Les Fitzgerald avaient recréé autour d'eux cette frénésie sordide qu'ils avaient fuie en émigrant. Dans ces circonstances, il leur parut bon d'accepter les invitations réitérées des Murphy et de gagner Antibes, où Zelda pourrait se reposer sur la plage pendant que Scott se reconcentrerait sur son écriture.

En mars 1926, Zelda et Scottie partirent avec Fitzgerald pour la Côte d'Azur, où ils louèrent la Villa Paquita à Juan-les-Pins. Ils espéraient y revivre les deux étés précédents avec les Murphy et leurs amis, mais découvrirent que la Côte d'Azur avait bien changé. Ce n'était plus l'endroit tranquille d'auparavant, et Zelda sentit qu'il s'y insinuait une atmosphère « de carnaval et de désastre imminent ». Elle écrivit par la suite : « Nous sommes allés à Antibes, et j'ai été tout le temps malade, et j'ai pris trop de Dial[58] » (un sédatif contenant de l'alcool). Trois ans plus tôt, la ville ne comptait qu'un seul cinéma et un seul restaurant, mais de nouveaux établissements ouvraient l'un après l'autre, et l'endroit était envahi par les Américains. Il y avait des célébrités sur le bord de mer, des célébrités dans les hôtels fraîchement construits, partout des célébrités - Rebecca West, Gilbert Seldes, Isadora Duncan, Charles MacArthur, Alexander Woollcott...

Tous rivalisaient plus durement pour accaparer l'attention des Murphy, notamment les Hemingway, conviés à occuper la bastide, réservée aux invités des Murphy. L'incroyable succès de son roman faisait que tout le monde voulait rencontrer Ernest, ce qui éveillait chez Fitzgerald les pires ressentiments. Il n'en manifesta pas moins sa sympathie à Hadley lorsqu'elle arriva avant Ernest avec leur jeune fils, Bumby, qui avait contracté une coqueluche. Le médecin anglais des Murphy les fit mettre immédiatement en quarantaine. S'inquiétant pour leurs propres enfants, Gerald et Sara demandèrent à Hadley de se loger ailleurs. Comme ils venaient de quitter la Villa Paquita, à l'expiration de leur bail de trois mois, Scott et Zelda proposèrent à Hadley d'y habiter. Les Murphy l'avaient louée pour les Fitzgerald avant leur arrivée, mais elle s'était révélée humide et incommode, et ils avaient déménagé dans la Villa Saint-Louis, une maison plus pratique, située sur le bord de mer à moins d'un kilomètre du casino. Cette solution se révéla excellente. Hadley séjourna avec Bumby à la Villa Paquita jusqu'à l'arrivée d'Ernest en juin. Zelda, Scott, les MacLeish et les Murphy allaient la voir tous les jours et conversaient à distance avec elle, à travers la grille de fonte qui cernait la propriété.

C'était une période éprouvante pour Hadley qui, comme Zelda, avait été la benjamine surprotégée de six enfants. Un temps handicapée par un accident d'enfance, elle fut élevée dans l'idée qu'elle était de santé fragile et fut intensément séduite par le physique robuste de Hemingway. Son père, qui dirigeait la firme pharmaceutique familiale, s'était suicidé quand elle avait douze ans. Elle fut alors envoyée en pension, au Mary Institute, où elle se lia avec Mary Smith, qui devait par la suite épouser John Dos Passos. Ayant achevé ses études à l'Institut, elle passa un an à l'université Bryn-Mawr. Grande femme au charme naturel, Hadley était plus attrayante que belle ; c'était une pianiste accomplie et une grande joueuse de tennis. Lorsque Ernest lui fit la cour, elle lui affirma que sa vocation d'écrivain serait ce qui compterait le plus pour elle. De même que Zelda avait dit à Scott : « Je veux être ton assistante », Hadley avait affirmé à Ernest : « Je veux être un soutien pour toi, non un obstacle[59] ». Et elle tint parole. Lorsque Zelda lui disait qu'elle se montrait trop accommodante (« Ernest prend toutes les décisions et tu ne fais qu'obtempérer »), Hadley expliquait que c'était exactement ce qu'elle voulait. Elle avait vu l'autorité changer de main dans son couple, tout comme Zelda après l'affaire Jozan - même si, dans son cas, l'infidélité n'était pas en cause.

La cause première, c'étaient les manuscrits de Hemingway. En décembre 1922, Ernest demanda à Hadley d'apporter trois dossiers contenant ses manuscrits à Lausanne, où il couvrait les négociations gréco-turques pour le *Toronto Star*. Lincoln Steffens, célèbre journaliste chargé des rubriques mondaines, se trouvait également à Lausanne. Il avait lu les écrits de Hemingway et voulait en voir davantage. Hadley réagit sans attendre. Elle fit un paquet de tous les manuscrits de Hemingway - les originaux de sa main, les manuscrits dactylographiés et leurs doubles au carbone, soit l'équivalent d'un an de travail (dont le roman inspiré par son expérience de la guerre, des poèmes, des nouvelles et des chroniques parisiennes) -, fourra le tout dans une valise et prit le train pour Lausanne. Ayant casé la valise dans un porte-bagages, elle sortit un moment acheter une bouteille d'eau, et, à son retour, vit que la valise avait disparu. Une autre version de l'histoire veut que Hadley confiât la valise à un porteur qui s'enfuit avec. Dans l'esprit de Hemingway, toutefois, cette perte avait valeur d'infidélité. Hadley aurait dû mieux sentir l'importance de son travail et s'en préoccuper assez pour veiller sur lui. Il ne lui pardonna jamais, n'oublia jamais l'incident ; elle se le reprocha tout le restant de sa vie. Comme Scott, qui entretenait la fureur suscitée par l'affaire Jozan, Ernest cultiva une profonde indignation devant l'insouciance apparente de Hadley. C'était là un prétexte idéal pour une vengeance par adultère.

Zelda compatit aux malheurs de Hadley, mais elle-même était en lutte contre ses propres démons. De retour à Paris, elle s'aperçut qu'une légère dose d'alcool suffisait à décupler sa nervosité, et qu'une dose supérieure provoquait l'hystérie. Elle décrivit par la suite un incident de cette nature dans *Accordez-moi cette valse* : « Ils se rendirent au Bourget et louèrent un petit avion. David but du cognac avant de partir, trop de cognac : alors qu'ils survolaient la porte Saint-Denis, il tenta de convaincre le pilote de les amener jusqu'à Marseille. De retour sur Paris, il exhorta Alabama à venir avec lui au Café Lila. "On va se trouver quelqu'un avec qui dîner. - David, je ne peux pas, vraiment pas. Je suis tellement malade quand je bois. Il faudra m'administrer de la morphine, comme la fois dernière[60]." » L'épisode renvoie à un incident qui s'était produit à la Villa Saint-Louis : Zelda but trop, fut prise d'hystérie, et Scott dut appeler un médecin, qui lui administra une piqûre de morphine pour la calmer. Ces crises d'hystérie dues à un abus d'alcool - où l'on diagnostiquerait aujourd'hui le premier symptôme d'une schizophrénie naissante - ne trahissaient pas encore les lésions mentales de Zelda.

En juin, celle-ci subit une nouvelle opération chirurgicale, cette fois à l'hôpital américain de Neuilly. Peut-être s'agissait-il là d'une appendicite, ou d'une tentative de soigner ses affections ovariennes, qui perduraient. Bien plus tard, en 1930, lorsqu'elle fut admise à la clinique Valmont, en Suisse, un de ses médecins devait noter : « À vingt-quatre ans, en Europe, elle frôle la péritonite en raison d'une inflammation de l'ovaire droit, qui la laisse quasi handicapée pendant un an. Ce trouble prend fin avec une opération de l'appendicite. [Le docteur Gross et] le docteur Martell découvre[nt] que l'appendice est en mauvais état, mais que l'ovaire est globalement sain. »

S'inquiétant pour sa sœur seule à Neuilly, Rosalind écrivit pour demander les causes de cette hospitalisation. Elle ne reçut aucune réponse. « Je ne comprends pas bien pourquoi, mais je me rappelle que son hospitalisation ne dura pas longtemps : l'opération ne devait pas être bien grave. Je lui fis livrer des fleurs depuis Bruxelles, et elle me remercia aussitôt par un petit mot allègre, où elle indiquait que Scott et elle partaient en province pour sa convalescence, je ne me rappelle plus exactement où, sans mentionner la nature de sa maladie. Comme je m'inquiétais un peu pour elle, comme toujours à présent que j'observais son mode de vie, j'écrivis au médecin-chef de l'hôpital américain pour tenter d'apprendre la cause de sa maladie. Bien sûr je n'eus aucune réponse : le contraire aurait constitué une violation éthique, puisque Zelda, en qualité de femme mariée, n'était plus sous tutelle familiale. J'ai songé à un moment qu'il pouvait s'agir d'un avortement, mais je me suis rappelée que Scott était catholique, même s'il ne pratiquait plus - assez catholique pour avoir voulu se marier à l'église et faire baptiser Scottie -, et j'ai rejeté cette hypothèse. » Quelle qu'ait été la nature de l'opération, elle laissa à Zelda une cicatrice et des agrafes qui lui interdirent momentanément toute activité physique fatigante.

Tandis qu'elle était hospitalisée, Scott se divertissait comme à l'accoutumée. Un soir qu'il était sorti boire seul au Ritz, il rencontra un groupe d'étudiants de Princeton, qui escortaient quelques jeunes femmes de Westport. Il les entassa dans un corbillard, flanqué de draperies et de plumes noires, et ordonna au conducteur de les emmener aux Halles. Là, ils remplirent le véhicule de légumes et repartirent vers le Ritz. Il réécrit par la suite l'épisode, en restant sans doute proche de la réalité : « Six d'entre nous, oh, les plus beaux, les plus nobles vestiges de cette soirée... s'en allaient perchés sur des milliers de carottes, dans une carriole, les carottes avaient un parfum fort et doux, et des barbes terreuses... nous gagnâmes le Ritz dans l'obscurité, et nous traversâmes l'entrée... non, impossible, mais nous étions parvenus dans l'entrée, et le concierge, par nous soudoyé, était parti chercher un serveur pour que nous commandions un petit déjeuner au champagne[61]. »

Lorsque la chaleur retomba sur Paris en juillet, ils partirent pour la Côte d'Azur. L'animosité que ressentait Zelda à l'égard de Hemingway, l'opinion qu'elle avait de son mariage, fit que Hadley et elle cessèrent de se fréquenter cet été-là. Mais Zelda changeait sensiblement à d'autres égards : elle se montrait plus introspective, plus distante vis-à-vis des invités des Murphy. Ada MacLeish se rappela qu'elle passait moins de temps sur la plage, en partie parce qu'elle se remettait toujours de l'opération de Neuilly, mais aussi parce qu'elle n'avait pas envie de frayer avec les autres. Zelda se rappela cet été comme une période de tristesse et d'isolement : « Je voulais que tu viennes nager avec moi à Juan-les-Pins, mais tu préférais les gaietés de la Garoupe, la compagnie de Marise Hamilton, et les Murphy, et les MacLeish... tu me laissais très souvent seule[62]. »

Lorsqu'elle eut repris des forces, elle loua les services d'un professeur de ballet, dans la Suisse voisine, afin de poursuivre les leçons de danse qu'elle avait commencées l'hiver précédent à Paris, avec Egorova. Archibald MacLeish se rappela nettement ses efforts herculéens pour devenir une danseuse. « Zelda était une femme véritablement extraordinaire ; elle avait un besoin immense de créer, de faire quelque chose, et, cet été-là, elle décida de pratiquer le ballet. Elle pratiquait la danse sept heures. À l'époque elle avait vingt-huit ans, je crois [en réalité, vingt-six], et il faut savoir que, pour une femme de cet âge, il est tout bonnement ridicule de vouloir devenir ballerine pour de bon, de pratiquer si farouchement ces exercices épuisants. Mais elle s'était mise en tête qu'elle pouvait vraiment être une danseuse exceptionnelle, et c'est ce qu'elle avait toujours voulu faire, du coup elle s'y jeta à corps perdu, et l'effort physique auquel elle s'astreignit, son incapacité à maîtriser cet art devaient largement nourrir la dépression nerveuse qui l'anéantit[63]. »

À mesure que les semaines passaient, Zelda s'isolait de plus en plus, et, lorsque Gerald et Sara organisèrent une réception en l'honneur de Hemingway, elle rechigna à s'y rendre. Les Murphy avaient hâte de présenter leur célèbre ami, et ils organisèrent une soirée d'accueil au casino de Juan-les-Pins. Jaloux de voir Hemingway ainsi accaparé, déçu de se voir traité de cette façon, Scott réalisa que Zelda et lui n'étaient plus que deux noms de plus sur la liste d'invités illustres qui comprenait Charles et Elisabeth Brackett, Philip et Ellen Bart, Donald Ogden Stewart et sa jeune femme, Beatrice, la princesse de Poix et la princesse Caraman-Chimay. Zelda finit par accepter de se rendre à la célébration, mais regretta sa décision en voyant son mari dévisager grossièrement les invités, condamner le champagne et le caviar comme « affectés » et se livrer au lancer de cendriers d'une table à l'autre. Comble de scandale, il envoya une figue dans le dos de la princesse de Poix, qui la ramassa avec désinvolture, comme si de rien n'était. Zelda se leva pour partir, mais pas avant que Gerald - visiblement contrarié - n'ait présenté ses excuses à la princesse. « Il [Scott] avait vraiment un sens de l'humour navrant, dit Murphy en se rappelant l'incident, un humour estudiantin... vulgaire, disons le mot[64]. »

Frustré de se voir ainsi mis à l'écart, Fitzgerald se mit à faire des remarques provocantes et adopta un comportement risqué. Lorsqu'on le présentait à des nouveaux venus, il faisait souvent des remarques agressives sur leur apparence physique, ou déclarait de but en blanc : « Je suis alcoolique. » Les Murphy firent d'abord semblant de ne rien voir, tout comme sa famille qui cherchait même à l'excuser. « Les bons écrivains, tenta par la suite d'expliquer Scottie, ont pour tâche essentielle de remuer la boue, d'exposer la condition scandaleuse de l'âme humaine. Il leur faut décaper le vernis des événements et des personnalités. Le restant d'entre nous accepte son prochain sur ses apparences, et digère tant bien que mal l'inacceptable. Pour les écrivains, c'est impossible : il leur faut tâter le terrain, interroger, mettre à l'épreuve, douter et défier, ce qui implique un flot constant de nouvelles victimes et de nouvelles expériences[65]. »

Scott paraissait déterminé à battre Ernest à son propre jeu, et Archibald MacLeish se rappela un incident qui mit directement leurs vies en danger. « Nous nous baignions sur la plage, devant la villa, Ada et moi, Scott et Zelda, et Ernest Hemingway. La villa se trouvait au-dessus de la plage, sur la falaise, et devant il y avait une étendue circulaire de gravier, pas très grande, je suppose, large d'une quinzaine de mètres, si bien qu'une grosse voiture avait tout juste la place de faire demi-tour. Scott sortit de l'eau et gagna sa voiture, et fit signe à Ernest et à moi de prendre place à l'intérieur. Nous ne comprenions pas ce qu'il avait en tête, mais il resta là à nous faire signe de la main, à exiger notre venue. Finalement, nous nous levâmes et allâmes le voir. Sa voiture était un petit modèle (je ne crois pas que vous ayez jamais vu un *spider*, un tout petit siège arrière ; sa voiture en possédait un). Ernest et moi montâmes à l'arrière, en nous serrant comme des sardines. Scott remonta l'allée de la villa en accélérant progressivement ; à hauteur du cercle de gravier, il fit un demi-tour accéléré, si brusque que nous craignîmes de le voir faire un tonneau, avant de mettre le cap sur la falaise à toute vitesse. Il se rua sur le bord de la falaise, écrasant le frein à la toute dernière minute, la toute dernière seconde - j'étais certain qu'il s'y était pris trop tard - et stoppa sur l'arête même de la falaise. Puis il sauta de la voiture et se retourna pour nous dévisager ; il était très rouge et riait comme un fou, d'un rire quasi incontrôlé, qui dura plusieurs minutes. J'étais pétrifié ; je n'arrivais toujours pas à y croire ; tout s'était passé si vite, et Ernest, à mes côtés, était blanc comme un linge. Ernest était un homme très courageux, mais il détestait prendre des risques stupides, comme Scott venait de le faire, et mieux valait sans doute pour Scott qu'il fût si choqué, si pâle ; il garda le silence et ne sortit pas tout de suite de la voiture... Lorsque Zelda comprit (elle avait tout observé d'en bas), et qu'elle vit Scott, elle se mit en colère devant un exploit aussi ridicule, et elle ne le lui fit pas dire [66]. »

Malgré tout, Scott était ravi d'avoir fait trembler Hemingway. Une autre farce d'enfant commise par Fitzgerald cet été-là fut de tourner un film provocateur avec Charlie MacArthur et Ben Finney. MacArthur était marié à l'actrice Helen Hayes ; c'était un dramaturge connu, qui avait écrit *La Page de garde* avec Finney. Les trois compères décidèrent, pour leur farce élaborée, de tourner un film muet sur « la femme la plus méchante d'Europe » - un portrait composite de Duff Twysden et Nancy Cunard - en prenant pour toile de fond l'hôtel du Cap. Empruntant une caméra, ils tournèrent quelques scènes d'après un scénario des plus outrageusement suggestifs, prenant sur le vif les pensionnaires de l'hôtel dans des poses qui se révélaient comiques à la projection. Pris de boisson, les trois compères pourchassèrent l'actrice Grace Moore dans l'entrée et, comble d'outrage, s'approprièrent les murs blancs entourant sa villa pour leurs sous-titres obscènes. Moore s'amusa d'abord de leurs pitreries, mais elle se fatigua rapidement de devoir faire laver ses murs et leur ordonna de quitter les lieux.

Les provocations de Fitzgerald finirent par offenser les Murphy, à tel point qu'ils bannirent Scott et Zelda de la Villa America pour trois semaines. Cela se produisit après une soirée particulièrement déplaisante, où Scott brisa volontairement plusieurs des verres vénitiens préférés de Sara. Celle-ci lui écrivit un mot de réprimande sévère, en soulignant qu'à leur âge Gerald et elle n'étaient plus en mesure d'apprécier une telle immaturité, et l'avertissant qu'à moins de changer de comportement il ne pourrait plus compter sur leur amitié. Humiliée par l'attitude de son mari, Zelda infligea à son tour un avertissement à Scott : elle s'enferma plusieurs fois dans la villa alors qu'il était dehors, fit les bagages de Scott et les laissa devant la porte, ou boucla sa propre malle et la porta dans la rue. Mais la situation ne s'améliora pas. D'après Sara Mayfield, « après chaque dispute, Zelda menaçait de faire ses bagages et de partir. Elle entassait toutes ses affaires dans une malle et la traînait jusque dans la rue. Là, elle attendait - on ne sait quoi.

Lorsqu'elle sentait le sommeil la gagner, elle rentrait se mettre au lit en laissant la malle derrière elle[67] ». Où pouvait-elle aller ?

Le comportement de Fitzgerald exaspérait Zelda, qui en devenait morose et silencieuse ou provoquait Scott par des prouesses non moins dangereuses que les siennes. Un jour, elle mit Scott au défi de plonger des falaises les plus hautes d'Éden Roc. Sara Murphy se rappela cet incident : « Il fallait être un plongeur hors pair pour cet exploit. Il y avait des terrasses aménagées dans la roche à cinq pieds, dix pieds, etc. jusqu'à trente pieds de hauteur. Ce qui signifiait plonger de très haut, à toute heure, mais surtout de nuit, où il fallait synchroniser parfaitement le plongeon pour éviter de se fracasser sur les rochers, en bas. Zelda se déshabillait, ne gardant que son slip, et demandait d'une voix très douce à Scott s'il avait envie d'aller se baigner. Je me rappelle un soir où j'étais avec eux : il tremblait de tout son corps lorsqu'elle lui posa la question, mais il la suivit. Ils plongèrent tour à tour, sortant de la mer tout blancs, frissonnants, jusqu'à ce qu'ils atteignent la dernière terrasse, à trente pieds de hauteur. Scott hésita, observant Zelda, jusqu'à ce qu'elle refasse surface. Je ne pensais pas qu'il irait jusqu'au bout, mais il le fit[68]. » Puis, sur cette allée en courbe où Scott avait effrayé Hemingway et MacLeish, les Fitzgerald emmenèrent Gilbert Seldes dans une virée éprouvante. « La route qui partait de leur villa avait été prévue pour les carrioles, et il y avait un endroit où elle rétrécissait dangereusement avant de marquer un tournant, se rappela Seldes. Chaque fois qu'ils abordaient cet endroit, Zelda se tournait vers Scott, qui était au volant, et lui disait : "Donne-moi une cigarette, Goofo." Scott réussissait d'une façon ou d'une autre à lui donner une cigarette tout en redressant la voiture, mais c'était très dangereux, très effrayant[69]. »

Archibald MacLeish se rappela un autre incident dangereux. « Un soir en particulier, nous avions fait une randonnée en montagne et passé une soirée là-bas, dans une sorte de night-club suisse, et Scott et Zelda, qui étaient d'humeur particulièrement gaie, avaient fini la soirée en dansant sur l'une des tables. Le propriétaire trouvait apparemment cela charmant et très romantique, mais c'était le genre de numéros auquel ils se livraient continuellement. Pour le retour, Ada et moi étions dans la voiture des Murphy, et Scott et Zelda conduisaient devant nous. À mi-chemin, il y avait un endroit où la route se déportait sur la droite, et à notre surprise générale, nous vîmes Scott continuer tout droit, dans un petit sentier poussiéreux qui prolongeait la route. Tout en prenant la courbe, nous jetâmes un coup d'œil en arrière pour nous apercevoir qu'il avait amené sa voiture jusqu'à un grand tronçon de chemin de fer qui traversait une passe montagneuse à cet endroit. Celle-ci devait se trouver à six ou huit kilomètres de haut et il arrêta sa voiture, pile au milieu de la voie. Ada et moi, inquiets, pensions qu'il vallait mieux s'arrêter et faire demi-tour, mais Gerald Murphy dit en riant que Scott avait sans doute découvert qu'il n'y avait pas de train de nuit, et que nous les reverrions le lendemain. Le matin suivant, alors que nous prenions le petit déjeuner, Scott et Zelda entrèrent pour nous dire qu'ils avaient passé la nuit sur la voie de chemin de fer, et qu'ils étaient rentrés au petit matin. Je n'ai vraiment aucune raison d'en douter : c'était bien le genre de choses que Zelda aimait faire[70]. »

Lorsque Sara désapprouva ce genre d'entreprise, Zelda ne fit qu'en rire, disant : « Mais Sara, tu ne savais donc pas ? Nous ne croyons pas à la conservation de l'espèce. » Dans toutes ces affaires, Zelda garda toujours une grande dignité, et Sara Murphy se rappela sa réserve naturelle : « Elle était toujours si maîtresse de soi... D'une façon ou d'une autre, elle était incapable de se livrer à des gestes déplacés. » Même lorsqu'elle retroussait ses jupes et montait sur la table de casino à Juan-les-Pins, pour danser entre les verres et les bouteilles, elle impressionnait tellement l'orchestre qu'ils accompagnaient musicalement les ballets qu'elle improvisait. Un soir, lors d'un dîner que donnait Grace Moore sur les terrasses en plein air de l'hôtel Éden Roc, en l'honneur de son fiancé Chato Elizaga et du critique de théâtre Alexander Woollcott, Zelda se lassa des toasts qui se succédaient en l'honneur des invités. Elle annonça soudain : « J'ai été profondément touchée par ces mots aimables, mais que sont les mots ? Personne n'a offert de cadeau-souvenir à nos héros sur le départ. Je commence[71]. » Sur quoi elle ôta d'un geste sa petite culotte de dentelle noire et la lança à Chato Elizaga qui, pour marquer sa gratitude, plongea dans la mer depuis les falaises qui bordaient la terrasse. Pour ne pas être en reste, Woollcott se déshabilla intégralement, salua Zelda, et traversa l'entrée de l'hôtel nu comme un ver pour regagner sa chambre.

Un autre soir, les Fitzgerald et les Murphy dînaient sur la terrasse de la Colombe d'or, à Saint-Paul-de-Vence, et Gerald dirigea l'attention de Fitzgerald sur Isadora Duncan, assise avec trois hommes à une table voisine. Scott alla se présenter et, s'agenouillant à ses pieds, la salua comme une artiste révolutionnaire. Ayant reçu une avance pour rédiger ses Mémoires, elle subissait les pressions de ses éditeurs et demanda conseil à Scott. Celui-ci prêta une oreille favorable, et, après lui avoir donné le nom de son hôtel et le numéro de sa chambre, elle commença à passer ses doigts dans ses cheveux en l'appelant « mon centurion ». Zelda, qui ne surprit que cette partie de la conversation, devint très agitée. Elle escalada le muret qui entourait la terrasse et se jeta sur les marches de pierre à l'entrée du restaurant. Même si elle ne voulait sans doute que ramener sur elle l'attention de Scott, elle aurait pu facilement se tuer. Lorsque Sara la rejoignit au pied des escaliers, elle n'avait heureusement que les genoux en sang. Depuis l'enfance, Zelda rêvait de danser comme Pavlova, et elle se battait pour atteindre la consécration d'Isadora. Avait-elle vu dans l'attitude de Scott, agenouillé devant Duncan, le signe qu'elle avait échoué en comparaison ? Après l'incident, elle se retira encore plus en elle-même, même si elle allait parfois se baigner avec les Murphy sur leur plage, prit de plus en plus de distance avec le monde qui l'entourait. « Elle n'en faisait pas vraiment partie, commenta par la suite Sara Murphy. Elle avait une vie intérieure, une émotivité que personne, je crois, n'a jamais effleurée... »

L'été touchait à sa fin, tout comme l'union des Hemingway. Ernest et Hadley se rendirent à Antibes uniquement pour annoncer leur séparation aux Murphy. Au cours de l'automne 1924, Ernest avait entamé une liaison avec Pauline Pfeiffer, la chroniqueuse de mode de *Paris Vogue*, et il réclamait à présent sa liberté. Le père de Pfeiffer possédait une chaîne de drugstores et d'immenses terres de culture dans l'Arkansas ; son oncle était l'actionnaire majoritaire de la firme pharmaceutique Warner et de la Richard Hudnut Company. Hadley attribua leur séparation en partie à la perte des manuscrits dont elle était responsable, mais admit ouvertement qu'elle ne pouvait rivaliser avec la richesse de Pfeiffer, son élégance, sa détermination à lui prendre son mari. Appréciant d'avoir deux femmes amoureuses de lui, Ernest n'en était pas moins dévoré de culpabilité devant cette situation, et il demanda conseil aux Murphy. Ceux-ci approuvèrent sa décision de quitter Hadley, dont l'attitude passive et discrète leur paraissait provinciale. Ils prêtèrent 400 dollars à Ernest et lui remirent les clés de l'atelier de Gerald à Paris. Ernest leur en fut reconnaissant à l'époque, mais il blâma par la suite les Murphy d'avoir encouragé sa décision d'abandonner Hadley et leur jeune fils. « Ils collectionnaient les gens comme certains collectionnent des tableaux, comme d'autres élèvent des chevaux, et ils ne firent que me soutenir dans toutes les décisions impitoyables et cruelles que j'ai prises... Je détestais ces riches parce qu'ils ne me soutenaient et ne m'encourageaient que lorsque je commettais une faute... C'était bien leur faute à eux, qui envahissaient l'existence des autres. Ils portaient la poisse aux gens[72]. » De retour à Paris, Hadley manifesta un calme apparent, mais elle se sentait profondément trahie. Lorsque Donald Ogden Stewart la raccompagna à son appartement après une soirée, elle pleura sur tout le chemin du retour. « Notre vie est devenue un enfer, se plaignit Hemingway à Fitzgerald en septembre 1926, et c'est apparemment tout ce qu'on peut attendre d'une bonne existence[73]. »

Scott éprouvait des sentiments similaires. L'été s'était mal terminé pour tout le monde. Zelda et lui s'étaient brouillés avec les Murphy, les Hemingway s'étaient séparés, et Scott n'avait guère progressé dans ses tentatives d'écriture. En septembre, au jour de son trentième anniversaire - il lui semblait qu'il entrait dans l'âge mûr -, il fêta l'heureux événement en se soûlant une semaine d'affilée, comme il le raconta à Ernest. Il décida qu'il était temps de rentrer. Après deux ans et demi passés à l'étranger, les Fitzgerald firent leurs adieux à leurs connaissances et à Paris. Le 10 décembre 1926, avec Scottie et sa gouvernante, miss Maddock, ils s'embarquèrent sur le *Conte Biancamano* et refirent le trajet vers New York en première classe.

Ils ne pouvaient deviner alors que leur vie ne serait plus jamais la même. Publié en avril 1924, *Gatsby le Magnifique* avait suscité des critiques respectueuses et des ventes médiocres. Du jour au lendemain, Ernest avait pris la place de Scott : c'était lui, le jeune écrivain à la page, brillant, novateur. Depuis *Gatsby*, Scott n'avait plus rien écrit d'important ; il avait perdu son temps en mondanités. Impossible de passer l'éponge sur le comportement des Fitzgerald en le qualifiant de quatre cents coups juvéniles. Scott était désormais un alcoolique invétéré qui, avant de tourner de l'œil tous les soirs, pouvait se montrer d'une intolérable grossièreté, même envers des intimes, ou commettre un acte malveillant et destructeur, comme de briser les verres vénitiens de Sara Murphy. De son côté, Zelda, tout en essayant de se ménager une existence bien à elle, trahissait déjà les symptômes de sa schizophrénie. Même dans le monde bohémien et tolérant où ils évoluaient, Scott était devenu un fardeau. Leurs amis et leurs connaissances reconnaissaient qu'il se passait là quelque chose de très anormal. Mais Scott et Zelda étaient aveugles à la réalité : leur vie commune avait connu son apogée deux ans plus tôt et ne pouvait que suivre une spirale descendante. En fuyant le passé, ils semblaient considérer qu'un avenir plus lumineux demeurait à leur portée. Au début de leur excursion en Europe, Zelda s'était vantée d'échapper à « tout ce qui a failli nous avoir, mais pas tout à fait, parce que nous étions trop malins pour nous laisser avoir ». Elle ne comprenait pas qu'ils portaient en eux ce « tout » désastreux, où qu'ils aillent.

Notes

1. Lettre de Zelda Fitzgerald à Madeline Boyd, 18 décembre 1925, archives Zelda Fitzgerald, bibliothèque de l'université de Princeton (PUL), boîte 5, dossier 1.

2. John Peale Bishop, « The Missing all », *The Virginia Quarterly Review*, hiver 1937, p. 110.

3. Alan Tate, *Memoirs and Opinions*, 1926-1927, Chicago, Swallow Press, 1975, p. 72.

4. Gerald Murphy, cité dans Honoria Murphy Donnelly, *Sara & Gerald, Villa America and After*, New York, Time Books, 1982, p. 107.

5. *Ibid.*, p. 148.

6. Sara Mayfield, *Exiles from Paradise : Zelda and Scott Fitzgerald*, New York, Dell Publishing Company, 1971, p. 139.

7. Gerald Murphy, cité dans Nancy Milford, *Zelda : a Biography*, New York, Harper & Row, 1970, p. 139.

8. F. S. Fitzgerald, *Les Heureux et les Damnés*, trad. Louise Servicen, Paris, Gallimard, NRF, 1964, p. 246.

9. Zelda Fitzgerald, *Save Me the Waltz*, in *The Collected Writings of Zelda Fitzgerald*, éd. Matthew J. Bruccoli, New York, Charles Scribner's Sons, 1991, p. 98.

10. *Ibid.*, p. 86.

11. F. S. Fitzgerald, cité dans Sheilah Graham, *The Real F. Scott Fitzgerald : Thirty-Five Years Later*, New York, Grosset & Dunlap Inc., 1976, p. 61.

12. Lettre de F. Scott Fitzgerald au docteur Robert Carroll, citée dans Matthew J. Bruccoli, *Some Sort of Epic Grandeur*, New York, Harcourt Brace Jovanovich, 1981, p. 408.

13. Oscar Kalman, cité dans Jeffrey Meyers, *Scott Fitzgerald*, New York, Harper Collins, 1994, pp. 151-152.

14. Hadley Hemingway, citée dans Milford, *Zelda*, *op. cit.*, p. 114.

15. Ernest Hemingway, *Paris est une fête*, trad. fr. Marc Saporta, Paris, Gallimard, NRF, 1964, p. 183.

16. F. S. Fitzgerald, cité dans Bruccoli, *Some Sort of Epic Grandeur*, *op. cit.*, p. 199.

17. F. S. Fitzgerald, cité dans Jeffrey Meyers, *Scott Fitzgerald*, *op. cit.*, p. 119.

18. Lettre de Zelda Fitzgerald à Scott Fitzgerald, fin de l'été/début de l'automne 1930, archives Zelda Fitzgerald, PUL.

19. Edmund Wilson, *The Twenties*, éd. Leon Edel, New York, Farrar, Straus & Giroux, 1975, p. 297.

20. Lettre de F. Scott Fitzgerald à Howard Cox, 15 avril 1934, citée dans *The Correspondence of F. Scott Fitzgerald*, éd. Matthew Bruccoli et Margaret Duggan, New York, Random House, 1980, p. 350.

21. Edmund Wilson, *The Twenties*, *op. cit.*, p. 298.

22. Zelda Fitzgerald, « Conduisez M. et Mme F. au n°... », in *La Fêlure*, trad. fr. Suzanne Mayoux et Dominique Aury, Paris, Gallimard, NRF, p. 280.

23. Lettre de F. S. Fitzgerald à John Peale Bishop, mars 1925, *The Letters of F. Scott Fitzgerald*, éd. Andrew Turnbull, New York, Charles Scribner's Sons, 1963, p. 355.

24. Lettre de F. S. Fitzgerald à Roger Burlingame, 19 avril 1925, citée dans Bruccoli, *The Correspondence of F. Scott Fitzgerald, op. cit.*, p. 160.

25. Note d'Ernest Hemingway à Gertrude Stein et à Alice B. Toklas, citée dans James Mellow, *Hemingway, a Life without Consequences*, Reading, Massachusetts, Addison-Wesley Publishing Co., 1992, p. 291.

26. Lettre de F. S. Fitzgerald à Maxwell Perkins, *The Correspondence of F. Scott Fitzgerald, op. cit.*, p. 222.

27. Lettre de F. S. Fitzgerald à Alexander Woollcott, automne 1925, *The Letters of F. Scott Fitzgerald, op. cit.*, p. 486.

28. Harry Crosby cité dans Barnaby Conrad III, *Absinthe : History in a Bottle*, San Francisco, Chronicle Books, 1988, p. 142.

29. Robert McAlmon, *Being Geniuses Together (1920-1930)*, New York, Doubleday and Company, 1968, p. 110.

30. Djuna Barnes citée dans Andrew Field, *Djuna : the Formidable Miss Barnes*, Austin, University of Texas Press, 1985, p. 118.

31. Janet Flanner, *Paris Was Yesterday*, New York, Viking Press, 1972, pp. XVIII-XIX.

32. Jimmie Charters, *This Must Be the Place*, éd. Morrill Cody, Londres, Herbert Joseph, 1934, p. 111.

33. *Ibid.*, p. 12

34. Ernest Hemingway, cité dans Arlen J. Hansen, *Expatriate Paris : A Cultural and Literary Guide to Paris of the 1920's*, New York, Arcade Publishing, 1990, p. 142.

35. Gerald Murphy, cité dans Bruccoli, *Some Sort of Epic Grandeur, op. cit.*, p. 254.

36. Scottie Fitzgerald, citée dans Eleanor Lanahan, *Scottie Fitzgerald : the Daughter of...*, New York, Harper Collins, 1995, p. 39.

37. Lettre de F. S. Fitzgerald à John Peale Bishop, 19 août 1925, citée dans Malcolm Cowley, *Fitzgerald and the Jazz Age*, New York, Scribner Research Anthology, Charles Scribner's Sons, 1966, p. 102.

38. Lettre de F. S. Fitzgerald à John Peale Bishop, septembre 1925 (probablement), *The Letters of F. Scott Fitzgerald, op. cit.*, p. 359.

39. Lettre de Gerald Murphy à F. S. Fitzgerald, 19 septembre 1925, citée dans Bruccoli, *The Correspondence of F. Scott Fitzgerald, op. cit.*, p. 179.

40. Duff Twysden, citée dans Harold Loeb, *The Way It Was*, New York, Criterion, 1959, p. 272.
41. Zelda Fitzgerald, citée dans Milford, *Zelda*, *op. cit.*, p. 57.
42. Zelda Fitzgerald, *Save Me the Waltz*, *op. cit.*, p. 95.
43. Sara Mayfield, *Exiles from Paradise*, *op. cit.*, p. 135.
44. Morley Callaghan, *That Summer in Paris, Memories of Tangled Friendships with Hemingway, Fitzgerald, and Some Others*, New York, Coward-McCann, 1963, p. 192.
45. F. S. Fitzgerald, « The World's Fair », cité dans Mizener, *The Far Side of Paradise*, New York, Houghton Mifflin, 1949, p. 182.
46. Brassaï, *Le Paris secret des années 30*, Paris, Gallimard, 1976.
47. F. S. Fitzgerald, *Les Heureux et les Damnés*, *op. cit.*, p. 73.
48. Ernest Hemingway, cité dans Kathleen Cannell, *Connecticut Review II*, n° 1, 1968.
49. Ernest Hemingway, cité dans Mellow, *Hemingway*, *op. cit.*, p. 291.
50. Lettre d'Ernest Hemingway à F. S. Fitzgerald, citée dans Mellow, *Hemingway*, *op. cit.*, p. 436.
51. Lettre de Zelda Fitzgerald à Madeline Boyd, hiver 1925-1926, archives Zelda Fitzgerald, PUL, boîte 5, dossier 1.
52. Scottie Fitzgerald, citée dans Lanahan, *Scottie*, *op. cit.*, p. 28.
53. Zelda Fitzgerald, citée dans Bruccoli, *Some Sort of Epic Grandeur*, *op. cit.*, p. 389.
54. Lettre de F. S. Fitzgerald à Harold Ober, janvier 1926, citée dans Jeffrey Meyer, *Scott Fitzgerald*, *op. cit.*, p. 160.
55. Lettre de F. S. Fitzgerald à Ernest Hemingway, citée dans Andrew Mellow, *Invented Lives*, New York, Houghton Mifflin, 1984, p. 270.
56. Ernest Hemingway, cité dans Mellow, *Hemingway*, *op. cit.*, p. 305.
57. Lettre de F. S. Fitzgerald à Maxwell Perkins, citée dans Matthew J. Bruccoli, *Scott and Ernest : the Authority of Failure and the Authority of Success*, New York, Random House, 1978, p. 50.
58. Zelda Fitzgerald, citée dans Bruccoli, *Some Sort of Epic Grandeur*, *op. cit.*, p. 304.
59. Hadley Hemingway, citée dans Gioia Diliberto, *Hadley*, New York, Ticknor & Fields, 1992, p. 92.
60. Zelda Fitzgerald, *Save Me the Waltz*, *op. cit.*, p. 169.
61. Cité dans Mizener, *The Far Side of Paradise*, *op. cit.*, p. 181.
62. Lettre de Zelda Fitzgerald à F. S. Fitzgerald, fin de l'été/début de l'automne 1930, citée dans Mellow, *Invented Lives*, *op. cit.*, p. 272.

63. Entretien d'Archibald McLeish avec l'auteur, août 1963, Uphill Farm, Conway, Massachusetts.

64. Gerald Murphy, cité dans Calvin Tomkins, *Living Well is the Best Revenge*, New York, New American Library, 1972, p. 125.

65. Scottie Fitzgerald, Introduction à *Letters to his Daughter*, éd. Turbull, New York, Charles Scribner's Sons, 1965, p. ix.

66. Entretien d'Archibald McLeish avec l'auteur, août 1963, Uphill Farm, Conway, Massachusetts.

67. Sara Murphy, citée dans Milford, *Zelda, op. cit.*, p. 123.

68. *Ibid.*, p. 124.

69. Gilbert Seldes, cité dans Milford, *Zelda, op. cit.*, p. 111.

70. Entretien d'Archibald McLeish avec l'auteur, août 1963, Uphill Farm, Conway, Massachusetts.

71. Zelda Fitzgerald, citée dans Mayfield, *Exiles from Paradise, op. cit.*, p. 130.

72. Ernest Hemingway, cité dans Mellow, *Ernest Hemingway, op. cit.*, p. 130.

73. Lettre d'Ernest Hemingway à F. S. Fitzgerald, septembre 1926, citée dans Bernice Kert, *The Hemingway Women*, New York, W. W. Norton and Co., p. 179.

Chapitre cinq

Toujours plus haut vers la folie

Arrivés à Manhattan, les Fitzgerald y restèrent une semaine, le temps de revoir leurs amis, avant de se rendre à Washington où les parents de Scott résidaient à l'hôtel Roosevelt. Ils allèrent ensuite passer Noël à Montgomery, avec les Sayre ; ils comptaient rentrer à Manhattan pour l'hiver. Mais leurs plans changèrent du tout au tout lorsque John Considine Jr., qui dirigeait les studios Features Production, apprit à Fitzgerald qu'on voulait l'engager trois mois pour rédiger le scénario d'une comédie où Constance Talmadge devait jouer une garçonne. United Artists lui offrait un salaire de 3 500 dollars, avec une rallonge de 12 500 dollars si le scénario était agréé. Les Fitzgerald avaient besoin d'argent, et l'idée d'aller à Hollywood les séduisait : ils confièrent Scottie et sa gouvernante anglaise aux parents de Scott et s'embarquèrent pour Los Angeles à bord du *Twentieth Century Limited*.

À l'hôtel Ambassador, ils occupèrent la suite n° 17, un bungalow luxueux blotti entre les palmiers du Wilshire Boulevard, « où frissonnaient les roses blanches, lumineuses dans la brume, au milieu du treillis qui bordait la fenêtre de leur suite ». Leurs voisins incluaient l'actrice Carmel Myers, dont ils avaient fait la connaissance à Rome, John Barrymore, Pola Negri et Carl Van Vechten. Zelda fut ravie de revoir « Carlo », et les trois amis sortirent chaque soir ensemble. Zelda dit à Margaret Reid, reporter du *Motion Picture*, que Van Vechten, « qui était venu goûter un peu de paix et de repos, avait bouleversé toute la colonie ». Dans une lettre à sa femme Fania datée du 19 janvier 1927, Carl décrit ses conditions de vie : « Cet hôtel est extraordinaire. C'est comme si on vivait à Londres. Sans guide, on s'y perd. J'occupe l'un des bungalows de la propriété, et Scott Fitzgerald en habite un autre juste en face. Les Fitzgerald sont là parce que lui écrit un scénario pour Constance Talmadge. Je me suis bien amusé avec eux hier après-midi[1]. » Toutefois, l'atmosphère n'était pas tout à fait idyllique : lorsque Carl invita Zelda à les retrouver à dîner, lui et l'actrice Betty Compson, Fitzgerald fit une scène et refusa de la laisser s'y rendre. Une fois de plus, elle se retrouva seule une bonne partie du séjour.

Scott et les scénaristes employés par United Artists se devaient d'observer un horaire de travail strict. Mais, s'il les croisait parfois dans les couloirs, Fitzgerald voyait peu ses collègues qui, à l'instar de ses anciens condisciples, le détestèrent d'emblée en l'accusant de snobisme. Sara Haardt, qui vivait alors à Hollywood, prenait sa défense : « Scott est très gentil, très doux, au fond... Son arrogance est un pur réflexe défensif. Il essaie de masquer un complexe d'infériorité sociale qui l'a toujours hanté. En son for intérieur, c'est vraiment un homme généreux, sensible, qui voudrait qu'on l'aime[2]. » Un scénariste au moins ne se laissa pas convaincre et lui dit : « En son for intérieur, et tu le sais tout comme moi, Scott est un vrai fils de p...[3] »

Dès la fin de leur première semaine en Californie, les Fitzgerald se laissaient courtiser par les notables de Hollywood. On les présenta à de nombreux producteurs, metteurs en scène et stars ; ils furent régulièrement interviewés par des journalistes chargés des chroniques mondaines et invités à de nombreuses réceptions. Les réunions les plus plaisantes avaient lieu le dimanche, où acteurs et actrices jouissaient d'un jour entier de congé. Parodiant les acteurs qui arrivaient directement des studios en costume de scène, les Fitzgerald firent un jour leur apparition en chemise de nuit et pyjama. Ils fréquentèrent John Barrymore, prirent le thé chez Ronald Coleman, rendirent visite à Mary Pickford et Douglas Fairbanks à Pickfair, et assistèrent à un cocktail chez Norma Shearer et Irving Thalberg (qui devait inspirer à Fitzgerald le héros de son dernier roman).

Au cours d'une de ces mondanités, Scott fut présenté à Lois Moran. Blonde aux yeux bleus, âgée de dix-sept ans, c'était la protégée de Samuel Goldwyn. Dans le numéro de décembre 1922 du magazine *Colliers*, Henry Pringle la décrivait comme « menue, un tantinet trop suave d'apparence ». Elle évoquait Ruth Findlay en plus jeune. Zelda vit en elle une autre incarnation de la femme accomplie qu'elle rêvait maintenant de devenir et, railleuse, définit Moran comme « un vrai petit déjeuner, où bien des hommes retrouvaient tout ce dont la vie les avait privés[4] ». Étonnamment raffinée et cultivée pour son âge, Lois était chaperonnée par sa mère, deux fois veuve, qui gérait sa carrière et avec qui elle avait emménagé à Paris à l'âge de onze ans. Elle était devenue ballerine à l'Opéra de Paris à l'âge précoce de quatorze ans, et elle avait joué dans son premier film français l'année suivante. En 1925, elle avait fait ses débuts aux États-Unis, dans le *Stella Dallas* de Samuel Goldwyn, où elle jouait la fille du héros.

Scott admirait la détermination de Lois à se faire reconnaître de Hollywood et passait le plus clair de son temps libre - certes limité - avec elle. Il aimait sa beauté irlandaise et ses bonnes manières, et ils se lancèrent dans un flirt sérieux qui ne passa pas inaperçu aux yeux de Zelda. Flattée d'éveiller ainsi l'intérêt de Scott, Lois lui retourna ses compliments dans une interview où elle le nommait, aux côtés de Rupert Brooke et Romain Rolland, comme l'un de ses auteurs préférés. Elle alla jusqu'à suggérer que Fitzgerald jouât avec elle dans son prochain film et arrangea pour lui un bout d'essai, mais les talents d'acteur de Scott laissèrent les producteurs dubitatifs.

Toutefois, le bout d'essai raté ranima l'intérêt des studios Famous Players, toujours décidés à voir Fitzgerald et Zelda jouer Amory et Rosalind dans *L'Envers du paradis*. Scott, une fois encore, écouta les conseils de Maxwell Perkins, lequel demeurait convaincu que ce choix nuirait à sa réputation d'homme de lettres. Derechef, il rejeta l'offre. De voir Scott s'empresser continuellement auprès de Moran et accepter d'être son partenaire à l'écran, tout en refusant de jouer dans cette adaptation cinématographique, Zelda se sentit frustrée et furieuse. Elle éprouvait ennui et tristesse à Hollywood et écrivit à sa fille, âgée de six ans, que la France lui manquait cruellement. « Le temps que nous avons ici me fait penser à Paris au printemps, et je me languis vraiment des lumières roses et des rues animées... du vin et des petites terrasses de café[5]. » Pour mieux passer le temps, elle passait des heures à nager dans la piscine de l'hôtel et apprit à danser le black-bottom. Même si elle continuait à vouloir jouer au cinéma, Zelda se sentait menacée lorsqu'elle se comparait aux autres actrices, qu'elle trouvait plus belles et plus talentueuses. « Tout le monde ici est très intelligent et presque tout le monde sait danser et chanter et jouer, et je me sens très stupide, dit-elle à Scottie. Si jamais nous sortons d'ici, j'éviterai à tout jamais les cinémas et les acteurs[6]. »

Tant de beauté et de talent réunis sur le seul territoire de Hollywood n'impressionnaient pas moins Scott. « C'est une cité tragique peuplée de belles filles, écrivit-il à sa cousine Ceci. Les filles qui lavent le plancher sont belles, et les serveuses, et les vendeuses. Plus besoin d'aller chercher ailleurs la beauté[7]. » Scott irritait Zelda en admirant non seulement leur beauté, mais leur engagement professionnel et leur détermination à réussir par tous les moyens. Il voyait dans Moran quelqu'un qui savait tirer parti de ses qualités et louait l'actrice en dépréciant Zelda. Ces comparaisons ne cessaient de déséquilibrer Zelda. D'un côté, Scott la retenait en plein élan, de l'autre, il la critiquait pour son manque d'ambition. Cette manipulation la blessait douloureusement, en laissant tout pouvoir à Fitzgerald. Il observait à présent sur un ton de froide curiosité : « Il y a un aspect de Zelda qui m'est devenu inaccessible - une mélancolie - un doute immense. » Même si l'empressement de Fitzgerald auprès de Moran la tourmentait, Zelda y voyait une revanche pour l'affaire Jozan et admettait qu'elle ne pouvait pas y faire grand-chose. C'est seulement des années plus tard qu'elle fit des reproches à Scott : « En Californie, alors que tu me refusais le droit d'aller quelque part sans toi, tu t'es toi-même engagé dans une relation ouvertement sentimentale avec une enfant[8]. » Elle réfréna d'abord sa colère de se voir si souvent laissée seule à la maison tandis que Fitzgerald sortait avec Lois et sa mère. Puis, un soir où il était parti les retrouver à dîner, sa rage éclata. Elle réunit les vêtements qu'elle avait elle-même conçus et fabriqués, les entassa dans la baignoire et mit le feu au tout. Sans doute était-ce là une tentative inconsciente de montrer à son mari ce qu'elle ne réussissait pas à articuler, à savoir qu'elle avait travaillé dur pour créer quelque chose, et qu'en l'ignorant à présent Scott, en somme, détruisait son œuvre. Il ne comprit pas ce message, pas plus que Zelda elle-même.

Cet incendie marqua un déclin dans les destinées des Fitzgerald. Au bout de huit semaines, les United Artists rejetèrent sans autre cérémonie le scénario de Scott, intitulé « Lipstick » (« Rouge à lèvres »). Fitzgerald n'avait pas arrangé les choses en se disputant avec Constance Talmadge au sujet de l'intrigue. En mars 1927, ayant dépensé leur avance et se voyant refuser les 12 500 dollars promis à Scott, les Fitzgerald reprirent le chemin de l'Est. Peu après qu'ils furent montés dans le train, une querelle violente éclata lorsque Scott annonça que Moran allait bientôt leur rendre visite. Zelda, qui avait naguère assuré Scott qu'elle « ne deviendrait jamais assez ambitieuse pour entreprendre quoi que ce soit », se voyait maintenant critiquée pour son manque d'ambition et comparée à une femme plus égocentrique et plus carriériste qu'il ne l'avait jamais autorisée ou poussée à l'être. Prise de fureur, Zelda ouvrit la fenêtre de leur compartiment et jeta sur les rails la montre en platine ornée de diamants que Scott lui avait offerte au moment de leurs fiançailles.

Le télégramme de Moran, envoyé de Los Angeles le 14 mars à 11 h 40, les suivit à l'Est. « Hollywood entièrement paralysé après votre départ. Bootleggers au chômage. Cotton Club fermé. Tous les drapeaux en berne. Meilleur souvenir à tous les deux. Lois[9]. » Moran adressa par la suite exclusivement ses lettres à Scott. « Scott chéri - vous me manquez énormément - la vie est si excessivement ennuyeuse là-bas, à présent. Viens de traîner dans les studios, à voir des gens pour qui je ne me sens pas le moindre intérêt[10]. » Une autre lettre donne à sentir l'intensité de son attachement : « Mon chéri, idiot, troublant, adorable Scott - je ne cesse de me rappeler et d'oublier, de me rappeler et de penser que vous oubliez - puis j'oublie de nouveau, et là, un mot de vous - vous me troublez scandaleusement[11]. » L'arrivée imminente de

Moran ne perturbait pas moins Zelda, mais elle affecta une apparente sérénité devant les parents de Scott lorsqu'ils allèrent chercher Scottie à Washington, avant de se mettre en quête d'une maison dans le Delaware.

Zelda, qui rêvait de fonder un nouveau foyer, dit à Scottie : « J'ai terriblement envie d'avoir une maison à moi... mais Papa a dit que nous devions d'abord en louer une... pour voir si nous allons aimer l'Amérique [12]. » Ils s'installèrent à Wilmington puisque Fitzgerald voulait être à proximité des bureaux du *Saturday Evening Post* de George Lorimer, à Philadelphie, et que Maxwell Perkins lui avait recommandé la ville comme un endroit calme où il pourrait travailler à son prochain roman. Heureux de les voir retourner à l'Est, Mencken leur écrivit de venir le voir à Baltimore. « Dieu merci, vous avez survécu ! Je tremblais pour vous. Los Angeles est l'unique, l'authentique rectum du monde civilisé - ou je ne m'y connais pas en anatomie. Si jamais vous avez envie de retourner y mettre le feu, je suis des vôtres. Pourriez-vous venir déjeuner dimanche, Zelda et vous ? Je demanderai à Sara Haardt de se joindre à nous ; elle voudra connaître les derniers potins de Montgomery [13]. »

Ils n'avaient qu'une seule connaissance dans la région de Wilmington : John Biggs, qui descendait d'une famille influente du Delaware. Ayant, semblait-il, profondément mûri, il y exerçait le métier d'avocat. Il proposa aux Fitzgerald de les aider à trouver une maison convenable. En 1925, Biggs avait épousé Anna Rupert, une voisine d'enfance et la fille d'un fabricant prospère. Ils dénichèrent pour les Fitzgerald une belle propriété appelée « Ellerslie », située sur la rive ouest du fleuve Delaware, dans le village d'Edgemoor, à quelques kilomètres au nord de Wilmington. Construite en 1843 dans le style Greek Revival, cette propriété de deux étages, aux imposantes colonnes doriques, donnait sur une pelouse spacieuse qui descendait doucement vers le fleuve. De 1890 à 1901, elle avait été occupée par les gérants d'Edgemoor, une entreprise de métallurgie et, de nombreux étés, avait servi de résidence secondaire aux familles de William F. Sellers et Henry B. Bradford, qui vivaient à Wilmington. Les Bradford y vécurent sans interruption de 1901 à 1922. En mars 1927, les Fitzgerald signèrent un bail de deux ans pour la maison, pour un loyer mensuel de 150 dollars.

Scottie, inscrite à la Calvert School de Baltimore, recevait des leçons à domicile, supervisées par sa gouvernante anglaise. Dans ses Mémoires, elle se rappelle : « Mon éducation commença officiellement à Ellerslie, la maison louée par mes parents dans les faubourgs de Wilmington, dans le Delaware et qui depuis a été abattue pour que le site accueille une usine Dupont de produits de peinture. Chaque semaine, un paquet arrivait de Calvert, l'école de Baltimore, rempli de merveilleuses étiquettes à coller dans nos cahiers, ainsi que des étoiles rouge et or à distribuer lorsqu'un poème avait été appris par cœur, ou une dictée réussie[14]. » La géographie devint sa matière préférée ; par la suite, Scottie eut envie de visiter les endroits qu'elle avait étudiés. « Je voulais me rendre partout où m'emmenait Calvert et, des années plus tard, en pénétrant dans un village du Nigeria où j'ai vu les femmes nues et les hommes porter des lances, je me suis sentie comme Marcel Proust avec sa madeleine. J'avais de nouveau six ans, et je collais une image de ce même village dans mon cahier[15]. »

Leurs voisins les plus proches étaient des familles de pêcheurs, dont les maisons bordaient la rue. Ils trouvaient les Fitzgerald bizarres et échangeaient des ragots sur leurs réceptions où l'on s'enivrait la nuit durant, et sur leurs parties de croquet disputées sur la pelouse avec des chevaux de ferme. Avec ses hauts plafonds, ses larges fenêtres et ses trente pièces, Ellerslie était beaucoup trop vaste pour les trois Fitzgerald, mais c'était un endroit merveilleux pour recevoir leurs amis de Manhattan, qui venaient en train de New York. Comme devait se remémorer Zelda, « les pièces étaient hautes et respiraient cette immensité qu'on doit aux proportions harmonieuses. La maison était si parfaite que les portes se réduisaient à leurs extrémités comme les colonnes d'un temple grec. Un escalier circulaire sondait ses profondeurs. Les violettes poussaient parmi les roses jaunes dans la cour, entre un pin blanc et un marronnier, et sur la rive, près d'une ancienne raffinerie, cernée d'une haie de roses blanches, il y avait une petite hutte à balises, dont le toit rouge surplombait les ensablements[16] ».

Six semaines après leur emménagement, ils accueillaient leurs premiers hôtes. C'était le week-end du 21 mai 1927, celui où Lindbergh atterrit au Bourget, à Paris, et parmi leurs invités il y avait Lois Moran et sa mère, le critique Ernest Boyd, Helen Hayes et Charlie MacArthur, Ben Hecht, Carl Van Vechten, la danseuse Catherine Littlefield et son partenaire masculin. John Biggs, également présent, décrivit ainsi la soirée. « Nous donnions des soirées tapageuses à Ellerslie. Nous nous livrions à toutes sortes d'activités insensées, comme de jouer au polo en utilisant des maillets de croquet et des balles, juchés sur d'immenses percherons empruntés à la fonderie voisine. C'était une nuit illuminée par le clair de lune. Je faisais le fier, je m'en souviens, parce que mon premier fils venait de naître. Lois Moran, pour montrer comme elle était forte, soulevait sa mère dans ses bras ; du coup Charlie MacArthur souleva à la fois la mère de Helen Hayes et celle de Lois Moran, et moi, pour ne pas être en reste, je les soulevai tous les trois, sans pouvoir les retenir, et je laissai tomber l'un de mes fardeaux dans la rivière. Catherine Littlefield faisait des jetés, et son partenaire la laissa tomber ; elle manqua se casser le cou[17]. » Une photographie prise ce week-end-là montre Lois, qui a l'air très irlandaise et sourit face à l'appareil, son bras droit glissé sous celui de Scott ; une autre la prend sur le vif alors qu'elle considère Scott affectueusement, tandis que Carl Van Vechten les observe d'un œil critique.

Zelda continuait à traiter avec une cordialité de surface le couple Biggs ainsi que Moran, qu'elle raillait comme n'ayant « aucun trait de personnalité, sinon une certaine hystérie frémissante à l'idée de vivre une idylle ». Elle joua les hôtesses gracieuses un après-midi où ils pique-niquèrent sur la pente de la pelouse, à l'ombre. Mais, à mesure que le week-end avançait, Zelda s'irritait davantage des attentions de Scott à l'endroit de la jeune actrice. Enfin, ayant passablement bu, elle laissa libre cours à sa rage : non seulement Scott flirtait avec Moran, mais il se donnait en spectacle devant ses invités, en sa présence. Ce fut une scène déplaisante, qui embarrassa les invités en question, mais plus encore Zelda une fois que la sobriété l'eut ramenée à la raison. Une semaine plus tard, elle écrivait un mot d'excuse à Van Vechten : « Du fond de mon âme souillée, je suis désolée que le week-end ait été un tel gâchis. Pardonne-moi mes iniquités et mon infecte ivrognerie. C'était un si bel endroit, et la soirée se serait si bien passée si je n'avais pas sondé mes abîmes en public. Quoi qu'il en soit, je t'assure que je suis désolée, contrite et absolument misérable de savoir que tout ça produirait strictement le même résultat si je me remettais à boire [18]. » Zelda admirait Van Vechten et goûtait sa compagnie. Elle appréciait son tempérament exceptionnel et le tenait pour un expérimentateur et un fin connaisseur. « Carl est un être divin, écrivit-elle par la suite, il a passé six mois en prison pour ne pas payer une pension alimentaire à sa femme [19]. »

Van Vechten se rendit fréquemment à Ellerslie cet été-là, et Zelda se rappela comment, à chacune de ses visites, « il apportait des disques nègres interdits et un shaker à cocktails ». Le week-end qui suivit son éclat au sujet de Moran, il revint passer un bien meilleur moment, écrivant à sa femme Fania le 27 mai : « Mon petit bébé chéri, nous avons passé de merveilleux moments chez les Fitzgerald. Ils ont une maison extraordinaire en plâtre jaune, sur le Delaware, avec des balcons en fer forgé et de l'espace à ne plus savoir qu'en faire - une quinzaine de chambres et un salon qui doit bien faire trente mètres de long. Les marronniers sont en fleur sur la pelouse. Des orchestres nègres sont venus jouer dans la soirée, et les nombreux résidents ont dansé [20]... » Zelda considérait Carlo comme un ami sûr, et elle lui écrivit de nombreuses lettres pendant l'été et l'automne, auxquelles il attacha assez de prix pour les conserver. Elles indiquent clairement sa résolution à trouver coûte que coûte un domaine où exceller. Le 6 septembre 1927 : « Je me suis remise à peindre, et j'ai du pain sur la planche si je veux, à partir de deux pommes et un bâtonnet de chewing-gum, produire des pyramides, des angles et une beauté cosmique avant l'automne [21]. »

L'engouement de Fitzgerald pour Moran, ses critiques touchant l'oisiveté de Zelda renforcèrent la résolution de cette dernière à faire carrière. Du jour au lendemain, sembla-t-il, elle ne supporta plus d'exister par l'entremise de son mari et de sa réputation, même si sa réserve, l'été précédent, indiquait clairement qu'elle s'efforçait déjà de se trouver une identité « à part ». « Zelda, je crois, voyait les provocations sociales de Scott les faire déchoir à toute vitesse, de minute en minute, supposa sa sœur Rosalind, et elle voulait se ménager une carrière qui lui permette de gagner sa vie indépendamment[22]. » Elle se sentait de plus en plus éloignée de l'univers de Scott par son propre manque d'accomplissement, sentiment qu'elle devait transmettre à son alter ego, dans son roman *Accordez-moi cette valse*. « En touchant au but, elle chasserait les démons qui la poussaient... en se prouvant à elle-même, elle atteindrait cette paix qu'elle associait par nécessité à un sentiment de retraite en soi-même. La danse serait pour elle le moyen de contrôler ses émotions, de susciter l'amour ou la pitié, ou le bonheur, à son gré, une fois qu'elle leur offrirait un canal où se précipiter librement[23]. » Comparant sa propre existence à celle du petit poisson qui se nourrit en parasite des scories du requin, Zelda devait rappeler à Scott par la suite : « Je t'ai souvent dit que je suis comme ce petit poisson qui nage sous le ventre d'un requin, et qui, je le crois, vit très indécemment de ses immondices. En tout cas, c'est comme ça que je suis. La vie évolue au-dessus de moi comme une grande ombre noire, et j'ingurgite tout ce qui tombe avec délice, ayant appris à une école très rude qu'on ne peut pas à la fois jouer les parasites et préférer assurer sa propre subsistance sans se mouvoir dans des univers que les gens doués de raison tiendront pour fatidiques, même dans mon imagination chaotique[24]. »

La belle-sœur de Biggs, Amy Rupert Thomas, se rendit à Ellerslie cet été-là et remarqua que Zelda avait collé « sur sa coiffeuse des étoiles d'or et d'argent qui montaient jusqu'au plafond, trois mètres plus haut, à la façon d'une voie lactée ». On la photographia avec un collier de ces mêmes étoiles ; elles étaient un symbole de ses ambitions nouvelles, de son désir d'exceller en toute indépendance. Mais, quoique séduite par la perspective de devoir son indépendance à sa carrière, Zelda manquait encore de confiance en elle et craignait de se laisser consumer par l'ambition. Au fil des semaines, elle fut de plus en plus solitaire et furieuse. Scott allait régulièrement retrouver Moran à New York, mais interdisait formellement à Zelda de recevoir ses amis hommes à la maison en son absence. Dick Knight, qui avait assisté à l'une de leurs soirées en l'honneur de Paul Morand, se vit notamment interdire le seuil : il avait suscité le courroux de Fitzgerald en inaugurant une correspondance privée avec Zelda. Néanmoins, elle se confia à Knight, un avocat doté d'une voix magnétique et d'une personnalité hors du commun, et ils eurent de fréquentes conversations téléphoniques. (Son patronyme devait être celui du héros d'*Accordez-moi cette valse*.) Dans un compte rendu autobiographique rédigé en 1932 pour son psychiatre, où elle décrit sans doute ses sentiments avec plus de véracité qu'elle ne précise les faits, Zelda dit avoir fait son apparition dans l'appartement de Knight à New York, vêtue d'une robe de dentelle noire, avant de passer l'après-midi avec lui. Ils avaient bu des cocktails, « et après elle resta longtemps assise sur les marches, perdue dans une sorte de désespoir heureux[25]... ». L'expression « et après » suggère « après l'amour ». Faut-il le croire ? Comme toujours, Zelda n'avouait rien. Scott, toutefois, devina que les choses pouvaient mal tourner et interdit à Zelda de revoir Knight, comme Jozan naguère, ou de l'inviter à Ellerslie.

En septembre, Ludlow Fowler et Townsend Martin vinrent les voir pour un séjour de plusieurs jours. Ils prirent part à un match de polo et dansèrent sur la musique allègre d'un orchestre loué pour l'occasion. L'attraction qu'exerçait Zelda sur Townsend avait changé : à présent, au lieu de jouer à la beauté du Sud extravertie et coquette, elle paraissait grave et réservée. Un temps, le jeune écrivain Tom Wolfe vint les voir la nuit - la bouteille à la main. Après dîner, Scott et lui se retiraient en général sur les chaises longues de la terrasse, où ils passaient la nuit à boire et à discuter. Leurs rapports évoquaient ceux de Scott avec Lardner à Great Neck, à cela près que maintenant c'était Scott le plus alcoolique des deux.

C'était l'admiration de Scott pour les talents de Moran qui avait éveillé chez Zelda le désir de poursuivre une carrière, mais la notion de travail progressa dans son estime, au point qu'elle y vit le seul moyen de survivre. Cette attitude contrastait fortement avec son credo antérieur, lorsqu'elle disait à sa petite fille : « Je suis scandaleusement intelligente, à tel point que je pourrais facilement être un univers tout entier pour moi-même - si je ne préférais pas vivre dans celui de Papa[26]. » À présent, elle jaugeait le succès à l'aune de ses propres accomplissements. Ce fut d'abord la peinture qui l'attira. Elle avait pris des leçons à Capri et aimait à travailler la couleur, aussi commença-t-elle à prendre des cours à Philadelphie, trois fois par semaine. Après un mois devant le chevalet, elle découvrit toutefois que l'effort abîmait ses yeux, affligés d'une faiblesse congénitale. Répugnant à porter des lunettes, hésitant sur la voie à suivre, elle concentra momentanément ses énergies sur des travaux de couture, réalisant des tenues identiques pour Scottie et elle-même, et redécorant la maison. À Philadelphie, elle acheta des meubles de grandes dimensions, appropriés à ces vastes pièces, et en dessina d'autres pour certains endroits de la maison. Elle conçut toute une série de jouets pour Scottie, dont une maison de poupée sophistiquée, ornée de meubles anciens, qu'elle créa en cachette dans un grenier du troisième étage, en vue de Noël. « C'était mon père qui prenait le plus de plaisir à jouer avec les jouets qu'on me donnait pour Noël, se rappela Scottie dans un entretien accordé en 1974, mais c'était ma mère qui s'amusait le plus à les fabriquer. Un an, ce fut une maison de poupée, une copie quasi conforme de la maison où nous vivions, y compris les rideaux, les peintures, et les housses de sofa[27]. » Zelda peignit également une série d'abat-jour ornés de détails méticuleux, où figuraient des animaux et des personnages de contes de fées : l'un d'eux représentait Alice au pays des merveilles, l'autre un manège avec tous leurs amis, et, au second plan, leurs anciennes résidences. Elle avait appris à peindre des abat-jour auprès de Mina Loy, à Paris. Sur l'un d'eux, on voyait en fond leurs endroits préférés : la maisonnette de Westport, le Plaza Hotel, le club de yacht de l'Ours-Blanc, les marches de la place d'Espagne, Capri, la Villa Sainte-Marie à Saint-Raphaël, Juan-les-Pins, la Villa Saint-Louis et Ellerslie. Au premier plan, on voyait un manège où figuraient leurs amis et connaissances - Scottie montait le cheval, Nounou chevauchait une souris, George Jean Nathan un lion, Tana, le majordome de Westport, une tortue, leur femme de chambre noire un kangourou, Amy Rupert Thomas une oie et Scott un éléphant. Zelda se peignit à califourchon sur un grand coq. Un parent de Scott, qui vint les voir cet automne, se rappela également avoir vu un paravent peint à la main où figuraient des scènes de bord de mer et des chaises longues de modèle ancien, dont les panneaux étaient décorés de cartes montrant leurs voyages. Elle élabora aussi une panoplie de poupées en papier pour Scottie. Des années plus tôt, à Montgomery, elle avait imaginé et réalisé des poupées en papier pour elle-même et son amie d'enfance, Eugenia McGugh Tuttle, mais elle y revint forte d'une technique plus sophistiquée. S'inspirant d'un ouvrage de mode français, *L'Histoire du costume féminin de l'an 1037 à l'an 1870*, elle étudia soigneusement la mode féminine et créa d'élégantes tenues pour ses figurines. C'était un moyen idéal de canaliser son imagination fantasque et de communiquer avec sa fille. Scottie garda toujours comme un trésor le « carrosse en carton de Louis XIV, qui contenait des poupées en papier représentant le roi et les membres les plus impétueux de sa cour, dont les trois mousquetaires, aux costumes reconstitués intégralement, jusqu'aux jabots et manchettes de dentelle [28] ».

Lorsqu'elle apprit vers la fin de cet été la mort accidentelle d'Isadora Duncan, Zelda recibla ses ambitions sur la danse. Elle était revigorée à l'idée de devenir la nouvelle étoile américaine après Duncan. Se remémorant les compliments que lui avaient valus ses performances à Montgomery, et les progrès accomplis en France et en Suisse l'année précédente grâce à ses cours de danse, elle rassembla ses économies et les investit dans une formation de ballet à Philadelphie.

Elle fit part de ses espoirs à Sara Haardt, qui avait été témoin de ses premiers succès chorégraphiques à Montgomery, et qui interviewa Zelda à Ellerslie pour un article intitulé « Les bonnes ménagères », consacré aux épouses d'écrivains célèbres. Au cours de leur conversation, Zelda reconnut qu'elle avait perdu un temps précieux, mais qu'elle croyait encore pouvoir devenir une grande danseuse. Haardt se rappela ses paroles : « "[...] Bien sûr, tout cela requiert de la jeunesse, surtout la résistance de la jeunesse - mais je me sens beaucoup plus jeune qu'à seize ans, ou à tout autre âge." Elle fit une pause et regarda par la fenêtre la rivière Delaware qui scintillait, pâle, entre les arbres. "En mon for intérieur, je me situerai toujours dans la génération de la guerre, continua-t-elle doucement. C'est étrange, ce que la guerre a fait de nous... Bien sûr, je suppose que cela remonte à plus haut, mais c'est comme si tout, dans l'atmosphère, dans l'existence, devait en quelque sorte y ramener..." Elle se reprit brusquement, et un léger sourire creusa ses lèvres. L'instant d'après, elle racontait en riant l'un ou l'autre des épisodes incroyables qui avaient marqué cette période étincelante, et pourtant, dans sa voix charmante, il y avait toujours une note où se mêlaient gaieté et tristesse[29]. »

Zelda s'enquit des meilleurs professeurs et fixa son choix sur Catherine Littlefield, qu'elle avait côtoyée dans des mondanités. Littlefield dirigeait le corps de ballet de l'opéra de Philadelphie, et elle avait étudié à Paris avec Lubov Egorova, qui avait donné quelques leçons à Zelda l'année précédente. Le 10 octobre, elle écrivit à Van Vechten : « Je me suis inscrite au corps de ballet de l'opéra de Philadelphie, et il nous est venu des invités, et tout le monde s'est soûlé dans ce pays au point que j'y trouve juste assez de chaos pour poursuivre mes propres fins, de nouveau tranquille... J'espère bien ne plus jamais me trouver séduisante[30]. » Si étonnante que puisse paraître cette ultime affirmation, elle traduisait l'espoir de Zelda d'être jugée et de se juger selon ses œuvres, et non plus selon ses pouvoirs de séduction féminine. Trois fois par semaine, Scottie et elle se rendaient en train de Wilmington à Philadelphie pour prendre des leçons. Scottie, âgée de six ans, n'y trouvait qu'un intérêt limité, mais Zelda prenait souvent quatre leçons par jour, et pratiquait ensuite ses exercices des heures durant, dans le salon qu'elle avait en partie reconverti en atelier de danse, fixant une barre de ballet et un miroir gigantesque, au cadre doré, qui avait jadis appartenu à une maison close. Dans son carnet, Fitzgerald le désigne comme le « miroir du bordel ». L'épouse de John Biggs, Anna, qui allait parfois faire les magasins avec Zelda, se rappela le jour où cette dernière avait découvert le miroir chez un antiquaire. « L'un des objets dont elle s'enticha était un immense miroir doré à la feuille, du XIXe siècle, je crois. Il était bordé de volutes, de chérubins, de couronnes, dans un style particulièrement pompeux. Elle l'adorait. Quand je l'ai revu à Ellerslie, il était accroché dans la pièce principale, à côté de son Gramophone. Elle avait fixé une barre de ballet devant et s'entraînait là toute la journée. Elle dansait parfois tout le temps que nous étions là - que ce soit pour dîner, pour une longue conversation d'après-midi, ou autre. Elle s'arrêtait parfois quelques minutes, le temps de prendre un verre, et reprenait aussitôt[31]. » John Biggs se rappela comment « elle commençait à six ou sept heures du matin et [...] n'avait qu'un air, qu'elle passait constamment sur le Gramophone, *La Parade des soldats de bois*. Elle le ressassait jusqu'à dix heures du soir, où elle s'écroulait, minée de fatigue[32] ». Lui-même avait si souvent entendu cet air, dit-il, que la mélodie était « gravée sur tous les organes qu'il possédait ». La musique répétitive et les exercices de Zelda perturbaient Scott au point qu'il déplaça son pupitre de la pièce principale à la bibliothèque. Ce fut pour lui une période de chagrin et de frustration, qu'il exprima dans une nouvelle intitulée *Deux erreurs*, où un producteur de Broadway voit sa femme réussir dans le ballet alors que sa vie se désintègre, et qu'il est atteint de tuberculose. Manifestement, il projette là ses propres craintes.

À vingt-sept ans, Zelda était bien âgée pour commencer une carrière de danseuse, et Fitzgerald ne prenait pas ses ambitions au sérieux. Il savait qu'elle avait joui d'une certaine réputation dans sa jeunesse, à Montgomery, mais voyait dans sa chorégraphie (et dans ses efforts à écrire et à peindre) une prestation d'amateur ; il sous-estimait sa détermination absolue à se construire une identité autonome. Au fil des semaines, il apparut de plus en plus clairement qu'elle voulait s'investir dans son art. Fitzgerald ne tarda pas à prendre en grippe les allers-retours continuels de Zelda à Philadelphie et ce qu'il considérait comme son manque total d'intérêt pour les tâches ménagères. Il se mit en rage un jour où, alors qu'il avait passé l'après-midi à écrire une nouvelle dans la bibliothèque de Philadelphie, elle était ensuite allée à un restaurant italien avec quelques étudiants, avant de rentrer ivre à la maison. Si Scott trouvait naturel de se comporter ainsi, il ne pouvait imaginer que sa femme l'imitât et se plaignait qu'il n'y avait personne pour gérer la maison et organiser les repas de famille. Le réfrigérateur était presque toujours vide. Sur la silhouette menue de Zelda, les kilos de trop se voyaient immédiatement, aussi était-elle obligée de suivre un régime draconien. Elle buvait pour maintenir son énergie, mais ne mangeait pour ainsi dire rien. Trouvant pathétiques les efforts chorégraphiques de Zelda, Scott se donna la peine d'assurer à Scottie les soins d'une gouvernante et commença à passer plus de temps dans les bars de Wilmington et de New York. Où qu'il aille en compagnie de Zelda, ils se disputaient, semblait-il. Une fois où ils avaient passé toute la soirée à boire et à se disputer, Zelda devint si hystérique qu'il fallut derechef appeler un médecin pour lui faire une piqûre de morphine.

Mais Zelda n'entendait pas se laisser décourager. Polarisée sur son ambition de devenir une danseuse accomplie, elle était résolue à financer elle-même ses leçons. Au cours d'une visite à Ellerslie, H. L. Swanson, le rédacteur en chef de la revue *College Humor*, lui avait suggéré d'écrire une série de nouvelles mettant en scène des femmes - jeunes filles, épouses, débutantes et belles du Sud. Swanson s'attendait à ce que Scott corrigeât ces articles, qu'il pensait publier sous leurs deux noms. Zelda travailla aux six nouvelles tout au long de l'hiver. Mais, bien qu'elles fussent écrites par elle, et que Scott se soit contenté d'en polir le style, cinq furent publiées comme « écrites par Scott et Zelda Fitzgerald », et la sixième, *L'Amie du millionnaire*, parut dans le *Saturday Evening Post* pour un salaire de 5 000 dollars, mais sous le seul nom de Scott. Cette situation mit Harold Ober mal à l'aise. « J'ai eu quelque scrupule d'avoir escamoté le nom de Zelda pour cette nouvelle, dit-il à Scott, mais je pense qu'elle comprendra qu'en citant vos deux noms nous rattachions l'histoire à la série de *College Humor*, ce qui pourrait nous valoir des ennuis[33]. » Dès lors que Scott et Zelda apparaissaient comme coauteurs, Ober négociait la nouvelle à 1 000 dollars ; lorsque Zelda seule était concernée, le paiement chutait à 500 dollars. Elle devait se réclamer de Fitzgerald pour avoir ses entrées chez les éditeurs. Réalisant que, sans la réputation de son mari, ses articles ne lui rapporteraient jamais des revenus plus élevés et désireuse de gagner autant que possible, Zelda consentit à ce qu'ils soient publiés sous le seul nom de Scott. Il est certain que son orgueil en fut froissé. Mais ces articles furent pour elle comme une catharsis : toutes les nouvelles traitaient de jeunes filles qui menaient des existences stériles et souffraient de leur incapacité à surmonter leur léthargie pour produire quelque chose de valable. « Elle voulait mettre la main sur quelque chose de tangible, dit l'une des héroïnes de Zelda, pour pouvoir dire : voici qui est réel, voici qui fait partie de mon expérience, cela va dans telle ou telle catégorie, ceci, qui m'est arrivé, fait partie de mes souvenirs[34]. » Dans plusieurs nouvelles, les héroïnes de Zelda mettent en regard l'instabilité de la vie célibataire et professionnelle, et la sécurité d'un foyer familial - ce dilemme auquel se heurtait Zelda en poursuivant une carrière de danseuse.

Ils furent heureux de trouver un sursis dans l'offre que leur firent les Chemins de fer canadiens, qui comptaient les voir rédiger une chronique de leur expérience, de financer leur voyage au Québec et à Montréal. En janvier 1928, ils quittèrent Wilmington pour le Canada, et séjournèrent à Québec, au château Frontenac, que Zelda décrivit comme « une architecture de petites arches de pierre, comme un joujou, un château pour soldats de bois ». S'étant essayés au ski sans succès, ils fuirent le temps glacial et se rencognèrent dans leur chambre d'hôtel, où ils jouèrent aux cartes et commandèrent des salades fantaisie aux cuisines. Les deux favorites de Zelda étaient la Belvédère (chicorée, scarole, pomme en tranche, betterave et sauce chili nappée de mayonnaise), et la Cendrillon (laitue, céleri coupé en dés, pomme de terre, pomme, têtes d'asperges et vinaigrette). Contemplant par leur fenêtre les grisailles de l'hiver canadien, ils écrivirent des cartes postales humoristiques à leur fille. De Québec, Scott et Zelda en envoyèrent des flopées à Scottie, qui chroniquaient les activités de l'« homme aux trois nez ». Sur une de ces cartes, l'homme déambule tranquillement sur la promenade au mont Royal ; sur une autre, armé d'une hache, il guette en embuscade le chauffeur du cabriolet loué par les Fitzgerald. Enfin, sur une carte postale envoyée de Sous-le-Cap, il est pendu à une rambarde. Le 25 janvier, Scott écrivit à Scottie : « Nous rentrons ven. tard le soir ou sam. tôt le matin. J'ai été élu président du Canada, mais en ma qualité de roi du monde, je suis trop occupé pour accepter le poste. »

Ils avaient apprécié leur séjour au Canada, mais étaient tout sauf reposés après le long voyage en train qui les ramenait au Delaware. Les visiteurs défilèrent presque aussitôt chez eux. Lorsque John Biggs les eut introduits dans la haute société de Wilmington, les gens ne cessaient de passer les voir, et par ailleurs Fitzgerald voulait montrer à tous ses amis Ellerslie, avec son portique impressionnant et sa vue sur la rivière. Mais lorsque John Peale Bishop et Edmund Wilson arrivèrent, ils furent tous deux désagréablement surpris par l'hystérie tapageuse qui s'était emparée des invités - Charlie MacArthur et autres -, lesquels tiraient sur la vaisselle du dîner, disposant les assiettes comme des cibles sur la pelouse, et dévastaient les bordures en jouant au polo avec des chevaux de ferme. John Dos Passos se plaignit de l'absence de nourriture à ces réceptions. « Ces soirées délirantes qu'ils donnaient ! On avait peur de s'y rendre. À Wilmington, par exemple, le dîner n'était jamais servi. Oh, un désordre complet. Je me rappelle être allé à Wilmington - ils vivaient à quelques kilomètres de chez moi - et m'être mis en quête d'un sandwich, enfin quelque chose à me mettre sous la dent[35]. »

Edmund Wilson était revenu faire un petit séjour chez eux, ainsi que la sœur de Zelda, Rosalind, et son mari, Newman Smith. Pendant cette dernière visite, Scott se prit de bec avec Zelda, qui avait tenu des propos désobligeants sur son père. Dans sa rage, il renversa quelques chaises, brisa le vase préféré de sa femme et la gifla assez fort pour la faire saigner du nez. Newman Smith tenta de s'interposer, et Rosalind, indignée, voulut convaincre Zelda de quitter cette maison. Fitzgerald se remémora par la suite une version quelque peu différente de l'incident : il était rentré de Princeton et celle qui avait bu, c'était Zelda. « Tu te jetais dans les bras de ton beau-frère en effectuant un plongeon, et il faisait semblant de te rattraper. Et à chaque fois tu chutais sur le parquet. Ils sont montés se coucher. Je t'ai dit d'aller au lit. Tu t'es jetée sur moi et je t'ai frappée sur le nez et tu as saigné[36]. » Néanmoins, Scott se sentit coupable par la suite, et interrogea ses amis : « Est-il un seul homme ici présent qui puisse dire en toute honnêteté qu'il n'a jamais frappé sa femme dans un accès de colère ? »

Rosalind encouragea Zelda à entamer une procédure de divorce. Elle ne devait jamais oublier l'incident ni pardonner à Fitzgerald. Scottie, qui avait vu le mariage de ses parents se détériorer d'année en année, continuait à garder ses distances. « Je savais que, si je voulais survivre [à la tragédie de mes parents], je n'avais pas d'autre choix que de l'ignorer[37]. » À un âge précoce, elle avait su cultiver une amnésie sélective, se montrer à même d'ignorer des épisodes déplaisants et d'ensevelir des sentiments douloureux. Zelda le devinait, et elle dépeignit ces sentiments dans le personnage de Bonnie, la petite fille d'*Accordez-moi cette valse*. « À la maison, la vie ne consistait qu'à laisser coexister des individus : elle n'offrait aucune possibilité d'établir des intérêts communs. Bonnie se représentait ses parents comme des êtres charmants et incalculables, tout comme le Père Noël, qui n'avaient aucune influence sur sa vie en dehors des imprécations de Mademoiselle[38]. »

Les tensions du couple, toujours croissantes, devenaient visibles. Lorsque Maxwell Perkins leur rendit visite, il trouva les deux Fitzgerald au bord de l'épuisement nerveux. Fitzgerald ne cessait pas de boire, et Zelda gardait le lit sur ordre de leur médecin de famille, « Lefty » Flinn. Il ne leur restait apparemment qu'à fuir le Delaware, et Zelda écrivit à Van Vechten vers la fin mars qu'ils projetaient de retourner en Europe. « Nous voulons partir en mai parce que Wilmington s'avère être le trou noir de Calcutta, et il me faut absolument boire du chablis, et manger du curry, et des fraises des bois, avec des pêches au champagne pour le dessert. Et j'ai besoin d'éprouver un sentiment de péripétie qui ne se trouve qu'à Paris, et peut-être au Monténégro[39]. » La vérité, c'est que Zelda avait hâte de poursuivre ses leçons de ballet avec Egorova, et Fitzgerald, qui avait passé trop de temps dans les *speakeasies* de Wilmington et de New York, espérait que ce changement de décor diminuerait les tensions et l'aiderait, lui, à polariser son écriture. En avril 1928, leur bail n'était pas tout à fait écoulé, mais Fitzgerald ferma temporairement Ellerslie et réserva trois places sur le ss *Paris*. Sara Mayfield devait suivre deux mois plus tard avec son frère, sur le ss *Corinthia*, pour venir étudier à la Sorbonne... et devenir la confidente de Zelda.

Ils voulaient trouver un appartement proche de celui des Murphy, de façon que Scottie pût jouer avec leurs enfants, mais leur choix était limité car les touristes s'étaient multipliés dans Paris. Enfin ils trouvèrent un appartement au 58, rue de Vaugirard, au coin de la rue Bonaparte, près des jardins du Luxembourg, à quelques minutes seulement de chez les Murphy. C'était un endroit cher, mais sinistre, qu'ils surnommèrent « l'Hôtel de la morgue ». L'atmosphère parisienne avait changé du tout au tout. Il y avait tant d'étrangers qui envahissaient maintenant les bars de Montparnasse que l'ambiance bohème de ces établissements se perdait. « Avec chaque nouvel arrivage d'Américains recrachés par le boom, écrivit Fitzgerald, la cote de qualité baissait, au point que, vers la fin, il y avait quelque chose de sinistre dans ces folles cargaisons[40]. » Paris était littéralement bondé d'Américains.

Cette année-là, Alan Tate vivait à Paris grâce à une bourse Guggenheim, ainsi que sa femme, la romancière Caroline Gordon. Il se rappela Zelda comme « une femme non pas belle, mais immensément séduisante, avec les talents de société de la femme du Sud, et qui donnait aux gens l'impression de les connaître depuis des années[41] ». Townsend Martin et Teddy Chanler, un jeune musicien dont la mère connaissait Edith Wharton et qui avait compté parmi les visiteurs d'Ellerslie, avaient également fait la traversée, tout comme Esther Murphy, E. E. Cummings et Oscar et Xandra Kalman. Le carnet de Fitzgerald inventorie ses sorties mondaines avec les Bishop, ses rencontres avec Janet Flanner, connue des lecteurs pour ses *Lettres parisiennes*, Margaret Anderson, fondatrice de *The Little Revue*, et Caroline Dudley, l'agent théâtral. À l'une des soirées de Dudley, Scott et Zelda rencontrèrent l'artiste Jules Pascin, une figure légendaire de Montparnasse, qui devait bientôt se suicider. Zelda devina la mélancolie de Pascin et commenta qu'il était « [...] déjà cerné par la tragédie et poursuivi par un destin si puissant qu'il pouvait bien se permettre la nonchalance qui caractérisait son charme sobre ».

Scott voulait débusquer ses vieux amis et revoir ses lieux favoris avant de se mettre au travail. Il passa les trois premières semaines en soirées, seul la plupart du temps, car Zelda se consacrait désormais à ses ambitions de danseuse étoile. Comme son alter ego Alabama l'explique, « en touchant au but, elle chasserait les démons qui la poussaient... en se prouvant à elle-même, elle atteindrait cette paix qu'elle associait par nécessité à un sentiment de retraite en soi-même. La danse serait pour elle un moyen de contrôler ses émotions, de susciter l'amour ou la pitié, ou le bonheur, à son gré, une fois qu'elle leur aurait offert un canal où se précipiter librement[42] ». Mobiliser ses émotions à volonté - ou, comme dit Zelda, leur offrir un canal où se précipiter librement -, c'est ainsi que Freud définit la sublimation, et c'est un signe d'une maturité affective en formation. Sans réaliser à quel point elle faisait, somme toute, écho aux idées de Freud, Zelda disait qu'elle était enfin prête à grandir.

À cette époque, on peut lire dans son carnet d'adresses que l'atelier de danse de Mme Egorova déménage du 10 au 8, rue de Caumartin, avant de s'installer au 27, rue des Petits-Hôtels, dans le Xe arrondissement. Egorova enseignait la danse à Zelda le matin et l'après-midi, pour 300 dollars par mois - ce qui était cher pour l'époque, aussi Fitzgerald renâclait-il à payer. C'était le double de la location d'Ellerslie. Zelda était l'élève la plus âgée d'Egorova et partageait ses leçons avec d'autres danseuses non moins déterminées, dont elle fit par la suite le portrait haut en couleur dans *Accordez-moi cette valse*. « Il y avait Marguerite qui venait toujours vêtue de blanc, et Fania avec ses sous-vêtements sales en caoutchouc, et Anise et Anna qui vivaient avec des millionnaires et portaient des tuniques de velours, et Ceza en gris et écarlate - on disait qu'elle était juive - et quelqu'un d'autre, en organdi bleu, et de minces jeunes filles dont les draperies couleur abricot retombaient comme des plis de peau, et trois Tanya, qui ressemblaient à toutes les autres Tanya russes[43]... »

Fitzgerald, qui ne cessait de dénigrer les efforts de Zelda, qualifiait ses ambitions d'irréalistes et se plaisait à dire qu'elle était trop vieille, trop petite et trop gauche pour devenir une étoile. Il n'arrêtait pas de lui rappeler que le ballet était le plus exigeant de tous les arts, et qu'elle rivalisait avec des danseuses qui avaient eu toute leur vie pour s'entraîner. « Inutile de te tuer, dit David à Alabama. J'espère que tu te rends compte que, s'il existe une différence au monde, c'est celle qui sépare l'amateur du professionnel dans une carrière artistique[44] » - et c'est, mot pour mot, l'opinion de Scott à cette époque.

La Révolution russe avait contraint les aristocrates russes et les artistes du Ballet impérial à émigrer : c'est alors que Paris triompha comme capitale mondiale de la danse. Entre 1926 et 1928, Balanchine monta à lui seul sept nouveaux ballets, notamment *La Chatte*, dont Naum Gabo fit le décor et les costumes, et *Les dieux vont mendier*, pour lequel Juan Gris dessina les costumes. Comme le rouble ne valait pour ainsi dire rien, les aristocrates durent se faire chauffeurs de taxi et serveurs, et d'anciennes femmes riches devinrent gouvernantes, ou petites mains chez les grands couturiers. Nombre d'anciennes étoiles du ballet ouvrirent des écoles de danse, et Lubov Egorova devint l'un des professeurs les plus recherchés, en raison de son approche rigoureuse et de ses performances avec Nijinski au sein du Ballet impérial dans *La Belle au bois dormant*. Née en 1880, à Saint-Pétersbourg, elle avait acquis le titre de princesse Nikita Troubetzkoï en épousant le prince Troubetzkoï. En 1917, elle quitta la Russie et, en 1923, sur le conseil de Diaghilev, ouvrit à Paris une école destinée à former des doublures pour son corps de ballet. Elle enseignait également la danse aux enfants des riches, dont la fille de Gerald et Sara Murphy, Honoria.

Zelda reprit son entraînement à fond, consacrant chaque jour des heures entières à des exercices censés plier son corps aux exigences de la danse classique. Ses efforts relevèrent bientôt de l'obsession. Elle prenait des cours collectifs le matin, des leçons privées l'après-midi et s'entraînait quatre heures tous les soirs. La nuit, Scott voulait en général sortir boire un coup, mais Zelda avait dépassé ce besoin, et elle prit l'habitude de marcher seule dans les rues de Paris, en passant des « heures insensibles à reprendre passivement ses forces devant les livres et les gravures de la rue Bonaparte, qui était humide ». Elle était trop exténuée pour faire quoi que ce soit d'autre et, par la suite, elle sut restituer l'existence épuisante d'une danseuse dans son roman. « Alabama se massait les jambes avec de l'huile Elizabeth Arden pour les muscles, soir après soir, écrivit Zelda. Il y avait des ecchymoses bleues à l'intérieur des cuisses, au-dessus des genoux, là où elle s'était déchiré des muscles. Sa gorge était si sèche qu'elle crut au début avoir de la fièvre et fut déçue de voir que non... Elle souffrait toujours de courbatures et agrippait péniblement les fleurs dorées. Elle attacha ses pieds aux barreaux de son lit de fer et dormit des semaines entières avec les orteils tournés vers l'extérieur[45]. » Il y avait une rivalité permanente entre Zelda et les jeunes danseuses qui fréquentaient le cours d'Egorova, qu'elle devait évoquer par la suite dans son roman : « Des jeunes filles tout en blanc qui ressemblaient à de jeunes baigneurs, et des jeunes filles en noir qui ressemblaient à des femmes, une jeune fille superstitieuse en mauve, une autre habillée par sa mère, qui portait des costumes cerise pour les aveugler toutes dans ce gyroscope palpitant, et Marthe, à la féminité maigre et pathétique, qui dansait à l'Opéra-Comique et partait d'un pas belliqueux après le cours, en compagnie de son mari[46]. »

Tandis qu'elle faisait des progrès lents, mais continus, dans l'atelier d'Egorova, situé au-dessus de l'Olympia, Scott se heurtait à une impasse dans l'écriture. Pour se distraire, il commença à fréquenter un gymnase rue de Vaugirard, non loin de leur appartement ; il était tenu par un personnage douteux du nom de Georges et par son assistant Philippe. Hemingway y venait parfois boxer avec Morley Callaghan, un reporter canadien de vingt-six ans, ou tous ceux qui voulaient bien monter sur le ring. Y voyant un moyen de replâtrer leur amitié, Fitzgerald leur servit d'arbitre à plusieurs matchs, tout comme le peintre catalan Joan Miró. Hemingway avait rencontré Miró dans l'appartement de Gertrude Stein et était allé le voir à Montroig. Maxwell Perkins avait conseillé à Callaghan d'aller voir Fitzgerald à Paris, et les deux hommes se retrouvèrent au Falstaff, un bar dont les murs étaient tapissés de boiseries. Un jour où il passait prendre Scott à son domicile, il trouva le couple en mauvais état. « Zelda vint à la porte. Dès que je la vis, je sus que je n'aurais pas dû venir. Pâle, hagarde, des ombres noires sous les yeux, elle me fixa vaguement du regard, puis essaya de sourire sans y parvenir. Elle me dit que Scott n'avait pas dormi depuis vingt-quatre heures. Ils avaient eu des problèmes parce que Scott s'était fait voler son portefeuille dans un night-club. Elle fronçait les sourcils en signe de perplexité. Son angoisse manifeste me fit hésiter à prendre un siège[47]. »

La situation conjugale des Fitzgerald s'était encore dégradée depuis Ellerslie. Ils ne se parlaient plus lorsqu'ils étaient seuls et n'avaient pas eu de rapports intimes depuis leur arrivée à Paris - surtout à cause de l'alcoolisme de Scott. Un médecin dit à Scott que son éthylisme et sa condition physique amoindrie avaient affaibli sa puissance sexuelle, et qu'il ne pourrait plus jamais avoir d'enfant. « Tu étais tout le temps soûl, lui dit par la suite Zelda sur un ton accusateur. Tu ne travaillais pas, et, le soir, c'étaient les chauffeurs de taxi qui te traînaient jusqu'à la maison, quand tu rentrais. Tu disais que c'était ma faute parce que je dansais toute la journée. Que fallait-il que je fasse ? Tu ne me faisais aucune avance, et tu te plaignais de ma froideur. Tu fus littéralement, continuellement soûl tout cet été, à un tel point que j'en passais des nuits blanches, et que j'eus de nouveau de l'asthme. Tu étais furieux quand je refusais de t'accompagner à Montmartre. Tu ramenais des étudiants pris de boisson aux repas, quand tu rentrais les prendre, et tu t'irritais parce que je ne ressentais plus rien pour toi. J'ai commencé à me prendre d'affection pour Egorova[48]. »

Par la suite, Zelda confia à Sara Mayfield, venue s'inscrire à la Sorbonne, que leur mariage était un leurre. « Scott et moi nous sommes disputés la semaine dernière et je ne lui ai pas reparlé depuis - pas même à table, pour dire "passe-moi le beurre, s il te plaît". Lorsque nous nous croisons dans l'entrée, nous nous contournons mutuellement comme une paire de fox-terriers aux pattes raides, qui guettent l'occasion de se battre[49]. » Fitzgerald chroniqua la désintégration de leurs rapports dans son carnet, pendant juin et juillet 1928, avec notamment deux courts séjours en prison : « [...] ramené à la maison du Ritz », « [...] beuveries et atmosphère générale d'hostilité », « [...] oisiveté et ennui avant tout ».

Zelda trahissait dans son comportement leurs tensions domestiques ; elle avait de plus en plus de mal à engager une conversation, même des plus futiles. Distraite, nerveuse, elle se retranchait dans d'impénétrables silences, grimaçant des rictus et se frottant les mains, ce qui ne passait pas inaperçu. Avec sept kilos de moins que son poids normal, elle était d'une maigreur qui faisait peine à voir. Toute étincelle avait disparu de ses yeux, tout éclat de ses cheveux. Un après-midi, Zelda et Sara Mayfield se retrouvèrent chez Prunier pour déjeuner, et, bien que Zelda portât un tailleur bleu à la mode de chez Patou, elle semblait négligée et hagarde. Ayant bu d'un trait un martini, elle picora quelques crevettes et un peu de salade niçoise. Elle était sans doute anorexique, comme bien des danseuses. Tout en se regardant tristement dans un miroir de poche, elle dit à Sara : « J'ai vingt-huit ans, et j'ai déjà des pains d'épice sous les yeux, et des compas autour des lèvres. Regarde-moi[50] ! » Sara lui répondit d'un ton rassurant qu'elle avait tout simplement l'air d'une « femme du monde ». « Arrête avec ton satané tact, répliqua Zelda. J'ai l'air immonde, je me sens immonde, et je fais des choses immondes. Je ne fais que danser et suer, et boire, pour ne pas me déshydrater[51]. »

Avec sa beauté, elle avait perdu tout espoir de sauver son mariage. Des années plus tôt, elle avait exprimé des réserves sur leur vie commune et conseillé à Ludlow Fowler d'éviter l'alcool s'il voulait réussir son mariage. À présent, elle admettait que l'alcoolisme de Scott avait irrémédiablement gâché leur relation. Au début, les Fitzgerald buvaient pour défier les conventions. L'alcool leur servait de prétexte pour se comporter de façon scandaleuse, et Scott trouvait très chic d'offrir à Zelda, en arrivant à Montgomery, une bouteille de son gin préféré. Au début des années 1920, leur ivresse semblait encore bénigne ; après deux verres, Scott tournait de l'œil, et Zelda, après trois ou quatre, se pelotonnait sur un siège et s'endormait. Ils s'endormaient souvent ensemble. Hemingway devait se rappeler comment « leur meilleur moyen de défense avait consisté jusque-là à sombrer dans l'inconscience dès qu'ils avaient bu. Ils s'endormaient après avoir absorbé une quantité de vin ou de champagne qui n'aurait affecté aucun buveur aguerri, et leur sommeil était alors comme celui d'un enfant. Je les avais vus perdre connaissance non pas comme s'ils étaient ivres mais anesthésiés, et quelque ami, ou parfois un chauffeur de taxi, les mettait au lit, et quand ils s'éveillaient ils se sentaient dispos et heureux car ils n'avaient pas ingurgité assez d'alcool pour que cela leur fût nuisible, avant de sombrer dans l'inconscience[52] ».

Mais, à présent, leurs habitudes éthyliques avaient radicalement changé. Malcolm Cowley observa ce changement chez nombre de leurs contemporains. « On avait l'impression que les gens buvaient plus dans les cercles littéraires et professionnels ; du moins c'était plus tapageur, plus extraverti. Il faut croire qu'on s'enivrait différemment, en cachant plus de désespoir. Les gens ne buvaient plus pour s'amuser, ou comme prétexte pour faire des choses drôles et stupides à raconter par la suite ; ils buvaient par habitude, ou parce qu'ils en avaient psychologiquement besoin. Les rires et les gamineries étaient toujours là, avec en sus une tension quasi hystérique, me semblait-il[53]. » Fitzgerald admettait la différence, mais se disait incapable de modifier son comportement. Sa nouvelle *Une feuille qui pointe* passe en revue les circonstances où lui-même se trouvait. « Il suffit que quelqu'un veuille le prendre en charge et l'aider - vlan ! Il renverse la soupière sur les épaules de la maîtresse de maison, embrasse la femme de chambre et vomit dans la niche du chien. C'est arrivé tellement souvent, il s'en est pris à tant de monde qu'il n'y a plus personne aujourd'hui pour s'intéresser à lui[54]. » Sara Murphy le réprimanda sans grand succès : « Pourquoi piétiner ainsi continuellement les sentiments des autres en disant et faisant ce que vous vous permettez de dire et de faire - en partie parce que vous vous relâchez sous l'effet de la boisson, qui vous fait devenir quelqu'un d'autre, quelqu'un d'indésirable, au lieu du Scott que nous connaissons et aimons - sinon pour manifester le pire des égotismes et la certitude que vous savez tout mieux que les autres. J'appelle ça des "mauvaises manières", mais c'est plus grave - c'est ce que vous pensez de vous-même[55]. »

Zelda sentait également s'affaiblir ses défenses naturelles. Voyant Fitzgerald perdre progressivement tout contrôle sur lui-même, elle mit au point une stratégie visant à réduire sa consommation quotidienne d'alcool et de cigarettes. Dans son cahier à spirales, elle planifia son rationnement : « 10 cigarettes par jour, 1 apéritif avant le petit déjeuner, du vin blanc, du champagne, 1 apéritif avant le déjeuner, 2 verres à eau de vin rouge [en fait, elle avait écrit "1", barré le chiffre, et corrigé "2"], 1 cocktail avant le dîner et du vin blanc. » Tous ceux d'entre nous que les mondanités actuelles ont habitués à consommer une certaine dose d'alcool ne peuvent qu'être ébahis par ces résolutions. Quiconque tenterait aujourd'hui d'adopter ce régime « modéré » sans avoir pratiqué ce mode de vie, naguère caractéristique des classes socio-économiques élevées, serait déjà chancelant à l'heure du déjeuner. On peut lui opposer la consommation quotidienne de Scott, parfois de trente bières et trois litres de gin. Zelda décrivit à Mayfield une nuit de beuverie caractéristique : « Nous sommes allés à une soirée. Personne ne sait où elle a commencé, où elle s'achèvera, ni qui la donne. Tout le monde était blanc, je crois. Mais l'une des femmes avait couché avec un Nègre, qui avait concouru dans une course cycliste de six jours, un boxeur sniffant de la cocaïne. Simple peccadille, ma chérie. Une autre dit qu'elle couche avec les hommes pour de l'argent, avec les femmes pour s'amuser. Et elle a l'air si simple, si gentille, si bonne ménagère. Voilà bien les amis fabuleux que Scott va chercher au Dingo. Ils ne savent parler que de sexe - simple, bariolé, mixte, et fantaisie[56]. »

Ignorant les conseils d'autrui, Scott refusait de modérer sa consommation d'alcool. Si Zelda se plaignait, il buvait encore plus, et lorsqu'elle ignorait la situation, celle-ci ne faisait que persister. Elle exprima rétrospectivement sa frustration devant une situation qui allait de mal en pis en prenant Alabama pour porte-parole : « Elle aurait bien voulu aider David à se justifier. Elle aurait bien voulu faire quelque chose pour éviter que tout soit si banal. La vie, lui semblait-il, pouvait se passer de toutes ces extravagances[57]. »

La déception de Fitzgerald devant les ventes médiocres de *Gatsby le Magnifique*, bien inférieures aux 8 000 exemplaires attendus, ne faisait qu'aggraver le problème. Il était fier de son roman, et il avait compté sur son succès commercial pour lui garantir des revenus substantiels et une reconnaissance indéniable sur la scène littéraire américaine. Son échec relatif le faisait hésiter quant aux suites de sa carrière. John Biggs se rappela combien il se décourageait de voir sa réputation vaciller. « Je l'ai supplié de me dire pourquoi il lui fallait boire à ce point... et souvent du gin à l'état pur. "Je bois parce que je suis le meilleur écrivain de seconde catégorie..." Fitzgerald voulait être le plus grand écrivain de sa génération. C'était comme un démon qui l'asticotait. Mais il n'avait pas l'impression de toucher au but[58]. »

Dans *Une feuille qui pointe*, publié en juillet 1931 par le *Saturday Evening Post*, Fitzgerald fait expliquer à son protagoniste, Dick Ragland, les causes de son alcoolisme, et le texte est sans doute proche de la vérité lorsqu'il décrit la dépendance dont Scott était victime : « J'avais un peu d'argent devant moi, et je me suis aperçu que je devenais très bavard, après quelques verres, que c'était une façon de plaire aux autres. Ça m'a fait réfléchir. Je me suis mis à boire beaucoup, pour que ça dure, pour que tout le monde me trouve merveilleux[59]. » Mais il fallait à présent des quantités toujours accrues d'alcool pour que Scott se sentît bien, et, s'il se contentait de quelques verres, c'était l'effet inverse. Au début des années 1920, c'était différent. Scott se le rappela : « L'ivresse avait une certaine douceur - elle donnait un brillant, un éclat ineffable, comme les souvenirs de soirs éphémères, surannés[60]. » À présent, « deux verres le mettent dans un état de folie, de folie pure, dit Zelda à Sara Mayfield, il s'en prend à tout le monde, moi compris. Il va droit au tombeau en buvant ainsi[61] ». Ring Lardner avait été l'alcoolique de Scott à Great Neck ; à présent, la situation était inversée. « [...] Je me suis mis à l'eau pure du 1er février au 1er avril, écrivit-il à Maxwell Perkins en imitant la manie qu'avait Lardner de tout dater, mais ne dites rien à Ernest, qui est convaincu depuis longtemps que je suis un alcoolique incurable, parce que nous nous croisons toujours à des soirées. Je suis son alcoolique, comme Ring était le mien, et je ne veux pas le décevoir[62]. » S'il se mettait parfois à l'eau, il ne semble pas que cela lui ait beaucoup profité. Il ne faisait que reprendre les choses où il les avait laissées.

Scott continuait à accepter toutes les invitations qu'il recevait, traînant parfois Zelda derrière lui. « La belle vie, dit celle-ci à Sara Mayfield, de rester assise dans un café à longueur de journée, dans un bal musette à longueur de nuit. Il faut se soûler à mort pour ne pas s'ennuyer à mort. Cet endroit n'est plus du tout amusant ; si nous sortons le soir, Scott rentre soûl, et, si nous restons à la maison, nous nous bagarrons[63]. » Robert Penn Warren remarqua qu'ils n'arrêtaient pas de se disputer, sur leur appartement moisi, ou l'odeur des domestiques qui les insupportait - « de terribles querelles tout en sifflements, arrosées d'obscénités ». Cela dit, la plupart des querelles portaient sur l'obsession de Zelda pour le ballet. Chaque soir, elle pratiquait ses exercices avant d'aller se coucher tôt en prévision du lendemain, et Scott se rendait souvent seul à la Closerie des Lilas, où il se mettait à bavarder avec les étrangers et rabâchait sur un passé idyllique. Il passait souvent des journées entières assis à la terrasse des Deux Magots, à regarder simplement passer les gens. Leurs amis - ceux qui les fréquentaient, du moins - les évitaient, et le carnet de Scott, pour cette année, dit bien pourquoi : « Premier séjour en prison et plongeon dans le Lido », puis « second séjour en prison ».

Lorsque Gerald Murphy alla voir ses fils, pensionnaires en Allemagne, Scott l'accompagna, et Gerald s'inquiéta du comportement alcoolique de Scott. Il le dit à sa fille Honoria : « Scott s'éclipsait de temps à autre de leur compartiment, et, lorsqu'il rentrait, il était toujours plus visiblement affecté par l'alcool. Mon père finit par gagner les toilettes, où il vit près du lavabo un verre sale, à l'usage des passagers. Scott, qui avait sur lui une fiole de gin, buvait du gin allongé d'eau, qu'il puisait dans ce verre[64]. » Il savait mobiliser toute une série d'excuses : stimuler sa créativité, combattre ses doutes lorsqu'il ne réussissait pas à écrire, adoucir sa solitude et renforcer sa confiance en soi. Sa dépendance absolue vis-à-vis de l'alcool était devenue aussi dominante que celle vécue par Anthony dans *Les Heureux et les Damnés* : « Il détestait l'état de sobriété, qui lui faisait prendre conscience des gens qui l'entouraient, de cette ambiance de lutte, d'ambition avide, d'un espoir plus sordide que le désespoir, d'ascensions et de chutes permanentes[65]... »

L'obsession de Zelda pour la danse n'était pas moins alarmante. Lorsque les Murphy passèrent à l'atelier d'Egorova pour la voir donner un récital, ils furent embarrassés par le spectacle. « Ses mouvements exprimaient une intensité grotesque qui suscitait la nervosité du spectateur. C'était vraiment terrible. On retenait son souffle jusqu'à la fin. Dieu merci, elle ne pouvait pas voir à quoi elle ressemblait[66]. » Et de fait, Zelda ne s'apercevait de rien. « J'étais résolue à trouver une issue par moi-même, expliqua-t-elle, un monde où je puisse m'exprimer et cheminer sans l'aide de quelqu'un qui était toujours loin de moi[67]. » La danse était tout pour elle, à présent. Elle lui donnait un but, et ses leçons lui permettaient d'exprimer ses affects, intensifiés par l'engouement croissant que lui inspirait une enseignante qu'elle idolâtrait.

Comme toutes leurs possessions étaient à Ellerslie, et que leur bail devait expirer cinq mois plus tard, ils décidèrent de rentrer aux États-Unis. Le 1er octobre 1928, les Fitzgerald prirent le ss *Carmania*, à destination de New York. Avec eux voyageaient la nounou française de Scottie et Philippe, un ancien chauffeur de taxi et boxeur français, dont Fitzgerald avait fait la connaissance au gymnase de la rue de Vaugirard. La traversée fut agitée : Zelda avoua à son mari qu'elle était amoureuse de son professeur de ballet. Fitzgerald ne prit pas cette confession au sérieux, mais commenta dans ses carnets : « J'ai observé que toutes les fois où Zelda voit Egorova en ma compagnie, Egorova lui paraît grossière. Quand elle la voit à part, c'est le contraire[68]. »

Le 7 octobre 1928, le *Carmania* entra dans le port de New York. Fitzgerald eut aussitôt des ennuis avec les services de l'immigration : Philippe avait débarqué sans passeport. Il passa un coup de fil d'urgence à John Biggs, plusieurs jours à négocier, et le problème sembla en voie d'être résolu. Entre-temps, ils avaient pris une chambre dans un hôtel de Manhattan. C'est là qu'un épisode troublant eut lieu. Scott vit Zelda faire quelque chose de bizarre dans leur chambre, d'où une allusion cryptique dans son carnet : « Absorption de saleté dans la chambre. » Il semble qu'il l'ait surprise à manger ses propres excréments. Ce fut le premier d'une série d'incidents similaires, que l'on identifierait immédiatement aujourd'hui à un symptôme de schizophrénie. Lorsque les papiers de Philippe furent enfin en ordre, le petit groupe prit la direction du Sud, vers Ellerslie. Mais que feraient-ils à l'expiration du bail ? Zelda voulait s'installer dans « une maison où peindre et écrire », avec « des lundis qui seraient différents des dimanches », où Scottie pourrait vivre une enfance normale. Elle dit à sa fille : « Je veux que tu aies une ravissante petite chambre japonaise avec des fleurs de cerisier et une mignonne petite table à thé, et un paravent[69]. » Mais rien ne garantissait que les revenus de Fitzgerald lui permettraient d'acheter la maison sur hypothèque, et il refusa de tenter l'aventure. Ils demeurèrent à Ellerslie.

Zelda tenait particulièrement à posséder une maison bien à elle. Son propre père avait toujours refusé d'engager une hypothèque pour des raisons assez proches de celles de Fitzgerald. Mais elle avait épousé Scott dans l'idée qu'elle vivrait autrement qu'à Montgomery. Et c'était le cas, mais pas comme elle l'espérait. Admettant l'impossibilité d'acheter une maison, Zelda recanalisa ses énergies vers la danse. Elle avait pour nouveau professeur Alexandre Gavrilov, un homme de trente-six ans qui avait été le protégé de Nijinski et danseur étoile au Ballet moderne de New York. Gavrilov avait suivi sa formation à l'École Maryinski, jusqu'en 1911. Il avait quitté le Ballet impérial cette même année pour rejoindre les Ballets russes de Nijinski, où il avait doublé Nijinski et dansé plusieurs rôles en alternance avec lui. L'intensité et l'agitation de Zelda le stimulaient. Un après-midi, Gavrilov emmena Zelda déjeuner chez Reuben, puis dans l'appartement qu'il partageait avec sa maîtresse, au 5-20 Chestnut Street. C'était une journée glaciale, et Zelda ne devait jamais oublier l'étrange tension qui la pénétra alors. « Il n'y avait rien dans cet appartement utilitaire, hormis le loulou blanc de sa maîtresse et une splendide collection de peintures de Léon Bakst. C'était par un froid après-midi. Il m'a demandé si je voulais qu'il me tue, et il a dit qu'il me ferait pleurer, et il m'a plantée là. J'ai couru dans les rues froides pour aller prendre ma leçon[70]... » Gavrilov parlait le français, que comprenait Zelda. Plutôt qu'au meurtre, les mots « me tuer » pourraient bien renvoyer à la « petite mort », soit l'orgasme.

En se concentrant exclusivement sur le ballet, Zelda cachait la tristesse désespérée que lui inspirait l'isolement physique et affectif où la laissait Scott. Au souvenir de cette année, elle écrivit : « Il [Scott] me laissait seule si souvent que j'eus très honte, un jour, de le désirer[71]... » Fitzgerald passait la plupart du temps à boire avec Philippe qui, se rappela Zelda, « avait toujours l'air stupéfait, peut-être parce qu'il était incertain de ce que devait être son rôle[72] ». Les deux hommes finissaient souvent par déclencher des querelles dans les bars et se faire arrêter. John Biggs, désormais un avocat prospère et influent, devait régulièrement aller payer leur caution. Nommé par Franklin Roosevelt à la Cour fédérale, Biggs en voulait à Fitzgerald de l'obliger à venir si souvent le tirer de ses embrouilles. « Je suis un juge à la Cour fédérale, se plaignit-il par la suite, je connais des présidents, etc., mais tout ce qu'on me demande, c'est de décrire les soûlards que j'ai pour amis [73]. »

Comme si les choses n'étaient pas assez compliquées, la domesticité des Fitzgerald leur posait problème. La gouvernante de Scottie s'était entichée de Philippe et déambulait en pleurant dans la maison ; leur cuisinière, Ella, chantait d'une voix perçante des cantiques à longueur de journée devant ses fourneaux, et leur bonne, une jeune fille fougueuse, avait des fous rires incontrôlés. « Je ne sais pas ce qu'a fait Scott pendant cette année, se remémora Zelda de ce séjour chaotique à Ellerslie. Il allait à New York. Je n'en avais pas envie. Il travaillait un peu, nous vivions dans les cendres et le vent de la rivière, et parfois, mais rarement, nous faisions des choses ensemble [74]. » Le 17 novembre, Pauline et Ernest Hemingway vinrent passer la nuit après avoir assisté au match Princeton-Yale avec les Fitzgerald. Ils retrouvèrent Scott et Zelda sur le campus, à Cottage, et, après le match qui se déroulait au stade Palmer (Princeton l'emporta à 10 contre 2), prirent le train avec eux jusqu'à Wilmington, où Philippe vint les chercher dans la Buick de Fitzgerald. Pris de nervosité au dîner, Fitzgerald déboucha trop de bouteilles de vin et taquina sans le moindre tact leur jeune domestique de couleur : « Marie, dis à M. Hemingway quelle belle poulette tu es. » (Dix ans plus tard, il devait traiter à l'avenant Sheilah Graham, en expliquant « ce qu'elle était bonne au lit » aux autres passagers, lors d'un vol Los Angeles-Chicago.) L'atmosphère déplaisante du dîner précipita le départ des Hemingway dès le lendemain. Ernest s'excusa par la suite d'avoir ainsi battu en retraite : « Je suis désolé d'avoir ainsi... euh... fait tant d'histoires pour ne pas rater le train - nous sommes arrivés beaucoup trop à l'avance [75]. »

Les Fitzgerald poussèrent un soupir de soulagement lorsque leur bail de deux ans expira finalement en mars 1929. Quoiqu'elle fût alors ravie de quitter le Delaware, Zelda se rappela toujours leur séjour avec une nostalgie teintée de tristesse. Elle regretta notamment que ce n'ait pas été une époque plus heureuse pour Scottie. « [...] Il y avait la charmante enfant solitaire, qui frappait une boule de croquet sous les arches de l'été, sous le marronnier, et chantait seule dans son lit le soir, écrivit Zelda dans un texte autobiographique. C'était une enfant très belle qui aimait sa mère. D'abord il y avait eu Nounou, mais Nounou et moi nous querellâmes, et nous la renvoyâmes en France, après quoi il ne resta que sa mère à la petite, et toutes sortes de gens pour la faire marcher droit. Je m'inquiétais. L'enfant était malheureuse et ne méditait guère - sinon sur la richesse des gens, et des petits soucis enfantins touchants. L'obsession de l'argent, c'était à cause de la grande maison, et parce qu'elle allait jouer avec les enfants des Wanamaker et des Dupont. Cette maison était trop immense pour un enfant, trop sérieuse[76]. »

Déchargés de leur bail sur Ellerslie, les Fitzgerald firent immédiatement leurs préparatifs pour retourner en Europe - cette fois, à destination de l'Italie. Au moment des adieux, John Biggs fut frappé par l'agitation de Zelda et sa distraction nerveuse. Son état lui paraissait plus grave, comme un rappel effrayant du soir où elle lui avait demandé : « John, ça ne vous ennuie pas de ne pas avoir été tué à la guerre ? » Il savait qu'elle ne l'aimait pas, mais n'avait jamais pu comprendre ce qu'elle voulait dire par là. Il avait finalement attribué la remarque à la jalousie que pouvait lui inspirer son amitié avec Fitzgerald. « Zelda ne s'est jamais entendue avec quiconque - homme ou femme - appréciait Fitzgerald, supposa Biggs. Elle était follement jalouse de tous ceux qui aimaient Scotty. Je ne crois pas qu'elle m'aimait beaucoup[77]. »

Leur bateau, le *Conte Biancamano*, jeta l'ancre à Gênes vers la fin de mars 1922. Les Fitzgerald se rendirent aussitôt sur la Côte d'Azur, où ils passèrent tout le mois d'avril. À cette époque, Nice était en proie à un mistral que Zelda qualifia de « froid cassant ». Le temps les obligea à rester cloîtrés chez eux une bonne partie du temps. Scott buvait et jouait au baccara et au chemin de fer au Palais de la Méditerranée, un des casinos locaux, tandis que Zelda assistait à des représentations de ballet qu'elle trouvait médiocres, au Casino de la jetée, et prenait des leçons avec une répétitrice de ballet nommée Nevalskaya. C'était une enseignante douée, mais son atelier était humide et peu pratique. Ils étaient heureux de se retrouver en France, et la tension entre eux s'atténua alors qu'ils sirotaient des apéritifs au Café bleu, qui faisait face à la jetée, longeaient la promenade en observant le défilé des passants, ou observaient les avaleurs de grenouilles sur le trottoir. Parfois, ils allaient voir des comédies au Casino, s'amusant de ces représentations d'amateurs, ou faisaient une excursion en voiture du côté de Villefranche, pour y déguster une salade niçoise ou une bouillabaisse parfumée au safran. Zelda goûta assez ce plat pour en demander la recette, et prit quelques notes personnelles sur le sujet. « Une bouillabaisse, pour être servie dans de parfaites conditions suivant la coutume établie des Marseillais, exige au moins sept ou huit convives. Voici pourquoi : comme on utilise pour la préparer une grande variété de poissons, dont la rascasse, mieux vaut en préparer de grandes quantités pour y inclure le plus de poissons possible. On notera avant tout que la cuisson est rapide, c'est là un des points essentiels, pour que l'huile se lie parfaitement au bouillon, sans quoi elle va flotter à la surface du plat, ce qui n'est guère appétissant. »

En mai, ils avaient hâte de rentrer à Paris, où Zelda reprit avec enthousiasme ses leçons avec Egorova. Elle participait au cours collectif tous les matins et prenait une leçon particulière tous les après-midi. Pour tâcher de payer ces leçons onéreuses, elle écrivit plusieurs nouvelles qu'elle espérait placer auprès des magazines. « Je détestais devoir faire financer mes leçons par mon mari ; je voulais que ma danse ne relève que de moi, aussi ai-je écrit pour les financer. » Comme l'atelier d'Egorova, situé rue Caumartin, était souvent chaud et humide, Zelda apportait de la limonade fraîche à son professeur. Elle lui offrait tous les jours un bouquet de fleurs - des pavots, des narcisses, du lilas blanc, des tulipes roses, des œillets jaunes, des roses rouges et des gardénias - achetés dans des échoppes près de la Madeleine. Toujours entichée d'elle, Zelda écrivit : « Elle me faisait penser à un gardénia, aussi lui donnai-je des gardénias, et je dénichai un parfum oriental au gardénia, que je lui offris. Elle hésita à l'accepter, et je ne sais pas ce qu'elle en pensa[78]. »

Egorova prenait au sérieux les ambitions de Zelda et travaillait dur avec elle. « Elle était très bonne, très gentille et me donnait toujours des leçons ; des danseurs célèbres exigeaient de prendre des cours avec elle à cor et à cri[79]. » Ces leçons devinrent une obsession pour elle. Elle s'inquiétait du mauvais temps : celui-ci risquait d'aggraver son asthme et de l'obliger à manquer un cours. Elle était la première à arriver et la dernière à partir. Le moindre commentaire désapprobateur d'Egorova la mettait dans une angoisse terrible. Un jour que celle-ci lui avait demandé de travailler avec l'élève la moins douée du cours, elle y vit un signe de déplaisir et fut inconsolable. Elle tentait d'aider Egorova de toutes les façons, persuadant Scott de trouver un emploi à son fils. Egorova, qui avait mené en Russie un train de vie aristocratique, vivait chichement à Paris. Zelda l'invitait souvent avec son mari dans les restaurants les plus chers de Paris, comme le George-V. Fitzgerald se plaignit amèrement qu'elle avait ruiné une nouvelle sur laquelle il travaillait en insistant pour qu'ils reçoivent le couple le soir même où il était inspiré. Ces mondanités étaient parfois amènes, mais pas toujours. Un soir où tous les quatre dînaient dans l'atelier d'Egorova, Scott humilia Zelda en buvant jusqu'à tomber en syncope. Cet incident la troublait encore plusieurs jours après.

Vint juin, et Paris connut une chaleur étouffante. Ils allèrent à Cannes, où ils louèrent la Villa Fleurs des bois pour l'été. Scottie, âgée de huit ans, prit des leçons de natation et de gymnastique sur la plage tous les matins, tandis que Zelda reprenait ses cours de danse à Nice. Elle apparut dans plusieurs récitals et créa également son propre ballet, intitulé *Évolution*, pour lequel elle conçut le décor et les costumes.

Puis vint la grande chance de Zelda. Sur une recommandation d'Egorova, Julia Sedova, la directrice des Ballets de l'opéra San Carlo, à Naples, offrit à Zelda d'entrer dans sa troupe. Pour ses débuts, elle se vit offrir un solo dans *Aïda*, et Sedova insista sur l'importance que le rôle pouvait avoir professionnellement. Elle promit à Zelda que, si celle-ci restait toute la saison, elle se verrait offrir d'autres rôles importants et un salaire mensuel approprié. Comme Zelda ne répondit pas immédiatement, une seconde proposition, rédigée à la main en français, arriva le 29 septembre 1929. Sedova encourageait Zelda à accepter son offre, en soulignant que la nourriture et le logement à Naples ne coûtaient presque rien. « Notre théâtre est magnifique et il vous serait très utile de danser sur la scène. La vie à Naples n'est pas chère et on peut avoir le [sic] pension complète à 35 lires par personne par jour[80] [sic]. »

Sedova et Egorova avaient toutes deux suivi leur formation à Saint-Pétersbourg, au théâtre du ballet Maryinski. En 1909, Sedova avait été danseuse étoile dans le Ballet impérial, se produisant avec Pavlova dans *Chopiniana*. Elle avait alors pour mari Boris Schidlovsky, un critique de ballet qui écrivait dans un petit journal de Saint-Pétersbourg. Deux ans plus tard, venue danser à Paris au théâtre Sarah-Bernhardt, dans une « saison russe » mais avec une compagnie italienne, Sedova se trouva impliquée malgré elle dans une controverse. Plusieurs syndicats français menacèrent de se mettre en grève pour protester contre l'engagement de certains musiciens italiens. Peut-être en raison de son affection pour la troupe italienne, Sedova partit ensuite à Naples, assumer la direction du Ballet de l'opéra San Carlo.

Zelda avait lutté pour acquérir les talents qui pouvaient garantir une telle offre, et le dilemme - accepter ou refuser - lui posa un douloureux cas de conscience. Si elle allait à Naples, elle irait seule. Fitzgerald détestait les Italiens et ne la suivrait jamais là-bas. Sa sœur Rosalind se rappela la désapprobation de Fitzgerald et les sentiments ambivalents de Zelda : « J'ai toujours pensé que, si Zelda déployait tant d'efforts à se faire une carrière professionnelle des activités où elle excellait, c'était parce qu'elle doutait de leur situation à l'époque, peut-être aussi parce qu'elle était malheureuse - ce qu'elle refusait d'admettre, mais trahissait, me semble-t-il, derrière une façade toujours vaillante - et aussi parce qu'elle voulait devenir autonome. Elle me dit avoir reçu une offre d'une des compagnies de l'Opéra italien pour être danseuse étoile, mais que Scott ne l'autoriserait pas à l'accepter[81]. »

D'autres facteurs pèsent dans la décision de Zelda. Elle-même n'aimait guère les Italiens et trouvait l'opéra San Carlo inférieur aux compagnies de ballet de Londres et de Paris. Elle était par ailleurs mal à l'aise à l'idée de vivre seule à Naples et de laisser Scottie aux bons soins de Fitzgerald. En acceptant l'offre, elle renonçait aux conforts qui lui étaient devenus une nécessité naturelle, et elle inversait le schéma de dépendance auquel elle s'était soumise depuis l'enfance. Elle était écartelée par ses doutes - était-elle assez autonome pour vivre d'un maigre salaire, assez entraînée pour réussir ? En fin de compte, la décision de Zelda de rejeter l'offre de Sedova reposait sur sa crainte de partir seule. Mais ce qu'elle ne put faire dans la vie, son héroïne l'accomplit en fiction. Dans *Accordez-moi cette valse*, elle ignore la désapprobation de son mari, accepte l'offre napolitaine, et obtient un immense succès. Ses performances lui valent des critiques délirantes dans les journaux italiens : « Elle était prometteuse et méritait un meilleur rôle, disaient les journaux. Les Italiens aimaient les blondes ; à les lire, Alabama était aussi éthérée qu'un ange de Fra Angelico, parce qu'elle était plus mince que les autres[82]. »

Tout en espérant recevoir d'autres offres, Zelda n'en réalisa pas moins qu'en rejetant une saison entière de performances elle avait compromis ses perspectives d'avenir. Sa déception se fit remords lorsqu'elle apprit la mort de Serge de Diaghilev à Venise. Elle avait rêvé de danser un jour dans les Ballets russes - en vain. « Diaghilev mourut, écrivit Zelda. L'âme du grand mouvement que furent les Ballets russes se décomposait dans une cour de justice française. [...] Certains de ses danseurs se produisirent l'été autour de la piscine du Lido, pour séduire des Américains pris de boisson, d'autres travaillèrent dans les ballets des music-halls ; les Anglais retournèrent en Angleterre. À quoi bon[83] ? »

Ressassant son chagrin en silence, Zelda cessa de voir presque toutes ses connaissances. Fitzgerald acquit un passe d'un mois pour le casino de Juan-les-Pins, mais Zelda n'en voyait pas l'intérêt. « Nous nous rendîmes dans des endroits chic en compagnie de gens charmants, mais j'étais de mauvaise humeur, et je m'en fichais[84]. » Soudain les choses devinrent très étranges à ses yeux, « les bras des gens étaient trop longs, leurs visages donnaient l'impression d'être empaillés, ils avaient l'air minuscules, ou soudain disproportionnés ». Tallulah Bankhead la vit cet été-là et se rappela son étrange comportement. « J'étais là dans le sud de la France lorsque Zelda, pauvre chérie, perdit la tête. Elle était entrée chez un fleuriste quand elle eut soudain l'impression que toutes les fleurs avaient un visage[85]. » Lorsqu'elle n'y prenait pas garde, sa nervosité insolite se manifestait très vite. Sa façon de parler changea, son rire exprima à la fois le ravissement sauvage et la terreur. Un soir au cinéma, près d'Antibes, alors que les Fitzgerald et les Murphy regardaient un documentaire sur la vie sous-marine, Zelda succomba à l'hystérie. « Il y avait toutes sortes de poissons étranges qui nageaient près de la caméra, se rappela Murphy. [...] Un poulpe des plus nonchalants se propulsait sur ses tentacules pour traverser l'écran en diagonale [et] Zelda, assise à ma droite, hurla et s'écroula d'un seul coup sur moi, se blottissant contre mon épaule gauche et, cachant son visage contre mon cou et ma poitrine, hurla : "Qu'est-ce que c'est ? Qu'est-ce que c'est ?" Mais nous l'avions tous vu et l'animal se déplaçait très lentement - c'était un poulpe, on ne pouvait pas se tromper - et pourtant, elle était épouvantée[86]. » Sara Murphy avertit Fitzgerald de ne pas négliger la situation. « Vous ne savez même pas à quoi ressemblent Zelda et Scottie - malgré l'amour que vous leur portez. Il nous a semblé l'autre soir, à Gerald et à moi, que toutes vos pensées, tous vos sentiments à leur endroit se rapportaient à vous... Je me sens contrainte, en amie sincère, de vous écrire qu'en sachant ce qu'éprouve autrui dans une situation donnée on peut sauver - ou ruiner - des existences entières[87]. »

Toutefois, Scott ne prêta pas attention à l'état de Zelda qui allait en empirant cet été-là. En octobre 1929, ils reprirent la route de Paris, en passant par Aix, Arles, le pont du Gard, Vichy et les châteaux de la Loire. Ils se disputèrent une bonne partie du retour. Scottie, recroquevillée à l'arrière avec un livre, faisait semblant de ne pas entendre. Alors que Scott menait leur voiture à travers la Grande Corniche, Zelda s'empara soudain du volant, hurla « Dieu le veut » et tenta de faire verser l'automobile par-dessus une falaise. Lui arrachant le volant des mains, Fitzgerald stoppa la voiture sur l'extrême rebord de la pente.

Tous trois restèrent là, pétrifiés par le choc. Zelda ne sut jamais expliquer ce qui l'avait poussée à agir ainsi.

Cet épisode, où surgissaient spontanément les sentiments refoulés de Zelda, inaugura une période sombre, qui devait culminer dans son effondrement mental absolu. Une décennie plus tôt, elle avait dit à Scott qu'une impulsion sauvage la poussait à des initiatives démentielles. Il s'était inspiré de cet aspect imprévisible de sa personnalité pour le personnage d'Eleanor dans *L'Envers du paradis*, et l'une des scènes du roman présente une similarité troublante avec l'incident de la Grande Corniche.

> *Eleanor arrêta brutalement son cheval et il s'immobilisa à son niveau. Vraiment ? dit-elle d'une voix bizarre qui lui fit peur. Vraiment ? Tu vas voir ! Je me jette du haut de la falaise.*
> *Et avant qu'il ait pu intervenir, elle avait fait volte-face et lancé son cheval vers le bord de la falaise.*
> *Il se précipita à sa poursuite, le corps glacé, les nerfs à vif. Il n'y avait aucune chance de pouvoir l'arrêter. La lune était voilée par un nuage et son cheval sauterait aveuglément dans l'abîme. Et puis, à trois mètres du bord, elle poussa un cri soudain et se jeta de côté - plongea de son cheval, roula deux fois sur elle-même et s'arrêta dans des broussailles à un mètre du vide*[88].

Chose incroyable, Zelda allait vivre un épisode identique.

De retour à Paris, ils emménagèrent rue Pergolèse, dans un autre appartement moisi. En l'espace de quelques jours, Zelda était retournée à l'atelier d'Egorova avec une intensité proche de la folie. Malgré son indécision, l'offre de Naples avait renforcé sa conviction qu'elle était une danseuse professionnelle. Elle se forçait au jeûne pour rester mince, et buvait pour nourrir ses énergies. Elle installa une barre d'entraînement et des miroirs dans le salon de leur appartement, et se maquilla avec des fards professionnels avant de se rendre à son cours. « Je travaillais constamment, et j'étais terriblement superstitieuse et chagrine au sujet de mon travail, traversée de pressentiments... Je vivais dans un monde à moi, un monde tranquille, fantomatique, hypersensibilisé[89]. » Le peu de temps libre qu'elle s'accordait, elle le passait avec Scottie ; elle ne communiquait avec Scott que pour la forme. Il tenait toujours ses ambitions de danseuse pour une obsession névrotique et se montrait plus amer, plus réticent à la laisser faire. « Je me suis surpris à lui dire des choses affreuses, se rappela-t-il. Sans pouvoir m'arrêter. J'étais en guerre avec moi-même. Nous nous disputions, nous remuions les cendres du passé, et nous nous jetions des mots qui érigeaient un mur d'indifférence entre nous. Nous devenions des étrangers hostiles qui suivaient des chemins divergents, tout en vivant l'enfer sous le même toit[90]. »

Fitzgerald s'irritait de la voir ainsi s'investir dans la danse, oubliant sa propre obsession pour l'écriture, et se plaignait : « Elle ne lisait plus, ne pensait plus, ne savait plus rien, n'aimait plus personne, sinon les danseurs et leurs satellites vulgaires... elle devenait de plus en plus égoïste et ennuyeuse[91]. » Il écrivit sur le mode ironique à Harold Ober que Zelda avait reçu des visiteurs dans l'atelier d'Egorova, visiteurs qu'elle avait pris pour des recruteurs de ballet, mais qui n'étaient autres que des agents des Folies-Bergère. Par la suite, il regretta ces remarques et admit que sa cruauté avait contribué à leur séparation, en obligeant Zelda à chercher refuge chez son professeur. « C'était sans doute ma faute. Je n'aurais pas dû me montrer sarcastique avec elle. Je peux être un vrai salaud quand il s'agit d'insulter et d'accuser les gens[92]. » Chez tout autre, ces propos exprimeraient la contrition ; chez Fitzgerald, c'était peut-être une façon de s'autoglorifier, de se replacer au centre des événements.

Pratiquant un jeûne quasi absolu, Zelda avait maigri au point de dépérir visiblement. Fitzgerald finit par réaliser la gravité de la situation. Pensant qu'il pourrait lui être bénéfique de partir en vacances, il se rappela une suggestion des Murphy, des années plus tôt. En 1925, Gerald avait écrit : « Nous pourrions faire tous les quatre ce voyage de la Compagnie générale en Tunisie. Trois semaines en tout. Des voitures puissantes avec des chauffeurs arabes viennent vous chercher au débarquement, et vous parcourez tout le pays, en restant aussi longtemps que vous voulez dans chaque ville. On se sent plus un invité qu'un touriste, à ce qu'on dit. De merveilleux hôtels, même dans le désert. C'est Beaumont qui nous en a parlé[93]. » Au lieu de la Tunisie, toutefois, Fitzgerald s'inscrivit à un voyage organisé en Algérie par la Compagnie transatlantique. Leur navire partait de Port-Vendres le 7 février 1930, avec des escales à Biskra, Constantine et Alger. Ce n'était pas une décision très astucieuse, car Zelda avait souffert d'une fièvre les deux semaines précédentes et n'était pas en état de voyager. Elle avait raté plusieurs leçons de danse et ne songeait qu'à Egorova. À peine étaient-ils arrivés à Alger qu'elle le suppliait de rentrer. Lorsque Scott le lui interdit, Zelda commença à acheter des cadeaux pour son professeur - un bandana rempli de parfums, de la soie verte pour une robe, des grains d'ambre d'Afrique centrale. Elle passait des heures à écrire à Egorova et se mettait ensuite en quête des postes locales. « Dans l'ensemble, ce fut une tentative infructueuse de nous détendre, se rappela Zelda. À Alger, je ne pensais qu'à mon professeur, et je lui écrivis de nombreuses lettres de Biskra et Bou Saada, et je fus malheureuse dans les gorges de Constantine, triste à Tungaad, et nerveuse dans le grand bus qui roulait à toute vitesse[94]. »

Elle était au bord de l'effondrement. Des photographies, prises lors de leur voyage et collées dans son album, montrent toute l'étendue de sa détresse. Tout au long du voyage, elle refusa qu'on la prît en photo, mais dans l'oasis de Biskra, où ils rendirent visite au sculpteur Claire Sheridan, Scott la photographia, juchée maladroitement sur un chameau. Il la photographia de nouveau dans les gorges de Constantine, où elle a l'air taciturne et déprimée. « L'hiver fut éprouvant, et, pour oublier les mauvais moments, nous sommes allés à Alger. L'hôtel de l'Oasis était tissé de grilles mauresques ; et le bar était un avant-poste de la civilisation où l'on faisait étalage d'excentricité. Des mendiants en linceuls blancs étaient appuyés contre les murs, et les uniformes coloniaux donnaient aux cafés des airs de rodomontade héroïque[95]. » À mesure que le voyage se poursuivait, le monde devenait de plus en plus incongru aux yeux de Zelda : « Les Arabes fermentaient dans l'espace immense ; l'aspect curieux de leurs yeux et l'odeur des fourmis ; une sensation de détachement, comme si j'étais de l'autre côté d'une gaze noire - un léger sentiment d'intrépidité... Le monde se fracassa à Biskra ; les rues rampaient dans la ville comme des jets de lave portée à blanc. Des Arabes vendaient du nougat et des gâteaux d'un rose vénéneux sous l'éclairage brutal au gaz, jailli en public... Dans les rues escarpées, aux pavés inégaux, nous cillions devant l'éclat des carcasses de mouton qui pendaient aux devantures des bouchers[96]. » Elle avait hâte de rentrer et admit par la suite que l'expérience fut gâchée par « mon impatience à rentrer, ma jalousie devant la capacité de Scott à s'amuser, et un sens implacable du désespoir qui me hantait constamment, comme quelqu'un qui traverse un torrent dangereux sans oser regarder plus loin devant que de pierre en pierre[97] ». Elle mordillait sans cesse l'intérieur de sa lèvre inférieure, à tel point qu'elle devait la tendre un peu pour éviter la douleur. Lors du retour en France par bateau, la mer fut si agitée que Zelda crut au naufrage. Trop nauséeuse pour sortir de son lit, elle fit tout le voyage dans sa cabine.

Zelda avait l'impression d'avoir échappé de peu au désastre. Son seul réconfort était son intimité avec Egorova. « Je voulais danser si bien, écrivit-elle, qu'elle serait fière de moi et que je saurais moi aussi transmettre les symboles de beauté qui passaient dans sa tête et que je comprenais, même si apparemment je ne savais pas les exécuter. Je voulais être la première de sa classe, qu'elle puisse compter avant tout sur moi pour comprendre ce qu'elle exprimait par ses mots, et c'est peut-être dépravé, mais je voulais être près d'elle parce qu'elle était fraîche et blanche et belle[98]. » Décrivant son comportement à l'époque (d'août 1928 à février 1930), Fitzgerald affirma par la suite aux médecins de Zelda que ses « premiers symptômes d'homosexualité [furent] orientés vers Egorova... et ses penchants tout à fait marginaux à l'homosexualité féminine [se manifestaient] en général sous l'effet de la boisson[99] ».

Il est vrai que l'homosexualité féminine n'avait guère marqué les étapes précédentes de son existence, mais c'est la voie que choisissait à présent Zelda en se liant avec plusieurs membres de la communauté lesbienne de Paris. Ces femmes apportaient un semblant de stabilité à son existence. Elle en avait rencontré certaines quatre ans plus tôt à

Capri, d'autres étaient de nouvelles connaissances. « À Paris, je fréquentai de nouveau Nemtchinova après les cours et mon amie à l'Opéra. Je travaillais tout le temps, j'étais terriblement superstitieuse et morose au sujet de mon travail, du soleil, et de la pluie et du vent. Je vivais dans un monde à moi, tranquille, hypersensible [...]. Les gens m'irritaient à présent, ceux de nos amis qui ne travaillaient pas, même s'ils étaient charmants, et je les méprisais[100]. » L'importance qu'elle accordait au travail, sa répulsion pour les gens qui « ne travaillaient pas » marquèrent un tournant dans sa vie. Jusqu'alors, elle semble avoir cru aux sarcasmes de Scott sur son absence de professionnalisme. Maintenant qu'elle travaillait à devenir une danseuse talentueuse, et qu'elle se sentait éloignée de Fitzgerald, elle ne se souciait plus de ce qu'il pouvait penser.

C'est Esther Murphy qui, naguère, avait initié Zelda aux réseaux marginaux de l'homosexualité féminine en emmenant les Fitzgerald visiter l'atelier de Romaine Brooks au 74, rue Raynouard, sur la rive droite, dans le très fortuné XVIe arrondissement. Zelda décrivit l'appartement comme « un carré découpé dans le ciel et bordé de cloisons de verre, qui oscillait au-dessus de Paris ». Ses murs étaient recouverts de portraits de femmes travesties en hommes, et vice versa : Jean Cocteau, Reynaldo Hahn et Robert de Montesquiou, Lily de Clermont-Tonnerre, Renée Vivien et lady Una Troutbridge. En 1925, Brooks avait aménagé l'appartement de l'étage supérieur, de sobre décoration, selon ses besoins. C'était là qu'elle vivait, travaillait et recevait ses amis : dix pièces dont les plafonds s'élevaient à hauteur d'un étage et demi, formant un grand espace ouvert qui donnait sur les toits de Paris. L'amante de Brooks, Natalie Barney, qui avait quitté la princesse de Polignac pour inaugurer une liaison sérieuse avec Romaine, était souvent là. Zelda avait fait la connaissance de Brooks à l'époque où elle prenait des leçons de peinture à Capri (Romaine vivait encore avec Renata Borgatti), et elle avait rencontré la princesse de Polignac, la sœur de Singer, le magnat des machines à coudre, à une soirée des Murphy à Antibes.

Elle fit la connaissance d'autres lesbiennes au restaurant suédois le Stryx, et dans des bars saphiques comme le Monocle, sur le boulevard

Edgar-Quinet, où les femmes revêtaient des smokings et lissaient en arrière leurs cheveux gominés et coupés court. Un autre repaire favori des lesbiennes était le Bal de la Montagne Sainte-Geneviève. Il se trouvait en face de l'École polytechnique, sur une petite colline, derrière le Panthéon. Les bars lesbiens pouvaient souvent devenir dangereux : Bernice Abbott et Gwen Le Gallienne furent arrêtées dans l'un d'eux au cours d'une descente de police. Zelda trouvait excitant de fréquenter ces lieux, mais Fitzgerald craignait de la laisser s'y rendre seule. Dans un style typiquement hemingwayen, Ernest évoqua la détresse de Scott : « Déjà Zelda pouvait boire plus que Scott et celui-ci redoutait ce qui pourrait arriver si elle perdait ses esprits en compagnie des amis qu'ils avaient ce printemps-là, et dans les endroits qu'ils fréquentaient. Scott n'aimait ni ces gens ni ces lieux, et il lui fallait boire plus qu'il ne pouvait le faire, sans perdre ses esprits, pour supporter les gens et les lieux[101]. »

En 1929, Zelda se lia étroitement avec Dolly Wilde et Emily Vanderbilt, toutes deux bisexuelles. « Dans toute cette horreur, Dolly Wilde était la seule qui faisait vraiment sens[102] », dit-elle à Scott, et Emily Vanderbilt, qu'ils avaient accompagnée au salon de Natalie Barney, « parut soudain incarner l'ordre et l'indépendance[103] ». L'amour de Zelda pour les femmes, épargné par le remords ou la culpabilité, lui apporta une certaine plénitude affective et sexuelle. Ce n'est pas un hasard si, à mesure que se manifesta la folie de Zelda, elle eut le sentiment non seulement d'être l'égale de Fitzgerald, mais aussi de pouvoir exprimer plus librement sa sexualité à son gré. Quatre ans plus tard, au paroxysme de sa folie, elle devait tenter d'expliquer précisément ce qu'elle ressentait. Dans une longue lettre confuse à Scott, écrite depuis l'hôpital psychiatrique où elle était sous traitement, elle lui dit : « Depuis l'Éden, l'homme a été doué d'une double impulsion sexuelle. La plénitude sexuelle entre l'époux et l'épouse, c'est l'homosexualité... La promesse que fait l'homme à Dieu est de produire une race et de la conserver vivante dans l'amour et la chaleur, dans le dévouement et le soutien mutuel et dans le bonheur de ses circonstances. La promesse que fait Dieu à l'homme, c'est la plénitude affective, c'est une meilleure estimation impersonnelle de la beauté de Dieu qui nous hante. C'est sucer les organes génitaux de son compagnon, et c'est payé de retour avec la plénitude du désir masculin de chérir et servir, et la pleine nécessité pour l'homme de s'abandonner à ses émotions. Dieu veut que nous acceptions cette bénédiction sexuelle supplémentaire avec révérence et gratitude... En reconnaissant la beauté de l'homosexualité qui constitue notre relation d'époux comme la volonté de Dieu, nous pouvons l'admettre en tout honneur, sans avoir besoin de cacher ou de réprimer la seconde de nos fonctions sexuelles. Et l'homosexualité entre les membres du même sexe, ce qui est aberrant mais justifié par l'intégrité affective de la pulsion, pourra disparaître. Alors il n'y aura plus aucune nécessité de faire usage des contrôles catatoniques et homosexuels qui ont réduit un trop grand nombre d'entre nous en esclavage[104]... »

Zelda voyait à présent dans l'homosexualité féminine un acte naturel, un supplément à l'hétérosexualité. Son attitude rappelait celle de Gertrude Stein, qui avait dit à Hemingway : « Les femmes ne font rien qui puisse les dégoûter et rien qui soit répugnant, après quoi elles sont heureuses et peuvent mener des vies saines ensemble[105]. » Ni Ernest ni Scott ne furent convaincus. Et Fitzgerald nota dans son carnet, avec fureur, que Dolly Wilde avait fait des avances à Zelda un soir où cette dernière avait trop bu.

Morley Callaghan, qui continuait à fréquenter les Fitzgerald, nota que Zelda s'agitait pour un rien : « [...] Je remarquai que Scott la surveillait toujours du regard. Il la laissait parler, disant peu de chose lui-même, ne faisant qu'écouter ; puis, brusquement, à notre surprise, il lui disait qu'elle était fatiguée. Lorsqu'elle protestait, la voix de Scott se faisait péremptoire : il la prenait par le poignet et la mettait dans un taxi. "Maintenant, tu rentres te mettre au lit." Le visage de Zelda était à moitié caché, mais elle changeait entièrement d'attitude : c'était comme si elle savait qu'il avait tout contrôle sur elle ; elle acquiesçait docilement[106]. »

À mesure qu'approchait Pâques 1930, Zelda sentait le danger la guetter à tout moment. Elle voulut acheter un cadeau de Pâques pour Scottie, mais, redoutant de faire les magasins seule, demanda à la femme de charge de l'accompagner. Elle tenait des propos absurdes, souriait à contretemps et laissait jaillir des éclats de rire nerveux. Soudain, elle devenait comme stupéfiée, et, tout en donnant l'impression de comprendre les paroles des autres, elle ne réussissait pas à en percevoir le sens. Lorsque Scott lui dit qu'il avait renvoyé leur femme de charge, Lucienne, Zelda sut que quelque chose n'allait pas, sans savoir quoi. Dans le marché aux fleurs, elle entendit les fleurs parler. Des rêves troublaient son sommeil jusqu'à l'éveiller, la laissant dans un état confus et incohérent le matin suivant. Elle passait des journées entières sans dormir ni manger. Des voix menaçantes résonnaient dans sa tête - si menaçantes qu'elle prenait des barbituriques pour se réconforter. Elle croyait qu'on montait une conspiration pour l'empêcher d'être une grande danseuse. Elle était certaine que les gens disaient du mal d'elle, à tel point que, lorsque John Peale Bishop vint déjeuner, elle essaya de le prendre sur le fait. Un soir où Bishop dîna avec eux, et qu'ils allèrent tous ensuite à une foire, Zelda fut prise d'hallucinations et devint hystérique. Une fois encore, il fallut de la morphine pour l'apaiser. Pour calmer les voix qui résonnaient dans sa tête, elle bondissait toujours plus haut à son cours de danse, mais le lendemain matin elle avait de terribles migraines et restait dolente toute la journée. À ses cours, elle dansait si intensément que, le soir venu, elle était vidée de son énergie. « Depuis six mois à présent, elle est si exténuée le samedi soir, écrivit Fitzgerald, qu'elle passe le dimanche à dormir jusqu'à l'heure du dîner, puis toute la nuit [107]. » Le jour lui faisait mal aux yeux, et elle éprouvait d'étranges hallucinations visuelles - autour d'elle tout était de couleur vive, puis totalement incolore. Des objets solides semblaient vaporeux. Ces crises étaient généralement précédées d'une impression de « bourdonnement » si vive qu'elle pouvait prédire des apparitions. « À Paris, avant de réaliser que j'étais malade, tout prit une signification nouvelle : les gares, et les rues, et les façades des immeubles - les couleurs étaient infinies, faisaient partie de l'air sans être restreintes par les lignes qui les cernaient. Il y avait de la musique qui heurtait la paroi de mon front, et une autre musique chue dans mon estomac depuis une haute parabole, et il y avait un passage de Schumann qui était calme et tendre, et la tristesse des mazurkas de Chopin. Certaines donnaient l'impression qu'il croyait ne pas pouvoir les composer - et il y avait cette folie de tourner, tourner, tourner[108]... » Dans l'atelier d'Egorova, Zelda se forçait à ne pas regarder par la fenêtre : les gens, au-dehors, ressemblaient peu à peu à des fourmis captives dans une bouteille.

Terrifiée, Zelda demanda à Scott de lui expliquer ce qui se passait. Il n'avait pas de réponse. Par la suite, elle devait l'accuser de l'avoir fuie pour se tapir dans la salle de bains, en fermant la porte à clé. « À Paris, lorsque tu as vu que j'étais malade, que je sombrais - lorsque tu as su que je restais des jours sans manger, incapable d'entrer en contact avec quiconque, même les domestiques - tu t'asseyais dans la salle de bains et tu chantais... Si tu m'avais expliqué ce qui se passait, le soir où nous avons dîné avec John Bishop avant d'aller à la foire, où j'ai fini en pleine hystérie. C'est le devoir de ceux qui comprennent, après tout, et il faut des guides aux aveugles[109]. » Cette certitude que Scott la comprenait montre combien elle s'illusionnait en pensant qu'il pouvait remédier à ce qui était devenu une situation impossible.

Voyant qu'elle avait de plus en plus de mal à parler aux gens, ou à se conduire normalement, Rosalind et Newman Smith s'inquiétèrent sérieusement. Depuis 1922, ils vivaient à Bruxelles, où Newman travaillait pour le Guaranty Trust. Ils étaient restés étroitement en contact avec Zelda, mais ne pouvaient pas faire grand-chose pour éviter cette crise imminente. « Nous les voyions assez régulièrement, lui et Zelda, pendant cette période, quand nous nous rendions à Paris, et nous étions mal à l'aise devant cette situation qui, sous tous aspects, allait en empirant[110]. »

Enfin, en avril, alors que les Fitzgerald déjeunaient chez eux avec Oscar et Xandra Kalman, Zelda s'effondra. Au milieu du repas, elle fut soudain prise d'angoisse à l'idée d'être en retard pour sa leçon de ballet et appela un taxi pour se rendre à l'atelier d'Egorova. Devinant que quelque chose n'allait pas, Oscar l'accompagna. Lorsque le taxi se trouva pris dans un embouteillage, Zelda sauta dehors et se mit à courir entre les véhicules en direction de l'atelier. Kalman téléphona à Scott pour lui signaler l'étrange comportement de Zelda, en insistant sur le fait qu'elle n'était pas en état de trouver le chemin du retour. Fitzgerald alla aussitôt la chercher. Zelda persuada sa professeur de venir chez eux pour qu'elle lui expliquât la situation. À son arrivée, toutefois, Zelda se mit dans un tel état qu'elle se jeta aux pieds d'Egorova, qui battit promptement en retraite.

Il apparaissait clairement que Zelda devait être hospitalisée. Egorova recommanda le sanatorium de la Malmaison, le plus réputé des établissements psychiatriques situés à proximité de Paris. Cet établissement privé se trouvait à une dizaine de kilomètres de la capitale, dans un parc entouré de grilles de fer. Le 23 avril 1930, Zelda y fut admise dans un état d'éthylisme et de trouble avancé. Arpentant la pièce de long en large, elle flirta avec les médecins. Elle leur dit qu'elle était amoureuse de sa professeur de danse, et qu'elle avait déjà été amoureuse d'une amie à l'Opéra de Paris. Elle répéta plusieurs fois que son époux était homosexuel et leur assura qu'il était amoureux d'un homme appelé Hemingway. Inquiet à l'idée que les médecins puissent la croire, Fitzgerald affirma que les hallucinations de Zelda avaient été précipitées par une vie dissolue et une généalogie marquée par les instabilités mentales. Il souligna des désordres nerveux des deux côtés de la famille et se lança dans un inventaire inquiétant : sa grand-mère maternelle s'était suicidée, ainsi que sa tante maternelle ; plusieurs de ses oncles souffraient de troubles mentaux, sa sœur Marjorie avait mis deux ans à se remettre d'une dépression nerveuse, et son père avait été jadis si déprimé qu'il avait dû quitter le barreau neuf mois. Le diagnostic de la Malmaison tint en un mot : « angoissée ». Le rapport médical, rédigé par le professeur Claude, le médecin chargé de l'examiner, avançait les théories suivantes : « Il s'agit d'une petite anxieuse épuisée par son travail dans un milieu de danseuses professionnelles. Réactions violentes, plusieurs tentatives de suicide toujours interrompues à temps[111]. » Cette évaluation ne changeait rien à la situation, pas plus que l'enfermement, aussi Zelda décida-t-elle de quitter l'établissement le 2 mai, disant à Scott : « Je suis allée de mon propre gré me soigner à la clinique parisienne. Tu sais également que j'en suis sortie avec l'autorisation du professeur Claude, bien consciente que je n'allais pas tout à fait bien, mais ne voyant pas l'utilité de tomber de Charybde en Scylla - ce qui allait pourtant se produire[112]. »

Ayant passé deux semaines et demie à la Malmaison, Zelda quitta l'établissement et rentra seule à Paris. Elle trouva l'appartement vide : Fitzgerald occupait celui des Murphy, alors sans locataires, rue Pergolèse. À son arrivée, Zelda constata un désordre épouvantable dans l'appartement, peuplé des invités venus festoyer la veille. Aucun signe de Scottie. Scott, qui cuvait les excès de la nuit précédente, fut surpris de la voir. Après plusieurs jours de repos, elle essaya de reprendre ses leçons, mais son état était aggravé par l'asthme et un eczéma psychosomatique. En l'espace d'une semaine, elle éprouva des hallucinations et fit une tentative de suicide aux barbituriques.

Le 22 mai, sur les recommandations d'amis, Fitzgerald conduisit Zelda à la clinique Valmont, près de Glion, en Suisse. Elle se plaignait de maux d'oreilles, de vertiges et de vibrations émises par les gens autour d'elle, et fut placée sous observation médicale. Ses médecins ne diagnostiquèrent en fin de compte aucun trouble neurologique ou organique. Au cours de son séjour, une des infirmières rapporta qu'elle avait dû repousser les avances « un peu trop affectueuses » de Zelda. Celle-ci s'engoua alors d'une seconde infirmière. Dans une lettre à demi cohérente à l'adresse de Fitzgerald, elle tenta d'expliquer son comportement : « Je suis aussi allée, quasiment de mon plein gré, mais sous d'énormes pressions, à Valmont, avec pour seule idée de retrouver assez de force et de santé pour continuer mon travail en Amérique, comme tu me l'avais promis. Là, ma tête commença d'aller mal, et cette infirmière immaculée que tu m'as accusée d'agresser n'a pas arrêté de jouer sur la chose que je pensais être venue guérir. Pour finir, mes références constantes à Féol et aux platanes et à d'autres symboles prononcés et vulgaires - j'ai enfin commencé à croire qu'il n'y avait qu'un remède pour moi : celui que j'avais refusé trois fois à Paris[113]... » Le reste de la lettre se perd en propos incohérents, mais laisse entendre qu'elle a fait des avances à d'autres patientes et infirmières. Fitzgerald décrivit l'état de Zelda à Valmont comme une « violente psychose, une homosexualité virulente à l'endroit des infirmières, des menaces de suicide, des tentatives d'escapade, des illusions ». Le rapport officiel des médecins de Valmont résumait le parcours psychologique de Zelda et le rapportait à son effondrement.

Patiente : Zelda Fitzgerald

Deux sœurs font une dépression nerveuse, une troisième souffre d'une affliction nerveuse du cou.

À vingt-quatre ans [en réalité, vingt-six], en Europe, souffre d'une quasi-péritonite due à l'inflammation de l'ovaire droit, et se retrouve quasi paralysée un an. Ce problème est résolu lors d'une opération de l'appendicite (docteur Gross et docteur Martell). Le docteur Martell découvre un appendice en mauvais état, mais un ovaire fondamentalement sain. Prend de la morphine deux semaines au cours d'un accès de péritonite.

Atteinte de déprime à Hollywood en voyant que des jeunes filles moins âgées ont conquis une position indépendante et un succès relatif.

À vingt-sept ans, retrouve d'anciennes ambitions - le ballet -, ses premiers efforts véritables. Trois heures par jour, six jours par semaine. Cesse de boire.

Avant de s'entraîner au ballet, elle buvait copieusement, mais de façon intermittente, et devenait hystérique sous l'effet de la boisson. Hystérie violente - parfois même suicidaire, qui se produisait peut-être quatre à sept fois l'an, et qu'on ne pouvait calmer que par une dose minimale de morphine. Sa résistance à l'alcool diminue.

Pendant l'entraînement au ballet, boit un litre et demi de vin aux repas et un apéritif ou un digestif.

Pendant son repos forcé à bord du navire, il devient de plus en plus évident qu'elle a perdu toute sa capacité à digérer l'alcool. Hystérie quasi systématique après deux jours de ce qui passerait normalement pour une consommation d'alcool fort modeste. Ne risque jamais la dipsomanie, car elle s'effondre après deux jours. Comprend cela elle-même et évite l'alcool, sauf lorsque les circonstances la forcent à boire.

Naguère une grosse fumeuse, mais a réduit sa consommation de tabac au minimum. Boit quatre à cinq tasses de café par jour.
Cet automne, a fait d'énormes progrès. Deux offres importantes pour débuter dans les ballets de La Scala à Naples, et comme première danseuse aux Folies-Bergère.
N'envisage d'écrire que parce qu'elle est obsédée par l'idée - tout à fait superflue - de financer elle-même ses cours de danse et de mener une carrière indépendante.
L'écriture n'a jamais été un plaisir : elle est pratiquement aveugle d'un œil et l'autre est tendu ; elle le paie de migraines épouvantables. Jadis une lectrice assidue, a cessé de lire.
Enchaîne les symptômes : perte d'appétit, dépression, querelles. Se montre étonnamment impolie envers de vieux amis, se prend de querelle avec Egorova et quitte ses cours, puis, devant les supplications d'Egorova, y retourne, boit beaucoup et s'effondre, prend curieusement les gens en horreur - d'où une violente timidité, un retrait terrifié en compagnie d'autrui, garde le silence avec ses amis, pâle et tremblante dans les magasins, tranquillité anormale ponctuée de brusques accès de désespoir, chantonne toute seule tout le temps, veut être seule, la musique est son seul plaisir, en veut à son mari de l'emmener de force en Afrique, l'hystérie dure six jours, elle entend des voix, elle imagine que les gens la critiquent et elle les querelle à ce sujet, incapable d'affronter les vendeurs, les domestiques, etc. semble vivre dans un rêve horrible et inconscient, plus réel à ses yeux que le monde réel, dort beaucoup, veut sincèrement mourir, l'hystérie éclate sans signe avant-coureur, ne tolère pas de ne pas voir Scott, manque absolu de contrôle - se tripote les doigts.
Fin du rapport[114].

Valmont s'occupait essentiellement de traiter les désordres gastriques et intestinaux, aussi Fitzgerald fit-il appel au docteur Oscar Forel, un spécialiste des désordres mentaux, pour qu'il statuât lui aussi sur la condition de Zelda. Forel, pris de doutes, consulta le psychiatre suisse Eugen Bleuler. Ce dernier dirigeait un hôpital à Zurich et enseignait la psychiatrie à l'université de Zurich. En 1911, il avait inventé le terme « schizophrénie », qu'il entendait substituer à celui de « démence précoce », et c'était une autorité sur les psychoses. Il s'intéressait au comportement régressif des schizophrènes, postulant que l'écart entre de hautes ambitions et des résultats médiocres pouvait déclencher des illusions de grandeur, mais demeurait incertain quant à la nature - organique ou psychogénique - des désordres constatés. Ses honoraires étaient de 500 dollars, ce qui, pour Zelda, revenait à jeter l'argent par les fenêtres. Il soupçonnait qu'elle était atteinte de schizophrénie aiguë et recommanda son internement dans le sanatorium privé du docteur Forel, récemment ouvert en Suisse, sur les rives de Prangins, près de Nyon, sur le lac de Genève. Forel et Bleuler identifiaient conjointement trois états récurrents dans la condition de Zelda : une attitude déprimée, mais calme, qui laissait espérer sa guérison ; un déchaînement hystérique, pendant lequel elle accusait systématiquement ses proches ; un état de moindre hystérie, pendant lequel ses problèmes lui paraissaient insolubles, suscitant la tentation du suicide.

Zelda accepta tout d'abord de devenir la patiente de Forel, mais, après s'être violemment querellée avec Scott à Lausanne et avoir traité Bleuler de « grand imbécile », elle changea d'avis et refusa de partir. Il fallut que Newman Smith vînt la voir depuis Bruxelles et qu'il eût une longue conversation avec elle pour qu'elle acceptât d'entrer au sanatorium. Tous trois quittèrent Valmont le 4 juin 1930 pour gagner Prangins. L'institut avait pour cadre l'ancien château de Joseph Bonaparte, dans un parc d'une centaine d'arpents, entre Genève et Lausanne.

Zelda arriva découragée et épuisée. Ses efforts herculéens pour acquérir une identité propre, pour identifier et accomplir une tâche utile, aimer qui lui plaisait, comme bon lui semblait, ne plus être simplement l'épouse de F. Scott Fitzgerald et le modèle de ses héroïnes s'étaient achevés dans la folie. « Notre voyage en Suisse fut très triste, écrivit-elle. Il me semblait que chacun de nous avait perdu l'autre, avait tout perdu, et ça me tuait à moitié de devoir abandonner tout ce que j'avais accompli. J'étais complètement folle, et j'ai pris une décision :

renoncer au ballet pour vivre paisiblement avec mon époux. J'avais voulu détruire le portrait d'Egorova qui m'avait accompagnée quatre ans, donner tous mes tutus et une valise pleine de chaussures, et libérer mon esprit de toutes ces choses. » Cependant, une fois qu'elle eut succombé à la folie - laquelle avait probablement toujours été là, dans ses gènes, accumulée en réserve par les terribles efforts qu'elle s'était imposés -, il lui fut impossible de faire marche arrière.

Ouvert depuis moins d'un an, Prangins passait déjà pour la meilleure clinique psychiatrique d'Europe. La fille de James Joyce, Lucia, qui partageait l'obsession de Zelda pour le ballet, et qui étudia elle aussi avec Egorova et Raymond Duncan, le frère d'Isadora, y fut également admise et soignée par Forel. Les frais étaient extraordinairement élevés : 1 000 dollars le mois. De 1930 à 1931, le traitement qu'y suivit Zelda coûta 70 561 francs suisses, l'équivalent de 13 000 dollars. L'institution évoquait plus un centre de villégiature qu'un hôpital : outre les thérapies occupationnelles et les traitements médicaux les plus modernes, on y pratiquait le golf, l'équitation, le ski, le tennis, la baignade, le billard et la musique.

Malgré tous ces avantages, Zelda ne tarda pas à trouver l'endroit intolérable. S'isolant des médecins et des autres patients, qui l'effrayaient et lui paraissaient des étrangers, elle redoutait tous ceux qui s'offraient à l'aider et refusait de parler d'elle. Au cours du premier mois, il fallut la retenir de force après qu'elle eut tenté de s'enfuir dans une crise de violence. Les méthodes de contrôle comprenaient la « double entrave » (on attachait le patient à son lit par les poignets) et la « quadruple entrave » (on lui attachait les deux poignets et les deux chevilles). Toutes les fois où elle avait des hallucinations, on lui injectait des tranquillisants - des hydrates de chloral - et on la plaçait en isolement à Églantine, une aile réservée aux malades susceptibles de s'automutiler. Son état allait en empirant. « À présent, je vois des choses étranges, écrivit-elle à Scott. Les bras des gens sont trop longs, ou leurs visages ont l'air d'être empaillés, et ils paraissent tout petits et très lointains, ou soudain disproportionnés... J'ai moi-même l'impression d'être très bizarre, mais je sais que j'étais intègre, autrefois, même si cette intégrité a disparu. Il faut que tu viennes me dire comment j'étais[115]. »

Fitzgerald organisa son déménagement en Suisse. Il confia Scottie à une gouvernante alsacienne, à Paris, où toutes deux vivaient au 21, rue des Marronniers. Scottie allait à une école privée, et elle devait d'abord se soucier de réussir à l'école. « Ma première école, c'était le cours Dieterlen, à Paris, se rappela-t-elle, où j'allais en classe, l'équivalent de la neuvième et de la huitième... On y allait deux fois par semaine, et le reste du temps, on travaillait à la maison, avec son "institutrice", dans mon cas une certaine Mlle Serze, que j'adorais... L'éducation des jeunes Françaises de bonne famille n'avait rien d'une plaisanterie, à l'époque... Elle consistait essentiellement à apprendre par cœur des scènes entières de pièces de Corneille ou de Racine, ou encore les noms des rois de France, mais aussi de leurs épouses et de leurs Premiers ministres[116]... » Scottie voyait en général son père quatre ou cinq jours par mois et allait parfois rendre visite à Rosalind, à Bruxelles ; elle passait ses week-ends dans la famille de Mlle Serze. On ne lui parlait pas de l'état de sa mère : « Je savais qu'elle était malade parce qu'elle était à l'hôpital, mais je ne savais pas pourquoi[117]. » Fitzgerald faisait le trajet entre Paris et Nyon, et séjournait à Lausanne ou Genève, qui étaient les villes les plus proches. Dans sa nouvelle *Un voyage à l'étranger*, où la vérité l'emporte sur la fiction, cette période difficile apparaît sous l'aspect d'une routine : « [...] les visites quotidiennes de leurs deux médecins, l'arrivée du courrier et des journaux de Paris, la petite excursion dans le village voisin, perché sur une colline, ou parfois la descente en funiculaire jusqu'à l'institut, si pâle au bord du lac, avec sa Kursaal, sa plage herbue, ses courts de tennis et ses bus touristiques[118]. » Scott voulait renouer des relations sexuelles avec Zelda, mais Forel insista pour qu'ils patientent jusqu'à la mise au point d'un traitement spécifique.

Dans une lettre adressée à Scott le 16 juin 1930, de Bruxelles, Rosalind interrogea Fitzgerald pour déterminer précisément l'origine des problèmes de Zelda. « Vous dites situer le début de son changement d'attitude environ dix mois avant que nous vous rendions visite à Ellerslie. Soit il y a juste trois ans... Vous pensez que le changement a commencé à Hollywood. S'est-il produit là-bas quelque chose qui l'ait particulièrement troublée... quelque incident fâcheux ? Je crois me rappeler une rumeur selon laquelle Zelda aurait jeté par la fenêtre du train qui vous menait à Hollywood une montre que vous lui aviez donnée à Noël. Est-ce vrai ? Si oui, pourquoi ? Cela ne signifie-t-il pas que ses troubles avaient déjà commencé[119] ? » Rosalind situe anachroniquement l'incident de la montre, mais elle comprend que Zelda, pour une raison ou une autre, avait changé d'attitude après son retour de la Californie et blâme intuitivement Fitzgerald. Comme John Biggs, elle avait remarqué l'attitude tendue de Zelda à Ellerslie. « Ce que je constatais alors chez elle, c'était une forte irritation, inhabituelle... un manque de patience, moins d'affection pour Scottie qu'auparavant, un ressentiment général envers toutes les circonstances de l'existence qu'elle menait alors et une morbidité affirmée, qui n'était pas entièrement subjective. Sa nature et son apparence avaient changé du tout au tout, même alors, et elle réclamait des soins médicaux sérieux[120]. »

Rosalind tenait Scott pour responsable de l'état de Zelda. « J'aimerais autant la voir mourir maintenant, lui dit-elle, que s'échapper pour retrouver cet univers dément que vous vous êtes créé, elle et vous[121]. » Elle insista sur le fait que Fitzgerald n'était pas en état de parer aux besoins de Scottie, et qu'il vaudrait mieux que l'enfant vive avec Newman et elle. « C'est alors, écrivit Scottie, que la querelle qui couvait entre [Rosalind] et mon père éclata ouvertement, parce qu'elle ne pouvait lui faire confiance pour se charger de moi tant que ma mère était à l'hôpital, et qu'elle exigea qu'il la laisse m'adopter. Il refusa, et l'une de ses nouvelles les plus célèbres, *Retour à Babylone*, est fondée sur cette controverse[122]. » Dans la nouvelle en question, Marion et Lincoln Peters, inspirés de Rosalind et Newman Smith, ont la garde de la fille de Charlie Wales, Honoria. (C'était le prénom de la fille des Murphy.) L'épouse de Charlie, Helen, est morte et, après trois années de séparation, il est rentré à Paris convaincre Marion, la sœur de Helen, qu'il peut maintenant prendre soin de Honoria : « Marion frissonna. Une partie d'elle-même devait bien admettre que Charlie avait maintenant les pieds sur terre et son instinct maternel ne pouvait pas ne pas reconnaître la légitimité de sa requête. Mais elle avait entretenu trop longtemps un préjugé à l'égard de son beau-frère, préjugé fondé sur un étrange sentiment de doute quant au bonheur de sa sœur. Et ce doute terrible s'était transformé en haine, après le choc de cette terrible nuit. » Elle décide de lui rendre Honoria, puis change d'avis en voyant deux amis de Charlie, pris de boisson, se présenter à leur appartement. « Un jour il reviendrait, songe Charlie. On ne pouvait pas lui faire payer son passé indéfiniment. Mais il voulait son enfant, et, en dehors de tout ça, plus rien ne l'intéressait vraiment. » Détail intéressant, Fitzgerald envoya à Rosalind un exemplaire de la nouvelle encore manuscrite. « Scott m'envoya le manuscrit de sa nouvelle *Retour à Babylone* qui, disait-il, lui avait été inspirée par le sentiment où j'étais que son enfant devrait être en de meilleures mains, et ma suggestion qu'elle vienne vivre avec nous à Bruxelles. Nous les vîmes assez souvent à cette époque, lui et Zelda, et nous nous sentions embarrassés devant une situation qui allait de mal en pis[123]. »

Soumis à une terrible crise émotionnelle et financière, Fitzgerald rejeta avec véhémence les accusations et intimations de Rosalind. « Je sais quelle impression indélébile vous a laissée la vie que Zelda et moi avons menée, je sais que, manifestement, vous rejetez tout ce qu'elle comportait d'effort, de lutte, de succès ou de bonheur, et je comprends également ce que vous éprouvez vraiment pour elle. Mais il me faut prendre soin de Zelda et de Scottie à présent, et je ne saurais en vérité me laisser perturber et lacérer davantage[124]. » Par la suite, il composa une réponse plus dure, qu'il ne posta pas : « Faites-moi une faveur, une seule. N'essayez plus jamais de communiquer avec moi, et je résisterai à la tentation de vous dévoiler à la postérité telle que vous êtes[125]. » Si, ouvertement, il rejetait le jugement de Rosalind et niait toute responsabilité dans l'effondrement de Zelda, en son for intérieur, il était au supplice en songeant au rôle qu'il avait joué, et faisait part de sa culpabilité à Zelda. Mais celle-ci refusait de l'entendre et rejetait toute idée de blâme. « Je t'en prie, ne me parle pas de reproches. Les reproches ne comptent pas. Ce qui compte, c'est de consacrer ces quelques ressources qui nous restent à faire de l'existence quelque chose d'organisé, de durable[126]... »

Fitzgerald se tourna alors vers ses amis, requérant leur soutien. « Scottie est tombée malade et j'ai pris l'avion à minuit pour Paris, en optant pour une appendicite immédiate, écrivit-il à Harold Ober. En somme, je suis passé par une de ces périodes qui arrivent à tous les hommes, je suppose, lorsque la vie est si compliquée qu'avec la meilleure volonté du monde, on peine à des tâches infernales. Les choses vont mieux, mais je n'en vois pas encore la fin. Je suppose que j'ai écrit environ 40 000 mots à Forel [le psychiatre] au sujet de Zelda, pour essayer de remonter à la racine, pour tranquilliser les deux familles, qui s'inquiètent, et pour tenter d'être une mère aimante, réfléchie, féminine avec Scottie[127]. »

Zelda écrivait de son côté au docteur Forel, qui lui avait demandé de résumer les étapes affectives majeures de sa vie. Elle mentionna entre autres son amour pour Egorova et son obsession de la danse.

« J'ai commencé à pratiquer la danse à Paris, avec une célèbre ballerine, mais j'ai été obligée de la quitter, étant tombée malade... Une fois de retour à Paris, j'ai repris mes cours à cette même école. J'ai travaillé quatre heures par jour, et le soir, et le samedi pendant les vacances, sur le bateau, quand je voyageais. Je commençais à comprendre ce que c'était.
Soudain, au printemps dernier, j'ai commencé à voir tout en rouge quand je travaillais, ou en noir et blanc. Je ne supportais plus de regarder par la fenêtre, où parfois je voyais l'humanité sous l'aspect d'une bouteille remplie de fourmis. Puis nous sommes partis à Cannes, où j'ai travaillé mes exercices : après les leçons, j'avais l'impression d'être une personne âgée qui meurt sans bruit pendant l'hiver. À Paris, j'aimais mon professeur de ballet plus que tout au monde. Sans savoir pourquoi. Sa tête évoquait des choses de toute beauté, l'éclat d'un temple grec, la frustration d'une pensée qui se cherche un lieu, la gloire des boulets de canon ; tout ce que je voyais dans ses pas. À partir de Noël, je fus incapable de travailler correctement, mais elle m'aida à

apprendre davantage, à aller plus loin. Elle me disait toujours de prendre soin de moi. J'essayais, mais c'était de mal en pis. J'étais vraiment en mauvais état. Un jour, le monde cessa entre moi et les autres - j'étais attirée comme un aimant -, j'avais des maux de tête, et je pouvais sauter plus haut que jamais, mais le lendemain, j'étais malade. Madame vint m'encourager. Assez pour me donner la force d'aller à Malmaison. Là, les médecins m'ont dit que j'étais bien, et je suis revenue à l'atelier, incapable de marcher dans les rues, bourrée de médicaments, essayant de travailler dans une atmosphère de plus en plus étrange... Mon mari m'a forcée à aller à Valmont - et maintenant je suis ici, avec vous, dans des circonstances où je ne puis être personne, saisie de vertiges, avec un bruit toujours accru dans mes oreilles, craignant les vibrations de tous ceux que je croise. Décomposée[128]. »

Lorsque Rosalind suggéra qu'ils discutent de l'état de Zelda avec ses parents, Fitzgerald marqua son désaccord, sachant qu'ils seraient rongés d'inquiétude. « Je vous supplie d'y réfléchir à deux fois avant de leur en dire plus que ce que vous leur avez dit. C'est à vous d'en juger, bien sûr, mais nos intérêts dans cette affaire devraient être communs. En ce moment, Zelda n'est pas en danger immédiat. Et j'ai promis de vous tenir au courant s'il se tramait quelque chose de crucial[129]. » Sachant bien que les Sayre le tenaient également pour responsable de l'état de Zelda, il se défendit dans une autre lettre qu'il n'envoya pas, cette fois destinée à Zelda : « J'aimerais bien trouver le fondement le plus infime dans cette accusation de ta famille que je t'ai rendue folle... tu étais "folle" au sens ordinaire du terme bien avant que je te rencontre. J'ai rationalisé tes excentricités, je t'ai pour ainsi dire créée[130]. » Rétrospectivement, c'était là une accusation facile. Le comportement de Zelda avait toujours provoqué quelques haussements de sourcils. Carl Van Vechten la tenait pour une véritable originale. Rebecca West était certaine qu'elle était folle. Elle l'avait rencontrée à Great Neck et écrivit : « J'étais terrifiée, non pas de, mais pour sa femme. Je savais que Zelda était très intelligente, mais, dès le premier moment où je l'ai vue, j'ai su qu'elle était folle. Il y avait cette chevelure lisse et brillante, ces robes des années folles, choisies avec soin pour suggérer une personnalité conventionnelle, car, même alors, il était conventionnel d'être non conformiste. Il y avait ce grand visage anguleux - un beau visage - mais il laissait des impressions ; il montrait toujours une contrée désolée, sans frontières. Il n'est pas toujours facile de vivre en bonne intelligence avec quelqu'un lorsqu'on sait que sa femme est folle à lier. Et je me rappelle qu'une fois Fitzgerald mentionna quelque chose de bizarre que Zelda avait fait, et qu'il me fallut retenir ces mots sur mes lèvres : "Mais enfin, vous vous rendez bien compte qu'elle est folle[131] ?" »

Vers le milieu de l'été, l'état de Zelda s'était stabilisé dans une dépression profonde. « La panique semble s'être fixée dans un état de morosité permanente, ponctuée de moments d'hystérie pleins d'emphase, écrivit-elle à Scott, les crises du lit qui s'effondre et du cœur hydraulique ont été plus ou moins maîtrisées[132]... » Sa vie s'était réduite à de simples plaisirs. « La radio est un présent des dieux, dit-elle à Fitzgerald. C'est mon guide et mon compagnon toujours fidèle, et je la mets dans mon lit la nuit pour réchauffer les draps. On peut aussi cuire des gaufres sur la partie supérieure, si brillante et si lisse[133]. » Est-ce là de l'humour, ou l'illusion d'une démente ? Approvisionnant son compte à l'hôpital, Fitzgerald dit aux médecins de lui donner tout ce qu'elle désirait. « J'ai indiqué aux responsables suisses qu'elle devait bénéficier de tous les luxes possibles, vêtements parisiens, etc., tout ce qu'elle voulait, parce que j'ai senti qu'elle avait besoin de se remonter le moral après tous ses efforts ascétiques de danseuse[134]. » Zelda apprécia le geste, et, toutes les fois où elle était lucide, elle composait des lettres aimantes à l'adresse de Scott. Elle écrivait toujours au crayon, sur son bloc de correspondance personnalisé, orné de l'inscription en relief « Zelda », qui faisait écho au « Mama » qui couronnait les lettres de sa mère. Comme celles qu'elle lui écrivait de Montgomery dix ans plus tôt, ses lettres sont magnifiquement composées, mais plus sages et plus poignantes. Elles témoignent de la profondeur des sentiments de Zelda pour Scott, lorsqu'il était sobre. L'une, qui décrit une excursion dans les montagnes proches de l'hôpital, déborde de tendresse. « Mon cher cœur - tout là-haut où nous marchions, il y avait des pierres blanches avec des points de mousse noire, comme les dos des poneys dans le pâturage, et il y avait des pierres qui menaçaient et perçaient la terre comme des os brisés, et il y avait des pierres que rattrapait la terre comme un vêtement flottant au vent, et il y avait des prairies déployées pour sécher à l'air, et les nuages se mouvaient si vite, comme pour vous écraser, et le ciel était une plage de vaguelettes, et nous étions sur l'horizon. Puis nous étions au faîte - et le monde entier fuyait en roulis, comme une masse de glaise à nos pieds, et nous étions le mémorial de quelque poète lyrique oublié. Il y avait des mètres et des mètres de fraises des bois, comme une gravure ancienne, des points rouges sur la grâce, partout, et des veaux déprimés comme de méchants garçons qu'on a débarbouillés de force, et il y avait de l'amour partout pour toi. Chéri, mercredi vient en général au milieu de la semaine, donc je ne te verrai pas d'ici toute une autre demi-semaine. Chéri, je t'aime tant que l'amour, c'est comme d'être un de ces fromages dont le lait coule à travers une gaze, et c'est toi, bien sûr - et, chéri, mon amour, trésor - bonne nuit [135]. »

Chose incroyable, elle pensait encore que sa meilleure chance de recouvrer la santé était de s'accomplir en toute indépendance. Elle implora Scott de demander à Egorova si elle avait le talent nécessaire pour devenir une danseuse de premier ordre. Forel avertit Scott de refuser : il estimait que l'entraînement acharné de Zelda avait contribué à son effondrement mental et lui conseillait de renoncer à ses efforts. Fin juin, Zelda implora de nouveau Scott. « Tu as toujours éprouvé tant de sympathie pour les gens forcés d'entamer une carrière sur le tard que tu pourrais, je pense, avoir la générosité de m'aider parmi bien d'autres, non pas comme une enfant, mais comme ton égale [136]. »

Il finit par consentir et écrivit à Egorova le 9 juillet 1930, faisant traduire sa lettre en français. La réponse fut plus positive qu'il ne l'espérait. Évaluant les talents de Zelda, Egorova expliqua qu'elle avait commencé son entraînement trop tard pour atteindre jamais au rang de danseuse étoile, mais insista sur le fait qu'elle pouvait maîtriser des rôles importants dans des troupes à demeure et des ballets d'envergure plus modeste, ou des rôles secondaires dans des troupes importantes. Elle souligna à double reprise le fait que Zelda pouvait devenir une excellente danseuse. Le seul bémol, c'était qu'elle n'atteindrait jamais l'excellence d'une Nemtchinova, d'une Nikitina ou d'une Danilova. Ces trois danseuses étaient de superbes étoiles russes. Vera Nemtchinova, de trois ans la cadette de Zelda, avait appris la danse enfant, avant d'être engagée par Serge Grigoriev dans les Ballets russes de Diaghilev en 1923, d'abord dans le corps de ballet, puis comme ballerine. En 1929, elle fit une tournée en Europe avec sa propre troupe : Zelda l'avait peut-être admirée lorsqu'elle avait dansé à Nice, dans la troupe du colonel de Basil. Alice Nikitina, qui était aussi une élève d'Egorova, dansa dans les Ballets russes de 1923 à 1929. Elle avait neuf ans de moins que Zelda, et elle avait fait ses débuts avec les Ballets de l'opéra Ljubljana en Yougoslavie, avant de se produire dans le théâtre romantique de Boris Romanoff. Maria Danilova, avant de mourir prématurément à dix-sept ans, avait été considérée comme la plus grande danseuse russe du XIXe siècle. Belle, gracieuse, maîtrisant parfaitement la technique du ballet, elle avait intégré l'École impériale de ballet de Saint-Pétersbourg à l'âge de huit ans. Toutes trois étaient d'extraordinaires danseuses, et la comparaison d'Egorova ne visait pas à déprécier les talents de Zelda.

Toutefois, même si les commentaires d'Egorova étaient essentiellement positifs, son jugement déçut Zelda, dont la seule ambition était de devenir une étoile dans une troupe du niveau des Ballets russes. Elle se refusait à devenir une ballerine de seconde catégorie dans une troupe à demeure comme celle de Léonid Massine, le danseur étoile de Diaghilev de 1914 à 1921, devenu ensuite le directeur des Ballets du colonel de Basil, à Monte-Carlo. Amèrement déçue, elle n'avait plus qu'à renoncer à son rêve. Avec un désespoir fatidique, elle replia tous ses accessoires de ballet et les rangea dans une malle. « Sans espoir, sans jeunesse, sans argent, je reste là, à regretter continuellement d'être vivante, écrivit-elle à Scott. Je veux aller bien mais je ne peux pas, me semble-t-il, et, si c'était le cas, qu'est-ce qui va ôter la chose dans ma tête qui voit si clairement le passé - des douzaines de choses que je ne pourrai jamais oublier[137]. »

Elle rêvait de retrouver les décors familiers de Montgomery et voulait rentrer chez elle. Bien que, légalement, elle ne fût pas obligée de rester à Prangins, chaque fois qu'elle essayait de partir, on la ramenait de force pour la confiner à Églantine, où on la cloîtrait dans une chambre obscure en lui administrant du bromure et de la morphine. Cette « cure de sommeil suisse », comme on l'appelait, provoquait une narcose prolongée au cours de laquelle les patients dormaient deux semaines : on ne les réveillait que pour les faire manger et purger leurs vessie et intestins. Les infirmières contrôlaient les prises de fluides de chaque patient et leur administraient des lavements tous les deux jours. Largement répandue dans l'Europe des années 1920 et 1930, cette méthode était l'avatar des « cures de repos » du XIXe siècle, qui visaient à régénérer les systèmes nerveux épuisés. En théorie, le repos soignait l'esprit malade tout comme l'inactivité guérissait le poumon atteint par la tuberculose. Cette thérapie par le sommeil - la plus ancienne qu'ait connue la psychiatrie - réussissait à diminuer l'angoisse et amenait un soulagement temporaire de la dépression et de l'hystérie. La formule la plus commune pour inciter à la narcose était appelée « mélange de Cloetta » et elle contenait du paraldéhyde, des hydrates de chloral et d'amylène, de l'alcool, de l'acide barbiturique, de la digitaline et de l'hydrochloride d'éphédrine dilués dans de l'eau et dissous en solution claire. Précédé d'un lavement, le « mélange de Cloetta » était administré par voie rectale et suscitait la narcose en une vingtaine de minutes. Après ce long sommeil artificiel, les patients se réveillaient en général dispos et détendus.

Cette procédure n'était pas sans effets secondaires. Le 15 juillet 1930, lorsque Zelda retourna au bâtiment principal de Prangins, elle était plus calme, mais couverte d'eczéma et en proie à des douleurs qui la mettaient au supplice. Elle avait l'impression que son cou et sa tête étaient en feu. Elle pensait que Dieu la mettait à la torture et décrivait en termes graphiques sa souffrance à Scott : « Ce que j'ai, toutefois, n'est pas de l'eczéma mais une visitation. C'est quelque chose qui a pourri des siècles dans les catacombes et empoisonné les caves des ruines classiques ; c'est un fléau pestilentiel, qui, je l'espère, est sur le déclin. Du moins j'ai dormi la nuit dernière. Ça coule, et ça fait des plaies, et ça remplit toutes les cavités des orbites avec du feu, et on dirait un peu ces têtes dans tes tableaux de la guerre. De la putrification [sic] pure et simple[138]. » Son eczéma perdura tout au long de l'été, et lorsque Scott vint la voir il avait empiré. Son humeur pouvait osciller violemment, et passer de l'enjouement à l'amertume et vice-versa en l'espace d'une heure : Fitzgerald se rappela comment, un jour, « après le déjeuner elle revint à sa tendresse chaleureuse et se montra absolument normale, si bien qu'en la pressant un peu j'aurais pu la persuader de faire l'amour, mais l'eczéma augmentait presque à vue d'œil, aussi je partis tôt. Vers la fin, elle était retombée dans la schizophrénie[139] ».

En août, quatre jours durant, Fitzgerald amena Scottie à Prangins. Cette visite raviva les troubles cutanés de Zelda, à tel point que le docteur Forel suggéra à Fitzgerald de se tenir à distance le restant de l'été. Lorsqu'il revint la voir en septembre, son eczéma resurgit de façon si virulente que Zelda le supplia de ne pas revenir la voir avant que ce mal ne soit contrôlé. Plus tard, Forel la plaça dans une transe hypnotique de treize heures. Lorsqu'elle se réveilla, l'eczéma était presque parti, et, lorsqu'il réapparut, c'était sous une forme bien plus bénigne. Mais si l'état de sa peau s'améliora, son sourire halluciné et ses tendances homosexuelles persistaient. Scott remarqua que Zelda, « malgré la tendresse qu'elle lui portait, fai[sai]t toujours des remarques érotiques sans fondement[140] », et qu'au début de l'automne elle s'engoua d'une jeune fille rousse, à tel point qu'il fallut éloigner celle-ci. Dans son carnet, Scott note : « Ils changent de résidence une jeune fille qu'elle suit partout. »

Répugnant toujours à prononcer un diagnostic définitif, Forel consulta de nouveau Bleuler. « Plus je voyais Zelda, déclara-t-il, plus je pensais à l'époque : ce n'est pas une pure névrose ni une psychose réelle - je la considérais comme une nature psychopathe, atteinte d'un déséquilibre affectif, susceptible d'une certaine amélioration, mais définitivement incurable[141]. » Bleuler lui fut d'un grand appui pour discuter de ce cas difficile. Le 22 novembre 1930, les deux médecins s'accordèrent en fin de compte à diagnostiquer une « schizophrénie », définie comme une maladie organique affectant diverses fonctions du cerveau et provoquant un comportement étrange et dangereux.

Deux ans plus tôt, l'Association des psychiatres américains avait achevé sa nomenclature officielle des troubles mentaux, où la schizophrénie caractérisait 22 % des patients admis pour la première fois dans les hôpitaux psychiatriques. Cette maladie, due à certains problèmes affectant la structure et la chimie du cerveau, révélait des traits anormaux causés *a priori* par des infections virales du cerveau, des accidents durant l'enfance. La schizophrénie se transmettait dans les familles où certains individus y étaient prédisposés. Bleuler la considérait comme la réaction d'une personnalité inadaptée à son environnement. Elle se manifestait fréquemment chez des individus qui réprimaient leurs émotions, ou qui éprouvaient de la colère devant leur incapacité à contrôler une situation. « Les simples schizophrènes, écrivit Bleuler, sont végétatifs : des journaliers, des colporteurs, des domestiques. Mais aussi des vagabonds, des cheminots... Dans les strates supérieures de la société, écrivait-il avec un sexisme inconscient, le type le plus commun, c'est l'épouse insupportable, qui gronde sans cesse, houspille, réclame toujours, mais refuse d'admettre ses devoirs [142]. »

Selon Bleuler, la schizophrénie avait pour symptôme le plus répandu d'émousser les sens. Non seulement les patients ne réagissaient pas aux stimuli, mais ils se montraient peu enclins à satisfaire les requêtes les plus simples et les plus raisonnables. Par ailleurs, ils éprouvaient des perceptions troubles - des illusions, des hallucinations, une pensée confuse. Les schizophrènes étaient souvent hypersensibles à la lumière, aux couleurs et aux sons, constataient généralement des distorsions effrayantes, voyaient des objets non existants, entendaient des voix terrifiantes qui, supposaient les docteurs, remontaient d'un inconscient réprimé. Les chances de guérison étaient maigres : la plupart des médecins considéraient que la maladie sapait progressivement les capacités cognitives du patient. Bleuler lui-même jugeait improbable une cure de la schizophrénie. « Admettons sans détour, à nous-mêmes et aux autres, dit-il à ses confrères, qu'à présent nous ne connaissons aucune mesure qui puisse guérir le mal ou le suspendre [143]. »

Zelda éprouvait la plupart des symptômes associés à la schizophrénie, y compris la propension à l'homosexualité, qui, d'après Forel, était commune aux schizophrènes de sexe féminin. Commentant cet aspect du cas, le docteur Forel expliqua : « L'homosexualité est un symptôme de la maladie - tout comme Mme Egorova est la première passion lesbienne après le début de la maladie[144]. » Les perturbations du cycle menstruel et les penchants homosexuels étaient souvent concomitants chez les schizophrènes de sexe féminin, suggérant un déséquilibre des glandes endocrines ou une affection du système chimique. Pour tenter d'alléger d'autres symptômes, certains patients se voyaient injecter leur propre sang, administrer de la « cérébrotoxine », un sérum fabriqué d'après la substance cervicale d'une personne mentalement saine. Forel administra à Zelda des injections de calcium pour combattre la décalcification des os et de la morphine pour soulager la douleur et provoquer le sommeil. Il lui administra également de la belladone, un analgésique et prescrivit un barbiturique aux effets sédatifs. Il recommanda des traitements hydrothérapiques et des purges à l'eau de Seltz.

En 1930, on traitait habituellement les schizophrènes par la réclusion, les sédatifs, les compresses d'eau froide et l'hydrothérapie - tous remèdes dont les effets thérapeutiques étaient limités dans le temps. Les médicaments provoquaient un état de fébrilité, de léthargie, ou, alternativement, d'agitation et de dépression. Les médications antipsychotiques, visant à rectifier les déséquilibres chimiques du cerveau, n'étaient pas encore accessibles. Cette maladie avait été identifiée à l'origine par les Égyptiens de l'Antiquité, qui l'attribuaient à une altération du sang et des gaz des ventricules, avant qu'Eugen Bleuler et Emil Kraepelin la redéfinissent au début du xxe siècle par un terme qui signifiait littéralement « esprit fendu ». En général, elle débutait par des symptômes d'apathie, de vacuité et de repli sur soi, provoquait des illusions optiques, des hallucinations et des associations mentales déréglées, et entraînait la démence. Comme la plupart de ses confrères, Kraepelin était persuadé que les psychoses renvoyaient à des causes biologiques, souvent d'origine génétique, qui les rendaient par essence incurables. Il identifia vingt psychoses, dont les deux plus communes étaient la psychose maniaco-dépressive et la démence précoce, et les répartit selon quatre catégories : la schizophrénie hébéphrénique, où les patients éprouvent des désordres de la parole, sourient sans motif apparent, ou se livrent à des gestes grotesques ; la schizophrénie catatonique, où le patient est muet et rigide ; la schizoïdie, où il se replie sur lui, trahit un manque d'intérêt ou d'énergie ; et la paranoïa, caractérisée par des craintes illusoires. Si Kraepelin et Bleuler y voyaient tous deux une maladie héréditaire, dont la prédisposition pouvait se transmettre au sein d'une famille, ils considéraient par ailleurs que l'environnement l'influençait fortement et que certains épisodes biographiques, certaines circonstances prolongées pouvaient précipiter la maladie. Les individus à risque étaient notamment sensibles à des facteurs bien précis, des expériences néfastes et un environnement démoralisant, voire inquiétant.

Fitzgerald reconnut que Zelda aurait pu éviter ces facteurs en épousant quelqu'un d'autre et approuva Kraepelin, pour qui la schizophrénie évoluait à partir de causes physiques. « Je ne peux m'empêcher de m'accrocher à cette idée qu'un élément physique essentiel, comme le sel ou le fer, ou la semence, ou toute autre eau bénite insoupçonnée, soit lui fait défaut, soit est présent chez elle à l'excès[145]. » Même en s'appuyant sur le diagnostic expert de Bleuler, Forel hésitait encore à identifier chez Zelda une schizophrénie plutôt qu'une dépression aiguë. Si l'on considère que sa maladie s'était déclenchée à un stade relativement tardif, qu'elle s'était passionnément investie dans son existence, et qu'elle alternait entre psychose et normalité, ses symptômes suggéraient de violentes sautes d'humeur tout autant qu'une schizophrénie.

Toutefois, même s'il ne s'agissait pas à l'origine d'une schizophrénie, les médicaments et les interventions prescrits pour cette maladie précipitèrent certainement les hallucinations, l'hébétude et les illusions qui la caractérisent. Éloignée des siens, confrontée à un environnement et à une langue inconnus, Zelda occupait une position précaire dans l'hôpital suisse. Son accent américain du Sud et sa façon de parler nuisaient à toute communication avec ses médecins européens. La plupart d'entre eux ne parlaient guère l'anglais et avançaient le jugement sexiste, répandu à l'époque, que, pour guérir, Zelda devait poursuivre son union avec Fitzgerald. Au lieu de l'encourager à prendre en main sa propre guérison et de favoriser ses talents, ils la décourageaient dans ces objectifs et lui conseillaient de ne plus contrarier son mari. Puisque l'alcool déclenchait les épisodes psychotiques de Zelda, le docteur Forel la mettait en garde contre toute consommation, même réduite. Et, comme il voyait dans l'alcoolisme de Fitzgerald un facteur qui aggravait l'effondrement de Zelda, il conseilla fortement à Scott de s'arrêter de boire. Fitzgerald répliqua que, sans alcool, il ne parvenait pas à écrire. Toutefois, il promit de ne boire que du vin et, à la fin de l'été, Zelda lui demanda s'il avait tenu parole. « Le docteur Forel m'a dit de te demander si tu avais arrêté de boire - donc, je te le demande[146]. » Il n'existe aucune preuve, écrite ou orale, qu'il ait répondu.

Début septembre, Fitzgerald se rendit à Lausanne, où il séjourna tout d'abord à l'hôtel Beau Rivage, puis au Grand Hôtel de la paix. À Montreux et à Vevey, il fréquenta l'écrivain Thomas Wolfe, qui y séjournait. Il n'avait toujours pas l'autorisation de voir Zelda, aussi communiqua-t-il avec elle par téléphone et échanges épistolaires. Solitaire, il entama une liaison avec une aristocrate anglaise, Bijou O'Connor, qu'il avait rencontrée à son hôtel. Peut-être Zelda eut-elle vent de ce qui se passait, car, pendant le mois que Scott et Bijou passèrent ensemble, elle fut confinée à Églantine pour « insoumission » (comme l'écrivit Scott dans son carnet).

Désespérément résolue à reprendre contact avec le monde extérieur, à comprendre ce qui lui arrivait, Zelda demanda à Forel pourquoi sa personnalité se désintégrait ainsi, et pourquoi la guérison mettait si longtemps. « Ne sauriez-vous, je vous prie, m'expliquer pourquoi il me faut passer cinq mois de ma vie dans la maladie et la souffrance, sans rien voir d'autre que des illusions optiques, à dévitaliser quelque chose en moi que vous-même, vous avez trouvé indispensable, et que mon mari semble avoir trouvé assez plaisant avant de négliger sa femme ces quatre dernières années. En général, quand il vous arrive quelque chose de ce genre, il y a quelqu'un d'autre pour vous apprendre les règles du jeu, mais puisque ça m'est tombé dessus alors que je poursuivais l'inaccessible, que j'étais seule dans le noir, il me faut supporter les mois du passé, ces mois sans espoir, et Dieu sait quel est l'avenir. Les sophismes des esprits élevés ne sont pas d'un grand secours. Pourquoi dois-je reculer alors que tous les autres, tous ceux qui le peuvent, avancent ? Pourquoi mon mari et les autres pensent-ils que ce qui les satisfait tant n'est pas ce qui me convient - et si vraiment vous me guérissez, qu'en sera-t-il de toute l'amertume et tout le chagrin de mon cœur - ça m'apparaît comme une sorte de castration, mais, puisque je suis impuissante, je suppose qu'il me faudra m'y soumettre, même si je ne suis plus assez jeune pour croire que vous puissiez tirer du néant de quoi remplacer le chant qui était en moi[147]. »

Entourée de patients au regard vacant, qui arpentaient les couloirs en grommelant, Zelda sentait qu'elle perdait toute identité propre à Prangins et suppliait Fitzgerald d'autoriser sa sortie : « S'il te plaît, s'il te plaît, laisse-moi sortir maintenant... même si, d'ici les six prochains mois, les sophismes teutons du docteur Forel peuvent neutraliser cet élément en moi que tant d'autres n'ont pas trouvé indésirable... je veux sortir d'ici. J'y ai passé tout le temps que je voulais - incapable de sortir seule dans le couloir[148]. » Lorsque sa première requête resta sans réponse, elle devint agressive. « Je n'ai pas la moindre indication de tes intentions à mon égard. Après cinq mois de souffrance et de malheur et d'isolement, le côté pathologique de ma maladie a du moins disparu. Pour le reste, je suis une femme de trente ans et, me semble-t-il, j'ai le droit de me faire entendre lorsqu'on prend des décisions qui me concernent. J'en ai assez, et c'est tout simplement perdre mon temps et ruiner ma santé que de maintenir l'absurde prétention qu'une lésion dans la tête peut guérir. Je te prie de prendre les mesures nécessaires pour que je parte d'ici chercher un mode de vie qui me satisfasse[149]. » Croyant agir dans son intérêt, frustré par ses insinuations, Scott déchira sa lettre jusqu'à mi-page et refusa de répondre. Zelda l'avertit qu'elle allait écrire à ses parents pour leur demander d'intervenir. « [...] Dois-je écrire à papa de venir ici ? Ils savent ce qui ne va pas chez moi, ne crois donc pas que j'éprouve le moindre scrupule à communiquer avec eux. Je doute que ce genre de traitement se prolonge habituellement au-delà de trois mois, et je n'ai aucune intention de rester internée plus longtemps... Quand même je devrais souffrir encore davantage pour supprimer cette chose en moi que vous jugez tous si précieuse et supérieure, je récupérerai du moins Scottie en sortant d'ici[150]. »

Lorsque les menaces échouèrent, elle tenta de nouvelles suppliques : « Bien sûr, je réalise que tu as fait tout ce qui était en ton pouvoir pour m'aider, et je t'en suis extrêmement reconnaissante, mais tu dois essayer de comprendre combien ma position actuelle est sinistre et radicale - éloignée de tous mes amis, de toute ma famille qui est de l'autre côté de l'Atlantique, seule dans une contrée suisse inconnue, avec quasiment personne avec qui parler anglais. C'est à vous fendre le cœur, et parfois j'ai envie de pleurer [...] pendant un mois et demi j'ai vécu avec pour seul désir de mourir. Si tu viens en croyant à tort que je vais bien, ou mieux, tu devras attendre encore une année environ, car je ne vois aucune possibilité de m'échapper d'ici[151]. » Une autre lettre suggère qu'elle ressent amèrement la liberté de Fitzgerald, par opposition à son internement. « Si tu veux savoir à quoi ça ressemble, tu pourrais renoncer à ton prochain match de tennis [...] tu pourrais même venir ici. Je serai toujours plus qu'heureuse de te voir, je te serai toujours dévouée, mais l'élément farcesque de cette situation saute aux yeux, même pour un cas aussi désespéré, aussi faible que moi[152]. »

L'état de Zelda s'aggrava encore lorsque Fitzgerald mentionna qu'il avait emmené Emily Vanderbilt à Paris. « Tu sais bien que j'étais bien plus forte qu'Emily, mentalement, physiquement et moralement, lui rappela Zelda avec colère, mais tu as dit qu'elle était un trop gros poisson pour moi. Pourquoi ? Elle ne sait pas danser sur une valse de Brahms, ni écrire une nouvelle - tout ce qu'elle sait faire, c'est ragoter et monter à cheval dans le Bois, et faire boucler ses jolis cheveux au lieu de réfléchir[153]. » Rebecca West avait vu Fitzgerald et Vanderbilt à Armenonville. Elle déjeunait là avec son fils, et elle se rappela très nettement leur apparence ce jour-là. « [...] Il y avait fort peu de monde et nous étions assis près du lac. Scott Fitzgerald apparut bientôt en compagnie d'une New-Yorkaise de ma connaissance, Emily Vanderbilt. Elle était très belle. Je crois bien n'avoir jamais vu une aussi belle tête, ni une coupe de cheveux aussi intelligemment étudiée pour la mettre en valeur. Ils s'assirent à une table encore plus proche du lac que la nôtre, en nous tournant le dos. Elle lui racontait une longue histoire triste qu'elle ressassait continuellement. Il se penchait vers elle et lui caressait parfois les mains... Enfin, il se leva comme pour dire : "N'y pensez plus[154]." » Vanderbilt se suicida par la suite.

À mesure que passait l'automne, Zelda insistait pour être relâchée ou transférée à un autre hôpital. « Il faut que tu persuades le docteur Forel d'arranger ce qui ne peut se produire spontanément, parce que je suis trop faible pour aller dans le monde, dit-elle à Scott. S'il n'y a personne dans tout ce bordel à barreaux pour veiller sur moi, j'exige qu'on m'autorise sans délai à me rendre dans un hôpital français, où règne assez de bonté pour m'éviter cette lente boucherie actuelle. Scott, si tu savais ce que c'est, tu n'oserais pas sous le regard de Dieu y abandonner quelqu'un. Je t'en prie, aide-moi[155]. » Lorsqu'il l'implora de prendre patience, elle rétorqua : « Que vas-tu faire ? Ou préfères-tu que j'écrive à Newman ? Si tu as le moindre doute quant à mes capacités mentales, je serai ravie de m'en remettre à tout aliéniste que tu me recommanderas[156]. »

Au milieu de ses efforts pour obtenir sa liberté, elle reçut une lettre encourageante d'Edmund Wilson, qui avait souffert d'une dépression nerveuse l'année précédente. Il lui confiait qu'il avait survécu non sans mal au traitement hydrothérapique et couru le risque d'une accoutumance au paraldéhyde, dans un sanatorium new-yorkais situé à Clifton Springs. Il exhortait Zelda à rester forte et à garder la foi dans sa guérison. Comme elle suivait également un traitement hydrothérapique, elle fut réconfortée d'apprendre qu'un autre était passé par la même épreuve, et qu'il avait survécu.

Dès 1890, l'hydrothérapie avait été utilisée dans des hôpitaux français par Jean Martin Charcot, qui préconisait des douches spinales pour certaines formes d'hystérie. Ces « douches de Charcot » étaient une procédure assez simple, qui consistait à appliquer un jet d'eau froide sur la colonne vertébrale du patient, de façon à frapper la structure neurovasculaire et à stimuler les centres nerveux. La circulation revigorée avait un effet tonique sur certains patients et rétablissait l'équilibre - encore que l'eau, en heurtant violemment la peau, causât souvent des lésions épidermiques. Au début des années 1930, l'application d'eau à diverses températures, ou l'hydrothérapie comme on vint à l'appeler, devint un traitement médical spécifique de la neurasthénie. Puisque les fonctions corporelles reposent sur l'action des nerfs, et que les anormalités du système nerveux influencent le système tout entier, on privilégia toute une variété de thérapies par l'eau pour traiter les désordres nerveux. Voici les plus ordinaires : immersions continues en baignoire, douches, aspersion par tuyaux d'arrosage et spritzers, bains en position assise, compresses mouillées et sèches, cabines de vapeur et d'héliothérapie, et douches intenses à diverses températures. L'un des traitements les plus simples et les plus efficaces était le bain chaud, où le corps du patient était longuement plongé dans une eau dont la température variait entre 32 °C et 38 °C. Ces bains « calmants » régulaient l'activité cardiaque en dilatant les artères collatérales et en ranimant la circulation cérébrale. On recourait aussi aux bains d'eau froide pour stimuler les centres nerveux, raviver les fonctions organiques et restaurer un équilibre de la circulation. Les compresses humides, où les patients étaient étroitement enveloppés dans des draps froids et mouillés, puis dans une couverture, afin de réduire la perte de chaleur corporelle, servaient à calmer les patients agités ou non coopératifs. Zelda y eut droit à plusieurs reprises lors de ses séjours en isolation à Églantine. En 1927, le traitement de la schizophrénie connut deux avancées majeures, lorsque Julius Wagner von Jauregg, le directeur de la clinique psychiatrique de Vienne, reçut le prix Nobel de médecine et de physiologie pour son traitement de la malaria : on découvrit à cette occasion que la fièvre provoquait des améliorations chez les schizophrènes. Lorsque cette approche se répandit en Europe, on conçut des dispositifs adéquats, tels les sacs de couchage électriques, pour réchauffer artificiellement les patients. Les bains chauds, l'air chaud, la radiothermie, la diathermie et les cellules à éclairage infrarouge furent également employés pour provoquer de fortes fièvres.

En décembre 1930, ces divers remèdes et traitements avaient suscité une amélioration chez Zelda, à tel point que Fitzgerald et Scottie purent venir la voir. Ils arrivèrent au début de la semaine de Noël pour l'aider à décorer le sapin, mais l'excitation provoquée par leur vue stimula excessivement Zelda, qui se mit à briser les ornements. Fitzgerald partit très vite et emmena Scottie skier à Gstaad. Il ne revit Zelda qu'après les funérailles de son propre père. Lorsque Scott apprit en janvier 1931 que son père était décédé à la suite d'une attaque cardiaque, il fit la traversée de l'Atlantique sur le ss *New York*. Après les funérailles, qui eurent lieu à Rockville, dans le Maryland, il fit un détour par Montgomery pour voir les Sayre. Le juge était alité, souffrant d'une grippe ; Mrs Sayre reçut Scott froidement, mais ils furent heureux de pouvoir ainsi discuter de l'état de Zelda.

À son retour en Suisse, Scott constata un mieux visible chez Zelda : elle pouvait sortir skier et communiquait de façon plus normale avec les patients. Son sourire figé était presque dissipé, et elle semblait émerger de sa coquille. « Je suis allée à un bal, ou ce qu'on appelait un bal de mon temps, et je me suis bien amusée, écrivit-elle à Scott. Ce n'était pas aussi bien que la guerre entre les hommes et les femmes, mais je me suis fait marcher sur les pieds un nombre de fois suffisant pour y trouver tout à fait mon compte. Il y a un grand homme élancé, comme il y en avait autrefois à Montgomery, qui hante les salles de banquet comme un écho fantomatique de mon passé. C'est un homme charmant ; une sorte de mécanique humaine, qui serait très gentil s'il était en fer-blanc [157]. » Mais Zelda était loin d'être guérie et, peu avant le premier anniversaire de son internement, elle se lamenta : « Il s'est écoulé des siècles depuis ta dernière visite, et les conditions ne semblent pas s'améliorer avec le temps. J'ai tout à fait perdu la tête et j'erre en ces lieux dans un état semi-comateux des plus insupportables... Je trouve déprimant d'être enfermée dans ce qui m'apparaît comme un asile semi-dément depuis bientôt un an [158]. »

Lorsque arriva l'été 1931, elle se sentait un peu plus optimiste et abordait une thérapie occupationnelle en cousant des vêtements pour Scottie et pour elle, et en modelant une série de poupées en papier.

« J'ai fait quelques merveilleuses poupées en papier pour Scottie - toi, moi et elle - mais elles n'ont pas encore de vêtements, écrivit-elle à Scott. Je me suis tellement amusée à les dessiner. Je me rappelle la moindre tache de lumière qui ait jamais creusé une ombre sous tes joues : c'était facile de te faire - et je t'ai doté de chaussettes très vertes en accordéon, assorties à tes yeux[159]. » Fitzgerald pouvait maintenant lui rendre visite et l'emmener pour de courtes sorties : déjeuner dans un café, visiter un musée proche, ou faire une excursion touristique dans les villes voisines. Un soir, ils allèrent à Montreux voir Serge Lifar, qui avait dansé avec les Ballets russes. En juillet, pour le trente et unième anniversaire de Zelda, Fitzgerald l'emmena ainsi que Scottie voir le lac d'Annecy en Haute-Savoie. Ils y passèrent deux semaines idylliques, à faire de la voile, du tennis et des pique-niques dans les jardins de l'hôtel Palace. Ils explorèrent la campagne dans une voiture décapotable, et Zelda envoya une carte postale du canal d'Annecy à son père, où elle écrivait : « Annecy est si bleue qu'elle colore l'air et vous donne l'impression de vivre dans un aquarium. Elle est aussi paisible dans l'enceinte de ses montagnes dentelées qu'une louchée de ciel bleu, et me rappelle la Caroline du Sud. » Pour une fois, le couple évita les récriminations mutuelles, et ils apprécièrent tous de se retrouver ensemble, comme une vraie famille. Zelda se rappela chaque instant. « Nous avions d'abord habité Beau-Rivage, un hôtel couvert de rosiers grimpants, avec un plongeoir accroché sous nos fenêtres, entre ciel et lac ; mais il y avait sur le radeau d'énormes mouches qui nous firent fuir à Menton, sur la rive opposée. L'eau y était plus verte, les ombres longues et fraîches, et de maigres jardins broussailleux grimpaient, à flanc de précipice, jusqu'à l'hôtel Palace. Nous jouions au tennis sur les courts de terre cuite et pêchions sans conviction sur un petit mur de briques. La chaleur de l'été bouillonnait dans la résine des cabines de bain en planches de pin. Nous marchions le soir jusqu'à un café fleuri de lampions japonais, et nos chaussures blanches luisaient comme du radium dans la pénombre humide[160]. » Le soir, ils dansaient dans la salle de réception de l'hôtel, au son des valses viennoises jadis entendues à Montgomery. Pour Zelda, « cela ressemblait au bon temps passé, où nous croyions encore aux hôtels de vacances et à la philosophie des chansons populaires[161] ».

Forel avait pour stratégie de sevrer peu à peu les patients de Prangins en leur permettant de courtes excursions limitées à une quinzaine de kilomètres, d'abord avec une infirmière, puis avec d'autres patients ou des proches. Si le patient se conduisait de façon satisfaisante, il ou elle pouvait aller dîner à Genève, s'y rendre pour des séjours prolongés et aller voir ses proches à l'hôtel. Après quoi, si tout se passait bien, le patient se voyait accorder des vacances prolongées. Le voyage de Zelda à Annecy fut suivi d'une excursion à Vienne, de séjours à Munich et à Caux, et d'une visite à Gerald et Sara Murphy, dans leur retraite montagneuse du Tyrol, en Autriche. Du restaurant le Parc des Eaux vives, à Genève, Zelda écrivit à sa mère une carte postale optimiste : « Voici l'endroit où Scott et moi avons déjeuné hier dans l'air doux du printemps - et je pensais que vous seriez fière de le savoir : sans infirmière - de gros progrès. » Leurs vacances suivantes se passèrent à Vevey : Zelda soigna Scottie qui avait un gros rhume et eut beaucoup de mal à faire ses adieux. À mesure que sa santé s'améliorait, elle avait de plus en plus de peine à rentrer à Prangins. Elle écrivit à Scott : « L'autre jour, lorsque je l'ai embrassée pour lui dire au revoir, le petit parfum d'écolière de son cou et son petit sourire hésitant m'ont brisé le cœur[162]. » Elle rêvait de voir sa famille réunie sous un seul toit. Paris lui manquait : « [...] La Madeleine était-elle rose, à cinq heures du soir, et les fontaines chutaient-elles avec une délicatesse un peu creuse dans le cadre que dessine l'espace sur la place de la Concorde ? demanda-t-elle à Scott. Le bleu sortait-il en catimini de derrière les colonnades dans la rue de Rivoli, à travers les Tuileries, et le Louvre était-il gris et métallique dans le soleil, et les arbres ployaient-ils moroses au-dessus des cafés, et y avait-il des lumières la nuit, et le cliquetis des soucoupes, et les klaxons des voitures qui jouaient de Bussey [Debussy][163] ? »

Il y avait eu tant d'adieux dans les gares suisses que, toutes les fois où elle n'apercevait pas le visage de Fitzgerald sur le quai, Zelda se le représentait mentalement. Lorsqu'elle se rendit à Berne en compagnie d'une autre patiente, pour la journée, elle écrivit à Scott : « Je me suis rendue toute seule à Genève, avec une autre maniaque, et la ville était épaisse et lourde devant le train... pendant le retour, j'ai scruté chaque personne dans ta gare, quand nous l'avons traversée. Je trouvais incroyable que quelque chose d'aussi précieux que ton visage étincelant ne soit pas là où je l'avais vu la dernière fois[164]. » Ce qui lui faisait tenir bon, c'était l'espoir d'être de nouveau avec sa famille ; elle dit à Scott que, plus que toute autre chose - sinon la santé -, elle voulait avoir un autre enfant.

Le 15 septembre 1931, quinze mois après son entrée à Prangins, Zelda obtint de pouvoir sortir. Selon les psychiatres, sa maladie était due à des ambitions illusoires, lesquelles venaient parer à des sentiments d'infériorité. Ils étaient optimistes quant à ses chances de guérison si le couple réussissait à éviter de nouveaux conflits.

Zelda était déterminée à guérir et à rester en bonne santé. Elle mit Scott en garde contre l'auto-apitoiement et la culpabilité, et, se préparant à quitter l'hôpital, l'admonesta : « Ne peux-tu montrer un petit peu plus de joie à nous voir en vie, et réunis pour toute l'année qui vient, pour travailler, nous aimer et obtenir un peu de paix - vu tout le prix que nous avons payé pour apprendre. Arrête de chercher des consolations ; il n'y en a pas[165]... » Là encore, c'était une déclaration étonnamment lucide pour quelqu'un qui venait de passer presque deux ans dans une institution psychiatrique. Ayant fait leurs adieux aux médecins et aux infirmières, les Fitzgerald reprirent le chemin de la France. Ils s'arrêtèrent quelques jours au bord du lac de Genève, puis prirent une chambre à l'hôtel Majestic de Paris, avant de s'embarquer à bord de l'*Aquitania*, qui devait les ramener à New York.

La nouvelle photo de Zelda, qui figure sur son passeport renouvelé, montre combien sa maladie avait altéré son physique. Son regard est sans expression, son nez plus saillant sur un visage anguleux, la douceur de son expression a été remplacée par une sévérité brutale. Une simple barrette retient ses cheveux, coiffés sans élégance. Seuls demeurent quelques vestiges de sa beauté juvénile. Pendant sa traversée de l'Atlantique, elle relut le résumé autobiographique qu'elle avait rédigé à la demande du docteur Forel, et où elle passait en revue les causes probables de son effondrement, jaugeant avec réalisme les difficultés à venir. « Je dépends de mon mari, et il m'a dit qu'il fallait que je guérisse. J'accepte, mais comme je suis perdue en tout point avec lui, avec sa vie où il n'y a rien pour moi, sinon le confort physique, lorsque je sortirai de votre clinique ce sera avec une idée fixe : me mettre en état de respirer librement [166]. » C'était un résumé qui ne laissait aucune place aux récriminations, et, alors qu'ils quittaient l'Europe - où ils ne devaient jamais retourner -, les Fitzgerald semblaient tous deux, une fois de plus, décidés à laisser le passé derrière eux.

Notes

1. Lettre de Carl Van Vechten à Fania Marinoff, 19 janvier 1927, *Letters of Carl Van Vechten*, éd. Bruce Kellner, New Haven, Yale University Press, 1987, p. 91.
2. Sara Haardt, citée dans Sara Mayfield, *The Constant Circle : H. L. Mencken and his Friends*, New York, Delacorte Pess, 1969, p. 125.
3. *Ibid.*
4. Zelda Fitzgerald, citée dans Matthew J. Bruccoli, *Some Sort of Epic Grandeur*, New York, Harcourt Brace Jovanovich, 1981, p. 258.
5. Lettre de Zelda Fitzgerald à Scottie Fitzgerald, citée dans Nancy Milford, *Zelda : a Biography*, New York, Harper & Row, 1970, p. 128.
6. Lettre de Zelda Fitzgerald à Scottie Fitzgerald, citée dans Andrew Mellow, *Invented Lives*, New York, Houghton Mifflin, 1984, p. 285.
7. Lettre de F. S. Fitzgerald à sa cousine Cecilia Tancor, citée dans Mellow, *Invented Lives, op. cit.*, p. 281.
8. Zelda Fitzgerald, citée dans Eleanor Lanahan, *Scottie Fitzgerald : the Daughter of...*, New York, Harper Collins, p. 43.
9. Télégramme de Lois Moran à F. S. Fitzgerald, 14 mars 1927, archives F. Scott Fitzgerald, bibliothèque de l'université de Princeton (PUL), boîte 51, dossier 12.
10. Lettre de Lois Moran à F. S. Fitzgerald, mars 1927, *ibid.*
11. Lettre de Lois Moran à F. S. Fitzgerald, mars 1927, *ibid.*
12. Lettre de Zelda Fitzgerald à Scottie Fitzgerald, citée dans Milford, *Zelda, op. cit.*, p. 130.

13. Lettre de H. L. Mencken à F. S. Fitzgerald, 15 mars, année non précisée, archives Fitzgerald, PUL, coll. 187, boîte 51, dossier 9.
14. Scottie Fitzgerald, citée dans Lanahan, *Scottie, op. cit.*, p. 32.
15. *Ibid.*
16. Zelda Fitzgerald, citée dans Milford, *Zelda, op. cit.*, p. 248.
17. Seymour A. Toll, *A Judge Uncommon : a Life of John Biggs Jr.*, Philadelphia, Legal Communications Ltd, 1993, pp. 98-99.
18. Lettre de Zelda Fitzgerald à Carl Van Vechten, 27 mai 1927, citée dans Andrew Turnbull, *Scott Fitzgerald*, New York, Charles Scribner's Sons, 1962, p. 178.
19. Zelda Fitzgerald, citée dans Milford, *Zelda, op. cit.*, p. 249.
20. Lettre de Carl Van Vechten à Fania Marinoff, 27 mai 1927, *Letters of Carl Van Vechten, op. cit.*, p. 97.
21. Lettre de Zelda Fitzgerald à Carl Van Vechten, 6 septembre 1927, citée dans Turnbull, *Scott Fitzgerald, op. cit.*, p. 178.
22. Rosalind Smith, citée dans Lanahan, *Scottie, op. cit.*, p. 185.
23. Zelda Fitzgerald, *Save Me the Waltz*, in *The Collected Writings of Zelda Fitzgerald*, éd. Matthew J. Bruccoli, New York, Charles Scribner's Sons, 1991, p. 188.
24. Lettre de Zelda Fitzgerald à F. S. Fitzgerald, mars 1932, citée dans *The Correspondence of F. S. Fitzgerald*, éd. Matthew J. Bruccoli et Margaret Duggan, New York, Random House, 1980, p. 284.
25. Zelda Fitzgerald, citée dans Milford, *Zelda, op. cit.*, p. 249.
26. Zelda Fitzgerald, *Save Me the Waltz, op. cit.*, p. 80.
27. Scottie Fitzgerald, citée dans Lanahan, *Scottie, op. cit.*, p. 33.
28. *Ibid.*
29. Sara Haardt, « Zelda Fitzgerald », entretien inédit avec Zelda Fitzgerald, proposé à l'origine au magazine *Good Housekeeping*, p. 2, Enoch Pratt Free Library, collections particulières, Baltimore, Maryland.
30. Lettre de Zelda Fitzgerald à Carl Van Vechten, 4 octobre 1927, citée dans Turnbull, *Scott Fitzgerald, op. cit.*, p. 7.
31. Anna Biggs, citée dans Toll, *A Judge Uncommon, op. cit.*, pp. 97-98 ; citée dans Milford, *Zelda, op. cit.*, p. 179.
32. John Biggs, cité dans Toll, *A Judge Uncommon, op. cit.*, p. 98 ; cité dans Reese, *House on Rodney Square*, p. 174.
33. Lettre de Harold Ober à F. S. Fitzgerald, citée dans Bruccoli, *Some Sort of Epic Grandeur, op. cit.*, p. 273.
34. Zelda Fitzgerald, *The Original Follies Girl*, in *The Collected Writings of Zelda Fitzgerald, op. cit.*, p. 295.

35. John Dos Passos, cité dans Thomas J. Stavola, *Scott Fitzgerald : Crisis in an American Identity*, Londres, Vision Press, 1979, p. 59.

36. Enregistrement de la conversation entre F. S. Fitzgerald et le docteur Thomas Rennie à La Paix, 28 mai 1933, transcrit dans les archives Fitzgerald, PUL.

37. Scottie Fitzgerald, citée dans Lanahan, *Scottie, op. cit.*, p. 71.

38. Zelda Fitzgerald, *Save Me the Waltz, op. cit.*, p. 144.

39. Lettre de Zelda Fitzgerald à Carl Van Vechten, citée dans Turnbull, *Scott Fitzgerald, op. cit.*, p. 179.

40. F. S. Fitzgerald, cité dans Bruccoli, *Some Sort of Epic Grandeur, op. cit.*, p. 265.

41. Alan Tate, cité dans Mellow, *Invented Lives, op. cit.*, p. 346.

42. Zelda Fitzgerald, *Save Me the Waltz, op. cit.*, p. 118.

43. *Ibid.*, p. 123.

44. *Ibid.*, p. 138.

45. *Ibid.*, p. 117.

46. *Ibid.*, p. 123.

47. Morley Callaghan, *That Summer in Paris*, Harmondsworth, Penguin Books, 1979, p. 190.

48. Zelda Fitzgerald, citée dans Mellow, *Invented Lives, op. cit.*, p. 317.

49. Zelda Fitzgerald, citée dans Sara Mayfield, *Exiles from Paradise : Zelda and Scott Fitzgerald*, New York, Dell Publishing Company, 1971, p. 131.

50. *Ibid.*

51. *Ibid.*

52. Ernest Hemingway, *Paris est une fête*, trad. fr. Marc Saporta, Paris, Gallimard, NRF, 1964.

53. Malcolm Cowley, *Exiles' Return*, New York, Bantam Books and Scribner's Sons, 1965, p. 291.

54. F. S. Fitzgerald, *Une feuille qui pointe*, in *Fragments de paradis*, trad. fr. Jacques Tournier et Nicole Tisserand, Paris, Omnibus, 1998, p. 511.

55. Lettre de Sara Murphy à F. S. Fitzgerald, archives Fitzgerald, PUL, coll. 187, boîte 51, dossier 15.

56. Zelda Fitzgerald, citée dans Mayfield, *Exiles from Paradise, op. cit.*, p. 138.

57. Zelda Fitzgerald, *Save Me the Waltz, op. cit.*, p. 155.

58. John Biggs, cité dans Toll, *A Judge Uncommon, op. cit.*, p. 95.

59. F. S. Fitzgerald, *Une feuille qui pointe, op. cit.*, p. 135.

60. F. S. Fitzgerald, *Les Heureux et les Damnés, op. cit.*, p. 453.

61. Zelda Fitzgerald, citée dans Mayfield, *Exiles from Paradise, op. cit.*, p. 116.

62. Lettre de F. S. Fitzgerald à Maxwell Perkins, citée dans Ring Lardner Jr., *The Lardners : My Family Remembered*, New York, Harper Colophon Books, 1976, pp. 163-164.

63. Zelda Fitzgerald, citée dans Mayfield, *Exiles from Paradise, op. cit.*, p. 138.

64. Gerald Murphy, cité dans Honoria Murphy Donnelly, *Sara & Gerald, Villa America and After*, New York, Time Books, 1982, p. 149.

65. F. S. Fitzgerald, *Les Heureux et les Damnés, op. cit.*, p. 489.

66. Gerald et Sara Murphy, cités dans William Wiser, *The Crazy Years : Paris in the Twenties*, New York, Atheneum, 1983, p. 212.

67. Zelda Fitzgerald, compte rendu biographique destiné au docteur Oscar Forel, cité dans Milford, *Zelda, op. cit.*, p. 175.

68. F. S. Fitzgerald, cité dans Mellow, *Invented Lives, op. cit.*, p. 359.

69. Lettre de Zelda Fitzgerald à Scottie Fitzgerald, citée dans Mellow, *Invented Lives, op. cit.*, p. 303.

70. Zelda Fitzgerald, citée dans Mellow, *Invented Lives, op. cit.*, p. 325.

71. *Ibid.*, p. 324.

72. Zelda Fitzgerald, citée dans Milford, *Zelda, op. cit.*, p. 248.

73. John Biggs, cité dans Toll, *A Judge Uncommon, op. cit.*, p. 4.

74. Zelda Fitzgerald, citée dans Milford, *Zelda, op. cit.*, p. 250.

75. Lettre d'Ernest Hemingway à F. S. Fitzgerald, citée dans Mellow, *Invented Lives, op. cit.*, p. 326.

76. Zelda Fitzgerald, citée dans Lanahan, *Scottie, op. cit.*, p. 34.

77. John Biggs, cité dans Seymour Toll, *An Uncommon Judge, op. cit.*, p. 102.

78. Zelda Fitzgerald, citée dans Milford, *Zelda, op. cit.*, p. 250.

79. *Ibid.*

80. Lettre de Julie Sedova à Zelda Fitzgerald, 29 septembre 1929, archives Zelda Fitzgerald, A.M. 20502, PUL.

81. Rosalind Smith, document inédit, collection Mayfield, université d'Alabama.

82. Zelda Fitzgerald, *Save Me the Waltz*, citée dans Scott Donaldson, *Fool for Love*, New York, Congdon & Weed, 1983, p. 80.

83. Zelda Fitzgerald, *Save Me the Waltz, op. cit.*, p. 162 ; citée également dans Alice Hall Petry, « Women's Work : the Case of Zelda Fitzgerald », *Literature Interpretation Theory*, décembre 1989, t. 1, n° 1-2, p. 82.

84. Zelda Fitzgerald, citée dans Milford, *Zelda, op. cit.*, p. 156.

85. Tallulah Bankhead, citée dans Brendon Gill, *Tallulah*, New York, Rinehart and Winston, 1972, p. 122.
86. Gerald Murphy, cité dans Milford, *Zelda, op. cit.*, p. 155.
87. Sara Murphy, *ibid.*
88. F. S. Fitzgerald, *L'Envers du paradis*, trad. Suzanne Mayoux, Paris, Gallimard, NRF, 1964, p. 249.
89. Zelda Fitzgerald, citée dans Milford, *Zelda, op. cit.*, p. 347.
90. F. S. Fitzgerald, cité dans Tony Buttita, *After the Good, Gay Times*, New York, Viking Press, 1974, p. 170.
91. F. S. Fitzgerald, cité dans *Zelda : an Illustrated Life*, éd. Eleanor Lanahan, New York, Harry Abrams, 1996, p. 26.
92. F. S Fitzgerald, cité dans Skovos Harnett, *Zelda Fitzgerald and the Failure of the American Dream*, New York, Peter Lang Publishers, 1991, p. 172.
93. Lettre de Gerald Murphy à F. S. Fitzgerald, 19 septembre 1925, archives Fitzgerald, PUL, coll. 187, boîte 51, dossier 13.
94. Zelda Fitzgerald, citée dans Milford, *Zelda, op. cit.*, p. 251.
95. Zelda Fitzgerald, citée dans Bruccoli, *Some Sort of Epic Grandeur*, *op. cit.*, p. 291.
96. Zelda Fitzgerald, citée dans *The Paris Review*, n° 89, 1983, p. 222.
97. *Ibid.*
98. Zelda Fitzgerald, citée dans Milford, *Zelda, op. cit.*, p. 168.
99. F. S. Fitzgerald, archives médicales sur l'état de Zelda, archives F. Scott Fitzgerald, Craig House Files, PUL, coll. 745.
100. Zelda Fitzgerald, citée dans Milford, *Zelda, op. cit.*, p. 252.
101. Ernest Hemingway, *Paris est une fête, op. cit.*, p. 183.
102. Zelda Fitzgerald, citée dans Mellow, *Invented Lives, op. cit.*, p. 359.
103. *Ibid.*
104. Lettre de Zelda Fitzgerald à F. S. Fitzgerald, printemps 1934, archives Zelda Fitzgerald, PUL, boîte 44, dossier 27.
105. Gertrude Stein, citée dans Mellow, *Invented Lives, op. cit.*, p. 265.
106. Morley Callaghan, *That Summer in Paris, op. cit.*, p. 152.
107. F. S. Fitzgerald, notes sur l'état médical de Zelda, archives F. Scott Fitzgerald, PUL.
108. Zelda Fitzgerald, archives Zelda Fitzgerald, PUL, col. 187, boîte 42, dossier 52.
109. Lettre de Zelda Fitzgerald à F. S. Fitzgerald, archives F. Scott Fitzgerald, PUL, col. 187, boîte 42, dossier 53.
110. Rosalind Smith, témoignage inédit sur Zelda, *op. cit.*

111. Professeur Claude Malmaison, rapport sur Zelda Fitzgerald, Craig House File, col. 745, cité dans Le Vot, *Scott Fitzgerald, a Biography*, Garden City, New York, Doubleday, 1983, p. 249.

112. Lettre de Zelda Fitzgerald à F. S. Fitzgerald, mai 1930, archives F. Scott Fitzgerald, PUL, col. 187, boîte 42, dossier 57.

113. *Ibid.*

114. Évaluation médicale de Zelda par les praticiens de l'hôpital Malmaison et de la clinique Valmont. Craig House File, archives Zelda Fitzgerald, PUL, col. 745.

115. Lettre de Zelda Fitzgerald à F. Scott Fitzgerald, archives F. Scott Fitzgerald, PUL, AM 20502, boîte 42, dossier 51.

116. Scottie Fitzgerald, citée dans Lanahan, *Scottie, op. cit.*, p. 39.

117. *Ibid.*, p. 48.

118. F. Scott Fitzgerald, « One Trip Abroad » dans *The Short Stories of F. Scott Fitzgerald*, éd. Bruccoli, New York, Charles Scribner's Sons, 1989, p. 595.

119. Lettre de Rosalind Smith à F. S. Fitzgerald, 16 juin 1930, archives F. Scott Fitzgerald, PUL, boîte 53, dossier 14A.

120. *Ibid.*

121. Lettre de Rosalind Smith à F. S. Fitzgerald, juillet 1930, archives F. Scott Fitzgerald, PUL, boîte 54, dossier 11.

122. Scottie Fitzgerald, citée dans Lanahan, *Scottie, op. cit.*, p. 45.

123. Rosalind Smith, témoignage inédit, *op. cit.*

124. Lettre de F. S. Fitzgerald à Rosalind Smith, 8 juin 1930, citée dans Bruccoli, *The Correspondence of F. Scott Fitzgerald, op. cit.*, p. 236.

125. Brouillon d'une lettre de F. Scott Fitzgerald à Rosalind Smith, 8 juin 1830, archives F. Scott Fitzgerald, PUL.

126. Lettre de Zelda Fitzgerald à F. S. Fitzgerald postérieure à juin 1930, citée dans Bruccoli, *The Correspondence of F. Scott Fitzgerald, op. cit.*, p. 238.

127. Lettre de F. Scott Fitzgerald à Harold Ober, novembre 1930, citée dans *As Ever, Scott Fitzgerald*, éd. Bruccoli, New York, J. B. Lippincott Co., 1972, p. 238.

128. Zelda Fitzgerald, citée dans Milford, *Zelda, op. cit.*, p. 175.

129. Lettre de F. Scott Fitzgerald à Rosalind Smith, 1930, archives F. Scott Fitzgerald, PUL, AM 20502, boîte 53, dossier 14A.

130. Lettre de F. Scott Fitzgerald à Zelda Fitzgerald, citée dans Bruccoli, *Some Sort of Epic Grandeur, op. cit.*, pp. 481-482.

131. Rebecca West, citée dans Turnbull, *Scott Fitzgerald, op. cit.*, pp. 343-344.

132. Lettre de Zelda Fitzgerald à Scott Fitzgerald, automne 1930, archives F. Scott Fitzgerald, pul, AM 20502, boîte 42, dossier 64.

133. Lettre de Zelda Fitzgerald à F. Scott Fitzgerald, archives F. Scott Fitzgerald, PUL, boîte 42, dossier 41.

134. Lettre de F. Scott Fitzgerald au docteur Jonathan Slocum, Craig House Files, archives Zelda Fitzgerald, PUL, col. 745.

135. Lettre de Zelda Fitzgerald à F. Scott Fitzgerald, archives Zelda Fitzgerald, PUL, AM 20502, boîte 45, dossier 3.

136. Lettre de Zelda Fitzgerald à F. Scott Fitzgerald, citée dans Skovos Harnett, *op. cit.*, p. 192.

137. Lettre de Zelda Fitzgerald à F. Scott Fitzgerald, archives Zelda Fitzgerald, PUL, AM 20502, boîte 45, dossier 5.

138. Lettre de Zelda Fitzgerald à F. Scott Fitzgerald, archives F. Scott Fitzgerald, PUL, boîte 42, dossier 66.

139. F. Scott Fitzgerald, notes sur l'état de santé de Zelda à Prangins, archives F. Scott Fitzgerald, PUL.

140. *Ibid.*

141. Commentaire du docteur Oscar Forel sur l'état de Zelda, archives Zelda Fitzgerald, PUL, Craig House File, col. 745.

142. Eugen Bleuler, *Dementia Praecox or the Group of Schizophrenias*, monographie sur la schizophrénie, t. 1, trad. angl. Joseph Zinkin, New York, International University Press, 1950, p. 296.

143. Eugen Bleuler, cité dans Elliot S. Valerstein, *Great and Desperate Cures : the Rise and Decline of Psychosurgery and Other Radical Treatments for Mental Illnesses*, New York, Basic Books Inc., 1986, p. 246.

144. Oscar Forel, « Résumé de la consultation de M. le professeur Dr. Bleuler et de M. Le Forel » [sic], 22 novembre 1930, archives F. S. Fitzgerald, PUL, Craig House File, col. 745.

145. F. S. Fitzgerald, cité dans Peter D. Kramer, « How Crazy Was Zelda ? », *The New York Times Magazine*, 1er décembre 1996, section 6, p. 106.

146. Lettre de Zelda Fitzgerald à F. Scott Fitzgerald, automne 1930, archives F. Scott Fitzgerald, AM 20502, boîte 42, dossier 64.

147. Lettre de Zelda Fitzgerald au docteur Oscar Forel, novembre 1930, archives Zelda Fitzgerald, PUL, boîte 5, dossier 3.

148. Lettre de Zelda Fitzgerald à F. Scott Fitzgerald, archives Zelda Fitzgerald, PUL, AM 20502, boîte 42, dossier 65.

149. *Ibid.*, dossier 63.
150. *Ibid.*
151. Lettre de Zelda Fitzgerald à F. Scott Fitzgerald, archives Zelda Fitzgerald, PUL, col. 187, boîte 42, dossier 56.
152. Lettre de Zelda Fitzgerald à F. Scott Fitzgerald, automne 1930, archives F. Scott Fitzgerald, PUL, AM 20502, boîte 42, dossier 63.
153. Lettre de Zelda Fitzgerald à F. Scott Fitzgerald, citée dans Scott Donaldson, *Fool for Love, op. cit.*, p. 56.
154. *Ibid.*
155. Lettre de Zelda Fitzgerald à F. Scott Fitzgerald, archives F. Scott Fitzgerald, PUL, AM 20502, boîte 42, dossier 65.
156. Lettre de Zelda Fitzgerald à F. Scott Fitzgerald, archives F. Scott Fitzgerald, PUL, col. 187, boîte 43, dossier 54.
157. Lettre de Zelda Fitzgerald à F. Scott Fitzgerald, archives F. Scott Fitzgerald, PUL, AM 20502, boîte 42, dossier 41.
158. Lettre de Zelda Fitzgerald à F. Scott Fitzgerald, fin du printemps 1931, archives F. Scott Fitzgerald, PUL, AM 20502, boîte 43, dossier 9.
159. Lettre de Zelda Fitzgerald à F. Scott Fitzgerald, été 1931, archives F. Scott Fitzgerald, PUL, boîte 43, dossier 12.
160. Zelda Fitzgerald, « Conduisez M. et Mme F. au n°... », in *La Fêlure*, trad. fr. Suzanne Mayoux et Dominique Aury, Paris, Gallimard, NRF, p. 284.
161. *Ibid.*
162. Lettre de Zelda Fitzgerald à F. Scott Fitzgerald, archives F. Scott Fitzgerald, PUL, AM 20502, boîte 44, dossier 47.
163. Lettre de Zelda Fitzgerald à F. Scott Fitzgerald, citée dans Bruccoli, *The Correspondence of F. Scott Fitzgerald, op. cit.*, p. 238 ; citée également dans Kouvos Harnett, *Zelda Fitzgerald and the Failure of the American Dream, op. cit.*, p. 153.
164. Lettre de Zelda Fitzgerald à F. Scott Fitzgerald, printemps 1931, archives F. Scott Fitzgerald, PUL, AM 20502, boîte 43, dossier 8.
165. Lettre de Zelda Fitzgerald à F. Scott Fitzgerald, citée dans Scott Donaldson, *Fool for Love, op. cit.*, p. 190.
166. Zelda Fitzgerald, citée dans Milford, *Zelda, op. cit.*, p. 175.

Chapitre six

Je croyais être une salamandre

Lorsqu'elle rentra chez elle au bout de ces quinze mois de traitement, Zelda était plus déterminée à se prendre en main pour acquérir son autonomie. La dépression qui l'avait si durement éprouvée dans son corps lui avait apporté une nouvelle maturité. Sur une photographie prise à bord de l'*Aquitania* (le bateau qui les avait amenés en Europe en 1921, lors de leur première traversée), elle a l'air optimiste : assise, un carnet à croquis sur ses genoux, elle regarde l'objectif en plissant les yeux. Le navire recelait toutes sortes de souvenirs pour les Fitzgerald, qui se prirent de nostalgie en arpentant les ponts et en contemplant le vaste océan. Une fois à Manhattan, ils retinrent une chambre au New Yorker une dizaine de jours, le temps de recontacter leurs vieux amis. Ils revirent Ludlow Fowler, Townsend Martin, Alex McKaig et John et Margaret ; Fitzgerald retrouva Maxwell Perkins et Harold Ober, et déjeuna sur le pouce avec Ernest Hemingway.

La nouvelle décennie se doublait d'une crise économique, et l'atmosphère new-yorkaise était sensiblement différente de ce qu'elle avait été deux ans plus tôt. « [...] Cette année-là une nouvelle atmosphère se fit sentir, se rappela Malcolm Cowley, une atmosphère de doute, voire de défaite. Les gens commencèrent à se demander si, d'aventure, ils ne s'étaient pas trompés d'orientation, non seulement dans leurs idées, mais jusque dans leur mode d'existence [1]. » Cette question traversa certainement l'esprit des Fitzgerald.

Le rétablissement de Zelda réclamait un environnement paisible, et la famille prit la direction du Sud, pour gagner Montgomery. Scott s'arma de courage, appréhendant une visite tendue, mais à leur arrivée ils virent que la propriété des Sayre fourmillait d'infirmières qui s'affairaient au chevet du juge Sayre, terrassé par la grippe depuis le printemps. Ils prirent une chambre en ville, au Jefferson Davis Hotel, où ils ne payaient que 9 dollars par mois pour trois chambres et quatre salles de bain. Zelda, qui rêvait pour eux d'un foyer définitif, se mit en quête d'une maison. Elle voulait toujours qu'ils acquièrent un endroit bien à eux ; en attendant, ils signèrent un bail de six mois pour une maison située au 819 Felder Avenue, en face des ruelles pavées de briques qui entouraient Cloverdale Park. Les résidences de Cloverdale, l'un des quartiers les plus jolis de Montgomery, étaient situées pour la plupart dans des rues sinueuses et pittoresques, sous des camélias en fleur. Une fois de plus, la leur se distinguait des autres : elle était trop grande pour eux, sans présenter de confort particulier. Il était plus facile d'acquérir des biens immobiliers ici qu'à Wilmington : à l'idée de devenir bel et bien propriétaire, Zelda se sentit prise d'un regain d'énergie, et elle se creusa la tête pour pouvoir contribuer financièrement à cet achat. Elle relut les nouvelles de Scott afin d'analyser leur construction, prit quelques notes préliminaires pour un roman et acheva sept nouvelles en peu de temps, dont *A Couple of Nuts*, que retint *Scribner's Magazine* pour la publier l'année suivante. Zelda se baigna, joua au tennis, rendit visite à de vieux amis et fit un peu de peinture et de sculpture. Parfois, elle rejoignait Scott au Country Club pour une partie de golf. Ce club ravivait bien des souvenirs heureux, puisque c'était là qu'ils s'étaient rencontrés dix ans plus tôt. Scottie fut inscrite au cours de jeunes filles Margaret-Booth et reçut des leçons privées de la gouvernante française qui les avait accompagnés. Ils engagèrent un couple de domestiques noirs pour faire la cuisine et le ménage.

Décidés à faciliter leur changement d'existence, les Sayre manifestèrent tout leur soutien à Scott et à Zelda. Mais, puisqu'il côtoyait les parents de Zelda, Fitzgerald dut modifier ses habitudes vis-à-vis de l'alcool, au prix d'une nervosité incessante. Alors qu'il travaillait d'arrache-pied à une série de nouvelles, il lui suffit de recevoir un contrat de la Metro Goldwyn Mayer (MGM) à la fin du mois d'octobre pour tout abandonner. Les producteurs lui offraient 1 200 dollars par semaine pour réécrire un scénario tiré du best-seller de Katherine Brush, *Red-Haired Woman (La Rousse)*, paru en 1931. Le contrat valait pour deux mois, et le scénario devait être achevé pour Noël. Scott était tout excité à l'idée de travailler pour Irving Thalberg, le génie créatif de Hollywood, qui allait lui inspirer le personnage de Monroe Stahr dans *Le Dernier Nabab*. Lorsqu'il prit le train début novembre, il était de très bonne humeur - plus que Zelda. Cette fois, il était hors de question qu'elle l'accompagnât. L'état de son père demeurait critique, et sa propre santé mentale encore trop fragile.

Le contrat de la MGM stipulait que Scott devrait travailler au moins six mois sur le scénario, mais les choses se passèrent mal dès les premiers jours. Fitzgerald et Dwight Taylor, un autre scénariste de la MGM, furent invités chez Thalberg, où Scott s'enivra avant de réciter *Chien*, une chanson jadis composée à Princeton par les étudiants de troisième année. Thalberg, qui méprisait les ivrognes et observait Fitzgerald depuis un coin de la pièce, prit note mentalement de le congédier. Scott, devinant sa désapprobation, se rendit compte qu'il était passé à côté d'une opportunité majeure. Comme à l'accoutumée, il se trouva ensuite des excuses : « [...] alors que tout était apparemment serein, et que [Zelda] semblait se rétablir à Montgomery, je mourais de trouille en moi-même, et je commençai à boire plus que de raison... je voulais aller dans l'Est... pour voir comment [Zelda] se portait. Par la suite, ils dirent que je les "avais laissés tomber", et m'en firent grief[2] ».

Scott avait accepté l'offre de la MGM et quitté Montgomery avec tant d'empressement que Zelda en resta déconcertée. Non seulement elle se sentait triste d'être ainsi abandonnée, mais elle craignait pour Scott un nouveau séjour hollywoodien et une aventure avec une seconde Lois Moran. Après s'être disputée avec lui à la gare, elle lui envoya un télégramme d'excuses et se fit une règle de poster chaque jour une lettre des plus chaleureuses. « Le petit endroit mousseux sur ta nuque, c'est ce qu'il y a de plus doux chez toi, et je peux y frotter mon nez, comme un poney dans sa musette, lorsque tu rentres à la maison[3]. »

Zelda avait convaincu Scott de la laisser étudier le ballet en son absence, mais elle ne tarda pas à se prendre de querelle avec son professeur. « J'ai arrêté mes leçons de danse depuis que j'ai eu une querelle violente avec Amalia, ce matin, écrivit-elle à Fitzgerald. Elle m'a traitée de bécasse parce que je lui ai dit que je ne pouvais pas danser des pas qui n'allaient ni avec le rythme ni avec l'esprit de la musique. J'ai même acheté un recueil de valses de Schubert, que je lui ai apporté dans l'idée qu'elle pourrait les analyser, mais elle est manifestement dure d'oreille... et voilà, tu peux dormir tranquille[4]. » Au lieu de danser, elle joua avec Scottie, écrivit à Fitzgerald trente-deux lettres pendant les huit semaines que dura son absence, fit du jardinage chez sa mère et joua au tennis avec sa nièce Noonie, la fille de Marjorie. Pour ne pas laisser en friche sa créativité, elle écrivit une pièce en un acte pour Scottie et ses amies, composa une fugue à la manière de Bach, un nocturne à la Chopin et un petit air allègre qui évoquait Schumann. Voulant surprendre Scott à son retour, Zelda loua le Petit Théâtre de Montgomery pour la semaine de Noël. Elle voulait y organiser un bal costumé pour enfants, danser avec eux des rondes dalcroziennes et leur servir des laits de poule et des gâteaux. Dans sa hâte de le voir rentrer, elle fit ses achats de Noël à l'avance. Lorsqu'elle perdit momentanément Scottie dans une foule de vacanciers, elle paniqua, comme l'aurait fait n'importe quel parent. « J'ai perdu Scottie dans un magasin aujourd'hui pendant une demi-heure, et ce fut horrible, écrivit-elle à Fitzgerald, comme si j'étais saisie par un tourbillon, précipitée dans d'infinies hypothèses de vie pivotant sur elles-mêmes, comme si j'étais livrée aux opérations chaotiques de mon inconscient, à l'insu de mon intelligence. Je l'avais laissée faire ses achats toute seule, et elle a ensuite regagné la voiture au lieu de me retrouver à l'endroit convenu[5]. »

Zelda s'était attendue à ce que Montgomery lui procurât un sentiment de sécurité et de réconfort, au lieu de quoi elle trouva la ville oppressante et troublante. Elle réalisa combien Scott lui était indispensable pour se sentir comblée et lui écrivit : « Lorsque tu n'es pas là, tout se présente uniquement sous l'angle de tes impressions, et je n'ai aucun moi autonome, sinon celui qui vit en toi : je ne suis tout à fait consciente que lorsque tu es près de moi[6]. » Son père, malade depuis près d'un an, était maintenant à l'agonie. Zelda allait voir ses parents tous les jours, se promenait avec sa mère le matin et veillait au chevet du juge tout l'après-midi. Début novembre, ils eurent plusieurs conversations à cœur ouvert sur le mariage de Zelda et allèrent jusqu'à évoquer l'hypothèse d'un divorce. Mais Zelda savait bien que, mentalement fragile, financièrement et psychologiquement dépendante des succès de Fitzgerald, elle avait besoin de lui pour étayer son narcissisme, et qu'un divorce était donc impossible. Elle admit tout cela plus ou moins dans l'une des nombreuses lettres qu'elle adressa à Hollywood : « C'est si merveilleux d'être entourée d'hommes importants, et je suis contente que tu en fasses partie. »

Le 17 novembre, Zelda envoya à Scott un télégramme annonçant la mort de son père. Mais Scott ne revint pas, et elle rassembla toutes ses forces pour affronter seule les funérailles. Le drapeau du capitole de Montgomery fut mis en berne, et le vestibule de ses bureaux à la Cour suprême drapé de crêpe noir. Zelda y accompagna sa mère pour l'aider à rassembler ses affaires personnelles. Au cours de la cérémonie funéraire, elle posa des roses sur le cercueil. La parenté des Sayre, dispersée un peu partout dans le Sud, afflua vers Montgomery, et la maison se remplit de monde. Rosalind arriva de Bruxelles avec son époux. « Newman et moi nous trouvions en Europe lorsque papa mourut en novembre 1931. Je me rendis à Montgomery aussi vite que possible pour aider maman à décider où vivre désormais. Elle ne voulait pas quitter la vieille propriété, mais je la persuadai que ce n'était pas une décision pratique, et elle acheta une petite maison sur Sayre Street qui, par chance, côtoyait celle de Marjorie[7]. »

Après une semaine de deuil, les yeux de Zelda la démangeaient, et des zones d'eczéma apparurent sur son cou. Deux semaines de pluie aggravèrent son asthme. Elle écrivit à Scott que la mort de son père la laissait inconsolable, instable, la tête vide. « J'ai l'impression d'être ici perdue dans un office grégorien chanté par un chœur exclusivement féminin - où j'ai débarqué au beau milieu, après avoir raté le début et sans pouvoir rester jusqu'à la fin, mais où il faut, en quelque sorte, que je comprenne ce qui se passe. C'est affreux de penser que papa n'est plus là... mon papa me manque horriblement. Je perds mon identité, ici où il n'y a pas d'hommes. Je ne voudrais pas vivre deux semaines de plus dans un endroit dépourvu d'hommes, où il faut se passer en premier lieu de concision. Les hommes vous procurent une cible contre laquelle éprouver votre vitalité, sans quoi elle se dissout en l'air, comme des jets de dynamite[8]. »

Zelda éprouvait de plus en plus de difficultés à dormir et pensait que le soleil et l'air salé de la Floride pourraient y remédier. Elle écrivit à Scott pour lui dire qu'elle partait quelques jours dans le Sud. Lorsqu'il lui suggéra d'attendre son retour, elle refusa. Lasse de l'entendre conter toutes ses aventures extraordinaires et citer les gens intéressants qui croisaient son chemin - dont Carmel Myers, qui habitait maintenant Maybery Road, à Santa Monica -, elle écrivit : « Si tu mentionnes une fois encore... Lily Dalmita ou Constance [Talmadge], je pars une semaine en Floride jeter notre argent par les fenêtres et te rendre jaloux de mes jambes bronzées à la créole quand tu rentreras[9]. » Et c'est bien ce qu'elle fit, mais juste le temps d'un long week-end. Elle rassura Scott, toutefois, en emmenant une infirmière avec elle. « Je me suis surprise à vouloir presque désespérément partir seule dans le soleil, expliqua-t-elle à son retour. Je n'ai pas eu un moment de paix depuis ton départ. D'abord il y a eu ces deux nuits sans sommeil, à cause de l'asthme, puis des accès d'eczéma - inexplicables, puisque j'ai fait tout mon possible pour mener une existence aussi saine que possible, afin que tu me trouves fraîche et joyeuse à ton retour. Il n'y avait rien ici qui puisse me distraire alors que je n'avais pas l'usage de mes yeux, et je redoutais que tu rentres débordant de beauté et de vitalité pour me trouver épuisée et à moitié malade[10]. » Elle rentra bronzée et reposée, avec l'ambition d'écrire un roman inspiré de leur mariage. Puisant dans le lexique de la psychologie pour dépeindre leur expérience des années 1920, elle commença à prendre des notes préparatoires pour un récit à peine crypté de leur vie à l'étranger. Elle voulait écrire un best-seller qui lui apporterait la célébrité et l'indépendance financière. On l'avait forcée à abandonner le ballet, et elle avait l'impression de ne pas maîtriser la technique picturale : l'écriture paraissait donc le meilleur débouché pour ses instincts créatifs. Montrant une résolution inébranlable, elle s'enferma dans la chambre à coucher de sa maison de Cloverdale, et, quoique ralentie dans son travail par ses yeux affaiblis, elle produisit l'ébauche de son roman en l'espace de trois semaines.

À Hollywood, l'écriture réussissait moins à Fitzgerald. Il avait déjà passé cinq semaines à corriger le scénario de *Red-Haired Woman*, et Sam Marx, responsable des scénarios à la MGM, ne réussissait toujours pas à lui faire comprendre que, dans l'esprit de Thalberg, le rire des spectateurs devait établir leur complicité avec l'héroïne, et non ridiculiser celle-ci. Thalberg finit par retirer le scénario à Scott, mais, avant que ce dernier en soit officiellement informé, le metteur en scène, Marcel de Santo, lui annonça sans ménagement que le scénario avait été confié à Anita Loos. Loos connaissait toutes les ficelles efficaces, et sa révision fut aussitôt approuvée par Thalberg. L'adaptation cinématographique du roman de Katherine Brush, centré sur une petite secrétaire qui épouse un aristocrate français, eut un succès retentissant. Le film fit de Jean Harlow une star et plaça Loos au premier rang des scénaristes.

Zelda, qui ignorait tout du fiasco hollywoodien, attendait avec impatience le retour de Scott. Après la mort de son père, elle avait annulé la plupart de ses plans de Noël, y compris les festivités du Petit Théâtre. Elle confessait sur un ton quelque peu frivole combien elle se réjouissait de voir Scott rentrer pour Noël. « C'est drôle de songer à Noël, et au soir où tu rentreras à la maison, et d'imaginer quel air tu auras en sortant de la voiture, après avoir passé la grille. Je serai étonnée de te voir si moderne, et médusée de te voir si puissant, et quand je verrai combien tu es beau, il y aura comme un creux dans mon estomac et toutes sortes d'émotions bizarres, comme un gâteau où on a mis trop de raisins secs, et j'aurai envie de t'enfermer dans une armoire, comme une robe trop belle pour être portée [11]. »

Fitzgerald arriva à temps pour fêter Noël, mais son échec à la MGM l'avait laissé moralement ravagé. Lorsqu'il apprit que Zelda travaillait à un roman psychologique fondé sur leur expérience commune, il fut indigné : somme toute, il entendait puiser dans ce matériau pour son propre roman. Scott insista pour qu'elle mît fin à son projet. Mais Zelda considérait qu'elle avait autant de droits que lui sur leur histoire. « Le... matériau que j'élirai [comme sujet de roman] n'en demeure pas moins un matériau légitime, qui m'a coûté pas mal d'émotions pour l'amasser, et que j'entends bien exploiter [12]... » À sa surprise et à sa fureur, elle entendit Fitzgerald lui rappeler avec force que leur vie commune était sa chasse gardée. Il lui interdit d'écrire, provoquant des disputes continuelles. Harcelant Zelda jusqu'à ce qu'elle cédât, Scott manifesta une suspicion incessante, l'interrogeant chaque fois qu'elle passait trop de temps dans son bureau. Elle se montra de plus en plus nerveuse et frustrée par la situation, avec une recrudescence de ses crises d'asthme. Fitzgerald suggéra qu'un nouveau séjour en Floride pourrait atténuer les symptômes, aussi descendirent-ils en janvier 1932 sur la Côte du Golfe, à Saint Petersburg, où ils prirent une chambre au Don Cesar Hotel, sur la plage. Zelda se rappela que l'hôtel « étirait paresseusement à travers le désert sa forme soumise au golfe, aveuglant de lumière. Des coquillages opalescents recueillaient le crépuscule sur la plage, et les empreintes d'un chien vagabond dans le sable humide jalonnaient sa quête d'un libre passage tout autour de l'océan [13] ». Un jour ils firent de la plongée sous-marine mais eurent « des regrets pour le bar et la seiche, gibier trop facile et peu amusant ».

L'hôtel, presque vide, fourmillait de serveurs : les Fitzgerald redoutaient de prendre leurs repas dans la salle à manger commune. Ils passaient une grande partie de leur temps à lire sous une ombrelle, ou à bronzer sur la plage déserte. Toutefois, il ne leur fallut pas longtemps pour ressusciter leur querelle touchant le projet romanesque de Zelda. Cette tension raviva les symptômes de Zelda : à la fin de la semaine, elle souffrait à nouveau de son asthme et ne pouvait plus dormir. Passant outre les recommandations du docteur Forel, elle se remit à boire et souffrit aussitôt d'un regain d'eczéma, signe d'une intense confusion émotionnelle. Le premier soir du voyage de retour, alors que Fitzgerald dormait dans leur chambre d'hôtel, Zelda commença à entendre des voix dans sa tête. Elle mit la main sur la flasque de whisky que Scott gardait dans sa valise, la vida et fut aussitôt en proie à de terribles hallucinations où on lui faisait subir toutes sortes de tourments. Lorsqu'ils arrivèrent à Montgomery, Zelda dut être hospitalisée. Elle connut quatre phases psychotiques prolongées dans les trois semaines qui suivirent.

Le 1er février, Scott écrivit au docteur Forel pour lui demander conseil. Forel recommanda d'abord que Zelda réintégrât immédiatement Prangins, solution peu pratique, aussi suggéra-t-il le sanatorium privé du docteur Jonathan Slocum, Craig House, situé à Beacon, dans l'État de New York. La poste retarda sa lettre et, lorsqu'elle parvint à Fitzgerald, Zelda avait déjà été admise à la clinique psychiatrique Henry-Phipps, rattachée à l'université John-Hopkins, dans le Maryland. Le 12 février, Scott amena Zelda et la remit aux soins du directeur de Phipps, Adolf Meyer, et du docteur Mildred Squires, l'un des médecins résidents. Zelda arriva avec un air hagard, en proie à des hallucinations virulentes, sa bouche tordue dans un rictus d'amusement incontrôlé. Après avoir conversé avec ses docteurs et s'être assuré qu'elle était entre de bonnes mains, Fitzgerald revint à Montgomery. Il avait confié Scottie à la famille de Zelda, et, plutôt que d'interrompre son année scolaire, décida de rester à Cloverdale jusqu'à l'expiration du bail.

Il fit régulièrement le trajet épuisant de Montgomery à Baltimore, qui lui laissait tout le temps de méditer sur sa situation. Il séjournait habituellement au Rennert Hotel, situé à une courte distance de chez Mencken et Sara Haardt, qui habitaient une maison sur Cathedral Avenue et chez qui il s'arrêtait souvent pour discuter de l'état de Zelda. À présent qu'il était de nouveau le seul parent de Scottie, c'était lui qui prenait toutes les décisions à son sujet. Zelda vivait son hospitalisation de son mieux, écrivant à Scott : « Je suis contente que Scottie et toi passiez un peu de temps ensemble. Elle se sent très seule lorsque nous sommes ensemble, toi et moi. Nous sommes si proches l'un de l'autre que nous devons traverser les visions de beaucoup de gens comme des visiteurs venus d'un autre monde, comme des ectoplasmes[14]. » Sa rechute l'effrayait, et elle comprit soudain toute l'étendue et toute la gravité de son mal. S'efforçant de retrouver son équilibre, elle demanda à Scott de rester à l'écart pendant que les médecins faisaient leur travail. « Apparemment, je ne suis pas en mesure de supporter beaucoup de stress en ce moment, et, plutôt que d'ajouter une série de mauvais moments à ceux que nous laissons derrière nous, j'aimerais rester ici tout simplement, jusqu'à ce que j'aille tout à fait bien. Ce n'est pas à toi de jouer les médecins, et, dans l'état où je suis, il faut que tu me maternes et que tu supportes bien des choses désagréables, qui ne résultent pas de mes sentiments pour toi, mais de mon état de santé - tout simplement[15]. » Là encore, malgré son état mental fragile, elle percevait très clairement sa situation.

Le docteur Meyer, qui suivait son cas, était arrivé avec de hautes recommandations d'Oscar Forel. Né à Zurich, Meyer avait suivi une formation de neurologue et de pathologiste auprès du père d'Oscar Forel, Auguste Forel, professeur de psychiatrie à l'université de Zurich. En 1892, lorsque Meyer arriva aux États-Unis, il occupa d'abord un poste de pathologiste au Kankakee Hospital (Illinois), tout en enseignant à l'université de Chicago. Puis il passa au Worcester Hospital, dans le Massachusetts, pendant l'an 1895, où il enseigna à l'université de Clark. De 1902 à 1909, Meyer dirigea l'institut psychiatrique du New York State Hospital, où il travaillait avec le docteur Abraham Brill, qui avait été le disciple de Carl Jung à Zurich, en 1908, et avait rendu visite à Freud cet été-là. En 1910, quand fut ouverte la clinique Phipps, rattachée à la faculté de médecine John-Hopkins, Meyer fut nommé chef de clinique. De 1930 à 1950, il obtint la reconnaissance de ses pairs comme doyen des psychiatres américains. Certes, son traitement des maladies mentales prenait en considération des facteurs sociologiques et psychologiques en sus des causes biologiques, mais Meyer n'avait guère de théorie établie quant aux causes de la maladie mentale ni de programme thérapeutique concret. Toutefois son approche psychobiologique était assez ouverte pour accommoder divers traitements somatiques. Il était partisan de la thérapie occupationnelle et faisait appel à des travailleurs sociaux psychiatriques, qui exploitaient les ressources du jeu et de la thérapie du travail pour aider certains patients à consolider leur personnalité. Puisque Freud jugeait inefficace le recours à la psychanalyse dans le traitement de la schizophrénie, la plupart des psychiatres dédaignaient la psychothérapie. Mais Meyer continuait à y recourir : ignorant les causes de la maladie mentale, il jugeait bon de proposer à une majorité de patients les quelques traitements disponibles, sans se poser la question du diagnostic ou des résultats.

Meyer passait pour une autorité dans le domaine du traitement de la schizophrénie et, après avoir étudié l'état de Zelda, il décida que, dans son cas, il s'agissait d'un « problème conjoint ». Il le définit dans son diagnostic comme « une folie à deux » : deux individus étroitement associés cultivent des obsessions similaires ; la plus faible et la plus docile cède à la plus forte. Dans de nombreux cas, la personne atteinte de symptômes renonce à ses illusions lorsqu'on l'éloigne de son partenaire. Fitzgerald trouva ce diagnostic fascinant et reconnut que Zelda et lui entretenaient des liens troubles : « Elle trouve suave l'alcool sur mes lèvres ; je chéris ses hallucinations les plus extravagantes[16]. » Mais ils entretenaient un rapport complexe où convergeaient le déni inconscient, l'identification à l'autre et la fuite dans l'alcoolisme. La dépendance réciproque des Fitzgerald n'échappait pas à Meyer, qui comprenait que Scott, toutefois, pouvait tenir sa place dans le monde, au contraire de Zelda. À la grande fureur de Scott, Meyer insista pour l'inclure dans le traitement, s'il voulait que Zelda guérît un jour. Les deux hommes ne réussirent jamais à communiquer tout à fait, et Zelda renonça à établir des rapports amènes avec Meyer, qui lui paraissait trop rigide, trop germanique, trop sérieux.

C'est Mildred Taylor Squires, l'assistante psychiatrique de Meyer, qui gagna la confiance de Zelda et établit une relation thérapeutique efficace. Elle n'avait que quatre ans de plus que Zelda, et elle avait fait ses études de médecine à l'université de Pennsylvanie. Bien qu'elle ne fût pas spécialisée en psychiatrie, elle s'intéressa au cas de Zelda à titre personnel et se révéla très bénéfique pour elle. Le 17 février, cinq jours seulement après l'arrivée de Zelda, le docteur Squires dressa par écrit un premier bilan à l'adresse de Fitzgerald : son épouse semblait préoccupée, exprimait des bribes de pensées et s'interrompait souvent au milieu de ses phrases. Réagissant de façon indirecte et vague, elle refusait d'évoquer ses sentiments et ses symptômes. Donnant l'impression d'être tendue à l'extrême, elle manifestait des réflexes ralentis, ne tenait pas en place et tressaillait à chacun de ses mouvements. Squires insista sur la difficulté de traiter efficacement quelqu'un qui refusait d'être traité. « Jamais je n'ai pu obtenir d'elle qu'elle fasse état des théories soupçonneuses, paranoïaques qui l'ont apparemment menée à la clinique, admit Squires à Fitzgerald, [...] elle nous a dit, au docteur Meyer et à moi, qu'elle refuse de parler de sa maladie, et bien sûr nous ne pouvons l'y forcer[17]... » De plus, dit Squires, « [...] Mrs Fitzgerald n'accepte les suggestions de l'infirmière que lorsque celle-ci les présente comme mes ordres. Elle les accepte alors, mais à regret, quoique très gentiment, en tentant d'abord de s'y soustraire, avant de s'y soumettre de bonne grâce ».

Pour clarifier les informations dont Zelda avait pu lui faire part, Squires demandait à Fitzgerald de rédiger un bilan détaillé de leur vie sexuelle. Ce à quoi il se plia, répondant : « Nos rapports sexuels ont été bons, ou moins bons de temps à autre, mais ils ont toujours été normaux. Elle a eu son premier orgasme environ dix jours après notre mariage, et, depuis, il y a peut-être eu une douzaine de fois en l'espace de douze ans où elle n'a pas éprouvé d'orgasme... Les années 1928-1930 ont été difficiles en raison de ses sautes d'humeur - amenant de longues périodes où elle ne ressentait plus de désir. Pendant l'année 1929, nous n'avons sans doute passé que deux douzaines de nuits ensemble, et c'était toujours purement physique, mais si l'on ne prend en compte que les aspects purement physiques de la chose, c'était mutuellement satisfaisant. Je ne manque pas d'expérience, et j'ai lu tout ce que je pouvais trouver sur le sujet, y compris cet auteur hollandais que j'ai vu sur vos rayons : je sais donc de quoi je parle[18]. » Pour étayer ses connaissances en matière de sexualité, Scott s'était en fait procuré *Le Jardin parfumé* du docteur Bernhardt Stern, un traité de quatre cent cinquante pages sur l'amour levantin, dont on murmurait que c'était l'un des ouvrages les plus complets et les plus fiables touchant l'érotisme oriental. Vendu uniquement sur commande aux médecins, juristes et étudiants d'anthropologie sexuelle ayant atteint leur majorité, il comportait nombre d'illustrations photographiques. On le vantait comme une édition non expurgée, recelant des détails inédits sur les charmes d'amour et autres aphrodisiaques, les orgies sexuelles turques et les perversions érotiques. Toutefois, si Fitzgerald dressa un bilan positif de ses relations sexuelles avec Zelda dans sa lettre à Squires, il confia à d'autres personnes que depuis l'affaire Jozan, en 1924, il n'arrivait pas à la satisfaire. Et, par la suite, il confia au collègue de Squires, le docteur Thomas Rennie, que : « tout bien considéré, elle est plus forte que moi. J'ai le feu de la création, mais je suis faible. Elle le sait et me considère en fait comme si j'étais une femme. Toute notre vie, depuis le jour de nos fiançailles, nous l'avons passée à traquer un homme que Zelda trouve assez fort pour s'appuyer sur lui. Je ne suis pas cet homme[19] ».

Dans l'espoir de consoler Zelda et de lui procurer un divertissement, Fitzgerald lui envoya leur jeu d'échecs. Malheureusement, le don éveilla chez elle une nostalgie teintée de tristesse. « Merci pour l'échiquier. Tu m'as beaucoup manqué quand j'ai lu nos anciens scores au dos. Mais nous avons tous les deux le triomphe si immodeste, et la défaite si ignominieuse, qu'il valait sans doute mieux renoncer au stress émotionnel de nos tournois[20]. » Et tout en se plaignant de l'environnement hospitalier (« Je me trouve si fétide à présent, et je sens continuellement sur moi l'odeur du caoutchouc qui règne ici - c'est vraiment horrible. Je me demande quel degré d'avilissement peut connaître l'âme humaine lorsqu'elle est réduite en esclavage[21] »), en son for intérieur, elle était reconnaissante à la clinique de la protéger.

En 1931, les hôpitaux psychiatriques américains demeuraient pour la plupart en marge des tendances majeures de la médecine américaine. Il était rare que leur personnel ait suivi une formation spécialisée, puisque les écoles médicales ne comprenaient aucune branche de psychiatrie. On confiait souvent ces malades à des médecins jeunes et sans formation, qu'on laissait choisir leurs traitements à leur gré, suivant les avantages qu'ils y trouvaient. Zelda eut de la chance de voir le docteur Squires s'intéresser à son cas : les médecins femmes étaient une exception dans les hôpitaux psychiatriques. Elles constituaient une minorité impuissante, bien qu'elles eussent la réputation d'être plus gentilles, plus intuitives et plus investies dans leur métier que leurs collègues masculins, qui passaient en général pour des gens condescendants et pressés. C'était en tout cas l'impression de Zelda. « Je ne vois pas comment fait le docteur Squires pour demeurer un brin de lilas anglais dans ce chaudron de sorcières bouillonnant[22] », dit-elle à Scott. Ses sessions thérapeutiques prolongées avec Squires aidèrent Zelda à percevoir la dynamique conjugale qui régnait entre Scott et elle-même. Pour lui montrer combien elle appréciait ces intuitions précieuses, elle lui confectionna des cartes de Noël qu'elle imprima à l'encre noire, en peignant par-dessus à la gouache blanche. Mêlant les styles cubiste et maniériste, Zelda représenta une silhouette féminine, solitaire - la muse de l'illumination - qui tenait au-dessus de ses genoux une couronne et une chandelle allumée. Écrits à la main sur la carte grise, on trouvait ces vœux : Mildred Squires vous souhaite un joyeux Noël. Squires commit l'erreur d'envoyer une de ces cartes à un médecin consultant qui s'occupait de Zelda, le docteur Frederick Wertham. Il laissa entendre qu'il n'était guère convenable d'utiliser un dessin fait par une patiente et fit parvenir la carte à un autre médecin, avec le commentaire suivant : « Cette carte a été conçue et imprimée par Mrs Fitzgerald. J'ignorais son existence jusqu'à ce qu'elle m'arrive. J'ai pensé qu'elle pourrait vous intéresser. »

Peu encline à jouer aux échecs, ou à participer aux activités récréatives proposées aux patients, Zelda se remit à son roman. Squires l'encouragea en lui accordant deux heures par jour pour écrire. Pendant les mois de février et mars, elle abattit un travail acharné, et, dès sa sixième semaine d'hospitalisation, l'ouvrage était achevé. Après que le docteur Squires l'eut parcouru et qu'elle eut proposé quelques modifications, Zelda envoya en secret le manuscrit à Maxwell Perkins, aux Éditions Scribner. Squires avait tenu Fitzgerald au courant des progrès de sa femme, et il s'attendait à lire le roman avant qu'il soit soumis au comité de lecture. Lorsque Perkins l'appela pour lui dire qu'il était en train de parcourir le manuscrit, Fitzgerald, furieux, lui télégraphia le

16 mars 1932 : « De grâce ne vous prononcez pas, et, à moins que ce soit déjà fait, ne considérez même pas le livre de Zelda avant d'avoir reçu la version revue et corrigée, lettre suit[23]. » Mais Perkins, impressionné par l'originalité du roman, songeait déjà à le faire publier même s'il exigeait de sérieuses révisions. Lorsque Fitzgerald gourmanda Zelda, lui reprochant d'avoir expédié le manuscrit dans son dos, elle expliqua qu'elle avait changé l'adresse du destinataire au dernier moment, pour éviter ses critiques. « Je ne voulais pas recevoir de commentaires mordants comme ceux que tu m'as prodigués sans merci - même si c'était pour mon bien - au sujet de mes nouvelles[24]... » Plusieurs psychiatres de Phipps s'excusèrent auprès de Fitzgerald d'avoir laissé Zelda envoyer son roman sans sa permission. Lui-même était indigné à l'idée que Zelda avait consacré à son manuscrit un temps qu'il finançait en écrivant à contrecœur des nouvelles pour des magazines, au lieu du roman qu'il avait en tête. Étonnée de le voir si amer et si contrarié, Squires voulut l'amener à discuter la possibilité d'une séparation légale. Fitzgerald refusa aussitôt en disant que « cela reviendrait à la rejeter, comme fracassée, dans un monde qu'elle méprise ; moi-même, je serais un homme détruit pendant des années[25]... ». Faisait-il allusion à sa culpabilité, ou à une émotion plus secrète ?

Scott reprochait surtout à Zelda de vouloir raconter l'histoire que lui-même voulait écrire. Dans son esprit, elle était un amateur qui s'essayait à une activité de professionnel, et il insista pour qu'elle révisât considérablement le manuscrit avant de laisser Perkins l'éditer - y compris en éliminant la section centrale et en changeant le prénom du protagoniste (d'abord baptisé Amory Blaine, tout comme le héros de *L'Envers du paradis*). Le nouveau choix de Zelda, David Knight, était une référence ironique à Dick Knight. Pendant la fin du printemps et l'été 1932, Scott supervisa la réécriture du manuscrit par Zelda, réduisant considérablement le texte et l'obligeant à supprimer presque un tiers de l'ouvrage, dont toute la section centrale, où il voyait un portrait injuste de lui-même en alcoolique. Ces sections furent remplacées par des passages qui plurent à Fitzgerald, mais qui ôtaient toute sa cohérence à l'ouvrage. C'est seulement après avoir approuvé le manuscrit que Fitzgerald finit par donner le feu vert à sa publication. Mais le livre ne ressemblait plus du tout au récit premier - il était très décousu en raison des coupes subies. L'un des responsables du suivi publicitaire aux Éditions Scribner, qui avait lu l'original, confia à Tony Buttita (propriétaire de The Intimate Bookshop, à Asheville, en Caroline du Nord) que la version de Zelda était très provocatrice, et qu'elle comportait des attaques vindicatives à l'endroit de Scott, en tant qu'écrivain et en tant qu'époux, mais aussi des détails scandaleux sur leur vie privée.

Si l'on passe outre ses coupes et ses modifications, le roman demeure un témoignage essentiel sur la jeunesse de Zelda à Montgomery et sur sa vie en France, ainsi qu'une réflexion sur les difficultés d'être l'épouse d'un romancier célèbre. Presque entièrement autobiographique, il s'inspire dans ses détails de faits réels : la chambre qu'occupent David et Alabama pendant leur lune de miel au Biltmore est celle des Fitzgerald, la chute de l'aviateur s'est passée exactement comme le raconte Zelda (l'épisode avait également inspiré à Scott *La Dernière des belles*) et le costume de ski bleu de Bonnie est celui de Scottie (comme on le voit sur les photographies prises dans les Alpes suisses, où elle pose avec ses parents). Rosalind ratifia entièrement ce jugement. « Les personnages de son roman, ceux du moins que j'ai identifiés, sont décrits avec un sens aigu de la perception, notamment nos parents. Pour les retrouver, je n'ai qu'à lire cet ouvrage[26]. » À mesure qu'il retrace le parcours d'une femme qui se marie jeune et échoue à trouver sa plénitude, ce récit montre également la croissance instable d'une jeune fille impulsive et indépendante, née et élevée dans une petite ville du Sud. Alabama échappe à une famille rigide en épousant un artiste, mais découvre qu'une existence brillante et tourbillonnante dans les villes animées d'Europe ne lui offre que peu de chances de s'accomplir. Suivant David partout où le succès l'entraîne, Alabama découvre que ces grandes métropoles européennes sont aussi vides et ennuyeuses que les petites villes américaines. L'ennui la gagne, et le couple se sépare progressivement, jusqu'à ce qu'une chute au cours d'un ballet et la mort du père d'Alabama les réunissent. Le récit suit de près l'expérience de Zelda et trahit de nombreuses similarités entre les sentiments de l'héroïne et ceux de Zelda. Comme le clame Alabama dès le début du roman : « Je suis si scandaleusement intelligente que je pourrais bien devenir un univers pour moi toute seule si je ne préférais vivre dans celui de papa[27]. » Les premières paroles du récit auraient très bien pu concerner Zelda (et ce fut sans doute le cas) : « Ces petites, disaient les gens, croient qu'elles peuvent tout se permettre impunément. » Alabama est la benjamine de parents âgés qui ne la comprennent pas et ne lui renvoient aucune image de ce qu'elle est. Elle veut qu'« on lui dise à quoi elle ressemble, puisqu'elle est trop jeune pour savoir qu'elle ne ressemble à rien du tout ». Elle a trois sœurs plus âgées et envie sa sœur aînée, l'élégante Dixie, qui représente les séductions du monde extérieur et qui vit une aventure avec un homme marié. Lorsque leur père lui ordonne d'y mettre fin, Alabama s'intéresse à son autre sœur Joan. Si Joan est moins mondaine que Dixie, elle est plus pratique et mieux organisée. Mais lorsqu'elle rejette Harlan, son amoureux pauvre et dévoué, en faveur d'un riche prétendant, Alabama estime qu'elle commet une erreur. « Je ne suis pas contente, se plaignit Alabama. Les cheveux de Harlan se dressent comme la perruque du roi d'Espagne. Je préférerais que ce soit lui que Joey [Joan] épouse. » La réponse pragmatique de son père : « Les cheveux du roi d'Espagne n'ont jamais fait vivre personne » ne la fait pas changer d'opinion. Alabama défie les conventions, mais si son comportement excentrique fait hausser les sourcils, elle n'est pas l'objet du mépris social. « C'est la plus sauvage des sœurs Beggs, mais c'est un vrai pur-sang. » Lorsque éclate la Première Guerre mondiale, la conscription fait affluer les jeunes gens de toute la région, et la vie d'Alabama change du jour au lendemain. Soudain, les officiers remplacent les godelureaux du coin sur son carnet de rendez-vous. L'un d'eux est David Knight : ses yeux bleus et ses traits olympiens désignent en lui le héros caractéristique dont rêvait Alabama. En l'espace de quelques mois, ils tombent amoureux et, à la fin de l'année, ils se marient. Ennuyée de ne « rien faire d'autre que de rester assise sous la véranda à avoir des rendez-vous et regarder les choses pourrir », Alabama suit David vers le Nord, vers la vie brillante qu'elle a toujours imaginée pour elle-même. Le mariage est cette voie royale de la sécurité et de la liberté.

Mais Alabama a beau pouvoir s'offrir le luxe de faire exactement ce qu'elle veut, elle ressent avant tout le besoin de calme et de sécurité, une contradiction qui l'amène à se demander : « Pourquoi suis-je comme je suis, pourquoi suis-je comme ça ? Pourquoi ces disputes incessantes entre moi et moi-même ? Où est le moi raisonnable et logique ? Lequel impose sa volonté à l'autre ? » Cette dualité lui est confirmée lorsque ses parents viennent voir les Knight dans le Connecticut, où ils se sont installés. Alabama veut les impressionner par ses talents de ménagère ; elle échoue lamentablement lorsque deux amis de David, pris de boisson, viennent troubler la visite. La scène tourne rapidement au burlesque lorsque Alabama prend en plein visage la porte de la cuisine et se met à saigner du nez. Incapables d'approuver son mode de vie, ses parents avancent leur départ, mais pas avant que le juge Beggs ne lui ait infligé un avertissement péremptoire : « Qui refuse de se plier à la loi n'a aucun droit. »

Les Knight partent alors pour la France, décidés à laisser derrière eux leur train de vie irréfléchi. À les voir, ils n'ont pas changé d'apparence : « La jeune fille donnait toujours l'impression, tout le jour durant, qu'elle sortait du lit ; le visage de l'homme était toujours animé par une vitalité inattendue, parcouru de sursauts et de tressaillements comme s'il était sur les manèges du Million Dollar Pier. » Intérieurement, toutefois, ils commencent à décliner. La déclaration d'Alabama : « Oh, comme nous allons être heureux, loin de toutes ces choses qui ont failli nous avoir sans y parvenir tout à fait » semble de mauvais augure.

Comme dans le mariage des Fitzgerald, le tournant du récit se produit lorsque, négligée affectivement par son mari, la femme se jette dans l'infidélité. Passant seule le plus clair de son temps, Alabama se sent frustrée lorsque David lui fait sentir son indifférence, et elle entame une liaison avec un aviateur français nommé Jacques Chèvre-Feuille. David y met fin séance tenante et passe la nuit avec une autre femme, avant de s'engager sans scrupule dans des aventures extraconjugales tout en continuant d'exiger de sa femme une fidélité absolue. (Ce fut exactement la réaction de Scott après l'épisode Jozan.) Voyant que David, par divers gestes et comportements significatifs, l'exclut de son existence, Alabama réalise qu'elle ne trouvera de satisfaction qu'en accomplissant seule quelque chose. Lorsqu'elle taquine David en disant qu'elle veut pénétrer son univers - « J'aimerais pouvoir vivre dans ta poche » -, celui-ci réplique par quelques mots de rejet : « Il y aurait un trou que tu aurais oublié de repriser, et tu glisserais de la poche, et c'est le coiffeur du village qui te rapporterait à la maison. » Avec une résolution surprenante, Alabama se lance dans le ballet dont elle maîtrise les pas les plus compliqués. David commence par l'encourager en affirmant qu'il comprend ses besoins. « Ma pauvre ! Je comprends. Ce doit être terrible de traîner éternellement à m'attendre. » Les autres danseuses, moins compatissantes, lui jettent des regards soupçonneux sans comprendre pourquoi une femme mariée se lance de son plein gré dans une formation aussi difficile. Le récit atteint son point culminant lorsqu'une compagnie de ballet italien invite Alabama à se produire à Naples. David, contrairement à Scott, encourage Alabama à saisir cette chance. Elle intègre la compagnie et poursuit sa vocation, en laissant derrière elle fille et mari à Paris. Quoiqu'elle soit plus douée que les autres membres de la compagnie, et qu'elle s'attire des critiques favorables des journalistes italiens, elle ne se sent toujours pas comblée. Lorsque sa fille Bonnie vient la voir, Alabama est trop préoccupée pour lui prêter beaucoup attention, et, rentrée à Paris, l'enfant confie à son père : « C'est mieux d'être ici qu'avec maman et son succès en Italie. »

Le dénouement du roman suit de près la visite de Bonnie : le père d'Alabama meurt d'une attaque cardiaque, et David lui écrit à Naples pour le lui annoncer. Elle apprend la nouvelle alors qu'elle subit une crise personnelle, à l'hôpital, où elle se remet d'une grave infection provoquée par de la colle à chaussons antidérapante, qui s'est infiltrée dans une ampoule au pied. Ses tendons et ses artères sont endommagés au point qu'elle ne pourra plus danser de nouveau. David arrive pour la consoler avec cette remarque apaisante : « Au moins, cela nous a rapprochés. » La réponse cynique d'Alabama est : « Oui - ce qui reste de nous. » Renonçant à son rêve de devenir une grande ballerine,

Alabama médite sur l'impact de la destinée sur sa vie. « Toujours, pensa-t-elle, il nous faudra chercher une autre façon de nous voir, un lien entre ce que nous sommes et toutes les valeurs qui nous survivent, dont nous avons perçu l'existence, en nous replaçant dans le monde de nos pères. » Ses dernières illusions - un mariage reposant sur leur complicité - sont détruites lorsque David lui reproche d'avoir vidé les cendriers de leurs invités avant qu'ils ne prennent congé. « Nous serions plus heureux si Alabama évitait de se conduire ainsi. » Sa réponse clôt ce chapitre de sa vie, et le roman. « C'est tout moi, ça. Je me contente de tout entasser dans une grande pile que j'ai étiquetée "le passé", et, après l'avoir vidée dans ce grand réservoir qui fut jadis moi-même, je suis prête à continuer. » En écrivant *Accordez-moi cette valse*, Zelda vécut une expérience cathartique car sa protagoniste, Alabama, émergea comme un nouveau type de protagoniste féminin qui se trouve une identité en assumant sa vie et part en quête du bonheur en outrepassant les bornes du mariage traditionnel.

Scott avait averti Scribner de ne pas faire trop de publicité au roman pour épargner à Zelda des « illusions de grandeur » (ce furent ses propres termes). Dès lors, le roman fut imprimé sur du papier bon marché, au lieu du papier haute qualité de Scribner, il ne fut précédé d'aucune réclame et n'inspira pas de stratégie de distribution particulière. Dédié à Mildred Squires, il parut sur les étalages des libraires le 7 octobre 1932, mais ne se vendit qu'à 1 392 exemplaires sur un tirage de 3 010, ce qui rapporta à Zelda un maigre bénéfice de 120,73 dollars. Ce chiffre médiocre était dû au fait que Fitzgerald n'avait pas prévu de faire relire les épreuves (ce qu'il faisait toujours pour ses propres ouvrages), et que les droits d'auteur de Zelda passèrent essentiellement dans les corrections typographiques. Détail incroyable, Scribner retint le restant des bénéfices pour éponger les dettes énormes contractées par Fitzgerald. Malgré les corrections de dernière minute, le *New York Times* se plaignit : « Il est dommage que l'éditeur n'ait pu obtenir une meilleure relecture des épreuves, et il est inconcevable que l'auteur ait entrepris de citer autant de termes français dans cet ouvrage avec, au vu du style, si peu de connaissances de la langue : presque tous les mots français (et il y en a beaucoup) sont mal orthographiés, ainsi que de nombreux mots étrangers, et un grand nombre de mots anglais fondamentaux[28]. » Zelda parlait le français mais ne l'écrivait pas, et il lui aurait fallu quelqu'un - quelqu'un d'autre que Scott - pour relire de près le manuscrit et détecter ses erreurs.

Fitzgerald continuait à voir dans le roman une attaque personnelle qui les compromettait tous les deux. Il n'avait aucun scrupule à faire part de ses sentiments à tous ceux qui consentaient à l'écouter. « Je fais irruption dans un roman signé par ma femme comme un portraitiste un tantinet anémié, avec quelques théories glanées chez Clive Bell, Léger, etc. Ce qui me met dans une position absurde, et Zelda dans une position ridicule. Ce mélange de faits et de fiction est conçu pour nous ruiner tous les deux, ou ce qui reste de nous, et je ne peux laisser les choses en l'état. Elle exploite le nom d'un personnage que j'ai inventé pour livrer des confidences intimes aux amis et ennemis que nous avons accumulés en route... Mon Dieu ! Mes livres ont fait d'elle une légende, et elle ne pense qu'à faire de moi une non-entité avec ce portrait sans consistance[29]. »

L'ouvrage suscita des critiques de ton varié. Certaines stigmatisaient le style de Zelda, ses images outrées et son langage abstrait - ainsi, les sœurs de l'héroïne furent « couvées par l'âcre mysticisme des nounous noires », et Zelda décrit ainsi l'un de leurs prétendants : « Les cheveux de Randolph [étaient] comme des cornes d'abondance d'où coulaient à flots les globes lumineux qui constituaient son visage. » Elle avait visiblement subi l'influence des surréalistes et postcubistes français, et recourait à un style expressionniste qui transcendait les limites de la réalité physique pour capter l'indicible. Les images poétiques du roman et sa libre association d'idées retinrent l'attention de plusieurs critiques. Le roman eut de bonnes critiques dans plusieurs journaux mineurs, dont un commentaire de Gilbert Seldes dans *The Dial*. Il fit l'éloge du roman, y voyant « une galerie de personnages inoubliables, où Mrs Fitzgerald exploite une série d'images et de métaphores pour distiller l'esprit de son époque[30] ». Le *Philadelphia Public Ledger* le trouva très intelligent : « Un ouvrage constructif dans sa pensée, habile dans son exécution, singulier, fascinant, vif[31]. » Le critique Frank Daniels approuva en ces termes : « *Accordez-moi cette valse*, écrit dans un style allègre, déborde de conversations et d'aventures animées par les jeunes cyniques d'après guerre, en Amérique et en Europe[32]. » Toutefois, passé quelques interviews et articles de promotion, la presse ne parla plus du roman.

Frustrée d'avoir vu Scott altérer radicalement son œuvre, déçue par les ventes médiocres du roman, Zelda fit part de ses sentiments à Maxwell Perkins et écrivit à Scribner pour suggérer aux éditeurs de faire paraître une réclame dans la rubrique de ballet du *New York Times* ou du *Herald Tribune*. Rien ne se produisit. L'ouvrage tomba dans l'oubli, et Zelda dut admettre qu'il s'agissait là d'un échec financier. Perkins l'avertit de ne pas être trop déçue par les ventes médiocres, puisque c'était là son premier roman, publié en pleine crise économique. Il l'exhorta à continuer, faisant état de son talent et de son style, uniques en leur genre. « Vous devriez continuer à écrire parce que tout ce que vous faites est marqué par une originalité qui vient de vous-même, et que personne d'autre ne peut imiter. Et tout ce que vous faites, me semble-t-il, manifeste des dons d'expressivité qui vont croissant[33]. »

Toutefois, l'échec du roman frappa durement Zelda dans son narcissisme, et les encouragements de Perkins ne purent soulager sa souffrance. Son rétablissement en fut ralenti et, vers la fin du printemps 1932, elle ne montra que de légères améliorations. Ses lettres à Fitzgerald cachaient mal le désespoir et la déception qu'elle éprouvait. « Nous avons eu un bal de déments aujourd'hui. On pourrait croire que "les Névrosés" seraient capables de donner une représentation convaincante de leurs rôles, mais non. C'était aussi réglé qu'une réception hollywoodienne. Nous étions costumés en George Washington et l'Independance Hall[1] et la chute de Ticonderoga[2]. Il n'y a que moi qui y suis allée

---

1. Édifice historique construit en 1732 à Philadelphie pour abriter le siège du gouvernement américain, et où fut promulguée la Déclaration d'indépendance en 1776, ainsi que la Constitution des États-Unis en 1787.
2. Épisode de l'histoire canadienne, défaite de la Nouvelle-France en 1758.

déguisée en courtisane de Manet. La glace bleue des rafraîchissements était à base de sang bleu de Nouvelle-Angleterre, fournie à l'asile de fous par la pression de la vie moderne sur les Américains de vieille famille, comme moi-même [34]... »

En mai, elle approcha enfin de l'étape où on lui permettrait de sortir de la clinique pour passer ses journées à l'extérieur. Comme Scottie était en vacances et que le bail de Cloverdale avait expiré, Scott demanda à un ancien condisciple de Princeton, Edgar Allan Poe Jr. (un descendant du célèbre écrivain), de l'aider à trouver une résidence convenable près de l'hôpital. Ce que dénicha Poe, c'était une maison de campagne victorienne, un édifice branlant de quinze pièces, avec pignons, vérandas et balcons. Elle était située près de Towson, dans le Maryland, sur une propriété de Bayard Turnbull. Baptisée « La Paix » en raison de son cadre serein, la maison était entourée d'un terrain de huit hectares, lequel comprenait un court de tennis et un petit lac où se baigner. Elle avait été construite au XIXe siècle par le père de Turnbull, qui voulait en faire une résidence d'été luxueuse. Ayant vu l'endroit, Zelda le décrivit à John Peale Bishop en ces termes : « Il y a des eucalyptus noirs qui bordent le court de tennis, et des cornouillers roses autour de l'étang, et cet endroit donne l'impression d'avoir été construit pour cacher des fragments de marbre italien au public. Scott l'aime encore plus que la France, et je l'aime bien. Nous sommes plus seuls que jamais, le temps que les psychiatres raccommodent mon système nerveux [35]. » Au début, on ne permit à Zelda d'y aller que le jour, et elle passa son temps à nager et à monter à cheval. Edmund Wilson, qui rendit visite à Scott à cette époque, dit combien elle lui avait paru en forme, dans son pull-over bleu et ses jodhpurs beiges.

Pendant ce temps, Fitzgerald engagea une nouvelle secrétaire, Mrs Isabel Owens, chargée de taper ses manuscrits à la machine et de garder Scottie, sur qui elle vint à exercer une influence bénéfique au cours des années. Le père et la fille se rendirent souvent à Phipps, espérant trouver Zelda en meilleure santé. « Nous allions souvent la voir, se rappela Scottie. C'était dur et si triste, parce qu'elle commençait à avoir l'air différente - comme la plupart des gens affligés d'une maladie mentale. On est soumis à une pression telle, je suppose, que le visage commence à trahir cette intense fatigue. Maman n'était plus jolie. Parfois, elle avait l'air très normal, mais son esprit commençait à divaguer dans un monde à elle, et nous sentions la tension qui l'habitait. Je la plaignais, mais j'avais beaucoup d'amis, j'aimais beaucoup l'école, et Papa prenait bien soin de moi. Une gentille dame nommée Mrs Owens, sa secrétaire, devint une sorte de mère adoptive pour moi, donc ce n'était pas si affreux. Je crois que j'étais trop égocentrique pour m'inquiéter beaucoup[36]. »

Les Turnbull étaient leurs voisins : leur propriété, une maison neuve dont ils avaient dessiné eux-mêmes les plans, jouxtait La Paix. Fitzgerald se lia d'une amitié chaleureuse avec Mrs Turnbull, qui aimait bavarder avec lui et le trouvait charmant. Mais il était tout juste toléré par Bayard Turnbull, un architecte de Baltimore, qui condamnait son alcoolisme. Les trois enfants Turnbull - Eleanor, Frances et Andrew, un garçon de onze ans - furent ravis d'avoir en Scottie une nouvelle camarade de jeux. Celle-ci se lia également avec Margaret Finney, surnommée « Peaches », une autre voisine. C'était la fille d'un ancien condisciple de Fitzgerald à Princeton, Eben Finney. Lorsque Scottie quitta l'école Calvert pour entrer au collège, Peaches et elle furent inscrites en demi-pension à Bryn-Mawr, et toutes les fois où l'ambiance devenait tendue chez elle, Scottie allait séjourner chez les Finney. Dans une lettre adressée à sa camarade de Paris, Fanny Meyers Brennan, elle décrit ainsi La Paix : « Nous vivons maintenant près de Baltimore, sur une grande propriété de treize hectares. Voici une photographie de notre maison. Sur le même terrain, mais dans une autre maison, il y a un garçon et une fille, donc c'est comme si j'avais un frère et une sœur (j'aimerais bien !). Je vais maintenant à l'école Calvert, mais je prends des cours particuliers de français avec une dame qui habite Baltimore, pour ne pas oublier cette langue. J'ai un merveilleux chat persan à présent, avec de grands yeux jaunes et une queue qui fait presque ma taille[37]. »

Fitzgerald se lia d'une amitié véritable avec Andrew Turnbull, qu'il traitait comme son fils. Devant La Paix se trouvait une pelouse délimitée par un chemin semé de gravillons. Scott y monta un ring de boxe où Andrew et lui s'entraînaient ou jouaient au football. Il l'emmena aussi à Princeton, assister à des matchs de sport. Ils eurent de longues conversations sur les livres, et, par la suite, Turnbull devait écrire une biographie de Fitzgerald. « Fitzgerald était toujours un peu magicien, se rappela Turnbull. C'était l'inventeur, le créateur, l'éternel imprésario, qui illuminait nos jours et faisait paraître tout autre adulte ennuyeux et stérile. Ce n'est pas tant qu'il avait un talent particulier, mais plutôt qu'il manifestait une certaine attention à notre égard, il croyait en nous, il mettait toute son âme et toute son imagination à partager diverses activités avec nous[38]. » Il frayait moins avec Zelda, qu'il se rappelait comme un petit brin de femme vêtue de robes d'été sans manches et de chaussons de ballet, très réservée, qui ne parlait à personne. Lorsqu'elle se rendait à La Paix, Andrew l'apercevait parfois, assise nerveusement sous un chêne, ou « dans la sablière fraîche et profonde de campagne où nous allions nous baigner. Elle portait un deux-pièces marron ; ses cheveux courts et fauves étaient lissés par l'eau, et sa peau brunie, lorsqu'elle restait assise sur le radeau, à fumer, resplendissait au grand soleil[39] ».

À mesure qu'approchait l'heure où Zelda jouirait d'une liberté partielle, Scott manifestait une appréhension croissante. Entre les soins requis par Scottie et la garde de Zelda, il craignait qu'il ne lui restât plus beaucoup de temps pour écrire. Le 17 mai 1932, il écrivit au docteur Austin Fox Riggs, au sanatorium de Stockbridge (Massachusetts) pour lui demander si Zelda pouvait passer là une partie de l'été. Avant de donner sa réponse, Riggs annonça à Scott qu'il lui fallait obtenir du docteur Meyer un bulletin de santé concernant Zelda. On ignore quelle fut sa décision finale, mais il est probable qu'il refusa la requête de Fitzgerald, puisque leur correspondance n'alla pas plus loin.

Début juin, Scott emmena Zelda pour un long séjour sur Virginia Beach. Ils séjournèrent au Cavalier Hotel, et Zelda se baigna, bronza sur la plage au soleil chaud. Elle se sentait reposée et en forme lorsqu'elle regagna Phipps où l'attendait une bonne nouvelle : elle pouvait passer toute la matinée à La Paix et retourner à la clinique l'après-midi pour ses séances de psychothérapie. Même si celles-ci ne pouvaient guérir la schizophrénie, elles apportaient à Zelda un soutien émotionnel important et l'aidaient à contrôler les symptômes qui la terrifiaient. Les voix continuaient à résonner dans sa tête, mais à présent elle savait y reconnaître des signaux de détresse et appeler à l'aide avant de leur succomber.

Après quatre mois et demi d'internement, Zelda put sortir de Phipps à intervalles réguliers, à partir du 26 juin, alors que son dossier médical portait encore la mention « état stationnaire ». Elle devait rester « stationnaire » un an et demi. Mais ce matin d'été, elle exultait à l'idée de quitter l'hôpital pour aller à La Paix. « Entre donc dans ma chambre, écrivit-elle à Scott pour le taquiner, ce sera plus charmant quand je reviendrai. J'ai toujours essayé de te faire utiliser mes objets quotidiens en premier et pénétrer avant moi dans des lits étrangers, parce que tout lieu où tu as été est un bon lieu, et tout ce que tu touches est désirable [40]. »

Scott gardait quelque espoir de la voir guérir. Puisque les médecins l'avaient prévenu qu'elle risquait de retomber dans la folie si elle s'exténuait à ce qu'elle faisait, il insista pour qu'elle respectât un strict emploi du temps, accommodant travail et jeu. Louant les vertus de la modération - pour elle, du moins -, il lui concocta un régime sur mesure où alternaient repos et exercice. Il y prévoyait des créneaux pour la natation, le tennis, l'équitation, le ballet et la peinture. Le carnet à spirales de Zelda montre que cette année-là ses journées furent divisées selon des horaires réfléchis. De sa main, elle y répartit son emploi du temps : « Six heures d'étude, six heures de travail, six heures de divertissement, six heures de sommeil. » Sous la rubrique « travail », elle inventorie : « 1 heure d'exercices, 1 heure de danse, 2 heures de scénographie (costumes de théâtre), 2 heures de composition musicale. » Sous la rubrique « études », elle écrit : « architecture, chimie, médecine, composition littéraire ». Sous « jeu » : « 1 sport obligatoire, 5 heures par semaine : natation, tennis, patinoire. »

Mais il n'était pas facile de contraindre Zelda à respecter ces limites, car elle voulait souvent passer la nuit à peindre et à écrire. Redoutant une nouvelle crise, Fitzgerald implora le docteur Meyer de lui permettre de faire réadmettre Zelda à Phipps si elle devenait incontrôlable. Meyer s'y opposa constamment. Pour Fitzgerald, le médecin refusait de prendre ses suggestions en considération parce qu'il le tenait pour un alcoolique et « ne voulut jamais croire que je travaillais dur, que j'avais une bonne réputation, ou que je gagnais de l'argent[41] ».

Pour alléger un peu l'ambiance domestique, toute la famille se mit au tennis. Scott loua les services d'un joueur professionnel, Crosby, qui leur donna des leçons à tous et joua avec Zelda, Scottie et Andrew. Mais Zelda ne tardait pas à se laisser gagner par la frustration, et elle mettait souvent fin aux leçons en jetant sa raquette à la tête de Crosby. Elle illustra ce genre de scène par une aquarelle sur graphite, intitulée *Le Sport*, où deux raquettes de tennis volent au-dessus de la tête d'un jeune homme. Sur le verso du dessin figure une légende en français : « Il était un jeune Américain qui n'avait besoin de rien ! » L'aquarelle aboutit dans la collection du docteur Frederick Wertham, qu'Adolf Meyer avait consulté au sujet de Zelda, en lui demandant d'analyser ses productions artistiques pour étoffer son diagnostic.

Comme elle était vulnérable aux critiques de Scott, les médecins de Zelda lui déconseillaient de rivaliser avec Fitzgerald dans son domaine propre. Puisque la forme romanesque requérait une concentration intense, ils considéraient que ce moyen d'expression ne lui convenait guère. Se laissant influencer en partie par Scott (qui, après tout, réglait les factures), ils lui conseillèrent de renoncer à écrire de la fiction. Scott en voulait toujours à Mildred Squires d'avoir encouragé Zelda à enfreindre ce qu'il tenait pour ses droits d'auteur, et il tenta de faire en sorte qu'un autre médecin suivît Zelda. Il réussit à faire désigner le docteur Thomas A. C. Rennie, mais Zelda insista pour garder Squires, et les deux médecins travaillèrent quelque temps ensemble sur son cas.

Pour se familiariser avec l'histoire de Zelda, Rennie demanda à chacun des époux de lui confier sa vision personnelle de leur mariage. Le 10 octobre 1932, Zelda rédigea plusieurs paragraphes numérotés, où elle analysait son attitude émotionnelle envers elle-même, Scottie et son mari. C'était un compte rendu dévastateur, qui montrait combien son mariage était devenu vide d'amour à ses yeux. « [...] Je considère qu'on me pousse à habiter une coquille vide de tout moi réel, sans existence personnalisée, avec des réactions infiniment inférieures à tout ce que j'ai jamais éprouvé dans mon état normal. Mes intérêts en matière de bonne littérature, de musique, d'idées, ou de contacts sociaux, sont influencés, détournés et avilis, continuellement et sans exception, par des idées si vides, si vulgaires, si stupides qu'elles ne m'apportent absolument plus aucun stimulant [...]. Je ne peux plus l'aider [Scottie] parce que sa présence me met constamment de mauvaise humeur [...]. Mes rapports avec mon mari sont frustrés de toute signification ou de tout bonheur par des pensées qui m'envahissent sans raison et sans pertinence - toutes les relations conjugales subissent l'intrusion d'idées si vulgaires, si offensives, si absurdes que je ne saurais les répéter[42]. »

De son côté, Fitzgerald affirma que la maladie de Zelda résultait d'un conflit entre leurs ego. Il écrivit au docteur Rennie une série de lettres qui faisaient le lien entre sa crise récente et le roman qu'il était en train d'écrire : « Il est significatif qu'en février dernier elle se soit effondrée alors que je lui montrais l'ébauche de ce qui représentait alors une nouvelle approche de mon travail, soit une histoire fondée sur les huit ans que nous avons passés en Europe. Dans son subconscient règne une terreur mortelle que je fasse quelque chose de très beau à partir de ce matériau qui "nous" est commun, que je l'empêche de faire quelque chose de très beau. Ce conflit la tourmente. Plus je m'approche de la réalisation finale, de la satisfaction artistique, et plus je le lui annonce - plus elle devient agitée, même si elle donne l'impression de se réjouir. Elle a l'impression que je dois absolument avoir du succès, sans quoi nous sombrerons tous - et elle a l'impression que ce succès la menace - "Pourquoi lui ? pourquoi pas moi ? Je suis aussi douée que lui, sinon plus[43]." »

Jugement d'une mauvaise foi flagrante. En vérité, Scott harcela Zelda, jusqu'à ce qu'elle s'effondrât, pour qu'elle cessât d'exploiter l'histoire de leur vie dans ses écrits. En l'absence d'une forte présence masculine, elle était particulièrement vulnérable. Son père n'était plus là désormais ; il ne lui restait plus que Scott. Elle ne se sentait pas menacée par quoi que ce soit, sinon sa désapprobation : c'était lui qui se sentait menacé - non seulement par sa mainmise sur le matériau qu'il convoitait, mais par le portrait qu'elle risquait de livrer de lui au public. Tout en multipliant les déclarations d'amour, il rechignait lorsqu'elle soulignait qu'elle avait autant de droits que lui (plus, en vérité !) à exploiter sa propre vie dans ses écrits. Fitzgerald préférait voir Zelda faire une rechute qu'empiéter sur son domaine. Entre autres, il suffit de constater le zèle qu'il mit à censurer son roman - avec succès.

Rennie montra les lettres de Scott au docteur Meyer. Celui-ci admit que Fitzgerald comprenait apparemment le cas de Zelda, mais ne vit pour celle-ci aucun pronostic optimiste, à moins que Scott ne renonçât à l'alcool et ne participât au processus thérapeutique. Meyer dit également à Rosalind Smith qu'il « considérait que Scott avait besoin d'être traité autant qu'elle, et qu'il le lui avait suggéré. Mais Scott méprisait cette idée. Il ne pouvait pas renoncer à l'alcool et craignait que le public n'ait vent de son traitement, avec des conséquences néfastes pour sa carrière[44] ». En réalité, en décembre 1932, sans cesser de boire plus que de raison et de prendre du Luminal, Fitzgerald commença bel et bien une thérapie avec l'un des collègues de Meyer, mais l'interrompit et se montra par la suite réticent à la reprendre.

Plutôt que d'écrire, Fitzgerald conseilla à Zelda de concentrer ses efforts créatifs sur la peinture. Mais elle prenait déjà des notes pour un second roman intitulé *Les Biens de César*, qu'elle projetait de commencer lorsqu'elle aurait atteint « la tranquillité d'esprit nécessaire pour écrire cette histoire qui m'oppose à moi-même[45] » En utilisant pour décor les univers du ballet et de l'asile, hautement émotionnels, elle entendait y montrer avant tout la vie de Vaslav Nijinski, danseur étoile et amant de Serge de Diaghilev, le directeur des Ballets russes, où il dansait. Nijinski, devenu fou, avait amené les médecins à diagnostiquer une schizophrénie. Puisque Fitzgerald utilisait un matériau psychologique similaire pour son roman *Tendre est la nuit*, il était résolu à empêcher Zelda de puiser à la même source. Ne cessant de la dissuader d'écrire, il l'encouragea à peindre à l'huile et à l'aquarelle en vue d'une exposition à New York. Elle était résolue à travailler à son roman. Fitzgerald écrivit à ses médecins : « [...] le conflit fondamental se poursuit, ce que trahit sa réticence à me laisser l'aider pour ses nouvelles, la façon dont elle scrute mes livres, au point de s'en imprégner : des fragments entiers de mes scènes et de mes rythmes se reproduisent dans son travail, de son propre aveu... Elle entreprend un lourd travail, d'un caractère profondément personnel qui menace sa santé, ce qu'elle admet. Tout comme la menace cette rivalité subconsciente avec moi[46]. » Mais elle persistait dans ses ambitions.

Pour éviter les conflits, Zelda écrivait à ses moments perdus et peignait à l'étage, dans son atelier. Elle poursuivait son entraînement chorégraphique dans le salon. Andrew Turnbull se rappela que le phonographe jouait continuellement *Valencia* pendant qu'elle dansait, et que la musique portait jusque chez eux, à travers les deux cours. Un soir, Malcolm Cowley vint dîner et eut une longue discussion avec Zelda sur le ballet. Par la suite il décrivit ainsi l'atmosphère de la maison : « L'après-midi de mon arrivée, la maison brune m'était apparue comme un endroit chaleureux où les Fitzgerald avaient décidé de camper une semaine ou deux avant de se trouver une résidence permanente. Il n'y avait pas beaucoup de meubles au rez-de-chaussée, et la plupart étaient de qualité médiocre : pas de tapis, et ne figuraient au mur que deux ou trois reproductions tirées du *Dial Portfolio*[3] qui, dix ans plus tôt, avait fait connaître l'art moderne à la bourgeoisie américaine. Cela dit, la maison résonnait de bruits plaisants : quatre ou cinq domestiques noirs riaient dans la cuisine, Zelda parlait à son infirmière à l'étage, ou froufroutait dans son atelier improvisé en peignant furieusement, et la petite Scottie, de retour de l'école, jouait avec les petits Turnbull sur la grande véranda de devant... Zelda ne descendit pas pour le dîner, qui fut servi majestueusement, mais Scott m'emmena ensuite la voir au premier étage et admirer ses dessins. Ceux-ci représentaient essentiellement des danseurs de ballet, et ils étaient meilleurs que je n'aurais

---

3. Rubrique picturale du *Dial*, magazine d'art et de culture racheté par Scotfield Thayer en 1918, et dont Gilbert Seldes était le directeur général.

cru : ils avaient de la fraîcheur, de l'imagination, du rythme, et une vigueur assez grotesque, mais ils trahissaient une faille, tout comme son écriture, par leur manque de technique et leur disproportion. Zelda elle-même me consterna. "On dirait un chaton soyeux", avait dit d'elle Van Wyck Brooks à la fin d'une soirée, dix ans plus tôt ; à présent, elle ne montrait plus la moindre trace de beauté ou de douceur soyeuse. Son visage était émacié et trahissait certains tics lorsqu'elle parlait. Sa bouche, soulignée par des rides profondes, montrait des plis peu seyants. Sa peau, éclairée par la lampe, semblait tannée par le soleil et le vent, mais sur la joue gauche, il y avait quatre lignes rouges parallèles, à l'endroit où elle l'avait raclée de ses ongles, si bien qu'elle évoquait à mes yeux un Indien affamé ayant revêtu ses peintures de guerre[47]. »

Elle parut particulièrement malade à Cowley ce soir-là. Sa bouche se tordait continuellement en un sourire hors de propos, qu'elle camouflait en laissant croire qu'elle pensait à quelque chose d'autre. À cause de ses poussées d'eczéma, elle avait pris l'habitude de se gratter le visage, ce qui avait gâché son teint. Elle se mordait aussi l'intérieur de la lèvre inférieure, qu'elle devait tendre pour éviter tout contact douloureux, ce qui conférait à ses paroles des inflexions étranges. Le lendemain matin, Zelda, qui avait écrit à Maxwell Perkins pour lui dire qu'elle avait repris l'équitation, en montant « aussi discrètement que possible, pour ne pas agacer le cheval », persuada Cowley de l'accompagner, et ce fut le moment le plus agréable de sa visite. « Zelda, qui avait l'air beaucoup plus jeune au grand jour, me fit monter à cheval pour la première fois depuis vingt ans et voulut m'apprendre à la coiffer au poteau ; puis nous laissâmes les chevaux marcher au pas côte à côte et bavardâmes amicalement[48]. »

Devant les sautes d'humeur quotidiennes de Zelda, Fitzgerald sentait pour sa part la situation lui échapper. Le 10 avril 1933, il écrivit une lettre de dix pages au docteur Meyer pour dépeindre clairement son état de santé et lui demander au point cinq la permission de ramener Zelda à Phipps quand il voudrait. « 1) Zelda vaut-elle plus que moi d'être "sauvée" ? 2) Zelda se bat pour apprendre à écrire et à peindre, pendant que je me tue de plus en plus à boire en essayant d'achever mon œuvre, le roman que j'écris depuis quatre ans. 3) Je commence à compromettre ma propre santé en perdant tout contrôle sur moi-même et en me laissant aller à des crises de mauvaise humeur. 4) Il est probable qu'en fin de compte quatre robustes gardes devront me traîner hors de chez moi, hurlant comme un dément qu'après tout j'avais raison et qu'elle avait tort. Pendant ce temps, Zelda sera suivie jusque chez elle par une foule en délire, dans une automobile garnie de bouquets, et se verra offrir un contrat pour jouer le vaudeville. 5) Puisqu'il me faut prendre soin de Zelda, voulez-vous me laisser toute liberté de la prier, lorsqu'elle se montrera perpétuellement réfractaire [*sic*], de faire ses bagages pour aller passer une semaine avec des gens capables de s'occuper d'elle, comme dans votre clinique ? 6) [...] cette notion de "devoir réciproque" est ce qui, depuis l'enfance, fait le plus défaut à la personnalité de Zelda, plus que chez toute autre jeune Américaine gâtée par ses parents. À tel point que d'autres femmes en ont été choquées, encore et toujours - même des mondaines et des actrices. 7) Zelda a toujours joué au bébé avec moi, sauf quand il survenait quelque chose d'important : alors elle se montrait aussi inflexible dans sa trajectoire qu'une lance de pompier. 8) Elle ne sait pas travailler modérément. Sa créativité ne l'amène pas à respecter ces principes. Une approche saine, avec tout ce que ça implique, et un temps de travail à ne jamais excéder donnent les meilleurs résultats, mais lui sont apparemment impossibles, sinon lorsque la clinique lui apporte une certaine discipline. 9) Peut-être aurait-elle été un génie si nous ne nous étions jamais rencontrés. En l'état actuel des choses, elle me blesse, et, à travers moi, elle nous blesse tous. 10) Son "illusion", c'est que le succès de son œuvre lui conférera une sorte d'irresponsabilité divine, étayée par une mine d'or inépuisable[49]. » Il ajouta : « [...] Elle travaille dans une serre vitrée, à savoir mon argent, ma réputation et mon amour. C'est ma faute - il y a des années, je lui ai reproché de ne rien faire, et elle ne s'en est jamais remise. Du coup, tout est embrouillé dans sa tête - elle veut bien de la serre pour la protéger de toutes les façons possibles, l'aider à cultiver le moindre germe de talent pour l'exhiber - et, en même temps, elle ne se sent aucune responsabilité à l'endroit de la serre et pense qu'elle peut, à tout moment, se redresser et faire sauter un morceau du toit en verre. Et pourtant, elle est assez futée pour se recroqueviller lorsque j'ouvre la porte et que je lui dis de mieux se conduire ou de prendre la porte. » S'il est vrai que Zelda n'avait pas surmonté son besoin de se sentir protégée par un homme, Fitzgerald projette largement sur elle sa propre incapacité à écrire, ce qui laisse entrevoir combien il était désespéré. Le reste n'est que fulmination d'un alcoolique en pleine crise de déni - ce qui n'échappa pas au docteur Meyer.

Une semaine plus tard, le 18 avril, le docteur Meyer répondit. Il souligna de nouveau la nécessité pour Fitzgerald de renoncer à l'alcool et récusa spécifiquement son cinquième point : il ne l'autoriserait pas à ramener de sa propre initiative Zelda à Phipps. « Vous vous plaignez de la futilité de notre conversation, et je ne peux qu'acquiescer. Le traitement vous concerne tous les deux, et non elle seule : vous aussi, vous vous comportez en patient potentiel, mais récalcitrant. Puisque vous rejetez tout accord plus profond entre nous, par exemple sur le mode psychanalytique, ou toute autre solution qui vous apparaîtrait comme une abdication, je dois tout simplement vous dire que je déplore ce malentendu, en évitant les formules banales. J'aimerais pouvoir vous proposer des solutions pratiques sans redouter les incertitudes. Nous pouvons établir des bases plus sûres, j'en suis certain, mais ce sera difficile si vous ne renoncez pas tous les deux à l'alcool[50]. »

Là encore, la situation se heurtait à une impasse. Zelda continua à suivre une psychothérapie à Phipps, mais en mai 1933 elle apprit à son grand désarroi que Mildred Squires quittait l'hôpital. Elle se voyait dépendre entièrement du docteur Thomas Alexander Cumming Rennie, dit A. C. Rennie. Ce célibataire d'allure nordique, mais d'origine écossaise, avait émigré aux États-Unis en 1911, et avait achevé ses études à Harvard en 1928. Zelda avait commencé des séances hebdomadaires avec lui en octobre 1932 ; heureusement, ils avaient établi de bons rapports. Elle confia à Rennie sa détermination absolue à se battre pour trouver un mode d'expression personnel. Fitzgerald se montrait implacable sur le fait que Zelda ne devait pas continuer son roman - une étude psychologique - jusqu'à ce qu'il ait achevé *Tendre est la nuit*. Mais elle était prête à écrire sur Nijinski qui, comme elle, avait été déclaré schizophrène par Eugen Bleuler, et qui avait enduré des crises violentes, des hallucinations et des aphasies temporaires. Elle voulait investir dans le roman sa propre expérience d'une institution psychiatrique.

La dispute dégénéra en querelle d'argent : Fitzgerald, qui l'entretenait, pensait que leur histoire commune lui appartenait, et qu'il avait gagné ce droit en rédigeant des nouvelles - au lieu d'écrire des romans pour payer les frais médicaux de Zelda. De l'entendre exiger de contrôler leur existence pour sa création ne fit qu'aliéner davantage Zelda, qui se sentait prise au piège sans pouvoir rien faire. « J'aimerais bien avoir beaucoup d'argent, lui écrivit-elle amèrement, je te rembourserais jusqu'au moindre sou que tu as dépensé pour moi[51]. »

Dans l'espoir de jouer les médiateurs, Rennie arrangea un dialogue à trois entre les Fitzgerald et lui-même. Cette discussion, qui devait porter sur leur mariage, ses conflits et ses doléances, eut lieu dans le salon de La Paix, le 28 mai 1933, à 14 h 30. Isabel Owens l'enregistra sur un Dictaphone et la dactylographia par la suite dans un document de cent quatorze pages.

Fitzgerald ouvrit le débat en décrivant ce qu'il considérait comme une situation domestique intenable. « [...] Les soirées sont si terribles. Zelda reste assise à table, ou se penche sur Scottie et plisse la bouche en grognant légèrement. Elle ne supporte pas de rester en bas et refuse d'aller se promener. Les autres n'ont le droit de rien faire, rien. Toute la maisonnée doit être à ses pieds. Elle est habituée à ce mode de vie à la clinique, où elle a l'impression que tout tourne autour d'elle[52]. »

Zelda donna ensuite sa version de la vie avec Scott et des circonstances qui avaient amené cet état de choses. « Il m'a ôté toute possibilité de communiquer avec mon enfant, d'abord en refusant de tenir compte de mes jugements ou de mes opinions sur les gens qui s'occupaient d'elle, ou sur tout autre sujet, et il n'y a plus rien eu dans ma vie sinon le travail, plus rien. J'essayais de me faire une vie un tant soit peu ordonnée, alors que Scott était ramené à la maison par des chauffeurs de taxi à six heures du matin. Je passais des nuits entières sans dormir jusqu'au moment où je me suis convaincue que je m'en fichais, que ça n'avait plus d'importance pour moi. »

Fitzgerald rétorqua qu'il ne faisait que réagir devant l'évolution mentale de sa femme. « Zelda [...] a vu une centaine de médecins, je crois, qui lui ont administré de la morphine et du bromure... Je peux en compter six à Saint-Raphaël... et cinq, je crois, à New York... » Lorsqu'elle contesta cette arithmétique, Scott revit ses calculs à la baisse. « Je peux en compter... mettons, cinquante. J'ai peut-être exagéré, cinquante médecins, disons, qui ont dû t'administrer des piqûres de morphine. Tu te rappelles ? »

Une fois ce point fixé, la discussion se centra sur la question de savoir s'il fallait ou non autoriser Zelda à écrire. Fitzgerald voulait avoir un droit d'approbation sur toutes ses idées et insistait pour ne pas la laisser écrire de la fiction. Si elle écrivait une pièce, celle-ci ne devait pas porter sur un sujet psychologique ni se dérouler sur la Côte d'Azur ou en Suisse. Il réclamait leur vie comme sa propriété littéraire exclusive et exigeait qu'elle ne recourût pas à la forme romanesque, ni n'écrivît sur sa maladie mentale jusqu'à ce qu'il ait achevé *Tendre est la nuit*. Au lieu de quoi, il suggérait qu'elle prît des cours aux Beaux-Arts, étudiât le dessin commercial, fît des caricatures, ou peut-être « rédigeât une série de brèves chroniques sur des faits concrets, des "choses vues", pour les vendre et se faire de l'argent ». Mais Zelda ne voyait pas l'intérêt de ces perspectives, et, lorsque Rennie lui demanda ce qui alimentait ses ambitions, elle cita le problème crucial de son existence, le seul qu'elle n'avait pas surmonté. « La grande humiliation de ma vie, c'est que je ne peux pas pourvoir à mon propre entretien... Je ne veux pas dépendre de lui à tous égards, voilà tout. Je ne veux pas dépendre de lui, tout simplement... Voilà la vérité profonde de cette histoire : j'ai toujours ressenti la nécessité, pour nous, de vivre davantage sur un pied d'égalité, parce qu'il est vraiment impossible pour moi... je ne peux pas vivre dans un monde où tout dépend de Scott. »

Pour l'instant, toutefois, elle dépendait entièrement de lui, ce que Fitzgerald souligna cruellement. « À ton avis, pourquoi as-tu réussi à rencontrer Léger ? Comment as-tu contacté les Ballets russes ? Pourquoi as-tu pu entrer à la clinique John-Hopkins ? Et pourquoi, à ton avis, le docteur Forel t'a-t-il accueillie là-bas ? Tu crois que c'était pour ton joli minois ? C'était pour des raisons commerciales. Ça leur permettait de se faire de la réclame, et ça leur rapportait de l'argent par la même occasion. » Accusant Zelda d'avoir été élevée à des fins de pure mondanité, Scott suggéra qu'elle n'avait cultivé son ambition pour le ballet qu'après qu'il eut manifesté son intérêt pour Lois Moran, « parce que cette jeune fille me paraissait plus franche, plus directe que Zelda ».

Ayant écouté les Fitzgerald se disputer tout l'après-midi, Rennie décida que Zelda devrait choisir entre abandonner ses ambitions littéraires ou mettre fin à son mariage. C'est à ce moment que Zelda suggéra le divorce. « [...] En ce qui concerne ta prétendue destruction, dit-elle à Scott, je t'ai toujours considéré en premier chaque fois que j'essayais de faire quelque chose de ma vie... tu as dit que j'avais gâché ta vie et que tu ne m'aimais plus et que je te dégoûtais, et que tu rêvais de t'enfuir... Il m'est impossible de vivre avec toi. J'aimerais autant être dans un asile de fous, là où tu aimerais me mettre... docteur Rennie, j'accepte tout à fait de mettre de côté mon roman, mais je refuse de signer le moindre accord ou compromis, parce que je refuse de me soumettre aux conditions neurasthéniques de Scott et à ces tortures continuelles. Je ne peux pas vivre dans cet univers, et j'aimerais autant habiter un asile de fous... je ne veux pas vivre avec toi parce que je veux vivre quelque part où je puisse être moi-même. Je crois franchement qu'il ne nous reste plus qu'à divorcer, parce que tu ne manifestes plus que mauvaise volonté et soupçons. »

Ils en restèrent là et ne prirent aucune mesure immédiate pour entamer une procédure de divorce, encore que Fitzgerald ait contacté par la suite Edgar Allan Poe Jr., membre du cabinet légal Bartlett, Poe et Clagett, pour lui demander quels États américains autorisaient le divorce pour instabilité mentale. Dans une lettre de deux pages datée du 1er juin, Poe répondit que seize États l'autorisaient à certaines conditions. Il inventoriait ces critères dans le détail. Fitzgerald rangea la réponse de Poe parmi ses papiers sans pousser les choses plus loin. Toutefois, dans son carnet, il mit au point une stratégie de divorce et concocta une stratégie offensive au cas où Zelda insisterait pour continuer son roman. « Attaquer sur tous les plans : sa pièce (la supprimer), son roman (le retarder), ses peintures (les supprimer), son tempérament (douches), son enfant (l'éloigner), son emploi du temps (le désorganiser, pour la troubler), supprimer la typographie. Résultat probable : une nouvelle dépression[33]. »

En fin de compte, Zelda accepta de mettre de côté *Les Biens de César* jusqu'à ce que Fitzgerald eût achevé *Tendre est la nuit*. Mais dès qu'elle pouvait, elle allait y travailler en cachette. « Je vais écrire, je vais être un écrivain, mais je ne vais pas l'être au détriment de Scott si je peux éviter ça. C'est pourquoi j'accepte de ne plus rien faire qu'il ne veuille pas me voir faire et me renier entièrement jusqu'à ce qu'il en ait fini avec ce livre, parce que je deviens folle dans ces conditions[54]. » Malgré les efforts réels de Rennie pour négocier un compromis, la situation demeura irrésolue. « En ce qui concerne mon propre état d'esprit, dit Scott au docteur, je suis absolument désespéré et résolu à le terminer [son roman] sans que Zelda y mette du sien, saine ou folle... La situation, dans mon esprit, se réduit à un conflit assez tranché entre deux ego, le mien et celui de Zelda. Hier soir, après s'être montrée des plus affectueuses toute la journée, chez nous, au théâtre, dans la voiture, où elle refusait de se décoller de mes côtés, où elle ne faisait que parler de son amour et son admiration pour moi (situation que je redoute car elle précède toujours une réaction, quelle qu'elle soit) - après cette journée, elle a soudain annoncé le soir venu une sorte d'ultimatum, une menace de devenir folle. Elle a rédigé quelques notes pour le docteur Meyer, qui, comme vous le verrez, tendent dans leur ensemble à évoquer de vagues puissances persécutrices, et où je ne suis pas nommé, mais implicitement désigné[55]. »

Le conflit n'était pas sorti de l'impasse. Scott menaçait de détruire toutes les pages du roman de Zelda sur lesquelles il tomberait. Zelda se rendit compte, après avoir installé une serrure renforcée à la porte de son bureau, qu'il lui était impossible de protéger totalement son intimité. Mettant de côté son manuscrit et tirant le meilleur parti d'une situation impossible, elle polarisa de nouveau ses énergies vers l'art. En mai 1933, elle participa au salon de l'Association des artistes américains et exposa à la galerie Anderson un portrait à l'huile de style maniériste, intitulé *Silhouettes de ballet*.

Comme elle voulait continuer à écrire, Zelda travailla à une pièce intitulée *Scandalabra*. Son approche du théâtre consistait à lire toutes les pièces que contenait la bibliothèque municipale. En l'espace de quelques semaines, elle produisit une farce complexe sur un sympathique garçon de ferme qui se voit promettre des millions s'il adopte un mode de vie débauché. Cette pièce fut jouée par les Junior Vagabonds, une petite troupe d'étudiants qui recrutait ses acteurs dans les associations dramatiques des collèges et lycées locaux. Ils s'étaient regroupés l'année précédente pour jouer toute une saison d'été à Baltimore. Zelda s'investit dans tous les aspects de la production, peignit le rideau, conçut les décors et les toiles de fond. Fitzgerald vit pour la première fois la pièce à la répétition générale. Il réalisa qu'il fallait absolument la réviser, réunit les acteurs toute une nuit et corrigea le texte avec eux. Même alors, la pièce ennuya le public et les critiques de Baltimore lui trouvèrent un rythme trop lent et une intrigue incohérente. Ce fut un fiasco terrible, qui tomba au bout d'une semaine. Cet échec ne fit que renforcer les craintes de Zelda de ne jamais rien réussir.

Il est déjà étonnant que la pièce ait pu connaître une première, quand on sait que Zelda avait mis le feu à La Paix la semaine précédente, en brûlant des papiers et des vieux vêtements dans une cheminée du second étage. Le toit et le plancher des chambres à l'étage - celle dont Zelda avait fait son atelier, ainsi qu'une autre où Scott stockait ses papiers - pâtirent essentiellement de l'incendie. Bien que tous les manuscrits de Fitzgerald aient pu être sauvés, ses ouvrages sur la guerre, et ses albums de photos montrant des soldats mutilés furent sérieusement endommagés, et de nombreux tableaux de Zelda furent détruits. Le journal local en tira un gros titre : « Trésors artistiques détruits par un incendie chez les Fitzgerald ». Un photographe put capter la scène : on voit Andrew Turnbull, les mains dans ses poches, fixer l'objectif d'un air interrogateur, et Zelda, assise sur une malle, tourner un visage penaud vers Scott. (Ne faisait-elle que répéter l'épisode de Hollywood ?) Devant eux, sur la pelouse, sont éparpillés des vêtements jetés à la hâte dans des cartons, le miroir doré à la feuille qu'ils avaient rapporté d'Ellerslie, des lampes, de la vannerie, des piles de livres. Scott a passé un manteau sur son pyjama et scrute le photographe d'un air incertain qui trahit sa vulnérabilité. Même si les circonstances exactes de l'incendie demeurèrent indéterminées, Scott en voulait furieusement à Zelda pour son insouciance. Alors que la maison tout entière était abîmée par la fumée, et les murs détrempés, Scott pria les Turbull d'attendre qu'il ait achevé *Tendre est la nuit* pour lancer les travaux de réparation. Andrew Turnbull se rappela comment « il vint le lendemain présenter ses excuses officielles pour l'incendie et demander que l'on différât les réparations de la vieille maison. Il avait presque achevé son roman, dit-il, et ne voulait pas être dérangé par le tapage des ouvriers[56] ». Bayard Turnbull bouillait de colère devant l'incident, mais puisque les dommages, limités, seraient couverts par son assurance, il se contint et accepta d'attendre que Scott ait achevé son manuscrit.

Le mois suivant, Zelda dut faire face à une catastrophe bien plus grave, lorsque sa mère lui écrivit que son frère Anthony, ayant perdu son travail, avait fait une dépression nerveuse. D'abord envoyé dans un sanatorium de Charleston, en Caroline du Sud, pour une cure de repos, il avait manifesté peu de progrès, et on l'avait envoyé à Asheville, consulter un spécialiste des troubles nerveux. Le 6 août 1933, le docteur Chilton Thorington intercéda pour l'amener chez un autre spécialiste, à Mobile, où il fut admis à l'hôpital. Après une conversation téléphonique avec Zelda, Anthony demanda à être transféré à la clinique Phipps, mais sa famille refusa en disant qu'elle ne pouvait assurer les frais d'hospitalisation. Fitzgerald écrivit au docteur Thorington pour connaître son diagnostic sur l'état d'Anthony. Thorington répondit le 11 août : « On a diagnostiqué chez Anthony une neuropsychose - peut-être d'origine familiale, même s'il y a des cas de neurasthénie prononcée qui défient une identification précoce, notamment chez les femmes. Ses symptômes sont de type mélancolique : il est obsédé par le suicide, avec des tendances homicides. Je ne crois pas qu'il soit à même de passer à l'acte, mais tous les patients requièrent une surveillance constante, jusqu'au moment où la guérison est entérinée[57]. »

En 1880, le neurologue américain George Beard avait défini la neurasthénie comme une forme d'épuisement nerveux, qui s'inscrivait dans une série de plaintes associées à la dépression. Beard y voyait un dysfonctionnement du système nerveux et préconisait la stimulation nerveuse comme un remède logique : il fut un pionnier des thérapies par électrochocs. Mais Anthony ne vécut pas assez longtemps pour subir ces traitements : il sauta par la fenêtre de sa chambre d'hôpital. Le docteur Thorington avait prévenu l'hôpital de cette possibilité. Les notices nécrologiques des gazettes de Mobile et de Montgomery ne révélèrent pas les circonstances de cette mort, et les Sayre assurèrent qu'il était décédé à la suite d'une malaria contractée à Mobile, où il aurait hydrographié un marais en qualité d'ingénieur des travaux publics. Ils expliquèrent qu'Anthony, dans un accès de délire provoqué par sa fièvre, était sorti du lit pour prendre part à une mêlée imaginaire de footballeurs, avant de tomber accidentellement par la fenêtre ouverte.

S'il faut dire la vérité, Anthony, qui s'était montré aussi déchaîné que Zelda, s'était déjà fait remarquer par son comportement à Auburn (où il n'acheva jamais ses études), et il s'était révélé incapable de gagner sa vie. Déprimé à force de perdre son travail et de connaître des difficultés financières, il souffrait de cauchemars récurrents, redoutait d'assassiner un jour sa mère et confiait aux médecins qu'il se tuerait lui-même avant d'en arriver là. Mais son comportement étrange à l'hôpital peut s'expliquer autrement. Il est possible que ses médecins l'aient soumis au traitement Wagner-Jaureggs, en lui inoculant la fièvre malarienne pour éliminer ce qu'on appelait alors un « empoisonnement toxique ». Anthony, laissé sans surveillance dans une crise de délire, aurait pu de fait tomber accidentellement par la fenêtre.

Profondément affectée par la mort de son frère, Zelda s'adonna à l'introspection. Elle était maintenant ravagée par l'idée que toute sa famille était condamnée. Fitzgerald s'en inquiéta, et s'il dit à Mrs Turbull (en partie pour se justifier) : « Vous voyez, ce n'est pas ma faute - c'est héréditaire », il cessa vite de chercher à savoir qui était le coupable. Comprenant quel impact le suicide de son frère aurait sur Zelda, il se pencha de nouveau sur l'histoire médicale d'Anthony et parvint à un nouveau diagnostic. Dans une lettre frappante de perspicacité, il confia ses théories au docteur Rex Blankenship : « Je viens de réaliser pleinement que son frère n'était pas schizophrène, mais tout simplement maniaco-dépressif, et qu'en fait l'hôpital où il est mort a simplement défini son état comme "déprimé", alors qu'il avait des penchants au suicide et à la folie homicide. Si, à un moment ou un autre, vous pouviez, tout naturellement, amener ma femme à distinguer ses propres tendances schizophrènes du cas de son frère, je pense que ce serait là lui rendre un service inestimable. Je m'explique : elle cultive un défaitisme sans précédent parce qu'elle croit sa maladie héréditaire et toute sa famille condamnée. La seule véritable ressemblance qu'on puisse trouver entre les diverses sœurs et leur frère, c'est qu'ils sont tous instables[58]. » Scott se montrait là sous son meilleur jour.

Le mois suivant, il apprit une autre mort inattendue. À quarante-huit ans, Ring Lardner était décédé d'une attaque cardiaque précipitée par la tuberculose et l'alcoolisme (Scott devait connaître le même sort sept ans plus tard). Profondément affligé, Fitzgerald publia un tendre Mémorial de son ami et compagnon d'écriture dans *The New Republic*. « Jamais je n'ai eu l'impression que je le connaissais assez, qu'il était assez connu de tous. Ce n'était pas que, pour moi, il avait en lui plus de choses qui auraient dû voir le jour ; c'était plutôt une différence qualitative, c'était comme si, en raison d'une insuffisance naturelle, on n'avait pu entrevoir en lui quelque chose d'irrésolu, de nouveau, de passé sous silence. C'est pourquoi on aurait souhaité que Ring exprime davantage ce qui régnait dans sa tête et dans son cœur. Nous l'aurions préservé plus longtemps, et en soi, ça aurait représenté quelque chose d'important. Je voudrais savoir ce que c'était, et maintenant, je vais continuer à le souhaiter en vain - que voulait Ring, comment voulait-il que soient les choses, comment pensait-il qu'elles étaient[59] ? »

Tout comme Ring, Fitzgerald comptait sur l'alcool pour exacerber ses sucs créatifs et l'amener à se détendre. Mais la boisson éveillait également sa mesquinerie, et il compensait du coup sa cruauté par des initiatives généreuses. Sa secrétaire à domicile, Isabel Owens, se rappela ses terribles sautes d'humeur et sa nature autoritaire. C'était « un homme qui n'écoutait jamais les autres, mais ne cessait de dire à Zelda, tous les jours, comment mener sa vie[60] ». Owens avait d'amples opportunités d'observer la maisonnée. Elle se remémora Zelda comme une femme sensible et généreuse, qui « était dominée, voilà tout... et si courtoise qu'on avait mal pour elle... Chaque jour, je me disais qu'il fallait que je parte, mais Scottie passait le seuil, et je restais[61] ». À l'automne 1933, Owens était là pour accueillir Scottie à son retour du camp Ken-Jockette, situé à sept heures de route au nord de Manhattan à South Strafford, dans le Vermont. Elle retourna à l'école à Bryn-Mawr, à Baltimore, bien consciente des difficultés que vivaient ses parents, mais décidée à ignorer la situation en passant le plus de temps possible avec Peaches et les Finney. En novembre, à la grande surprise des Turnbull, Fitzgerald annonça qu'ils quittaient La Paix. Selon Andrew, « [...] il avait dû se rendre compte que cette période de sa vie était achevée, qu'il était temps de partir, et, sous prétexte que Zelda devait habiter plus près de son école des Beaux-Arts, située à Baltimore, où elle étudiait à présent la peinture, il prit une maison en ville[62]... ».

En réalité, c'étaient des motifs financiers qui obligeaient Scott à louer la résidence en brique rouge située au 1307 Park Avenue, au coin de Lanvale, au centre de Baltimore. Ce bâtiment étroit de trois étages, aux persiennes closes et au perron de marbre blanc, côtoyait l'école des Beaux-Arts. Zelda, qui y prenait des leçons pour améliorer sa technique de peinture à l'huile, se lia avec certains des étudiants. Elle en connaissait déjà plusieurs lorsqu'elle participa, avec une nature morte, à l'exposition sans jury qu'organisait pour la quatrième fois la Société annuelle des artistes indépendants, au musée des Beaux-Arts de Baltimore, au cours des deux premières semaines d'octobre. Ces leçons lui donnèrent assez de confiance en elle pour passer de l'écriture à la peinture. Comme elle était toujours considérée comme une célébrité mineure, le journal local fit paraître une photo-réclame de Zelda à son chevalet, avec le tableau qu'elle allait exposer, intitulé *Lys tigré*. Ses tentatives artistiques furent encouragées par le docteur Frederick Wertham, avec qui elle suivait une psychothérapie, et qui la traitait depuis 1932. Wertham était parmi les pionniers de la thérapie artistique, qui devait l'aider à établir un diagnostic. Il était venu d'Europe en 1922 travailler avec le docteur Meyer à John-Hopkins, et il avait mis au point un test de mosaïque où les patients manipulaient des fragments de diverses couleurs pour en tirer un schéma de leur choix, ce qui permettait de définir la structure de leur ego. Approfondissant cette méthode afin d'évaluer les désordres de la personnalité, il demanda à Zelda de préparer des œuvres d'art pour ses séances thérapeutiques. Elle peignit de nombreuses aquarelles pour lui.

La nouvelle résidence des Fitzgerald n'était qu'à six pâtés de maison de chez les Mencken, et cette proximité permit à Sara et à Zelda de se voir fréquemment. Elles avaient renoué en 1929, lorsque Sara avait interviewé Zelda à Ellerslie en vue d'un article qu'elle écrivait sur les épouses des écrivains célèbres. Cette série devait inclure Mrs Ring Lardner et Mrs James Branch Cabell. L'interview de Zelda fut soumis à W. F. Bigelow, le directeur d'un journal intitulé *Good Housekeeping (Les Soins du ménage)*, et retenu pour publication. Mais après avoir entendu des commentaires négatifs sur Zelda, Bigelow décida de ne pas faire paraître l'entretien. Sara et Zelda étaient plus proches que Mencken et Fitzgerald. Elles avaient beaucoup de choses en commun, y compris leur ville natale de Montgomery - toutes deux avaient épousé de célèbres écrivains et avaient mis elles-mêmes la main à la plume. En 1930, Sara était une journaliste indépendante reconnue, qui travaillait essentiellement pour des magazines féminins, et Zelda l'admirait beaucoup. Elles passaient ensemble du bon temps, chaque fois notamment que la sœur de Sara, Ida, venait les voir depuis le Sud et qu'elles pouvaient bavarder à cœur joie du bon vieux temps.

Fitzgerald admirait toujours l'intelligence de Mencken, et il lui arriva à plusieurs occasions de lire timidement des passages de *Tendre est la nuit* au couple, en notant leurs critiques. Si tous quatre commencèrent par bien s'entendre, Henry rechigna lorsque Fitzgerald se mit à passer les voir à des heures indues, en compagnie d'individus croisés au hasard de ses sorties. Même si les Mencken compatissaient avec Fitzgerald au sujet de Zelda, ils se fatiguèrent rapidement de le voir passer chez eux sans s'annoncer et finirent par ne plus répondre à ses coups de sonnette. (Hemingway avait adopté cette stratégie six ans plus tôt.) Mencken finit par convaincre Fitzgerald de consulter son médecin personnel, le docteur Benjamin Baker. C'est Baker qui fit admettre huit fois Scott à l'hôpital John-Hopkins entre 1933 et 1937, pour y suivre une cure de désintoxication après un accès d'alcoolisme, et qui traita sa tuberculose récurrente. Malgré ces séjours, Fitzgerald n'arrivait pas à contrôler son alcoolisme, et il manifesta un comportement de plus en plus erratique. Mencken finit par rompre définitivement avec lui à l'automne 1933, après avoir passé une soirée avec lui à West Chester, en Pennsylvanie, où vivait son ami, le romancier Joseph Hergesheimer. Fitzgerald s'enivra et, pour attirer l'attention des autres, se leva soudain de table et baissa son pantalon. Après quoi, Mencken demanda à Sara de ne plus fréquenter les Fitzgerald, mari et femme.

Pour fuir sa situation domestique, Fitzgerald prenait souvent le train pour New York, où il allait voir Helen Hayes et Charlie MacArthur. Hayes se rappela par la suite combien il avait l'air triste et ravagé. « Scott vint passer quelques nuits chez nous, dans notre appartement de Manhattan, pour alléger sa dépression. Je revois encore son charmant visage, lorsqu'il me dit que, par sentimentalité, il avait offert à Zelda un bouquet de fleurs qu'elle avait immédiatement porté à son oreille. "Tu les entends chuchoter, Scottie ?", avait-elle demandé. Voilà comment il avait compris une fois pour toutes qu'il n'y avait plus d'espoir[63]. »

L'état de Zelda demeura essentiellement stationnaire, et Fitzgerald se mit à boire continuellement pour pouvoir tenir jusqu'au bout de chaque journée. Edmund Wilson et Ernest Hemingway assistèrent à de terribles incidents au cours de cette période. Wilson en nota un dans son journal. « Scott, posant sa tête sur la table entre nous, comme le petit loir d'*Alice au pays des merveilles* - étalé sur le plancher, parti vomir aux toilettes -, puis nous demandant de lui tenir la main et de lui dire que nous l'aimions, quand il ne nous insultait pas[64]. » Par la suite, Scott s'excusa dans une lettre à Wilson : « J'assume toutes mes responsabilités pour cette scène désagréable - avec Ernest, j'ai apparemment atteint un état où, lorsque nous buvons ensemble, je le harcèle la moitié du temps, et je passe l'autre à ramper devant lui[65]. » Scott essaya de justifier son attitude en expliquant à Maxwell Perkins qu'Ernest « s'est persuadé depuis longtemps que je suis un alcoolique incurable, parce que nous ne faisons que nous croiser à des soirées. Je suis son alcoolique, tout comme Ring est le mien, et je ne veux pas lui faire perdre ses illusions[66] ». Hemingway avait déjà perdu patience avec Scott, ce qu'il admit tout net devant Malcolm Cowley. « Comment pourrait-il connaître les gens, sinon superficiellement, alors qu'il n'a jamais baisé personne et que personne ne lui a jamais rien dit, sinon pour répondre à ses questions, et qu'il a toujours été trop soûl le soir pour se rappeler ce que les gens ont bien pu lui dire en réalité[67] ? »

Désireux de racheter son comportement et s'efforçant de rendre leurs vacances plus plaisantes, Fitzgerald proposa à sa famille d'aller passer Noël aux Bermudes. Le climat de Baltimore avait été lugubre, et ils avaient toujours voulu visiter cet endroit : aussi, fin décembre, ils partirent pour Saint George. Là, ils firent de la bicyclette le long de la digue et se reposèrent sur la plage Sainte-Catherine. Zelda avait emporté un carnet de croquis, et elle acheva six dessins. Elle était toujours au mieux de sa forme dans ce genre d'endroits, et dans une carte postale à sa mère, elle écrivit : « Nous rôtissons au soleil, et nous nous sentons très heureux et très léthargiques. Les Bermudes sont si bleues, si brûlantes que seuls les cèdres mélancoliques protestent faiblement que tout cela est bien réel. » Elle rédigea par la suite un compte rendu plus étoffé dans *Conduisez M. et Mme F. au n°...*, une chronique publiée sous leurs deux noms en 1934, dans le numéro de mai-juin d'*Esquire*. « Il y avait des années que nous voulions nous rendre aux Bermudes. Nous y sommes allés. L'Elbow Beach Hotel était plein de jeunes mariés en lune de miel, dont les regards mettaient une telle insistance à scintiller, yeux dans les yeux, que nous avons déménagé, nous les cyniques. L'hôtel Saint-Georges était agréable. Les bougainvillées ruisselaient le long des troncs d'arbres, et de longs escaliers effleuraient une vie mystérieuse, derrière les fenêtres locales. Des chats dormaient le long des troncs d'arbres, et il poussait de beaux enfants. Nous roulions à bicyclette au long des rues en pente, balayées par le vent, et nous contemplions dans un hébétement rêveur des phénomènes tels qu'un coq en train de gratter la terre au milieu des alysses. Nous buvions du sherry dans une véranda, au-dessus des maigres échines des chevaux attachés sur la place publique. Nous trouvions que nous avions beaucoup voyagé. Ce serait peut-être là notre dernier voyage, avant longtemps. Les Bermudes parurent conclure heureusement la liste de tant d'années de voyages[68]. » Il s'avéra que ce serait l'un de leurs derniers voyages ensemble, et il fut abrégé lorsque la pluie se mit à tomber et que Scott attrapa un rhume qui dégénéra en pleurésie, les forçant à avancer leur retour.

Ils revinrent s'installer à une adresse encore plus modeste à Baltimore, l'hôtel Cambridge Arms (Aux Armes de Cambridge), qui donnait sur l'université John-Hopkins. Presque immédiatement, *Scribners Magazine* commença à faire paraître *Tendre est la nuit*, en quatre épisodes. Il avait fallu presque huit ans à Fitzgerald pour l'écrire, et ce devait être son dernier roman achevé. Ses amis le lirent avec enthousiasme et lui firent part de leurs félicitations, par lettres et télégrammes. La lettre de John Peale Bishop débordait d'admiration. « Le premier épisode du roman confirme ce que je pense depuis longtemps : tes dons de romancier surpassent les nôtres, à nous tous. Tout cela est si adroit, si subtil, si juste que je ne peux que le louer[69]. »

Les connaissances que Fitzgerald avait acquises des maladies psychiatriques, des traitements et des interactions entre psychiatres et patients l'aidèrent à bâtir le personnage de son héroïne, Nicole, à tel point que le *Journal des maladies nerveuses et mentales* qualifia le roman d'une « réussite que tout étudiant des sources psychobiologiques du comportement humain et de ses corrélats sociaux particuliers existant à ce jour se doit de lire ».

Lorsque Zelda vit le livre, elle fit une rechute. Elle n'avait jamais eu le manuscrit sous les yeux et fut choquée de voir à quel point Scott s'était servi de son traumatisme psychologique et de son expérience médicale pour catalyser l'intrigue et étoffer son portrait de l'héroïne.

Ce qui la troubla notamment, c'était qu'il avait inclus des passages entiers de lettres qu'elle lui avait écrites pendant les premières semaines de son hospitalisation à Prangins. Il avait utilisé ses lettres dans ses romans par le passé, mais cette fois il usurpait un matériau qu'elle considérait comme hautement privé.

De voir noir sur blanc des détails privés concernant sa maladie la jeta dans un tel désarroi que ses sessions hebdomadaires à Phipps ne suffirent plus à la stabiliser. À cette époque, elle était encore en deuil d'Anthony et continuait à se battre avec ses propres états alternatifs d'hystérie et d'apathie. Dans les premiers jours de février 1934, elle souffrit de dépression à Baltimore, dans l'appartement de leur hôtel. Le 12 février, deux ans après son premier séjour, elle fut réadmise à la clinique Phipps et confiée de nouveau aux soins des docteurs Rennie et Meyer.

À Rennie, elle fit part à cœur ouvert de sa colère et de sa frustration devant le portrait qu'avait fait Scott d'elle dans le roman. « Ce qui me rend vraiment folle, c'est qu'il a montré la fille sous un jour si horrible, et qu'il n'arrête pas de dire qu'elle a gâché sa vie, et je n'ai pu m'empêcher de m'identifier à elle parce qu'elle a vécu un si grand nombre de mes expériences[70]. » Elle s'était vue contrainte d'arrêter de rédiger son propre roman sur l'expérience de la folie, et elle se voyait maintenant dépeinte en termes hostiles par Scott, ce qui la poussa au bord du suicide. Elle fut mise sous sédatifs et maintenue en observation constante, mais après trois semaines et demie, elle refusait toujours de répondre aux questions et ne donnait aucun signe d'amélioration. Elle demanda à être transférée ailleurs dans un courrier adressé au docteur Meyer : « Auriez-vous la bonté de me recommander un autre hôpital de ce niveau clinique où je puisse jouir du même confort, à des tarifs plus ou moins équivalents. La raison pour laquelle je souhaite ce changement, c'est qu'il me semble qu'un environnement où je n'aurais pas vécu tant de malheur me ferait du bien[71]. »

Fitzgerald se rappela que le docteur Forel avait recommandé précédemment Craig House, une clinique de luxe située à Beacon, dans l'État de New York, sur une grande propriété comme à Prangins. L'ami de Forel, le docteur Clarence Slocum, né à Rhode Island en 1873 et formé à Albany, était le médecin-chef, et le docteur Charles M. Gilmore le directeur médical. Il avait d'abord écrit au docteur Slocum le 16 mai 1932 : « Lorsque les premiers signes de rechute sont apparus l'hiver dernier, j'ai écrit au docteur Forel pour lui demander conseil. Il a répliqué en m'envoyant votre nom, avec une forte recommandation. Le temps que je reçoive sa lettre, ma femme était déjà entrée à Hopkins. Dans l'hypothèse où vous pourriez accueillir une patiente de son type un mois ou deux, je vous serais très obligé de me préciser par écrit à quoi ressemble votre sanatorium, son emplacement, le matériel utilisé, vos tarifs, etc.[72] » Le sanatorium de Beacon offrait des traitements d'hydrothérapie et de physiothérapie, des massages et un système de pavillons où les patients habitaient avec leur infirmière personnelle, en circulant librement. Zelda y fut amenée le 8 mars 1934. Le docteur Slocum manifesta tout d'abord une certaine perplexité devant ses symptômes, notant dans son rapport d'admission qu'elle souffrait de « fatigue » et présentait « une certaine confusion et un retard mental, ainsi qu'une certaine instabilité émotionnelle ». Zelda était folle, mais elle n'avait rien d'une attardée mentale.

Fondé en 1915, Craig House était l'un des sanatoriums privés les plus chers des États-Unis. Il possédait tous les agréments d'un country club. Situé à deux heures de route au nord de New York, sur le fleuve Hudson, au-dessus de West Point, il couvrait quatorze hectares et permettait à chaque patient d'avoir son pavillon et son infirmière particulière. Il y avait deux piscines, dont une couverte (elles auraient séduit Zelda naguère, mais n'attiraient plus guère son intérêt), un terrain de golf, des courts de tennis et diverses activités incluant le bowling, le trictrac, le bridge et le ping-pong. Le sanatorium accordait une importance toute particulière à la thérapie occupationnelle et aux activités récréatives : les patients pouvaient faire ce qui leur plaisait, dans certaines limites. Tout d'abord, Zelda apprécia cette atmosphère. « C'est si joli, ici. Le sol frémit de perce-neige et de gentianes, écrivit-elle à Scott. Les rideaux ressemblent à ceux de John Bishop, dans son poème à Elspeth, et derrière, la pelouse est sans fin. Bien sûr, on peut gagner à pied l'endroit où les jeunes gens en torpédo filent rejoindre la Ginevra Mitchell[4] du jour... mais la plupart du temps, nous allons dans l'autre direction, là où des villages flageolants s'adossent aux rayons du soleil d'après-midi[73]. » Elle voyait dans Craig House un refuge contre un monde qui l'avait déçue, prenait le temps en patience et attendait la publication en recueil de *Tendre est la nuit* pour reprendre son travail sur *Les Biens de César*.

L'emploi du temps du sanatorium incitait à la détente et au repos : il évoquait un camp d'été plutôt qu'un hôpital.

7 h 30 : lever
8 h : petit déjeuner
9 h-10 h : écriture
10 h 30-13 h : artisanat
13 h-13 h 30 : déjeuner
13 h 30-17 h 30 : activités de plein air
17 h 30-18 h : préparatifs pour le dîner
18 h-18 h 30 : dîner
18 h 30-19 h : repos
19 h-21 h : lecture, bridge
21 h 30-22 h : coucher

Le 19 mars, Slocum écrivit à Fitzgerald que Zelda semblait extrêmement fatiguée, et qu'il recommandait une cure de repos. « Nous avons pu observer qu'elle se fatigue vite, et que c'est un aspect de sa personnalité qui doit être surveillé et soigné. J'ai évoqué hier avec elle la possibilité qu'elle prenne une semaine de repos au lit, en se levant de 15 heures à 16 heures pour ses exercices de plein air, avant de se remettre au lit[74]. » Une semaine plus tard, nouvelle lettre : « Nous essayons de la faire se reposer autant que possible ; dans cette perspective, nous insistons pour qu'elle prenne son petit déjeuner au lit, ainsi elle se repose ensuite une demi-heure. Elle pense que ce n'est pas là

---

4. Ginevra Mitchell : nom d'épouse de Ginevra King, le premier amour de Scott.

une bonne façon de rattraper les choses, parce qu'elle veut être aussi active que possible dans son travail. Néanmoins, je lui ai assuré qu'elle avait besoin de ce repos, et elle a l'air beaucoup mieux. »

Fitzgerald, qui savait combien Zelda était énergique, et combien les activités physiques lui étaient nécessaires, remit en question l'approche de Slocum et réclama un diagnostic plus précis. Mais Slocum hésitait à répondre, disant à Scott : « Je ne voudrais pas ébaucher de diagnostic à ce stade [...] je pense qu'on aurait tort d'envisager une thérapie particulière en ce moment précis [...] nombre de ses pensées et sentiments ne relèvent que de sa fatigue[75]. » Scott ne fut pas convaincu par cette façon de voir les choses, ni surpris d'apprendre que Zelda « voulait renoncer au massage qu'on lui donnait à onze heures du matin, car elle le trouvait si lénifiant qu'elle n'était plus bonne à grand-chose pour le restant de la journée. Nous avons donc modifié l'heure de son massage, qui précède désormais celle de son coucher[76] ».

S'efforçant de tirer le meilleur parti de la situation, Zelda apprit à tricoter et informa Scott de son nouveau talent sur un ton sarcastique. « Je me tricote un quelconque vêtement, et, en vérité, je deviens si accomplie dans cet art qu'il me serait facile d'incorporer à mon patron de vieux cannages, des pailles de Coca-Cola, et même des brindilles et brins d'herbe. J'ai un peu l'impression d'être Betsy Ross[77]. » Au fil des semaines, elle se soucia de plus en plus du coût du traitement. « Je parcours le terrain de la clinique en songeant avec nostalgie que je voudrais aller bien, lui écrivit-elle, et que tu puisses tirer un peu plus de ta vie que des factures, encore et toujours, parce que tu y as mis beaucoup du tien[78]. » Il lui vint à l'esprit qu'elle pourrait vendre certains des tableaux qu'elle accomplissait dans le cadre de sa thérapie occupationnelle. Elle pria Scott de demander à Mrs Owens de lui envoyer un pinceau pointu en poil de chameau à 2 dollars, une livre de peinture à huile de chez Weber et deux toiles inachevées qu'elle avait commencées à Phipps.

Elle mit tous ses efforts à constituer une collection de peintures en vue d'une exposition et créa des tableaux à l'huile, des aquarelles, des pastels, employant des couleurs vives dans un maelström de formes organiques. À Paris, elle avait été influencée par les scénographes des Ballets russes. À présent, elle incorpora dans ses œuvres certains éléments inspirés du néoprimitivisme de Mikhaïl Larionov, tout en recourant à une perspective cubiste pour souligner l'énergie du dessin. Se rappelant la théorie de Diaghilev, pour qui l'art était réussi lorsqu'il heurtait les émotions, elle outra ses formes pour dramatiser ses figures et expérimenta sur le trait, la couleur et la composition, fractionnant l'espace de façon à présenter les objets selon des plans et des perspectives multiples. Puisqu'elle n'avait pas exorcisé son impression d'avoir échoué à devenir une ballerine, elle privilégia les dessins de danseurs. Ceux-ci étaient représentés avec des articulations enflées, des jambes déformées par leurs séances d'entraînement, qui étaient des séances de torture, et des corps si tordus qu'ils en perdaient leur identité sexuelle. Lorsqu'on lui demanda pourquoi elle les peignait dans des poses si tourmentées, elle fit écho à la réponse de Léon Bakst deux décennies plus tôt : « C'est ce que ressent un danseur de ballet après sa performance. Je les ai peints ainsi pour exprimer la qualité pure de ce qu'ils ont dansé. Ce ne sont pas les danseurs, mais les pas eux-mêmes que j'ai voulu peindre[79]. » Sans relâche, elle travaillait à exprimer l'essence même des mouvements chorégraphiques dans son art, pour la communiquer aux autres.

Fin mars, Fitzgerald demanda à Cary Ross, un jeune poète diplômé de Yale, qu'ils avaient rencontré en Europe, d'organiser une exposition des œuvres de Zelda. Depuis quelque temps, Ross essayait d'intéresser les galeristes new-yorkais à l'œuvre de Zelda, allant jusqu'à contacter Alfred Stieglitz et Georgia O'Keeffe. Ne recevant que des réponses négatives, il monta une exposition privée de treize tableaux et quinze dessins dans son atelier de Manhattan, situé au 525 86ᵉ Rue Est. Quelques tableaux supplémentaires furent exposés dans le salon de l'hôtel Algonquin. Ces deux expositions comptaient beaucoup dans l'esprit de Zelda : elle rêvait d'un succès qui la propulserait hors de sa folie. Scott croyait également qu'une reconnaissance artistique pourrait accélérer son rétablissement en la détournant par ailleurs de l'écriture. Il était déterminé à ce que ces expositions se passent bien. Mais lorsqu'il prit le contrôle des opérations, Zelda, qui se rappelait comme il avait manipulé la publication d'*Accordez-moi cette valse*, se mit en colère et, après l'avoir querellé sur quelques détails, se détourna tout à fait des préparatifs.

James Thurber tomba sur Fitzgerald dans un bar de Manhattan avant le vernissage et se remémora par la suite l'état d'agitation maniaque dans lequel il se trouvait. « [...] Zelda exposait ses tableaux à New York. Scott allait sur ses quarante ans, et je l'aperçus pour la première fois lorsqu'il gagna le bar du célèbre restaurant de Tony, sur la 42ᵉ Rue, et commanda un verre. Il avait dans ses poches, ce soir-là, au moins trois douzaines de catalogues de l'exposition de Zelda, dont la toile la plus étonnante, je le vis par la suite, représentait le beau profil de son époux : une étude chaleureuse et ironique à la fois, qu'elle avait intitulé *Scott couronné d'épines*. À minuit, une bonne douzaine de ces catalogues étaient passés dans mes poches, parce qu'il n'arrêtait pas de m'en donner[80]. » Apparemment, il les donnait à tous ceux qu'il rencontrait, car le lendemain, Thurber croisa une jeune fille qui en avait également tout une pile. « J'ai une dizaine de catalogues de l'exposition de sa femme, dit-elle. Il n'arrêtait pas de m'en donner[81]. »

L'exposition, qui dura du 29 mars au 30 avril, était accompagnée d'une liste de contrôle établie par Zelda. Elle portait l'image d'un cygne et la légende « Parfois la folie c'est la sagesse ». Scott voulait changer ce titre, mais Ross lui affirma que la majorité du public ignorait que Zelda avait accompli ses œuvres dans un sanatorium, et que les gens y verraient un message symbolique.

Accompagnée d'une infirmière, elle se rendit à Manhattan pour le vernissage et prit une chambre avec Scott à l'Algonquin. Lors de ce séjour à New York, elle tint tout spécialement à voir l'exposition de Georgia O'Keeffe à l'American Palace. Elle se sentait de fortes affinités avec cette artiste, son style et ses sujets, reconnaissant dans les peintures florales de O'Keeffe un écho de son propre travail, notamment les portraits où des formes florales organiques étaient magnifiées et vues d'angles différents. L'exposition de O'Keeffe l'émut viscéralement, et elle fit part de ses impressions par écrit au docteur Rennie : « Ils sont si solitaires, si beaux, si magnifiques, ils brisent le cœur et inspirent un désir de communiquer qui est peut-être la fonction la plus noble de tout objet créatif[82]. » Elle envoya aussi une lettre au *New York Post* : « Je suis allée voir les tableaux de O'Keeffe. Ils sont magnifiques et ont suscité mon enthousiasme au point que je me sentis très mal ensuite. J'ai adoré les arbres blancs possédés par un rythme qui les faisait tourbillonner dans une chorégraphie viscérale, autour d'arbres d'un vert plus foncé, et j'ai adoré le tronc voluptueux, droit comme une colonne, avec une fleur en forme de flamme, d'un bleu très pathétique, qui pousse par hasard en dessous. Et il y avait un tableau abstrait, au rythme génial, en bleu et vert, à vous fendre le cœur, dans la petite pièce. C'était vraiment une exposition réussie. À mon avis, c'est le peintre le plus émouvant et le plus compréhensible que j'aie jamais vu. Diaghilev considérait que l'art est efficace lorsqu'il se donne pour mission de choquer les émotions. On ne saurait de fait traverser cette exposition en maintenant le moindre de ses sentiments à l'état latent[83]. »

Maxwell Perkins donna un déjeuner en l'honneur de Zelda et plusieurs amis de Scott vinrent voir l'exposition. John Biggs fit le trajet en voiture de Wilmington, et Ernest Hemingway, qui se trouvait à New York, passa brièvement. Ring Lardner Jr. vint de Princeton, où il était en deuxième année d'études, rejoindre sa mère Ellis le soir du vernissage. Si Zelda était nerveuse, elle n'en montra rien et accueillit chaque invité chaleureusement. Leurs amis achetèrent un certain nombre de dessins, notamment Richard Meyers, Murial Draper et Robert Lovett. Seuls les Murphy et Gilbert Seldes achetèrent des tableaux. Les Murphy payèrent 200 dollars pour un tableau représentant un agrégat noueux d'artistes intitulé *Acrobates chinois* ; Gilbert Seldes acheta deux tableaux et un dessin intitulé *Nageur sur une échelle*. D'autres dessins furent achetés par Adele Lovett, qui choisit *Roseaux*, Maxwell Perkins, qui choisit *La Chemise en plaid* et *Printemps à la campagne*, et Tommy Hitchcock, qui choisit *Au clair de la lune*. Tom Daniels (qui avait naguère apporté en mains propres le manuscrit de *L'Envers du paradis* de Saint Paul à New York avant de le perdre) acheta *La Nature*. Les deux portraits les plus accomplis de Zelda - celui de Lubov

Egorova et celui de Scott intitulé *Portrait à la couronne d'épines* - n'étaient pas à vendre, mais ils suscitèrent l'enthousiasme et plusieurs offres. Mabel Dodge Luhan écrivit du Nouveau-Mexique pour retenir le portrait de Fitzgerald ; lorsque son offre fut rejetée, elle acheta un dessin intitulé *La Mort rouge*. John Biggs garda un net souvenir du portrait de Scott. « Oui, il était très réussi. Les cils étaient des plumes ; c'était vraiment étonnant - la ressemblance y était, et puis ces cils, fous, longs, duveteux. Elle l'avait représenté couronné d'épines perçantes, qui s'enfonçaient dans son front, et avait su rendre à la perfection le bleu froid, quasi vert, de ses yeux, aussi froid que la mer d'Irlande, disait quelqu'un[84]... »

Après que Zelda fut retournée à Craig House avec son infirmière, Scott resta à l'Algonquin jusqu'au 12 avril, date où parut *Tendre est la nuit*. Zelda avait à peine passé le seuil de l'hôtel que Scott entamait une liaison brève et sans conséquence avec Dorothy Parker. L'Algonquin était le repaire favori de Parker, qui paraissait assidûment aux déjeuners de la Table ronde. Idolâtrée pour son esprit mordant, Parker était également une alcoolique incurable avec des tendances dépressives. Scott et elle avaient fait connaissance en 1926, chez les Murphy, à Juan-les-Pins : elle admirait son talent et éprouvait de la compassion pour lui. Lorsqu'il suggéra qu'elle vînt voir l'exposition de Zelda, elle s'y rendit avec plaisir. Avant la fermeture de l'exposition, elle acheta un portrait de Scott intitulé *Le Joueur de cornet* et une *Étude Arabesque* représentant une danseuse qui ressemblait à Zelda, s'entraînant à la barre. Ce ne fut que des années plus tard qu'elle reconnut ne les avoir jamais montrés. « [...] Je n'aurais jamais supporté de les suspendre chez moi. Il y avait ce rouge sang qu'elle utilisait, et toute cette émotion douloureuse et pitoyable, en filigrane[85]. »

La presse réagit de diverses façons. Le *New Yorker* et le *New York Post* firent paraître tous les deux des articles louangeurs, même s'ils évoquaient plus longuement Zelda comme icône de l'ère du jazz que comme artiste à part entière. Seul le *Time* critiqua réellement son art, le qualifiant de « l'œuvre d'une introvertie brillante [...] aux peintures vivaces, possédées d'un rythme intense. Les souvenirs rosés de ses expé-

riences de ballet lui ont inspiré des figures aux pieds et aux mains élargis
- un truc peut être hérité de Picasso[86] ». Malheureusement, le magazine
exposait par ailleurs une photographie particulièrement peu flatteuse
de Zelda, dans une robe d'intérieur peu seyante. Le docteur Slocum
écrivit à Scott pour savoir comment s'était passé le vernissage, et Scott
répondit promptement, le 2 avril. « L'exposition, comme elle vous l'a
peut-être dit, s'est déroulée de façon assez incongrue : tantôt des agglo-
mérats plutôt vastes et enthousiastes de spectateurs, tantôt de longues
pauses où Zelda et le conservateur restaient assis, seuls dans l'atelier,
en attendant que quelqu'un fasse son apparition. Je ne saurais dire, ne
connaissant guère ce milieu, si ce sont là les circonstances habituelles
d'un vernissage. Elle non plus - et je ne saurais dire quelle fut sa réaction, sinon qu'elle paraissait effondrée. Malheureusement, son commanditaire a séjourné lui aussi dans un hôpital psychiatrique, et ce
genre de contraste le rend apparemment mélancolique au lieu de le
stimuler[87]. » Fitzgerald avait manifestement oublié sa propre déception
devant les ventes médiocres de *Gatsby le Magnifique*, et son refuge sub-
séquent dans l'alcoolisme.

Dans l'ensemble, les critiques traitèrent Zelda en amateur inspirée
et ne prirent pas au sérieux son exposition. Mais malgré ce jugement
(que Fitzgerald approuva sans doute), il écrivit à Zelda le 26 avril pour
lui assurer que l'exposition avait reçu un accueil favorable, et que le
futur était riche de possibilités. « Tes tableaux ont eu du succès, ton
état de santé est bien meilleur, à ce que disent tes médecins, et ma
seule tristesse est de vivre sans toi, sans entendre le son de ta voix, avec
ses inflexions particulièrement intimes. Toi et moi, nous avons été heureux ; et pas juste une fois, mais des milliers de fois. Il y a des chances
que le printemps, qui appartient à tout le monde, comme disent les
chansons populaires, nous revienne à nous aussi - des chances assez
fortes en ce moment, parce que, comme toujours, je peux réunir la
plupart des opinions littéraires de mes contemporains dans le creux de
ma main, comme si elles y flottaient - et c'est alors que je vois le cygne
qui vogue sur l'eau - et je vois que c'est toi, toi seule qui es le cygne[88]. »
Faisant allusion à l'emblème dessiné par Zelda sur sa liste de contrôle,

il l'implora : « Mais, Cygne, vogue légèrement car tu es un cygne, car l'exquise courbe de ton cou montre que les dieux t'ont accordé quelque faveur particulière, et même si tu t'es fêlé ce cou en te heurtant à quelque pont construit par les hommes, il s'est guéri, et tu as repris ton cours. Oublie le passé - comme tu pourras - et fais demi-tour, et reviens flotter vers moi, vers ton havre, pour toujours et toujours - même s'il t'apparaît parfois comme une sombre caverne, éclairée par les torches de la furie : c'est le meilleur refuge pour toi ; fais demi-tour dans les eaux où tu évolues et vogue de retour. »

C'est là une des lettres d'amour les plus poignantes que Scott ait jamais écrites à Zelda. Mais qu'est-ce qui l'a incité à cette déclaration ? L'amour et la dévotion ? Ou peut-être le soulagement de voir son exposition prendre place, ou le fait que *Tendre est la nuit* était enfin sur les étals des librairies ? Peut-être reconnaissait-il, consciemment ou inconsciemment, qu'il lui était nécessaire de regagner Zelda comme sa muse. Ou peut-être souhaitait-il se repositionner comme son protecteur, son havre, celui qui la connaissait le mieux, puisqu'une fois de plus il allait contrôler ses essais d'écriture.

Zelda vit dans la publication du roman de Fitzgerald un feu vert pour reprendre son travail sur *Les Biens de César*. Elle avait hâte de rentrer chez elle pour s'y remettre et rappela leur pacte à Scott. Fitzgerald esquiva le problème, jusqu'à ce que Zelda l'obligeât à aborder le sujet. « Aristote : il a dit que toutes les émotions et toutes les expériences étaient un bien commun - qu'en les transposant toutes dans des formes, on faisait acte individuel d'artiste... il me semble que le rôle de l'artiste est de prendre un esprit docile et de le guider dans l'espoir ou le désespoir, en lui offrant, non pas ses interprétations, mais un aperçu de ses cicatrices gagnées honnêtement sur le champ de bataille, et ses récompenses... Quant à mon livre : les médecins et toi vous êtes mis d'accord pour dire que je pouvais y travailler. Si tu préfères maintenant que je le mette de côté pour le moment, je voudrais que tu le dises clairement. La nouvelle est une forme qui exige un effort de concentration trop grand pour moi en ce moment... De grâce, dis-moi ce que tu veux que je fasse, car je l'ignore en vérité[89]. »

Fitzgerald la laissa sans réponse, mais avertit les médecins de Craig House de ne pas laisser Zelda entreprendre un projet aussi ambitieux. Définissant son écriture comme une activité d'amateur, il la compara au travail d'un bûcheron inexpérimenté. « Elle ne sera jamais capable d'édifier une maison, leur écrivit-il. Elle se monte la tête avec une folle arrogance, de temps à autre, et s'en va errer dans les bois en abattant tout ce qui ressemble à un arbre (à savoir, seize ou vingt nouvelles l'an dernier - présentant toutes le même intérêt que les écrits ordinaires des lycéennes, et toutes manifestant "un certain talent"). Lorsqu'elle commence à distinguer une clairière autour d'elle, ça lui paraît trop semblable à toutes les autres clairières qu'elle a vues dans sa vie, aussi elle la comble de débris et de déchets, et n'ose pas seulement la mentionner par la suite. Elle sait écrire au sens où savent écrire tous les amateurs qui ont des facilités d'expression. Quelqu'un a dit un jour que tous les Américains doués d'intelligence considéraient qu'ils seraient toujours capables de vendre un arpent de terre, faire un bon discours et écrire une pièce. Elle a plus de ressources que ça, mais en fin de compte, tout se résume à une expression familière : elle manque de cran. Elle ne supporte pas les critiques ; elle n'a pas la patience de reprendre ce qu'elle écrit ; elle ne réalise pas à quel point le monde dérape vite sous vos pieds[90]. » Les directives de Fitzgerald produisirent leur effet. Les médecins acquiescèrent et, une fois de plus, Zelda se vit interdire de travailler à son roman.

Lorsqu'il lui apparut clairement qu'elle ne serait pas autorisée à reprendre *Les Biens de César*, Zelda fut possédée d'une étrange énergie. Elle commença à éprouver des hallucinations dans lesquelles elle était tourmentée par des voix menaçantes. Elle se boucha les oreilles pour résister aux ordres de cette cacophonie intérieure, et un voile tomba entre le monde et elle. Elle ne réagissait plus aux propos des médecins ni au décor qui l'entourait, et ce sanatorium privé lui apparaissait comme un luxe absurde. « Je ne vois pas pourquoi je me vautrerais dans le luxe, écrivit-elle à Scott, alors que tu vis un tel combat. Puisqu'il n'y a apparemment aucun remède qui puisse hâter ma guérison, il serait peut-être sage d'essayer un endroit moins cher. Je te promets de ne pas me décourager devant les modifications que tu pourrais introduire dans ce sens et ferai bien sûr de mon mieux, partout... Toutes les splendeurs de cet endroit doivent coûter des sommes terribles, et peut-être serait-il souhaitable que j'aille dans un endroit plus compatible avec nos moyens actuels... Je ne suis pas obstinée et répugne à vivre absolument aux frais d'autrui, je n'aime pas plus être un éternel fardeau constant que tu n'aimerais me voir dans cette situation [91]. » Lorsqu'il ignora sa demande, elle insista. « Tu dois réaliser que, pour quelqu'un d'aussi malade que moi, un endroit en vaut un autre, et que j'apprécierais tous les ajustements qui te permettraient d'alléger les difficultés de ta vie présente [92]. » Elle proposa qu'on la transférât dans un hôpital public et dit à Scott, début mai : « Je ne partage pas tes sentiments à l'endroit des institutions publiques. Le docteur Myers et, je suppose, beaucoup de praticiens excellents y ont reçu leur formation [93]. » Puis, avec une référence surprenante à l'écrivain qui avait été sa Némésis, elle l'admonesta : « [...] pour citer Ernest Hemingway, pense à ton salut. C'est ce que je veux te voir faire. Tu es passé par un combat financier terrible ces derniers temps, et, s'il y avait une façon ou une autre pour moi de te soulager d'une partie de ton fardeau, tu sais combien je serais heureuse de t'apporter ma contribution - c'est tout ce qu'il me reste à offrir, semble-t-il ». Était-ce là une forme de capitulation ironique, ou une pose de martyre qui lui permettait de donner à sa vie un sens qui lui échappait par ailleurs ?

Fitzgerald n'ignorait pas les conditions de vie épouvantables des hôpitaux psychiatriques publics ; il avait lu des pamphlets contemporains qui dénonçaient leur surpopulation, à tel point que les patients dormaient souvent dans la cave et les couloirs ; les plus atteints habitaient des cellules obscures, aux murs matelassés, où on leur passait la camisole de force pour la nuit. Nombre de ces institutions étaient des endroits oppressants, peuplés de schizophrènes chroniques qu'on y entreposait plus qu'on ne les soignait. De lourds horaires de travail et de bas salaires détournaient souvent les médecins professionnels de haute formation de ces institutions, et le personnel assistant y était régulièrement renouvelé. Le directeur d'hôpital rencontrait rarement ses patients ; le directeur adjoint et les médecins ne les voyaient que brièvement. En général, c'étaient les assistants les moins bien formés et les plus mal payés qui côtoyaient les patients - en s'assurant qu'ils observaient le règlement, mangeaient et respectaient une hygiène personnelle. Ces réalités faisaient que Fitzgerald n'envisagea pas sérieusement un établissement public, qui aurait été une solution de facilité. En revanche, il rechercha des sanatoriums moins coûteux dans l'*Annuaire des institutions privées* publié par l'institut neuropsychiatrique de Hartford, et discuta certaines options avec les médecins de Zelda.

Entre-temps, le docteur Slocum faisait part à Mrs Sayre de l'absence d'amélioration chez Zelda à Craig House, en résumant ses symptômes dans une lettre datée du 7 mai 1934. « Pendant son séjour chez nous, votre fille a manifesté quelques phases de dépression, une certaine fébrilité, une certaine activité psychomotrice et parfois de légers troubles schizoïdes[94]. » Les jours passèrent, et ces déviations s'aggravèrent : Zelda devint apathique et commença à entendre des voix. Elle dit aux médecins que c'était maintenant la voix de Fitzgerald qui sortait des murs et des tuyauteries. Elle oscilla entre des phases d'hystérie et tomba dans un état semi-catatonique. Lorsqu'elle fut enfin stabilisée, on décida de la transférer à l'hôpital Sheppard-et-Enoch-Pratt, à Boston. Le vendredi 18 mai, elle prit le train de Beacon avec une infirmière, et lorsqu'elles arrivèrent à Grand Central Station, à Manhattan, Fitzgerald les retrouva au bureau des renseignements. De là, Scott et Zelda se rendirent seuls à Sheppard-Pratt dont l'ironie voulait que les terrains soient mitoyens avec ceux de La Paix. Admettant que les neuf semaines passées à Craig House avaient été sans effet pour l'essentiel, le docteur Slocum écrivit à Fitzgerald dès le lendemain : « J'espère que Mrs Fitzgerald a fait un voyage confortable et sans anicroches jusqu'à Baltimore, et que Chapman pourra influencer son rétablissement et sa carrière dans le bon sens. C'est, à mon grand regret, ce que notre groupe n'a jamais tout à fait réussi à faire[95]. » Il écrivit également à Mrs Sayre le 4 juin pour la rassurer sur ce changement et, minimisant la gravité de l'état mental de Zelda, ajouta : « Je crois que ce transfert est dû essentiellement à des raisons économiques et ne signifie en aucun cas que sa condition s'est aggravée[96]. »

Il se peut que ce soit le docteur Adolf Meyer qui ait encouragé Fitzgerald à amener Zelda à Sheppard-Pratt, où il donnait des conférences ; de plus, trois médecins de Pratt venaient travailler une fois par semaine au service des consultations externes de Phipps. Sheppard-Pratt, l'un des premiers hôpitaux psychiatriques d'Amérique, comprenait à l'origine deux ailes, l'une destinée aux femmes, l'autre aux hommes ; chacune accueillait au départ 75 patients. En 1933, l'année où Zelda y entra, il comptait plus de 500 patients. C'était un établissement privé, mais de bien moindre coût que Craig House. En 1931, 6 % des patients y étaient hospitalisés aux frais de l'État, et, en 1932, 198 patients sur les 271 qui y étaient logés s'étaient vus accorder un rabais. La majorité des patients hébergés comme Zelda à plein tarif, soit 38 dollars par semaine, venaient du Sud où l'on trouvait peu d'instituts psychiatriques privés. Fondé sous le nom de Sheppard Asylum en 1853 par Moses Sheppard, un marchand quaker, cet hôpital n'avait été ouvert que cinq ans lorsque Enoch Pratt, un riche industriel des chemins de fer, lui légua l'essentiel de sa fortune par testament. L'institut changea alors de nom et devint l'hôpital Sheppard-et-Enoch-Pratt. En 1896, il vit son aile ouest s'enrichir de plusieurs bâtiments neufs, dont une unité d'hydrothérapie avec une piscine, des cabines de vapeur, des douches, et des baignoires en réseaux. On engagea des infirmières spécifiquement formées à manipuler cet équipement.

Si Zelda avait été en mesure d'observer cet environnement, il lui aurait sans doute plu. L'hôpital était bâti dans un style victorien, sur une vaste propriété qui, incluant divers sentiers et avenues, ainsi qu'une pergola, ressemblait à un immense parc. Un paysagiste était chargé d'entretenir les terrains, et les patients aidaient aux tâches jardinières. Leur emploi du temps incluait des périodes de divertissement en plein air ; sur la pelouse nord, il y avait même un green. Sheppard-Pratt promouvait également la thérapie occupationnelle : le travail assidu devait aider les patients à améliorer leur santé mentale, et l'hôpital proposait des cours quotidiens d'artisanat. Il y avait également un programme de gymnastique légère, de sports d'équipe, de tennis, de danses folkloriques, de concerts et de performances théâtrales, où les patients jouaient, souvent dans leurs propres productions. Des assistants médicaux visitaient régulièrement les salles d'hôpital, matin et soir (et plus souvent si nécessaire), pour noter l'état mental de chaque patient, son hygiène et son régime, avant de faire leur rapport à leurs supérieurs. Une journée habituelle, encourageant le repos et la relaxation, débutait à 7 heures du matin avant de suivre le strict emploi du temps que voici :

7 h : observation clinique par l'infirmière de garde
7 h-7 h 30 : bain
7 h 30-8 h : habillage
8 h-8 h 30 : petit déjeuner
8 h 30-10 h : lecture, correspondance
10 h-10 h 45 : gymnastique rythmique, volley-ball, sports
10 h 45-12 h : artisanat
12 h-13 h : divertissements de toute sorte, conversation avec les autres patients
13 h-13 h 30 : déjeuner
14 h : bain
14 h 30-15 h 30 : bain tonique
15 h 30-16 h 30 : repos
16 h 30-17 h : activités d'extérieur sur la pelouse (jardinage inclus)
16 h-18 h : repos, conversation, puzzles, jeux de cartes et autres
18 h 45-19 h 45 : repos sur la pelouse
19 h 45-20 h : retour à la salle d'hôpital

Ce qui rendait cet hôpital tout indiqué, dans le cas de Zelda, c'était l'intérêt particulier que vouait à la schizophrénie le docteur Ross MacClure Chapman, qui dirigea l'institut de 1920 à 1948. Il y voyait une réaction négative à l'angoisse, provoquée par les difficultés d'adaptation et le stress du patient qui, à l'origine, ne parvenait pas à s'adapter à une situation difficile, ou à gérer une pression émotionnelle constante. C'était certainement le cas de Zelda. Tout en employant différents traitements selon les cas, Chapman prescrivait en général un régime quotidien bien ordonné, comprenant un régime équilibré et beaucoup de sommeil. Les patients buvaient du lait entier, fourni par les vaches de la laiterie, qui paissaient sur les terres de l'hôpital, et mangeaient des œufs pondus dans les poulaillers de l'institut. Contrairement à d'autres instituts, Pratt n'utilisait la contrainte qu'en dernier recours absolu. Et s'il continuait de recourir aux cellules d'isolement, aux camisoles de force et aux compresses humides, il administrait également les nouvelles thérapies médicamenteuses, qui faisaient chaque année leur apparition. Dans l'inventaire des médicaments de cette époque figuraient la morphine et ses dérivés, tenus pour des sédatifs efficaces. Le stramonium était prescrit pour les patients maniaques, et la digitaline, ou le conium, pour les déprimés. L'hydrate de chloral - le premier sédatif qui fût un produit de synthèse - et l'amytal de sodium, un barbiturique fraîchement découvert, étaient aussi largement employés. Zelda se vit prescrire tous ces médicaments à un moment ou à un autre. Les médecins opéraient également des ponctions lombaires sur certains schizophrènes et leur injectaient diverses substances - la plus efficace étant le sang des épileptiques, qui subissaient des prélèvements pendant leurs crises.

Zelda fut internée à Sheppard-Pratt du 19 mai 1934 au 7 avril 1936. Pendant cette période, l'hôpital expérimenta également une insulinothérapie par choc et un traitement au métrazol (qu'on appelait cardiazol en Europe), provoquant des convulsions, pour les schizophrènes. Le docteur Oscar Schwoerer avait été engagé pour superviser ce processus. Il avait suivi à l'université de Vienne les cours de Manfred Joshua Sakel, qui recourait au coma par l'insulinothérapie pour les schizophrènes les plus atteints, ceux en phase terminale, dans l'idée que les connexions défectueuses entre les cellules du cerveau pouvaient être isolées au cours du coma hypoglycémique, et que les cellules ganglionnaires défectueuses du patient pouvaient alors être détruites. On a peine à croire que, comme l'assura Sakel, 88 % des patients aient présenté une amélioration après ce traitement. Entre 1834 et 1935, il publia treize rapports assurant que, en provoquant des crises épileptiques avec l'insuline et le cardiazol/métrazol, on suscitait une amélioration thérapeutique. Détail ironique, l'un de ses patients les plus célèbres était le danseur Nijinski, qui présenta de fait quelques améliorations après s'être soumis au traitement de Sakel. Ce fut peut-être ainsi que Zelda eut connaissance des traitements, puisqu'elle s'intéressait à la vie du danseur.

Le recours au cardiazol/métrazol pour les thérapeutiques du choc datait de 1933, et c'était le médecin hongrois Joseph Ladislas von Meduna qui l'avait préconisé. Ayant révélé une opposition fondamentale entre l'épilepsie et les maladies mentales, il passa à l'étape suivante en toute logique, en provoquant des convulsions épileptiques pour combattre la schizophrénie. À Sheppard-Pratt, certains patients schizophrènes - Zelda fut peut-être de leur nombre - se virent injecter une solution aqueuse à 10 % de métrazol deux fois par semaine. Cette solution amenait de fortes convulsions. Après la piqûre, ils avaient l'impression que leur tête explosait et recevaient une piqûre intraveineuse de pentothal de sodium pour contrer les auras sensorielles qui les terrifiaient. En quelques secondes, leurs bouches s'ouvraient toutes grandes, et des crises suivaient pendant trente à soixante secondes, provoquant de sévères contractures musculaires. Elles étaient souvent violentes, et les médecins devaient maintenir les patients étendus à terre pour éviter les fractures de la mâchoire, de la colonne vertébrale ou de l'os iliaque. Chez nombre de patients, la thérapeutique du choc amenait des résultats positifs, mais certains médecins répugnaient à y recourir, car ils ne savaient pas bien pourquoi elle opérait. On ne l'employait jamais pour soigner de jeunes patients au cours de leur première attaque, ou si on leur supposait des symptômes de courte durée. Elle était plus communément réservée aux schizophrènes dont les troubles remontaient à un passé reculé et aux patients souffrant d'un état hystérique ou catatonique. Elle ne fut employée à Sheppard-Pratt que jusqu'en 1940, date à laquelle la clinique acquit un équipement moderne de thérapie par électrochocs, ce qui facilitait l'administration du traitement et produisait moins d'effets secondaires déplaisants.

Comme des centaines d'autres patientes atteintes d'une maladie mentale et placées dans les hauts bâtiments de brique rouge, Zelda était internée dans une salle austère, sous la supervision du docteur William Worcester Elgin qui, dès l'âge de vingt-neuf ans, dirigea le service hospitalier féminin de 1934 à 1946. Elgin avait fait ses études à Washington et à l'université Lee, et obtenu son diplôme d'études médicales à l'université John-Hopkins. Chapman le décrivait comme « un excellent praticien, un psychiatre de talent, doté d'une personnalité agréable », mais ce ne fut pas l'impression qu'il fit à Zelda. Elle le détesta d'emblée. Réciproquement, Elgin la trouva inexpressive et inaccessible. Elle évita d'entrer en contact avec lui et les autres médecins, ignora les autres patients et oscilla entre des crises violentes et des phases d'isolement radical. Jusqu'à ce qu'elle manifestât quelque progrès, Elgin lui interdit de recevoir des visiteurs, y compris Fitzgerald. Pour survivre, Zelda fixa toute son attention sur la Bible, qu'elle lisait des heures durant. « C'est ma seule force - ma seule force, écrivit-elle à Sara Mayfield. Et il me faut prier pour vivre [97]. » Ses hallucinations revinrent, mais à présent la voix de Scott lui adressait à tue-tête un message : son esprit était mort. Se sentant abandonnée et sans espoir, elle prit une décision d'un courage inouï : elle allait mettre fin à son mariage. Elle écrivit à Scott une lettre d'une grande cohérence pour quelqu'un qui avait perdu l'esprit : « [...] Je ne fais que ressasser causes et conséquences dans mon esprit depuis quelque temps. Et ton compte rendu de la situation est poétique, même s'il n'a aucun rapport avec la vérité, à savoir que tu travailles à préserver ta famille, et moi à m'en éloigner... Je t'envie ces processus mentaux qui peuvent ainsi déformer les conditions pour te donner une apparence de rectitude. Tu m'as toujours dit que je n'avais pas le droit de me plaindre tant qu'on veillait sur mon bien-être matériel - trouve donc tout le confort que tu pourras dans toutes les autojustifications que tu sauras échafauder... Je suis ici, et puisque je n'ai pas le choix, j'essaierai de me reposer paisiblement, avec la meilleure grâce possible, puisque tel est mon devoir, mais nos divergences sont trop grandes, comme tu dois le réaliser, pour que nous aboutissions ensemble à autre chose que du dégât, et puisque nous n'avons trouvé ni appui ni satisfaction l'un dans l'autre, la meilleure solution reste encore de les chercher séparément. Autant entamer dès maintenant une procédure de divorce [98]. »

Là encore, il ne releva pas sa suggestion, encore qu'un an plus tôt il eût identifié seize États qui autorisaient le divorce pour folie (le Nevada, le plus indulgent, ne requérait qu'une attestation de résidence commune sur six semaines, et un certificat qu'il ou elle avait été placé(e) au moins deux ans en institut). Au lieu de quoi, il lui écrivit des lettres poignantes de réminiscences sur les joies du passé. « Le passé et sa tristesse m'habitent continuellement. Toutes ces choses que nous avons faites ensemble, et les terribles déchirures qui nous ont laissés brisés, tels les survivants d'une guerre passée, toutes subsistent comme une sorte d'atmosphère autour des maisons que j'habite, quelles qu'elles soient. Toutes les bonnes choses, et les premières années ensemble, et les bons mois que nous avons vécus il y a deux ans à Montgomery, resteront avec moi pour toujours, et tu devrais penser comme moi qu'on peut les ressusciter, sinon pour un nouveau printemps, du moins pour un nouvel été [99]. »

Inconsciente du fil des saisons et craignant de ne jamais se rétablir, Zelda avoua au docteur Harry M. Murdoch, un jeune médecin qui avait gagné sa confiance, qu'elle voulait mettre fin à ses jours. Bien qu'elle fût surveillée de près, et qu'on ne lui permît des sorties qu'occasionnelles et contrôlées, elle tenta une fois de se suicider par strangulation. Et lors d'une visite à La Paix, avec Scott, elle s'éloigna de lui et se jeta devant le train qui passait entre la propriété des Turnbull et les terres de l'hôpital. Quelques secondes avant l'arrivée de la locomotive, Fitzgerald l'attrapa par les poignets et la traîna hors des rails. Jusqu'à ce qu'elle allât mieux, on ne lui permit plus de sortir en excursion, et elle fut transférée vers une zone de l'hôpital où elle était sous observation vingt-quatre heures sur vingt-quatre.

Harry Murdoch avait rejoint le personnel de Sheppard-Pratt en juin 1930, pour devenir par la suite son troisième directeur. Il avait fait ses études médicales à l'université du Nebraska et avait été

Commonwealth Fellow[5] au Colorado Psychopathic Hospital, tout en enseignant la psychiatrie à l'université du Maryland. Sous couleur de fournir des données biographiques sur l'état de Zelda (en réalité pour s'attirer les bonnes grâces du médecin), Fitzgerald lui adressa une lettre de trois pages qui passait en revue les traitements précédents et inefficaces du docteur Meyer. Cette lettre, datée du 28 août 1934, résumait en six points l'attitude de Meyer à l'égard de Zelda et de lui-même. « Il m'a rendu à chaque fois une femme qui ne manifestait pas la moindre amélioration. 1) Je n'arrivais jamais à savoir quel était son point de vue sur Zelda - exception faite d'une lettre unique. 2) Il estimait apparemment que Zelda ne devait pas trop ressasser son internement, il craignait qu'elle ne devienne "hospitalisée", et que je ne boive trop, ce qui compliquait la situation. Pour lui, j'étais un cheval de labour, avec le système nerveux d'un paysan suisse. 3) Des consultations avec lui, sans résultat pour la plupart - des piles de notes prises par Rennie - sans la moindre conséquence. 4) Il ne lui permettait pas de retourner à la clinique pour de courts séjours. 5) Il encourageait le désir de Zelda de s'exprimer - sans ignorer pourtant qu'il avait déjà suscité deux dépressions ! 6) Ayant fait de son mieux avec Zelda, il s'est débarrassé d'elle en me la refourguant et en refusant de la reprendre[100]. »

Une fois de plus, son cinquième argument n'est pas tout à fait de bonne foi. Zelda fit une dépression, non pas parce qu'elle écrivait (au contraire, l'écriture produisit un véritable mieux, lorsque le docteur Squires l'encouragea dans cette voie) mais parce qu'il s'opposait à ce qu'elle écrivît.

En réalité, Meyer refusa toujours d'envisager un séjour à long terme en institut pour Zelda dans l'idée qu'il lui ferait plus de mal que de bien. Il avait bien vu qu'elle avait besoin de liberté, et il avertit Scott qu'un isolement continuel risquait de détruire encore davantage sa personnalité en l'incitant à une passivité léthargique. Les thérapeutiques du choc avaient déjà produit chez elle une certaine amnésie en émoussant sa personnalité. Fitzgerald avait acquiescé en principe avec cette

---

5. Titulaire d'un poste universitaire réservé aux ressortissants de l'ancien Commonwealth.

position. Lorsque les tendances suicidaires de Zelda s'estompèrent, il se remit à l'emmener faire de courtes excursions. Mais il ne supportait cette tension qu'à court terme et ne se comportait pas toujours très bien. John O'Hara se rappela un dimanche après-midi où il rendit visite à Scott à Baltimore, avant de raccompagner les Fitzgerald à l'institut. « Je reconduisais Scott et Zelda en voiture, et j'avais envie de le tuer, lui. Le tuer. Nous ramenions Zelda à son institut et il n'arrêtait pas de la peloter, alors qu'il ne pouvait guère aller plus loin. Nous avons fait une halte devant un drugstore, pour acheter du gin. Le type du magasin ne voulait pas le lui donner, il m'a fallu le persuader de céder, et Scott a eu son gin. Mais j'avais envie de le tuer pour ce qu'il faisait à cette folle, qui n'arrêtait pas de me dire qu'elle devait être enfermée avant le lever de la lune [101]. »

Surveiller Zelda se révéla un processus épuisant. Si elle travaillait trop dur, elle risquait de raviver ses hallucinations. Et elle ne tolérait aucune des déconvenues ordinaires de la vie. Lorsqu'elle se sentait bien, elle jouait au tennis sur les courts de l'hôpital, et lorsqu'elle perdait on voyait fréquemment sa raquette de tennis voler à travers le court. C'était une pratique qu'elle avait inaugurée des années plus tôt, à Ellerslie. Un jour où l'un de ses médecins la frappa sévèrement, elle empoigna sa raquette et lui asséna un coup sur la tête. Un autre partenaire se rappela qu'elle brisa sa raquette en deux en le voyant gagner la partie. Et lorsque Zelda et Scott furent censés jouer en équipe, et que Scott se débarrassa de Zelda en lui donnant pour partenaire Bill Warren, un ami qui avait fait partie des Junior Vagabonds, Zelda se révolta ouvertement. « La femme se conduisit comme si le mari lui faisait faux bond pour la lune de miel, se rappela Warren, mais Scott l'ignora, se juchant sur le siège haut perché du court pour arbitrer le match. Les deux joueurs prirent leur position à contrecœur et commencèrent le match. Après la première manche, Zelda ôta son pull. L'arbitre, tout là-haut, ne dit rien. Après la deuxième, elle glissa une main dans son dos, détacha son soutien-gorge et le jeta au loin. Scott garda le silence. Après la troisième, la jupette de tennis blanche de Zelda tomba comme une crinoline à ses pieds. Après la quatrième, elle se débarrassa de sa culotte. Je jouais avec une femme complètement nue. Elle avait un corps superbe - c'était la première fois que je voyais une femme bronzée des pieds à la tête. Mais quand vous jouez avec une femme nue dont le mari vous observe, vous essayez de ne pas regarder de ce côté. J'avais un mal fou à lui renvoyer la balle [102]. » Le match s'acheva lorsque Zelda se mit à pousser des hurlements hystériques, voyant des aides hospitaliers arriver pour l'envelopper dans des compresses froides, et la reconduire à sa chambre. Scott manquait-il de matériau littéraire ?

Les compresses froides étaient un remède coutumier à Sheppard-Pratt pour calmer les patients agités. Cette intervention, qui durait deux heures, amenait de fortes variations dans la circulation sanguine. Après avoir immobilisé les mains et les pieds du patient, des aides plaçaient une poche de glace sous sa tête, une bouillotte d'eau chaude à ses pieds, et enveloppaient le patient, d'abord dans une couverture de caoutchouc, puis dans un drap froid et mouillé, puis dans une autre couverture, en laine cette fois, et enfin dans un second drap mouillé et glacé. Cela produisait une contraction des petites artères, des veines et des vaisseaux capillaires. Cinq à vingt minutes après l'application des draps, la réaction thermique se produisait, les capillaires se dilataient et le patient cessait de lutter contre ses entraves. Il devenait léthargique et tombait dans un sommeil profond, d'où il se réveillait hébété, mais calme.

En décembre 1934, Zelda avait montré suffisamment de progrès pour passer Noël à Baltimore, avec Fitzgerald et Scottie. L'après-midi du 24 décembre, Gertrude Stein, qui visitait le Maryland au cours de son premier séjour en Amérique depuis trente ans, vint prendre le thé. Scott demanda à Zelda de montrer ses tableaux à Gertrude et lui offrit d'emporter ceux qu'elle voulait. Stein commença par en choisir deux que Zelda réservait à ses médecins, puis deux autres - une peinture à l'huile intitulée *Les Tulipes*, et un dessin intitulé *Roses entrecroisées*. Scott écrivit par la suite à Gertrude une lettre de remerciements qui outrait de façon obséquieuse les sentiments de Zelda. « Cela a signifié tellement de choses pour Zelda, cela lui a donné un sens tangible de sa propre existence, que de vous voir aimer deux de ses tableaux assez fort pour vouloir les posséder[103]. » Zelda n'avait jamais apprécié Gertrude, et Stein fut en réalité plus impressionnée par la jeune Scottie, à qui elle écrivit une lettre chaleureuse de France. « [...] J'ai beaucoup aimé vous revoir tous à Baltimore, et nous avons ici le tableau de Zelda, et c'est un très beau tableau qui nous donne beaucoup de plaisir. Je me demande où vous êtes et ce que vous faites, et j'espère que vous le faites bien, quoi que ce soit. Vous savez combien j'ai d'affection pour vous[104]... »

Le stress lié aux vacances de Baltimore et aux réceptions données pour les amis de Scott provoqua une régression chez Zelda, et, lorsqu'elle rentra à Sheppard-Pratt pour la nouvelle année, son état avait empiré. Pour éviter d'éventuelles tentatives de suicide, on la plaça en isolement. Cette situation aggrava les problèmes pulmonaires de Fitzgerald, et en février, pour éviter un regain de sa tuberculose, il retira Scottie de son école pour deux semaines et l'emmena à Tryon, en Caroline du Nord. Tryon était une station thermale ouverte toute l'année dans les montagnes Bleues, qui pouvait se vanter d'avoir sept hôtels, un théâtre, la bibliothèque Lanier et un climat tempéré toute l'année. Elle comprenait aussi un centre de traitement pour la tuberculose, à l'hôpital St Luke, où Fitzgerald voulait être admis. Peu après son arrivée, il fut présenté à Nora et Maurice Flynn, qui lui rappelèrent les Murphy. Maurice avait été champion de football à Yale ; c'était un Américain typique, qui avait aussi joué les cow-boys dans des films muets. Nora venait d'une riche famille et avait deux sœurs célèbres. L'une était Irene, le modèle de l'illustrateur Charles Dana Gibson, qui s'inspirait d'elle pour représenter les Américaines de la haute société - les « Gibson Girls », souvent représentées avec un chemisier à manches ballon et une jupe longue, en train de regarder un match de tennis ou de frapper sur une balle de golf. L'autre était Nancy, plus connue comme lady Astor, et c'était la première femme qui ait été élue à la Chambre des communes de Londres. Âgée de quarante ans, Nora avait deux ans de plus que Scott. Gagnée aux idées de la *Christian Science*[6], elle militait pour la réhabilitation des

---

6. Fondé par Mary Baker Eddy (1821-1910), ce mouvement théologique et social prétend notam-

alcooliques : elle avait ainsi aidé son mari Maurice (dit « Lefty ») à cesser de boire. Comme les Murphy, le couple appréciait les personnalités créatives, notamment les écrivains, les acteurs et les musiciens. Ils s'attachèrent à Fitzgerald, qu'ils introduisirent dans le cercle de leurs connaissances. Il se peut même que Nora ait eu une brève liaison avec Scott. Lorsque Scottie retourna à l'école, Fitzgerald prit une chambre au dernier étage de l'Oak Hall Hotel et passa la plupart du mois de mars à se reposer, en voyant parfois les Flynn. Malgré ses efforts pour se détendre, lorsqu'il revint à Baltimore en avril, une séance supplémentaire de rayons X révéla que la tuberculose était toujours active, et que ses poumons étaient considérablement atteints.

Voyant sa propre santé sévèrement compromise, il n'arrivait plus vraiment à se soucier de Zelda. Bien qu'il eût abandonné depuis longtemps tout espoir d'un rétablissement total dans son cas, il était resté affectivement lié à elle. À présent, il essayait de prendre ses distances, quitte à souffrir de sa solitude. Comme il le dit à Margaret Turnbull, « vivre seul laisse tout le temps de cultiver la morosité, et, lorsque je regarde bien en face toute la tragédie de Zelda, je perds mon temps, tout simplement. Je crois que c'est ce que je ressens maintenant, plus qu'à toute autre époque, depuis le début. Elle me paraît si impuissante, si pitoyable[105] ». Sentant bien que leur vie commune était finie, Zelda encouragea Scott à poursuivre la sienne, lui écrivant au printemps 1935 : « Il n'y a aucun moyen de te demander pardon pour le malheur et la douleur que je t'ai causés. Je ne peux que te demander de me croire si je te dis que j'ai fait de mon mieux, et que je t'ai aimé dès notre première rencontre, avec tout l'amour que j'étais en mesure de te donner. Je t'en prie, remets-toi, aime Scottie, et trouve-toi quelque chose à faire pour remplir ta vie[106]. »

Mais elle continuait d'occuper ses pensées. Il exprima ses inquiétudes au docteur Rennie, de Phipps, sur la lenteur de sa guérison, et lui demanda s'il fallait encore transférer Zelda dans un autre hôpital.

---

ment guérir les maladies physiques par la simple puissance de l'esprit et tire son autorité de l'exégèse biblique.

Rennie répondit le 27 mai 1935 : « Le docteur Meyer considère que sa condition présente est bel et bien une réaction dépressive dont elle se remettra, mais que la guérison risque de traîner en longueur, et que dans son état suicidaire présent elle requiert une surveillance constante, ce que lui procure Sheppard[107]. » Rennie avait été chercher les taux d'amélioration des schizophrènes, publiés dans un article des *Archives de neurologie et de psychiatrie*, et il fit part de ses trouvailles à Fitzgerald. Insistant sur le fait que les patients affrontent souvent des changements inattendus et imprévisibles au cours de leur guérison, il affirma qu'ils tiraient un bénéfice de fréquenter à long terme un médecin ou un hôpital en qui ils avaient confiance, mais que le stade critique de guérison consistait à éliminer les facteurs de stress qui précipitaient les phases psychotiques. Il cita en particulier une partie de l'article qui disait que « [...] les patients pouvaient accepter d'être guidés et de résoudre des conflits personnels avec l'aide des psychiatres[108] », mais que comptait tout autant « la présence d'un environnement favorable et compréhensif où le patient puisse retourner, et le soutien des familles qui aident à mettre en œuvre les recommandations médicales ». L'essentiel, concluait-il, c'était « d'éliminer les facteurs de stress et d'éveiller chez le patient la capacité de tirer parti des conseils pour restructurer sa personnalité ». Pour le bien-être de Zelda et le sien, Scott prit alors la décision de se tenir le plus possible éloigné de l'existence de sa femme.

Scottie partit en camp de vacances à la fin des cours et projeta de séjourner ensuite avec les Ober. Fitzgerald était donc libre de retourner à Asheville pour l'été. Là, il s'en remit aux soins du docteur Paul Ringer, un spécialiste du poumon. Mais, au lieu de l'hospitaliser, Ringer permit à Scott de séjourner au Grove Park Inn, une hostellerie qui donnait sur le club de golf d'Asheville, sur la montagne, près de la propriété des Vanderbilt. Cet hôtel luxueux était construit sur un terrain étendu, et ses étages supérieurs offraient une vue impressionnante des montagnes Bleues. Par souci d'économie, toutefois, Fitzgerald loua deux pièces à moindre prix, qui donnaient sur la cour ; il ne songea pas à rogner sur ses notes de boisson.

Depuis Baltimore, Mrs Owens tenait Fitzgerald au courant des activités de Scottie et de l'état de Zelda. « Mrs Fitzgerald a été transférée dans une salle d'isolement, sous les soins spécifiques d'une infirmière. Elle est retombée dans une grande confusion et manifeste une certaine dépression, sans qu'on sache pourquoi... J'ai commencé à noter ces changements deux semaines avant votre départ... On prend bien soin de Scottie. C'est un peu comme un poussin entouré de cinq mères poules, mais elle ne semble pas y trouver à redire [109]. » Scott écrivit à Zelda pour lui demander si elle avait besoin de quoi que ce soit, mais elle répliqua sur un ton énigmatique : « Je n'ai besoin de rien, sinon d'espoir, et comme je ne peux le trouver ni en progressant ni en régressant, je suppose qu'il ne me reste qu'à fermer les yeux [110]. »

Rosalind s'inquiétait de plus en plus de l'état de sa sœur. Se rendant à New York de Montgomery à la fin mai, elle fit une escale à Baltimore pour voir Zelda. Il ne lui fallut pas une demi-heure pour constater à quel point son état était désespéré. Les médecins lui dirent que « [...] Scott avait interféré de façon si persistante avec leur traitement qu'il leur avait été impossible de faire quoi que ce soit pour Zelda [111] ». De New York, elle écrivit à Fitzgerald : « [...] Son état présent a été pour moi un grand choc, qui me laisse découragée... Zelda m'a paru très malade... Elle m'a suppliée pendant tout notre entretien de l'emmener se promener... Elle a fumé une cigarette et mangé une barre de chocolat... La plupart du temps, cela dit, elle se reprochait d'avoir gâché votre vie et d'avoir mis Scottie au monde [112]. »

La lettre de Rosalind fut suivie de près par une autre, de H. L. Mencken, qui écrivit le 30 mai que Sara Haardt était dans un état critique. « Mon cher Scott. La pauvre Sara, je le crains, est gravement malade - à vrai dire, les chances qu'elle se remette semblent infimes. Après tous ses combats vaillants et prolongés, elle a attrapé une méningite, et les médecins me disent qu'il n'y a quasiment pas d'espoir. Je vous laisse imaginer mon état d'esprit [113]. »

La mort et la maladie planaient sur l'univers de Scott. Plus l'été avançait, plus il devenait déprimé ; il ébaucha quelques relations sociales qui avortèrent. Il se lia avec Tony Buttita, qui possédait la librairie The Intimate Bookshop (La Librairie intime) dans les arcades du George Vanderbilt Hotel, à Asheville, et fut présenté à Lottie Stephens, une prostituée de luxe qui offrait ses services aux clients de l'hôtel. Buttita évoqua cette liaison lorsqu'il raconta le séjour estival de Scott à Asheville, notant entre autres la déception de Stephens devant la virilité de Scott. « Il était nerveux, et j'ai pensé que c'était peut-être la raison pour laquelle les choses allaient si vite, dit-elle. Je lui ai demandé si c'était coutumier chez lui, et il m'a dit "oui". Je me souviens qu'il m'a dit ne faire l'amour que pour pouvoir écrire [114]. »

Il rencontra à l'hôtel une autre femme, Laura Guthrie Hearne. Diplômée de l'école de journalisme de Columbia, c'était un médium amateur qui gagnait un peu d'argent en prédisant leur avenir aux clients de l'hôtel. Elle fut impressionnée par la gloire de Fitzgerald et devint sa secrétaire à temps partiel, sa confidente et son intermédiaire dans sa liaison avec Beatrice Dance, une riche Texane qui séjournait au même hôtel. Lorsqu'il n'était pas avec Beatrice, Scott passait souvent toute la nuit à boire avec Hearne, qui notait ses conversations dans le détail dans son journal et décrivit par la suite leur rencontre. Lorsqu'il mit fin abruptement à sa liaison avec Dance, ce mois d'août, Fitzgerald était émotionnellement à bout, mais certain que l'épisode lui inspirerait d'excellentes nouvelles. Il écrivit à James Boyd : « Je viens d'émerger, non sans quelques bleus, je le crains, d'une violente liaison amoureuse qui justifie la cadence quelque peu sentimentale de cette lettre, et l'absence d'encre dans les environs. Je ne vous ai jamais parlé d'elle, mais c'était déjà dans le sac lorsque je me suis rendu à Southern Pines, et j'aurais mieux fait de ne pas y toucher, parce que je n'ai vraiment pas besoin de nouvelles émotions à ce stade de mon existence. Mais c'est fait maintenant, et emballé sous Cellophane, et... un jour, peut-être, j'en tirerai un chapitre. Bon Dieu, quelle profession infernale que celle d'écrivain [115]. »

Beatrice, après ce rejet, fut si troublée qu'elle dut être hospitalisée - comme Zelda ! Pétri de culpabilité, Fitzgerald retomba dans ses accès de beuverie caractéristiques, qui l'affaiblissaient tant, et le docteur Ringer dut le faire admettre à l'hôpital St Luke, dans la section des alcooliques. Se rappelant l'état pathétique de Scott cette année-là et le portrait que fit ensuite de lui Hearne, Rosalind Smith reconnut que « la diseuse de bonne aventure avait fait du bon boulot lorsqu'elle fréquenta Scott à Asheville. Je l'ai vu à l'époque dont elle parle, et je me rappelle qu'il était cette épave en perdition qu'elle décrit. Pauvre diable ! Je l'ai toujours plaint, même lorsque je le détestais[116] ».

Chaque jour apportait son lot de mauvaises nouvelles : la plus triste fut la mort d'un des fils de Gerald et Sara Murphy, Baoth, alors âgé de quinze ans. Pendant qu'il étudiait au lycée St George, situé à Middletown (Rhode Island), dans les faubourgs de Newport, il avait pris froid et était rentré à l'infirmerie de son école. Là, il avait attrapé une rougeole, qui avait dégénéré en une double mastoïdite. Son oncle Fred avait souffert de mastoïdite en 1913 et subi deux opérations douloureuses, et sa famille s'inquiéta considérablement. À raison, car après qu'on eut opéré son oreille infectée ce fut le fluide cérébro-spinal de Baoth qui fut contaminé par une bactérie, provoquant une méningite. Transféré à l'hôpital public du Massachusetts, il y mourut le 17 mars 1935. Contrairement à son frère de quatorze ans, Patrick (qui avait attrapé la tuberculose en 1929, avant d'être hospitalisé deux ans plus tard, avec ses deux poumons infectés), Baoth avait toujours joui d'une bonne santé, ce qui rendait sa mort encore plus tragique. Lors de la cérémonie funéraire, à l'église St Bartholomew de Manhattan, Sara quitta l'édifice en maudissant Dieu. Elle ne se remit jamais tout à fait de ce deuil et dit à Scott : « Je ne crois pas que le monde soit un endroit très sympathique[117]. »

Dans leur deuil, les Murphy se tournèrent vers leur benjamin, Patrick, dont la santé les préoccupait. Les années précédentes, ils l'avaient emmené en Autriche pour une cure d'air frais. Espérant qu'il bénéficierait de nouveau d'un climat de montagne, Sara l'amena en juillet 1935 au lac Saranac, dans les Adirondacks, un endroit réputé pour ses pavillons de cure et sa thérapie par la « vie au grand air ». Non seulement le village hospitalier logeait ses patients dans des pavillons qui leur permettaient de préserver l'intimité d'un foyer, mais il proposait aux malades atteints de tuberculose diverses activités pour combattre l'ennui et renouer avec les réalités du monde extérieur. Les Murphy n'épargnèrent aucune dépense pour Patrick : lorsqu'on diagnostiqua une cavité pulmonaire, compliquée par l'anémie, trois médecins et quatre infirmières furent engagés pour veiller à son traitement. Mais, en l'absence d'antibiotiques, on ne pouvait soigner la tuberculose pulmonaire qu'en aidant le système immunitaire à combattre la maladie, ce qui requérait beaucoup de patience et de discipline.

La « cure d'air frais » exigeait des patients qu'ils se reposent vingt-quatre heures sur vingt-quatre. Pendant les huit heures qu'ils devaient passer à l'extérieur, ils étaient allongés sur des chaises longues, dans des vérandas couvertes, à respirer l'air frais. La nuit, ils dormaient sur des balcons bien ventilés, sans chauffage. Sous la surveillance de Sara, Patrick œuvra à son rétablissement et s'attira le respect de tous, y compris de Hemingway qui vint le voir à Saranac. Ernest fut l'une des rares personnes à qui les Murphy firent part de la douleur immense que leur inspirait la mort de Baoth et de leurs craintes devant la maladie de Patrick, qui traînait en longueur. Fitzgerald fut un autre confident. « Il me semble que vous seul savez ce qu'ont pu être nos sentiments ces jours-ci - ce qu'ils sont toujours, écrivit Gerald à Scott. Vous êtes la seule personne à qui je puisse dire la vérité nue de ce que je ressens. Le courage de Sara, le travail incroyable qu'elle accomplit pour Patrick rendent insupportablement poignante la tragédie qui s'est passée - ce que la vie a essayé de lui faire. Je sais que ce que vous avez dit dans *Tendre est la nuit* est vrai. Seule la partie de notre vie que nous inventons, la part d'irréalité, peut participer de ce qui est beau. La vie elle-même est intervenue à présent pour brouiller, blesser et détruire. Dans mon cœur, je craignais le moment où notre jeunesse, notre inventivité seraient attaquées à notre seul point faible - nos enfants, leur croissance, leur santé, leur avenir. Comme cela peut être laid et ravageur, tranquillement impitoyable... Il m'est venu à l'esprit au milieu de tout ceci que vous seul avez toujours... su, disons ? ou senti que Sara - qu'il y avait chez Sara - quelque chose d'infiniment touchant, d'infiniment triste. La vie commence à l'isoler dans une sorte de tragédie nébuleuse [118]. » Gerald voyait dans Scott une âme sœur, non seulement en raison de la douleur que lui avait causée la maladie de Zelda, mais parce qu'il considérait Scott et lui-même comme des « Irlandais fragiles ». « Je suppose que vous et moi sommes deux grands imbéciles qui vivons dans des huttes de pierre, dans quelque lointaine vallée d'Irlande, écrivit-il à Fitzgerald. Vous et moi, enfin... nous sommes irlandais, je suppose[119]. »

Scott garda un contact étroit avec les Murphy tout au long de l'été. Après avoir été congédié de l'hôpital d'Asheville, il revint habiter l'hôtel Cambridge Arms de Baltimore, où Scottie était rentrée, et où Mrs Owens s'occupait d'elle. Les finances réduites de Fitzgerald l'obligèrent bientôt à déménager dans un habitat encore plus modeste, deux pâtés de maison plus loin, au 3300 St Paul Avenue. Abattu, criblé de dettes, Fitzgerald avait de plus en plus de mal à travailler, et les manuscrits qu'il envoyait à Ober arrivaient souvent dans un état d'incohérence illisible. L'économie stagnante avait pour ainsi dire asséché le marché de la nouvelle, et plus rien ne se vendait. De plus, Fitzgerald ne savait plus offrir aux magazines le genre de textes qu'ils réclamaient. Pour comble de misère, les critiques de *Tendre est la nuit* furent à peine tièdes. Le roman connut au mieux un modeste succès et ne retint pas longtemps l'attention. Scott écrivit à Mabel Dodge Luhan une lettre cavalière, destinée à cacher sa déception. « J'ai droit à un delirium tremens plutôt virulent de la part des critiques professionnels : les types frivoles qui écument d'enthousiasme parce qu'ils voient d'autres bulles flotter à la surface, les imbéciles qui prennent régulièrement ce que vous faites de pire pour ce que vous faites de mieux, et vice versa, et, surtout, les lâches qui évitent de se prononcer et les sangsues qui critiquent votre ouvrage en pompant les expressions du livre, comme des étudiants jouissant de quelque statut extraordinaire, qui leur permet de chahuter leur enseignant[120]. »

En novembre 1935, il avait touché le fond. Empruntant de l'argent aux Kalman, il donna 10 dollars à Scottie et annonça son départ à Mrs Owens. Prenant la voiture, il sortit de Baltimore sans bagages et atterrit au sud d'Asheville, dans Hendersonville, en Caroline du Nord, où il loua une chambre bon marché au Skylands Hotel. Quelques jours seulement avant son quarantième anniversaire, il s'assit pour rédiger trois essais confessionnels, qu'il voulait une autocritique sincère. Ces vingt pages furent publiées par Arnold Gingrich dans les numéros de février et d'avril d'*Esquire*. Aux yeux de Scott, ces trois essais, *La Fêlure*, *Recollage*, et *Manier avec précaution*, constituaient un examen sans concession de sa banqueroute spirituelle et émotionnelle ; aux yeux de Maxwell Perkins, c'était un exercice avilissant d'auto-apitoiement. Il avertit Scott qu'ils n'auraient jamais dû être publiés, et qu'ils saperaient sa réputation. Sara Murphy, elle, lui prodigua ses encouragements et lui écrivit pour ranimer son courage. « Vous avez été dupé (comme nous tous, d'une façon ou d'une autre), mais de voir sombrer la raison de Zelda - qui aurait été tout pour vous -, voilà qui est plus cruel que la mort elle-même. Elle vous aurait guidé et soutenu au cours de tous les mauvais moments, et elle aurait trouvé les mots justes pour vous aider. Pour vous, et pour ses véritables amis - elle me manque, à moi aussi -, vous avez traversé des moments horribles - pires que pour la plupart d'entre nous, je crois - et qui ont duré si longtemps : c'est ce qui nous atteint, sape notre vitalité - votre cran et votre courage sont des exemples pour nous tous[121]. »

Zelda savait que Scott allait mal, mais, comme l'écrivait Sara, n'était pas en état de l'aider. Son mal avait empiré au cours du printemps 1936, et sa ferveur envers Dieu avait dégénéré en manie religieuse. Toute de blanc vêtue, elle priait devant son lit des heures durant et, croyant que la fin du monde approchait et que son devoir était de répandre la bonne parole, elle écrivait, imprimait manuellement et distribuait des tracts religieux à ses amis. Sa manie avait atteint un point dangereusement culminant lorsque Rosalind insista pour qu'elle fût transférée à Highland Hospital, un institut d'Asheville, en Caroline du Nord. « Scott emmena Zelda à Highland sur mes instances, expliqua Rosalind, après que je l'ai vue à Sheppard-Pratt, où elle ne pesait plus que quarante-cinq kilos et descendait la pente à toute vitesse au lieu de se rétablir[122]. » Victime d'hallucinations où elle assurait pouvoir parler à Dieu et être en communication directe avec Jésus-Christ, Guillaume le Conquérant, et Apollon, Zelda fut admise à cet institut spécialisé dans les maladies nerveuses le 8 avril 1936. On avait demandé à Rosalind de rassembler quelques effets de sa sœur pour les emporter à Asheville, et par la suite elle se rappela que Zelda ne possédait plus grand-chose de valeur. « L'un des souvenirs les plus tristes qui me restent, c'est d'avoir vidé sa malle à Baltimore, sur la demande de Scott, avant son départ chez le docteur Carroll, pour voir si elle aurait besoin d'emporter quelque chose. Je n'ai trouvé que quelques vieux vêtements, un chandelier de cuivre et un poudrier faisant boîte à musique, orné d'une figurine de Pierrot qui pivotait en cadence [123]. »

Il ne restait pas grand-chose à Scott non plus. Tous ses livres étaient épuisés, ou en voie de l'être, et il devait 40 000 dollars. Il écrivit à Harold Ober en mai que le dernier sanatorium de Zelda l'attaquait en justice pour non-paiement, et qu'il lui était impossible d'écrire en ces circonstances. « Je me rends compte que je suis au bout du rouleau, physiquement et financièrement. Lorsque je me serai débarrassé de cette maison le mois prochain, et que j'aurai mis les meubles en réserve, je raclerai les dépenses jusqu'à l'os en emmenant Scottie en Caroline du Sud au lieu de l'envoyer dans un camp, et nous passerons l'été dans une pension de famille. Il faut que je fasse ça, et que j'acquière un sens des proportions, et que je le lui transmette. Les médecins me disent qu'à ce rythme je ne tiendrai pas deux ans [124]. » Ils se trompaient : il lui en restait exactement quatre.

Notes

1. Malcolm Cowley, « Epilogue : New Year's Eve », in *Exiles Return*, New York, Viking Press, 1956, p. 290.
2. Lettre de F. S. Fitzgerald à Scottie Fitzgerald, in *The Letters of F. Scott Fitzgerald*, éd. Andrew Turnbull, New York, Charles Scribner's Sons, 1963, p. 17.

3. Lettre de Zelda Fitzgerald à F. S. Fitzgerald, novembre 1931, archives Zelda Fitzgerald, bibliothèque de l'université de Princeton (PUL), boîte 4, dossier 23.
4. *Ibid.*, boîte 43, dossier 49.
5. *Ibid.*, boîte 43, dossier 23.
6. *Ibid.*, boîte 43, dossier 38.
7. Rosalind Smith, témoignage inédit sur Zelda Fitzgerald, W. S. Hoole Special Collections Library, Tuscaloosa, université d'Alabama.
8. Lettre de Zelda Fitzgerald à F. S. Fitzgerald, décembre 1931, archives Zelda Fitzgerald, boîte 43, dossier 39, citée dans *The Correspondence of F. S. Fitzgerald*, éd. Matthew J. Bruccoli et Margaret Duggan, New York, Random House, 1980, p. 274.
9. Lettre de Zelda Fitzgerald à F. S. Fitzgerald, citée dans Nancy Milford, *Zelda : a Biography*, New York, Harper & Row, 1970, p. 198.
10. Lettre de Zelda Fitzgerald à F. S. Fitzgerald, décembre 1931, archives Zelda Fitzgerald, PUL, boîte 43, dossier 37.
11. *Ibid.*, boîte 43, dossier 46.
12. Lettre de Zelda Fitzgerald à F. S. Fitzgerald, avril 1932, citée dans Bruccoli, *The Correspondence of F. S. Fitzgerald*, *op. cit.*, p. 291.
13. Zelda Fitzgerald, « Conduisez M. et Mme F. au n°.. » in *The Collected Writings of Zelda Fitzgerald*, éd. Matthew J. Bruccoli, New York, Charles Scribner's Sons, 1991, p. 289.
14. Lettre de Zelda Fitzgerald à F. S. Fitzgerald, printemps 1932, archives Zelda Fitzgerald, PUL, boîte 44, dossier 7.
15. *Ibid.*, boîte 44, dossier 7.
16. F. S. Fitzgerald, cité dans Matthew J. Bruccoli, *Some Sort of Epic Grandeur*, New York, Harcourt Brace Jovanovich, 1981, p. 265.
17. Lettre du docteur Mildred Squires à F. S. Fitzgerald, 17 février 1932, archives Zelda Fitzgerald, PUL, col. 187, boîte 51, dossier 50.
18. Lettre de F. S. Fitzgerald au docteur Mildred Squires, archives F. Scott Fitzgerald, PUL.
19. Lettre de F. Scott Fitzgerald au docteur Thomas Rennie, citée dans Thomas J. Stavrola, *Scott Fitzgerald : Crisis in an American Identity*, New York, Barnes & Noble, 1981, p. 65 ; citée dans Milford, *Zelda*, *op. cit.*, p. 261.
20. Lettre de Zelda Fitzgerald à F. S. Fitzgerald, février 1932, archives Zelda Fitzgerald, PUL, AM 20502, boîte 44, dossier 2.
21. Lettre de Zelda Fitzgerald à F. S. Fitzgerald, mars 1932, citée dans Bruccoli, *The Correspondence of F. Scott Fitzgerald*, *op. cit.*, p. 285.

22. Lettre de Zelda Fitzgerald à F. Scott Fitzgerald, citée dans *The Collected Writings of Zelda Fitzgerald*, *op. cit.*, p. 466.

23. Télégramme de F. S. Fitzgerald à Maxwell Perkins, cité dans Bruccoli, *Some Sort of Epic Grandeur*, *op. cit.*, p. 325.

24. Lettre de Zelda Fitzgerald à F. Scott Fitzgerald, citée dans Milford, *Zelda*, *op. cit.*, p. 220.

25. Lettre de F. S. Fitzgerald au docteur Mildred Squires, citée dans Milford, *Zelda*, *op. cit.*, p. 222.

26. Rosalind Smith, document inédit, collection Mayfield, université d'Alabama.

27. Zelda Fitzgerald, *Save Me the Waltz*, New York, Charles Scribner's Sons, 1932, p. 109.

28. Coupure du *New York Times*, 16 octobre 1932, conservée dans l'album de Zelda, PUL.

29. F. S. Fitzgerald, cité dans Andrew Turnbull, *Scott Fitzgerald*, New York, Charles Scribner's Sons, 1962, p. 207.

30. Gilbert Seldes, cité dans Koula Skovos Harnett, *Zelda Fitzgerald and the Failure of the American Dream*, New York, Peter Lang Publishers, 1991, p. 137.

31. Coupure du *Philadelphia Public Ledger*, 15 octobre 1932, conservée dans l'album de Zelda, PUL.

32. Frank Daniels, coupure conservée dans l'album de Zelda, PUL.

33. Lettre de Maxwell Perkins à Zelda Fitzgerald, citée dans Koula Skovos Harnett, *Zelda Fitzgerald and the Failure of the American Dream*, *op. cit.*, p. 138.

34. Lettre de Zelda Fitzgerald à F. S. Fitzgerald, printemps 1932, archives Zelda Fitzgerald, boîte 44, dossier 9, PUL.

35. Lettre de Zelda Fitzgerald à John Peale Bishop, citée dans Milford, *Zelda*, *op. cit.*, p. 258.

36. Scottie Fitzgerald, citée dans Eleanor Lanahan, *Scottie Fitzgerald : the Daughter of...*, New York, Harper Collins, p. 58.

37. *Ibid.*, p. 59.

38. Andrew Turnbull, « Scott Fitzgerald at La Paix », *Publications in the Humanities*, n° 22, Cambridge, Massachusetts, MIT, 1956, p. 7.

39. Andrew Turnbull, *Scott Fitzgerald*, *op. cit.*, pp. 230-231.

40. Lettre de Zelda Fitzgerald à F. S. Fitzgerald, février-mars 1932, archives Zelda Fitzgerald, PUL, boîte 44, dossier 3.

41. Lettre de F. Scott Fitzgerald au docteur Harry M. Murdoch, citée dans Bruccoli, *The Correspondence of F. Scott Fitzgerald*, *op. cit.*, p. 381.

42. Texte adressé par Zelda Fitzgerald au docteur A. C. Rennie, 10 octobre 1932, archives supplémentaires F. Scott Fitzgerald, PUL, AM 10-10-32, col. 188, boîte 25.

43. Lettre de F. Scott Fitzgerald au docteur A. C. Rennie, archives F. Scott Fitzgerald, PUL, col. 188, boîte 25, dossier 1.

44. Rosalind Smith, témoignage inédit, collection Mayfield, *op. cit.*

45. Zelda Fitzgerald, citée dans Le Vot, *Scott Fitzgerald : a Biography*, Garden City, New York, Doubleday, 1983, p. 266.

46. Lettre de F. Scott Fitzgerald au docteur A. C. Rennie, archives supplémentaires F. Scott Fitzgerald, PUL, col. 88, boîte 25, dossier 1.

47. Malcolm Cowley, *The Dream of the Golden Mountains : Remembering the 1930's*, New York, Viking Press, 1964, p. 188.

48. *Ibid.*, p. 191.

49. Lettre de F. S. Fitzgerald au docteur Adolf Meyer, 10 avril 1933, archives F. Scott Fitzgerald, PUL, col. 187, boîte 51, dossier 10A.

50. Lettre du docteur Adolf Meyer à F. S. Fitzgerald, 18 avril 1933, Craig House Files, PUL, col. 745.

51. Zelda Fitzgerald citée dans le rapport du docteur A. C. Rennie, archives F. S. Fitzgerald, PUL, p. 105.

52. Conversation entre les Fitzgerald et le docteur A. C. Rennie enregistrée à La Paix, transcription du docteur A. C. Rennie, archives F. S. Fitzgerald, PUL, p. 82.

53. F. S. Fitzgerald, cité dans Scott Donaldson, *Fool for Love*, New York, Congdon & Weed, 1983, p. 86.

54. Zelda Fitzgerald citée dans le rapport du docteur A. C. Rennie, archives F. S. Fitzgerald, PUL, p. 88.

55. Lettre de F. S. Fitzgerald au docteur A. C. Rennie, archives F. Scott Fitzgerald, PUL, col. 188, boîte 25, dossier 1.

56. Andrew Turnbull, « Further Notes on Fitzgerald at La Paix », *Publications in the Humanities*, n° 22, Cambridge, Massachusetts, MIT, 1956, p. 15.

57. Lettre de F. S. Fitzgerald au docteur Chilton Thorington, 11 août 1933, Craig House Files, PUL, 0745, dossier 1.

58. Lettre de F. S. Fitzgerald au docteur Rex Blankenship, 4 mai 1934, *ibid.*

59. F. S. Fitzgerald, *The New Republic*, 11 octobre 1933, pp. 254-255.

60. Isabel Owens, citée dans Koula Skovos Harnett, *Zelda Fitzgerald and the Failure of the American Dream*, *op. cit.*, p. 161.

61. *Ibid.*

62. Andrew Turnbull, « Further Notes on Fitzgerald at La Paix », *op. cit.*, p. 15.

63. Helen Hayes et Sandford Dody, *On Reflection : an Autobiography*, New York, M. Evans and Company, 1968, p. 198.

64. Edmund Wilson, *The Bit Between my Teeth : a Literary Chronicle of 1950-1965*, New York, Farrar, Straus & Giroux, 1965, p. 522.

65. Lettre de F. S. Fitzgerald à Edmund Wilson, citée dans *F. Scott Fitzgerald : a Life in Letters*, éd. Matthew J. Bruccoli, New York, Simon & Schuster, 1995, p. 227.

66. Lettre de F. S. Fitzgerald à Maxwell Perkins, citée dans *Scott and Ernest : The Authority of Failure and the Authority of Success*, New York, Random House, 1978, p. 113.

67. Lettre d'Ernest Hemingway à Malcolm Cowley, citée dans Morrill Cody, *Women of Montparnasse*, New york, Cornwall Books, 1984, p. 61.

68. Zelda Fitzgerald, « Conduisez M. et Mme F. au n°... », *op. cit.*, p. 431.

69. Lettre de John Peale Bishop à F. S. Fitzgerald, citée dans Andrew Mellow, *Invented Lives*, New York, Houghton Mifflin, 1984, p. 415.

70. Lettre de Zelda Fitzgerald au docteur A. C. Rennie, citée dans Mellow, *Invented Lives*, *op. cit.*, p. 425.

71. Lettre de Zelda Fitzgerald au docteur Adolf Meyer, archives Zelda Fitzgerald, PUL, boîte 5, dossier 7.

72. Lettre de F. S. Fitzgerald au docteur Clarence Slocum, Craig House Files, PUL, 0745, avril 1934.

73. Lettre de Zelda Fitzgerald à F. S. Fitzgerald, archives Zelda Fitzgerald, PUL, boîte 44, dossier 30.

74. Lettre de Clarence J. Slocum à F. S. Fitzgerald, 9 mars 1934, Craig House Files, PUL, 0745.

75. Lettre de Clarence J. Slocum à F. S. Fitzgerald, 11 avril 1934, *ibid.*

76. *Ibid.*

77. Lettre de Zelda Fitzgerald à F. S. Fitzgerald, archives Zelda Fitzgerald, PUL, boîte 42, dossier 41.

78. Lettre de Zelda Fitzgerald à F. S. Fitzgerald, archives Zelda Fitzgerald, PUL, boîte 44, dossier 35.

79. Zelda Fitzgerald, citée dans Milford, *Zelda*, *op. cit.*, p. 381 ; citée dans Henry Dan Piper, *F. Scott Fitzgerald : a Critical Portrait*, New York, Holt, Rinehart & Winston, 1965, p. 201.

80. James Thurber, *Credos and Curios*, New York, Harper & Row, 1962, pp. 157-159.

81. *Ibid.*, pp. 160-161.

82. Lettre de Zelda Fitzgerald au docteur A. C. Rennie, archives Zelda Fitzgerald, PUL.

83. Lettre de Zelda Fitzgerald au *New York Post*, 3 avril 1934, archives Zelda Fitzgerald, PUL.

84. John Biggs, cité dans Milford, *Zelda, op cit.*, p. 291.

85. Dorothy Parker, citée dans Milford, *Zelda, op. cit.*, pp. 290-291.

86. Critique de *Time Magazine*, citée dans Jeffrey Meyer, *Scott Fitzgerald : a Biography*, New York, Harper Collins, 1994, p. 234.

87. Lettre de F. S. Fitzgerald au docteur Clarence Slocum, 2 avril 1934, Craig House Files, PUL, 0745.

88. Lettre de F. S. Fitzgerald à Zelda Fitzgerald, 26 avril 1934, citée dans Bruccoli, *F. Scott Fitzgerald : a Life in Letters, op. cit.*, p. 257.

89. Lettre de Zelda Fitzgerald, citée dans *Zelda : an Illustrated Life*, éd. Eleanor Lanahan, New York, Harry Abrams, 1996, p. 29.

90. F. S. Fitzgerald, cité dans Bruccoli, *Some Sort of Epic Grandeur, op. cit.*, p. 322.

91. Lettre de Zelda Fitzgerald à F. S. Fitzgerald, archives Zelda Fitzgerald, PUL, boîte 44, dossier 4.

92. Lettre de Zelda Fitzgerald à F. S. Fitzgerald, *ibid.*, dossier 46.

93. Lettre de Zelda Fitzgerald à F. S. Fitzgerald, Craig House Files, PUL, 0745, boîte 44, dossier 42.

94. Lettre du docteur Clarence Slocum à Mrs Anthony Sayre, 7 mai 1934, Craig House Files, PUL.

95. Lettre du docteur Clarence Slocum à F. S. Fitzgerald, 19 mai 1934, *ibid.*

96. Lettre du docteur Clarence Slocum à Mrs Anthony Sayre, 4 juin 1934, *ibid.*, dossier 1.

97. Zelda Fitzgerald, citée dans Sara Mayfield, *Exiles from Paradise : Zelda and Scott Fitzgerald*, New York, Dell Publishing Company, 1971, p. 275.

98. Lettre de Zelda Fitzgerald à F. S. Fitzgerald, archives Zelda Fitzgerald, PUL.

99. Lettre de F. S. Fitzgerald à Zelda Fitzgerald, citée dans Bruccoli, *The Correspondence of F. S. Fitzgerald, op. cit.*, p. 356.

100. Lettre de F. S. Fitzgerald au docteur Harry Murdoch, 28 août 1934, archives F. Scott Fitzgerald, PUL, boîte 51.

101. John O'Hara, cité dans Mellow, *Invented Lives, op. cit.*, p. 429.

102. Charles Warren, cité dans Arnold Latham, *Crazy Sundays : F. S. Fitzgerald in Hollywood*, New York, Viking Press, p. 183.

103. Lettre de F. S. Fitzgerald à Gertrude Stein, 29 décembre 1934, citée dans Koula Skovos Harnett, *Zelda Fitzgerald and the Failure of the American Dream*, *op. cit.*, p. 143.

104. Lettre de Gertrude Stein à Scottie Fitzgerald, sans date, archives Zelda Fitzgerald, PUL, AM 50205, boîte 6, dossier 3.

105. Lettre de F. S. Fitzgerald à Margaret Turnbull, *The Letters of F. Scott Fitzgerald*, *op. cit.*, p. 439.

106. Lettre de Zelda Fitzgerald à F. S. Fitzgerald, printemps 1935, archives F. Scott Fitzgerald, PUL, boîte 45, dossier 5.

107. Lettre du docteur A. C. Rennie à F. Scott Fitzgerald, 27 mai 1935, archives F. Scott Fitzgerald, PUL, boîte 53, dossier 14A.

108. Docteur A. C. Rennie, *Archives of Neurology and Psychiatry* 46, août 1941, pp. 197-229.

109. Lettre d'Isabel Owens à F. S. Fitzgerald, archives F. Scott Fitzgerald, PUL, col. 187, boîte 51, dossier 33.

110. Lettre de Zelda Fitzgerald à F. S. Fitzgerald, 1936, archives Zelda Fitzgerald, PUL, boîte 45, dossier 14.

111. Entretien de Rosalind Smith avec l'auteur, 12 août 1963.

112. Lettre de Rosalind Smith à F. S. Fitzgerald, 4 juin 1935, archives F. Scott Fitzgerald, PUL, boîte 53, dossier 14A.

113. Lettre de H. L. Mencken à F. S. Fitzgerald, 30 mai 1935, archives F. S. Fitzgerald, PUL, col. 187, boîte 51, dossier 9.

114. Lottie Stephens, citée dans Tony Buttita, *After the Good Gay Times*, New York, Viking Press, 1974, p. 135.

115. Lettre de F.S. Fitzgerald à James Boyd, août 1935, citée dans *The Letters of Scott Fitzgerald*, *op. cit.*, p. 528.

116. Lettre de Rosalind Smith à l'auteur, 3 décembre 1964.

117. Lettre de Sara Murphy à F. S. Fitzgerald, 20 août 1935, citée dans Bruccoli, *The Correspondence of F. S. Fitzgerald*, *op. cit.*, p. 423.

118. Lettre de Gerald Murphy à F. S. Fitzgerald, 11 août 1935, archives F. S. Fitzgerald, PUL, col. 187, boîte 51, dossier 13.

119. Lettre de Gerald Murphy à F. S. Fitzgerald, 31 décembre 1935, *ibid.*

120. Lettre de F. S. Fitzgerald à Mabel Dodge Luhan, 10 mai 1934, citée dans Bruccoli, *F. Scott Fitzgerald : a Life in Letters*, *op. cit.*, p. 258.

121. Lettre de Sara Murphy à F. S. Fitzgerald, sans date, archives F. Scott Fitzgerald, PUL, col. 187, boîte 51, dossier 15.

122. Rosalind Smith, témoignage inédit, collection Mayfield, *op. cit.*
123. *Ibid.*
124. Lettre de F. S. Fitzgerald à Harold Ober, mai 1936, citée dans Bruccoli, *F. S. Fitzgerald : a Life in Letters*, *op. cit.*, p. 330.

Chapitre sept

La fin de l'histoire

En Caroline du Nord, jouxtant les rives des fleuves French Broad et Suwannee, dans une zone résidentielle des proches faubourgs d'Asheville, se trouvait le sanatorium de Zelda, Highland. Cerné par les montagnes Bleues et les Great Smoky Mountains, l'hôpital occupait un terrain de 20 hectares, sans compter 160 hectares de terrain boisé, à huit kilomètres de là. C'était un endroit plaisant, qui évoquait un campus universitaire plus qu'un institut psychiatrique, avec ses courts de tennis et sa piscine. Fondé en 1904 par le célèbre psychiatre Robert S. Carroll et sa femme, Highland était une institution bien gérée, aux honoraires modestes. Le coût en était de 1 200 dollars par trimestre, mais Fitzgerald, en plaidant ses difficultés financières, négocia un moindre tarif et régla 240 dollars par mois. Il payait en sus 100 dollars par mois pour les dépenses personnelles de Zelda, lesquelles comprenaient des articles de toilette, des frais dentaires occasionnels, des achats de vêtements, de fruits, de chewing-gum, des frais de teinturier, de fleuriste et de télégrammes. Sans compter quelques dépenses supplémentaires : sorties de jour, concerts, cinémas, dîners, leçons de danse et fournitures artistiques.

À cette époque, Highland inaugurait de nouveaux traitements de la schizophrénie, dont les injections de sang chevalin dans le fluide cérébro-spinal des patients - un remède controversé - mais préconisé par le docteur Carroll. Le sérum de cheval inactivé, injecté au moyen de ponctions lombaires, amenait une méningite aseptique qui provoquait à son tour de la fièvre, des maux de tête et des vomissements, mais conférait également aux patients une lucidité prolongée. L'hôpital expérimentait par ailleurs des injections de sang placentaire, de miel et de solutions hypo ou hypertoniques. L'insulinothérapie et la thérapie par électrochocs étaient devenues courantes, et Zelda fut soumise à de longs traitements de ces deux sortes, qui suscitèrent une amélioration progressive de ses symptômes.

Le directeur de Highland, le docteur Robert Carroll, né en 1869 à Cooperstown (Pennsylvanie), avait fait ses études à la faculté de médecine Marion-Sims et achevé sa formation de psychiatre au Chicago's Rush Medical College, où le père de Hemingway avait jadis étudié. Il entretenait des rapports amicaux avec Adolf Meyer, de Phipps, qui lui envoyait parfois des patients et recommanda peut-être Highland à Rosalind. Carroll, qui avait été pharmacien au début de sa carrière, postulait que les désordres médicaux étaient dus à la présence de substances toxiques dans le corps. En réduisant le régime à des aliments spécifiques, en soumettant les patients à des exercices physiques intensifs, il croyait possible de leur faire évacuer assez de toxines pour contrôler les désordres nerveux. Ce régime incluait des jus de fruits naturels, beaucoup de féculents et de légumes, mais proscrivait la viande, le lait et les œufs, et n'autorisait qu'un minimum de sucreries. L'alcool, le tabac et les drogues étaient strictement interdits. L'hôpital mettait l'accent sur un régime sain, une grande consommation d'eau et un équilibre raisonnable entre repos et travail. On ne permettait pas aux patientes de se maquiller, et elles n'avaient pas droit à un miroir dans leurs chambres. Pratiquer la modération dans tous les domaines de l'existence, tel était le principe clé du traitement.

La philosophie de Highland s'appuyait essentiellement sur une réglementation de l'exercice physique. On exigeait des patients qu'ils fassent des marches de huit kilomètres par jour dans les collines environnant l'hôpital. Au sommet de chaque colline, il y avait un panneau où les patients notaient leurs progrès en biffant un code personnel. Chacun se voyait proposer un objectif physique spécifique, auquel il était censé œuvrer quotidiennement. Ce programme avait pour but de réformer les corps et d'enseigner la persévérance. On prescrivait des exercices supplémentaires aux patients agressifs, suivant le principe qu'il fallait punir le corps plutôt que l'esprit. Outre les marches quotidiennes, les patients prenaient part à un certain nombre d'activités en plein air. C'était un régime idéal pour quelqu'un comme Zelda, qui appréciait les sports athlétiques.

Les thérapies récréatives et occupationnelles étaient aussi au programme hebdomadaire, puisque Carroll considérait que ces activités favorisaient l'autonomie des patients. On encourageait également ceux-ci à communiquer régulièrement avec leurs parents et amis par correspondance. Rosalind se rappela « les lettres qu'envoyait fidèlement Zelda, chaque semaine, puisant dans un vocabulaire qui, me dit l'un de ses médecins, était parmi les plus beaux et les plus extraordinaires qu'il ait jamais vus[1] ». Pour mieux comprendre sa nouvelle patiente, le docteur Carroll étudia l'écriture de Zelda, et il prépara une analyse graphologique détaillée, d'une exactitude stupéfiante, destinée à la mère de Zelda. Il définissait cette dernière comme « une personnalité enthousiaste, dotée d'une pensée active, d'une grande fermeté, d'une forte résolution, avec la volonté de faire admettre ses façons de faire, sans quoi gare à la casse, mais tout cela d'une façon aimable, tranquille, égale ». Cette analyse captait très exactement l'essence de sa personnalité, tout comme son approche de la vie. « Bien qu'elle soit d'esprit scientifique, ses idées relèvent souvent de l'inspiration, ses intuitions frôlent parfois le phénomène psychique. Elle est sincère et consciencieuse. A des talents de société qui font d'elle une compagne agréable, mais s'ennuie lorsqu'il faut se concentrer trop longtemps sur le même sujet. Elle pèche par absence de rationalité et ne raisonne pas par connexions ou liens logiques. Dotée de véritables talents créatifs, elle s'intéresse à la vie en général, mais ne s'attache pas profondément à un objet unique et ne fait pas montre d'affection : sa tête régit ses émotions. Elle est capable d'une grande efficacité dans tout ce qu'elle entreprend. Ses intérêts sont variés, et elle a un certain don pédagogique, peut communiquer ses impressions et son savoir avec aisance, agit impulsivement et parfois à la hâte. Ne sait pas attendre. Une nature des plus contradictoires. Chacun de ses traits, ou presque, contient des traces de son contraire. Le problème principal, c'est qu'elle ne peut pas se concentrer longtemps sur quelque chose. A disséminé ses énergies dans toutes les directions et déstabilisé ses dons. » Ce que l'analyse ne prenait pas en considération, c'étaient les causes de cet état.

Zelda trouva Highland paisible et apprécia son strict emploi du temps quotidien. Elle prenait un cours de gymnastique le matin, suivi d'un repas léger, puis d'une session de thérapie occupationnelle et d'une marche de huit kilomètres sur la propriété l'après-midi. Lorsqu'on l'autorisa enfin à sortir le week-end, elle rendit visite à sa mère, partie se dépayser à Saluda, en Caroline du Nord (où Zelda enfant, passait ses étés), puis alla à Manhattan voir Rosalind - que ses progrès surprirent. « À Asheville, qui ne donnait guère l'impression d'un institut en raison de ses logements plaisants, mais où régnait une sévérité sans compromis exigeant la coopération des patients, Zelda s'épanouit de nouveau, et, les quelques fois où elle vint me voir à New York au cours de cette période, elle redevint presque ce qu'elle avait été - de nouveau belle, toujours intéressée par la musique, le théâtre et l'art, mais plus sobre, ayant retrouvé un rythme presque normal[2]. »

Les sorties préférées de Zelda restaient celles qu'elle faisait en compagnie de Scott : ils traversaient en voiture les montagnes voisines, ou allaient se baigner dans un lac. Pour son anniversaire, en juillet 1936, Fitzgerald projeta une excursion de ce type, mais gâcha la journée en se blessant à l'épaule le matin, à Grove Park. Il faisait des démonstrations de plongeon à la jeune infirmière qu'il avait engagée pour surveiller son alcoolisme. Il y a plusieurs versions de ce qui arriva. Fitzgerald dit à son amie Xandra Kalman et à Scottie que, « dans une tentative d'épater Zelda, il avait plongé d'un tremplin de quatre mètres cinquante, et, alors qu'il était toujours en l'air, les ligaments de son épaule s'étaient déchirés si brutalement qu'il avait atterri avec son bras pendouillant à un ou deux centimètres de l'articulation[3] ». Mais il dit aussi à Beatrice Dance, avec qui il était resté en correspondance, que la chose s'était produite juste avant qu'il ne frappât la surface de l'eau dans un saut de l'ange, et qu'il était seul alors. Lorsqu'il écrivit à Zelda pour s'excuser, il ne mentionna pas non plus l'infirmière. « C'est trop bête que le jour de ton anniversaire, tout se soit passé si mal. J'ai quitté l'hôtel pour l'hôpital ce matin avec la ferme intention d'être de retour à temps pour déjeuner avec toi, puisque, à première vue, il ne s'agissait que d'une luxation sévère qu'on pouvait soigner avec des compresses chaudes et du repos, et une écharpe, mais les rayons X ont révélé une fracture dans l'emboîtement de l'épaule, et une dislocation de l'énarthrose... On a fait venir un spécialiste des os et il a dit qu'il faudrait remettre immédiatement l'épaule en place, sans quoi je ne pourrais plus jamais lever le bras plus haut que l'épaule, et je me suis endormi en croyant que tu étais dans la pièce, à dire : "Mais si, je vais rester ; après tout, c'est mon mari[4]." » Il raconta également l'incident à Gerald Murphy, qui envoya une réponse lugubre : la santé de Patrick ne s'améliorait pas au lac Saranac. « Quant à la vie (comme on dit), je m'aperçois qu'elle devient ce que je l'ai toujours soupçonnée d'être. Un processus bien mal agencé, une vraie perte de temps. À présent que j'ai éprouvé cette vérité, elle me laisse plutôt indifférent[5]. »

Pour que son épaule guérît normalement, Fitzgerald se vit contraint de porter un plâtre qui maintenait son bras levé au-dessus de sa tête. Un soir, il glissa sur une estrade aménagée dans sa chambre et demeura gisant sur le plancher une heure durant. S'ensuivit une forme d'arthrite qui le retint au lit pendant dix semaines. Une autre infirmière - Pauline Brownell, dite « Phil » - fut engagée pour l'aider. Toujours insomniaque, Fitzgerald passa bien des nuits à converser avec Phil. Durant le mois de septembre 1936, son mari, George, et elle menèrent Fitzgerald voir Zelda à Highland, puis les emmenèrent tous deux faire de longues promenades dans les montagnes de la Caroline du Nord. Zelda guettait avec impatience ces sorties ; elle était souvent assez bien pour les apprécier, mais, quand venait le soir, elle était disposée à regagner le sanatorium.

Les Brownell emmenèrent également Scott chez Tom Wolfe, à Asheville, où ils prirent le thé avec l'écrivain et sa mère. Ils allèrent voir avec lui la ferme où vivait la famille de Pauline, près de Spruce Pine, dans le comté d'Avery ; par la suite, il dédicaça deux de ses premiers ouvrages à Pauline, en écrivant dans un exemplaire de *Taps at Reveille (Tocsin du matin)* : « En souvenir d'un autre voyage amusant et inoubliable, Asheville-Spruce Pine, 1936. » Sur la page de garde de *L'Envers du paradis*, il écrivit : « Pour Pauline - je me la suis imaginée aujourd'hui enfant, tête nue, pieds nus, montant un cheval à cru - et c'était touchant de se la représenter ainsi. » Scott dédicaça également plusieurs livres à George, dont un exemplaire de *Victoire* de Joseph Conrad, où il avait écrit : « À George Brownell - de la part de son ami F. Scott Fitzgerald - en souvenir des jours heureux sur la route, automne 1936. » Dans *Contes de l'ère du jazz* : « À deux personnes qui vécurent après l'ère du jazz sans connaître ni ses plaisirs déchaînés ni ses terribles gueules de bois - dans l'espoir qu'ils ne les connaîtront jamais. » Scott cultiva une profonde affection pour Pauline. Lorsqu'elle souffrit d'un accès de dépression au cours de l'hiver 1936, il finança son séjour dans une clinique de repos, et, comme geste d'adieu, lui offrit un tapis d'Orient en notant ce geste dans son carnet : « Le tapis et les livres pour Pauline. »

Pour lui marquer son estime, Zelda donna à Pauline une aquarelle où figuraient des lys. Le jour de son mariage, il y avait eu un lys de Pâques sur la commode du Biltmore, et Zelda conservait une préférence sentimentale pour ces fleurs. À présent, elles revêtaient également une signification religieuse. Au cours de cette période, elle peignit de nombreuses aquarelles de lys comme motif religieux ; sur l'un d'eux figuraient deux calices vus de près, sous le titre « Pâques ». En général, un plant de lys agrémentait la chambre de Zelda à Highland, et, dans le classeur où elle notait ses pensées et ses réflexions, elle écrivit sur la mort. « Mes lys sont morts ; ils sont morts, tout simplement, et je ne peux que peindre, peut-être, le souvenir de leurs blancs attraits - de toute cette beauté. Si parfaits. Je les cueillais en Alabama sous les pins, et sur les bords suintants d'un lac desséché, et ils manifestaient toujours une splendeur spirituelle. » Ce souvenir de jeunesse, c'était le rêve perdu de ses propres attraits.

Au fil des mois, la manie religieuse de Zelda s'apaisa progressivement, et il n'y eut pas d'autre tentative de suicide. De nombreux résidents la trouvaient naturelle, facile à fréquenter ; hormis quelques rechutes occasionnelles dans ses fantasmes, elle ne manifestait que des signes sporadiques de schizophrénie. Lorsque le temps le permettait, elle s'allongeait dehors au soleil, ne rentrant que quand on l'appelait. Pendant ce premier séjour, elle montra un appétit de vivre, un intérêt pour ce qui l'entourait, et mentionna encore le livre qu'elle espérait écrire. Parfois, elle parlait aussi de Scott, de leur vie en Europe, de ses regrets d'avoir renoncé au ballet. Son amour de la danse demeurait vivace, et elle trouvait de grands plaisirs à organiser des ballets pour des occasions spéciales. Pour le bal costumé du Nouvel An, elle donna même un court ballet où elle représentait un ange. Mais elle devait être surveillée de près. Si les infirmières oubliaient de la surveiller, elle pratiquait ses exercices de danse jusqu'à l'épuisement et souffrait d'une terrible instabilité le lendemain.

Lorsque Zelda ne pratiquait pas le ballet, ou qu'elle ne participait pas aux activités de l'institut, elle prenait souvent le chevalet d'extérieur qu'un autre patient avait construit pour elle et partait dans la campagne d'Asheville peindre des paysages. Elle trouvait le paysage plus attrayant que les Alpes suisses et aimait à peindre les verts et les bruns luxuriants de la Caroline du Nord, ainsi que les roses trémières, les magnolias et les rhododendrons qui poussaient en abondance sur ces terrains. Elle faisait, à l'huile et à l'aquarelle, des tableaux abstraits de ces fleurs, en évitant toute représentation réaliste au profit d'une représentation hautement symbolique. Elle tenait son intérêt pour les fleurs de sa mère, qui était une jardinière accomplie. Au cours de ses longues marches, elle cueillait toutes sortes de fleurs, et il y en avait toujours des fraîches dans sa chambre - des lys, des pivoines, des trompettes-des-anges ou daturas blancs, qui ne fleurissent que de nuit. Zelda connaissait la plupart des espèces botaniques et les peignait avec facilité et fluidité.

Scott fut soulagé d'apprendre que Zelda était bien entourée, mais les honoraires de Highland (certes inférieurs à ceux de Craig House), auxquels s'ajoutaient les frais de scolarité de Scottie et ses propres dépenses mensuelles à Tryon, étaient un lourd fardeau. C'est seulement lorsque sa mère mourut soudain d'une hémorragie cérébrale en septembre 1936 que le montant de sa succession vint alléger momentanément ses problèmes financiers. À présent, lorsqu'il rendait visite à Zelda une ou deux fois par mois, il pouvait amener Scottie et passer la journée à faire les magasins d'Asheville, et inviter tout le monde à dîner ensuite. Lorsqu'il venait seul, espérant trouver Zelda en meilleure santé, elle avait des moments de lucidité où elle parlait encore de la maison où ils vivraient tous réunis. Mais ses descriptions se faisaient de plus en plus rêveuses. « J'aimerais que tu aies une petite maison garnie de roses trémières, avec un sycomore et le soleil d'après-midi qui se nicherait dans une théière d'argent. Scottie gambaderait toute en blanc, comme un Renoir, et toi, tu écrirais des livres par douzaines. Et il y aura du miel pour le thé, même si la maison ne se trouve pas à Granchester. Il y a tant de maisons où je voudrais vivre avec toi. Je ne sais pas comment faire pour en trouver une, mais je crois que si nous mettions de côté beaucoup de choses - des timbres et des bagues de cigares, des emballages de savon et des couvercles de boîtes, nous pourrions l'acquérir, d'une façon ou d'une autre[6]. » Ce fantasme nourrissait chez Zelda l'espoir d'avoir un jour une vie au-dehors de Highland, loin de ses règles et de ses restrictions. Elle décrivit l'atmosphère étouffante de l'hôpital à Scott. « L'amitié, la convivialité, le libre choix, le droit d'éprouver du ressentiment, de la colère, de l'impétuosité : tout cela fait partie de la vie, comme l'obéissance, la soumission, l'obligation et la nécessité. Dans un hôpital, ou à Highland, ces manifestations du tempérament humain sont sujettes à des réprimandes, elles sont tenues pour des symptômes. Voyant cela, les patients (pour la plupart) se réfrènent autant que possible et supportent tout dans l'espoir de sortir un jour[7]. » C'était peut-être la première fois de sa vie qu'elle se pliait à une discipline, et, malgré ses récriminations, celle-ci eut un effet positif sur son état mental.

Si Scott partageait le désir de Zelda de vivre normalement, cette probabilité lui semblait de plus en plus éloignée. Bien qu'on lui autorisât des excursions chaque fois que ses symptômes s'atténuaient, l'attention qu'elle réclamait pendant ces sorties épuisait Scott. Parfois il la ramenait à Grove Park pour déjeuner. Ils s'asseyaient dans la salle à manger majestueuse, loin des autres invités, pendant que Zelda mangeait une salade de concombre. Fitzgerald vivait cette situation dans une angoisse intense, aussi se montrait-il parfois lui-même excentrique, comme si la situation réclamait une certaine dose de folie : si Zelda ne la produisait pas, il s'en chargerait. Même s'il était essentiel qu'elle restât calme, Fitzgerald catalysait parfois les tensions. En octobre 1936, en compagnie de Zelda, il s'approcha d'un groupe de bibliothécaires réunis à l'hôtel et se présenta comme l'auteur d'un roman d'Ernest Hemingway. Lorsqu'un des bibliothécaires exprima quelques doutes, Fitzgerald répliqua : « Vous ne me croyez pas, hein ? Je suis Scott Fitzgerald. J'ai écrit *Le Temps et la Rivière*. » L'absurdité de cette affirmation fit rire une bibliothécaire. « Je l'assurai que, soit il n'était pas Fitzgerald, soit il n'avait pas écrit *Le Temps et la Rivière*. Cette impudence ne fit qu'accroître son indignation. Il était inconcevable qu'une petite bibliothécaire effrontée mette ainsi en doute la parole d'un illustre écrivain. Entre-temps, la femme qui était avec lui ne faisait que grommeler impatiemment : "Viens, Scott ! Viens donc, Scott !" "Je vais vous prouver que je suis Scott Fitzgerald. Suivez-moi !" Il était surexcité à présent, et mes compagnons et moi-même le suivîmes à travers la foule jusqu'à la réception. Un petit employé aux cheveux bruns nous vit arriver. Le soi-disant M. Fitzgerald lui dit sur un ton d'indignation : "Vous, là, dites à cette jeune dame qui je suis !" Il suffit d'un coup d'œil à l'employé pour saisir la situation. D'une voix calme et égale, il dit en me regardant bien dans les yeux : "Voici M. Scott Fitzgerald. Il a écrit *Le Temps et la Rivière*." Nous gagnâmes ensuite l'ascenseur, et les Fitzgerald, puisque c'étaient eux, sortirent avant nous. M. Fitzgerald, se retournant, me fixa du regard et décocha sa flèche du Parthe : "Chaque fois que vous lirez un livre sur une rivière, n'oubliez pas que c'est moi qui l'ai écrit[8] !" »

Au printemps 1936, Scottie fut admise comme interne à l'institut Ethel-Walker, à Simsbury, dans le Connecticut. Ses frais de scolarité avaient été réduits à 2 200 dollars par an. Gerald Murphy avait recommandé Ethel-Walker comme l'un des meilleurs pensionnats pour jeunes filles, et, pour régler ses honoraires, Fitzgerald emprunta à Harold Ober et à Maxwell Perkins. Il devait déjà de l'argent aux deux hommes et espérait les rembourser en s'assurant une position à Hollywood comme scénariste. Scottie s'interrogea par la suite dans ses Mémoires sur ce qui l'avait fait opter pour un établissement aussi exclusif. « Ce choix d'un établissement qui comptait alors parmi les cinq ou six écoles de jeunes filles riches les plus renommées du pays illustre, là encore, ce curieux conflit d'attitudes que lui inspiraient l'argent et la Société avec un grand S. Dans un sens, je crois qu'il aurait détesté m'inscrire à une école qui n'était pas "chic", mais à peine y étais-je entrée qu'il commença à s'inquiéter de la mauvaise influence qu'elle aurait sur moi. Bien sûr, aucune fille de cet âge ne saurait imaginer aujourd'hui ce qu'étaient les strates supérieures, exclusives, qui caractérisaient la société de la côte Est à cette époque. Il fallait fréquenter les "bons" établissements avant de faire ses débuts dans le monde (si on était un garçon, on allait dans une université de l'Ivy League), sans quoi, impossible d'intégrer ce qui était véritablement un club, auquel on appartenait toute sa vie durant... Du coup, je crois que papa était déchiré entre ses tentatives de compenser l'instabilité domestique en me faisant intégrer ce club, et son propre manque de respect instinctif pour les valeurs de celui-ci[9]. » Mais elle était bel et bien la fille d'un célèbre écrivain, ce que ne pouvait oublier Fitzgerald au moment de lui choisir une école, ou un sanatorium pour sa femme.

Le cours Ethel-Walker était très proche de la résidence des Ober à Scarsdale, et ceux-ci acceptèrent de suppléer aux responsabilités de Fitzgerald en prenant soin de Scottie : ils lui rendirent visite à l'école, l'emmenèrent skier et lui ouvrirent leur foyer. Les Ober avaient deux fils et habitaient une grande maison confortable, souvent peuplée de personnalités intéressantes. Ober s'intéressait au jardinage et à la musique ; c'était un homme de tempérament affirmé, d'une grande intégrité morale, que Scottie admirait. Anne et lui la traitèrent comme la fille qu'ils n'avaient jamais eue - ils lui achetèrent ses vêtements, l'écoutèrent leur confier ses problèmes et lui servirent de parents adoptifs. Ober avait achevé ses études à Harvard en 1905 ; il était entré à l'agence littéraire Paul-Reynolds en 1907, en était devenu un partenaire en 1919, avant d'ouvrir sa propre agence en 1929. Il avait été l'agent de Scott depuis le début de sa carrière littéraire et représentait un grand nombre d'écrivains célèbres.

Les Ober prêtèrent de l'argent à Fitzgerald pour qu'il pût envoyer Scottie au camp de jeunes filles de l'Aile-Rouge, à Brackney, en Pennsylvanie, pendant la première moitié de l'été 1936. La directrice du camp écrivit à Fitzgerald que sa fille était une source continuelle d'amusement et de stimulation mentale, pleine d'inventivité et de vitalité. Elle ne lui reprochait que de manquer de prévoyance, de ne pas se tenir droite et de manquer de tenue et de douceur. Revenu de Pennsylvanie, Fitzgerald tenta de regrouper sa famille en juillet, dans la maison dont rêvait Zelda. Il loua une petite chaumière dans la campagne de Caroline du Nord, qui semblait être un lieu rêvé pour les vacances. Scott espérait que l'expérience serait positive, mais Zelda était sujette à des sautes d'humeur si fortes qu'il fallait la surveiller constamment, ce qui l'empêchait de se concentrer sur autre chose. Il expliqua la situation au docteur Carroll : « [...] Il y avait des épisodes très sérieux, qui semblaient n'avoir aucun fondement, des éclats de mauvaise humeur, de la violence et de la précipitation qui ne pouvaient être ni prévus, ni empêchés[10]. » Pour tenter de venir à bout du problème, Scott et Zelda allèrent voir un psychiatre pour discuter de leurs difficultés, et celui-ci fut frappé par l'intimité qu'ils partageaient encore. Ils se comprenaient si bien qu'ils passaient ensemble de la colère à l'amusement, en l'espace de quelques secondes. Pour convaincre Zelda qu'elle n'était qu'une « bonne vieille schizophrène », Scott évoqua un épisode qui leur était arrivé un jour où ils étaient sortis à cheval. Lorsque Zelda nia l'incident, Fitzgerald laissa tomber et haussa les épaules en disant : « Peut-être que c'était un cheval schizophrène », sur quoi Zelda éclata de rire en affirmant : « Oh, Scott, ça c'est vraiment bien trouvé, ça c'est impayable. »

En septembre 1936, Zelda était de retour à Highland, Scottie chez miss Walker, et Fitzgerald à l'Oak Hall Hotel, à Tryon, où il projetait de passer l'automne. Il emmena Zelda faire une excursion à Saluda, en

Caroline du Nord, en octobre, et en décembre il partit pour Baltimore, donner un thé dansant pour célébrer le retour de Scottie lors des fêtes de Noël. Ce thé devait représenter son entrée dans le monde. Il loua un orchestre, invita une soixantaine d'amis et, avec l'aide de Margaret Turnbull et de Peaches Finney, fit des plans détaillés pour ce bal, qui devait avoir lieu le 22 décembre à l'hôtel Belvedere. La soirée commença plutôt bien, mais elle tourna bientôt au désastre lorsque Fitzgerald, après plusieurs allers-retours au bar, insista pour faire danser les amies de Scottie. Il était trop ivre pour comprendre leur réticence. Lorsqu'il finit par réaliser combien les jeunes filles se sentaient gauches et gênées, il ordonna abruptement à tous les invités de sortir et dit aux musiciens de continuer à jouer pendant qu'il restait seul assis dans la salle de bal, à boire du gin. Eben Finney, qui avait été le condisciple de Scott à Princeton, ramena Scottie et Peaches chez lui. « Je passais tout mon temps à survivre, et ce sur quoi je ne pouvais fermer les yeux... je le rangeais dans un grenier émotionnel aussi vite que possible [11] », écrivit par la suite Scottie dans une introduction à la correspondance de son père. Elle était mortifiée par l'attitude de celui-ci : « Après cet épouvantable thé dansant... mon amie Peaches Finney et moi rentrâmes chez elle dans un état de semi-hystérie. Ses parents, qui étaient les gens les plus gentils et les plus attentionnés que j'aie jamais rencontrés, nous servirent des œufs et nous prodiguèrent leurs consolations. Deux heures plus tard, nous étions changées et bouclées, et ils nous déposaient au seuil d'une autre maison, pour une autre fête de Noël [12]. » La nature pitoyable de l'incident n'échappa pas à Fitzgerald qui se traita de tous les noms et se noya dans l'alcool, en se cloîtrant dans son appartement du Cambridge Arms pour les vacances. Le 1er janvier le trouva à l'hôpital John-Hopkins, où il fut mis au régime sec. Scottie passa le jour de Noël à Highland, avec sa mère, et Zelda écrivit par la suite à Scott pour lui dire combien la visite s'était bien passée, avec des commentaires sur la maturité croissante de sa fille et sa capacité d'accepter les choses telles qu'elles étaient. « Scottie m'écrit parfois de petits mots vagues. Je suis si navrée pour elle. Elle s'est montrée toujours si courageuse en faisant des efforts même si elle savait, inévitablement, que les choses ne sont pas comme elles auraient pu être [13]. »

Lorsqu'il sortit de l'hôpital pour retourner à l'appartement, Fitzgerald prit l'habitude de passer toute la journée en robe de chambre. Il lui arrivait fréquemment de céder à des crises émotionnelles. Scottie avait l'habitude de voir son encrier voler dans les airs, et un jour il apparut dans le salon armé d'un fusil, en hurlant qu'il allait tuer les cafards. Scottie gérait ce comportement erratique en se concentrant sur d'autres choses et en tentant de maintenir son empire sur elle-même ; elle se rappela par la suite, dans son introduction à la correspondance de son père, comment elle s'était comportée devant une situation toujours plus difficile. « [...] L'autopréservation est le plus solide de nos instincts communs, surtout chez les jeunes, et je savais par ailleurs qu'il n'y avait qu'une seule façon pour moi de survivre à cette tragédie, qui était de l'ignorer... Si je m'étais laissée aller à éprouver la situation, elle aurait été invivable [14]. »

Le 30 juin 1937, Fitzgerald, de retour à Tryon, reçut un télégramme des Murphy, envoyé de Saranac, qui lui annonçaient que leur second fils, Patrick, était décédé. Le télégramme disait simplement : « Patrick est mort paisiblement ce matin. » Scott répondit immédiatement. « Le télégramme est arrivé aujourd'hui, et tout l'après-midi a été endeuillé par votre souvenir, et le souvenir du passé et des moments heureux que nous avons vécus jadis. Un autre lien vous rattachant à la terre est brisé, et avec une cruauté si insensée qu'on a du mal à dire lequel de ces deux coups a été conçu avec le plus de méchanceté. Je vois bien le silence où vous demeurez maintenant après ces sept années de lutte, et il faudrait les mots de Lincoln à sa mère, qui avait perdu quatre fils à la guerre, pour vous écrire quelque chose d'approprié. Le bol d'or est brisé [1], assurément, mais il était en or : rien ne peut plus jamais vous enlever ces garçons, désormais [15]. »

Le sort tragique de ces jeunes garçons, que les avantages de l'argent et du rang social n'avaient pu prévenir, hanta les pensées de Scott, et il médita sur la chance qu'avait sa fille d'être en bonne santé. Ce printemps-là, Scottie devait recevoir son diplôme de fin d'année du cours

---

1. Citation de l'Ecclésiaste (« Le bol d'or est brisé, la corde d'argent est cassée »).

Ethel-Walker ; comme sa mère, elle avait été élue la jeune fille « la plus populaire » de sa classe. Fitzgerald appréhendait de se rendre à la cérémonie, mais il écrivit à Anne Ober : « Nous allons devoir nous rendre en pèlerinage collectif à sa cérémonie de fin d'études, en juin. J'espère que sa mère pourra venir aussi, et nous regarderons toutes les autres petites filles recevoir des bracelets de diamants et des torpédos. Je vais de ce pas chez un costumier new-yorkais acheter à Scottie quelques bijoux en toc, qu'elle pourra faire passer pour des cadeaux de fin d'année. Sans quoi il lui faudra souffrir la honte d'être une jeune fille pauvre dans une école de jeunes filles riches. C'est quelque chose que je peux supporter, je suppose. Mais je n'ai jamais pu pardonner aux riches d'être riches, et c'est un sentiment qui a influencé toute ma vie, toute mon œuvre [16]. »

En réalité, il n'assista jamais à la cérémonie (peut-être était-il de nouveau au régime sec). Il s'arrangea pour que Rosalind y allât avec Zelda. Anne Ober les emmena en voiture, de New York dans le Connecticut. Zelda parut élégante et à son aise et, après la cérémonie, elle échangea quelques mots gracieux avec les enseignantes de Scottie, ses camarades de classe et leurs parents. Scottie, toutefois, était mal à l'aise de la voir là. « Je ne voulais pas que ma mère assiste à la cérémonie, parce que ce n'était pas ce grand tralala que prétendait mon père, et puis elle était bel et bien folle... Je ne voyais pas l'intérêt de faire tant d'histoires pour un événement relativement sans importance [17]. » Mais ce fut un régal pour Zelda, qui prit beaucoup de plaisir à passer la nuit à Hartford, avec une chambre d'hôtel pour elle toute seule, et à accompagner ensuite Rosalind à New York. Elles allèrent voir deux pièces à Broadway et virent Margaret Sullivan dans un film dont Scott avait écrit le scénario, *Trois Camarades*, que le *New York Times* avait qualifié d'un des meilleurs films de l'année. De se retrouver à Manhattan éveilla une forte nostalgie chez Zelda. L'endroit faisait remonter un flot de souvenirs : les condisciples de Princeton de Scott, l'équipe de *Vanity Fair*, George Jean Nathan et Townsend Martin. Elle fit une promenade en voiture à cheval à travers Central Park et s'arrêta devant la fontaine que Scott et elle avaient rendue célèbre.

Si la cérémonie s'était déroulée sans problème, une crise majeure se produisit la semaine suivante. Scottie était restée sur le campus d'Ethel-Walker pour étudier puisqu'elle entendait se présenter aux examens d'entrée de Vassar, mais elle partit rencontrer quelques garçons de Yale. Elle se rappela cet épisode dans ses Mémoires. « Une amie [...] me proposa par un après-midi de juin de faire de l'auto-stop avec elle jusqu'à New Haven, pour y déjeuner. L'idée semblait excellente, aussi nous dépouillâmes nos uniformes dans les bois qui bordaient l'école, pour passer nos habits de ville, avant de gagner la grand-route par un chemin détourné [18]. » Ayant rejoint deux étudiants de Yale, elles visitèrent le campus, dînèrent dans l'une des facultés et furent reconduites au crépuscule jusqu'à l'école... où les attendait tout le personnel enseignant et administratif, regroupé devant l'entrée. Les jeunes filles se virent intimer l'ordre de faire leurs bagages et de quitter l'école dès le lendemain matin. « Apparemment, le redoutable professeur de latin nous avait vues lever le pouce sur la route (à l'époque, ce n'était pas aussi dangereux que maintenant). Au lieu de nous intercepter, elle avait attendu que nous soyons montées dans une voiture avant de rentrer en courant à l'école nous dénoncer [19]. » Scottie fut renvoyée et elle ne put entrer à Vassar qu'après que Fitzgerald eut intercédé en sa faveur auprès du doyen de la faculté. Sa réputation et son obstination lui permirent de la faire admettre au printemps suivant.

Les Ober furent ravis d'apprendre que Scottie venait à Vassar. « Ça va être drôle comme tout pour moi d'avoir Scottie pour proche voisine, écrivit Anne à Scott. Il ne faut qu'une heure et demie pour gagner Vassar par la route touristique, soit un trajet court et agréable - et je vais essayer de garder avec elle un contact assez étroit pour savoir ce qui lui arrive. Je sais, vous pensez que Harold et moi la gâtons, mais jusqu'ici, Scottie m'a fait confiance et elle se livre à moi, du moins en partie. Cette relation est très précieuse à mes yeux, et aux siens, même si elle ne s'en rend peut-être pas compte. De grâce, dites-moi ce que je peux faire, et quand je pourrai espérer voir mon enfant [20]. »

En mai 1937, Fitzgerald dut redemander un prêt à Harold Ober. « Ce qu'il me faut, c'est une somme importante, 1) pour payer un pourcentage sur mes factures, 2) pour arriver au bout du mois, 3) pour emmener Zelda trois jours à Myrtle Beach, comme je le lui promets depuis deux mois, une excursion qui lui est recommandée par le sanatorium. Elle n'est pas sortie de l'hôpital depuis trois ans et demi, et ils pensent qu'elle est en assez bonne santé pour faire le trajet[21]. » Ober venait de négocier pour Fitzgerald une mission de six mois à la MGM, à partir de juillet. Il accepta de prêter l'argent, dans l'espoir que ce contrat hollywoodien permettrait à Scott de régler une partie de sa dette, qui s'élevait à des milliers de dollars. Avant de partir pour la Californie, Scott et Ober se retrouvèrent à Manhattan où ils assistèrent au IIe colloque des Écrivains américains, que présidait Donald Ogden Stewart. Fitzgerald retrouva avec plaisir tant de vieux amis, mais après que Hemingway eut prononcé un discours antifasciste à les clouer sur place, il se découragea. Tout le monde ne fit que parler du discours, et il souffrit du contraste entre la réputation d'Ernest et sa propre carrière en perte de vitesse. Le lendemain, Carl Van Vechten tomba sur Scott à l'Algonquin, et il fut choqué de voir à quel point il avait l'air triste et défait. « Je devais y déjeuner avec Edmund Wilson, se rappela Van Vechten. Nous avions rendez-vous à l'Algonquin. Lorsque j'entrai dans la pièce, mes yeux durent se réhabituer à l'obscurité, et je remarquai qu'il y avait un homme avec Wilson. Je ne le reconnus pas et fis un pas en avant, pour me présenter. Ce fut un moment terrible : Scott avait complètement changé. Il avait l'air pâle et hagard. Je fus terriblement embarrassé[22]. »

Scott arriva à Hollywood au cours de juillet 1937. Il était reconnaissant pour le contrat lucratif qu'Ober lui avait négocié avec la MGM - 1 000 dollars par semaine pour une période de six mois. En janvier 1938, si tout se passait bien, le contrat serait renouvelé une seconde année, pour un salaire hebdomadaire de 1 200 dollars. Scott organisa judicieusement son budget, mettant de côté une somme mensuelle pour Scottie et une rente hebdomadaire de 30 dollars pour Zelda, tout en envoyant plus chaque fois que possible. Conscient qu'il devait se montrer prudent face aux stratégies des studios, il écrivit à Scottie : « Je dois manifester beaucoup de tact, mais garder le volant dès le début - repérer celui des dirigeants qui prend les décisions, et celui des collaborateurs qui est le plus malléable, et puis combattre le reste bec et ongles jusqu'à ce que je sois plus ou moins le seul à travailler sur le scénario. C'est la seule façon pour moi de donner le meilleur de moi-même. Si on me laisse en paix, je peux les amener à renouveler ce contrat en moins de deux ans[23]. »

Il était décidé à éviter l'alcool et fuyait les gros buveurs. Lorsqu'il tomba sur Dorothy Parker et Robert Benchley au studio, il refusa, à leur grande stupéfaction, de faire la tournée des bars avec eux. À mesure que Scott se parait des vertus de l'ivrogne réformé, il devenait presque puritain dans sa détermination à rester sobre. Pour rogner sur les dépenses, il emménagea au Jardin d'Allah de Hollywood - une résidence regroupant des bungalows de deux étages en stuc, qui puisait surtout sa clientèle parmi les écrivains et les gens du cinéma. Pour 300 dollars par mois, il y partageait un bungalow avec le scénariste Eddie Mayer. Il acheta un vieux coupé Ford, pour se rendre plus facilement à la MGM.

Lorsqu'il se présenta au travail le premier jour, on lui demanda de retravailler le scénario d'*Un Yankee à Oxford*, où devait jouer Robert Taylor. C'était une mission sans difficultés, au vu de tout ce qu'il avait écrit sur Princeton. Même ainsi, il eut du mal à se mettre au travail. S'efforçant d'éviter les distractions, il ignora la plupart des autres écrivains de son bâtiment, n'adressant la parole qu'à ceux qu'il connaissait déjà - Anita Loos, Dorothy Parker et Ogden Nash. Il mangeait rarement à la cantine, préférant rester seul devant son bureau, à fumer à la chaîne des cigarettes Raleigh légères en buvant des Coca-Cola. Si quelqu'un entrait dans son bureau sans y avoir été convié, il se plaignait de cette interruption. Ce manque de sociabilité passait pour de l'arrogance et incitait les autres écrivains à saper son autorité et à médire de lui dans son dos.

Il devint encore plus renfermé après avoir revu Hemingway chez Frederic March et Florence Elridge. Ceux-ci avaient invité Scott à une projection de *Terre d'Espagne*, un documentaire réalisé par Ernest avec Lillian Hellman, Archibald MacLeish et Joris Ivens. Après quoi, Hemingway se lança dans une plaidoirie passionnée, et collecta des fonds pour pouvoir envoyer des ambulances en Espagne - mission couronnée de succès puisqu'il réunit 17 000 dollars. Mais lorsque la soirée se poursuivit chez Dorothy Parker, Fitzgerald refusa de les accompagner jusqu'à ce que Lillian Hellman le fît changer d'avis. Il savait qu'il risquait de devoir parler avec Ernest là-bas, ce qui l'embarrassait. Fitzgerald considérait toujours Hemingway comme le meilleur écrivain anglophone vivant, et il savait qu'Ernest le blâmait d'avoir trahi son talent, ce qu'il avait laissé entendre à Maxwell Perkins. « Scott a un foutu talent, et il a tant souffert sans savoir pourquoi, il s'est tellement détruit et il a tellement détruit Zelda - pas autant, cela dit, qu'elle a essayé de le détruire. Scott aurait dû refourguer Zelda il y a cinq ou six ans, avant qu'elle soit folle à interner. Il incarne la grande tragédie du talent dans notre foutue génération[24]. » À son arrivée chez Parker, Scott évita Ernest toute la soirée en restant dans la cuisine à bavarder avec son hôtesse, Lillian Hellman, et Dashiell Hammet. Le matin suivant, il lui télégraphia : « Le film était au-dessus de tout éloge, comme ta prise de position. » Mais dans son carnet, il admit que leur amitié était maintenant finie, en écrivant : « J'écris avec l'autorité de l'échec - Ernest avec l'autorité du succès. Nous ne pourrons plus jamais nous asseoir à la même table[25]. »

Moins de deux semaines plus tard, à un bal de l'Association des scénaristes, donné le 22 juillet à l'Ambassador Hotel, la chance de Scott tourna : il rencontra Sheilah Graham, qui tenait une rubrique mondaine. Il l'avait remarquée une semaine plus tôt à une soirée donnée par Robert Benchley au Jardin d'Allah et avait été frappé par sa ressemblance avec la jeune Zelda. Il ne se présenta pas lui-même à ce moment, mais nota mentalement ses traits. Il se rappela par la suite l'incident pour l'exploiter dans *Le Dernier Nabab*, où il décrit la rencontre entre Stahr et Kathleen Moore, et la ressemblance, d'une inquiétante étrangeté, que celle-ci manifeste avec son épouse décédée, Minna Davis. « Lui souriant faiblement à moins d'un mètre était le visage de sa femme morte, identique jusque dans son expression. Dans ce mètre de clair de lune, les yeux qu'il avait connus le regardaient, une boucle frémissait doucement sur un front familier ; les lèvres s'entrouvrirent -

les mêmes[26]. » Il y a une certaine ironie dans le fait que, tout comme Sheilah Graham rappela à Fitzgerald la jeune Zelda, cette dernière, vingt ans plus tôt, lui avait rappelé Ginevra King, la débutante de Chicago.

Luttant pour rester sobre, combattant la tuberculose, Fitzgerald fut reconnaissant à Graham de son attention, et commença peu après une liaison avec elle. Pour la première fois, il se sentait la force de poursuivre une relation en dehors de Zelda. « Je me suis endurci ici, écrivit-il à Sara Murphy, et je ne ressens plus la douleur d'autrefois - sinon la nuit, ou quand je me surprends à trahir spirituellement le passé[27]. » Mais il n'envisageait pas de divorcer, et, lorsque quelqu'un lui suggéra de réduire ses dépenses en inscrivant Scottie à une école moins coûteuse et en plaçant Zelda dans un hôpital public, il rejeta aussitôt cette idée. Quelles que soient les circonstances, Zelda et Scottie demeuraient ses responsabilités primordiales, ce qu'il fit comprendre à Graham dès le début. « [...] La vie s'est achevée pour moi lorsque Zelda et moi nous sommes effondrés. Si elle pouvait se rétablir, je serais heureux de nouveau. Sans ça, jamais[28]. » Graham manifesta une certaine naïveté devant les rapports complexes de Scott et de Zelda, et la nature de leur dépendance affective réciproque. « Je réalise à présent que, pendant tout ce temps où j'ai connu Scott, il menait une sorte de double vie, admit-elle par la suite. Je savais qu'il veillait sur Zelda, et je comprenais que c'était son devoir. Mais j'ignorais qu'il continuait - du moins pendant les deux premières années de notre liaison - à lui écrire des lettres d'amour[29]. »

Il n'avait pas passé un mois en Californie que Scottie lui rendit sa première visite. Elle fit le voyage en train, en compagnie de Helen Hayes ; toutes deux arrivèrent à Los Angeles le 2 août. Plutôt que de séjourner au Jardin d'Allah avec son père, Scottie prit une chambre au Beverly Hills Hotel, où Helen Hayes et Charlie MacArthur occupaient un bungalow de luxe. « Cette première visite à Hollywood fut fabuleuse, écrivit Scottie par la suite. Papa était au régime sec, et il m'emmena partout avec lui. J'avais une chambre au Beverly Hills Hotel, et Helen Hayes était censée me servir de chaperon. Cela dit, papa mit un cheveu dans la soupe en m'obligeant à traverser Los Angeles tous les jours pour étudier les claquettes (il avait cette fichue tendance à vouloir éduquer tout le monde) mais ce fut un séjour très agréable[30]. » Scottie fut présentée à de multiples célébrités de Hollywood, y compris son idole, le danseur Fred Astaire. Elle alla dîner chez Norma Shearer, Marion Davies et Zoe Atkins, et se rendit à Coconut Grove, à l'Ambassador Hotel avec David McQuillan, le cousin de Scott, originaire de Saint Paul. Comme il l'avait fait avec l'œuvre de Zelda, Scott retravailla une nouvelle de Scottie, qui fut publiée par la suite dans *College Bazaar* (le journal de son université). Il fut heureux de voir combien la visite se passait bien et écrivit à Maxwell Perkins : « Jusqu'ici, Scottie s'amuse comme jamais dans sa jeune existence et dîne avec Crawford, Shearer, etc., bavarde avec Fred Astaire et ses autres héros[31]. »

Graham travaillait comme chroniqueuse pour Hollywood depuis un an lorsqu'elle rencontra Fitzgerald et, tout en ne gagnant qu'un salaire modeste, elle s'était fait quelque peu connaître par sa rubrique de potins. Accentuant son accent britannique et se présentant comme originaire de l'aristocratie anglaise, elle cachait soigneusement la vérité - à savoir qu'elle était pauvre, juive et fille d'alcoolique. Elle était flattée de côtoyer Fitzgerald, qui était encore considéré comme un écrivain célèbre. Lorsqu'il l'emmena dans l'Est rendre visite aux Murphy, Maxwell Perkins et Harold Ober, leurs réactions à son égard furent partagées. Certains amis la jugèrent matérialiste et profiteuse, d'autres virent en elle une bonne influence pour Scott et jugèrent son affection sincère. En tout cas, elle savait le contraindre à rester sobre - au début, du moins. Après avoir rencontré Sheilah et Scott à dîner, Edmund Wilson dit à son professeur de Princeton, Christian Gauss : « Il ne boit pas, travaille dur à Hollywood et a une nouvelle amie qui est moins intéressante que Zelda, mais le maintient en meilleure forme. Il donne l'impression d'un être modéré, manquant de confiance en lui-même et, par moments, presque banal[32]. »

Fitzgerald lui-même cultivait des sentiments ambivalents à l'égard de Graham. Il l'aimait, mais la trouvait ignorante et superficielle. Helen Hayes pensait qu'il restait avec elle parce qu'il avait besoin d'un soutien affectif, et qu'il la maltraitait parce qu'elle « représentait [...] les biens de second ordre auxquels il était réduit ». Au fil des mois, ils s'investirent davantage dans la relation, et Graham s'acquit les bonnes grâces de Scottie en lui envoyant le manteau de fourrure qu'elle portait rarement en Californie du Sud.

Peut-être pour soulager sa conscience quant à sa liaison avec Graham, Scott alla voir Zelda à Highland pendant la première semaine de septembre. Il revint trois mois plus tard à Noël, emmener Scottie et sa mère à Charleston, Myrtle Beach, Palm Beach et Miami. Puis Zelda et lui prirent l'avion pour Montgomery, où ils rendirent une brève visite à la famille de Zelda. Le voyage se passa bien, mais, lorsque Zelda lui proposa de rentrer à Hollywood avec lui, Scott rejeta cette idée, en expliquant qu'il leur faudrait vivre séparés aussi longtemps qu'elle aurait besoin d'un traitement. Fatigué par le long voyage, Fitzgerald dit à Scottie : « Ta mère était mieux que je n'espérais, et notre voyage aurait été amusant si je n'avais pas été si fatigué[33]. »

La proximité de Zelda était non moins pénible pour Scottie, qui bornait en général ses visites à trois jours. « Ils se déroulaient toujours sur le même modèle, dit-elle à Winzola McLendon. Le premier jour, elle avait l'air si bien qu'on ne l'aurait jamais prise pour une patiente. Elle était en possession de tout son ancien charme, aussi spirituelle, et gaie, et de compagnie amusante que dans mes souvenirs. Le deuxième jour, elle commençait à se montrer nerveuse, un peu distraite, et, dès le troisième jour, on sentait qu'elle était sous tension. C'était comme de voir une montre ralentir, puis s'arrêter[34]. » Scottie avait également des difficultés à correspondre avec sa mère, et sa répugnance à lui écrire lui valut les critiques de sa tante Rosalind. « Je crois que ce qui cloche essentiellement chez toi, c'est un manque de sympathie, et peu de capacité à te mettre à la place d'autrui, lui reprocha-t-elle. Lorsque tu oublies d'écrire, comme si souvent, elle devient très malheureuse. Tu dois à ta maman de faire ton possible pour la maintenir de bonne humeur[35]. » Rosalind avait trouvé une autre victime que Scott à morigéner.

Leurs dernières vacances en famille eurent lieu à Pâques 1938, lorsque Fitzgerald emmena Zelda et Scottie à Virginia Beach, puis dans le Norfolk, visiter des cousins. Cette fois, c'est Zelda qui déclencha une dispute. Ils prenaient des leçons sur le terrain de golf lorsque Zelda chercha querelle à Scottie, et Fitzgerald se mit alors à boire et réagit si violemment qu'elle le dénonça au gérant de leur hôtel. Tous deux étaient parvenus simultanément au point où ils ne pouvaient plus se supporter. L'épisode s'acheva lorsque Zelda, saisie d'angoisse, regagna Highland pour se réfugier, tout éplorée, dans le bureau du docteur Carroll. Devant le médecin, Scott admit par la suite : « Chaque fois que je la vois, il m'arrive quelque chose qui fait de moi le pire des individus pour elle, au lieu du meilleur[36]... » Dans l'intérêt de leur santé mentale à l'un et à l'autre, dit encore Scott, mieux valait qu'il restât à distance. « Nous avons fait trop longtemps semblant de croire à des retrouvailles éventuelles - autant renoncer. Il y a trop de passé entre nous, voilà tout. Lorsque tombe ce brouillard, à la table du dîner, ou entre deux oreillers, aucun chevalier errant ne peut traverser son immense distance. Les ressorts sont cassés[37]. »

L'incident signifia une double rechute. De retour à Los Angeles, Scott eut de plus en plus de mal à rester sobre. Puis, tout à fait à l'improviste, il reçut un télégramme de Ginevra King. Il ne l'avait pas vue depuis deux décennies et ne lui avait parlé qu'en 1933, lorsqu'il lui avait téléphoné pour lui demander si elle accepterait de recevoir Zelda à la Foire du monde, ce qu'elle avait fait ; à cette exception près, il n'avait pas été en contact avec elle. Ginevra venait de divorcer et, puisqu'elle voulait découvrir Santa Barbara, elle proposait qu'ils se rencontrent. Mais Fitzgerald était anxieux à l'idée de la revoir, et il fit part de ses doutes à Scottie. « C'est la première jeune fille que j'aie jamais aimée, et j'ai fidèlement évité de la revoir jusqu'à présent pour maintenir cette illusion dans sa perfection, parce qu'elle avait fini par me rejeter avec l'indifférence et l'ennui les plus suprêmes. Je ne sais pas si je dois y aller ou non. Ce serait très, très étrange[38]. » En fin de compte, il décida de la revoir, et ils se retrouvèrent à Hollywood pour déjeuner. Fitzgerald arriva dans un état de grande nervosité et commanda aussitôt une série de doubles cocktails, des Tom Collins. Bien que leurs retrouvailles fussent estompées par un brouillard d'alcool,

Scott trouva que Ginevra n'avait rien perdu de son charme et la rappela au téléphone à plusieurs reprises au cours des jours suivants. Puis, aussi soudainement qu'elle l'avait rejeté des années plus tôt, il abandonna abruptement la relation.

Ces retrouvailles eurent des conséquences désastreuses : revoir Ginevra déstabilisa de nouveau Fitzgerald, qui se remit brutalement à boire. S'étant enivré dans un bar de Santa Monica Boulevard, il déclencha une bagarre et atterrit au dispensaire de Georgia Street, dans le centre de Los Angeles. Ce premier incident fut suivi de nombreux autres, y compris plusieurs scènes d'insultes avec Graham, que Scott humilia en public, frappa, avant de la menacer de se suicider. Lorsqu'elle mit fin momentanément à leur relation, Fitzgerald affirma que c'était pour le mieux, en admettant qu'il n'était pas en état de se lier affectivement. « Les gens sont bons l'un pour l'autre ou ne le sont pas, et, manifestement, je suis affreux pour vous. Je vous ai aimée avec tout ce que j'avais, mais quelque chose a terriblement cloché. Pas besoin d'aller chercher la raison très loin - c'était moi. Je ne suis bon pour aucune relation humaine [39]... »

Sa vie professionnelle partait également en lambeaux. Les stratèges de Hollywood troublaient Scott, qui ignorait tout de leurs intrigues. « Je ne sais pas comment va ce travail, écrivit-il à Zelda. Tout tient à un cheveu ici - non seulement il faut bien faire les choses, mais les faire à la façon d'un compromis, en louvoyant parfois entre des conceptions radicalement opposées, suivant deux avis divergents des responsables. Cette diplomatie au travail est mon talon d'Achille [40]. »

Au milieu de tout ce chaos, Scottie écrivit qu'elle voulait réitérer l'expérience de l'été précédent et venir passer toutes les vacances à Los Angeles. La réaction de Scott la déçut. « [...] Franchement, je ne veux pas que tu viennes ici tout cet été, puisque Helen Hayes n'est pas là et qu'il n'y a pas grand-chose à faire qui puisse t'intéresser, sinon répéter l'été dernier... en moins intéressant [41]. » Acceptant de réduire le séjour à deux semaines, Scottie prit l'avion pour Los Angeles en avril 1938, avec son amie Peaches Finney. Mais elle passa la plupart de son temps à se quereller avec son père, qui avait loué un bungalow sur Malibu

Beach. Un soir où l'atmosphère devint vraiment tendue, les deux jeunes filles s'enfuirent sur la plage. Dans ses Mémoires, Scottie se rappela cet été comme « [...] la première de plusieurs retrouvailles affligeantes avec mon père, qui était entré dans une phase de son alcoolisme où sa personnalité changeait, passant du Dr Jekyll à Mr Hyde, de façon inattendue et effrayante. L'alcool affectait rarement sa personnalité longtemps et je me rappelle comme j'étais soulagée par la présence de Peaches, qui me servait de bouclier[42] ».

Ils se raccommodèrent pendant les derniers jours de cette visite : Scottie et Peaches firent le tour des studios pendant que Fitzgerald travaillait et furent présentées aux stars Maureen O'Sullivan, Beatrice Lillie et Errol Flynn. Fitzgerald arrangea également une brève rencontre avec Sheilah Graham, en laissant entendre que leur liaison était sans conséquence et en insistant pour que Zelda soit tenue dans l'ignorance. Scottie ne se faisait aucune illusion romanesque sur leur liaison, et considérait que l'idylle de son père avec Graham n'avait rien à voir avec ses rapports avec sa mère. « Il avait une femme avec qui il ne pouvait plus vivre. C'était quelque chose qui suscitait en lui un vide incroyable, émotionnel et financier... Avant tout, je crois que mon père avait besoin de quelqu'un d'éminemment doué de sens pratique, qui ait les pieds sur terre, et qui possède un calme et une stabilité intérieurs - quelqu'un comme Sheilah Graham, peut-être[43]. » La franchise de Scottie se trahit dans ce « peut-être ». Elle tint la liaison secrète, pensant qu'elle risquait de blesser sérieusement sa mère si elle l'apprenait. Néanmoins, Zelda soupçonna la liaison, et, après la publication du *Dernier Nabab*, elle écrivit à Margaret Turnbull combien elle détestait Kathleen Moore, l'héroïne inspirée de Graham. « J'avoue ne pas avoir aimé l'héroïne ; elle m'est apparue comme le genre de femme qui sait trop bien tirer profit des avances déplaisantes du marchand de glaces, et qui retient un peu l'odeur des épaulettes de caoutchouc cousues dans sa robe[44]. » Mais Kathleen symbolisait la femme économiquement et intellectuellement indépendante qui avait fait son apparition après la guerre, et, lorsque Fitzgerald résuma l'attrait qu'elle présente pour Monroe Stahr, inspiré du producteur hollywoodien Irving Thalberg, il parle pour lui-même. « Cette femme avait une vie à elle - c'était très rare qu'il rencontrât quelqu'un dont la vie ne dépendait en aucune façon de lui, ou espérait dépendre de lui[45]. » Ironiquement, dans une situation qui inversait directement ses sentiments d'il y a vingt ans, il était de nouveau attiré par une femme qui avait réussi là où Zelda avait échoué.

Après ses deux semaines en Californie, Scottie partit pour un tour d'Europe avec l'amie intime de Sara Murphy, Alice Lee Myers. Alice et son époux Dick, un fournisseur en vin de M. Lehmann, à New York, s'étaient liés avec les Fitzgerald lorsqu'ils avaient été les invités des Murphy à la Ferme des orangers, à Antibes. Alice et sa fille Fanny, une bonne amie de Scottie, emmenaient pour un tarif modeste un petit groupe de jeunes filles faire en break un tour de France, de Belgique, et de Hollande. Puisque les Murphy partaient pour la France à peu près à la même époque, Scottie les retrouva pour la traversée. Sara et Gerald télégraphièrent à Scott, à la MGM : « Alice Lee a fait en sorte que Scottie voyage avec nous. Serons ravis de mieux la connaître. »

Scottie retourna à Vassar à l'automne. Comme ses parents, elle se montrait plus intéressée par les activités mondaines et le théâtre que par ses études. Inquiète de la voir renouveler son propre échec à Princeton, Fitzgerald ne cessa de la harceler pour qu'elle étudiât les mathématiques et les sciences (qui ne l'intéressaient guère) et la mit en garde contre les activités frivoles, qui pouvaient menacer ses succès à venir. Dans une lettre datée de juillet 1938, il se montra particulièrement critique : « Tu ne fais guère d'efforts pour me satisfaire ou me rendre fier de toi depuis l'époque où tu réussissais d'excellents plongeons dans ton camp (à présent, tu es plus relax que jamais). Ta carrière de "jeune mondaine déchaînée cru 1925" ne m'intéresse pas et je ne veux rien en savoir - ça m'ennuierait autant que de dîner avec les Ritz Brothers. Lorsque je n'ai pas l'impression que tu "progresses", ta compagnie tend à me déprimer parce qu'elle montre tout ce gâchis stupide, toute cette trivialité. Au contraire, lorsque je perçois parfois en toi des signes de vie et de volonté, il n'y a rien que je préfère au monde. Car tu as quelque chose dans le ventre, indubitablement, un véritable appétit de vivre -

un rêve bien à toi - et j'aurais voulu ancrer ceci dans quelque chose de solide avant qu'il ne soit trop tard, comme il fut trop tard pour ta mère[46]... » Mais Scottie était décidée à trouver sa propre voie, et ces lettres autoritaires et bourrées de conseils l'exaspéraient. « Il ne voulait pas que je m'amuse en commettant mes propres erreurs - il voulait les commettre à ma place, mais y renonça en désespoir de cause, en tentant de me harceler et de me rudoyer jusqu'à ce que je devienne quelqu'un qui en vaille la peine[47]. »

Ayant prudemment établi 5 000 kilomètres entre Zelda et lui, Fitzgerald tenta de lui rendre la vie à Highland plus tolérable en envoyant des fonds supplémentaires pour des excursions de jour et des sorties spéciales. « Le docteur Carroll emmène tout un bus de pensionnaires à Sarasota, en Floride, demain, et je fais enfin partie des privilégiés, écrivit-elle à Scott en novembre 1938. Cinq jours de route, où je pourrai me laisser bringuebaler tranquillement en laissant remonter mes souvenirs des rives d'argile de la Géorgie, à travers les bois de pins droits et charmants, et sur les longues routes désertes - comme j'aime tant à le faire[48]. » Pendant trois semaines, elle prit avec joie des cours de dessin d'après nature à la Ringling School of Art, ainsi qu'un cours de dessin de mode, financés par Fitzgerald. Goûtant cette situation et le temps ensoleillé, elle écrivit à Scott : « Je me bronze et j'exploite mon âme pour mon propre plaisir, et suis enchantée, ravie d'un si beau temps. Dans cette région de la Floride, la vie ne semble pas chercher d'autres soucis que d'ouvrir ses persiennes à un nouveau bazar resplendissant, de nouvelles aspirations. C'est un endroit si merveilleux, et je te suis vraiment profondément reconnaissante de m'avoir envoyée ici[49]. » Une carte postale suivit le 19 novembre. « Merci pour l'excursion. Feuillage de conte de fées et une douce brise fait écho au doux clapotis de la houle. Ta dévouée Zelda. » Fitzgerald répondit qu'il était heureux qu'elle ait pu rester éloignée si longtemps de l'hôpital, mais ses mots rendaient un son lointain. Il se concentrait sur sa propre survie.

Zelda sentit ce changement subtil dans les communications de Scott et se montra de plus en plus curieuse quant aux détails de son existence californienne. Bien qu'il lui ait laissé une adresse poste restante et diverses adresses où il pouvait être joint, il ne lui avait jamais dit précisément où il habitait. À présent, elle voulait savoir. « Entre-temps : quelle est ta véritable adresse ? Si, par exemple, je veux t'appeler - ou faire quelque chose de ce genre, sans précédent[50] ? » Dans une autre lettre, elle se plaint : « J'ai perdu ton adresse : s'il te plaît, envoie-la-moi de nouveau. Que ferais-je si j'avais un mauvais rêve ou une inspiration ? Il est pourtant habituel de savoir où habite son mari, quand on en a un - sans compter que je pourrais avoir quelque chose à te raconter. » Mais c'était bien ce type d'intimité qu'il essayait d'éviter.

Highland avait organisé une excursion à Cuba pour un petit nombre de patients, mais l'autorisation de Fitzgerald arriva trop tard - la lettre avait mis du temps à suivre d'une adresse à une autre - et Zelda dut rester à l'hôpital. Déçue, mais stoïque, elle dit à Scott : « La Havane est sans doute un endroit solide, et il y a quelques chances qu'elle soit toujours là la prochaine fois. De toute façon, tout cela coûte très cher, et nous sommes tellement accoutumés à dépenser notre argent ensemble. Lorsque tu viendras à Pâques, nous aurons de bien meilleures raisons de faire des emplettes. Je te suis aussi reconnaissante que si j'étais à bord. Allons ! Prends l'avion pour l'Est, fais-le pour moi ! Nous pourrons aller nous-mêmes à Cuba, tant qu'on y est[51]. » Scott promit qu'ils feraient le voyage ensemble, ce qui ouvrit un horizon à Zelda et lui procura un sujet de correspondance. « J'aimerais que nous chevauchions les taxis new-yorkais et que nous soyons un peu hilares dans les parcs et plus jeunes que les jeunes gens. Mais ce sera à la fin de notre voyage, quand nous serons bronzés et couverts de sel, et que le monde passera entièrement à l'arrière-plan de la brise crépusculaire[52]. » Lorsque la sœur de Zelda, Rosalind, entendit parler de ce voyage imminent, elle écrivit au docteur Carroll en s'interrogeant sur le bien-fondé d'une excursion aussi lointaine. Mais Zelda était déterminée à partir, et continuait à taquiner Scott sur leurs vacances au Sud. Elle fit un dessin de lui intitulé « Do-Do au Guatemala » et écrivit : « Je ferai la cuisine, et tout et tout, et peut-être découvrirai de l'or si tu m'emmènes au Guatemala - à moins que tu ne sois trop pris ? »

Le départ pour La Havane eut finalement lieu en avril 1939, après que la Paramount eut annulé le scénario de *Raid aérien*, sur lequel travaillait Scott. Il quitta Los Angeles de sale humeur. Sheilah, qui l'avait conduit à l'aéroport, s'était disputée avec lui en chemin, et il arriva à Asheville épuisé, ivre, et fiévreux. Zelda était nerveuse à l'idée de partir avec lui dans cet état, mais s'y décida tout de même, tant elle était désireuse de quitter Highland. À Cuba, ils prirent une chambre dans le Club Kawama à Varadero, qui offrait de charmants petits bungalows sur la plage et un court de tennis privé. Ils jouirent peu de ces avantages. Fitzgerald but au bar du Club Kawama, construit en forme de coque de bateau, tandis que Zelda restait dans sa chambre à prier. Elle se rendit compte que ce voyage était une grave erreur lorsque Fitzgerald rentra en sang, après avoir, au cours de ses errances, essayé de mettre fin à un combat de coqs. Ils furent forcés de rentrer tous deux à New York. Elle projeta de l'emmener chez les Ober, mais Scott déclencha une querelle avec le chauffeur de taxi qui les ramenait de l'aéroport, et ils se retrouvèrent à l'Algonquin, où Scott s'évanouit de fatigue. Essayant de garder son calme, Zelda appela sa sœur Clothilde à Larchmont, et elles firent hospitaliser Scott au Doctors' Hospital, sur East End Avenue. C'est là, dans la chambre 403, du 24 au 27 avril, qu'il se rétablit, moyennant 115,27 dollars de frais médicaux. Toute cette histoire embarrassait Zelda qui, craignant que cet incident ne menaçât ses privilèges à l'institut, reprit seule le train pour Asheville, sans dire à personne ce qui s'était passé. Malgré son instabilité, elle était encore capable d'être celle qui gardait ses esprits au cours d'une crise. À présent, elle était pleinement consciente de l'étendue du désastre que vivait Scott. « J'aurais aimé que la situation nous permette d'aller quelque part ensemble, lui écrivit-elle avec regret vers la fin d'avril. Il y a toutes sortes d'endroits heureux ; du moins c'est ce que disent les indicateurs de chemin de fer[53]... »

Lorsque Scott rentra en Californie, il se mit au lit séance tenante et demeura dans une hébétude alcoolique des jours durant. Culpabilisant sur les événements récents, pénétré d'une affection sincère, il écrivit à Zelda sur un ton d'excuse : « Tu t'es montrée adorable pendant tout ce voyage et il n'y a pas une minute où je ne pense à toi, qui as manifesté toute la tendresse d'autrefois, et une considération que je n'avais jamais perçue chez toi auparavant... Tu es la plus jolie, la plus charmante, la plus tendre, la plus belle personne que j'aie jamais connue, et c'est trop peu dire, parce que, vers la fin, tu as enduré des choses qu'aucune autre n'aurait trouvé la force de supporter[54]. »

Archibald MacLeish confirmait depuis longtemps ce jugement. « Zelda fut une meilleure épouse pour Scott que n'importe quelle autre femme aurait pu l'être. Je ne saurais dire, car je l'ignore, s'ils étaient vraiment amoureux en ce temps-là, ni pourquoi elle l'avait épousé ; bien sûr, il y avait ce charme, ce brio adolescent, cette insouciance qui gagnait à Scott le cœur des femmes. Mais qu'elle l'ait aimé alors ou non, je ne pense pas qu'il se soit trouvé personne d'autre au monde, aucune femme à ma connaissance, qui ait pu supporter Scott comme il était, avec une telle compréhension et une telle bonté[55]. »

Paradoxalement, le fiasco cubain rapprocha le couple plus étroitement que par les années passées, et Scott alla jusqu'à envisager de faire venir Zelda en Californie. Mais, s'étant réconcilié avec Sheilah, il décida de n'en rien faire et rappela à Scottie de garder le silence sur leur relation. Zelda continua à lui écrire pour lui dire combien elle voulait être avec lui. Elle allait assez bien maintenant pour se remettre à l'art et produisit de quoi faire deux expositions - l'une au printemps, au club de dessin de l'École artistique de Maude King, la seconde l'été 1939, au Festival des rhododendrons organisé par l'Association des artistes d'Asheville. Toutes deux obtinrent des critiques favorables dans *The Asheville Citizen*, qui commenta la nature surchargée, expressionniste des œuvres de Zelda. « Il y a quelque chose d'impressionnant, d'imaginatif dans son recours à des couleurs vives et à des tracés abstraits, circulaires, conçus pour dépeindre l'émotion pure, et qui demeurent dans l'esprit du spectateur longtemps après qu'il a quitté la galerie. Et sa technique à l'huile produit un effet velouté, un peu comme les visions qui viennent lorsqu'on presse les paumes de ses mains contre ses yeux, dans une pièce obscure[56]. » Lorsque le docteur Carroll suggéra à Zelda de peindre des motifs floraux sur des stores destinés à la nouvelle salle des fêtes, ce projet la ravit. Mais elle passa de l'enthousiasme à la colère lorsque ces stores furent relégués dans les chambres des patients. « Gâcher un talent professionnel, écrivit-elle amèrement à Scott, le résultat d'années entières d'efforts, d'aspirations qui m'ont brisé le cœur, pour une entreprise qui ne verra jamais la lumière du jour, mais sera sans doute maltraitée par toutes les manifestations de la psychose - cela représente, à mes yeux, un abus de l'âme, de la foi humaine, et du talent professionnel, que je ne saurais presque imaginer[57]. »

Scott compatit, mais il était trop préoccupé par la précarité de sa propre vie pour lui offrir beaucoup de consolations. Hollywood avait rendu son verdict : il n'avait aucun talent de scénariste, et on ne pouvait lui faire confiance puisqu'il buvait. Il ne trouvait plus maintenant de mission cinématographique. Il affrontait une autre complication, qui était de devoir chercher un nouvel agent. Ober, qui le représentait depuis le début des années 1920 et qui lui cédait en général des avances sur droits, refusait à présent de le faire. En juillet 1939, ils mirent fin à leur longue amitié. Scott écrivit à Harold, plein de chagrin : « Le choc, ça n'a pas tant été que vous me refusiez une somme spécifique... c'était plutôt "l'art et la manière[58]". » Il poursuivait en remerciant Ober de l'avoir aidé toutes ces années. « Ma dette implicite à votre égard est terriblement élevée, et j'en serai toujours terriblement conscient[59]. » Le 19 juillet, Scott écrivit à Maxwell Perkins pour lui confier sa profonde déception devant la rupture. « Harold Ober et moi nous séparons... Je crois que ça a quelque chose à voir avec le fait que chaque fois ou presque que je suis venu à New York récemment, je n'ai fait qu'emmener Zelda quelque part et que je me suis plus ou moins mis à boire. Du coup, il pense que je suis reparti dans le gâchis d'il y a trois ans... il m'est impossible de continuer une relation qui est devenue si tendue et si difficile... avec cette nouvelle façon qu'il a de commenter mes nouvelles comme s'il était un éditeur insatisfait et maniaque, et de répondre à mes télégrammes en m'envoyant des courriers par avion qui m'arrivent en retard, et, surtout, de modifier sa vieille stratégie, qui consistait à m'avancer un prêt en spéculant sur les revenus de la nouvelle suivante[60]. »

Scottie vécut comme une terrible tension le changement survenu entre son père et Ober. Elle considérait Harold et Anne comme ses parents adoptifs, et sa position délicate ne facilitait pas ce rapport dans l'immédiat. Scott empoisonna encore l'atmosphère en disant à Perkins : « Mrs Ober et moi nous sommes heurtés de front lorsqu'elle a dit à Scottie que celle-ci n'utilisait sa maison qu'à sa convenance. La vérité, c'est que - triste fait de l'existence -, durant ces deux dernières années, Scottie n'est allée voir les Ober que sur mon ordre, parce que je ne voulais pas blesser Mrs Ober. Laquelle est, au bas mot, une personne extrêmement difficile[61]. »

Comme il lui était impossible d'emprunter des avances sur droits à Ober, Scott se retrouva dans une impasse financière désespérée. À la fin mai, pour économiser sur des factures mensuelles domestiques, il écrivit à Mrs Owen, restée à Baltimore, pour lui demander de faire l'inventaire de leurs biens, afin de réduire l'espace requis. « Je veux garder les abat-jour confectionnés par Zelda, trois paires de chaussons de ballet (jetez le reste), les soldats de plomb, les diapositives de guerre, les petits ornements de porcelaine qu'aimait tant Zelda, tous les tableaux, et toutes ses œuvres[62]. »

Comme l'Universal ou les autres studios ne lui confiaient plus de mission, Fitzgerald n'avait guère le choix : il lui fallait se concentrer sur son propre travail. Puisque personne ne voulait l'employer, il reporta son attention sur *Le Dernier Nabab*, un roman qui traitait de l'industrie cinématographique et d'Irving Thalberg (mort trois ans plus tôt à trente-sept ans), l'enfant prodige de Hollywood. Les succès de Thalberg, à cette période, incluaient *Les Mutinés du Bounty*, et *Grand Hôtel*. Scott avait rencontré ce célèbre metteur en scène en 1927, et il admirait beaucoup son intelligence et son talent. Se sentant en veine d'inspiration, Fitzgerald contacta *Collier's Magazine* afin de s'assurer de leur intérêt pour un roman sur Hollywood, dont Thalberg serait le héros fictif. Leur réponse fut d'abord positive. Ils lui offrirent jusqu'à 30 000 dollars sous réserve d'approbation des 1 500 premiers mots. Cela suffit à inciter Fitzgerald à travailler à temps plein, ou presque, sur son projet. Comme il manquait essentiellement d'énergie, cela signifiait qu'il y passait quelques heures par jour, en général au lit, adossé à un oreiller. Fitzgerald s'identifia fortement à Stahr, entièrement modelé sur Thalberg, dont la maîtrise totale, technique et artistique, de l'art cinématographique reflétait le talent d'écrivain de Scott. Ayant achevé le premier chapitre, il envoya 6 000 mots à *Collier's*, dont les éditeurs rechignèrent à prendre une décision au vu d'un échantillon aussi bref. Furieux, Scott mit fin aux négociations et se remit à boire - une dérive qui s'acheva sur une scène brutale avec Sheilah. Pendant les mois qui suivirent, il lutta pour finir la première moitié du roman et esquisser le reste. Désargenté, il ne tarda pas à laisser passer les échéances de Highland. Le 27 septembre 1939, il écrivit à l'associé du docteur Carroll, le docteur R. H. Suitt, pour réclamer un délai : « J'espère que vous trouverez possible de maintenir cet état de choses encore un mois, en me faisant confiance comme par le passé. J'espère que cela ne signifie pas priver Zelda des nécessités ordinaires. Comme vous savez, j'ai essayé de lui donner tous les luxes autorisés chaque fois que possible (le voyage en Floride, etc.) mais il est tout simplement impossible de régler quoi que ce soit, même par versements partiels, lorsqu'on conduit une Ford hypothéquée et qu'on lutte contre l'habitude prise d'inspecter les taches de sang sur son mouchoir tout en faisant la conversation aux producteurs[63]. »

Consciente des dettes qu'elle provoquait, Zelda évoqua cette situation avec sa sœur Marjorie et suggéra qu'elle sortît de Highland pour vivre avec sa mère à Montgomery. Lorsque Marjorie reçut un télégramme de Scott le 20 octobre, disant qu'il ne lui restait plus que 100 dollars sur son compte bancaire, elle lui demanda pourquoi il insistait pour que Zelda demeurât à Highland. « Si vous ne pouvez pas régler sa pension, où doit-elle aller ? À moins que le docteur Carroll soit censé la retenir gratuitement ? Zelda ne demande qu'à rentrer à la maison, et elle s'inquiète aussi de vous, et pense qu'elle pourrait ainsi cesser de peser sur vous financièrement[64]. »

Zelda écrivait continuellement à Scott en lui demandant de la laisser sortir pour qu'elle allât vivre avec sa mère à Montgomery. Le docteur Carroll évoqua sa situation avec elle, mais il estimait qu'il n'était pas encore temps pour elle de quitter l'hôpital. Il écrivit à Mrs Sayre le 15 octobre pour lui expliquer la situation : « Les faits demeurent inchangés - elle a été mentalement atteinte, le système nerveux central est particulièrement vulnérable, et elle devrait être protégée avec la perspicacité qu'on serait en droit d'attendre d'une famille ayant vu l'un de ses membres souffrir d'une tuberculose avec séquelles. Après mûre réflexion, nous concluons qu'elle pourrait bénéficier de vacances courtes (de dix jours à trois semaines), tous les deux mois environ, tout au long de cette année. Elle n'est pas prête à vivre confortablement avec les membres de sa famille, quels qu'ils soient[65]. »

Scott refusa d'être tenu pour responsable d'une nouvelle dépression mentale et s'opposa fermement au retour de Zelda dans son foyer. Il pensait également que Mrs Sayre, alors âgée de quatre-vingts ans, ne pourrait surveiller convenablement Zelda, dont la ménopause suscitait des changements hormonaux qui menaçaient encore plus sa stabilité. Le jour où il télégraphia à Marjorie, il supplia le docteur Carroll de convaincre Zelda qu'elle devait arrêter d'exiger sa sortie. « Je crois que s'il y a moyen de mettre fin à ce harcèlement continuel, ce sera d'un grand secours. J'avais la ferme intention de l'envoyer à Montgomery avec une infirmière en octobre, mais je manquais d'argent. Bien sûr, en ce moment je ne suis pas d'humeur à lui accorder quoi que ce soit, même si je pouvais me le permettre. Après quelques semaines à Montgomery, son premier réflexe serait d'emprunter ou de mendier suffisamment pour venir ici se pendre à mon cou - et dans ce cas, un asile de l'État de Californie serait la dernière étape de ce parcours tragique. Plutôt noir comme tableau, n'est-ce pas ? De grâce, essayez de la persuader de ne plus m'envoyer de lettres de ce genre[66]. »

Mais Zelda, soutenue par ses sœurs, continua à faire pression sur Fitzgerald, précipitant un échange de lettres acides entre Rosalind, Marjorie et Scott. Les deux sœurs accusèrent Fitzgerald de laisser Zelda en consigne à Highland pour se débarrasser d'un fardeau. Scott rétorqua en rappelant à Rosalind combien Mrs Sayre avait mal éduqué Zelda dans sa jeunesse et écrivit à Marjorie une lettre furieuse : « J'ai pris les choses avec assez de douceur, depuis la première accusation de Roz, en

1930, que j'avais "rendu folle" Zelda, et celle de votre mère, pour qui je l'ai envoyée à John-Hopkins en 1932 pour d'autres motifs. J'en ai assez de cette foutue hypocrisie. L'idée insensée qu'on peut acheter la santé mentale de Zelda avec un aller simple pour Montgomery ressemble bien à tout ce que vous et votre famille avez pensé de son cas depuis 1930. Vous restez toutes allongées sur le dos en montrant le poing, et vous prenez à tort votre lâcheté pour une attitude aristocratique. Vous n'avez rien à donner. Pourquoi ne pas fermer votre gueule, pour l'amour de Dieu[67] ! » Il eut du moins le bon sens de ne pas envoyer cette lettre

Au lieu de quoi, il continua à communiquer en termes courtois avec Mrs Sayre. Dans une lettre qui analysait longuement la psyché fracassée de Zelda, écrite en janvier précédent, il faisait preuve d'une profonde sensibilité et d'une grande compréhension de sa maladie. Étant lui-même incapable de prendre soin de Zelda en Californie, mais conscient de son état, il souligna la nécessité d'un environnement qui lui assurât sécurité et protection. « Il n'y a pas de pronostic favorable pour la démence précoce. Dans certaines maladies, le corps fabrique de nouvelles cellules et puise dans sa propre vitalité. Lorsque les structures du cerveau ont été touchées, on ne peut que bâtir une toute petite coquille, pour ainsi dire, au-dessus de lui : Zelda habite donc continuellement une maison faite de verre filé très mince. La plupart du temps, elle fonctionne à la perfection à l'intérieur de cette maison, parce que l'hôpital la protège de toutes les pierres lancées accidentellement par la vie, ou de tout autre dommage qu'elle pourrait se faire à elle-même par insouciance ou distraction. Carroll considère que c'est la seule façon dont elle pourra fonctionner[68]. »

Pour s'assurer que Scottie était bien au fait des circonstances, Fitzgerald demanda au docteur Suitt de rédiger pour elle un compte rendu de l'état de Zelda « Je voudrais qu'elle [Scottie] tienne d'une source médicale le simple fait que sa mère, quelle que soit sa résistance à court terme, ne sera sans doute jamais capable de mener une existence autonome dans le monde sans une main forte pour la guider et la diriger. Deuxièmement, j'estime qu'elle devrait savoir que le début de la ménopause causera très probablement un dérangement soudain et imprévisible. Troisièmement, que tout stress prolongé risque de provoquer une crise soudaine sans avertissement, qui serait dangereuse, voire désastreuse pour son entourage, quel qu'il soit[69]. »

Mais si Scott continuait ouvertement à refuser de laisser sortir Zelda, il commença à débattre de cette possibilité avec le docteur Carroll. Toutefois, il insista pour que Carroll rédigeât une lettre qui l'absolvait de toute responsabilité en cas de rechute et exigea du médecin une garantie que Zelda pourrait retourner à Highland toutes les fois que ce serait nécessaire. Il avait adopté la même attitude avec le docteur Meyer à Phipps, mais Meyer n'avait jamais consenti à laisser rentrer Zelda à son gré. À présent, Fitzgerald tenait ferme sur ce point. Il écrivit à Scottie : « Je suis en pleine controverse avec Highland. Ils veulent que ta mère reste là-bas en ne sortant que six semaines par an et en se contentant de quelques excursions avec le docteur et Mrs Carroll. Je n'en vois pas l'intérêt... Je pense qu'elle devrait passer un quart, voire la moitié, de son temps dehors et ne conserver dans l'hôpital qu'une base[70]. »

À la fin du mois, l'avenir de Zelda fut enfin décidé lorsque Carroll écrivit à Scott : « Que pensez-vous de la laisser rentrer chez elle, vers le 1er avril environ, en donnant à la mère une certaine idée des signes de danger qui, s'ils apparaissent, indiquent une tendance à la rechute ? Ainsi, nous laissons la famille prendre sa part des responsabilités, tant que tout va bien. Elle peut retourner à l'hôpital de Montgomery toutes les fois qu'elle en ressentira le besoin croissant[71]. » Scott écrivit aussitôt à Mrs Sayre. « Ce matin, j'ai reçu une lettre du docteur Carroll suggérant pour la première fois que Zelda tente une nouvelle vie à Montgomery. C'est une volte-face complète de sa part, mais je ne crois pas que cette suggestion lui ait été inspirée par des motifs autres que sa sincérité[72]. » Il confia en même temps les bonnes nouvelles à Zelda. « C'est merveilleux de pouvoir t'écrire que, pour la première fois depuis longtemps, le docteur Carroll accepte l'idée que tu pourras peut-être essayer de te faire une place dans le monde. En d'autres termes, tu peux te rendre à Montgomery le 1er avril et y rester indéfiniment, ou aussi longtemps que tu pourras le faire sans perdre ta propre estime... Je prends part à ta joie [73]. »

Scott sentait la pression financière diminuer légèrement à l'idée qu'il n'aurait plus à payer les factures de Highland, mais, pour économiser davantage, il songea à déménager de Hollywood. Il avait renoncé à son bungalow de Malibu et louait depuis octobre 1938 une dépendance appelée « Belly Acres », située sur la propriété d'Edward Everett Horton à Encino. C'était un endroit assez agréable, où les roses grimpaient au-dessus de la barrière du jardin, mais il était isolé dans la vallée San Fernando. Cette décision fut accélérée lorsqu'il éprouva son premier spasme cardiaque en janvier 1940, tandis qu'il tentait d'ouvrir une fenêtre bloquée de sa petite maison. Cette vive douleur lui coupa le souffle, et il appela immédiatement son médecin, le docteur Clarence Nelson, qui l'avertit de faire attention s'il voulait éviter une attaque plus sérieuse. Pour éliminer les longs allers-retours en ville et vivre plus près de Sheilah (avec qui il s'était réconcilié), il loua un meublé sur North Laurel Avenue, à West Hollywood, à un pâté de maison de chez elle. En mars, il emménagea à l'étage supérieur de ce bâtiment à deux étages en forme de L, situé en retrait de la rue et agrémenté d'un jardin. L'appartement comprenait un salon, une salle à manger, une kitchenette et une chambre. C'était un endroit qui ne lui rappelait aucun souvenir, qui contenait peu d'objets personnels à part ses livres.

Scott écrivit à la mère de Zelda qu'il avait déménagé, tout en continuant à tenir secrète l'adresse exacte. « Je déménage en ville pour me rapprocher de mon travail, sans avoir encore d'adresse. Pour l'instant, Zelda ou vous-même pouvez si vous le désirez m'écrire aux bons soins de mon nouvel agent (Phil Berg, 9484 Wilshire Boulevard, Beverly Hills) ou poste restante, Encino, Calif., qui fera suivre [74]. »

En assumant la pleine responsabilité de Zelda, Mrs Sayre fut informée que l'état de sa fille était cyclique, et que sa folie pouvait se manifester à tout instant. Scott s'assura que la famille comprît bien que Zelda resterait sans doute invalide pendant le restant de ses jours. Le 15 avril 1940, quatre ans et une semaine après son admission à Highland, Zelda prit un bus tôt le matin pour Montgomery. Elle emportait une lettre de Scott qui lui souhaitait bonne chance, mais sur un ton de froideur inhabituelle. « J'espère du fond du cœur que tout ira bien. J'aimerais te voir gagner un décor plus allègre, mais ce n'est vraiment pas le moment de venir me voir, et je ne vois pas d'autre destination pour toi à cette époque sombre et sanglante. Je suppose qu'un décor est ce qu'on en fait, mais j'en suis venu à haïr la Californie, et je donnerais toute ma vie pour passer trois ans en France. Donc, bon voyage et porte-toi bien [75]. » Il écrivit aux Murphy pour leur annoncer sa sortie, et les effets secondaires des électrochocs apparaissent clairement dans sa description de l'altération qu'a subie sa personnalité. « Zelda est rentrée chez elle depuis mardi - chez sa mère, à Montgomery. Elle mène une pauvre vie pitoyable, où elle lit la Bible comme une vieille dame, et parcourt, lèvres serrées, tenue correcte, un monde qui lui est devenu incompréhensible - joue avec des morceaux de vieilles choses comme si un homme d'un millier d'années essayait de reconstruire notre civilisation à partir d'un chapiteau baroque, d'une figurine tirée des colonnes de Trajan, d'une aile d'avion, d'une page de Pétrarque, en ramassant tout ceci dans le forum de Rome. Une partie de son cerveau a été annihilée, et je ne reconnais plus personne en elle [76]. »

Comme l'avait craint Scott, Zelda ne se réadapta pas sans mal à l'existence de Montgomery, et sa famille ne trouva pas la chose facile. Huit semaines plus tard, elle souffrait déjà d'une première rechute. Le 6 juin, Fitzgerald écrivit à Scottie : « Ma chérie, j'ai reçu une lettre très déprimée de ta mère et une autre de ta grand-mère, laquelle me dit en termes prudents que ta mère subit une "attaque toxique". Je sais ce que ça veut dire, mais j'espérais qu'elle tiendrait au moins deux mois. Elle semble s'être rétablie, mais sa propre lettre exprime beaucoup de désespoir, et ta grand-mère manifeste un défaitisme que je ne lui ai jamais connu [77]. » Mrs Sayre, qui n'avait jamais assisté directement à la maladie de Zelda, fut choquée par sa gravité. Elle avait retrouvé sa fille, mais une fille grandement changée, et la soigner se révéla un souci constant et épuisant. C'était une situation que connaissait bien Scott. Il supplia Scottie de sacrifier une partie de ses vacances cet été-là pour aller voir Zelda à Montgomery. « Je ne sais pas ce qui va se passer, écrivit-il, mais comme c'est peut-être la dernière fois que tu as la chance de voir ta mère dans une phase où elle a sa raison, je veux que tu ailles passer dix jours avec elle en juin[78]. »

Zelda envoya un télégramme à Scott en Californie, le matin du 18 juin : « Je ne pourrai pas endurer ça jusqu'au bout. Peux-tu envoyer mandat immédiatement pour que je retourne vendredi à Asheville ? Verrai Scottie là-bas. Ta dévouée, repentante, reconnaissante Zelda[79]. » Ce même après-midi, elle envoya un nouveau télégramme : « Ne prête pas attention télégramme, suis de nouveau bien. Me réjouis de voir Scottie. Ta dévouée Zelda. » La crise, quelle qu'elle ait pu être, était passée, et Scottie arriva le 20 juin, décidée à se montrer une visiteuse agréable. « J'ai été angélique avec maman, écrivit-elle à son père, et nous nous sommes vraiment plutôt bien entendues. J'ai même été jusqu'à discuter mariage avec elle pour lui donner l'impression qu'elle pouvait y contribuer par quelques idées[80]. » Mais leurs rapports avaient rarement été ceux d'une mère et de sa fille, et la visite fut éprouvante pour Scottie, qui voyait combien l'existence de Zelda était devenue circonscrite et artificielle. « J'oublie toujours comme les gens peuvent émousser leur désir d'une vie énergique. Cela dit, elle est comme un poisson hors de l'eau. Elle exprime ses positions avec de telles circonlocutions que celles-ci ne peuvent être comprises, même partiellement, des gens de la ville, et ce sont des positions trop erronées pour intéresser ceux qui sont vraiment cultivés[81]... » Ce que Scottie oubliait de prendre en considération (parce que Fitzgerald le lui avait longtemps caché), c'est que les changements de personnalité de Zelda résultaient de l'insulinothérapie et de la thérapeutique du choc qu'elle avait subies presque dix ans durant.

Même s'il n'avait pas revu Zelda depuis l'épisode cubain, un an plus tôt, Fitzgerald demeura un correspondant fidèle. Vingt ans s'étaient écoulés depuis leur lune de miel à Westport et *L'Envers du paradis*, et il écrivit avec nostalgie le 14 juin : « Il y a dix ans, Paris connaissait pour ainsi dire sa dernière grande saison américaine, mais nous avions quitté la parade joyeuse et tu étais partie en Suisse. Il y a cinq ans, j'ai subi pour la première fois de plein fouet la maladie et suis allé à Asheville.

On nous distribuait déjà de mauvaises cartes, beaucoup trop tôt[82]. »
Dans cette veine élégiaque, il écrivit le même jour à Scottie : « Le peu que j'ai accompli, je l'ai fait péniblement, comme on gravit une pente, et maintenant je regrette de m'être jamais détendu, de m'être jamais retourné en chemin - au lieu de dire, comme à la fin de *Gatsby le Magnifique* : "J'ai trouvé mon chemin : désormais, ceci passe en premier. C'est mon devoir immédiat - sans quoi, je ne suis rien[83]." »

L'été se traîna. L'énergie de Scott était à la baisse, et le vol de sa Ford par un adolescent ne fit qu'empirer les choses. Il finit par voir l'humour de la situation et écrivit à Scottie : « La police vient de m'appeler pour dire qu'ils avaient retrouvé ma voiture. Le voleur s'est trouvé en panne d'essence et l'a abandonnée au milieu de Hollywood Boulevard. Le pauvre gosse a eu peur manifestement d'appeler quelqu'un pour l'aider à pousser la voiture contre le trottoir. J'espère que, la prochaine fois, il se trouvera une belle grosse voiture de producteur, avec le plein d'essence, et un revolver chargé dans chaque poche de portière, et qu'il pourra vraiment entamer une carrière de criminel. Je n'aime pas voir une éducation demeurer ainsi inachevée[84]. »

L'impossibilité de faire face à ses dépenses, même réduites, l'angoissait constamment. Il ne pouvait plus dormir, consommait d'énormes quantités de gin et souffrait d'une toux sèche et pénible à force de fumer des cigarettes. Et bien que Sara Murphy diagnostiquât chez lui une tendance à l'hypocondrie, elle s'inquiéta : « Je n'aime pas à penser que vous vous considérez comme malade. Je ne peux pas croire que ce soit vrai, lui écrivit-elle en août. Votre bilan de santé m'a rappelé pour une raison ou pour une autre le jour où vous êtes venu nous voir à New York en portant des caoutchoucs - que vous avez ôtés puis pensé à remettre à votre départ. Cela ressemblait si peu à l'idée que je me faisais - et me fais toujours - de vous[85]. » Fitzgerald apprécia sa sollicitude et il aurait voulu qu'elle eût raison.

En septembre, il lui fallut demander un prêt aux Murphy, en leur disant : « Vous m'avez sauvé - Scottie et moi - malgré notre peu de mérite. Je ne crois pas que j'aurais pu solliciter quelqu'un d'autre, en conservant ce peu d'orgueil qu'il faut malgré tout conserver[86]. »

Fitzgerald confia avec joie à Gerald que Scottie et lui étaient beaucoup plus proches maintenant. « Elle est plus gentille à présent qu'elle ne l'a jamais été depuis le temps où c'était une petite fille. Je ne l'ai pas vue depuis un an, mais elle écrit de longues lettres, et je me sens plus proche d'elle que je ne l'ai été depuis qu'elle était petite[87]. » Il ajouta au sujet de sa vie à Los Angeles : « J'ai l'impression après y avoir passé tant de temps... que c'est... un endroit si mou, si détendu... même ses plaisirs n'offrent pas l'aspect farouche ou excitant de la Provence... au point qu'il faut pour ainsi dire s'en retirer pour son salut. C'est un péché que d'y déranger quelqu'un d'autre, et le "progrès", ou ce qu'on entend par ce terme, consiste essentiellement à secouer et houspiller délicatement les autres... On y trouve partout, au bout d'un certain temps, la corruption ou l'indifférence. » Gerald et Sara approuvèrent dans leur réponse : « Nous partageons rétrospectivement vos sentiments sur Hollywood. Nous avons été isolés dans une communauté constituée de petites factions crispées, qui cultivaient toutes une méfiance réciproque. Leur insécurité, leur crainte d'encourir la réprobation officielle était déprimante. Malgré un vernis cosmopolite, elles sont désespérément provinciales et redoutent de prendre le moindre risque[88]. » Scott divisa avec précaution l'argent des Murphy : il en envoya une partie à Scottie, à Vassar, et employa le reste à régler les factures les plus urgentes.

Il ne savait plus comment gagner sa vie, et ce fut un choc dévastateur qui le frappa jusque dans son physique. Lors d'un cocktail donné par Dorothy Parker ce mois de septembre, Clifford Odets remarqua que Scott avait l'air « [...] pâle, en mauvaise santé, comme si on l'avait brusquement frustré des forces de l'existence ». Au début, Zelda ne prit pas au sérieux cet état de choses. « Je suis désolée d'apprendre ton insomnie, désolée de voir que tu n'aimes pas te lever, écrivit-elle à Scott. Tu devrais peut-être te plaindre auprès du gérant. Ou t'offrir une semaine de convalescence comme celle que j'ai réclamée plaintivement ces vingt dernières années : du soleil, de la détente, on laisse les événements se dérouler dans les journaux[89]... » Mais, au fil des semaines, elle pressentit la gravité de sa situation et se montra de plus en plus soucieuse. « Prends soin de toi, l'avertit-elle. Certes, à ce que tu dis, les médecins disent que tu vas bien mieux qu'ils ne pensaient, mais je sais que tu n'es guère porté aux diagnostics exacts lorsqu'il s'agit de ta propre santé[90]. » Elle suggéra un changement de climat. « [...] Cette partie du monde est bien plus propice à une bonne santé, et elle est meilleur marché. Pourquoi ne pas l'envisager à nouveau ?... Peut-être te sentirais-tu mieux dans ce climat, où les montagnes pourraient t'aider à retrouver toute ta résistance. Pourquoi ne pas te rendre en Arizona, ou revenir à Tryon ? Ne reste pas là à te morfondre. Et puis ça ne doit pas être drôle d'être malade tout seul. Si tu viens dans l'Est, Scottie et moi pourrions te voir plus souvent[91]. »

Deux mois plus tard, le 28 novembre, il eut son premier spasme cardiaque sérieux, alors qu'il se trouvait au drugstore Schwab's, et on lui ordonna de garder le lit. Décidé à finir son roman, il continua d'écrire *Le Dernier Nabab*, adossé à ses oreillers. « Au vu de mon cardiogramme, le médecin m'a prescrit de ne plus sortir, écrivit-il à Scottie. En ce moment, je ne pourrais donc pas me rendre aux studios, même si je le voulais. » Puis, dans ce qui devait se révéler sa dernière lettre à sa fille, Fitzgerald glissa quelques conseils : « [...] Tu as eu pour parents deux superbes mauvais exemples. Contente-toi de faire tout ce que nous n'avons pas fait, et tu n'auras rien à craindre. Mais sois gentille avec ta mère à Noël, malgré son culte des runes chaldéennes, qu'elle t'infligera à coup sûr. Ses lettres sont d'une intelligence tragique en tous points, sauf ceux qui ont une importance cruciale. C'est étrange comme elle a raté son existence sociale - même les criminels n'échouent pas ainsi - ils représentent pour ainsi dire l'"opposition loyale" à la loi. Mais les fous ne sont que de simples invités sur terre, d'éternels étrangers, porteurs de décalogues brisés qui leur sont illisibles[92]. » Se sentant fragile, il revit ses dernières volontés et demanda spécifiquement à son exécuteur testamentaire de cacher à Scottie tous les documents dangereux concernant Zelda. « Toute la correspondance classée dans un dossier qui touche exclusivement à la maladie de ma femme sera détruite. Dans l'hypothèse où elle irait de nouveau mal, les documents les plus détaillés seront remis au médecin responsable, et les autres détruits. Je ne veux pas que ma fille y ait accès. Pour résumer ce point important :

les documents présentant un véritable intérêt médical seront conservés, et tout le reste sera détruit[93]. »

En décembre, après avoir souffert de vertiges récurrents, Fitzgerald quitta son appartement du second étage à North Laurel et emménagea dans l'appartement voisin de Sheilah, situé au premier étage, à North Hayworth. Pour ne pas inquiéter Zelda, il minimisa son état. « Pas de nouvelles, sinon que le roman progresse et que je suis furieux de cette petite maladie qui m'a ralenti. J'ai eu quelques problèmes de cœur auparavant, mais jamais rien d'organique. Il ne s'agit pas d'une attaque importante, mais de quelque chose qui est survenu progressivement ; par chance, un cardiogramme l'a révélé à temps. Il se peut que je passe de l'appartement du troisième à celui du premier, mais je suis tout à fait en état de travailler, etc., si je ne me surmène pas[94]. »

Dans un effort pour recouvrer une santé déclinante, il cessa tout à fait de boire et dîna tous les soirs avec Sheilah (en général d'un simple steak ou d'un poulet, préparé par leur domestique à temps partiel). Il avait écrit environ 45 000 mots de son roman le 20 décembre lorsque, sortant d'un cinéma avec Graham, il subit une deuxième attaque cardiaque, plus sérieuse. Le lendemain il eut une troisième attaque. Le samedi 21 décembre 1940, à trois heures de l'après-midi, Fitzgerald mourut. La cause du décès était une cardiomyopathie alcoolique, ou hypertrophie des cavités du cœur, un symptôme bien connu des grands alcooliques, qui suscite souvent des arrêts cardiaques.

Harold Ober appela Zelda à Montgomery pour l'informer de la mort de Scott, mais elle faisait une longue promenade d'après-midi avec son amie Julia Garland. Lorsqu'elle rentra, sa mère lui apprit la triste nouvelle. Scottie, qui passait les vacances de Noël chez les Ober à Scarsdale, était allée à un bal à Poughkeepsie, et Harold envoya son fils Dick lui porter la nouvelle. À la demande de John Biggs, Frances Kroll, la secrétaire de Fitzgerald, appela un entrepreneur de pompes funèbres de Los Angeles pour convoyer le corps de Fitzgerald au dépôt mortuaire des Pierce Brothers, sur West Washington Boulevard, où il fut exposé dans la salle William Wordsworth. Fitzgerald s'était fait peu d'amis en Californie. Dorothy Parker fut parmi les rares personnes qui vinrent le voir dans une salle pleine de chaises vides, où trônait un bouquet solitaire. Scottie quitta immédiatement les Ober pour rejoindre sa mère.

Cette mort parut d'abord irréelle à Zelda, qui téléphona à Frances Kroll la veille de Noël, pour connaître plus de détails. Elle était troublée de penser qu'elle n'avait pas eu la chance de lui dire adieu, et elle regrettait profondément que Scott ait été seul et si loin de sa famille pendant ses derniers jours. Mais elle ne demanda pas s'il y avait une autre présence dans sa vie, et, après avoir écrit à Kroll pour lui exprimer sa gratitude, elle lui adressa une seconde lettre où elle réclamait les carnets de Scott et son thésaurus, un ouvrage bien fatigué. Dans le premier testament de Fitzgerald, rédigé en juin 1937, il avait nommé John Biggs et Harold Ober comme coexécuteurs. Mais, après avoir rompu avec les Ober, il avait rayé le nom de Harold, le 10 novembre 1940, pour lui substituer celui de Maxwell Perkins. Biggs remplit en fait les deux fonctions - il géra les droits de succession et veilla sur les parts qu'avaient Zelda et Scottie sur la police d'assurance, une fois la succession réglée.

Zelda parut d'abord confuse et donna d'étranges directives pour l'enterrement de Scott. Ayant retrouvé son calme, elle demanda à Biggs de faire convoyer le corps dans le Maryland par bateau. Biggs demanda alors à Mrs Kroll de faire acheminer le cercueil par train sur la côte Est. Lorsqu'il arriva à Baltimore, on le transporta jusqu'à l'agence de pompes funèbres J. Tichnor et fils. Trop accablée pour assister à l'enterrement, Zelda resta à Montgomery sous la garde attentive de sa mère et demanda à son beau-frère Newman Smith de la représenter. Il arriva d'Alabama pour superviser les dispositions funéraires, suivant les directives que Zelda lui avait transmises par courrier. Fitzgerald avait toujours espéré être enterré avec ses ancêtres du Maryland, dans la concession familiale du cimetière de l'église catholique St Mary, à Rockville. « Ma place est là-bas, où tout est civilisé, gai, pourri et courtois. » Mais lorsque Zelda voulut prendre ces dispositions, un responsable du diocèse de Baltimore lui refusa l'autorisation d'enterrer Fitzgerald selon le rite catholique, parce qu'il n'était pas pratiquant à l'heure de sa mort, et qu'il n'avait pas reçu l'extrême-onction. John Biggs (à l'époque le juge le plus jeune de la 3e cour d'appel des États-Unis) voulut intercéder auprès de l'évêque de Baltimore pour qu'il revînt sur cette décision, mais en vain. « J'ai envoyé des requêtes à plusieurs reprises à l'évêché de Baltimore, pour demander que Fitzgerald reçoive des funérailles catholiques et soit enterré près de son père. Pour autant que je me souvienne, on a fini par m'informer que Fitzgerald n'avait pas "fait ses Pâques", et que ses écrits étaient indésirables[95]. » La cérémonie eut donc lieu au Pumphrey Funeral Home, où le révérend Raymond Black, un ministre épiscopalien, prononça l'éloge funéraire du défunt. Cette fois, la pièce débordait de fleurs - la promotion 1917 de Princeton avait envoyé des roses jaunes, les Turnbull une couronne de roses blanches, Honoria Murphy un assortiment de roses, et John et Margaret Bishop des chrysanthèmes blancs. Ludlow Fowler offrit une gerbe de glaïeuls roses, John et Anna Biggs des roses rouges des lys et des gueules-de-loup, les Sayre des roses rouges et Zelda une corbeille de glaïeuls roses.

L'enterrement eut lieu au crépuscule, le 27 décembre 1940, au cimetière de l'Union, à Rockville. Y assistaient environ vingt-cinq parents et amis de Fitzgerald. Debout sous la pluie, devant la tombe de Fitzgerald, on voyait Scottie, âgée de dix-neuf ans, avec plusieurs de ses amis, Newman Smith (Rosalind n'était pas venue, ni Sheilah Graham, à qui on avait demandé de s'en abstenir), la cousine de Scott, Cecilia Taylor, et ses quatre filles venues du Norfolk, Maxwell et Louise Perkins, Harold et Anne Ober, les Murphy, les Turnbull, les Biggs et Ludlow Fowler. « Presque tout le monde, résuma l'absente Rosalind, sur qui on pouvait raisonnablement compter pour un enterrement dans un petit village du Maryland, par un jour d'hiver, pour quelqu'un qui s'était absenté des années. Et de New York, il vint un vieux camarade des jours de folie, l'homme qui se tenait sur la tête au Metropolitan Opera, dont j'ai oublié le nom, et qui est mort depuis [Dick Knight][95]. » Les gens commentèrent l'absence de Zelda et l'impassibilité apparente de Scottie. Mais celle-ci avait cultivé la discrétion, et elle détestait trahir ses émotions en public. « La mort de mon père fut bien sûr un choc pour moi, écrivit-elle par la suite. Et bien sûr, mes amis me manifestèrent leur sympathie et leur soutien, sans quoi ils n'auraient pas pris la peine de venir avec moi[97]. » Mais elle admit également qu'elle avait « [...] un peu honte de lui, parce que l'ivrogne ayant connu des jours meilleurs était nettement plus célèbre que l'écrivain brillant[98] ».

À la suite de l'enterrement, Zelda écrivit à Harold Ober une lettre qui reconsidérait sa vie avec Scott. « Rétrospectivement, c'est comme s'il avait passé tout son temps à planifier des moments heureux pour Scottie et moi. Des livres à parcourir, des endroits où se rendre. La vie semblait pleine de promesses quand il était là, et j'ai toujours cru qu'il pouvait s'occuper de tout. Cela paraît si inutile, si vain de penser que je ne pourrai plus le lui dire. Même si nous n'étions plus intimes, Scott était le meilleur ami que je pouvais avoir[99]. » Convaincue qu'il serait un jour reconnu comme un écrivain américain d'envergure et devinant les sentiments ambivalents qu'inspirait à Scottie sa réputation, Zelda écrivit à sa fille : « Je continue à penser que papa a donné le *la* à sa génération, qu'il en a été le prophète, et qu'il mérite de garder ce titre dans nos mémoires, puisqu'il mit en scène l'époque qui précéda la guerre et donna leur signification réelle à ces jours de gala qui devaient s'avérer si tragiques. Il enviait beaucoup les joueurs de football et les grands athlètes, dont il classait les performances ; il appréciait les jeunes filles des chansons populaires ; il adorait se gorger de voluptés en conserve [de plaisirs sensuels] à des heures indues, et, comme tu l'as toi-même éprouvé au cours de nombreuses disputes et controverses, c'était l'homme le plus doué du monde pour les longues, les épuisantes conversations[100]. »

En 1940, la succession de Fitzgerald s'élevait à moins de 35 000 dollars, dont Biggs devait tirer, d'une façon ou d'une autre, une rente mensuelle pour Zelda et Scottie. Il les plaça en viager, ce qui rapportait à Zelda 50 dollars par mois, et il lui assura, après avoir prouvé que Fitzgerald s'était volontairement engagé dans l'armée américaine, une pension de veuve de mobilisé, soit un supplément de 35 dollars par mois. Pour étayer leur situation financière, il consolida tout ce qu'il pouvait trouver de fonds - notamment les parts de la police d'assurance - et investit l'argent dans des actions El Paso (gaz naturel), et des actions pétrolières Panhandle Eastern. Il tira le plus gros bénéfice financier des droits d'auteur de Fitzgerald, qu'il sut faire fructifier en publiant des inédits et en négociant les droits littéraires de *Gatsby le Magnifique* et *Tendre est la nuit* pour des adaptations cinématographiques et télévisuelles.

En empruntant à Ober, à Perkins et à Murphy, Biggs régla également les frais de Scottie à Vassar, ce qui lui permit d'achever ses études dans cet établissement coûteux. Scottie y contribua en mettant au clou le manteau de fourrure que lui avait envoyé Sheilah Graham. Elle passa ses vacances chez les Biggs, qui avaient une propriété à Woodale, dans le Delaware, et confia à John : « Sans vous, rien ne se serait passé si facilement et nous nous serions sans doute tous retrouvés à dériver dans l'espace en nous arrachant les cheveux[101]. » Zelda, voulant exprimer personnellement sa gratitude à Biggs, lui donna la peinture à l'huile représentant les lys blancs qu'il admirait depuis longtemps. Il se hâta de l'accrocher au mur central de son salon. Mais d'avoir été l'exécuteur testamentaire de Fitzgerald devait marquer à tout jamais l'identité de Biggs : même après quarante ans d'une carrière distinguée dans la magistrature, il était encore parfois présenté aux gens comme l'exécuteur testamentaire et l'ex-condisciple de Fitzgerald - une étiquette qui finit par l'agacer.

Lorsque Fitzgerald mourut, le brouillon inachevé du *Dernier Nabab* comptait 60 000 mots accompagnés d'une série de notes : l'histoire aboutissait plus ou moins à la moitié de sa conclusion. Remis en forme par Edmund Wilson, le roman fit l'objet d'une publication posthume en octobre 1941. Même sous sa forme tronquée, il offrait une lecture palpitante. Fitzgerald montrait depuis les coulisses le monde du cinéma et les hommes qui le contrôlaient, et ses perceptions intuitives étaient justes du début à la fin. Comme il l'avait fait avec succès dans *Gatsby*, il introduisait un narrateur principal pour faire progresser l'histoire - la fille d'un autre producteur hollywoodien, qui se remémore les événements après plusieurs années. Le *New York Times* parla d'un livre ambitieux dont l'auteur savait maîtriser le matériau, et qui aurait été le meilleur ouvrage de Fitzgerald s'il avait eu le temps de l'achever. Et les critiques du *Chicago Tribune* et du *New Yorker* furent élogieuses. En

1971, le roman suscitait encore assez d'intérêt pour être adapté au cinéma par Harold Pinter. Jack Nicholson et Elia Kazan assurèrent la mise en scène ; les acteurs Robert De Niro, Anjelica Huston, Robert Mitchum et Tony Curtis étaient au générique.

La mort de Scott et la nature cyclique de sa maladie firent courir à Zelda le risque permanent d'une rechute. Les prévisions de Fitzgerald se révélèrent justes : pendant les huit années qui suivirent, elle rentra à Highland de son plein gré trois fois - d'août 1943 à février 1944, puis pendant une période de huit mois, de début 1946 à la fin de l'été, et du 2 novembre 1947 au 10 mars 1948. Mais au cours de cette deuxième série de séjours à Highland, après la mort de Fitzgerald, les symptômes de Zelda furent plus accusés, et les interventions pour la soulager plus énergiques. Elles incluaient au premier chef des insulinothérapies et des thérapies par électrochocs. Zelda avait sans doute subi ces traitements à Sheppard-Pratts, où ils en étaient au stade expérimental ; à présent, ils constituaient une procédure courante.

En janvier 1937, le docteur Sakel avait donné à l'Académie de médecine de New York une conférence évoquant plusieurs cas où la guérison était due à l'insulinothérapie. Si l'on ignorait encore les vraies raisons pour lesquelles les chocs provoqués par l'insuline abrégeaient le cours de la schizophrénie, Sakel était absolument convaincu que c'était la méthode la plus efficace pour soulager les symptômes. D'après le numéro d'avril 1939 de *Time Magazine*, « Sakel l'a admis en toute franchise : il ne sait pas pourquoi ni comment sa cure réussit, mais, indubitablement, elle réussit ». Sakel avait été nommé docteur *honoris causa* de l'université de Colgate et s'était vu proposer un poste de professeur dans le Midwest, mais il préférait vivre à New York. Là, il collecta des fonds privés par l'entremise de la Fondation Gimbel et établit la Fondation Sakel, qui formait les médecins à l'insulinothérapie. Le jour de janvier où Sakel donna sa conférence à l'Académie de médecine, Adolf Meyer était dans le public, et il fut assez impressionné par les résultats de Sakel pour introduire peu après des traitements insulinothérapeutiques à la clinique Phipps. Il recommanda également leur usage aux autres médecins, dont le docteur Carroll, et tous préconisèrent l'insulinothérapie comme le meilleur traitement accessible contre la schizophrénie.

En 1941, l'insuline, le métrazol et les thérapies par électrochocs étaient largement utilisés dans la plupart des hôpitaux psychiatriques américains. Administrés dans des quartiers isolés, où les patients pouvaient faire l'objet d'une surveillance étroite, les traitements à l'insuline exigeaient une pratique exacte et systématique pour obtenir une série de comas hypoglycémiques, de longueur et de fréquence bien spécifiées. Plus le coma était profond, plus les neurones malades étaient détruits dans le cerveau. Toutefois, puisque l'insuline troublait en profondeur le métabolisme des hydrates de carbone dans les cellules ganglionnaires du cerveau, il était crucial de fixer la juste dose. Les médecins devaient faire preuve d'une prudence extrême dans la mesure où des patients maintenus trop longtemps dans le coma risquaient des lésions cérébrales, voire la mort. On leur administrait des injections d'insuline pour réduire les sucres du sang et provoquer un choc hypoglycémique. Le but était de précipiter cinquante à cent comas profonds et prolongés, lors d'un traitement étalé en moyenne sur trois mois. Pendant la période du traitement, les patients, plongés dans l'hébétude, prenaient un surpoids de dix à trente kilos, car l'insuline était associée à un régime haut en sucres et féculents. Un effet secondaire plus grave était la perte de mémoire. Considérant les convulsions épileptiques du « haut mal » comme l'antithèse biologique de la schizophrénie, les médecins postulaient que ce mal pouvait être guéri si l'on provoquait des symptômes épileptiques. Utilisés en Italie depuis 1937, où ils avaient été découverts par Ugo Cerletti, en collaboration avec Lucio Bini, les électrochocs furent d'abord réservés au traitement de la schizophrénie, avant qu'on ne découvrît leur efficacité comme antidépresseur. Le traitement habituel était de vingt chocs consécutifs, administrés trois fois par semaine. C'était une expérience terrifiante, qui provoquait des amnésies, temporaires et permanentes, et accélérait le désir du patient de s'améliorer - dans beaucoup de cas, simplement pour mettre fin au traitement.

Pour terrifiantes qu'elles fussent, ces interventions réduisaient de fait les symptômes. Elles diminuaient artificiellement le niveau de conscience du patient, ce qui lui permettait plus facilement de gérer ses douleurs, et la mémoire lui revenait souvent sans l'angoisse rattachée aux souvenirs. Toutefois, si l'insuline et la thérapie par électrochocs calmaient parfois les patients pendant de longues périodes, elles ne pouvaient éradiquer les causes de la maladie mentale, et les symptômes de l'anormalité sous-jacente finissaient par refaire surface. Malgré cela, ces interventions permirent à Zelda de vivre loin de Highland pendant de longues périodes. Pendant l'essentiel des huit ans qui suivirent la mort de Scott, elle put séjourner à Montgomery chez sa mère, dans le petit bungalow blanc du 322 Sayre Street, que la famille avait surnommé « Le Terrier ».

Zelda essaya de profiter de ces années. Elle fit de longues promenades à pied et à bicyclette, jardina, cousit ses propres vêtements et garda le contact avec ses amis. « Ici-bas, le petit jardin s'épanouit, lointain et poétique, sous les voluptés des cieux de fin de printemps, écrivit-elle à Ludlow Fowler. J'ai une cage de colombes qui chantent, et tentent d'amadouer les éléments, et meurent. Ma mère a quatre-vingt-cinq ans, mais elle est toujours en bonne santé et tout à fait intéressante. Cette petite maison semble être celle de Boucles d'Or : je m'y amuserais si la vie était moins orageuse. La dignité et le sens du devoir sont au-delà de mes capacités immédiates, mais je lis toujours fidèlement ma Bible et demande justice à Dieu[102]. »

Sa sœur Rosalind récuse l'idée que Zelda demeura une invalide tout ce temps. « Je trouve que ce qualificatif de "fragile" ne lui convient pas. Elle avait une grande endurance physique et beaucoup d'énergie. Et même pendant ses dernières années, ici chez notre mère, elle parcourait des kilomètres tous les jours et travaillait dans son jardin. Elle avait trop de vitalité pour donner une impression de fragilité[103]. »

Le salon du Terrier était un endroit douillet, avec des fauteuils à bascule aux larges accoudoirs, un sofa tendu de chintz, de nombreux tableaux et souvenirs qui ornaient la cheminée et le vieux piano droit de Zelda. L'après-midi, Zelda lisait sur le patio extérieur pendant que les colombes roucoulaient dans leur cage. Elle jouait à des jeux de société avec sa mère sur la véranda de devant et bavardait souvent avec sa sœur Marjorie, leur voisine. Elle se lia également avec une jeune fille qui souffrait de paralysie spasmodique, et pour qui elle éprouvait beaucoup de sympathie : elle était très intelligente, mais d'une timidité maladive, en raison de ses contorsions faciales.

Pour soutenir l'effort de guerre, Zelda roula des bandages au comité local de la Croix-Rouge deux fois par semaine. Mais cette fois, elle n'avait pas de prétendants parmi les recrues assignées dans les camps locaux. Elle s'intéressait toujours à la danse et prit parfois des leçons d'Amelia Harper Rosenberg, qui avait eu pour professeur George Balanchine. Zelda pratiquait ses pas de ballet sur le patio extérieur, adjacent à la cuisine, qui lui servait également d'atelier de peinture. En août 1941, elle exposa une collection de poupées en papier dans la salle des Enfants du musée des Beaux-Arts de Montgomery. *The Montgomery Advertiser* fit paraître une critique favorable : « Ce ne sont pas des poupées en papier ordinaires, assurément, mais des tableaux à la façon des peintres modernes français - ce qui, d'après Mrs Fitzgerald, est la meilleure façon d'initier les enfants aux tendances de la peinture contemporaine[104]. » Cette réaction positive l'encouragea à contacter Maxwell Perkins pour lui demander s'il était possible de les publier. « J'ai peint [...] le roi Arthur et sa Table ronde, Louis XIV et sa cour, Robin des bois sont en cours d'élaboration. Les poupées sont charmantes [...]. Auriez-vous la gentillesse de me dire quels éditeurs s'intéressent à ce genre de "littérature", et comment les aborder[105] ? » Perkins trouva les poupées de haute qualité et encouragea Zelda à en concevoir d'autres. Mais elles ne devaient pas être publiées avant les années 1960, où *Esquire* fut le premier à en montrer quelques-unes, puis 1996, où Abrams fit paraître toute la collection sous la forme d'un ouvrage.

Tout au long de l'année 1942, elle continua à peindre, fit don d'un certain nombre de toiles à Herndon Smith, à l'intention d'une exposition officielle tenue sur la base de l'armée de terre Maxwell, et proposa ses huiles et ses dessins dans deux expositions. La première ouvrit en mai et se prolongea toute la période de Noël aux galeries du musée des Beaux-Arts de Montgomery, la seconde se tint en décembre au Women's Club. Parmi les toiles les plus discutées, on voyait un portrait de Fitzgerald avec un chat sur l'épaule, mêlant diverses teintes de vert, et un autoportrait où ses yeux intenses dominent l'entière composition.

Deux ans après la mort de Fitzgerald, Scottie obtint son diplôme de Vassar. Elle était devenue une journaliste talentueuse et, quelques semaines après ses débuts, en juin 1942, commença une carrière de reporter comme stagiaire au *New Yorker*. Sa mission était de rassembler des faits divers pour une rubrique éclectique intitulée « Les potins de la ville ». Après quoi elle occupa un poste à temps complet de publicitaire au Radio City Music Hall, où elle s'ennuya au point de démissionner au bout de dix semaines. Elle passa alors à la rubrique sportive du *Time*, qui cherchait des remplaçants aux reporters engagés sous les drapeaux. Mais Scottie ne connaissait pas grand-chose à l'athlétisme, et elle se montra médiocre commentatrice en matière de base-ball, de course au trot, de boxe, de tennis et de golf. On la transféra rapidement au programme de radio de quinze minutes, « Time observe les nouvelles », puis à l'émission « Fortune ».

Elle sortait avec un officier de marine, et Zelda fut ravie lorsque Scottie décida d'épouser l'enseigne Samuel Jackson Lanahan, dit Jack, un natif de Baltimore qui servait dans l'Atlantique comme assistant navigateur à bord du *uss Card*. C'était le fils d'un riche agent de change, qui avait achevé ses études secondaires à Saint Paul en 1937. Il était entré à Princeton pour faire des études d'anglais et, pendant sa troisième année, au cours des vacances de Noël, il avait rencontré Scottie. Jack n'était pas juste un bel homme - il incarnait la stabilité dont rêvait Scottie. Fitzgerald avait entendu parler de lui et, en 1940, avait écrit à Scottie : « Je suis heureuse que tu te rendes à Princeton avec pareille escorte. J'ai l'impression que tu as sauté une classe maintenant. Des garçons comme Kilduff et Lanahan sont *a priori* plus "sûrs de leur voie" que la plupart des jeunes insouciants du campus[106]. »

Lorsque Jack eut obtenu une permission de son navire (sur lequel il servit vingt-sept mois), le mariage fut planifié à la hâte par les Ober. Anne acheta sa robe de mariée à Scottie, et ce fut Harold qui la mena à l'autel. La brève cérémonie eut lieu le 13 février 1943, à trois heures de l'après-midi, dans l'église St-Ignace-de-Loyola de Manhattan. Les Biggs faisaient partie des amis invités à la réception, qui eut lieu à l'hôtel Barclay. Malheureusement, Zelda ne put assister à la cérémonie ni participer aux préparatifs. « Je me sens coupable à l'idée d'avoir attendu trop longtemps pour annoncer la chose à ma mère, si bien qu'elle n'eut pas le temps d'organiser sa venue, écrivit par la suite Scottie, mais elle n'allait pas assez bien à l'époque, et je craignais qu'elle ne fût dans une de ses phases excentriques qui auraient jeté un froid sur la cérémonie [107]. »

À la place, au début de l'été suivant, Zelda se rendit dans le Nord pour voir Scottie à Scarsdale et fit halte chez les Biggs, à Woodale, sur le chemin du retour. Au cours de cette brève visite, ils purent voir combien elle était tendue. En août, elle se fit réadmettre à Highland pour six mois. Cette fois, elle refusa de communiquer avec qui que ce soit. Landon Ray fut l'un des rares employés susceptibles d'interrompre la réclusion qu'elle s'infligeait. Supervisant les activités de plein air depuis février 1938, il avait fait la connaissance de Zelda au cours de ses séjours précédents. Plus que les autres, Ray put communiquer avec Zelda au cours de cette période et calmer ses crises de chaos émotionnel. Grand, séduisant, il avait huit ans de moins qu'elle et débordait de vitalité - le genre de personnalité que Zelda appréciait. Ils allèrent souvent ramasser du bois ensemble en vue d'excursions de camping. Ray se rappela une expédition de ce genre dans Sunset Mountain, près de l'hostellerie Grove Park, où il commença à pleuvoir et où Zelda s'enfonça dans les ronces humides en quête de petit bois sec. Ray et elle s'entendaient bien lorsqu'ils étaient seuls, mais, si une autre patiente venait détourner l'attention de Ray, elle devenait jalouse. « Elle fut si envieuse un jour, se rappela Ray, qu'elle fit sauter la tasse de café de la main d'une autre femme, qui s'était approchée de nous alors que nous conversions [108]. »

En février 1944, Zelda sortit de Highland et rentra chez elle pour se remettre à vivre dans un passé nostalgique. Sur le mur du fond de la maisonnette de sa mère, elle peignit une fresque montrant sa vie avec Scott et, pour accroître ses ressources, décora des bols de bois et des plateaux de métal avec des représentations de Paris et de New York. Elle en peignit une série pour Scottie, qui décrivait tous les endroits où ils avaient vécu au cours de son enfance.

Elle continua également de travailler aux *Biens de César*, qui avait beaucoup évolué depuis son idée première, pour devenir un collage où coexistaient fantasme, autobiographie et doctrine religieuse. Son écriture, toutefois, était handicapée par des illusions messianiques récurrentes. Son père, son frère et Scott étaient morts : il n'y avait plus d'hommes dans sa vie, et elle s'appuya sur Dieu pour combler sa soif d'une force masculine dont elle avait toujours dépendu. Un moment, elle envisagea de se convertir au catholicisme, comme devait le faire par la suite George Jean Nathan. Elle miméographia des essais exprimant sa ferveur religieuse, qu'elle envoya à ses amis pour le salut de leurs âmes. Edmund Wilson en reçut un, ainsi que Carl Van Vechten, et elle avertit John Biggs (dont elle appréciait les efforts en sa faveur, mais dont elle abhorrait la vie amoureuse) qu'il mourrait dans un an et devait se réformer en conséquence. Par contraste, elle assura Maxwell Perkins, qu'elle avait toujours admiré, que le Seigneur veillait sur lui. Elle allait régulièrement à la messe le dimanche, à l'église épiscopale du Saint-Consolateur, mais aussi en semaine, pour y trouver la sérénité qui la fuyait partout ailleurs. « Il n'y a pas d'autre endroit où aller, dit-elle à Sara Mayfield, à moins de prendre un tramway et de faire tout le parcours aller-retour [109]. » Ce fut une vie tranquille, mais ce ne fut pas précisément une vie heureuse. Rosalind se rappela comme « [...] elle devint une personne d'une extrême droiture, qui investissait tout son temps dans son art, mais aussi à tenter courageusement de se réhabiliter en faisant du bien aux autres. Elle demeura quelqu'un d'extrêmement nerveux, qui devait parfois retourner à l'hôpital pour retrouver le contrôle de soi-même, mais elle eut également de longues périodes de santé où elle pouvait s'adonner à ses intérêts, garder le contact avec ses amis, et vivre une vie normale dans l'ensemble. Elle manifestait une cordialité chaleureuse qui attirait les gens même lorsqu'elle était malade, et à Montgomery, jusqu'au bout, il y eut beaucoup de gens qui l'admiraient et lui étaient dévoués [110]. »

En février 1944, Zelda fut enthousiasmée d'apprendre qu'on avait proposé à Scottie un nouveau job de journaliste au *New Yorker*. Son succès, lorsqu'elle postula à cette position hautement convoitée, était dû à la fois à son pedigree - somme toute, elle était la fille de Fitzgerald - et au fait qu'un grand nombre de reporters étaient encore sous les drapeaux. Mais Scottie était par ailleurs un bon écrivain. À dix-huit ans, elle avait vendu sa première nouvelle, *Une époque merveilleuse*, au *New Yorker*, dont le fondateur et directeur, Harold Ross, appréciait son intelligence aiguë, son honnêteté et sa bonne humeur pleine d'énergie. Brendan Gill, qui faisait partie de la direction du magazine à l'époque, la considérait comme un atout précieux. Il se rappela avoir vu les aquarelles et les dessins que lui envoyait régulièrement sa mère, et cherché de temps à autre à persuader le directeur de la rubrique artistique de les publier. « Ces dessins consistaient en zébrures diagonales abstraites, se rappela Gill, des triangles et d'autres formes géométriques, où l'on voyait ou, dans ces conditions, se persuadait qu'on avait vu, l'expression d'une rage violente, retenue [111]... » Scottie se rappela les moments heureux qu'elle avait passés au magazine : « Il y avait toute une galerie d'excentriques et tout le monde se voyait encouragé à faire preuve d'originalité [112]. » À ses moments perdus, elle réussit à écrire une nouvelle pour le *Saturday Review of Literature*, intitulée *Chronique du* New Yorker, 1945, et une autre pour *Colliers*, intitulée *L'Importance d'être embrassée* [2].

Pendant le mois de janvier 1945, elle demanda un congé au *New Yorker* pour suivre le nouveau bateau de Jack, le *uss Osage*, un chaland de débarquement, de Tampa à Galveston. Une longue séparation s'ensuivit pour le jeune couple, en février, lorsque le navire partit pour la Nouvelle-Orléans, puis rejoindre les combats du Pacifique. Après la reddition du Japon, Jack revint, et il fut démobilisé en novembre 1945. Le couple prit un appartement au-dessus du Woman's Exchange [3], sur

---

2. Jeu de mots sur le titre de la célèbre pièce d'Oscar Wilde, *L'Importance d'être aimé (The Importance of Being Earnest)*.
3. Woman's Exchange : associations caritatives et commerciales, fondées au XIXe siècle, où les

Madison Avenue. L'année où Jack s'inscrivit à la faculté de droit de Columbia, Scottie découvrit qu'elle était enceinte. Mais elle continua à travailler pour le *New Yorker*, ne s'arrêtant que six semaines avant l'accouchement. Né le 26 avril 1946, le bébé, un garçon de 3,6 kilos, reçut pour patronyme officiel Thomas Addison Lanahan (d'après le demi-frère de Jack, tué à dix-huit ans à la bataille du Saillant), mais on l'appela toujours Tim. (Par la suite, il devait se suicider.) Pour son premier petit-fils, Zelda commença immédiatement à faire une collection de poupées en papier historiques, comme elle avait fait naguère pour Scottie. Et elle annonça fièrement son arrivée à Ludlow Fowler, lui rappelant la naissance de Scottie et « les télégrammes que nous avons échangés lorsqu'elle salua le clair-obscur d'un automne à Saint Paul, je sais que la nouvelle vous intéressera[113] ». Moins de deux mois après la naissance de Tim, Scottie revint au *New Yorker*, à la fois pour diriger la section de critique littéraire « Brèves remarques » et pour chroniquer les night-clubs dans la rubrique « Une table pour deux ». Elle travailla pour le magazine jusqu'à la naissance de leur second enfant, Eleanor, deux ans plus tard, le 25 janvier 1948. Jack n'était pas très satisfait de la voir travailler, mais Scottie rechignait à l'idée de rester à la maison avec le bébé, et elle se dépêcha d'engager une nounou et une gouvernante. « [...] Ce dilemme de la femme au foyer/femme au travail me rend folle, protesta-t-elle. Je sais que Jack préférerait que je prenne soin de bébé, mais je manque de patience et de calme. Il est très mignon, mais miss M. vaut mieux pour lui[114]. »

Cet été-là, Zelda se rendit dans le Nord pour voir son petit-fils. Elle prit seule le train mais ne se sentit pas assez bien pour rentrer seule chez elle. Anne Ober la raccompagna à Montgomery, et elles s'arrêtèrent à Wilmington pour voir les Biggs. Anna Biggs se rappela combien le départ de Zelda avait été étrange. « John mentionna qu'il était temps de prendre le train pour Montgomery. Zelda n'eut pas l'air d'y faire attention, et nous le redîmes avec un peu plus de force. Il se faisait tard.

---

femmes au foyer apprenaient des métiers d'artisanat qu'elles pouvaient pratiquer à domicile pour améliorer le revenu familial.

Peut-être ferions-nous mieux de monter en voiture, etc. Zelda nous dit de ne pas nous inquiéter, que le train ne serait pas à l'heure de toute façon. Nous rîmes et dîmes que oui, peut-être, mais c'était un risque que nous ne voulions pas prendre. "Oh non, dit-elle, tout ira bien. Scott me l'a dit. Vous ne le voyez pas, assis à côté de moi ?" Lorsqu'ils arrivèrent à la gare, le train avait une demi-heure de retard [115]. » En octobre, Zelda reprit le train pour le baptême de Tim. Scottie raconta ce long séjour tendu de Zelda dans son agenda. « À Larchmont - journée sinistre avec maman, nerveuse au début, mais très gentille chez les Palmer... [Tim] furieux d'être réveillé, mais des yeux comme des soucoupes sur le trajet du retour - maman a adoré, elle aussi. Le soir, formule - de maman à bébé - "ces deux doigts ont l'air si bons que j'en prendrai moi-même dès mon retour [116]". » La formule fait sans doute référence au bébé, mais c'est peut-être aussi une observation sardonique sur l'alcool que buvait Scottie.

À l'automne 1946, Jack reçut l'ordre, en qualité d'enseigne réserviste, de se présenter temporairement à l'appel. Scottie laissa Tim à sa nourrice et accompagna son mari en Californie. Après quoi elle passa un week-end à Montgomery avec Zelda. Ce fut une expérience tendue, qui fit remonter des souvenirs d'enfance douloureux. « Maman s'est complètement soûlée et, dans cet état, a déliré comme une folle, écrivit-elle à John Biggs. Je veux dire, un vrai délire du type Ophélie, qui m'a effrayée, car elle jouissait de toutes ses forces physiques et n'avait pas assez bu pour prétendre à l'hébétude alcoolique [117]. » Scottie ignorait que l'alcool précipitait les symptômes de la schizophrénie chez Zelda, et qu'on lui interdisait de boire. La sœur de Zelda, Marjorie, essayait de prévenir les gens et entrait en fureur chaque fois qu'ils mettaient de l'alcool à sa portée. Elle s'en plaignit à son amie Helen Blackshear : « Ils savent qu'elle ne supporte pas l'alcool, tout simplement, et ils n'en insistent pas moins pour l'inviter à des soirées où ils savent qu'on en servira. Zelda était le clou de la fête dans sa jeunesse, et ils s'attendent toujours à ce qu'elle se montre spirituelle et étincelante. Ils ne semblent pas se rendre compte que cette époque est passée, et qu'elle a besoin qu'on l'aide... Ils ne pensent qu'à eux-mêmes. Zelda a eu un moment de gloire, qu'ils font ricocher sur eux, pour se divertir. Puis ils disent, "Oh, un petit sherry ne vous fera pas de mal !", et, de fil en aiguille, nous finissons par recevoir un coup de téléphone en pleine nuit et par la retrouver dans un tel état qu'il faut appeler une infirmière et lui faire une piqûre pour la calmer ! Parlez-moi de l'amitié ! Ils font de leur mieux pour lui faire réintégrer l'hôpital[118]. » Lorsque Zelda revint à Montgomery, les gens eurent très envie de la revoir et tout le monde l'invita. « Je me rappelle une soirée où elle se rendit, se remémora l'un de ses amis. Tout le monde était debout dans le jardin, le verre à la main, et, lorsque Zelda les vit, elle tomba à genoux en prières. Vous imaginez les têtes des habitants de Montgomery[119]. »

Ces incidents embarrassaient Zelda, qui préférait du coup ne voir que ses amis intimes. Le caractère oppressant de cette existence s'atténuait parfois lorsque quelqu'un venait l'interviewer sur Fitzgerald, ou discuter de littérature. Au début des années 1940, Paul McLendon, un étudiant de l'université d'Alabama, lui rendit visite régulièrement. Et pendant deux jours, en mars 1947, un étudiant de Princeton, du nom de Henry Dan Piper, qui voulait écrire sur Fitzgerald, eut un long entretien avec elle. Zelda lui montra le manuscrit des *Biens de César* et évoqua les quatre grandes déceptions de sa vie - sa rupture avec Egorova, la mort de son frère Anthony, ses propres tentatives de suicide à Sheppard-Pratts et la fin de son mariage avec Scott. Avant que Piper ne quittât Montgomery pour retourner à Princeton, elle l'emmena voir ses peintures, rassemblées au musée des Beaux-Arts de Montgomery et le surprit en lui offrant comme cadeau d'adieu un autoportrait. (Sa sœur Rosalind devait répéter ce geste en m'offrant un croquis à l'aquarelle d'une de ses poupées en papier.)

Si Zelda parlait toujours de Scott en termes positifs, il apparut de moins en moins souvent dans sa conversation, à mesure qu'elle se renfermait sur elle-même. La gravité de ses symptômes fluctuait selon les jours. Au cours des mauvaises périodes, ses paroles devenaient inintelligibles, et elle refusait de prendre son bain ou de s'habiller. Elle avait promis au docteur Carroll de marcher huit kilomètres par jour et observait ce régime. Mais puisque les grandes marches n'étaient guère répandues à Montgomery à cette époque, ses voisins ne savaient comment interpréter ses errances continuelles en ville. « Zelda revint à Montgomery, se rappela Mrs H. L. Weatherby. Elle avait pu sortir de son institut psychiatrique. Elle logeait dans son ancienne maison, mais parcourait les rues tout le jour durant. Avant que je l'aie vue, certains de mes amis me dirent qu'elle ressemblait à la vieille mendiante qu'elle avait incarnée lorsque nous étions au lycée. Puis je l'aperçus plusieurs fois dans les rues de la ville. Elle avait l'air vieillie, hagarde, négligée, distraite. La dernière fois que je la vis, c'était un jour où, montant dans le bus, je la reconnus et allai m'asseoir près d'elle. Je lui adressai la parole, et elle me reconnut, et me tint des propos très rationnels pendant tout le trajet. Elle me demanda des nouvelles de ma famille, d'autres amis de notre adolescence et me parla de Scottie. Plus rien en elle ne me rappelait la Zelda que j'avais connue. Peu de temps après, elle dut être ramenée à l'hôpital[120]. »

Le condisciple de Scott à Princeton, Lawton Campbell, se rappela également l'avoir vue longer la maison de sa tante, qui se trouvait sur Sayre Street. « Alors que je discutais avec eux des sujets d'actualité, je levai les yeux sur Sayre Street et vis une figure solitaire descendre la colline. "Cette femme qui descend la rue me rappelle quelqu'un, dis-je. Qui est-ce ?" Mes tantes se tournèrent pour répondre et dirent à l'unisson : "C'est Zelda." Mais non pas de la voix où elles auraient dit autrefois : "C'est Zelda." Leurs voix n'exprimaient ni scandale ni surprise. Juste une note discrète de pitié. Tandis qu'elle descendait la rue, je pus mieux la voir. Elle portait une casquette de marin, un pull crasseux, une jupe sans caractère et des chaussures de sport. Ses cheveux étaient broussailleux et avaient perdu leurs reflets mordorés. Je descendis les marches pour aller à sa rencontre alors qu'elle s'approchait de la maison. Elle me reconnut et m'adressa un salut aimable, mais sans la moindre animation, sans feindre l'enthousiasme. C'était presque comme si je parlais à une statue de cire, fanée et inanimée. "Le docteur m'a dit de faire huit kilomètres à pied par jour", m'annonça Zelda. Nous parlâmes quelques minutes, mais elle ne mentionna pas Scott. Du coup, bien sûr, je ne fis pas non plus allusion à lui[121]. »

Vers la fin de l'automne 1947, sa condition mentale avait décliné au point que les moindres incidents lui faisaient venir les larmes aux yeux. Voyant la situation empirer, Mrs Sayre encouragea Zelda à rallonger ses marches quotidiennes et, en dernier recours, les deux femmes s'agenouillèrent auprès du lit de Zelda, comme lorsqu'elle était enfant. Mais les prières ne leur donnaient que peu de consolation. « J'ai fait tant d'efforts et j'ai prié avec tant de foi et de sincérité en demandant à Dieu de m'aider, dit Zelda à sa sœur. Je ne comprends pas pourquoi il m'abandonne à tant de souffrance [122]. » Le 2 novembre 1947, elle reprit le train pour Asheville, pour être réadmise de son plein gré à Highland. Le docteur Carroll avait pris sa retraite deux ans plus tôt, et c'était maintenant le docteur Basil Bennett qui dirigeait la clinique. Le personnel, qui se souvenait de ses séjours précédents, nota qu'elle présentait des changements marqués. Sa peau trahissait les effets à long terme de sa maladie, et toute sa personnalité dégageait une dureté cynique. Son environnement ne l'intéressait guère ; elle évitait les autres et s'adonnait à de longues périodes de solitude.

En janvier 1948, deux mois après son arrivée, elle commença un traitement de trois mois, combinant insulinothérapie et électrochocs, mais le médecin qui la suivait, le docteur Irving Pine, ne remarqua qu'une légère amélioration des symptômes. Impatientée par la lenteur de son rétablissement, Zelda confia son inquiétude à sa mère, qui écrivit à Scottie le 17 janvier : « À mon grand désarroi, Zelda ne va pas mieux. Ses lettres sont gaies et elle semble s'intéresser aux activités de l'hôpital. Elle me donne aussi des consignes de jardinage, comme si elle s'attendait à rentrer. Elle est maintenant entre les mains des professionnels et je dois m'abstenir de faire des suggestions. Le traitement électrique est utilisé à présent dans tous les hôpitaux pour soigner les troubles mentaux. Il se peut que cela lui fasse du bien. Du moins espérons-le. Elle me manque plus que je ne veux l'avouer [123]. »

Zelda fut troublée par son absence de progrès et sa surcharge pondérale. L'insuline lui avait fait prendre dix kilos, ce qui l'amenait à soixante-quinze kilos - un record dans sa vie. Le temps passait lentement ; Zelda écrivait des lettres pensives à sa famille et à ses amis, et travaillait à des illustrations bibliques pour le petit Tim, alors âgé de dix-huit mois. Le 9 mars, elle dit à Scottie : « Aujourd'hui, il y a une promesse de printemps dans l'air et une aura ensoleillée sur les montagnes ; les montagnes semblent retenir le beau temps plus qu'ailleurs, et le passé et les souvenirs cascadent en flots rosâtres sur les longs versants[124]... » Six semaines plus tôt, Scottie avait eu son second enfant, sa fille Eleanor, et Zelda regretta de ne pouvoir aller dans le Nord. « J'ai hâte de voir le nouveau bébé, écrivit-elle à Scottie. Tim doit être phénoménal à présent. » Cette nouvelle génération lui fit prendre peu à peu conscience de sa propre mortalité. Elle contacta de nouveau Ludlow Fowler. « On n'a guère plus le temps de vivre, sinon dans le cadre de contraintes régimentaires inexorables. Je m'en réjouis, puisqu'il faut essentiellement de la liberté à la doctrine du libre arbitre, et j'ai exercé si peu de volonté ces dernières années que j'arrivais à peine à discerner en moi des formes de vie aborigènes, et que je me prenais souvent pour une autre personne[125]. » Les électrochocs avaient suscité de nouvelles lésions amnésiques. Elle savait qu'elle avait oublié quelque chose, sans savoir exactement quoi.

Pour le restant de son insulinothérapie, elle fut déplacée au dernier étage du bâtiment principal de Highland. C'est là, tenus à l'écart, que se rétablissaient les patients soumis à ce traitement, recevant des électrochocs espacés dans le temps, sous surveillance attentive. Zelda écrivit à sa mère qu'elle ressentait enfin une légère amélioration et qu'elle espérait être rentrée pour le printemps. Elle parvenait de plus en plus à communiquer avec les autres, et elle décrivit sa vie à l'hôpital : des parties de bridge deux fois par semaine, un cours de couture, du temps consacré à la lecture, et sa marche quotidienne de huit kilomètres.

Elle séjournait à Highland depuis bientôt quatre mois lorsqu'un appareil électrique provoqua un incendie vers minuit, le 11 mars 1948. L'incendie se déclencha dans la cuisine du premier étage, dans le bâtiment principal et se propagea rapidement par le petit monte-plat qui menait au toit, en crachant des flammes à chaque palier. En l'absence d'une alarme ou d'un système d'extincteurs automatiques, les escaliers furent aussitôt isolés par les flammes qui s'engouffrèrent dans tout l'intérieur du bâtiment. L'alarme ne se déclencha qu'une demi-heure après le début de l'incendie, et, lorsque les pompiers arrivèrent, le bâtiment brûlait depuis quarante-cinq minutes. Ils arrosèrent les flammes, mais la chaleur était si intense que cela n'eut que peu d'effet. Les couloirs et les escaliers étaient remplis de fumée lorsque pompiers et volontaires fracassèrent les portes verrouillées à coups de hache et firent sauter les chaînes et les barreaux des fenêtres. Ils évacuèrent quelques-unes des patientes tandis que le personnel tentait désespérément d'ouvrir les portes et d'en guider d'autres à travers les couloirs sombres, remplis de fumée.

À 4 heures, l'incendie était incontrôlable - les sols et les plafonds, du toit à la cave, s'écroulèrent, les murs extérieurs s'affaissèrent, et la charpente du bâtiment fut réduite en gravats. Lorsque l'incendie éclata, il y avait vingt-neuf patients dans ce bâtiment central de trois étages. La plupart de ceux qui étaient logés dans les étages inférieurs furent sauvés. Mais la chambre de Zelda, située au troisième étage, était inaccessible. Elle donnait sur une véranda ouverte, et les médecins supposèrent par la suite que, si elle avait été consciente, elle aurait pu s'échapper. Des neuf patients qui moururent à ce dernier étage, la plupart succombèrent non pas aux flammes, mais à la fumée épaisse et aux vapeurs toxiques.

Au cours de ses nombreuses tentatives pour sauver des patients, le docteur Bennett se rappela avoir vu une chambre remplie de fumée, où une patiente gisait inconsciente sur son lit. Les draps n'étaient pas froissés, et rien ne suggérait que la victime ait fait la moindre tentative pour s'échapper par une fenêtre ouverte, qui donnait sur une véranda. Bennett était d'opinion que, bien avant que les flammes ne l'atteignent, Zelda avait été asphyxiée par des vapeurs toxiques montant du sol. Le docteur Pine acquiesça en ces termes : « Si elle n'avait pas été endormie, Zelda aurait dû être à même physiquement de fuir en s'éloignant du dernier étage où elle était retenue[126]. » Le *New York Herald Tribune*, toutefois, rapporta une vision différente des faits dans son numéro du 12 mars. L'article postulait qu'il lui avait été impossible de s'échapper parce que toutes les patientes logées à l'étage de Zelda avaient été enfermées dans leur chambre, et que les fenêtres, barrées par de lourdes chaînes à cadenas, ne pouvaient être ouvertes assez grand pour leur permettre de s'enfuir. Des dix femmes logées au dernier étage, une seule fut capable de briser une fenêtre et de sauter. Zelda et les huit autres périrent. Les gens qui s'étaient précipités sur place entendirent les cris poignants de celles qui étaient restées à l'intérieur. Les habitants du coin recueillirent plusieurs femmes qui erraient dans les bois avoisinants.

Les restes de Zelda ne purent être identifiés que par leur emplacement, son dossier dentaire et une seule pantoufle brûlée, découverte sous son corps calciné. Les familles des victimes reçurent chacune 3 000 dollars de dommages et intérêts et le directeur de Highland, le docteur Bennett, dut démissionner de ses fonctions. Il fut remplacé par la fille adoptive du docteur Carroll, Charmian, une ancienne infirmière devenue psychiatre. Elle devait rester à la tête de Highland jusqu'en 1963 et gérer le legs de l'hôpital à l'université de Duke.

Les restes de Zelda furent convoyés par le même entrepreneur de pompes funèbres qui avait organisé les funérailles de Scott, et l'on demanda au même ministre épiscopalien, Raymond P. Black, d'officier à la cérémonie. Mrs Sayre ne se sentait pas assez bien pour venir, mais toutes les sœurs de Zelda furent présentes. « Il y avait beaucoup de fleurs et la petite chapelle se remplit d'amis, dont la plupart m'étaient inconnus, se rappela Rosalind. J'en reconnus quelques-uns, dont le juge Biggs, les Ober, Mrs Turnbull, les Stanley Woodward et Peaches Finney [127]. » Par un beau jour tiède, à la Saint-Patrick, à Rockville, Zelda fut enterrée aux côtés de Scott sur la pente d'une colline ombragée, dans le cimetière de l'Union. Il fallut quelques frais supplémentaires pour changer la disposition de la tombe, mais le juge Biggs, en accord avec la mère de Zelda, décida de le faire. « Scott a aimé Zelda jusqu'à son dernier souffle et il a dépensé une fortune à essayer de lui rendre la santé..., écrivit-il à Mrs Sayre. Comme je l'ai dit à Scottie, la place de Zelda est aux côtés de Scott, même s'il faut considérer un double caveau. Ils ont passé vingt ans ensemble, leur sang se mêla dans leur charmante enfant, et ils devraient reposer ensemble [128]. » Deux jours plus tard, après avoir réfléchi aux termes qu'elle allait employer, Scottie écrivit à sa grand-mère une lettre tendre et consolatrice.

« Grand-mère chérie, je suis sûre qu'à présent tout le monde vous a écrit pour vous dire à quel point l'enterrement et l'office ont été charmants, simples et émouvants. J'avais oublié comme il avait fait froid et venteux à la mort de papa, et comme ce petit cimetière est beau, si ensoleillé, si pentu, si lointain qu'il donne réellement à sentir le passé et le sens de la vie. J'ai été si heureuse quand vous avez décidé qu'elle devait rester avec papa : les voir enterrés ensemble donnait à la tragédie que fut leur vie une sorte d'unité classique, et il était très touchant, très rassurant, de se figurer que leurs esprits, tous deux généreux et de haute volée, étaient enfin réunis dans la paix. J'ai simplement chassé de mon esprit tous leurs ennuis et tous leurs chagrins, et je ne me les représente que comme ils ont dû être pendant leur jeunesse. Je crois vraiment que pendant leurs années de bonheur ils ont joui de plus de plaisir et d'expérience que la majorité des gens ne peuvent espérer en connaître au cours de leur vie, et, dans un sens, l'intensité de leurs deux vies rachète leur brièveté. J'ai du mal à présent à me les représenter comme mes parents, c'étaient des gens si extraordinaires, et moi-même, j'ai retrouvé la médiocrité sans histoire qui est le lot de 99 % des humains. Pour cette raison, leur perte me touche de façon beaucoup plus impersonnelle que personnelle. Mais tout au long du service, à Bethesda, et pendant le trajet jusqu'à Rockville, j'ai pensé à vous, grand-mère, et combien il était injuste de vous voir supporter cette douleur quand vous avez toujours tant fait pour les autres, en les aidant à persévérer dans leur voie. J'espère que c'est une consolation pour vous de savoir que vous avez toujours été là pour donner à maman un sentiment de sécurité, et d'appartenance, quels qu'aient pu être ses problèmes. Sans vous, elle aurait certainement été beaucoup plus malheureuse qu'elle ne l'a été. J'espère que, s'il le fallait, je serais moi aussi capable d'aider mes propres enfants ; d'avoir fait en son âme et conscience de son mieux pour tout autre être humain est quelque chose de rare et de grand. Je vous en prie, essayez le plus possible de ne pas être triste : maman était quelqu'un de si extraordinaire que, si les choses étaient demeurées aussi parfaites et romantiques qu'au début, elle aurait vécu un conte de fées plus que la réalité. Je suis loin de pencher vers l'occultisme et je n'ai jamais compris ni approuvé le mysticisme, mais sa mort m'inspire un sens du destin si fort que je ne peux m'empêcher de penser qu'elle faisait partie d'un tout, qu'elle était aussi inévitable que le jour ou la nuit. Tout ce qui est inévitable ne peut être que juste, et bon par conséquent. J'y ai beaucoup pensé, et c'est la seule solution à laquelle je puisse arriver [129]. »

Notes

1. Rosalind Smith, témoignage inédit sur Zelda Fitzgerald, W. S. Hoole Special Collections Library, Tuscaloosa, université d'Alabama.

2. Rosalind Smith, document inédit, collection Mayfield, université d'Alabama.

3. Lettre de F. S. Fitzgerald à Xandra Kalman (septembre 1936), citée dans Mizener, *The Far Side of Paradise*, New York, Houghton Mifflin, 1949, p. 264.

4. Lettre de F. S. Fitzgerald à Zelda Fitzgerald, 27 juillet 1936, *The Correspondence of F. S. Fitzgerald*, éd. Matthew Bruccoli et Margaret Duggan, New York, Random House, 1980, p. 440.

5. Lettre de Gerald Murphy à F. S. Fitzgerald, octobre 1936, archives F. Scott Fitzgerald, bibliothèque de l'université de Princeton (PUL), col. 187, boîte 51, dossier 28.

6. Lettre de Zelda Fitzgerald à F. S. Fitzgerald, juin 1935, citée dans Scott Donaldson, *Fool for Love*, New York, Congdon & Weed, 1983, p. 96.

7. Lettre de Zelda Fitzgerald à F. S. Fitzgerald, Noël 1939, archives Zelda Fitzgerald, PUL, boîte 48, dossier 1.

8. Helen Northup, citée dans « F. in Wolfe's Clothing ». D'abord paru dans *The University of Wisconsin News*, puis réédité dans *The Fitzgerald Newsletter* 19, automne 1962, Washington DC, Microcard Editions, p. 102.

9. Scottie Fitzgerald, citée dans Eleanor Lanahan, *Scottie Fitzgerald : the Daughter of...*, New York, Harper Collins, p. 76.

10. Lettre de F. S. Fitzgerald au docteur Robert Carroll, citée dans

F. Scott Fitzgerald : a Life in Letters, éd. Matthew J. Bruccoli, New York, Simon & Schuster, 1995, p. 354.

11. Scottie Fitzgerald, Introduction à *Letters to his Daughter*, éd. Andrew Turnbull, New York, Charles Scribner's Sons, 1963, p. XII.

12. *Ibid.*

13. Lettre de Zelda Fitzgerald à F. S. Fitzgerald, archives Zelda Fitzgerald, PUL, boîte 42, dossier 42.

14. Scottie Fitzgerald, introduction à *Letters to his Daughter*, *op. cit.*, p. XII.

15. Lettre de F. S. Fitzgerald à Sara et Gerald Murphy, janvier 1937, archives F. S. Fitzgerald, PUL.

16. Lettre de F. S. Fitzgerald à Anne Ober, 4 mars 1938, citée dans Bruccoli, *Scott Fitzgerald : a Life in Letters, op. cit.*, p. 352.

17. Scottie Fitzgerald, citée dans Lanahan, *Scottie, op. cit.*, p. 89.

18. *Ibid.*, p. 90.

19. *Ibid.*

20. Lettre d'Anne Ober à F. S. Fitzgerald, archives F. Scott Fitzgerald, PUL, col. 187, boîte 51, dossier 27.

21. Lettre de F. S. Fitzgerald à Harold Ober, 13 mai 1937, citée dans Bruccoli, *Scott Fitzgerald : a Life in Letters, op. cit.*, p. 322.

22. Carl Van Vechten, cité dans Le Vot, *Scott Fitzgerald, a Biography*, Garden City, New York, Doubleday, 1983, p. 318.

23. Lettre de F. S. Fitzgerald à Scottie Fitzgerald, juillet 1937, citée dans *Letters to his Daughter, op. cit.*, pp. 25-26.

24. Ernest Hemingway, cité dans James Mellow, *Hemingway, a Life without Consequences*, Reading, Massachusetts, Addison-Wesley Publishing Co., 1992, p. 435.

25. F. S. Fitzgerald, cité dans Matthew J. Bruccoli, *Some Sort of Epic Grandeur*, New York, Harcourt Brace Jovanovich, 1981, p. 425.

26. F. S. Fitzgerald, *Le Dernier Nabab*, trad. fr. André Michel, Paris, Gallimard, 1952, p. 51.

27. Lettre de F. S. Fitzgerald à Sara Murphy, archives F. Scott Fitzgerald, PUL, boîte 51, dossier 12.

28. F. S. Fitzgerald, cité dans Andrew Turnbull, *Scott Fitzgerald*, New York, Charles Scribner's Sons, 1962, p. 261.

29. Sheilah Graham, *The Real F. Scott Fitzgerald*, New York, Grosset & Dunlap Inc., 1976, p. 50.

30. Scottie Fitzgerald, citée dans Lanahan, Scottie, *op. cit.*, pp. 83-84.

31. Lettre de F. S. Fitzgerald à Maxwell Perkins, citée dans Aaron

Latham, *Crazy Sundays : F. Scott Fitzgerald in Hollywood*, New York, Viking Press, 1971, p. 127.

32. Lettre d'Edmund Wilson à Christian Gauss, citée dans Andrew Mellow, *Invented Lives*, New York, Houghton Mifflin, 1984, p. 478.

33. Lettre de F. S. Fitzgerald à Scottie Fitzgerald, citée dans Bruccoli, *Some Sort of Epic Grandeur, op. cit.*, p. 329.

34. Scottie Fitzgerald, citée dans Lanahan, *Scottie, op. cit.*, p. 86

35. Lettre de Rosalind Smith à Scottie Fitzgerald, citée dans Lanahan, *Scottie, op. cit.*, p. 154.

36. Lettre de F. S. Fitzgerald au docteur Robert Carroll, citée dans Jeffrey Meyer, *Scott Fitzgerald : a Biography*, New York, Harper Collins, 1994, p. 300.

37. Lettre de F. S. Fitzgerald au docteur Robert Carroll, citée dans Turnbull, *Scott Fitzgerald, op. cit.*, p. 291.

38. Lettre de F. S. Fitzgerald à Scottie Fitzgerald, citée dans Mellow, *Invented Lives, op. cit.*, p. 462.

39. Lettre de F. S. Fitzgerald à Sheilah Graham, citée dans Sheilah Graham, *Beloved Infidel*, New York, Henry Holt & Company, 1958, pp. 300-301.

40. Lettre de F. S. Fitzgerald à Zelda Fitzgerald, citée dans *The Letters of F. Scott Fitzgerald*, éd. Andrew Turnbull, New York, Charles Scribner's Sons, 1963, p. 144.

41. Lettre de F. S. Fitzgerald à Scottie Fitzgerald, 18 août 1938, dans *Letters to his Daughter, op. cit.*, p. 42.

42. Scottie Fitzgerald, citée dans Lanahan, *Scottie, op. cit.*, p. 92.

43. *Ibid.*, p. 95.

44. Lettre de Zelda Fitzgerald à Margaret Turnbull, citée dans Mizener, *The Far Side of Paradise, op. cit.*, p. 301.

45. F. S. Fitzgerald, note finale dans *Le Dernier Nabab, op. cit.*, p. 226.

46. Lettre de F. S. Fitzgerald à Scottie Fitzgerald, 7 juillet 1938, citée dans *The Letters of F. Scott Fitzgerald, op. cit.*, p. 34.

47. Scottie Fitzgerald, citée dans Meyer, *Scott Fitzgerald*, op. cit., p. 299.

48. Lettre de Zelda Fitzgerald à F. S. Fitzgerald, décembre 1937, archives Zelda Fitzgerald, PUL, boîte 45, dossier 75.

49. Lettre de Zelda Fitzgerald à F. S. Fitzgerald, archives Zelda Fitzgerald, PUL, boîte 47, dossier 7.

50. Lettre de Zelda Fitzgerald à F. S. Fitzgerald, décembre 1938, archives Zelda Fitzgerald, PUL, boîte 46, dossier 51.

51. Lettre de Zelda Fitzgerald à F. S. Fitzgerald, citée dans Nancy Milford, *Zelda : a Biography*, New York, Harper & Row, 1970, p. 327.
52. Lettre de Zelda Fitzgerald à F. S. Fitzgerald, archives Zelda Fitzgerald, boîte 45, dossier 82.
53. Lettre de Zelda Fitzgerald à F. S. Fitzgerald, fin avril 1939, archives Zelda Fitzgerald, PUL, boîte 47, dossier 29.
54. Lettre de F. S. Fitzgerald à Zelda Fitzgerald, citée dans Bruccoli, *Some Sort of Epic Grandeur, op. cit.*, p. 456.
55. Entretien d'Archibald McLeish avec l'auteur, août 1963, Uphill Farm, Conway, Massachusetts.
56. Compte rendu de l'exposition dans *The Asheville Citizen*, cité dans *The Romantic Egotists*, éd. Matthew Bruccoli, New York, Charles Scribner's Sons, 1974, p. 237 ; cité dans Koula Skovos Hartnett, *Zelda Fitzgerald and the Failure of the American Dream*, New York, Peter Lang Publishers, 1991, p. 142.
57. Lettre de Zelda Fitzgerald à F. S. Fitzgerald, citée dans Milford, *Zelda, op. cit.*, p. 335.
58. Lettre de F. S. Fitzgerald à Harold Ober, 19 juillet 1939, *A Life in Letters, op. cit.*, p. 400.
59. *Ibid.*
60. Lettre de F. S. Fitzgerald à Maxwell Perkins, 19 juillet 1939, archives F. S. Fitzgerald, PUL, col. 187, boîte 51, dossier 37.
61. Lettre de F. S. Fitzgerald à Maxwell Perkins, 3 août 1939, archives F. S. Fitzgerald, PUL, col. 187, boîte 51.
62. Lettre de F. S. Fitzgerald à Isabel Owens, 29 mai 1940, citée dans Bruccoli, *The Correspondence of F. S. Fitzgerald, op. cit.*, pp. 596-597.
63. Lettre de F. S. Fitzgerald au docteur R. H. Suitt, 27 septembre 1939, archives F. S. Fitzgerald, PUL, boîte 53, dossier 14A.
64. Lettre de Marjorie Brinson à F. S. Fitzgerald, 20 octobre 1939, archives F. S. Fitzgerald, PUL, boîte 55.
65. Lettre du docteur R. Carroll à Mrs Anthony Sayre, 15 octobre 1939, archives F. S. Fitzgerald, PUL, AM 20502, col. 183, boîte 6, dossier 24.
66. Lettre de F. S. Fitzgerald au docteur Robert Carroll, 20 octobre 1939, citée dans Bruccoli, *The Correspondence of F. S. Fitzgerald, op. cit.*, p. 554.
67. Lettre de F. S. Fitzgerald à Marjorie Brinson, rédigée en 1939 et non envoyée, archives F. Scott Fitzgerald, PUL, boîte 55.
68. Lettre de F. S. Fitzgerald à Mrs Anthony Sayre, 3 janvier 1939, archives F. Scott Fitzgerald, PUL, boîte 53, dossier 14A.

69. Lettre de F. S. Fitzgerald au docteur R. H. Burke Suitt, 5 juillet 1939, *ibid.*
70. Lettre de F. S. Fitzgerald à Scottie Fitzgerald, in *Letters to his Daughter, op. cit.*, pp. 46-47.
71. Lettre du docteur Robert Carroll à F. S. Fitzgerald, 8 mars 1940, citée dans Bruccoli, *The Correspondence of F. S. Fitzgerald, op. cit.*, p. 587.
72. Lettre de F. S Fitzgerald à Mrs Anthony Sayre, *ibid.*
73. Lettre de F. S. Fitzgerald à Zelda Fitzgerald, 8 mars 1940, archives Zelda Fitzgerald, PUL, vol. 187, dossier 14.
74. Lettre de F. S. Fitzgerald à Mrs Anthony Sayre, avril 1940, citée dans Bruccoli, *The Correspondence of F. Scott Fitzgerald, op. cit.*, p. 593.
75. Lettre de F. S. Fitzgerald à Zelda Fitzgerald, 11 avril 1940, citée dans Bruccoli, *A Life in Letters, op. cit.*, p. 442.
76. Lettre de F. S. Fitzgerald à Sara et Gerald Murphy, été 1940, *ibid.*, p. 458.
77. Lettre de F. S. Fitzgerald à Scottie Fitzgerald, 6 juin 1940, archives F. S. Fitzgerald, PUL, boîte 40, dossier 5.
78. Lettre de F. S. Fitzgerald à Scottie Fitzgerald, 7 juin 1940, dans Turnbull, *The Letters of F. Scott Fitzgerald, op. cit*, p. 77.
79. Télégramme de Zelda Fitzgerald à F. S. Fitzgerald, archives F. S. Fitzgerald, PUL.
80. Lettre de Scottie Fitzgerald à F. S. Fitzgerald, citée dans Lanahan, *Scottie, op. cit.*, p. 127.
81. Scottie Fitzgerald, citée dans Lanahan, *Scottie, op. cit.*, p. 127.
82. Lettre de F. S. Fitzgerald à Zelda Fitzgerald, 14 juin 1940, in *The Letters of F. Scott Fitzgerald, op. cit.*, p. 119.
83. Lettre de F. S Fitzgerald à Scottie Fitzgerald, 12 juin 1940, in *Letters to his Daughter, op. cit.*, p. 128.
84. Lettre de F. S. Fitzgerald à Scottie Fitzgerald, 20 juin 1940, *ibid.*, p. 132.
85. Lettre de Sara Murphy à F. S. Fitzgerald, 26 août 1940, archives F. Scott Fitzgerald, PUL, col. 187, boîte 51, dossier 13.
86. Lettre de F. S. Fitzgerald à Gerald et Sara Murphy, citée dans *The Correspondence of F. Scott Fitzgerald, op. cit.*, p. 554.
87. Lettre de F. S. Fitzgerald à Gerald Murphy, 14 septembre 1940, archives F. Scott Fitzgerald, PUL, boîte 51, dossier 13.
88. Lettre de Gerald Murphy à F. S. Fitzgerald, 10 mars 1940, archives F. Scott Fitzgerald, PUL, col. 187, boîte 51, dossier 13.

89. Lettre de Zelda Fitzgerald à F. S. Fitzgerald, archives F. Scott Fitzgerald, PUL, col. 187, boîte 46, dossier 17.

90. Lettre de Zelda Fitzgerald à F. S. Fitzgerald, archives Zelda Fitzgerald, PUL, boîte 42, dossier 38.

91. Lettre de Zelda Fitzgerald à F. S. Fitzgerald, archives Zelda Fitzgerald, PUL, boîte 47, dossier 55.

92. Lettre de F. S. Fitzgerald à Scottie Fitzgerald, citée dans Lanahan, *Scottie, op. cit.*, p. 130.

93. Testament définitif de F. S. Fitzgerald, archives F. Scott Fitzgerald, PUL, boîte 55, dossier 22.

94. Lettre de F. S. Fitzgerald à Zelda Fitzgerald, in *The Letters of F. Scott Fitzgerald, op. cit.*, p. 131.

95. John Biggs, cité dans Seymour A. Toll, *A Judge Uncommon : a Life of John Biggs Jr.*, Philadelphia, Legal Communications Ltd, 1993, p. 185.

96. Rosalind Smith, témoignage inédit, collection Mayfield, *op. cit.*

97. Scottie Fitzgerald, citée dans Lanahan, *Scottie, op. cit.*, pp. 132-133.

98. *Ibid.*, p. 11.

99. Lettre de Zelda Fitzgerald à Harold Ober, citée dans Milford, *Zelda, op. cit.*, p. 350.

100. Lettre de Zelda Fitzgerald à Scottie Fitzgerald, citée dans Milford, *Zelda, op. cit.*, p. 373.

101. Lettre de Scottie Fitzgerald à John Biggs, 7 janvier 1941, archives Zelda Fitzgerald, PUL, boîte 5, dossier 8.

102. Lettre de Zelda Fitzgerald à Ludlow Fowler, 1946, archives Zelda Fitzgerald, PUL, boîte 5, dossier 4.

103. Lettre de Rosalind Smith à l'auteur, 3 décembre 1964, archives personnelles de l'auteur.

104. « Zelda Fitzgerald Exhibits Dolls at Museum », *The Montgomery Advertiser*, août 1941, archives Zelda Fitzgerald, PUL.

105. Lettre de Zelda Fitzgerald à Maxwell Perkins, citée dans *Zelda : an Illustrated Life*, éd. Lanahan, New York, Harry Abrams, 1996, p. 83.

106. Lettre de F. S. Fitzgerald à Scottie Fitzgerald, 27 avril 1940, in *Letters to his Daughter, op. cit.*, p. 114.

107. Scottie Fitzgerald, citée dans Lanahan, *Scottie, op. cit.*, p. 150.

108. Entretien de l'auteur avec Landon Ray au Highland Hospital, 21 juin 1963.

109. Zelda Fitzgerald, citée dans Sara Mayfield, *Exiles from Paradise : Zelda and Scott Fitzgerald*, New York, Dell Publishing Company, 1971, p. 275.

110. Rosalind Smith, citée dans Lanahan, *Scottie, op. cit.*, p. 185.
111. Brendan Gill, cité dans *A New York Life : of Friends and Others*, New York, Poseidon Press, 1990, p. 315.
112. Scottie Fitzgerald, citée dans Lanahan, *Scottie, op. cit.*, p. 160.
113. Lettre de Zelda Fitzgerald à Ludlow Fowler, archives Zelda Fitzgerald, PUL, boîte 5, dossier 4.
114. Scottie Fitzgerald, citée dans Lanahan, *Scottie, op. cit.*, p. 174.
115. Anna Biggs, citée dans Milford, *Zelda, op. cit.*, p. 375.
116. Scottie Fitzgerald, citée dans Lanahan, *Scottie, op. cit.*, p. 175.
117. Lettre de Scottie Fitzgerald à John Biggs, 7 janvier 1946, archives F. Scott Fitzgerald, PUL, boîte 5, dossier 12.
118. Marjorie Brinson, citée dans Helen Blackshear, « Mama Sayre, Scott Fitzgerald's Mother-in-Law », *Georgia Review*, hiver 1965.
119. Nancy Milford, « The Golden Dreams of Zelda Fitzgerald », *Harper's Magazine*, janvier 1969, p. 52.
120. Lettre de Mrs H. L. Weatherby à l'auteur, mars 1964, archives personnelles de l'auteur.
121. C. Lawton Campbell, *The Fitzgeralds Were my Friends*, essai inédit, archives personnelles, p. 29.
122. Lettre de Zelda Fitzgerald à Rosalind Smith, citée dans Meyer, *Scott Fitzgerald, op. cit.*, p. 340.
123. Lettre de Mrs Anthony Sayre à Scottie Fitzgerald, 17 janvier 1944, citée dans Lanahan, *Scottie, op. cit.*, p. 179-180.
124. Lettre de Zelda Fitzgerald à Scottie Fitzgerald, *ibid.*, p. 181.
125. Lettre de Zelda Fitzgerald à Ludlow Fowler, 1946, archives Zelda Fitzgerald, PUL, boîte 5, dossier 4.
126. Le docteur Irving Pine, cité dans Koula Skovos Harnett, *Zelda Fitzgerald : the Failure of the American Dream, op. cit.* p. 185 ; cité dans un entretien de l'auteur avec le docteur Basil T. Bennett, 11 août 1963.
127. Rosalind Smith, témoignage inédit, collection Mayfield, *op. cit.*
128. John Biggs, cité dans Lanahan, *Scottie, op. cit.*, p. 182.
129. Lettre de Scottie Fitzgerald à Mrs Anthony Sayre, 19 mars 1948, archives F. Scott Fitzgerald, AM 20502, boîte 25.

Conclusion

À l'automne 1949, ayant achevé ses études à la faculté de droit de Columbia, Jack Lanahan accepta un poste à la trésorerie de Washington et déménagea avec sa famille à Chavy Chase, dans le Maryland. « Jack décida de se spécialiser en droit fiscal, et il lui fallut donc acquérir une expérience au sein du gouvernement, écrivit Scottie dans ses Mémoires. Il trouva un poste à Washington dans ce qu'on appelait alors le Bureau du revenu intérieur, et je me rappelle combien nous nous réjouîmes tous les deux de nous rendre dans une ville nouvelle et mystérieuse. J'avais toujours pensé que nous irions vivre un jour à Baltimore, mais puisque je m'intéressais déjà un peu à la politique, Washington apparaissait comme une alternative beaucoup plus palpitante[1]. » Avant de déménager, Scottie prêta à l'université de Princeton cinquante-six boîtes contenant des archives de Fitzgerald, dont ses manuscrits et épreuves, la correspondance de ses parents et divers autres documents. Elle conserva les carnets familiaux et les albums de photos, la bibliothèque privée de Fitzgerald et le carnet contenant son journal. À Washington, les Lanahan eurent un troisième enfant, un garçon, Jack (dit Jacky), né le 29 avril 1950, puis un quatrième, une fille appelée Cecilia Scott, née en octobre 1951. Lanahan passa de la trésorerie au département de la Justice, puis fut intégré au personnel d'un comité de l'impôt sur le revenu. Pendant l'été 1955, la famille quitta sa résidence de Chevy Chase pour occuper à Georgetown une grande maison - qui avait été l'ambassade de l'Inde - puis, en 1958, une maison encore plus grande, au 2211 King Place.

Scottie, qui s'était engagée aux côtés des démocrates, accepta de travailler bénévolement au *Democratic Digest*, une publication inspirée du *New Yorker*, mais au format du *Reader's Digest*. En 1956, elle participa à la campagne présidentielle d'Adlai Stevenson et rencontra par cette occasion son porte-parole, Clayton Fritchey. Âgé de vingt ans de plus qu'elle, celui-ci vivait séparé de sa femme dans un appartement du Fairfax Hotel. Fritchey et Scottie entamèrent une liaison qui devait se poursuivre dix ans. En 1957, Scottie rédigea des chroniques politiques pour *The Northern Virginia Sun*, que dirigeait Fritchey. Elle y resta jusqu'en mars 1960, avant d'occuper un poste en intérim au *Washington Post*, où elle fut l'agent de presse de Stuart Symington, un élu du Missouri qui briguait la candidature présidentielle au sein du Parti démocrate, avec pour adversaires Kennedy, Johnson et Humphrey. Scottie et Lanahan ne divorcèrent pas, mais vécurent séparément - Scottie avec Clayton Fritchey, qui ne voulait pas se marier ni s'encombrer de ses quatre enfants, et Jack avec plusieurs femmes qu'il invitait parfois à bord de son bateau l'*Amanda*.

L'échec de son mariage et ses obligations maternelles angoissaient Scottie et ne lui facilitaient pas l'existence. N'ayant pas eu de mère qui lui tienne lieu de modèle, elle eut du mal à se faire à ce rôle et trouva épuisant de devoir passer du temps avec ses enfants. « Je n'aime pas à les mettre au lit le soir s'ils réclament, écrivit-elle dans son journal, ou s'ils traînent, ou s'ils pleurent. Je n'aime pas les voir pleurer ou se disputer sous quelque forme que ce soit, et je n'aime pas essayer de faire le déjeuner ou le dîner ou le petit déjeuner pendant que quelqu'un éparpille des objets sur tout le plancher, ou m'interrompt continuellement[2]. » Ce qu'elle aimait, en revanche, c'était les emmener dans des endroits intéressants et leur acheter des cadeaux merveilleux. Elle trouvait épuisant et ennuyeux de prendre soin d'eux jour après jour, et après quatre ou cinq heures considérait en général qu'elle en avait fait assez. Pour réduire ses responsabilités familiales (comme Zelda avant elle), elle employa une nourrice, une cuisinière, une lingère et un jardinier à temps partiel. « Ma mère nous envoyait en colonie de vacances, nous achetait de beaux vêtements et organisait de grandes fêtes d'anniversaire, se rappela sa fille Eleanor, mais entre deux fêtes, elle aurait aimé que nous soyons heureux, un point c'est tout, en lui fichant la paix et en exploitant notre imagination plutôt qu'en nous faisant gâter[3]. » Comme ses parents, Scottie était par ailleurs incapable de surveiller correctement son personnel ménager, qui abusait souvent de sa bonne nature. « Elle avait pour politique d'être gentille avec ses employés, se rappela une de ses filles. Elle ne leur demandait jamais d'en faire trop, et fermait les yeux lorsqu'ils buvaient - modérément. L'atmosphère était plutôt à la dépense, et elle se montrait indulgente lorsque l'argent du ménage s'évaporait entre la station-service, le marché et la maison[4]. »

Jack, qui se désintéressait des soucis domestiques, aimait à dire que « quiconque travaille pour Scottie est inemployable par la suite ». Mais il avait décidé de ne pas intervenir et laissait les soins du ménage reposer entièrement sur les épaules de sa femme. Le couple était incapable d'affronter ses problèmes face à face, aussi Scottie communiquait-elle avec Jack au moyen de lettres qu'elle laissait sur la table de cuisine. « Je n'essaie pas de rationaliser ou d'avancer une version idyllique des choses. Je crois vraiment que notre vie de famille laisse beaucoup à désirer, fichtrement beaucoup. Moi qui suis la principale intéressée, je ne mérite que 10/20, parfois 12, mais plus souvent 6 ou 8. Mais j'aimerais vraiment que, de ton côté, tu te montres plus compréhensif devant le fait que, tant par éducation que par nature, je suis incapable de remporter continuellement des 12 ou même plus, pas plus que je ne saurais être une pianiste de concert, et que tu ne m'encourages guère en te montrant hostile, froid et boudeur[5]. »

À l'image de son père, Scottie était généreuse et dépensière, et, comme lui, pouvait également manifester aux autres une attention hors du commun. Fritchey la décrivit comme quelqu'un qui donnait bien plus que la moitié de son manteau. « Elle vous donnait le manteau tout entier, et jusqu'à sa chemise. Elle était d'une immense générosité, manifestait beaucoup d'intérêt à ses amis et se souciait d'eux. Et c'était quelqu'un de très intègre[6]. » Au fil des années, Scottie paya régulièrement l'addition au restaurant et mit son compte à découvert en achetant des cadeaux pour les autres. Elle était plus réservée lorsqu'il s'agissait de partager ses sentiments : les années où elle avait été déracinée et placée sous surveillance d'autrui lui avaient appris qu'on ne survit qu'en gardant ses distances affectives. Elle conserva toute sa vie une certaine froideur et donna rarement l'impression d'être vulnérable, même aux siens. Sa fille Eleanor, cherchant à se faire rassurer, lui demanda un jour si elle était heureuse avec ses quatre enfants. « Je suis une sacrée veinarde d'avoir eu deux filles et deux garçons, répliqua Scottie. Qu'y a-t-il de mieux[7] ? » Ce n'était pas bien sûr la réponse que réclamait Eleanor, et les quatre enfants virent avec une certaine amertume qu'ils ne tenaient pas tant de place dans sa vie. Eleanor tenta souvent de tirer Scottie de sa réserve en lui tenant des propos cruels. « [...] Je me montrais distante envers ma mère en cultivant une fureur rentrée à l'idée de ne pas être plus importante à ses yeux. Et j'étais indignée qu'elle n'ait pas su lire en moi à ce sujet. Elle semblait avoir revêtu une sorte d'armure émotionnelle, adulte, hautement évoluée, et n'était jamais blessée par ce que je trouvais à dire[8]. »

Mais Scottie était bien consciente de ses déficiences affectives à l'endroit de ses enfants. Dans son journal intime, elle admit : « Il semble bien que je ne peux rien leur donner, sinon ce que l'argent permet d'acheter. J'espère qu'ils absorbent par leurs pores un peu de cette campagne : s'ils grandissent à mon image, en glissant un écran de fumée de cigarette et de cocktails entre le monde naturel et eux, ils sauront où trouver la beauté, dans l'art et dans la nature[9]. »

Scottie, qui rejetait la plupart de ses problèmes psychologiques sur son éducation instable, refusa fermement de donner des interviews sur ses parents ou ses expériences enfantines. Mais, dans une introduction à la correspondance de son père, elle admit : « Je ne me rappelle plus rien, sinon les problèmes des années 1930, qui se reflétèrent dans nos rapports : la maladie de ma mère, les problèmes de santé de papa et son manque d'argent - et, ce qui fut le plus dur je crois, son éclipse littéraire[10]... » Elle dit aussi à un ami : « Dans ma prochaine incarnation, je choisirai sans doute de ne pas redevenir la fille d'un célèbre écrivain.

Les gens qui ne vivent que d'une imagination fertile sont fascinants, brillants, souvent charmants, mais il faudrait se contenter de s'asseoir près d'eux aux dîners, et non pas vivre avec eux[11]. » Un jour où Scottie était encore étudiante, elle manifesta son envie d'écrire sur ses parents. Son père fut horrifié par cette idée. « Tu as un jour annoncé cette nouvelle inouïe, que tu allais sans tarder écrire nos biographies... Je me refuserais à écrire sur ma propre mère, ou mon père, avant au moins dix ans après leur mort[12]... » Dans une lettre datée de mai 1940, Fitzgerald l'implora de garder le silence sur sa vie personnelle. « Tu vas encore être interviewée, et une fois de plus, je t'en prie, n'évoque pas ta mère ou moi-même avec ces gens, même de loin[13]... »

Scottie suivit les directives de son père pendant vingt ans. Puis, en 1963, lorsque Nancy Milford lui proposa d'inventorier les lettres de Zelda et de les classer par ordre chronologique, Scottie leva l'interdit sur sa vie privée et accepta d'évoquer son enfance avec Milford. Elle lui confia également les carnets de Zelda et sa correspondance. « Je lui ai prêté ces lettres, écrites essentiellement au crayon et non datées, avec [l'idée] qu'elle avait dans la tête de les trier, de les faire dactylographier et photocopier[14]... » Mais lorsque l'ouvrage de Milford fut achevé en 1970, Scottie découvrit qu'elle avait fait bien davantage. Ses partis pris la troublèrent au point qu'elle se montra décidée à empêcher la publication de certains passages. Sa fille Eleanor se rappela : « Ma mère fut si perturbée par la façon dont l'ouvrage se focalisait sur la maladie mentale de Zelda qu'elle refusa de traiter directement avec Milford. Au lieu de quoi, elle demanda à Matt [Bruccoli] de la représenter. C'est lui qui persuada Milford de lui montrer le manuscrit intégral avant sa publication. Matt découvrit que l'ancien psychiatre de Zelda, qui vivait en Suisse à un âge avancé, avait montré des archives confidentielles à Milford, qu'elle avait utilisées dans son ouvrage en les assaisonnant de ses propres hypothèses sur la sexualité de Zelda... Matt réussit à la convaincre de censurer ses spéculations sexuelles, qui n'étaient rien d'autre, à l'entendre. Il l'obligea également à restituer tout le matériel emprunté à Scottie, qu'elle entendait garder jusqu'à la publication de son livre[15]. »

L'ouvrage mit le foyer Lanahan dans tous ses émois. « Si je n'avais pas eu des filles et une tante Rosalind, je crois, sincèrement, que tout cela m'aurait laissée indifférente, assura Scottie. Je me suis endurcie en ce qui concerne les opinions d'autrui, et je peux entendre parler de mon ivrogne de père et de ma folle de mère avec assez d'équanimité pour récupérer les droits d'auteur et essayer d'ignorer le reste. Mais ça va tuer tante Rosalind, à coup sûr, et je trouve vraiment insupportable de soumettre les enfants à cette épreuve à l'âge où ils sont le plus vulnérables. Ça me rend physiquement malade, voilà tout[16]. » L'ouvrage eut un effet dévastateur sur Rosalind Smith, à Montgomery. Scottie dit à un reporter du *Sunday Star* de Washington qu'elle courait voir sa tante en Alabama. « Elle a quatre-vingts ans, maintenant, et ce livre lui a valu une attaque cardiaque. Elle est entrée à l'hôpital il y a trois ans, et elle est désespérée[17]. » Scottie fit également appel à un avocat pour savoir comment Milford avait obtenu les archives médicales de Zelda auprès du docteur Forel à Prangins - en violant les lois suisses sur le droit du secret. Elle était déterminée à combattre Milford « sur tous les plans qui ne lui feront pas une grosse publicité ». Mais l'ouvrage remporta un succès immédiat - il fit partie des meilleures ventes, et ce des mois durant.

Comme Scott et Zelda semblaient tous les deux prédisposés à de graves maladies - Scott à l'alcoolisme, Zelda à la schizophrénie -, Scottie s'inquiétait de voir ses enfants présenter des problèmes similaires. Son premier-né, Tim, manifestait depuis l'enfance des troubles psychologiques, et elle fut convaincue qu'il avait hérité d'une prédisposition génétique à la maladie mentale. La CIA garda un dossier personnel sur Tim (constitué lorsqu'il posa sa candidature à un poste chez eux) qui le définissait comme un personnage étrange, porté à imaginer toutes sortes de choses terribles sur lui-même et les autres. Ayant fini ses études à Princeton, il s'initia au LSD et à d'autres drogues tout en faisant son service militaire au Vietnam. Il finit par se tuer d'un coup de revolver le 18 octobre 1973 au Diamond Head Park, à Honolulu. Il avait à peu près le même âge qu'Anthony, le frère de Zelda, lorsque celui-ci s'était suicidé. Les trois autres enfants de Scottie connurent un destin meilleur : Cecilia s'est mariée et vit en Pennsylvanie ; Jack Jr. réside en Oregon, et Eleanor, qui fit paraître une biographie de Scottie en 1995, est une artiste, mère de trois enfants qui vit à Burlington, dans le Vermont.

Le mariage de Scottie et de Jack Lanahan s'acheva sur un divorce après plus de vingt ans. Ses enfants blâmèrent leur mère d'avoir poursuivi ses propres intérêts au détriment de sa famille. Mais elle voyait les choses différemment : « [...] Nous nous étions mariés en catastrophe pendant la Seconde Guerre mondiale, et nous n'avons pas tardé à découvrir ensuite que nous n'étions pas faits pour vivre ensemble. Je ne saurais dire exactement ce qui clochait, mais, en schématisant beaucoup, nous avions chacun besoin que l'autre nous rassure davantage... C'est ce que je ressentais avec papa : j'étais inadéquate. Je ne pouvais pas lui apporter la dévotion pure et simple dont il avait besoin... parce que, si je suis féminine par certains côtés, j'ai également besoin de faire "des choses à moi[18]". » Scottie s'expliqua auprès de Jack avec plus de tranchant : « Je pense, tout simplement, que nous étions mal assortis, admit-elle dans ses Mémoires. Je ne suis toujours pas sûre de savoir quel genre de femme t'est nécessaire, mais je sais ce dont j'avais moi-même besoin : de quelqu'un qui m'aime, au lieu de se quereller avec moi. Ta vie et la mienne n'ont été qu'une longue dispute, souvent amusante, et stimulante - mais sans douceur. Si peu d'amour, si peu d'affection, tout simplement. Je n'ai jamais eu l'impression de pouvoir faire avec toi ce que je tiens tellement à faire, et que j'espère pouvoir faire avant de mourir, à savoir ramper dans les bras de quelqu'un, pour y trouver du réconfort[19]. » Jack, quant à lui, eut peut-être toujours l'impression d'être le beau-fils de F. Scott Fitzgerald.

Scottie espérait trouver ce réconfort dans les bras de Clayton Fritchey, mais cette relation avorta. Alors, elle épousa en 1967 C. Grove Smith. Smith la soutint moralement, mais c'était un grand alcoolique, et, après leur mariage, il renonça à son emploi (il était responsable d'études de marché pour le ministère du Commerce) et prit l'habitude de rester à la maison, à se détendre avec un verre de scotch. D'après Eleanor Lanahan, il exacerba l'alcoolisme de Scottie, qui avait empiré pendant les années 1960. Eleanor se rappela des matinées où elle errait « à travers le crépuscule de fumée des salons, comme une archéologue examine des chambres abandonnées à la va-vite. Des amas de verres sales s'entassaient au coin des tables. Des cendriers bourgeonnaient de mégots, dont certains tachés de rouge à lèvres, d'autres écrasés après une ou deux bouffées seulement. À midi, la bonne ouvrait les rideaux, passait l'aspirateur, époussetait les tables, retapait les coussins et remettait de l'ordre [20] ». Détail ironique, Fitzgerald avait décrit en termes quasi identiques l'appartement que Zelda et lui avaient loué à Manhattan, en 1920 : « Il y avait l'odeur du tabac, encore et toujours... des tapis couverts de cendres. Et l'aura du vin éventé, qui évoque inéluctablement une beauté enlaidie [21]. » Ce que Scottie avait si longtemps combattu l'a séduite, semble-t-il, en fin de compte.

Pour échapper à ce second mariage sur le déclin, Scottie emménagea à Montgomery en 1973 - officiellement pour prendre soin de sa tante Rosalind. Elle arriva juste à temps pour voir que la vieille maison des Sayre devait être démolie, et racheter une grande partie de ses vestiges architecturaux. « J'aimerais vraiment qu'on puisse sauver la maison, car les gens ne cessent de m'interroger sur elle, écrivit-elle, mais elle n'a aucune valeur architecturale (elle avait été construite vers 1900), elle ne rentre pas dans la sphère d'intérêt des Monuments historiques, et je ne suis pas prête à investir une trentaine de milliers de dollars pour la restaurer, d'autant qu'elle se trouve à présent dans le quartier le plus dégradé de la ville [22]. » Pendant son séjour à Montgomery, elle participa activement à de nombreuses organisations sociales et entra en relations étroites avec le musée des Beaux-Arts. Après la mort de Mrs Sayre, en 1958, Marjorie, la sœur de Zelda, avait demandé au contremaître de brûler tous les tableaux stockés dans l'atelier improvisé de Zelda, derrière la vieille maison, mais Scottie réussit à en acquérir un certain nombre par ailleurs, pour les léguer au musée.

Fitzgerald avait toujours vu dans le Maryland son foyer ancestral, allant jusqu'à prophétiser : « [...] Zelda et moi nous blottirons ensemble sous une pierre, dans un vieux cimetière du coin. » Scottie était donc déterminée à ce que les restes de ses parents soient transférés dans un sol consacré. Ce ne fut qu'en 1975, toutefois, que les autorités catholiques lui permirent de faire réensevelir Scott dans la concession familiale des Fitzgerald. Scottie fit alors transférer les cercueils de ses parents au cimetière de St Mary, dans le centre de Rockville, où ils furent tous deux enterrés près du père de Scott, de son grand-père et de ses cousins. Lors de ces secondes funérailles, Matthew Bruccoli lut des extraits de l'œuvre de Fitzgerald, et une pierre portant les dernières lignes de *Gatsby le Magnifique* - « C'est ainsi que nous avançons, barques luttant contre le courant, ramenés sans cesse vers le passé » - fut disposée au-dessus du double caveau.

Scottie adora ces années qu'elle passa dans la ville natale de sa mère, où elle était une célébrité, mais en 1980, après avoir divorcé de C. Grove Smith, elle décida de retourner à Washington pour retrouver ses activités politiques et sa famille. Ces plans se trouvèrent modifiés lorsqu'on diagnostiqua chez elle un cancer de l'œsophage. Elle dit résolument aux siens : « C'est bien ma faute. J'ai fumé et bu, et ce sont là des causes courantes du cancer de l'œsophage. » Des années plus tôt, son père lui avait écrit pour la mettre en garde contre ce type de dépendance. « Je ne suis devenu un grand fumeur que pendant ma troisième année d'étudiant, mais il m'a suffi d'un an pour me précipiter dans la tuberculose et projeter une ombre qui s'est allongée démesurément... Comme moi, tu as été sujette aux rhumes quand tu étais petite - de gros rhumes de poitrine, quasiment des pneumonies... J'aimerais te voir arrêter ça, d'une façon ou d'une autre[23]. »

Malheureusement, lorsque Scottie passa en revue son existence, elle vit qu'il n'y avait pas vraiment de quoi s'enorgueillir. Comme sa mère, elle admit qu'elle ne s'était jamais prise au sérieux, et qu'elle n'avait jamais polarisé ses énergies. Son ex-mari, Jack, confirma ce jugement. « Quel dommage qu'un être doué de talents aussi incroyables ait gâché sa précieuse énergie dans les mondanités de Washington[24]. » Dans son testament, elle désignait Lanahan comme son exécuteur. Elle écrivit sa propre notice nécrologique et laissa des instructions pour qu'on la publiât dans la presse. Mais, même après tant d'années, elle continuait à nier (ou ne pouvait affronter) les réalités des premières années. « Mes parents se sont toujours montrés très attentifs à mon égard, écrivit-elle. J'étais inconsciente de tout cet alcoolisme autour de moi. On prenait très soin de moi et je ne fus jamais négligée. Je ne trouvais pas que c'était là une enfance très difficile. En fait, ce fut une merveilleuse enfance [25]. » Toutefois, dans des remarques précédentes, incluses dans une introduction à la correspondance de ses parents, elle se montrait plus franche quant à leur déclin et à ses propres sentiments. « Le fait que mon père soit devenu un père exigeant ne me surprend ni ne m'offense. Il m'a donné une enfance dorée, et c'est bien là ce que tout un chacun peut désirer. Je ne me rappelle n'avoir éprouvé que bonheur et ravissement en sa compagnie jusqu'à mes onze ans, après quoi le monde pesa trop lourd sur ses épaules. [Ensuite], je ne me rappelle presque rien, sinon les problèmes qui se reflétaient dans nos propres rapports - la maladie sans espoir de ma mère, sa propre mauvaise santé et son manque d'argent, et, le plus dur pour autant que je me souvienne, son éclipse littéraire [26]. » Scottie mourut à Montgomery le 15 juin 1986. Deux jours plus tard, elle reposait en paix à Rockville, au cimetière de St Mary, près de ses parents.

Les déceptions causées à Scottie par l'existence, et son portrait de ses parents en figures de tragédie, faisaient écho aux sentiments de Fitzgerald sur la nature insidieuse de son époque. Il avait défini la folie de Zelda comme un phénomène historique et endémique, disant au docteur Carroll : « Je ne connais guère de belle jeune fille, dans la génération de Zelda, qui ait émergé indemne en 1938. » Au cours des années 1920, Fitzgerald avait reçu une lettre à Antibes d'un ami qui les suppliait de rentrer, et ils avaient songé à repartir jusqu'au moment où ils remarquèrent que la lettre avait été postée d'un sanatorium de Pennsylvanie, spécialisé dans le traitement des maladies nerveuses. Nombre de leurs amis souffrirent de troubles mentaux. Sara Mayfield fut internée à Sheppard-Pratt tout comme Zelda, avant d'être transférée à l'hôpital psychiatrique de Bryce, à Tuscaloosa, en Alabama. Il fallut qu'on demandât ouvertement s'il était justifié de l'avoir maintenue seize ans en institution pour que le président John F. Kennedy intervienne (sur la demande du gouverneur de l'Alabama, George Wallace) pour la faire sortir en 1963. Les hommes ne connurent guère un meilleur sort. Alex McKaig, qui avait déclaré dans son journal qu'il avait envie de « filles » par-dessus tout, souffrit de troubles mentaux dus à la syphilis et mourut âgé d'une quarantaine d'années, dans un hôpital psychiatrique de Middleton, dans l'État de New York. Après s'être rendu sur place pour le voir, John Peale Bishop écrivit à Edmund Wilson pour lui décrire l'état épouvantable dans lequel il l'avait trouvé. Wilson lui-même était maniaco-dépressif. « Il [McKaig] est incurablement, complètement fou. On croirait qu'il est atteint de parésie. Il est incapable de communiquer avec qui que ce soit, et ne reçoit de visiteurs que sporadiquement, sans conviction[27]. » Le camarade d'études de Fitzgerald, Stanley Dell, suivit un traitement avec Carl Jung ; Hemingway lui-même devint paranoïaque et finit par se suicider.

Malcolm Cowley, qui écrivit sur les années 1920 dans les années 1930, rappela combien elles avaient mis à mal leurs participants : « À New York, cette année fut vouée aux dépressions nerveuses ; les psychiatres ne savaient plus où donner de la tête, alors que toutes les autres professions, hormis l'assistance sociale, perdaient leurs clients. Un de mes amis, qui suivait une psychanalyse, me dit que le bureau de son médecin était peuplé de connaissances ; c'était comme de prendre le thé chez son éditeur. Nombre de lettres qu'on recevait étaient postées de sanatoriums de Pennsylvanie ou du Massachusetts. Ce fut l'année des suicides, non seulement chez les courtiers de Bourse, mais chez les riches dilettantes. Ce fut une année d'insomnie et de somnifères. Ce fut une année où d'anciens camarades de classe, d'anciens amis se compromirent dans des querelles de *speakeasies*, des divorces, des escroqueries, voire des meurtres[28]... »

Comme Cowley, Fitzgerald médita également dans ses écrits sur le sort de ses connaissances. « Dans ma génération, certains avaient commencé à disparaître dans le gouffre noir de la violence. Un camarade de classe tua son épouse et se suicida à Long Island, un autre "trébucha" accidentellement du haut d'un gratte-ciel à New York. L'un d'eux fut tué dans un *speakeasy* de Chicago ; un autre, battu à mort dans un *speakeasy* de New York, fit en rampant sur le chemin du retour, jusqu'au

Princeton Club, pour y mourir ; un autre encore se fit fendre le crâne par un fou dans un asile où il était interné. Ces catastrophes ne constituent pas des faits divers exceptionnels - il s'agissait de mes amis. De plus, ces événements se produisirent, non pas pendant la crise, mais pendant le boom économique[29]. » Même John Dos Passos connut un sort tragique. Cet écrivain à la voix douce avait épousé Katy Smith, une amie de Hadley et Ernest Hemingway. Après s'être rencontrés à Key West, chez Ernest, ils se marièrent et demeurèrent ensemble jusqu'en 1947, où Katy mourut dans un accident de voiture. Dos Passos conduisait lorsque, aveuglé par le soleil, il entra en collision avec un camion garé sur un parking - faisant sauter le haut du crâne de Katy. Elle mourut sur le coup ; Dos Passos perdit un œil.

Pour Fitzgerald, l'éducation conservatrice de Zelda, propre à sa contrée du Sud, l'avait mal préparée à survivre à leurs années de vie commune. « Elle n'avait pas la force de faire partie du grand spectacle - parfois, elle faisait semblant, merveilleusement semblant - mais elle ne l'avait pas. Elle était douce quand elle aurait dû être dure, et dure quand elle aurait dû céder. Elle ne savait jamais comment tirer parti de son énergie[30]... » Élevée dans une société qui conditionnait les femmes à attendre de l'homme soutien et protection, Zelda était consciente de sa tendance à s'appuyer sur eux et se décrivit un jour comme « [...] la jeune fille qui était une loi pour elle-même, et l'autre, qui voulait une vie normale et quelqu'un pour la protéger ». Après la mort de son père, elle avait écrit à Scott : « Mon papa me manque horriblement. Je perds mon identité, ici, où il n'y a pas d'hommes. Je ne voudrais pas vivre deux semaines de plus dans un endroit dépourvu d'hommes... » Et lorsqu'elle avait eu l'opportunité de devenir une danseuse professionnelle à Naples, elle n'avait pu franchir l'étape décisive, celle qui aurait dû la mener à l'autonomie et l'indépendance. Après une longue période confuse, elle choisit finalement de rester avec Fitzgerald, même si la tension inhérente à ce choix précipita peut-être sa folie. « Elle se rendit compte trop tard, écrivit Scott, que le travail était la dignité, la seule véritable dignité, et tenta d'y remédier en travaillant, mais il était trop tard[31]... » Là encore, il n'a raison qu'à moitié. Il oublie de mentionner deux choses : qu'il combattit souvent ses efforts pour trouver un travail épanouissant, et - ce que Zelda ne sembla jamais avoir tout à fait compris - que, sans elle, lui-même n'aurait jamais pu écrire son œuvre de fiction. Il a fait bien plus que prendre Zelda comme modèle pour ses héroïnes : il a recopié ses lettres et ses journaux, il l'a épiée sans répit, il n'a cessé de noter ses remarques, d'analyser et de disséquer ses propos. Les héroïnes de Scott *étaient* Zelda. Même un individu naturellement pourvu d'une santé mentale robuste n'aurait pu résister à un tel traitement et à la tension intolérable qu'il produisait. En réalité, Zelda aurait pu cosigner les œuvres de Scott. Sans elle, il n'y aurait pas eu de Rosalind Connage, de Daisy Buchanan, ou de Nicole Diver.

Mais ce fut l'épisode Jozan qui constitua un tournant dans la vie de Zelda. La confusion qui s'ensuivit suscita sa première crise émotionnelle et sa première tentative de suicide. Dès lors, Fitzgerald prit le contrôle de leurs relations sans jamais renoncer à ce pouvoir. La psyché de Zelda se fêla un peu plus lorsque Scott, pour se venger de l'incident Jozan, commença une liaison avec Lois Moran en comparant explicitement ses talents à ceux de sa femme. Zelda accepta ce défi et s'immergea dans le ballet jusqu'à l'obsession. Son succès potentiel menaça Fitzgerald au point qu'il mit de nombreux obstacles sur son chemin, y compris le plus efficace : son mépris. Tandis qu'elle essayait de se forger une identité de danseuse, puis d'écrivain, ses efforts furent continuellement sapés, non seulement par sa propre ambivalence, mais par les critiques féroces de Fitzgerald. Après sa première dépression, toutes les facettes de sa vie créative - le temps dévolu à ses exercices de danse ou à sa peinture, ses sujets de roman - furent strictement régulées par Fitzgerald ou ses médecins. En fin de compte, elle perdit le sens qu'elle avait de son identité individuelle et se retira dans un univers bien à elle.

On considérait naguère que la schizophrénie résultait d'une absence de communication au sein d'une famille. On y voit aujourd'hui une maladie du cerveau, un dysfonctionnement du système de transmission neuronal, où les récepteurs de dopamine ont été endommagés. Tous les jours nous en savons plus sur cette maladie, avec des avancées médicales impressionnantes : les neurophysiologistes suggèrent ainsi que les germes du désordre sont semés dans le cerveau au stade de la croissance fœtale. En autopsiant des cerveaux de schizophrènes, on a pu prouver que certaines cellules nerveuses ont gagné une zone erronée pendant la formation du cerveau, laissant à nu de petites régions de celui-ci, mal connectées ou mal placées. On suppose même que ces mauvaises connexions peuvent se développer après le début de la grossesse, au moment où la femme contracte un virus donné. Si les symptômes, comme chez Zelda, se déclarent en général à l'approche de la trentaine, des signes de désordre subtils se manifestent plus tôt. Ainsi, les schizophrènes esquissent souvent d'étranges mouvements avec leurs mains, comme sur les photographies de Zelda prises devant le lac de l'Ours-Blanc, pendant l'été 1922. La malnutrition semble également jouer un rôle crucial. Scottie pensa toujours que la maladie de sa mère était due à des carences alimentaires et à un déséquilibre chimique. Et si l'on considère les curieuses manies alimentaires de Zelda - qui empirèrent pendant sa période de danse -, il se peut bien qu'elle ait eu raison.

Les problèmes mentaux, quels qu'ils furent, empirèrent ce dimanche après-midi de mai 1933 où le docteur Rennie voulut persuader les Fitzgerald de parler de leur mariage, et où Scott mit les choses au net, une fois pour toutes : puisqu'il réglait les factures, il avait un droit de priorité sur leur vie commune, et c'était à lui de l'exploiter comme matériau de fiction. Cette affirmation péremptoire était manifestement absurde, comme semble l'avoir réalisé le docteur Rennie en recommandant un divorce. Zelda y consentit : elle préférait une vie entière en asile au mode de vie que lui imposait Fitzgerald. Mais Scott était décidé à garder sa place dans le couple. Il ne voulait pas abandonner sa source d'inspiration, même si elle était sur le déclin mentalement et qu'il ne réussissait plus à transcrire sa vie. Ayant gagné la partie, il pouvait se permettre de devenir sentimental et de suggérer avec optimisme que leur vie commune pourrait reprendre « [...] sinon dans un nouveau printemps, du moins dans un nouvel été ».

Ce nouvel été n'arriva jamais pour un couple qui incarnait l'ère du jazz. Scott mourut jeune et Zelda ne put faire fructifier aucun de ses talents. Lorsque Scottie méditait sur la vie commune de ses parents -

cette vie trop brève - elle ne pouvait s'empêcher de tomber elle-même dans la sentimentalité quand elle tentait d'expliquer pourquoi leur histoire suscite toujours un intérêt passionné. « Ma mère, pour son malheur, naquit avec un don pour écrire, pour danser et pour peindre, mais ne sut jamais acquérir la discipline qui aurait pu lui permettre de mener à bien ses talents, à son profit et non à son détriment... Mon père était sur place lorsque nous commençâmes à nous égarer, à l'époque de *Gatsby*, et il chroniqua tout cela : la générosité, la cupidité, l'innocence et le cynisme, la splendeur et le gâchis de l'Amérique pendant les deux guerres mondiales - avec sensibilité et amour, mais aussi avec une désillusion et une inquiétude croissantes. À sa façon, il fut un prophète. Et la révolte de sa génération, qu'il aida à créer, annonçait la révolte plus vaste, plus profonde qui se manifeste aujourd'hui [32]. » Une fois de plus, Scott a tous les mérites, et Zelda se voit congédiée pour manque de discipline.

Si Zelda avait survécu pendant les années 1950, où d'immenses progrès furent accomplis en psychopharmacologie, elle aurait peut-être reçu un traitement approprié, fondé sur les neuroleptiques récemment découverts. Après 1952, on vit surgir de partout les médicaments antidépresseurs et antipsychotiques qui atténuaient souvent les symptômes de la psychose sur de longues périodes. Des médicaments visaient à stabiliser les humeurs des patients, comme le lithium (qui régulait les sautes d'humeur), le thorazine et le haldol (qui contrôlaient les hallucinations), le mellaril (un tranquillisant efficace), ainsi que le clozapine et le risperidol (qui domptaient les voix intérieures). Mais Zelda n'eut pas accès à ces remèdes, et, si tel avait été le cas, il aurait peut-être été trop tard. Loin de l'hôpital, elle s'appuyait essentiellement sur ses propres forces, et elle en avait beaucoup. « Tout bien réfléchi, elle est plus forte que moi », confessa Scott au docteur Rennie. Reconnaissant la folie à deux qui les liait l'un à l'autre, il admit : « Chacun de notre côté nous nous sommes détruits, mais je n'ai jamais considéré que nous nous sommes détruits mutuellement [33]. » Zelda acquiesça en ajoutant : « Rien n'aurait pu survivre à notre mode d'existence [34]. » Et pourtant elle survécut à Scott, avec un certain degré de quiétude et de bien-être entre ses crises de schizophrénie. Elle avait consumé sa vie entière en inspirant l'œuvre d'un écrivain aujourd'hui reconnu comme l'un des plus grands auteurs américains, mais qui, dans son identité masculine et conjugale, savait la contrôler habilement. Lorsqu'elle tenta enfin de se construire une vie en dehors du mariage, il était trop tard. Il ne lui restait que de maigres ressources. La seule porte de sortie, c'était la folie, à laquelle sa famille était prédisposée. En écrivant l'épigramme « Parfois la folie c'est la sagesse », elle mettait à nu le principe même de son existence.

Notes

1. Scottie Fitzgerald, citée dans Eleanor Lanahan, *Scottie Fitzgerald : the Daughter of...*, New York, Harper Collins, p. 184.
 2. *Ibid.*, p. 193.
 3. *Ibid.*, p. 223.
 4. *Ibid.*
 5. *Ibid.*, p. 223.
 6. Clayton Fritchey, *ibid.*, p. 227.
 7. Scottie Fitzgerald, *ibid.*, p. 213.
 8. Eleanor Lanahan, *ibid.*, p. 256.
 9. Scottie Fitzgerald, *ibid.*, p. 197.
 10. Scottie Fitzgerald, introduction à *Letters to his Daughter*, éd. Andrew Turnbull, New York, Charles Scribner's Sons, 1963, p. xi.
 11. *Ibid.*, p. ix.
 12. Lettre de F. S. Fitzgerald à Scottie Fitzgerald, 7 mai 1940, in *Letters to his Daughter*, *op. cit.*, p. 118.
 13. *Ibid.*
 14. Scottie Fitzgerald, citée dans Lanahan, *Scottie, op. cit.*, pp. 335-336.
 15. Eleanor Lanahan, *ibid.*
 16. Scottie Fitzgerald, *ibid.*, p. 337.
 17. Scottie Fitzgerald, citée dans *The Sunday Star*, 19 juillet 1970, section G, p. 2.
 18. Scottie Fitzgerald, citée dans Lanahan, *Scottie, op. cit.*, p. 124.
 19. *Ibid.*, p. 280.

20. Eleanor Lanahan, *ibid.*, p. 214.

21. F. S. Fitzgerald, *Les Heureux et les Damnés*, trad. Louise Servicen, Paris, Gallimard, NRF, 1964, p. 302.

22. Scottie Fitzgerald, citée dans Lanahan, *Scottie, op. cit.*, p. 312.

23. Lettre de F. S. Fitzgerald à Scottie Fitzgerald, in *Letters to his Daughter, op. cit.*, p. 529.

24. Jack Lanahan, cité dans Lanahan, *Scottie, op. cit.*, p. 529.

25. Scottie Fitzgerald, *ibid.*, p. 3.

26. Scottie Fitzgerald, introduction à *Letters to his Daughter, op. cit.*, p. XI.

27. Lettre de John Peale Bishop à Edmund Wilson, citée dans Andrew Mellow, *Invented Lives*, New York, Houghton Mifflin, 1984, p. 443.

28. Malcolm Cowley, « Epilogue : New Year's Eve », in *Exiles Return*, New York, Viking Press, 1956, p. 290.

29. F. S. Fitzgerald, « Echoes of the Jazz Age », in *The Crack Up*, New York, éd. Wilson, New Directions, 1956, p. 22.

30. *The Letters of F. Scott Fitzgerald, op. cit.*, p. 32.

31. Lettre de F. Scott Fitzgerald à Scottie Fitzgerald, citée dans Sheilah Graham, *The Real F. Scott Fitzgerald*, New York, Grosset & Dunlap Inc., 1976.

32. Scottie Fitzgerald, introduction au catalogue de l'exposition sur Zelda Fitzgerald au musée des Beaux-Arts de Montgomery, septembre 1974, p. 5.

33. Lettre de F. Scott Fitzgerald à Zelda Fitzgerald, citée dans Matthew J. Bruccoli, *Some Sort of Epic Grandeur*, New York, Harcourt Brace Jovanovich, 1981, p. 382.

34. Zelda Fitzgerald, citée dans Mellow, *Invented Lives, op. cit.*, p. 470.

Bibliographie

Aaron, Daniel, « The Legend of the Golden Couple », *Virginia Quarterly Review*, 1972 (48), pp. 157-160.

Allen, Frederick Lewis, *Only Yesterday : an Informal History of the 1920's*, New York, Harper & Row, 1964.

Allen, Joan, *Candies and Carnival Lights : the Catholic Sensibility of F. Scott Fitzgerald*, New York, New York University Press, 1978.

Amory, Cleveland et Frederick Bradley, *Vanity Fair : a Cavalcade of the 1920's and 1930's*, New York, Viking Press, 1960.

Angoff, Charles, *H. L. Mencken : a Portrait from Memory*, New York, Yoseloff, 1956.

Arlen, Michael J., *Exiles*, New York, Farrar, Straus & Giroux, 1970.

Arieti, Silvano, M. D., *Interpretations of Schizophrenia*, New York, Basic Books, Inc., 1955, réédité en 1974.

Armitage, Shelley, *John Held Jr., Illustrator of the Jazz Age*, Syracuse, New York, Syracuse University Press, 1987.

Baker, Carlos, *Ernest Hemingway : a Life Story*, New York, Charles Scribner's Sons, 1969.

Berg, A. Scott, *Max Perkins : Editor of Genius*, New York, Pocket Books, 1979.

Blackshear, Helen F., « Mama Sayre, Scott Fitzgerald's Mother-in-Law », *Georgia Review* (hiver 1965), pp. 445 et suivantes.

Bode, Carl, *Mencken*, Carbondale & Edwardsville, Southern Illinois University Press, 1969.

Boyd, Ernest, *Portraits : Real and Imaginary*, Londres, Jonathan Cape, 1924.

Brown, Dorothy M., *American Women in the 1920's : Setting a Course*, Boston, Twayne Publishers, 1987.

As Ever, Scott Fitzgerald, éd. Bruccoli, Matthew J., Philadelphie, J. B. Lippincott & Co., 1972.

Bruccoli, Matthew et Margaret M. Duggan, *The Correspondence of F. Scott Fitzgerald*, New York, Random House, 1980.

Bruccoli, Matthew J. et Jackson R. Bryer, *F. Scott Fitzgerald in his Own Time*, New York, Popular Library, 1971.

Bruccoli, Matthew J., *A Life in Letters : F. Scott Fitzgerald*, New York, Simon & Schuster, 1995.

Fitzgerald/Hemingway Annual 1973, éds. Bruccoli, Matthew J. et C. F. Frazer Clark, Jr., Washington, DC : Microcard Editions Books, 1974.

Bruccoli, Matthew J., *The Romantic Egoists : a Pictorial Autobiography from the Scrapbooks and Albums of F. Scott Fitzgerald*, New York, Charles Scribner's Sons, 1974.

The Correspondence of F. Scott Fitzgerald, éds. Bruccoli, Matthew J. et Margaret M. Duggan, New York, Random House, 1980.

Bruccoli, Matthew J., *Scott and Ernest : the Authority of Failure and the Authority of Success*, New York, Random House, 1980.

Bruccoli, Matthew J., *Some Sort of Epic Grandeur : the Life of F. Scott Fitzgerald*, New York, Harcourt Brace Jovanovich, 1981.

Bullock, Alan et R. B. Woodings, *20th Century Culture : a Biographical Companion*, New York, Harper and Row, 1983.

Burgess, Anthony, *Ernest Hemingway and his World*, New York, Charles Scribner's Sons, 1985.

Buttita, Tony, *After the Good Gay Times-Asheville'35 : a Season of F. Scott Fitzgerald*, New York, The Viking Press, 1974.

Callaghan, Morley, *That Summer in Paris : Memories of Tangled Friendship with Hemingway, Fitzgerald and Some Others*, New York, Coward-McCann.

Carey, Gary, *Anita Loos*, New York, Alfred A. Knopf, 1988.

Chesler, Phyllis, *Women & Madness*, New York, Doubleday and Company, Inc., 1972.

Clemens, Anne Valdene, « Zelda Fitzgerald : an Unromantic Vision », *Dalhousie Review* 62/2 (été 1982), pp. 196-211.

Cody, Morrill, et Hugh Ford, *The Woman of Montparnasse*, New York, Cornwall Books, 1984.

Cooper, Douglas Marshall, « Form and Fiction : the Writing Style of Zelda Fitzgerald », thèse soutenue à l'université du Michigan, 1979.

Courbin-Tavernier, Jacqueline, « Art as Women's Response and Search : Zelda Fitzgerald's *Save Me the Waltz* », *The Southern Liberty Journal*, vol. XI, n° 2 (printemps 1979), pp. 22-42.

Cowley, Malcolm, *Exiles Return : a Literary Odyssey of the 1920's*, Londres, The Bodley Head, 1951.

Cowley, Malcolm et Robert, *Fitzgerald and the Jazz Age*, New York, Charles Scribner's Sons, 1966.

Cowley, Malcolm, *A Second Flowering : Works and Days of the Lost Generation*, New York, Viking Press, 1973.

Diehl, Gaston, *Pascin*, New York, Crown Publishers, 1984.

Diliberto, Gioia, *Hadley*, New York, Ticknor & Fields, 1992.

Donaldson, Scott, *Fool for Love : F. Scott Fitzgerald*, New York, Congdon and Weed, 1983.

Donnelly, Honoria Murphy, *Sara and Gerald : Villa Americana and After*, New York, Times Books, 1982.

The Fourteenth Chronicle : Letters and Diaries of John Dos Passos, éd. Townsend Ludington, Boston, Gambit, Inc., 1973.

Eble, Kenneth, *F. Scott Fitzgerald*, New Haven, Yale University Press, 1963.

Eicher, Terry et Jesse Geller, *Fathers and Daughters : Portraits in Fiction*, New York, Penguin Group, 1990.

Elder, Donald, *Ring Lardner*, Garden City, Doubleday, 1956.

Fels, Florent, *Drawings by Pascin*, New York, Book Adventures, Inc., 1967.

Fenton, Charles A., *The Apprenticeship of Ernest Hemingway*, New York, Viking Press, 1958.

Field, Andrew, *Djuna : the Formidable Miss Barnes*, Austin, University of Texas Press, 1985.

Fitzgerald, F. Scott, *Afternoon of an Author*, éd. Arthur Mizener, New York, Charles Scribner's Sons, 1957.

As Ever, Scott Fitz : Letters between F. Scott Fitzgerald and his Literary Agent, Harold Ober, éd. Matthew J. Bruccoli, Philadelphie et New York, J. B. Lippincott Company, 1972.

Fitzgerald, F. Scott, *Un Diamant gros comme le Ritz et autres nouvelles*, trad. fr. Marie-Pierre Castelnau et Bernard Willerval, Paris, Robert Laffont, 1984.

Fitzgerald, F. Scott, *Les Heureux et les Damnés*, trad. fr. Louise Servicen, Paris, Gallimard NRF, 1964.

Fitzgerald, F. Scott, *La Fêlure*, trad. fr. Suzanne Mayoux et Dominique Aury, Paris, Gallimard NRF, 1963.

Fitzgerald, F. Scott, *The Cruise of the Rolling Junk*, Bloomfield Hills, Michigan, Bruccoli, Clark, 1976.

Dear Scott/Dear Max : The Fitzgerald-Perkins Correspondence, éd. John Kuehl et Jackson R. Bryher, New York, Charles Scribner's Sons, 1971.

Fitzgerald, F. Scott, *F. Scott Fitzgerald's Ledger : a Facsimile*, Washington, DC, Microcard Editions, 1972.

Fitzgerald, F. Scott, *Flappers and Philosophers*, New York, Charles Scribner's Sons, 1969.

Fitzgerald, F. Scott, *Gatsby le Magnifique*, trad. fr. Michel Viel, Lausanne, L'Âge d'Homme, 1991.

Fitzgerald, F. Scott, *Le Dernier Nabab*, trad. fr. André Michel, Paris, Gallimard NRF, 1952.

The Letters of F. Scott Fitzgerald, éd. Andrew Turnbull, New York, Charles Scribner's Sons, 1963.

The Notebook of F. Scott Fitzgerald, éd. Matthew J. Bruccoli, New York, Harcourt Brace Jovanovich, 1980.

Fitzgerald, F. Scott, *Tendre est la nuit*, Lausanne, Éditions Rencontres, 1965.

Fitzgerald, F. Scott, *L'Envers du paradis*, Paris, Gallimard, 1964, traduction française de Suzanne Mayaux.

Fitzgerald, F. Scott, *Taps at Reveille*, New York, Charles Scribner's Sons, 1935.

Fitzgerald, F. Scott, *Thoughtbook of Francis Scott Key Fitzgerald*, Princeton, Princeton University Library, 1965.

Fitzgerald, F. Scott, *The Vegetable*, New York, Charles Scribner's Sons, 1976.

F. Scott Fitzgerald and Ernest Hemingway in Paris, Bloomfield Hills, MI et Columbia, SC, Bruccoli-Clark, 1972.

Fitzgerald, F. Scott et Zelda Fitzgerald, *Bits of Paradise*, New York, Charles Scribner's Sons, 1973.

Fitzgerald, Zelda, *Save Me the Waltz*, Carbondale et Edwardsville, Southern Illinois University Press, 1967.

« Zelda Fitzgerald Exhibits Dolls at Museum », *The Montgomery Advertiser*, août 1941.

« Zelda Fitzgerald's Pictures on View at Museum », *The Montgomery Advertiser*, 10 mai 1942.

« Zelda Sayre Fitzgerald », *Montgomery Museum of Fine Arts Bulletin*, septembre 1989.

« The Far Side of Zelda Fitzgerald », *Esquire*, vol. LXII, n° 6 (décembre 1964), pp. 158-159.

Flanner, Janet, *Paris Was Yesterday*, New York, Viking Press, 1972.

Ford, Hugh, *Publishing in Paris : a Literary Chronicle of Paris in the 1920s and 1930s*, New York, Collier Books, Macmillan Publishing Co., 1975.

Francillon, Robert E., *Zelda's Fortune*, Boston, James R. Osgood and Company, 1874.

Fryer, Sarah Beebe, *Fitzgerald's New Women : Harbingers of Change*, AnnArbor, UMI, Research Press, 1988.

Garafolo, Lynn, *Diaghilev's Ballets Russes*, New York, Oxford University Press, 1989.

Gill, Brendon, *A New York Life : of Friends and Others*.

Gilman, A. G. Goodman, *The Sandard Textbook of Pharmacology for M. D's*.

Gish, Lillian, *The Movies, Mr Griffith and Me*, Englewood Cliffs, New Jersey, Prentice Hall, 1969.

Going, William T., « Two Alabama Writers : Zelda Sayre Fitzgerald and Sara Haardt Mencken », *The Alabama Review* XXIII (janvier 1970), pp. 3-29.

Goldhurst, William, *F. Scott Fitzgerald and his Contemporaries*, New York, World, 1963.

Graham, Sheilah, *Beloved Infidel*, New York, Grosset & Dunlap, 1976.

Graham Sheilah, *College of One*, New York, Viking Press, 1967.

Graham Sheilah, *The Garden of Allah*, New York, Crown Publishers, Inc., 1970.

Graham, Sheilah, *The Real F. Scott Fitzgerald : Thirty-Five Years Later*, New York, Grosset & Dunlap, 1976.

Haardt, Sara, *The Making of a Lady*, New York, Doubleday & Co., 1930.

Haney, Lynn, *Naked as the Feast : a Biography of Josephine Baker*, New York, Dodd, Mead & Company, 1981.

Hansen, Arlen J., *Expatriate Paris : a Cultural and Literary Guide to Paris of the 1920's*, New York, Arcade Publishing, Little-Brown, 1990.

Hardwick, Elizabeth, *Seduction and Betrayal : Women and Literature*, New York, Vintage Press, 1975.

Harrison, Gilbert A., *The Enthusiast : a Life of Thornton Wilder*, New York, Ticknor & Fields, 1983.

Hart, Livye Ridgeway, « A Profile of Zelda », manuscrit original. Archives Sara Mayfield, Université d'Alabama, Tuscaloosa (Alabama).

Hartnett, Koula Skovos, « Zelda Fitzgerald and the Failure of the American Dream », communication présentée à la session annuelle de la Southern Atlantic Modern Language Association, Louisville, KY, novembre 1981.

Hayes, Helen, et Sanford Dody, *On Reflection · an Autobiography*, New York, M. Evans and Company, 1968.

Heilbrun, Carolyn G., « Discovering the Lost Lives of Woman », dans la tribune littéraire du *New York Times*, 24 juin 1984, pp. 26-27.

Heilbrun, Carolyn G., *Writing a Woman's Life*, New York, W. W. Norton & Co., 1988.

Heller, Adele et Lois Rudnick, *1915 : The Cultural Moment*, Nouveau-Brunswick, Rutgers University Press, 1991.

Hellman, Lillian, *An Unfinished Woman*, New York, Bantam Books, 1980.

Hemingway, Ernest, *The Garden of Eden*, New York, Charles Scribner's Sons, 1986.

Hemingway, Ernest, *Paris est une fête*, trad. fr. Marc Saporta, Paris, Gallimard NRF, 1964.

Ernest Hemingway : Selected Letters 1917-1961 éd. Carlos Baker, New York, Charles Scribner's Sons, 1981.

Ernest Hemingway, *Le soleil se lève aussi*, trad. fr. M. E. Coindreau, Paris, Gallimard NRF, 1949.

Hemingway, Mary Welsh, *How It Was*, New York, Alfred A. Knopf, 1976.

Hergesheimer, Joseph, *Cytherea*, New York, Alfred A. Knopf, 1922.

Hotchner, A.E., *Papa Hemingway*, New York, Random House, 1966.

Hudgins, Andrew, « Zelda Sayre in Montgomery », in *Southern Review*, vol. 20, 1984, pp. 882-4.

Israel, Lee, *Miss Tallulah Bankhead*, New York, G. P. Putnam's Sons, 1972.

Jacobson, E., « The Early History of Psychotherapeutic Drugs », in *Psychopharmocology* 89 (1986), p. 138.

F. Scott Fitzgerald : the Man and his Work, éd. Kazin, Alfred, New York, Collier Books, 1951.

Kellner, Bruce, *Carl Van Vechten and the Irreverent Decades*, Norman, University of Oklahoma Press, 1968.

Kelly, John, « Memories of Scott and Zelda », in *The Pittsburgh Press* 6 (février 1983), pp. 16 et 18.

Kert, Bernice, *The Hemingway Women : Those who Loved Him - the Wives and Others*, New York, W. W. Norton & Co.

Kluver, Billy, et Julie Martin, *Kiki's Paris : Artists and Lovers 1900-1930*, New York, Harry N. Abrams, Inc. 1989.

Kokotailo, Philip, *John Glassco's Richer World : Memoirs of Montparnasse*, Toronto, ECW Press, 1988.

Lanahan, Eleanor, *Scottie, the daughter of - : the Life of Frances Scott Fitzgerald Lanahan Smith*, New York, Harper Collins, 1995.

Lanoux, Armand, *Paris 1925*, Paris, Grasset, 1975.

Lardner, Ring, *What of It ?*, New York, Charles Scribner's Sons, 1925.

Lardner, Ring, Jr., *The Lardners : My Family Remembered*, New York, Harper Colophon Books, 1977.

Latham, Aaron, *Crazy Sundays : F. Scott Fitzgerald in Hollywood*, New York, Viking Press, 1971.

Loos, Anita, *A Girl Like I*, New York, Viking Press, 1966.

Loos, Anita, *The Talmadge Girls*, New York, Viking Press, 1966.

Le Vot, André, *Scott Fitzgerald*, Paris, Julliard, 1979.

Lewis, Janet, « The Cruise of the Rolling Junk : the Fictionalized Joys of Motoring », *Fitzgerald/Hemingway Annual 1978*, pp. 69-81.

Luce, William, *Zelda*. One-woman show, Off-Broadway, New York, novembre 1984.

Ludington, Townsend, *John Dos Passos : a Twentieth Century Odyssey*, New York, E. P. Dutton, 1980.

Letters of Archibald MacLeish, éd. R. H. Winnick, Boston, Houghton Mifflin Company, 1983.

MacShane, Frank, *The Life of John O'Hara*, New York, Collier Books, 1967 ; E. P. Dutton, 1980.

Mayfield, Sara, *Exiles from Paradise : Zelda and Scott Fitzgerald*, New York, Delacorte Press, 1971.

Mayfield, Sara, *The Constant Circle : H. L. Mencken and his Friends*, New York, Dell Publishings Co., 1968.

McLendon, Winzola, « Scott and Zelda », *Ladies Home Journal* 91 (novembre 1974), pp. 58-171.

Mellow, James, *Charmed Circle : Gertrude Stein & Company*, New York, Praeger Publishers, 1974.

Mellow, James, *Hemingway : a Life without Consequences*, New York, Addison-Wesley Publishing Company, 1992.

Mellow, James, *Invented Lives : a Study of F. Scott and Zelda Fitzgerald*, New York, Houghton Mifflin, 1984.

Mencken, H. L., *In Defense of Women*, New York, Alfred A. Knopf, Inc., 1927.

The Vintage Mencken, éd. Alistair Cooke, New York, Vintage Books, 1955.

Merkin, Richard, *The Jazz Age As Seen through The Eyes of Ralph Barton, Miguel Covarrubias, and John Held Jr.*, Providence, Rhode Island Museum of Art, Rhode Island School of Design, 25 septembre-10 novembre 1968.

Meyers, Jeffrey, *Scott Fitzgerald*, New York, HarperCollins, 1994.

Milford, Nancy, *Zelda : a Biography*, New York, Harper & Row, 1970.

Mizener, Arthur, *F. Scott Fitzgerald : a Collection of Critical Essays*, Englewood Cliffs, New Jersey, Prentice-Hall, Inc., 1963.

Mizener, Arthur, *The Far Side of Paradise*, New York, Houghton Mifflin Co., 1949.

Mizener, Arthur, *The Fitzgerald Reader*, New York, Charles Scribner's Sons, 1963.

Mizener, Arthur, *Scott Fitzgerald and his World*, New York, G. P. Putnam's Sons, 1972.

Nathan, George Jean, *The Theater, The Drama, The Girls*, New York, Alfred A. Knopf, 1921.

The World of George Jean Nathan, éd. Charles Angoff, New York, Alfred A. Knopf, 1952.

Neret, Gilles, *The Arts of the Twenties*, New York, Rizzoli, 1986.

Nijinski, Romola, *Nijinski*, New York, Simon & Schuster, 1980.

O'Hara, John, *Selected Letters of John O'Hara*, éd. Matthew J. Bruccoli, New York, Random House, 1978.

Patillo, Edward, *Zelda : Zelda Sayre Fitzgerald Retrospective*, Montgomery, musée des Beaux-Arts de Montgomery, 1978.

Perkins, Maxwell E., *Editor to Author : the Letters of Maxwell E. Perkins*, éd. John Hall Wheelock, New York, Charles Scribner's Sons, 1979.

Petry, Alice Hall, « Women's Work : The Case of Zelda Fitzgerald », *Literature-Interpretation-Theory* (décembre 1989), pp. 69-83.

Piper, Henry Dan, *F. Scott Fitzgerald : a Critical Portrait*, New York, Carbondale, Ill., Southern Illinois Press, 1968.

Pozharskaya, Militsa, et Tatiana Volodina, *The Arts of the Ballets Russes : The Russian Seasons in Paris 1908-1929*, New York, Abbeville Press, 1988.

Ring, Frances Kroll, *Against the Currents : As I Remember F. Scott Fitzgerald*, Berkeley, 1985.

Rogers, Marion Elisabeth, *Mencken and Sara : a Life in Letters - The Private Correspondence of H. L. Mencken and Sara Haardt*, New York, MacGraw-Hill Book Company, 1987.

Schouvaloff, Alexandre, *Léon Bakst : the Theatre Art*, Londres, Sotheby's Publications, 1991.

Showalter, Elaine, *The Female Malady : Women, Madness and English Culture, 1830-1980*, New York, Pantheon Books, 1985.

Schulberg, Budd, *The Disenchanted*, New York, Random House, 1950.

Sklar, Robert, *F. Scott Fitzgerald : the Last Laocoon*, New York, Oxford University Press, 1967.

Smith (Lanahan), Frances Fitzgerald, *Introduction to Scott Fitzgerald's Letters to his Daughter*, New York, Pantheon Books, 1985.

Smith, Scottie Fitzgerald, Préface de *As Ever, Scott Fitz*, op. cit., pp. xi-xvi.

Smith, Scottie Fitzgerald, Préface à *Scott and Zelda Fitzgerald's Bits of Paradise*, 1974 ; New York, 1976, pp. xi-xvii.

Smith, Frances Scottie Fitzgerald Lanahan, *Bits of Paradise*, Londres, Bodby Head, 1973.

Smith, Scottie Fitzgerald, Préface à *Zelda* (catalogue d'exposition), Montgomery, Museum of Fine Arts, 1974.

Smith, Frances Scottie Fitzgerald Lanahan, « My Father's Letters : Advice without Consent », *Esquire* (octobre 1965), pp. 93-99.

Spencer, Charles, *Léon Bakst*, New York, Rizzoli, 1973.

Spencer, Charles, *The World of Serge Diaghilev*, Chicago, Henry Regenery Co., 1974.

Stavola, Thomas J., *Scott Fitzgerald : Crisis in an American Identity*, New York, Barnes & Noble, 1981.

Stein, Gertrude, *Selected Writings of Gertrude Stein*, éd. Carl Van Vechten, New York, Random House, 1946.

Tate, Allen, *Memoirs and Opinions, 1926-1974*, Chicago, Swallow Press, 1975.

Taylor, Frances Finne (Kendall Taylor), « The Fitzgerald Myth : a Study of Zelda Sayre Fitzgerald », mémoire de maîtrise, Vanderbilt University, 1964.

Thurber, James, *Credos and Curios*, New York, Harper and Row, 1962.

Tighe, Mary Ann, « Painting on the Other Side of Paradise », *House and Garden* (octobre 1983), p. 204.

Tillotson, Jery et Robie, « Zelda Fitzgerald Still Lives », *The Feminist Art Journal* 4 (printemps 1975), pp. 31-33.

Toklas, Alice B., *What Is Remembered*, New York, Holt, Rinehart & Winston, 1963.

Tomkins, Calvin, *Living Well is the Best Revenge*, New York, E. P. Dutton, 1962.

Turnbull, Andrew, *Scott Fitzgerald*, New York, Charles Scribner's Sons, 1962.

Tytell, John, *Passionate Lives*, New York, Birch Lane Press Book, 1991.

Vaill, Amanda, *Everybody Was so Young*, New York, Houghton Mifflin Company, 1998.

Van Vechten, Carl, *Parties*, New York, Avon Books, 1977.

Warren, Carol A. B., *Madwives : Schizophrenic Women in the 1950s*, Nouveau-Brunswick, Rutgers University Press, 1987.

Weissman, Myrna M. et Eugene S. Paykel, *The Depressed Woman : a Study of Social Relationships*, Chicago, University of Chicago Press, 1974.

Wheelack, John H., *Editor to Author : the Letters of Maxwell Perkins*, New York, Charles Scribner's Sons, 1950.

Wilson, Edmund, *Letters on Literature and Politics, 1912-1972*. Présentées par Elena Wilson, New York, Farrar, Straus & Giroux, 1977.

Wilson, Edmund, *The Shores of Light*, New York, Farrar, Straus & Giroux, 1952.

Wilson, Edmund, *The Twenties*, présenté par Leon Edel, New York, Farrar, Straus & Giroux, 1975.

Wilson, Edmund, *The Thirties*, présenté par Leon Edel, New York, Farrar, Straus & Giroux, 1975.

Wilson, Elena, *Letters on Literature and Politics, 1912-1972*, New York, Farrar, Straus & Giroux, 1977.

Wiser, William, *The Great Good Place : American Expatriate Women in Paris*, New York, W. W. Norton and Company, 1991.

Wiser, William, *The Crazy Years : Paris in the Twenties*, New York, Atheneum, 1983.

Wolfe, Travis, « Scott, Zelda : Fitzgerald Home in Montgomery is now Museum », *The Chattanooga Times* (9 juin 1989), section D.

Wolff, Geoffrey, *Black Sun : the Brief Transit and Violent Eclipse of Harry Crosby*, New York, Random House, 1976.

Woolcott, Alexander, *The Letters of Alexander Woolcott*, présentées par Beatrice Kaufman, New York, Viking Press, 1944.

Yardley, Jonathan, *Ring : a Biography of Ring Lardner*, New York, Random House, 1977.

Yorke, Lane, « Zelda : a Worksheet », *Paris Review* (automne 1983), pp. 210-263.

Zickerman, George, *The Last Flapper*, Boston, Little, Brown & Co., 1969.

Sources encore inédites

Archives portant sur les premiers habitants de Montgomery, dans l'État d'Alabama : Alabama State Department of Archives and History.

Historique des recherches sur la schizophrénie : American Psychiatric Association Library.

Campbell, Lawton, « The Fitzgeralds Were my Friends ». Réminiscences couvrant une trentaine de pages et portant sur Zelda et Scott. Collection privée de l'auteur.

Archives F. Scott Fitzgerald : collections particulières, section des manuscrits, Firestone Library, université de Princeton, New Jersey.

Archives Zelda Fitzgerald (#010116) : collections particulières, section des manuscrits, Firestone Library, université de Princeton, New Jersey.

Œuvre picturale de Zelda Fitzgerald, musée des Beaux-Arts de Montgomery, Montgomery, Alabama.

Interview de Zelda Fitzgerald par Sara Haardt pour le magazine *Good Housekeeping*, demeuré inédit. Cet article se trouve à présent dans les archives Sara Haardt, Goucher College, ainsi que dans les archives H. L. Mencken, à la bibliothèque Enoch-Pratt, Baltimore, Maryland.

Lanahan, Scottie : lettres adressées à l'auteur par l'enfant unique de Zelda et Scott Fitzgerald.

McKaig, Alexander : le journal du condisciple de F. Scott Fitzgerald à Princeton est aujourd'hui la propriété de son neveu, l'avocat Robert Taft (cabinet Brighton, Fernald, Taft & Hampsey, Peterborough, New Hampshire).

Archives Sara Mayfield, Amelia Gayle Gorgas Library, université de l'Alabama, Tuscaloosa, Alabama. Ces archives comprennent certaines lettres de Rosalind Smith, la sœur de Zelda.

Archives George Jean Nathan, section des livres rares, université Cornell, Ithaca, New York.

Archives sur la schizophrénie : hôpital psychiatrique de l'État de New York, Ogdensburg, New York.

Shafer, Carolyn, « To Spread a Human Aspiration : the Art of Zelda Fitzgerald », mémoire de maîtrise soumis en 1994 à l'université de Caroline du Sud.

Archives de l'hôpital Sheppard-Pratt, Baltimore, Maryland.

Frances Finne Taylor (Kendall Taylor), « The Fitzgerald Myth : a Study of Zelda Fitzgerald », thèse soutenue à l'université Vanderbilt, Nashville, Tennessee, en août 1964.

Docteur Frederick Wertham, œuvres picturales de Zelda Fitzgerald, archives Wertham, Fogg Art Museum, Harvard University, Boston, Massachusetts.

Weatherby, Mrs H. L. : lettres adressées à l'auteur par l'une des camarades de lycée de Zelda.

Témoins interviewés par l'auteur

Angoff, Charles, Rutherford, New Jersey (11 avril 1963).

Docteur Billig, Otto, Nashville, Tennessee (13 février 1963).

Docteur Bennett, Basil T., ex-directeur de Highland Hospital, Nashville, Tennessee (22 août 1963, 11 février et 3 mars 1964).

Blackshear, Helen, Montgomery, Alabama (entretien téléphonique du 14 décembre 1994).

Campbell, C. Lawton, condisciple de Scott à Princeton, Bronxville, New York (28-29 janvier 1964).

Daniels, Tom, entretien téléphonique du 17 mars 1994.

Gish, Lillian, San Francisco, California (12 février 1966).

Hickson, Mrs George (agent de service), Highland Hospital, Asheville, Caroline du Nord (21 juin 1963).

Hopkins, Helen (infirmière), Highland Hospital, Asheville, Caroline du Nord (21 juin 1963).

Johnson, Tom, West Point, New York (11 mars 1963).

Kahler, Laura, Hagerstown, Maryland (12-13 août 1994).

Fitzgerald Lanahan, Scottie (fille de Zelda et F. Scott Fitzgerald), Washington, DC (24-29 janvier 1964).

McCahon, Mary, Westport Historical Society, Westport, Connecticut, 11 avril 1995.

Mellow, James, entretien téléphonique (23 avril 1995).

MacLeish, Archibald, Conway, Massachusetts (14-15 août 1963).

Mealm, Dorothea, Westport Historic District Commission, Westport, Connecticut, 11 avril 1995.

Mizener, Arthur, Nashville, Tennessee (6 février 1964) ; Ithaca, New York (23 janvier 1963).

Patillo, Éd, musée des Beaux-Arts de Montgomery, Alabama (3 avril 1995).

Palmer, Mark, Montgomery, Alabama (7 février 1995).

Porter, Mary, Asheville, Caroline du Nord (21 juin 1963).

Ray, Landon (agent de service), Highland Hospital, Asheville, Caroline du Nord (21-22 juin 1963).

Shafer, Carolyn, entretiens téléphoniques (15 février 1993 ; 10 avril 1993).

Smith, Rosalind (sœur de Zelda), Montgomery, Alabama (12-14 juillet 1963).

Taft, Robert, Peterborough, New Hampshire (15-17 mai 1995).

Turnbull, Andrew, Cambridge, Massachusetts (21 août 1963).

Weatherby, Harold, Nashville, Tennessee (21-24 mars 1964).

Table des matières

- 5. Avant-propos
- 15. Préface : À chaque ère son emblême
- 32. Chapitre un : Montgomery à l'ère du jazz
- 102. Chapitre deux : Les enfants gâtés de l'Amérique
- 156. Chapitre trois : Jamais deux sans trois
- 183. Chapitre quatre : Les expatriés
- 258. Chapitre cinq : Toujours plus haut vers la folie
- 341. Chapitre six : Je croyais être une salamandre
- 426. Chapitre sept : La fin de l'histoire
- 497. Conclusion
- 514. Bibliographie

Achevé d'imprimer en septembre 2002 sur les presses de l'imprimerie Corlet
à Condé-sur-Noireau, France pour le compte des Éditions Autrement,
77, rue du Faubourg-Saint-Antoine, 75011 Paris. Tél. : 01 44 73 80 00.
Fax : 01 44 73 00 12. N° d'imprimeur 59880. ISSN : 1248-4873.
ISBN : 2-7467-0274-6. Dépôt légal : octobre 2002.